Arbeitsvertragsfreiheit und Drittinteressen

Schriften zum Recht der Arbeit

Herausgegeben von Olaf Deinert und Rüdiger Krause

Band 20

PETER LANG

Berlin - Bruxelles - Chennai - Lausanne - New York - Oxford

Lars Hendrik Kühlcke

Arbeitsvertragsfreiheit und Drittinteressen

Der Schutz vor drittbezogenen Reflexwirkungen arbeitsvertraglicher Absprachen

PETER LANG

Berlin - Bruxelles - Chennai - Lausanne - New York - Oxford

Bibliografische Information der Deutschen Nationalbibliothek
Die Deutsche Nationalbibliothek verzeichnet diese Publikation in der Deutschen Nationalbibliografie; detaillierte bibliografische Daten sind im Internet über http://dnb.d-nb.de abrufbar.

Zugl.: Göttingen, Univ., Diss., 2024

D 7
ISSN 2191-4079
ISBN 978-3-631-93365-7 (Print)
ISBN 978-3-631-93408-1 (E-PDF)
ISBN 978-3-631-93409-8 (E-PUB)
DOI 10.3726/b22694

Verlegt durch: Peter Lang GmbH, Berlin (Deutschland)

info@peterlang.com - www.peterlang.com

Meinen Eltern

Inhaltsverzeichnis

Zweites Kapitel – Drittinteressen als Einschränkung der Vertragsfreiheit

Drittes Kapitel – Betrachtung einzelner Vertragsgestaltungen

Viertes Kapitel – Schlussbetrachtung

Vorwort

Die vorliegende Arbeit wurde von der Juristischen Fakultät der Georg-August-Universität Göttingen im Wintersemester 2024/25 als Dissertation angenommen. Die Disputation fand am 18.10.2024 in Göttingen statt. Nach Abschluss des Manuskripts im Dezember 2023 wurden Rechtsprechung, Schrifttum und Gesetzesänderungen bis einschließlich November 2024 berücksichtigt und die Arbeit für die Drucklegung auf den neuesten Stand gebracht.

Seit dem ersten Semester hat mich Herr Prof. Dr. Rüdiger Krause durch das Studium begleitet. In den acht Jahren als Studentische Hilfskraft und als Wissenschaftlicher Mitarbeiter an seinem Lehrstuhl für Bürgerliches Recht und Arbeitsrecht hat er mir das Interesse und die Freude am Arbeitsrecht vorgelebt und meine juristische Ausbildung auf diese Weise maßgeblich geprägt. Meinem Doktorvater danke ich herzlichst für die Unterstützung, den Gedankenaustausch sowie das Vertrauen und den gewährten Freiraum in all den Jahren. Zudem danke ich Herrn Prof. Dr. Olaf Deinert für die Erstellung des Zweitgutachtens und die angenehme und freundliche Atmosphäre am Institut für Arbeitsrecht, welche Herr Deinert und Herr Krause geschaffen haben. Beiden danke ich ebenso für die Aufnahme in diese Schriftenreihe.

Meinen lieben Kolleginnen und Kollegen danke ich für die Unterstützung in den vergangenen Jahren und die vielen fachlichen und freundschaftlichen Gespräche, die die Zeit am Lehrstuhl zu einer ganz besonderen gemacht haben.

Zuletzt gilt mein aufrichtiger Dank meiner Familie und in besonderem Maße meinen Eltern, Maike Bargen-Kühlcke und Carsten Kühlcke. Ihre durchgehende Unterstützung hat mir nicht nur ein sorgenfreies Studium ermöglicht, sondern auch entscheidend dazu beigetragen, den Entschluss zu dieser Arbeit zu fassen und sie erfolgreich abzuschließen. Ihnen ist diese Arbeit gewidmet.

Lüneburg, Dezember 2024 *Lars Hendrik Kühlcke*

Abkürzungsverzeichnis

A&O	Zeitschrift für Arbeits- und Organisationspsychologie (Zeitschrift)
a.A.	andere Ansicht
AAG	Aufwendungsausgleichsgesetz
ABl.	Amtsblatt der Europäischen Union
Abs.	Absatz
AcP	Archiv für die civilistische Praxis (Zeitschrift)
ADAC	Allgemeine Deutsche Automobil-Club e.V.
AEUV	Vertrag über die Arbeitsweise der Europäischen Union
AG	Aktiengesellschaft
AGB	Allgemeine Geschäftsbedingungen
AGBG	Gesetz zur Regelung des Rechts der Allgemeinen Geschäftsbedingungen
AGG	Allgemeines Gleichbehandlungsgesetz
AiB	Arbeitsrecht im Betrieb (Zeitschrift)
AktG	Aktiengesetz
Alt.	Alternative
Anh	Anhang
Anm.	Anmerkung
AO	Abgabenordnung
AöR	Archiv des Öffentlichen Rechts (Zeitschrift)
AP	Arbeitsrechtliche Praxis – Nachschlagewerk des Bundesarbeitsgerichts (Loseblatt-Sammlung)
APS	Ascheid/Preis/Schmid, Großkommentar Kündigungsrecht
AR	Kommentar zum gesamten Arbeitsrecht
ArbG	Arbeitsgericht
ArbGG	Arbeitsgerichtsgesetz

AR-Blattei SD	Arbeitsrecht-Blattei, Systematische Darstellungen (Loseblatt-Sammlung)
ArbRAktuell	Arbeitsrecht Aktuell (Zeitschrift)
ArbR-HdB	Arbeitsrechtshandbuch
ArbSchG	Arbeitsschutzgesetz
ArbZG	Arbeitszeitgesetz
ARS	Arbeitsrechts-Sammlung
Art./Artt.	Artikel
ARUG	Gesetz zur Umsetzung der Aktionärsrechterichtlinie
AT	Allgemeiner Teil
Aufl.	Auflage
AÜG	Arbeitnehmerüberlassungsgesetz
AuR	Arbeit und Recht (Zeitschrift)
BaFin	Bundesanstalt für Finanzdienstleistungsaufsicht
BaFinBefugV	Verordnung zur Übertragung von Befugnissen zum Erlass von Rechtsverordnungen auf die Bundesanstalt für Finanzdienstleistungsaufsicht
BAG	Bundesarbeitsgericht
BAnz	Bundesanzeiger
BB	Betriebs-Berater (Zeitschrift)
BCBS	Basel Committee on Banking Supervision
BDSG	Bundesdatenschutzgesetz
BeckOK ArbR	Beck´scher Online-Kommentar zum Arbeitsrecht
BEEG	Gesetz zum Elterngeld und zur Elternzeit
Begr.	Begründerin/Begründer
BeschSchG	Beschäftigtenschutzgesetz
BetrVG	Betriebsverfassungsgesetz
BFH	Bundesfinanzhof
BGB	Bürgerliches Gesetzbuch
BGBl.	Bundesgesetzblatt
BGH	Bundesgerichtshof

BImSchG	Bundes-Immissionsschutzgesetz
BKatV	Bußgeldkatalog-Verordnung
BMAS	Bundesministerium für Arbeit und Soziales
BMF	Bundesministerium der Finanzen
BR-Drs.	Bundesrats-Drucksache
BSG	Bundessozialgericht
BSGE	Entscheidungen des Bundessozialgerichts
BT-Drs.	Bundestags-Drucksache
BurlG	Bundesurlaubsgesetz
Bus Res	Business Research (Zeitschrift)
BVerfG	Bundesverfassungsgericht
BVerfGE	Entscheidungen des Bundesverfassungsgerichts
BVerwG	Bundesverwaltungsgericht
BVV	Verordnung über die Berechnung, Zahlung, Weiterleitung, Abrechnung und Prüfung des Gesamtsozialversicherungsbeitrages (Beitragsverfahrensordnung)
bzw.	beziehungsweise
CB	Compliance Berater (Zeitschrift)
CCZ	Corporate Compliance Zeitschrift (Zeitschrift)
CEBS	Committee of European Banking Supervisors
CEO	Chief Executive Officer
CFO	Chief Financial Officer
ChemG	Chemiegesetz
CKK	Clemenz/Kreft/Krause, AGB-Arbeitsrecht
CLP	Classification, Labelling and Packaging, Verordnung über die Einstufung, Kennzeichnung und Verpackung von Stoffen und Gemischen
CRD	Capital Requirements Directive, Richtlinie über den Zugang zur Tätigkeit von Kreditinstituten und die Beaufsichtigung von Kreditinstituten und Wertpapierfirmen

CRR	Capital Requirements Regulation, Verordnung über Aufsichtsanforderungen an Kreditinstitute und Wertpapierfirmen
DDW	Däubler/Deinert/Walser, AGB-Kontrolle im Arbeitsrecht
DB	Der Betrieb (Zeitschrift)
DCGK	Deutscher Corporate Governance Kodex
DD	Däubler/Deinert, Kündigungsschutzrecht
DGUV	Deutsche Gesetzliche Unfallversicherung
Diss.	Dissertation
DJT	Deutscher Juristentag
DKL	Dornbusch/Krumbiegel/Löwisch, Kommentar zum gesamten Arbeitsrecht
DR	Deutsches Recht (Zeitschrift)
DStR	Deutsches Steuerrecht (Zeitschrift)
DVBl	Deutsches Verwaltungsblatt (Zeitschrift)
EBA	European Banking Authority, Europäische Bankenaufsichtsbehörde
Ed.	Edition
EG	Europäische Gemeinschaft
EGBGB	Einführungsgesetz zum Bürgerlichen Gesetzbuch
EGMR	Europäischer Gerichtshof für Menschenrechte
EGV	Vertrag zur Gründung der Europäischen Gemeinschaft
EheG	Ehegesetz
Einf v	Einführung vor
Einf.	Einführung
Einl.	Einleitung
EL	Ergänzungslieferung
EFZG	Entgeltfortzahlungsgesetz, teilweise von der Literatur verwendet
EntgFG	Entgeltfortzahlungsgesetz
EntGTranspG	Entgelttransparenzgesetz

EMRK	Europäische Menschenrechtskonvention
ErfK	Erfurter Kommentar
EStG	Einkommenssteuergesetz
ET	Energiewirtschaftliche Tagesfragen (Zeitschrift)
EU	Europäische Union
EuArbRK	Kommentar zum europäischen Arbeitsrecht
EuGH	Europäischer Gerichtshof
EuR	Europarecht (Zeitschrift)
EUV	Vertrag über die Europäische Union
EuZA	Europäische Zeitschrift für Arbeitsrecht (Zeitschrift)
EWG	Europäische Wirtschaftsgemeinschaft
EWPBG	Erdgas-Wärme-Preisbremsegesetz
f./ff.	folgende
FA	Fachanwalt Arbeitsrecht (Zeitschrift)
FDP	Freie Demokratische Partei
FG	Finanzgericht
Fn.	Fußnote
FPersG	Fahrpersonalgesetz
FPersV	Fahrpersonalverordnung
FPfZG	Gesetz über die Familienpflegezeit (Familienpflegezeitgesetz)
FS	Festschrift
FSA	Financial Services Authority
FSF	Financial Stability Forum
FSM-KWG	Fischer/Schulte-Mattler, Kommentar zu Kreditwesengesetz, VO (EU) Nr. 575/2013 (CRR) und Ausführungsvorschriften
GEK-E	Entwurf für ein gemeinsames europäisches Kaufrecht
Gem.	gemäß
GeschGehG	Gesetz zum Schutz von Geschäftsgeheimnissen

GewArch	Gewerbearchiv (Zeitschrift)
GewO	Gewerbeordnung
GewStG	Gewerbesteuergesetz
GG	Grundgesetz
GK-BetrVG	Gemeinschaftskommentar Betriebsverfassungsgesetz
GmbH	Gesellschaft mit beschränkter Haftung
GmbHG	Gesetz betreffend die Gesellschaften mit beschränkter Haftung
GPR	Zeitschrift für das Privatrecht der Europäischen Union (Zeitschrift)
GRC	Charta der Grundrechte der Europäischen Union (Grundrechtecharta)
GRCh	Charta der Grundrechte der Europäischen Union (Grundrechtecharta), teilweise von der Literatur verwendet
GRUR	Gewerblicher Rechtsschutz und Urheberrecht (Zeitschrift)
GS	Gedenkschrift; auch: Großer Senat
GSA	Gesetz zur Sicherung von Arbeitnehmerrechten
GWB	Gesetz gegen Wettbewerbsbeschränkungen
h.M.	herrschende Meinung
Habil.	Habilitation
HAG	Heimarbeitergesetz
HaKo-KSchR	Handkommentar Kündigungsschutzrecht
HGB	Handelsgesetzbuch
HK-AGG	Handkommentar AGG
HK-ArbR	Handkommentar Arbeitsrecht
Hk-MuSchG/BBEG	Handkommentar Mutterschutz, Elterngeld, Elternzeit
Hrsg.	Herausgeber
HS	Halbsatz

HWK	Henssler/Willemsen/Kalb, Arbeitsrecht Kommentar
i.e.S.	im engeren Sinne
ISG	Institut für Sozialforschung und Gesellschaftspolitik GmbH
i.V.m.	in Verbindung mit
i.w.S.	im weiteren Sinne
InstitutsVergV	Institutsvergütungsverordnung
IVV	Institutsvergütungsverordnung, teilweise von der Literatur verwendet
JArbSchG	Jugendarbeitsschutzgesetz
JuS	Juristische Schulung (Zeitschrift)
JZ	Juristenzeitung (Zeitschrift)
KAGB	Kapitalanlagegesetzbuch
KassKomm	Kasseler Kommentar Sozialversicherungsrecht
KFZ	Kraftfahrzeug
KG	Kommanditgesellschaft
KoR	Zeitschrift für internationale und kapitalmarktorientierte Rechnungslegung (Zeitschrift)
KR	Gesamtes Kündigungsrecht – Gemeinschaftskommentar
KSchG	Kündigungsschutzgesetz
KWG	Kreditwesengesetz
LAG	Landesarbeitsgericht
lit.	litera
LSG	Landessozialgericht
LSSW	Löwisch/Schlünder/Spinner/Wertheimer, Kommentar KSchG
LStDV	Lohnsteuer-Durchführungsverordnung
m.w.N.	mit weiteren Nennungen
MaRisk	Mindestanforderungen an das Risikomanagement

MHdB ArbR	Münchener Handbuch zum Arbeitsrecht
MiLoG	Mindestlohngesetz
MüKoAktG	Münchener Kommentar zum Aktiengesetz
MüKoBGB	Münchener Kommentar zum Bürgerlichen Gesetzbuch
MüKoHGB	Münchener Kommentar zum Handelsgesetzbuch
MüKoStGB	Münchener Kommentar zum Strafgesetzbuch
MüKoUWG	Münchener Kommentar zum Lauterkeitsrecht
MüKoZPO	Münchener Kommentar zur Zivilprozessordnung mit Gerichtsverfassungsgesetz und Nebengesetzen
MuSchG	Mutterschutzgesetz
NJOZ	Neue Juristische Online-Zeitschrift (Zeitschrift)
NJW	Neue Juristische Wochenschrift (Zeitschrift)
NK-ArbR	Nomos Kommentar Gesamtes Arbeitsrecht
NK-BGB	Nomos Kommentar BGB
NK-ProdR	Nomos Kommentar Produkthaftungs- und Produktsicherheitsrecht
Nr./Nrn.	Nummer/Nummern
NVwZ	Neue Zeitschrift für Verwaltungsrecht (Zeitschrift)
NZA	Neue Zeitschrift für Arbeitsrecht (Zeitschrift)
NZA-RR	Neue Zeitschrift für Arbeitsrecht – Rechtsprechungs-Report (Zeitschrift)
NZFam	Neue Zeitschrift für Familienrecht (Zeitschrift)
NZG	Neue Zeitschrift für Gesellschaftsrecht (Zeitschrift)
NZM	Neue Zeitschrift für Miet- und Wohnungsrecht (Zeitschrift)
NZS	Neue Zeitschrift für Sozialrecht (Zeitschrift)
OLG	Oberlandesgericht
OLG-NL	Oberlandesgericht-Rechtsprechung Neue Länder
OWiG	Gesetz über Ordnungswidrigkeiten (Ordnungswidrigkeitengesetz)

PflegeZG	Pflegezeitgesetz
ProdHaftG	Produkthaftungsgesetz
RAG	Reichsarbeitsgericht
RdA	Recht der Arbeit (Zeitschrift)
RefE	Referentenentwurf
RG	Reichsgericht
RGBl.	Reichsgesetzblatt
RGZ	Entscheidungssammlung der Entscheidungen des Reichsgerichts in Zivilsachen
RIG	Gesetz zur Umsetzung der Richtlinien (EU) 2019/878 und (EU) 2019/879 zur Reduzierung von Risiken und zur Stärkung der Proportionalität im Bankensektor (Risikoreduzierungsgesetz)
RL	Richtlinie
Rn.	Randnummer
Rs.	Rechtssache
RuS	Recht und Schaden (Zeitschrift)
RVO	Reichsversicherungsordnung
S.	Satz; auch: Seite
SAE	Sammlung arbeitsrechtlicher Entscheidungen
SchwarzArbG	Gesetz zur Bekämpfung der Schwarzarbeit und illegalen Beschäftigung
SGb	Die Sozialgerichtsbarkeit (Zeitschrift)
SGB	Sozialgesetzbuch
Slg.	Sammlung der Entscheidungen des EuGH
SPD	Sozialdemokratische Partei Deutschlands
SpuRT	Zeitschrift für Sport und Recht (Zeitschrift)
SPV	Stahlhacke/Preis/Vossen, Kündigung und Kündigungsschutz im Arbeitsverhältnis
SR	Soziales Recht (Zeitschrift)
St. Rspr.	ständige Rechtsprechung
StGB	Strafgesetzbuch

StromPBG	Strompreisbremsegesetz
StVG	Straßenverkehrsgesetz
StVO	Straßenverkehrsverordnung
TVG	Tarifvertragsgesetz
TzBfG	Teilzeit- und Befristungsgesetz
u.a.	und andere
Univ.	Universität
US/USA	United States of America, Vereinigte Staaten von Amerika
UStG	Umsatzsteuergesetz
UWG	Gesetz gegen den unlauteren Wettbewerb
Vergü	Vergütung
VersVergV	Versicherungsvergütungsverordnung
vgl.	vergleiche
VO	Verordnung
Vor	Vorbemerkung
Vorbem	Vorbemerkung
VwGO	Verwaltungsgerichtsordnung
VwVfG	Verwaltungsverfahrensgesetz
WM	Wertpapiermitteilungen, Zeitschrift für Wirtschafts- und Bankenrecht (Zeitschrift)
WpI-VergV	Wertpapierinstituts-Vergütungsverordnung
WRV	Weimarer Reichsverfassung
z.B.	zum Beispiel
ZAG	Zahlungsdienstaufsichtsgesetz
ZEuP	Zeitschrift für Europäisches Privatrecht (Zeitschrift)
ZEuS	Zeitschrift für Europarechtliche Studien (Zeitschrift)
ZEV	Zeitschrift für Erbrecht und Vermögensnachfolge (Zeitschrift)
ZFA	Zeitschrift für Arbeitsrecht (Zeitschrift)

ZfgK	Zeitschrift für das gesamte Kreditwesen (Zeitschrift)
ZfPW	Zeitschrift für die gesamte Privatrechtswissenschaft (Zeitschrift)
ZGR	Zeitschrift für Unternehmens- und Gesellschaftsrecht (Zeitschrift)
ZHR	Zeitschrift für das gesamte Handels- und Wirtschaftsrecht (Zeitschrift)
ZIP	Zeitschrift für Wirtschaftsrecht (Zeitschrift)
zit.	zitiert
ZPO	Zivilprozessordnung
ZSR	Zeitschrift für Schweizerisches Recht (Zeitschrift)
zugl.	zugleich

Erstes Kapitel – Grundlagen

§ 1 Einführung

Die Vertragsfreiheit ist ein herausragend wichtiges Gut und stellt eine der wichtigsten Grundlagen des deutschen Privatrechts dar.[1] Wie unter anderem § 105 GewO klarstellt, steht den Vertragsparteien auch im Arbeitsrecht die Freiheit zu, selbst über die Verträge zu entscheiden[2] – kaum ein anderes Rechtsverhältnis enthält jedoch so viele Einschränkungen dieser Vertragsfreiheit.[3] Auch ohne ein einheitliches Arbeitsvertragsgesetz[4] ist die Entscheidungsfreiheit von Arbeitnehmer[5] und Arbeitgeber – insbesondere zu Lasten der Flexibilisierungsbestrebungen der Arbeitgeber[6] – in allen Stadien des Arbeitsverhältnisses gesetzlichen Regelungen unterworfen. So darf die Einstellung eines neuen Arbeitnehmers beispielsweise nicht aufgrund bestimmter Merkmale aus § 1 AGG unterbleiben, die gleiche Einschränkung gilt für die Beendigung des Arbeitsverhältnisses, die für den Arbeitgeber mit dem KSchG und speziellen Kündigungsverboten (§ 17 MuSchG oder § 613a Abs. 4 S. 1 BGB) noch weiteren Beschränkungen unterfällt. Während der Laufzeit des Arbeitsverhältnisses sind beispielhaft die Vorgaben hinsichtlich der Arbeitszeit, des Urlaubs, der Sicherheit und mit dem MiLoG auch der Vergütung zu nennen.

Alle aufgezählten Regelungen schützen dabei vor allem eine Vertragspartei: den Arbeitnehmer.[7] Weitläufig ist daher das Arbeitsrecht mit dem Schlagwort

---

1 *Wendland* bezeichnet sie als „unabdingbare Grundlage der Marktwirtschaft", *Wendland*, Vertragsfreiheit und Vertragsgerechtigkeit, 2019, S. 65.

2 Vgl. nur NK-ArbR/*Boecken/Pils*, 2. Aufl. 2023, § 105 GewO Rn. 3; NK-ArbR/*Rudnik*, 2. Aufl. 2023, § 611a BGB Rn. 350.

3 Vgl. *Heinrich*, Formale Freiheit und materiale Gerechtigkeit, 2000, S. 498; so auch *Bartholomeyczyk*, AcP 166 (1966), 30 (65).

4 Siehe dazu nur *Krause*, Arbeitsrecht, 4. Aufl., 2020, § 3 Rn. 1.

5 Zwecks besserer Lesbarkeit wird – sofern das Gesetz nicht ausdrücklich eine andere Formulierung vorsieht – ausschließlich das generische Maskulinum verwendet. Gleichwohl sind dabei stets alle Personen unabhängig von ihrem Geschlecht gleichermaßen eingeschlossen.

6 Vgl. *Boensch*, Arbeitsvertragliche Entgeltflexibilisierung und aufsichtsrechtliche Institutsvorgaben, 2018, S. 74.

7 Dieser Einschlag lässt sich bereits zu Beginn der arbeitsrechtlichen Normierung feststellen. So dienen die ersten arbeitsrechtlichen Regelungen dem Ausgleich der

der „strukturellen Unterlegenheit“ als arbeitnehmerschützend charakterisiert.[8] Diese Unterlegenheit resultiere aus der existenziellen Bedeutung des Arbeitsplatzes für den Arbeitnehmer, dem keine vergleichbare Abhängigkeit seitens des Arbeitgebers gegenüberstehe.[9] Ein passendes Grundverständnis für diese ungleiche Situation liefert *von Gierke*, der – zwar nicht auf das Arbeitsrecht, aber auf die unterschiedliche Verhandlungsmacht bezogen – die Vertragsfreiheit als furchtbare Waffe in der Hand des Starken und stumpfes Werkzeug in der Hand des Schwachen zusammenfasst.[10]

Obwohl der Arbeitnehmerschutz damit zu Recht im Zentrum des Arbeitsrechts steht, wird allein diese zweipolige Betrachtung der Vielschichtigkeit des Arbeitsrechts nicht gerecht; das Arbeitsrecht ist geprägt von diversen Rechtsverhältnissen, die nicht isoliert von den übrigen im freien Markt auftretenden Personen betrachtet werden können. Neben den Hauptakteuren – Arbeitnehmer und Arbeitgeber – kommen insbesondere noch Rechtsbeziehungen zu danebenstehenden Arbeitnehmern oder Arbeitgebern, aber auch Kunden oder Geldgebern in Betracht. Auch ohne am Vertragsschluss beteiligt zu sein, kann sich der Vertrag daher für eine Vielzahl von Personen negativ auswirken. Sowohl das Risiko als auch die Schutzbedürftigkeit dieser, als dritte neben den beiden Vertragsparteien stehenden, Interessen ist dabei ungleich höher, wenn sie – um in den Worten *von Gierkes* zu bleiben – nicht einmal ein stumpfes Werkzeug in der Hand halten. Während die Vertragsparteien in einer Verhandlung die eigenen

---

Verhandlungspositionen und der Sicherung eines Mindestarbeitnehmerschutzes, indem z.B. das Verbot der Kinderarbeit und Arbeitszeitregelungen festgehalten wurden. Vgl. allgemein zur Entwicklung *Heinrich*, Formale Freiheit und materiale Gerechtigkeit, 2000, S. 495 ff.; *Preis/Temming*, Arbeitsrecht, 7. Aufl., 2024, Rn. 63 ff.

8 Vgl. BVerfG 6.6.2018 – 1 BvL 7/14, 1 BvR 1375/14, AP TzBfG § 14 Nr. 170 = BVerfGE 149, 126 (144) = NZA 2018, 774 (776) [Rn. 47]; so auch bereits die Begründung zur Bereichsausnahme zum AGB-Recht, BT-Drs. 7/3919, 41; auch *Horcher*, RdA 2014, 93 (95); *Jacobi*, Grundlehren des Arbeitsrechts, 1927, S. 6; *Krause*, Arbeitsrecht, 4. Aufl., 2020, § 1 Rn. 9; ErfK/*Preis*, 24. Aufl. 2024, § 611a BGB Rn. 8; *Reinecke*, NZA-Beilage 2000, 23 (23 f.). Auf die Notwendigkeit der beiden Vertragspartner für den jeweils anderen weist bereits *Adam Smith* hin, wenn auch im Zusammenhang mit dem Koalitionsverbot, *Smith*, The wealth of nations, 1970, S. 169. Siehe zu der Unterlegenheit auch § 7.III.1.b).

9 Vgl. BVerfG 23.11.2006 – 1 BvR 1909/06, AP BGB § 307 Nr. 22 = NZA 2007, 85 (87) [unter 2.b).aa).(2).(b)]; BAG 25.4.2007 – 5 AZR 627/06, NZA 2007, 853 (854 f.) [Rn. 22]; *Coester-Waltjen*, AcP 190 (1990), 1 (22); *Krause*, Arbeitsrecht, 4. Aufl., 2020, § 1 Rn. 9; *Mayer-Maly*, AcP 194 (1994), 105 (159).

10 *Gierke*, Die sociale Aufgabe des Privatrechts, 1889, S. 28.

Interessen (theoretisch) vertreten können und die eigene Zustimmung notwendig ist, sind die Drittinteressen darauf angewiesen, von einer der Vertragsparteien berücksichtigt zu werden, oder aber mit dessen Interessen übereinzustimmen und so mittelbar in der Verhandlung mitzuwirken.[11]

Ungeachtet der Bedeutung der Vertragsfreiheit und der mit dem Konflikt der sich gegenüberstehenden Interessen einhergehenden Folgen führt diese Thematik weitestgehend ein Schattendasein. Die wenigen existierenden gesetzlichen Regelungen sind – wie auch die arbeitnehmerschützenden Normen – auf mehrere Gesetze verteilt und bilden gemeinsam mit den ebenso als Schutzinstrumente in Betracht kommenden Generalklauseln aus § 138 BGB und § 242 BGB oder auch der höchstrichterlichen Rechtsprechung einen Flickenteppich. Die existierenden spezialgesetzlichen Regelungen sind dabei keineswegs neu und auch die maßgeblichen Reformen liegen bereits einige Jahre in der Vergangenheit. Mit Blick auf die in dem dritten Kapitel relevanten Normen fällt auf, dass die InstitutsVergV ursprünglich schon 2010 erlassen[12] und seit 2017[13] nur noch in geringem Umfang angepasst worden. Auch das MuSchG stammt bereits aus dem Jahre 1952[14] und das SchwarzArbG von 1957[15] hat 2004 seine entscheidende Erweiterung erhalten. Eine weitergehende Normierung ist vorerst nicht zu erwarten.[16]

---

11 Siehe dazu § 2.II.2.b).

12 BGBl. I 2010, 1374.

13 2017 wurden z.B. die Rückzahlungsklauseln eingeführt, die aufgrund der präventiven Wirkung im dritten Kapitel genauer beleuchtet werden, BGBl. I 2017, 3042. Dazu ausführlich unter § 9.II.2.c).bb).

14 BGBl. I. 1952, 69. Dazu ausführlich unter § 9.I.2.

15 BGBl. I. 1957, 315. Dazu ausführlich unter § 7.III.1.

16 Der Blick auf den Koalitionsvertrag von 2021 zeigt, dass dieser im Abschnitt „Arbeit" neben den Möglichkeiten zur Aus- und Weiterbildung die flexible Arbeitszeit- und Arbeitsortgestaltung, die Erhöhung des Mindestlohns auf zwölf Euro pro Stunde, die Beschränkung der sachgrundlosen Befristung, den Schutz des Beschäftigten im Rahmen der Arbeitnehmerüberlassung oder im Zusammenhang mit Plattformökonomie sowie den Arbeits- und Gesundheitsschutz beinhaltet. Zudem sollen auch die kollektiven Rechte gestärkt werden, *Koalitionsvertrag zwischen SPD, Bündnis 90/ Die Grünen und FDP – 20. Legislaturperiode*, Mehr Fortschritt wagen, 12.3.2021, 66 ff. Auch die darüber hinaus Verbindungen zum Arbeitsrecht aufweisenden Themen, wie der Beschäftigtendatenschutz (*Koalitionsvertrag zwischen SPD, Bündnis 90/Die Grünen und FDP – 20. Legislaturperiode*, Mehr Fortschritt wagen, 12.3.2021, 17 f.) zielen auf das Zweipersonenverhältnis ab.

Zudem scheint die Problematik in Rechtsprechung und Literatur kaum präsent zu sein. Die Schwerpunkte der europäischen[17] und nationalen[18] Rechtsprechung liegen – wenig verwunderlich – deutlich auf dem Zweipersonenverhältnis. Nur vereinzelt finden die Interessen Dritter ihren Weg in die Rechtsprechung, wie z.B. im Falle der Kündigung wegen sexueller Belästigung[19] oder der im dritten Kapitel noch ausführlich zu behandelnden Gefährdung des Straßenverkehrs.[20] Das Zusammenspiel von der Vertragsfreiheit und Drittinteressen leuchtet auch in der Literatur nur selten auf. Die Vertragsfreiheit als solche stellt dabei einen derart schillernden Begriff dar, der gerne argumentativ herangezogen wird, dass die genaue Abgrenzung und inhaltliche Bestimmung dieses komplexen aber zugleich offenen Begriffs in der wissenschaftlichen Auseinandersetzung immer wieder bemüht wird. Allein die ausführlichen Habilitationsschriften von *Heinrich*[21], *Lüttringhaus*[22] und zuletzt *Wendland*[23] zeugen von dieser wiederkehrenden Präsenz, konzentrieren sich aber mit nur rudimentären Ausnahmen auf das Zweipersonenverhältnis.[24] Die Drittinteressen in das Zentrum der Arbeit gestellt hat hingegen *Habersack*,[25] der ebenso der Frage nach der Einschränkbarkeit der Inhaltsfreiheit der Vertragspartner nachgegangen ist und in dem Institutsmissbrauch bzw. dem Umschwenken des funktionsgemäßen Gebrauchs in einen Missbrauch einen grundlegenden

---

17 Siehe als Überblick zur Rechtsprechung des EuGH nur *Franzen*, EuZA 2022, 186; *Hlava/Höller/Klengel*, NZA 2022, 389; *Krimphove*, ArbRAktuell 2021, 679.

18 Siehe als Überblick zur Rechtsprechung des BAG nur *Lembke/Fischels/Djordjevic*, NJW 2022, 127; *Lembke/Fischels/Djordjevic*, NJW 2022, 292; *Zundel*, NJW 2021, 127.

19 BAG 20.5.2021 – 2 AZR 596/20, NZA 2021, 1178 (1180 f.) [Rn. 23].

20 EuGH 8.7.2021 – C-428/19 (Rapidsped), ECLI:EU:C:2021:548 [Rn. 62].

21 *Heinrich*, Formale Freiheit und materiale Gerechtigkeit, 2000.

22 *Lüttringhaus*, Vertragsfreiheit und ihre Materialisierung im Europäischen Binnenmarkt, 2018.

23 *Wendland*, Vertragsfreiheit und Vertragsgerechtigkeit, 2019.

24 Dass sich die Wechselwirkung zwischen den Vertragsparteien und der Umwelt aber nicht vollständig aus der Diskussion zurückgezogen hat, zeigt sich zum Beispiel mit Blick auf die Zivilrechtslehrertagung 2019, die sich dem Verhältnis zwischen dem Privatrecht und dem öffentlichen Interesse gewidmet hat, vgl. *Wagner/Dauner-Lieb*, AcP 220 (2020), 453.

25 *Habersack*, Vertragsfreiheit und Drittinteressen, 1992. Damit steht er bis auf wenige weitere vereinzelte Auseinandersetzungen, wie z.B. *Gernhuber*, Das Schuldverhältnis, 1989, 552 ff.; *Martens*, AcP 177 (1977), 113; *Schmalzbauer*, Die Drittwirkung verpflichtender Verträge, 1982, 112 ff., weitgehend allein dar.

Anknüpfungspunkt sieht.[26] Ein weitergehender Zuschnitt auf das Arbeitsverhältnis findet sich jedoch selten.[27]

Trotz der teilweise schwerwiegenden Folgen für die Drittinteressen findet deren Zusammenspiel mit der arbeitsvertraglichen Vertragsfreiheit also kaum Widerhall im legislativen, judikativen und wissenschaftlichen Alltag. Ziel dieser Arbeit ist vor diesem Hintergrund, die sich am Rande des Lichtkegels der wissenschaftlichen Auseinandersetzungen befindende Problematik genauer zu beleuchten und eine Bewertung des Schutzes von Drittinteressen im Arbeitsverhältnis unter Berücksichtigung der Vertragsfreiheit vorzunehmen. Ein einseitiger Schutz der Rechte bedeutet zwingend auch die Beschränkung der gegenüberliegenden Seite. Während dies im Normalfall des Schutzes der Bürger vor dem Staat quasi die ureigene Abwehrfunktion der Grundrechte ist und auch gegenüber dem Arbeitgeber als Privatperson aufgrund der angesprochenen strukturellen Unterlegenheit in engen Grenzen akzeptiert wird, stellt sich in dieser Konstellation die Besonderheit von drei betroffenen Interessen dar, in denen nicht zwingend eine Überlegenheit ausgemacht werden kann. Zwischen diesen unterschiedlichen Rechtsbeziehungen bedarf es daher einer genauen Abwägung der Interessen der Vertragsparteien, die sich grundsätzlich auf die Vertragsfreiheit berufen können, und dem betroffenen Drittinteresse. Während in erster Linie der ausreichende Schutz der Drittinteressen zu behandeln ist, darf dies nicht zu einer zu intensiven Einschränkung der Vertragsfreiheit führen. Schließlich ist mit dem Verständnis der Vertragsfreiheit weder vereinbar, dass diese Konsequenzen für Drittinteressen ohne weitere Beachtung bleiben und diese dem Wohlwollen der Vertragsparteien ausgeliefert sind. Noch kann allein die Betroffenheit eines außerhalb der Vertragsparteien liegenden Interesses in jedem Fall ein Einschreiten und damit eine Einschränkung der Vertragsfreiheit jener Vertragsparteien begründen.

Drittinteressen werden nicht nur durch die inhaltliche Ausgestaltung des Arbeitsvertrages betroffen. Neben der Tätigkeit selbst, kann sich ein solcher Nachteil insbesondere im Hinblick auf die Gegenleistung, die Vertragsbeendigung oder die Frage, ob die Tätigkeit überhaupt in einem Arbeitsverhältnis ausgeführt werden soll, ergeben, ohne dass dieser Nachteil offen erkennbar ist. An diesen drei Fallgruppen, die für das Arbeitsverhältnis charakteristische Entscheidungen betreffen, orientiert sich die Arbeit. Die folgenden Überlegungen anhand der Fallgruppen sollen es ermöglichen, am Ende der Arbeit das Verhältnis von

26 *Habersack*, Vertragsfreiheit und Drittinteressen, 1992, S. 17, 54, 193.

27 So aber an dieser Stelle hervorzuheben *Ulrici*, ZFA 2016, 377. Auch wenn *Heinrich* auf das Arbeitsverhältnis eingeht, behandelt er schwerpunktmäßig die kollektiven Einschränkungen, die in dieser Arbeit auszuschließen sind, vgl. § 1.

der Vertragsfreiheit der Vertragsparteien und den Drittinteressen bewerten zu können und die Frage zu beantworten, ob das aktuelle Schutzniveau sowohl die Vertragsfreiheit als auch die Drittinteressen in Einklang bringt, oder ob aufgrund des Flickenteppichs die Drittinteressen tatsächlich in einem in der Theorie möglichen Maße den Vertragsparteien ausgeliefert sind bzw. gar die Vertragsfreiheit unverhältnismäßig zu Gunsten der Drittinteressen eingeschränkt wird. Innerhalb der Betrachtung verschiedener Drittinteressen gilt es auch zu schauen, ob eine Abstufung innerhalb des Schutzes der Drittinteressen erkennbar ist. So hat beispielsweise *Martens* mit Verweis auf die *Blinkfüer*-Entscheidung des BVerfG[28] aufgegriffen, dass ideelle Interessen höherwertiger als ökonomische Interessen anzusehen seien, auch wenn eine konkrete Werteskala Schwierigkeiten aufweisen würde.[29] Auch eine Unterordnung der Vermögensinteressen unter die Integritätsinteressen wird angenommen.[30]

§ 2 Themenzuschnitt

Indem gerade nicht das Verhältnis der Vertragspartner in den Fokus gerückt wird, sondern die aufgeworfene Diskussionsfrage auf die Folgen für Dritte zielt, wird der Blick auf ein unüberschaubares Feld potenziell konfliktträchtiger Konstellationen gerichtet. Die mit einer solch offenen Formulierung und so weit zu verstehenden Begriffen einhergehende Vielschichtigkeit bildet keine geeignete Grundlage für eine sinnvolle Betrachtung, die über eine Zusammenfassung der einzelnen nicht vergleichbaren Ergebnisse hinausgeht.[31] Der daher für eine gewinnbringende Untersuchung notwendige Themenzuschnitt erfolgt in zwei Schritten: Zuerst gilt es, eine Begriffsbestimmung vorzunehmen, wobei insbesondere auf die Reflexwirkung einzugehen ist (**I.**). An zweiter Stelle ist der Inhalt zudem auf bestimmte, im Ausgangspunkt vergleichbare Konstellationen zu beschränken (**II.**).

I. Begriffsbestimmung

Essenziell für diese Bearbeitung sind die Begriffe der Vertragsfreiheit, der Drittinteressen und der Reflexwirkungen, die bereits prominent im Titel angesprochen

28 BVerfG 26.2.1969 – 1 BvR 619/63, AP GG Art. 5 Abs. 1 Meinungsfreiheit Nr. 3 = BVerfGE 25, 256.

29 *Martens*, AcP 177 (1977), 113 (178).

30 So für die deliktischen Außenhaftung *Spindler*, in: FS Otto, 2009, S. 537-554 (545).

31 So weist auch *Martens* schon darauf hin, dass die „Diffusität des Interessenkonflikts" einem generellen Urteil entgegensteht, *Martens*, AcP 177 (1977), 113 (174). Es gilt daher, die sich unterscheidenden Parameter auf ein Minimum zu reduzieren.

sind. Die Bedeutung und insbesondere der Umfang der „Vertragsfreiheit“ soll später ausführlicher diskutiert werden.[32] Schon an dieser Stelle ist aber darauf hinzuweisen, dass die Berücksichtigung der Vertragsfreiheit eine vertragliche Abrede voraussetzt, die grundsätzlich aus zwei korrespondierenden Willenserklärungen besteht und keiner besonderen Form unterliegen muss.[33] Bereits diese Grundlagen bedeuten für die weitere Untersuchung, dass es keines haptisch wahrnehmbaren Dokumentes bedarf und der „Vertrag“ auch in einem mündlichen Übereinkommen der Vertragspartner liegen kann. Zudem ist eine beiderseitige Einigung vorausgesetzt, sodass ein reines Nichtausüben eigener Rechte durch eine Partei keine Vertragsqualität erreicht.

Eine tiefergreifende Auseinandersetzung erfordern die Begriffe der Drittinteressen und Reflexwirkungen. Bei dem Drittinteresse handelt es sich um ein Interesse, das keinem der in der Regel zwei vertragsschließenden Parteien angehört.[34] Die Vertragsfreiheit gewährt dem Einzelnen die Freiheit, die eigenen privaten Lebensverhältnisse eigenständig durch Verträge zu gestalten.[35] Bereits diese knappe Definition als Gestaltung eigener privater Lebensverhältnisse zeigt: Der Vertrag wirkt grundsätzlich nur relativ, also zwischen den am Vertragsschluss beteiligten Personen.[36] Im Einklang steht dieses Verständnis auch mit dem des BGB, schließlich wird auch im Falle des Vertrages zu Gunsten Dritter oder des Vertrages mit Schutzwirkung zu Gunsten Dritter jene dritte Person als am Vertragsschluss nicht

32 Siehe dazu § 4.

33 Grüneberg/*Ellenberger*, 83. Aufl. 2024, Einf v § 145 BGB Rn. 1.

34 Mit diesem Verständnis z.B. *Bettermann*, JZ 1951, 321 (321); *Gernhuber*, Das Schuldverhältnis, 1989, S. 460; *Habersack*, Vertragsfreiheit und Drittinteressen, 1992, S. 161; *Jhering*, Die Reflexwirkungen oder die Rückwirkung rechtlicher Thatsachen auf dritte Personen, in: Jhering (Hrsg.), Jahrbücher für die Dogmatik des heutigen römischen und deutschen Privatrechts, 1871, S. 245-354 (245); *Martens*, AcP 177 (1977), 113 (115); *Ulrici*, ZFA 2016, 377 (377). So auch das Verständnis zum Vertrag zu Gunsten Dritter, MüKoBGB/*Gottwald*, 9. Aufl. 2022, § 328 BGB Rn. 1. Nach *Schmalzbauer* sind darunter Personen zu verstehen, die kein präventives Einverständnis geben konnten, *Schmalzbauer*, Die Drittwirkung verpflichtender Verträge, 1982, S. 11.

35 *Brox/Walker*, Allgemeiner Teil des BGB, 48. Aufl., 2024, § 4 Rn. 5; genauer zu der Vertragsfreiheit unter § 4.I.

36 Vgl. Jauernig/*Mansel*, 19. Aufl. 2023, § 241 BGB Rn. 4; *Neuner/Wolf/Larenz*, Allgemeiner Teil des Bürgerlichen Rechts, 13. Aufl., 2023, § 29 Rn. 53; *Roth*, in: FS Hadding, 2004, S. 253-270 (253); *Ulrici*, ZFA 2016, 377 (395); so bereits *Thur*, Der Allgemeine Teil des Deutschen Bürgerlichen Rechts, 1914, S. 167.

selbst direkt beteiligt angesehen.[37] Gleiches gilt für den Dritten im Sinne des § 311 Abs. 3 BGB.[38] Abzugrenzen sind diese Individualinteressen, die unmittelbar einer natürlichen oder juristischen Person zugeordnet werden, von den Allgemeininteressen. Im Laufe der Untersuchung werden darunter die Interessen gefasst, die vorrangig[39] nicht unmittelbar einer Person zuzuordnen sind.[40]

Eine so weitreichende Definition der Drittinteressen öffnet die Tür für alle denkbaren Konstellationen, die im Zusammenhang mit einem Arbeitsverhältnis bestehen. Stehen in einer freien Marktwirtschaft eine Vielzahl an Arbeitnehmern mehreren Arbeitgebern gegenüber, die jeweils einen eigenen Stamm an Kunden, Geldgebern und Lieferanten besitzen, bedeutet dies auch eine Vielzahl „Dritter". Berücksichtigt man anschließend auch die Dritten oder Allgemeininteressen, auf die vertragliche Abreden auch ohne jede vertragliche Beziehung Einfluss haben können, offenbart sich das Ausmaß der sich jeweils unterscheidenden Drittinteressen.

1. Überblick über die Drittinteressen

Ein grober Überblick über die bereits angesprochene Flut an Drittinteressen lässt sich durch eine oberflächliche Einordnung erlangen. Zum einen kann zwischen individuellen und allgemeinen Interessen unterschieden werden. Als individuelle Interessen lassen beispielsweise die typischerweise im Zweipersonenverhältnis[41] geschützten Verbraucherinteressen oder – wie im Falle des AÜG – der Schutz des Arbeitnehmers vor den Abreden der kontrahierenden Arbeitgeber[42] anführen.

---

37 Erman/*Bayer*, 17. Aufl. 2023, § 328 BGB Rn. 1, 59; MüKoBGB/*Gottwald*, 9. Aufl. 2022, § 328 BGB Rn. 1.

38 Erman/*Dieckmann*, 17. Aufl. 2023, § 311 BGB Rn. 89; MüKoBGB/*Emmerich*, 9. Aufl. 2022, § 311 BGB Rn. 206; vgl. Grüneberg/*Grüneberg*, 83. Aufl. 2024, § 311 BGB Rn. 60.

39 Eine genaue Abgrenzung ist nicht immer möglich, siehe dazu § 10.I.

40 Auch *Stütze* grenzt die Gemeinschaftsinteressen von dem Schutz konkreter Dritter ab, *Stütze*, Die Kontrolle der Entgelthöhe im Arbeitsrecht, 2010, S. 173.

41 In einfachen Vertragsgestaltungen wird dem Verbraucher häufig bereits aus dieser Eigenschaft heraus ein Vorschuss an Schutzmaßnahmen gewährt. So enthalten z.B. die Sonderregelungen zum Verbrauchsgüterkaufrecht zu Gunsten der Verbraucher abweichende gesetzliche Regelungen, vgl. dazu beispielhaft die Erwägungsgründe der diesen Regelungen zugrundeliegenden Verbrauchsgüterkaufrichtlinie, ABl. 1999 L 171, S. 12. Umgesetzt durch das Gesetz zur Modernisierung des Schuldrechts, BGBl. I 2001, 3138.

42 HWK/*Höpfner*, 11. Aufl. 2024, § 1 AÜG Rn. 1; Thüsing/*Thüsing*, 4. Aufl. 2018, Einf. AÜG Rn. 5; so auch in der dem AÜG zugrunde liegenden Richtlinie, Erwägungsgründe 14, 18 RL 2008/104/EG, ABl. 2008 L 327, S. 9.

Als Allgemeininteressen sind im Vorgriff auf das dritte Kapitel z.B. das Interesse an einem funktionierenden Kredit- oder Sozialversicherungswesen zu nennen.[43] Ein eindrucksvolles Beispiel für die Variabilität und das Zusammenspiel der betroffenen Interessen liefert die Schutzrichtung des deutschen und europäischen Wettbewerbsrechts. Während der unverfälschte Wettbewerb als solcher geschützt ist (Art. 101 Abs. 1 AEUV, § 1 S. 2 UWG), adressieren die Regelungen ebenfalls auch individuelle Interessen der Marktteilnehmer. Dies umfasst neben den Mitbewerbern und soeben angesprochenen Verbrauchern[44] (vgl. § 1 Abs. 1 S. 1 UWG) auch sonstige Marktteilnehmer wie Hersteller, Händler oder Lieferanten.[45]

Zum anderen lassen sich die Folgen für die Drittinteressen nach ihrer Wirkungsweise unterteilen. So kann das Individualinteresse rechtsgeschäftlich betroffen sein, z.B. durch eine neu begründete oder entfallende Verpflichtung, oder faktisch, indem finanzielle oder auch gesundheitliche Nachteile eintreten. Schon dieser nur an der Oberfläche des Arbeitsrechts kratzende Blick offenbart die Masse unterschiedlicher Betroffenheit dritter Interessen, die sich aus der schieren Grenzenlosigkeit der möglichen Vertragstypen, -partner und -inhalte ergibt.

2. *Arten der Betroffenheit*

Wie bereits festgestellt, können rechtliche oder faktische Folgen eintreten, wobei im Rahmen der rechtlichen Folgen eine weitere Unterscheidung danach hilfreich ist, ob die Auswirkungen bereits durch die Abrede selbst eintreten oder

---

43 Siehe zu diesen beiden Beispielen die Ausführungen in § 7 und § 9.II. Auch ein funktionierendes Steuersystem kann ein solches Allgemeininteresse darstellen, vgl. Erwägungsgründe 34, 51 RL 2013/36/EU, ABl. 2013 L 176, S. 338.

44 Siehe z.B. EuGH 6.10.2009 – C-501/06 P u.a. (GlaxiSmithKline), ECLI:EU:C:2009:610 [Rn. 63]; 4.6.2009 – C-8/08 (T-Mobile Netherlands u.a.), ECLI:EU:C:2009:343 [Rn. 38 f.]; ABl. 1973 L 140, S. 17 (36); Grabitz/Hilf/Nettesheim/*Jung*, 82. EL, Art. 102 AEUV Rn. 7.

45 Während das UWG in § 2 Abs. 1 Nr. 2 UWG verdeutlicht, dass unter „Marktteilnehmern" „neben Mitbewerbern und Verbrauchern alle Personen, die als Anbieter oder Nachfrager von Waren oder Dienstleistungen tätig sind" zu verstehen sind (siehe dazu auch Köhler/Bornkamm/Feddersen/*Köhler*, 42. Aufl. 2024, Einl. UWG Rn. 6.13), werden die möglichen Marktteilnehmer auch vom EuGH in Bezug auf den damaligen Art. 85 EGV und heutigen Art. 101 AEUV herangezogen, vgl. nur EuGH 25.11.1971 – Rs. 22/71 (Béguelin Import/G.L. Import Export), ECLI:EU:C:1971:113 [Rn. 10/12]; 13.7.1966 – Rs. 56/64, 58/64 (Consten und Grundig/Kommission), Slg. 1966, 321 (391 f.); siehe zudem die Entscheidungen der Kommission über das Verfahren Goodyear Italiana-Euram, ABl. 1975 L 38, S. 10 (11); sowie das Verfahren Europäische Zuckerindustrie, ABl. 1973 L 140, S. 17 (33).

nur mittelbar folgen. Ein einheitliches Verständnis findet sich in diesem Punkt nur selten.

a) Unmittelbare Änderung der Rechtslage

Die erste und wohl unumstrittenste Kategorie bilden die Absprachen der Vertragspartner, durch die sich die Rechtslage eines Dritten unmittelbar und belastend ändern soll. Das Charakteristikum der Unmittelbarkeit ist dann erfüllt, wenn die Wirkung außerhalb der Vertragsparteien direkt aufgrund der vertraglichen Absprache eintritt und nicht erst beispielsweise aufgrund einer sich aus dem Gesetz an die Absprache anknüpfenden Konsequenz.[46] Statt der Unmittelbarkeit wird teilweise auch eine willentliche Änderung der Rechtslage gefordert, wobei es sich dabei um keine abweichende oder zusätzliche Anforderung handelt. So wird der geforderte Wille nicht als ein verachtenswertes Motiv verstanden, sondern beruhe auf dem Gedanken, dass das Rechtsgeschäft „allein kraft Parteiwillens" Rechtsfolgen auf Dritte erstrecken soll.[47] Auch hier hindert also eine gesetzliche Wirkung dessen Vorliegen.

Für das weitere Erfordernis der Änderung der Rechtslage wird die Begründung einer Verpflichtung in der Person des Dritten oder die Vereitelung eines diesem zustehenden Anspruchs gefordert.[48] Solche Verträge der unmittelbaren Änderung der Rechtslage bilden das klassische Verständnis des Vertrages zu Lasten Dritter.[49] Nur vereinzelt wird von dieser im Grundsatz einheitlichen Bezeichnung dahingehend abgewichen, dass diese Verträge mit dem Zusatz des Vertrages zu Lasten Dritter i.e.S. versehen werden; alle übrigen Verträge mit einer belastenden Drittwirkung seien hingegen Verträge zu Lasten Dritter i.w.S.[50] Unabhängig von der Bezeichnung wird in der Regel zur Unwirksamkeit nur kurz darauf verwiesen,

---

46 BGH 12.10.2011 – VIII ZR 50/11, NZM 2012, 558 (559) [Rn. 15]; 19.1.2011 – IV ZR 7/10, NJW 2011, 1586 (1588) [Rn. 21]; 29.6.2004 – VI ZR 211/03, NJW 2004, 3326 (3327) [unter II.2.]; vgl. auch *Ulrici*, ZFA 2016, 377 (398).

47 *Ulrici*, ZFA 2016, 377 (396). Vgl. auch *Habersack*, Vertragsfreiheit und Drittinteressen, 1992, S. 28 f.; *Thur*, Der Allgemeine Teil des Deutschen Bürgerlichen Rechts, 1914, 167 f.

48 MüKoBGB/*Gottwald*, 9. Aufl. 2022, § 328 BGB Rn. 263; Grüneberg/*Grüneberg*, 83. Aufl. 2024, Einf v § 328 BGB Rn. 10; explizit den Verlust eines Anspruchs gleichsetzend Staudinger/*Klumpp*, 2020, Vorbem zu §§ 328 ff Rn. 55; *Martens*, AcP 177 (1977), 113 (135).

49 BGH 14.7.1995 – V ZR 31/94, NJW 1995, 3183 (3184) [unter II.3.c).aa)]; 12.11.1980 – VII ZR 293/79, NJW 1981, 275 (276) [unter II.2.c).bb)]; *Bettermann*, JZ 1951, 321 (322); *Martens*, AcP 177 (1977), 113 (135).

50 So z.B. *Salje*, NZA 1990, 299 (300); *Ulrici*, ZFA 2016, 377 (378). Die Begriffe des „echten" und „unechten" Vertrages zu Lasten Dritter unter Heranziehung derselben

dass die Verträge mit der Privatautonomie unvereinbar und daher dem BGB grundsätzlich unbekannt seien.[51]

b) Mittelbare Änderung der Rechtslage

Maßgebliche Bedeutung kommt den Verträgen zu, die allein eine mittelbare Änderung der Rechtslage zur Folge haben. Das umfasst z.B. vertragliche Absprachen, die erst die Grundlage für eine gesetzliche Rechtsfolge schaffen. So geht nach § 613a BGB bei einer entsprechenden Einigung von Betriebsveräußerer und -erwerber das Arbeitsverhältnis des Arbeitnehmers auch ohne eigenes Zutun auf den Erwerber über. Die Begründung des Arbeitsverhältnisses mit dem Erwerber beruht dabei auf der gesetzlichen Regelung und nicht bereits auf einer etwaigen Absprache der Kontrahierenden.[52] Im Gegensatz zum Vertrag zu Lasten Dritter findet sich für diese Art Verträge keine einheitliche Bezeichnung, neben dem schon angesprochenen Vertrag zu Lasten Dritter i.w.S. werden in der Literatur insbesondere die Begriffe der Reflex- und Lastwirkung verwendet.[53]

aa) Reflexwirkungen

Habersack bezeichnet solche Regelungen, die nicht unmittelbar auf dem Willen der Vertragsparteien beruhende Änderungen der Rechtslage eines Dritten darstellen, mit Verweis auf *v.Tuhr*[54] als Reflexwirkungen.[55] Mit der Anknüpfung an die unbewusste Betroffenheit außerhalb der Vertragsparteien stimmt er damit auch *Jhering* zu.[56] Die Grundlagen der Reflexwirkungen seien in dem

---

Kriterien verwendet *Gellermann*, Völkerrechtliche Verträge zu Lasten Dritter, 1963, 12 f.

51 Dazu unter § 5.III.

52 Dazu unter § 8.III.

53 Siehe zu den Schwierigkeiten der Abgrenzung und Benennung auch *Ulrici*, ZFA 2016, 377 (391).

54 Dieser grenzt sein Verständnis von der Ansicht ab, dass lediglich faktische Wirkungen als Reflexwirkungen zu bezeichnen sind, *Thur*, Der Allgemeine Teil des Deutschen Bürgerlichen Rechts, 1914, S. 12.

55 *Habersack*, Vertragsfreiheit und Drittinteressen, 1992, S. 55 f.; mit der gleichen Ansicht Staudinger/*Fischinger*, 2021, § 138 BGB Rn. 528; so wohl auch *Ulrici*, ZFA 2016, 377 (378).

56 Dahingehend herrscht weitgehend Einigkeit, vgl. *Bettermann*, JZ 1951, 321 (322); *Habersack*, Vertragsfreiheit und Drittinteressen, 1992, S. 29, 55 f.; *Jhering*, Die Reflexwirkungen oder die Rückwirkung rechtlicher Thatsachen auf dritte Personen, in: Jhering (Hrsg.), Jahrbücher für die Dogmatik des heutigen römischen und deutschen Privatrechts, 1871, S. 245-354 (248).

„tierischen Reflex“ zu verorten, sodass eine unwillkürliche oder unbewusste Folge zu verlangen sei.[57] Die Folge darf demnach sehr wohl gewollt sein, deren Eintritt allerdings nicht allein auf diesem Willen beruhen. Nach *Jhering* sind im Ergebnis unter der Reflexwirkung alle rechtlichen und ökonomischen Tatsachen zu verstehen, die über die gesetzliche oder gesetzte Wirkungssphäre hinaus Dritten widerfahren.[58] Er umfasst damit auch ganz bewusst Folgen, die rein faktischer Natur sind, wie die Mitnutzung eines Lichts, Entzug des Wasserzugangs oder den Damm, der nicht nur einen selbst, sondern auch die Nachbarn schützt.[59] Teilweise wird auch gänzlich auf eine Festlegung der Einwirkungsart verzichtet und lediglich darauf abgestellt, dass die Wirkung bei der dritten Person „unbeabsichtigt“ eintrete,[60] was wohl für ein Verständnis im von *Jhering* vertretenen, weiten Sinne spricht.

Die Ausführungen in der Rechtsprechung lassen sich ebenfalls als Zustimmung dahingehend verstehen: Der Reflex wird dort als Abgrenzung zu dem unzulässigen Vertrag zu Lasten Dritter angewendet.[61] Die dieser Rechtsprechung zugrunde liegenden Sachverhalte sind vielschichtig und umfassen z.B. den Anspruch auf Zahlung einer Geldleistung gegen den Sozialversicherungsträger[62]

---

57 Vgl. *Jhering*, Die Reflexwirkungen oder die Rückwirkung rechtlicher Thatsachen auf dritte Personen, in: Jhering (Hrsg.), Jahrbücher für die Dogmatik des heutigen römischen und deutschen Privatrechts, 1871, S. 245-354 (248).

58 Vgl. *Jhering*, Die Reflexwirkungen oder die Rückwirkung rechtlicher Thatsachen auf dritte Personen, in: Jhering (Hrsg.), Jahrbücher für die Dogmatik des heutigen römischen und deutschen Privatrechts, 1871, S. 245-354 (248); so wohl auch Staudinger/*Klumpp*, 2020, Vorbem zu §§ 328 ff Rn. 65, der in seinem Beispiel explizit darauf hinweist, dass keine Verpflichtungen entstehen.

59 Vgl. *Jhering*, Die Reflexwirkungen oder die Rückwirkung rechtlicher Thatsachen auf dritte Personen, in: Jhering (Hrsg.), Jahrbücher für die Dogmatik des heutigen römischen und deutschen Privatrechts, 1871, S. 245-354 (248, 250, 260, 266).

60 So *Bettermann*, JZ 1951, 321 (322).

61 BGH 19.1.2011 - IV ZR 7/10, NJW 2011, 1586 (1588) [Rn, 21]; 29.6.2004 - VI ZR 211/03, NJW 2004, 3326 (3327); LAG Brandenburg-Berlin 29.10.1998 – 3 Sa 229/98, NZA-RR 1999, 360 (362) [unter II.4.c)].

62 Der Entscheidung des BGH lag die Ausschlagung eines Pflichtteils durch eine Leistungsbezieherin zugrunde. Der Sozialversicherungsträger hat der Leistungsbezieherin unterschiedliche Leistungen gem. §§ 53 ff. SGB VII und § 19 V SGB XII gezahlt und wäre aufgrund des Nachranggebotes bei eigener Leistungsfähigkeit der Leistungsempfängerin nicht mehr zu der Zahlung verpflichtet. Die Zahlungsverpflichtung des Sozialhilfeträgers besteht somit wegen der Ausschlagung fort, vgl. BGH 19.1.2011 – IV ZR 7/10, NJW 2011, 1586. Dazu später unter § 7.II.1.

bzw. Haftpflichtversicherer[63], den Ausschluss der Kündigungsmöglichkeit eines Vermieters[64] oder eine schlechtere Ausgangslage bei der Sozialauswahl im Zuge einer betriebsbedingten Kündigung[65]. Neben der Änderung der Rechtslage sind also auch rein faktische Belastungen, wie die schlechtere Ausgangslage im Zuge der Kündigung, von der Rechtsprechung als Reflexwirkung eingeordnet und akzeptiert worden.

bb) Lastwirkungen

Neben dem Begriff der Reflexwirkung wird vor allem auch derjenige der (mittelbaren) Lastwirkung im Zusammenhang mit dem Vertrag zu Lasten Dritter genannt. Auch hier liegt jedoch kein einheitliches Verständnis des Begriffs vor. Vielfach wird er lediglich als Abgrenzung zum Vertrag zu Lasten Dritter angewendet, sodass die Lastwirkungen jede Wirkung bei einem Dritten umfasse, die nicht in der unmittelbaren Änderung der Rechtslage zu finden sei.[66] Sie wären damit synonym zu dem soeben dargestellte Verständnis der Reflexwirkungen zu

---

63 In diesem Fall ging es um die Kosten eines Einsatzes eines Rettungswagens nach einem Verkehrsunfall. Die Ausgangslage, dass der Kläger, eine Innungskrankenkasse, aus einem gem. § 116 SGB X auf ihn übergegangene Recht des Versicherten gegen den Haftpflichtversicherer des Unfallverursachers die geleisteten Aufwendungen ersetzt verlangen kann, ist unstreitig. Entscheidend war jedoch, dass die genaue Zusammensetzung der Kosten in einer Gebührenordnung festgelegt war, die zwischen verschiedenen Kostenträgern und Rettungsdiensten geschlossen wurde, BGH 29.6.2004 – VI ZR 211/03, NJW 2004, 3326.

64 Die Mieter vereinbarten mit der Vermieterin den Ausschluss der ordentlichen Kündigung durch die Vermieterin. Nach dem Tod der Vermieterin war fraglich, ob dem Alleinerben, dem bereits vor dem Ausschluss der ordentlichen Kündigungsmöglichkeit das Eigentum unter Vorbehalt eines lebenslangen Nießbrauchrechts übertragen worden war, eine Kündigungsmöglichkeit zusteht. Die in § 1056 Abs. 2 BGB vorgesehene Kündigungsmöglichkeit mit Erlöschen des Nießbrauchrechts sei dann ausgeschlossen, wenn der Eigentümer z.B. im Wege der Alleinerbschaft über § 1056 Abs. 1 BGB hinaus an den Mietvertrag gebunden ist, BGH 12.10.2011 – VIII ZR 50/11, NZM 2012, 558.

65 Einigen Arbeitnehmern wurde hier ein besonderer Kündigungsschutz eingeräumt, der bewirkte, dass diese im Rahmen der Sozialauswahl während einer betriebsbedingten Kündigung nicht beachtet wurden, wodurch sich die Chancen der in den auswahlrelevanten Personenkreis fallenden Arbeitnehmer auf Fortführung des Arbeitsverhältnisses verringerten, LAG Brandenburg-Berlin 29.10.1998 – 3 Sa 229/98, NZA-RR 1999, 360. Dazu später unter § 8.I.2.

66 So z.B. *Dathe*, NZA 2007, 1205 (1209); *Elking*, Der „Nichtvertragliche Arbeitgeber" – Leiharbeit im Betriebsübergang auf Entleiherseite, 2013, S. 299; *Gehlhaar*,

verstehen.[67] Andererseits wird unter Lastwirkung auch eine Abrede aufgefasst, die zwar keine Pflichten auferlege, aber die rechtsgeschäftliche Freiheit mittelbar einschränke.[68] Dies umfasse all diejenigen Absprachen, die „die unendliche Anzahl von einer Rechtsperson zur Verfügung stehenden Vertragsinhalten oder Abschlu[ss]möglichkeiten um eine begrenzte Zahl einschränken."[69] Es fehlt dabei im Vergleich zum obigen Verständnis an der „Reflexwirkung", also der Tatsache, dass die Wirkung z.B. erst aufgrund eines Gesetzes eintritt.

Diese beiden Punkte aufgreifend versteht *Habersack* unter Lastwirkungen nur die negativen Reflexwirkungen, was nach dessen Verständnis auch nur mittelbare Änderungen der Rechtslage umfasse,[70] und kategorisiert die unter anderem von *Wiedemann* beschriebene Einschränkung der Abschluss- und Inhaltschancen als eine von vielen möglichen Lastwirkungen.[71]

c) *Faktische Belastung*

In einer differenzierten Unterteilung fehlen neben den Änderungen hinsichtlich der Rechtslage auch noch faktische Belastungen. Abhängig von dem Verständnis der Reflexwirkungen oder Lastwirkungen unterfallen aber auch die faktischen Belastungen besagten Umschreibungen als Abgrenzung zu dem Vertrag zu Lasten Dritter; eine weitergehende Unterscheidung ist dann nicht vorzunehmen.

Sieht man die Belastungen dritter Interessen abseits der Rechtslage als eigenständig an, so wird auch hier kein einheitlicher Begriff verwendet. Neben dem Begriff der Belastungen im weiteren Sinne[72] wird auch lediglich von betroffenen Vermögens- oder Affektionsinteressen[73] gesprochen. Lässt man dieser Kategorie eine Art Auffangfunktion zuteilwerden, bietet sich zudem an, von sonstigen Lastwirkungen zu sprechen.

NZA 2009, 825 (829); *Roth*, in: FS Hadding, 2004, S. 253-270 (254); *Ulrici*, ZFA 2016, 377 (378).

67 *Roth*, in: FS Hadding, 2004, S. 253-270 (254); so deutlich z.B. *Ulrici*, ZFA 2016, 377 (385).

68 MüKoBGB/*Gottwald*, 9. Aufl. 2022, § 328 BGB Rn. 267; *Krüger/Biedenkopf*, Sinn und Grenzen der Vereinbarungsbefugnis der Tarifvertragsparteien, 1966, S. 133; *Martens*, SAE 1972, 101 (103); *Martens*, AcP 177 (1977), 113 (136); *Wiedemann*, SAE 1969, 265 (268).

69 *Wiedemann*, SAE 1969, 265 (268).

70 Vgl. *Habersack*, Vertragsfreiheit und Drittinteressen, 1992, S. 55 f.

71 *Habersack*, Vertragsfreiheit und Drittinteressen, 1992, S. 29, 58.

72 So z.B. Staudinger/*Klumpp*, 2020, Vorbem zu §§ 328 ff Rn. 67.

73 *Habersack*, Vertragsfreiheit und Drittinteressen, 1992, S. 56.

d) Eigenes Verständnis

Wie bereits festgestellt, wird der Begriff des Vertrages zu Lasten Dritter (i.e.S.) grundsätzlich einheitlich verstanden. Diesem einheitlichen Verständnis soll auch hier nicht widersprochen werden und der Begriff Verträge umschreiben, die die Rechtslage eines Dritten unmittelbar, also aufgrund des Willens der Parteien und nicht aufgrund eines Gesetzes, ändern. Von der unmittelbaren Änderung der Rechtslage sind die übrigen Belastungen abzugrenzen, wofür sich der Begriff der Reflexwirkung anbietet.

Sowohl die „Lastwirkung" als auch die „Reflexwirkung" weisen einen vergleichbar weiten Anwendungsbereich auf, eignen sich dabei aber nur zur Abgrenzung von dem Vertrag zu Lasten Dritter – eine weitere Unterteilung innerhalb dieser Gruppe ist allein durch den Wortlaut eines der beiden Begriffe nicht zu erreichen. Der Begriff der Lastwirkung weist allerdings im allgemeinen Sprachgebrauch eine zu starke Nähe zu dem davon abzugrenzenden Vertrag zu Lasten Dritter auf. Gerade darin liegt ein Vorteil der Reflexwirkung. Anknüpfend an diesen Sprachgebrauch und den tierischen Reflex soll daher in dieser Arbeit dem weiten Verständnis der Reflexwirkung gefolgt werden: Unter Reflexwirkungen sind demnach anschließend alle Folgen zu verstehen, die nicht unmittelbar aus der vertraglichen Abrede die Rechtslage ändern und einen Vertrag zu Lasten Dritter darstellen. Mit dem Zuschnitt auf die Reflexwirkungen entfällt somit allein die schwerpunktmäßige Betrachtung der Verträge zu Lasten Dritter.

Das weite Verständnis der Reflexwirkung bedeutet zudem, dass – im Einklang mit *Habersack* und *Jhering* – unter den Reflexwirkungen sowohl begünstigende als auch belastende Wirkungen zu verstehen sind.[74] Nichtsdestoweniger bilden die belastenden Wirkungen das Hauptaugenmerk, schließlich bedarf es infolge begünstigender Auswirkungen keines vergleichbaren Schutzes der Drittinteressen vor der Ausübung der Vertragsfreiheit durch die Vertragsparteien. Ein über diese Betrachtung hinausgehendes praktisches Interesse auch hinsichtlich dieser Auswirkungen soll dabei jedoch nicht angezweifelt werden.[75]

---

74 Vgl. *Habersack*, Vertragsfreiheit und Drittinteressen, 1992, S. 29; *Jhering*, Die Reflexwirkungen oder die Rückwirkung rechtlicher Thatsachen auf dritte Personen, in: Jhering (Hrsg.), Jahrbücher für die Dogmatik des heutigen römischen und deutschen Privatrechts, 1871, S. 245–354 (266).

75 Vgl. zu einem ähnlichen Vorgehen hinsichtlich der Beschränkung auf begünstigende Wirkungen *Jhering*, Die Reflexwirkungen oder die Rückwirkung rechtlicher Thatsachen auf dritte Personen, in: Jhering (Hrsg.), Jahrbücher für die Dogmatik des heutigen römischen und deutschen Privatrechts, 1871, S. 245-354 (293).

II. Beschränkung des Betrachtungsgegenstandes

Unter Zugrundelegung des weiten Verständnisses deckt auch die Beschränkung auf Reflexwirkungen noch ein unüberschaubares Feld an möglichen Absprachen ab. Um dieser Masse und Varianz der betroffenen Interessen Herr und dem Ziel dieser Arbeit gerecht zu werden, muss daher ein weiterer Zuschnitt erfolgen. Während der Großteil der auf Drittinteressen gerichteten wissenschaftlichen Auseinandersetzungen allgemein auf das Bürgerliche Recht schaut,[76] soll an dieser Stelle neben des generell auf das Arbeitsrecht und dessen Besonderheiten gerichteten Fokus eine weitere Beschränkung hinsichtlich der konkreten Vertragsparteien (**1.**) und des sich im Inhalt spiegelnden Interessenverhältnisses (**2.**) erfolgen.

1. Vertragsparteien

Die Vielschichtigkeit der neben dem Arbeitnehmer und dem Arbeitgeber in einem Arbeitsverhältnis auftretenden Akteure wurde bereits dargestellt. Zu den Einzelpersonen gesellen sich zudem noch die jeweiligen Interessenvertreter, die Arbeitgebervereinigungen und Gewerkschaften.[77] Schon aus diesem Grund sind Absprachen mannigfacher Art zwischen den verschiedensten Vertragspartnern denkbar, die jeweils andere Interessen vertreten. So sind zuerst die tarifvertraglichen Regelungen zwischen Arbeitgebervereinigungen oder einzelnen Arbeitgebern und Gewerkschaften angesprochen. Unabhängig von der normativen Wirkung eines Tarifvertrages handelt es sich dabei um eine vertragliche Abrede,[78] die auch Dritte beeinflussen kann. So bilden gerade tarifvertragliche Differenzierungsklauseln immer wieder den Gegenstand gerichtlicher Verfahren. Gestritten wird über die Zulässigkeit von Regelungen der Tarifvertragsparteien, deren Erstreckung auf Arbeitsverhältnisse mit Nicht-Gewerkschaftsmitgliedern vertraglich explizit untersagt wird, sodass die Regelungen zu Lasten der nicht organisierten Arbeitnehmer gehen.[79]

---

76 Siehe dazu auch § 1.

77 Diese vereinbaren schon nach ihrer Zweckrichtung Regelungen für nicht am Vertragsschluss beteiligte Personen. Allerdings beschränkt sich dies auf die ihrer Normsetzung unterfallende Personen, deren Interessen sie gerade vertreten sollen, vgl. z.B. *Biedenkopf*, Grenzen der Tarifautonomie, 1964, S. 25.

78 Vgl. z.B. ErfK/*Franzen*, 24. Aufl. 2024, § 1 TVG Rn. 23; *Preis/Greiner*, § 87 Zustandekommen des Tarifvertrages, in: Preis/Greiner (Hrsg.), Arbeitsrecht, 2024 (Rn. 236).

79 Mit nur wenigen Einschränkungen, die insbesondere in der Höhe der zusätzlichen Leistung und daher einem möglichen Beitrittsdruck liegen, hat das BAG in

Auch zwischen zwei Arbeitgebern sind vertragliche Absprachen möglich, die einen nicht nur marginalen Einfluss auf Dritte haben können. Stellvertretend ist insbesondere an die Konstellation der Arbeitnehmerüberlassung zu denken,[80] in der Entleiher und Verleiher einen Überlassungsvertrag schließen, aufgrund dessen der Arbeitnehmer für den Entleiher tätig wird.[81] Die Regulierung dieses an sich rechtmäßigen Vorgangs dient dabei dem Schutz des Arbeitnehmers,[82] der zwar einen Arbeitsvertrag mit dem Verleiher besitzt, in dem relevanten Überlassungsvertrag aber einen unbeteiligten Dritten darstellt. Im Randbereich des Arbeitskampfrechts sind zudem vertragliche Absprachen zwischen Arbeitnehmern denkbar, die in Form einer Massen(änderungs)kündigung[83] oder eines kollektiv

---

ständiger Rechtsprechung die einfache Differenzierungsklausel akzeptiert. In einem solchen Fall erheben die Tarifvertragsparteien die Gewerkschaftsmitgliedschaft zwar zum Tatbestandsmerkmal, mangels Normsetzungsmacht für Nicht-Mitglieder beschränkt sich die Regelung aber allein darauf. Das Arbeitsverhältnis zwischen den nicht organisierten Arbeitnehmern und dem Arbeitgeber bleibt unangetastet, sodass es dem Arbeitgeber insbesondere freisteht, diesen Arbeitnehmern ebenfalls – wenn auch nur mit schuldrechtlicher Wirkung – die Leistung zukommen zu lassen, BAG 23.3.2011 – 4 AZR 366/09, NZA 2011, 920 (922) [Rn. 21]; 22.9.2010 – 4 AZR 117/09, juris [Rn. 27]; 18.3.2009 – 4 AZR 64/08, NZA 2009, 1028 (1033 f.) [Rn. 46 ff.]. Im Gegensatz dazu sollen qualifizierte Differenzierungsklauseln auf unterschiedlichen Wegen eine Bevorteilung der Gewerkschaftsmitglieder sicherstellen, indem die Leistung nicht organisierten Arbeitnehmern nicht gewährt werden darf oder aber die Gewerkschaftsmitglieder einen zusätzlichen Anspruch erlangen, um die Differenz beizubehalten. Indem somit ein tariflicher Anspruch normativ begründet wird, der es dem Arbeitgeber unmöglich macht, im Verhältnis zu den nicht organisierten Arbeitnehmern dieselbe Leistung zu gewähren, wird die Tarifmacht überschritten, sodass diese Klauseln als unwirksam anzusehen sind, BAG 23.3.2011 – 4 AZR 366/09, NZA 2011, 920 (925) [Rn. 48]; ErfK/*Franzen*, 24. Aufl. 2024, § 1 TVG Rn. 62.

80 Zu den Problemen bzgl. des Drittbezugs in der Arbeitnehmerüberlassung siehe auch *Ulrici*, ZFA 2016, 377 (379 f.).

81 Vgl. Preis/*Greiner*, 6. Aufl. 2020, II A 55 Arbeitnehmerüberlassung Rn. 5; HWK/*Höpfner*, 11. Aufl. 2024, § 1 AÜG Rn. 6; Thüsing/*Thüsing*, 4. Aufl. 2018, Einf. AÜG Rn. 1 f.

82 Siehe z.B. schon Erwägungsgründe Nr. 14 und 18 der dem AÜG zugrunde liegenden RL 2008/104/EG; HWK/*Höpfner*, 11. Aufl. 2024, § 1 AÜG Rn. 1. So auch Thüsing/*Thüsing*, 4. Aufl. 2018, Einf. AÜG Rn. 5, der auf den besonderen Schutz des „prekären" Arbeitsverhältnisses abstellt.

83 BAG 28.4.1966 – 2 AZR 176/65, juris [Rn. 26]; vgl. HWK/*Hergenröder*, 11. Aufl. 2024, Art. 9 GG Rn. 249; ErfK/*Linsenmaier*, 24. Aufl. 2024, Art. 9 GG Rn. 280; MHdB ArbR/*Ricken*, 5. Aufl. 2022, § 273 Rn. 13.

ausgeübten Zurückbehaltungsrechts[84] einen konkreten Drittbezug aufweisen. Insbesondere die Einordnung solcher Maßnahmen als Arbeitskampf kann problematisch sein.[85]

Auch hier zeigen die nur stichprobenartig angedachten Beispiele, dass zu viele verschiedene Ausgangslagen denkbar sind; alle Vertragsgestaltungen in diesen Verhältnissen zu betrachten würde den Umfang dieser Arbeit sprengen und kaum zu einer übersichtlichen und vergleichbaren Betrachtung führen. Die angesprochenen Verhältnisse sollen daher auf das – ein Arbeitsverhältnis überhaupt erst begründende – Verhältnis zwischen Arbeitnehmer und Arbeitgeber beschränkt werden. Diese Vertragsbeziehung steht häufig im Zentrum der Betrachtung, allerdings mit dem Brennglas auf die Position des Arbeitnehmers gerichtet; mit dem Schwenk auf die außerhalb dieses Verhältnisses liegenden Interessen wird somit ein neuer Blickwinkel gewonnen. Auch lässt sich der Ausschluss kollektiver Absprachen damit rechtfertigen, dass diese ebenfalls mit dem Arbeitnehmerschutz in Verbindung stehen. Kollektivrechtliche Regelungen dienen gerade dem Zweck, die Machtpositionen einzelner Arbeitnehmer im Vergleich zum individuellen Aushandeln von Verträgen zu stärken,[86] sodass für das auch an den kollektivrechtlichen Absprachen nicht beteiligte Drittinteresse keine weiterführenden Ergebnisse zu erwarten sind.[87]

---

84 Vgl. BAG 14.2.1978 – 1 AZR 76/76, NJW 1979, 236 (237) [unter 5.c)]; 20.12.1963 – 1 AZR 428/62, NJW 1964, 883 (883 f.) [unter I.2.]; HWK/*Hergenröder*, 11. Aufl. 2024, Art. 9 GG Rn. 255; ErfK/*Linsenmaier*, 24. Aufl. 2024, Art. 9 GG Rn. 280; MHdB ArbR/*Ricken*, 5. Aufl. 2022, § 273 Rn. 13.

85 So hat das BAG bei der angesprochenen Massenänderungskündigung den Charakter eines Arbeitskampfes bejaht und die Zulässigkeit der Kündigung des Initiators wegen Verletzung der Treuepflicht abgesegnet, BAG 28.4.1966 – 2 AZR 176/65, juris [Rn. 26, 28]. Dem steht der Großteil der Literatur entgegen, stellvertretend dafür ErfK/*Linsenmaier*, 24. Aufl. 2024, Art. 9 GG Rn. 281. Das Zurückbehaltungsrecht wird vom BAG dabei nicht als Arbeitskampfmaßnahme angesehen, selbst wenn es gebündelt ausgeübt wird, BAG 20.12.1963 – 1 AZR 428/62, NJW 1964, 883 (884) [unter I.3.a)].

86 BVerfG 11.7.2017 – 1 BvR 1571/15 u.a., AP GG Art. 9 Nr. 151 = BVerfGE 146, 71 (120) = NZA 2017, 915 (918) [Rn. 146]; 1.12.2010 – 1 BvR 2593/09, AP GG Art. 9 Nr. 146 = NZA 2011, 60 (61) [Rn. 23]; 4.7.1995 – 1 BvF 2/86 u.a., BVerfGE 92, 365 (395) = NZA 1995, 754 (756) [unter C.I.1.c)]; 26.6.1991 – 1 BvR 779/85, AP GG Art. 9 Arbeitskampf Nr. 117 = BVerfGE 84, 212 (229) [unter C.I.3.b.aa)]; BAG 20.11.2012 – 1 AZR 611/11, NZA 2013, 437 (442 f.) [Rn. 49]; 22.9.2009 – 1 AZR 972/08, NZA 2009, 1347 (1352) [Rn. 39].

87 Dazu später unter § 9.II.3.c).

2. *Vertragsinhalt*

Neben den Vertragspartnern sind auch auf der verbliebenen zweiten Ebene – dem Vertragsinhalt – gewisse Einschränkungen vorzunehmen, schließlich können auch die Absprachen innerhalb des Arbeitsvertrages im Hinblick auf den Schutz Dritter während der Verhandlung starke Unterschiede aufweisen. So unterfallen sowohl die unterbliebene potenzielle Vertragsbegründung als auch schwerwiegende gesundheitliche Folgen[88] der Formulierung eines „betroffenen Drittinteresses". Zudem können sich die nachteiligen Auswirkungen abhängig von dem während des Vertragsschlusses erfolgten Verhandelns unterschiedlich intensiv darstellen.

a) Keine Polarität

Zuerst sind die zu behandelnden Verträge darauf zu beschränken, dass innerhalb der Vertragspartner gleichlaufende Interessen bestehen.[89] Für beide Parteien muss die Abrede folglich von sich aus einen Vorteil bedeuten. Die Problematik des Drittschutzes resultiert vor allem daraus, dass die Drittinteressen nicht mitwirken können, stattdessen konzentrieren sich die Kräfte der Vertragsparteien.[90] Im Falle konträrer Interessen müssten sich die Parteien annähern und von ihren extremen Forderungen abrücken. Auch wenn diese Verhandlung primär die eigenen Interessen umfasst, kann auf diesem Wege auch der Einfluss auf die Drittinteressen relativiert werden, soweit beide Vertragsparteien gegenüber dem Anderen Kompromisse eingehen müssen und nicht das volle Potenzial der eigenen Interessen ausschöpfen. Jeder Vertragspartner verteidigt in den Verhandlungen somit nicht nur seine eigenen Interessen, sondern auch die typischerweise von ihm repräsentierten Drittinteressen, wie beispielsweise die Gläubigerinteressen.[91] Im Falle nicht konträrer, sondern gleichlaufender Interessen der Vertragsparteien fehlt ein solches gegenseitiges Abnutzen jedoch, vielmehr kommt es zu einer Verstärkung des Machtgefälles zwischen Vertragsparteien und drittem Interesse, indem sich die Kräfte der Vertragsparteien konzentrieren.[92] Die Ausgangslage der

---

88 Dazu später unter § 9.I.

89 Wie bereits *Habersack* seiner Untersuchung zugrunde gelegt hat, ist die fehlende Polarität einer der Ursprünge der konfliktträchtigen Situation, *Habersack*, Vertragsfreiheit und Drittinteressen, 1992, S. 66.

90 Vgl. *Martens*, AcP 177 (1977), 113 (175 f.).

91 So auch *Habersack*, Vertragsfreiheit und Drittinteressen, 1992, S. 161.

92 So deutlich auch *Habersack*, Vertragsfreiheit und Drittinteressen, 1992, S. 68; *Martens*, AcP 177 (1977), 113 (165).

Drittinteressen ist somit in den beiden Situationen nicht vergleichbar. Aufgrund der deutlich erhöhten Schutzbedürftigkeit sind die zu behandelnden Verträge darauf zu beschränken, dass innerhalb der Vertragspartner gleichlaufende Interessen bestehen. Das heißt, dass beide durch die fragliche Abrede einen Vorteil verfolgen. Der Schwerpunkt zeigt somit einen noch deutlicheren Kontrast als die Ausarbeitungen, die sich üblicherweise auf die aus dem Machtungleichgewicht resultierenden Problemen des internen Interessenkonfliktes fokussieren.

Mit der fehlenden Interessenpolarität können dabei allein die Interessen an der Absprache selbst gemeint sein – schließlich ist Grundvoraussetzung des Vertrages, dass überhaupt eine Einigung stattfindet. So fallen Wettbewerbsverbote oder Mandantenschutzklauseln aus dem Betrachtungsgegenstand heraus, obwohl sie Drittinteressen betreffen. Das Wettbewerbsverbot, bei dem sich der Arbeitnehmer gegenüber dem Arbeitgeber für den Fall der Beendigung des Arbeitsverhältnisses verpflichtet, in einer zu benennenden Übergangszeit in keinen Wettbewerb zu dem (Noch-)Arbeitgeber zu treten, trifft in erster Linie den Arbeitnehmer selbst, der an der freien Verwertung der eigene Arbeitskraft gehindert wird.[93] Darüber hinaus betreffen solche Absprachen aber ebenso potenzielle neue Arbeitgeber, die nicht auf den vollständigen Arbeitnehmermarkt zugreifen können.[94] Deutlicher wird dieser Drittbezug noch im Falle der Parallelen aufweisenden Mandantenschutzklauseln, bei denen sich der Arbeitnehmer verpflichtet, nach der Beendigung des Arbeitsverhältnisses keine Mandanten des ehemaligen Arbeitgebers weiter zu betreuen, sodass auch die Mandanteninteressen betroffen sind.[95]

Typischerweise liegen solche Regelungen ausschließlich im Interesse des Arbeitgebers, der verhindern möchte, dass das erlangte Know-How oder ein bestehender Mandanten-Stamm unmittelbar einem direkten Konkurrenten zufällt

---

93 HWK/*Diller*, 11. Aufl. 2024, § 74 HGB Rn. 37; Küttner Personalbuch 2024/*Poeche*, 31. Aufl., Wettbewerbsverbot Rn. 4; HK-ArbR/*Schlegel*, 5. Aufl. 2022, § 74 HGB Rn. 6 ff.

94 Vgl. *Herschel*, RdA 1975, 28 (28 f.); *Martens*, AcP 177 (1977), 113 (127 f.); *Reuter*, RdA 1973, 345 (353).

95 Vgl. auch *Martens*, SAE 1972, 101 (103). Es ist dabei zu unterscheiden zwischen Mandantenschutzklauseln, bei denen der Arbeitnehmer sich verpflichtet, ehemalige Mandanten des Arbeitgebers nicht zu beraten, die an §§ 74 ff. HGB gemessen werden, und Mandantenübernahmeklauseln, bei denen der Abreitnehmer lediglich einen Teil der Vergütung an den ehemaligen Arbeitgeber abführen muss, vgl. Küttner Personalbuch 2024/*Poeche*, 31. Aufl., Wettbewerbsverbot Rn. 4 f. Siehe zu den Interessen der Mandanten auch *Martens*, AcP 177 (1977), 113 (128). So inhaltlich auch BAG 29.4.1966 – 3 AZR 460/65, NJW 1966, 1677 (1678) [unter 2.b)].

oder ein neuer Konkurrent auf dem Markt erscheint.[96] Dass der Arbeitnehmer einer solchen Klausel zustimmt, hat in der Regel mit der Gegenleistung zu tun,[97] sodass der mittelbare Drittschutz daher durch die erhöhten Kosten für ein zeitlich längeres Verbot gegeben ist.[98] Eine vorherige Eingrenzung auf das beiderseitige Interesse wäre ohne die Ausnahme solcher „abgekauften" Absprachen ad absurdum geführt, da sich diese Konstellation beliebig erweitern ließe, solange nur eine entsprechende Gegenleistung gewährt wird. Folgerichtig muss bereits das Interesse des Arbeitnehmers an der Absprache selbst mit dem des Arbeitgebers übereinstimmen.[99]

Aus ähnlichen Gründen fallen z.B. auch Abreden über das Whistleblowing aus der Eingrenzung heraus. Absprachen, die ein Veröffentlichen von Missständen bei Arbeitgebern ausschließen, liegen in der Regel[100] nicht im Interesse des Arbeitnehmers, der neben den Vertragspartnern des Arbeitgebers und der Öffentlichkeit ebenfalls einen Vorteil aus der Veröffentlichung zieht.[101] Eine mögliche

---

96 Vgl. HWK/*Diller*, 11. Aufl. 2024, § 74 HGB Rn. 39, 55; Küttner Personalbuch 2024/*Poeche*, 31. Aufl., Wettbewerbsverbot Rn. 4; HK-ArbR/*Schlegel*, 5. Aufl. 2022, § 74 HGB Rn. 6 ff.

97 So wird in der Regel eine Karenzentschädigung in Höhe von 50 % der letzten Bezüge vereinbart, vgl. z.B. BAG 19.12.2018 – 10 AZR 130/18, NZA 2019, 383; 14.7.2010 – 10 AZR 291/09, NZA 2011, 413; 8.2.1974 – 3 AZR 519/73, RdA 1974, 316. Ohne eine solche Entschädigung sind nachvertragliche Wettbewerbsverbote unzulässig, vgl. BAG 22.3.2017 – 10 AZR 448/15, NJW 2017, 2363 (2364) [Rn. 18]. Siehe dazu auch § 74 Abs. 2 HGB.

98 Kritischer *Habersack*, Vertragsfreiheit und Drittinteressen, 1992, S. 68, der eine Kompensation der Beeinträchtigung der Drittinteressen vollständig verneint. Ist der Arbeitgeber hingegen nicht bereit jedweden Preis zu zahlen, wird man eine gewisse Abwägung und Schutzwirkung zu Gunsten der Dritten wohl nicht leugnen können.

99 Dies umfasst hingegen nicht Absprachen über die Berechnung der Vergütung (siehe nur § 9). Dort wird dem Arbeitnehmer schließlich keine negative Entwicklung „abgekauft", sondern die Möglichkeit gegeben, selbst die Höhe der Vergütung zu beeinflussen.

100 Liegt die Veröffentlichung nicht im Interesse des Arbeitnehmers, könnte dieser auch ohne interne Absprache auf die Veröffentlichung verzichten.

101 Es mag dem Arbeitnehmer zwar nicht gestattet sein, bei jedem Verdacht an die Öffentlichkeit zu treten (vgl. EGMR 21.7. 2011 – 28274/08 (Heinisch v. Deutschland) [Rn. 65]; BAG 15.12.2016 – 2 AZR 42/16, NZA 2017, 703 (704 f.) [Rn. 20]) und dem Interesse des Arbeitnehmers ist dann Genüge getan, wenn der Arbeitgeber sich des Missstandes nach interner Meldung annimmt. Tut er dies jedoch nicht, wird der Arbeitnehmer in der Regel kein Interesse daran haben, den Missstand zu ignorieren.

Absprache, allein auf das interne Whistleblowing[102] zu setzen,[103] hätte hingegen keine Nachteile für die Drittinteressen, sofern der Arbeitgeber die Missstände daraufhin verbessert.

b) Berücksichtigung des Drittinteresses

In einem engen Zusammenhang mit der Polarität steht auch die Berücksichtigung der Drittinteressen in den Vertragsverhandlungen. Ein großes Risiko für die Drittinteressen besteht darin, dass die eigenen Interessen nicht in den Verhandlungen vertreten werden, während hinsichtlich des Schutzes innerhalb der Vertragsparteien zumindest auf die beiderseitige Zustimmung abgestellt werden kann.[104] So argumentiert z.B. *Schmidt-Rimpler* im Rahmen seiner Richtigkeitsgewähr des Vertragsmechanismus damit, dass einem Vertrag bereits durch die reine Existenz der Absprache eine bedingte Richtigkeitsgewähr attestiert werden könne, da nicht nur die begünstigte, sondern auch die benachteiligte Partei diesem zugestimmt habe.[105] Die Interessen würden in den Verhandlungen solange gegeneinandergestellt und angepasst werden, bis für beide Parteien eine akzeptable Einigung vorliege.[106]

Eine indirekte Mitberücksichtigung der Drittinteressen durch eine der Vertragsparteien wird bereits dadurch eingeschränkt, dass für die vertragliche Abrede eine fehlende Polarität vorliegen muss, sodass gerade keine sich gegenüberstehenden Interessen in die Verhandlungen einbezogen werden. Eine direkte Einflussnahme durch eine Verpflichtungsermächtigung oder im Rahmen der Stellvertretung ist ebenso aus der Betrachtung auszunehmen. Am deutlichsten zeigt sich ein solcher Einfluss bei der Verpflichtungsermächtigung. Dabei ermächtigt eine Person eine andere im Vorfeld zu einem Vertragsschluss in dessen Namen aber mit Wirkung zu Lasten des Ermächtigenden.[107] Sie wird als dem deutschen Zivilrecht weitestgehend fremd angesehen, da sie mit den Grundsätzen

---

102 Der Hinweisgeber kann die Missstände sowohl an die zuständige Stelle im Unternehmen (internes Whistleblowing) als auch an eine externe Stelle, wie eine Behörde oder die Presse weitergeben (externes Whistleblowing), vgl. Keller/Schönknecht/Glinke/*Glinke*, 2021, § 5 GeschGehG Rn. 90 ff.

103 Das interne Whistleblowing könne als für Arbeitnehmer und Arbeitgeber interessengerechter angesehen werden, *Thüsing/Musiol*, BB 2022, 2420 (2420).

104 So *Martens*, AcP 177 (1977), 113 (168).

105 *Schmidt-Rimpler*, AcP 141 (1941), 130 (151); siehe dazu auch § 4.II.1.b).

106 Vgl. *Brox/Walker*, Allgemeiner Teil des BGB, 48. Aufl., 2024, § 4 Rn. 2.

107 MüKoBGB/*Bayreuther*, 9. Aufl. 2021, § 185 BGB Rn. 31.

des Stellvertretungsrechts, und dort vor allem der Offenkundigkeit, nicht vereinbar sei.[108] Die Stellvertretung ist zudem aus dem Grund ausgenommen, dass die Erklärung gem. § 164 Abs. 1 BGB für und gegen den Vertretenen wirkt und dieser somit selbst Vertragspartner und kein Dritter ist.[109]

Die Bearbeitung stellt das Risiko für die Drittinteressen in den Fokus, sodass auch die Besonderheit der fehlenden Einflussnahme ihren Niederschlag finden muss. Auszuklammern sind daher Konstellationen, in denen das Drittinteresse zwar von einer Vertragspartei vertreten wird oder der Dritte einen Einfluss auf die Entscheidung hatte und dieser eventuell sogar zugestimmt hat, aber dennoch ein Nachteil beispielsweise aufgrund dessen schlechter Verhandlungsposition eintritt.[110]

c) *Intensität der Betroffenheit*

Zuletzt muss auch die Intensität der Betroffenheit ein bestimmtes Maß erreichen. Jeder Vertragsschluss mit einer Person beeinflusst zwangsläufig die (wirtschaftliche) Möglichkeit, denselben Vertrag mit einer dritten Person abzuschließen, durch die eventuell ein lukratives Geschäft verpasst wird. Insbesondere in Fällen der Neubesetzung einzelner Arbeitsplätze bedeutet somit die Entscheidung für einen Bewerber auch eine Entscheidung gegen die übrigen Bewerber. Auch wird im Zusammenhang mit zu restriktiven Kündigungsmöglichkeiten des Arbeitgebers das Interesse der Arbeitssuchenden erwähnt.[111] Obwohl auch hier ein Vertrag vorliegt, an dem Arbeitnehmer und Arbeitgeber ein Interesse haben, ist es einleuchtend, dass solche Situationen keine Begrenzung der Vertragsfreiheit ergeben können – als Ausübung der Vertragsfreiheit würde sich diese selbst beschränken.

Der Vertrag kann nicht isoliert von einem gewissen Wettbewerb betrachtet werden, sodass es dem Vertrag immanent ist und gerade vom freiheitlichen Wettbewerb vorausgesetzt wird, dass ein Individuum einen Vorteil erlangt, der einem

---

108 BGH 20.3.1991 – VIII ARZ 6/90, NJW 1991, 1815 (1816) [unter II.2.a)]; 21.12.1960 – VIII ZR 89/59, NJW 1961, 499 (500) [unter A.2.]; MüKoBGB/*Bayreuther*, 9. Aufl. 2021, § 185 BGB Rn. 31; Staudinger/*Klumpp*, 2020, Vorbem zu §§ 328 ff Rn. 73; Jauernig/*Mansel*, 19. Aufl. 2023, § 185 BGB Rn. 3; *Martens*, AcP 177 (1977), 113 (149); *Peters*, AcP 171 (1971), 234 (248 f.). Kritischer *Bettermann*, JZ 1951, 321 (323).

109 Vgl. Staudinger/*Klumpp*, 2020, Vorbem zu §§ 328 ff Rn. 72.

110 Siehe zu der Ausnahme des MuSchG § 9.I.2.

111 Vgl. nur *Krause*, Arbeitsrecht, 4. Aufl., 2020, § 18 Rn. 23 mit Verweis auf *Rüthers*, NJW 2002, 1601 (1604).

anderen verwehrt bleibt:[112] dies stellt ein „schlichtes Naturgesetz verwirklichten Wettbewerbs"[113] dar. Allein diese Tatsache reicht für den folgenden Verlauf somit nicht aus, um eine nicht tolerierbare Drittbetroffenheit anzunehmen.[114] Die Vertragsfreiheit gebe nicht das Recht auf einen bestimmten Vertragsschluss, sondern garantiere nur, dass dieser nicht von Anfang an unmöglich gemacht werde.[115] In der Drittbelastung wird teilweise sogar der Preis dafür gesehen, die Vertragsfreiheit anzuerkennen.[116] Allein die Tatsache, dass eine mögliche Vertragsoption gewählt oder nicht gewählt wird, reicht mithin nicht aus, um die für diese Bearbeitung gesetzte Schwelle der Betroffenheit zu überspringen.[117]

3. *Gegenstand der Bearbeitung*

Das typischerweise im Zusammenhang mit einem Arbeitsverhältnis vorherrschende Mehrpersonenverhältnis führt zu einer unüberschaubaren Vielzahl an möglichen Personen und Vertragsinhalten auf der Seite der handelnden Personen, sowie betroffener Interessen auf der Seite der Wirkung. Im Sinne der Vergleichbarkeit ist diese auf die Vertragsbeziehung zwischen Arbeitnehmer und Arbeitgeber zu konzentrieren, ohne zu unterschlagen, dass sich auch in den

---

112 *Habersack*, Vertragsfreiheit und Drittinteressen, 1992, S. 62; *Martens*, SAE 1972, 101 (103); *Martens*, AcP 177 (1977), 113 (136 f.); *Schmalzbauer*, Die Drittwirkung verpflichtender Verträge, 1982, S. 129; *Ulrici*, ZFA 2016, 377 (402). So auch bereits *Jhering*, Die Reflexwirkungen oder die Rückwirkung rechtlicher Thatsachen auf dritte Personen, in: Jhering (Hrsg.), Jahrbücher für die Dogmatik des heutigen römischen und deutschen Privatrechts, 1871, S. 245-354 (246). Im Ergebnis auch Staudinger/*Klumpp*, 2020, Vorbem zu §§ 328 ff Rn. 67; auch *Mayer-Maly* erkennt, dass ein generelles Verbot wegen eines Schadens in der Person des Drittens aufgrund des Wettbewerbs nicht durchschlagen könne, *Mayer-Maly*, AcP 194 (1994), 105 (148). So reiche z.B. im Wettbewerbsrecht auch nicht aus, dass der Vertragsschluss nicht mit einem Mitbewerber zustande kommt, vielmehr müsse ein gezieltes Behindern vorliegen, vgl. MüKoUWG/*Jänich*, 3. Aufl. 2020, § 4 Nr. 4 UWG Rn. 11.

113 *Hartmann/Lobinger*, NZA 2010, 421 (423).

114 Insbesondere im Wettbewerbsrecht gibt es gem. §§ 19 f. GWB dahingehend Ausnahmen für marktbeherrschende und marktmächtige Unternehmen, die vorliegend aber außen vor gelassen werden sollen, vgl. dazu *Martens*, AcP 177 (1977), 113 (187 f.).

115 Vgl. *Krüger/Biedenkopf*, Sinn und Grenzen der Vereinbarungsbefugnis der Tarifvertragsparteien, 1966, S. 133 Zur Vertragsfreiheit sogleich unter § 4.

116 *Stütze*, Die Kontrolle der Entgelthöhe im Arbeitsrecht, 2010, S. 171.

117 Dazu, dass diese niedrige Schwelle auch innerhalb der Sittenwidrigkeit einer Wirksamkeit nicht im Wege stehen würde, siehe § 5.II.3.b).

übrigen Absprachen Risiken für Drittinteressen finden. Indem die Vertragsparteien beide ein Interesse an den Regelungen haben, findet kein Annähern und Abwägen der Vor- und Nachteile durch die Vertragsparteien und damit auch kein immanenter Schutz der Drittinteressen statt. Der Betrachtungsgegenstand umfasst damit diejenigen Absprachen, die wohl das größte Risiko für die am Vertragsschluss unbeteiligten Interessen bilden. Auf dieser Grundlage kann die Unterschiedlichkeit auf Rechtsfolgenseite zielführend betrachtet werden, sodass abseits der geringen Einschränkung einer angemessenen Intensität gerade keine weitergehende Beschränkung auf individuelle oder auch allgemeine Interessen[118] erfolgen muss.

§ 3 Gang der Untersuchung

Nachdem die umfassende Thematik eingegrenzt ist und die Grundlagen gesetzt wurden (**§§ 1-3**), schließt sich eine allgemeine Betrachtung der Vertragsfreiheit an. In diesem, der Grundsteinlegung dienenden zweiten Kapitel, wird zu Beginn die Vertragsfreiheit als solche ausgeleuchtet (**§ 4**). Die rechtlichen Grundlagen und Grenzen der Vertragsfreiheit sollen dabei auf den für die spätere Anwendung im Dreipersonenverhältnis maßgeblichen Umfang zugeschnitten dargestellt werden. Darauf aufbauend werden die im Zusammenhang mit dem Begriff der „Inhaltskontrolle" verwendeten zivilrechtlichen Beschränkungen der Vertragsfreiheit auf ihre Anwendbarkeit zum Schutz dritter Interessen hin untersucht (**§ 5**). Neben den Anforderungen von Treu und Glauben sowie der Sittenwidrigkeit stellt sich diese Frage auch hinsichtlich der AGB-rechtlichen Inhaltskontrolle aus § 307 BGB. Nicht zur Inhaltskontrolle, aber als Abgrenzung zu dieser und im Dreipersonenverhältnis nicht wegzudenken sind auch die Grundlagen des Vertrags zu Lasten Dritter in dem Zusammenhang zu erläutern.

Herzstück und somit Schwerpunkt der Untersuchung bildet das dritte Kapitel mit den darin enthaltenen Fallgruppen (**§§ 7-9**). Die untersuchten Abreden sind dabei nach dem Inhalt auf drei Fallgruppen aufgeteilt: Abreden, die den Charakter des Tätigkeitsverhältnisses als solchen (**§ 7**), den Bestand des Arbeitsverhältnisses (**§ 8**) und die Vergütung des Arbeitnehmers betreffen (**§ 9**). Die Struktur der Betrachtung folgt innerhalb der Fallgruppen einem vergleichbaren, wenn auch – den unterschiedlichen Inhalten der Abreden geschuldet – nicht identischen Vorgehen. Kernanliegen ist eine auf die Besonderheiten des Arbeitsrechts zugeschnittene Bewertung des Drittschutzes, sodass es insbesondere auf das Zusammenspiel

---

118 Sie bilden daher keine eigene Kategorie, wie z.B. bei *Martens*, AcP 177 (1977), 113 (138).

der spezialgesetzlichen Regelungen und der Inhaltskontrolle im Hinblick auf den Konflikt der Vertragsfreiheit und der Drittinteressen ankommt. Die Besonderheiten des Arbeitsrechts werden durch die vergleichende Betrachtung der arbeitsrechtlichen Spezialgesetze und weiterer zivilrechtlicher Fallgestaltungen mit ähnlicher Stoßrichtung herausgearbeitet. Ergänzend zu diesen materiellen Fragen der Zulässigkeit solcher Regelungen schließen die Fallgruppen jeweils mit einer kurzen Beleuchtung der Rechtsdurchsetzung, sodass auch eine Beurteilung erfolgt, ob es sich um einen effektiven Schutz des Drittinteresses oder doch um einen zahnlosen Tiger handelt.

Die Arbeit schließt mit einer Zusammenfassung der maßgeblichen Ergebnisse einschließlich einer Einordnung des Schutzstandards der Drittinteressen (**§ 10**) sowie einem Ausblick, der die Kernpunkte über den Tellerrand der Themeneingrenzung hinaus einordnet (**§ 11**).

Zweites Kapitel – Drittinteressen als Einschränkung der Vertragsfreiheit

Als Fundament für die im dritten Kapitel erfolgende fallbezogene Betrachtung der betroffenen Drittinteressen sind einige wesentliche Charakteristika der Vertragsfreiheit zu beleuchten. Dies betrifft insbesondere die generelle Einschränkbarkeit der Vertragsfreiheit, ohne die eine spezifische Betrachtung hinsichtlich der Drittinteressen bedeutungslos wäre, sowie ganz allgemein die Kontrollmöglichkeiten. Die Grundlagen und Grenzen der Vertragsfreiheit im „normalen" Zweipersonenverhältnis sind dabei zur Genüge thematisiert,[119] sodass sich die folgenden Ausführungen auf das notwendige Minimum beschränken und keine vertiefte Diskussion verschiedener Strömungen und Ansätze erfolgt. Die Ausführungen zur Vertragsfreiheit (**§ 4**) sind daher auf deren Einschränkungen zugeschnitten und dienen vorwiegend dem Zweck, die Bedeutung der sich gegenüberstehenden Interessen hervorzuheben. Diesen schließt sich die Anwendbarkeit der Inhaltskontrolle auf das Dreipersonenverhältnis an (**§ 5**), ehe die Kernaussagen für das anstehende dritte Kapitel aufbereitet werden (**§ 6**).

§ 4 Grundlagen der Vertragsfreiheit

Bevor die Frage beantwortet werden kann, in welchen Fällen die Drittbetroffenheit geeignet ist, die Vertragsfreiheit der Arbeitsvertragsparteien zu begrenzen, bedarf es eines Überblicks über die Vertragsfreiheit selbst. Während die einzelnen Ausprägungen und deren Bedeutung für die Drittinteressen kurz dargestellt werden können (**I.**), werden die rechtlichen Grundlagen (**II.**) sowie die Grenzen der Vertragsfreiheit (**III.**) etwas ausführlicher aufgegriffen.

I. Inhaltliche Grundlagen

Obwohl sich wohl jeder Jurist etwas unter dem Begriff der Vertragsfreiheit vorstellen kann und sich der Bedeutung bewusst ist, lässt sich eine prägnante und aussagekräftige Definition, die den Inhalt umfassend absteckt, nicht finden. Nicht ohne Grund lassen sich diese Themen auf mehreren hundert Seiten ausführen.[120]

---

119 Siehe dazu auch § 1.

120 Siehe nur die bereits in § 1 genannten Werke, *Heinrich*, Formale Freiheit und materiale Gerechtigkeit, 2000; *Lüttringhaus*, Vertragsfreiheit und ihre Materialisierung

1. *Umfang*

In der Regel wird darauf abgestellt, dass die Vertragsfreiheit eine Ausprägung der Privatautonomie darstelle,[121] und die Freiheit umfasse, private Rechtsverhältnisse durch Verträge gestalten zu können,[122] wobei teilweise die von der Rechtsordnung verliehene Befugnis in den Mittelpunkt gestellt wird.[123] Für ein klareres Bild bietet sich insbesondere im Rahmen der Vertragsfreiheit eine Annäherung über ihre Ausprägungen an.[124]

Diese werden weitgehend unter den Begriffen der Abschluss-, Inhalts- und Formfreiheit zusammengefasst.[125] Ohne eine Abstufung innerhalb der

---

im Europäischen Binnenmarkt, 2018; *Wendland*, Vertragsfreiheit und Vertragsgerechtigkeit, 2019.

121 *Barnert*, Die formelle Vertragsethik des BGB im Spannungsverhältnis zum Sonderprivatrecht und zur judikativen Kompensation der Vertragsdisparität, 1999, S. 1; *Callies*, Die Zukunft der Privatautonomie, in: Zöchling-Jud (Hrsg.), Prinzipien des Privatrechts und Rechtsvereinheitlichung, 2001, S. 85-110 (89); *Schweitzer*, AcP 220 (2020), 544 (544); *Skouris*, Das Prinzip Vertragsfreiheit aus der Sicht eines Außenseiters, in: Dutta/Heinze (Hrsg.), „Mehr Freiheit wagen" – Beiträge zur Emeritierung von Jürgen Basedow, 2019, S. 15-29 (16 f.); auf die synonyme Verwendung hinweisend *Busche*, Privatautonomie und Kontrahierungszwang, 1999, S. 13; *Graf von Westphalen*, ZIP 2020, 437 (442).

122 Vgl. nur *Arnold*, Vertrag und Verteilung, 2014, S. 260; *Bork*, Allgemeiner Teil des Bürgerlichen Gesetzbuchs, 4. Aufl., 2016, 660; *Brox/Walker*, Allgemeiner Teil des BGB, 48. Aufl., 2024, § 4 Rn. 5; *Canaris*, AcP 200 (2000), 273 (277); *Fischer*, Der Begriff der Vertragsfreiheit, 1952, S. 27; *Flume*, BGB AT II, 4. Aufl., 1992, S. 1; *Schweitzer*, AcP 220 (2020), 544 (549 f.); mit Verweis auf *Flume* auch *Barnert*, Die formelle Vertragsethik des BGB im Spannungsverhältnis zum Sonderprivatrecht und zur judikativen Kompensation der Vertragsdisparität, 1999, S. 3; *Canaris*, AcP 200 (2000), 273 (277); *Riesenhuber*, ZfPW 2018, 352 (355); *Schäfer/Ott*, Lehrbuch der ökonomischen Analyse des Zivilrechts, 6. Aufl., 2021, S. 499.

123 Vgl. *Wolff*, Die Vertragsfreiheit im kollektiven Arbeitsrecht, 1934, S. 6 f. So stellt auch *Huber*, der aus der Zeit des Nationalsozialismus Vorteile für seine Karriere zog, schon für die Zeit der WRV darauf ab, dass es „keine natürliche Freiheit zum Vertragsschluß [gebe], sondern […] ein vom Staat geordnetes und gestaltetes Institut des freien Vertrags", *Huber*, AöR 1933, 1 (41).

124 So z.B. *Neuner/Wolf/Larenz*, Allgemeiner Teil des Bürgerlichen Rechts, 13. Aufl., 2023, § 10 Rn. 33 ff. Zu der Schwierigkeit der Definition auch *Fischer*, Der Begriff der Vertragsfreiheit, 1952, 17 ff.

125 Unterschiedliche Ansichten bestehen zwar in der genauen Zuordnung und Einteilung der Ausprägungen, über die Existenz herrscht dagegen weitgehend Einigkeit. *Brox/Walker*, Allgemeines Schuldrecht, 48. Aufl., 2024, § 4 Rn. 6 ff.; MüKoBGB/

Ausprägungen vornehmen zu wollen, stellt die Abschlussfreiheit eine Art Grundvoraussetzung dar.[126] Sie gewährt das Recht, selbst zu entscheiden, ob ein Vertrag geschlossen werden soll oder nicht,[127] sodass eine weitergehende Gewährung ohne diese Entscheidungsfreiheit stark an Bedeutung einbüßen würde. Dabei wird deutlich, dass der Berechtigte nicht nur den Vertragsschluss, sondern auch dessen Unterlassen wählen darf, sodass neben der positiven auch eine negative Vertragsfreiheit besteht.[128] Zudem sind auch die Vertragspartnerwahlfreiheit[129] und die Beendigungsfreiheit[130] hierunter zu fassen.

Emmerich, 9. Aufl. 2022, § 311 BGB Rn. 1; *Looschelders*, Schuldrecht, Allgemeiner Teil, 21. Aufl., 2023, § 3 Rn. 3; *Medicus/Lorenz*, Schuldrecht I, 22. Aufl., 2021, § 9 Rn. 2 ff.; *Neuner/Wolf/Larenz*, Allgemeiner Teil des Bürgerlichen Rechts, 13. Aufl., 2023, § 10 Rn. 33 ff. Nur zwischen Abschluss- und Gestaltungsfreiheit unterscheidend NK-BGB/*Becker*, 4. Aufl. 2021, § 311 BGB Rn. 9 ff.; *Busche*, Privatautonomie und Kontrahierungszwang, 1999, 67 f.; *Schäfer/Ott*, Lehrbuch der ökonomischen Analyse des Zivilrechts, 6. Aufl., 2021, S. 471. Die Beendigungs- und Abänderungsfreiheit als eigenständige Ausprägungen auffassend MüKoBGB/*Busche*, 9. Aufl. 2021, Vor § 145 BGB Rn. 10. Ebenso in fünf Kategorien aufteilend *Fischer*, Der Begriff der Vertragsfreiheit, 1952, 34 ff.

126 So auch *Busche*, Privatautonomie und Kontrahierungszwang, 1999, S. 68; MüKoBGB/*Busche*, 9. Aufl. 2021, Vor § 145 BGB Rn. 11; *Nipperdey*, Kontrahierungszwang und diktierter Vertrag, 1920, 4 f.; *Wendland*, Vertragsfreiheit und Vertragsgerechtigkeit, 2019, S. 87.

127 *Brox/Walker*, Allgemeines Schuldrecht, 48. Aufl., 2024, § 4 Rn. 6; MüKoBGB/*Busche*, 9. Aufl. 2021, Vor § 145 BGB Rn. 11; *Wendland*, Vertragsfreiheit und Vertragsgerechtigkeit, 2019, S. 86.

128 MüKoBGB/*Busche*, 9. Aufl. 2021, Vor § 145 BGB Rn. 11; *Neuner/Wolf/Larenz*, Allgemeiner Teil des Bürgerlichen Rechts, 13. Aufl., 2023, § 10 Rn. 34.

129 Es muss den Personen auch freistehen, mit welchem konkreten Vertragspartner der Abschluss erfolgen soll, BGH 24.6.1965 – KZR 7/64, NJW 1965, 2249 (2251) [unter II.3.b).aa)]; *Brox/Walker*, Allgemeines Schuldrecht, 48. Aufl., 2024, § 4 Rn. 6; MüKoBGB/*Busche*, 9. Aufl. 2021, Vor § 145 BGB Rn. 11. Im Ergebnis auch *Busche*, Privatautonomie und Kontrahierungszwang, 1999, S. 69; *Wendland*, Vertragsfreiheit und Vertragsgerechtigkeit, 2019, S. 86.

130 Es könne keinen Unterschied machen, ob der Vertrag gar nicht erst geschlossen oder wieder beendet werde, *Wendland*, Vertragsfreiheit und Vertragsgerechtigkeit, 2019, S. 87. Als eigenständig angesehen von MüKoBGB/*Busche*, 9. Aufl. 2021, Vor § 145 BGB Rn. 28.

Der Inhaltsfreiheit, also dem Recht der Vertragsparteien, den Vertragsinhalt zu bestimmen,[131] ist im Ergebnis wohl auch die Abänderungsfreiheit zuzuordnen,[132] sofern der Inhalt und nicht die Vertragsparteien abgeändert werden.[133] Zudem ergibt sich daraus auch die im Schuldrecht vorherrschende Typenfreiheit; den Vertragsparteien steht es also frei, zwischen den im Gesetz vorgesehenen Verträgen und einer Kombination aus den einzelnen Bestandteilen dieser Verträge zu wählen[134] und auch eigene Vertragstypen zu konstruieren.[135] Als letztes gilt noch die Formfreiheit, sodass generell keine Form für den Vertragsschluss vorgegeben wird.[136]

2. *Bedeutung für die Drittinteressen*

Der Schutz von Drittinteressen behandelt vornehmlich die Frage, welche Abreden inhaltlich zu akzeptieren sind, und wann die Auswirkungen auf die Drittinteressen derart gravierend sind, dass den Abreden ein Riegel vorzuschieben ist. Folglich nimmt die Inhaltsfreiheit eine prägende Rolle ein. Auch im Zusammenhang mit Beendigungsfreiheit drohen Beeinträchtigungen der Drittinteressen z.B. in Form des Ausschlusses der ordentlichen Kündigung. Die Formfreiheit kann hingegen aus den Überlegungen ausgeblendet werden.

---

131 MüKoBGB/*Busche*, 9. Aufl. 2021, Vor § 145 BGB Rn. 24.

132 *Wendland*, Vertragsfreiheit und Vertragsgerechtigkeit, 2019, S. 87; *Westermann/Bydlinski/Arnold*, BGB-Schuldrecht Allgemeiner Teil, 9. Aufl., 2020, S. 10; a.A. *Busche*, Privatautonomie und Kontrahierungszwang, 1999, S. 70; MüKoBGB/*Busche*, 9. Aufl. 2021, Vor § 145 BGB Rn. 28.

133 Es ist einzugestehen, dass die Änderung eines Vertrages nur in den seltensten Fällen einseitig erfolgen kann und somit eine erneute Einigung notwendig ist, was eine gewisse Nähe zu der Abschluss- und Beendigungsfreiheit offenbart. Dennoch bleiben die Vertragsparteien und der Vertrag als solcher bestehen. Wird im Zuge der Vertragsänderung eine Regelung innerhalb des Vertrages verändert, so üben die Vertragsparteien viel eher ihre Freiheit aus, den Inhalt – auch nachträglich – frei zu bestimmen. So auch *Busche*, Privatautonomie und Kontrahierungszwang, 1999, S. 70, der die inhaltliche Ausgestaltung auch der Inhaltsfreiheit zuordnet.

134 Siehe dazu auch § 7.IV.

135 *Brox/Walker*, Allgemeines Schuldrecht, 48. Aufl., 2024, § 4 Rn. 12; MüKoBGB/*Busche*, 9. Aufl. 2021, Vor § 145 BGB Rn. 24; *Wendland*, Vertragsfreiheit und Vertragsgerechtigkeit, 2019, S. 89.

136 *Brox/Walker*, Allgemeines Schuldrecht, 48. Aufl., 2024, § 4 Rn. 16; MüKoBGB/*Busche*, 9. Aufl. 2021, Vor § 145 BGB Rn. 29; *Wendland*, Vertragsfreiheit und Vertragsgerechtigkeit, 2019, S. 91.

Der Zweck etwaiger die Formfreiheit einschränkender Regelungen ist unter anderem die Beratungs- und Warnfunktion, die ein überstürztes Handeln der Personen verhindern soll.[137] In einem Drittbezug, in dem die Interessen der Vertragspartner zudem übereinstimmen, werden gesetzliche Vorgaben bezüglich der Vertragsform daher kaum Relevanz aufweisen. Auch wird es den betroffenen Dritten im Zweifel gleichgültig sein, ob der sie letztlich belastende Vertrag mündlich oder schriftlich geschlossen wurde.

II. Rechtliche Grundlagen

Ein Hinweis auf die Vertragsfreiheit findet sich im deutschen Zivilrecht an unterschiedlichen Stellen, wie beispielsweise in § 311 Abs. 1 BGB oder § 105 GewO. Hinsichtlich der Einordnung des Umfangs sind diese Normen jedoch nur bedingt hilfreich, stattdessen kann der Blick auf das deutsche Verfassungsrecht und das Unionsrecht gelenkt werden.

1. Verfassungsrechtliche Gewährleistung

Eine explizite Sicherung der Vertragsfreiheit findet sich anders als in der Weimarer Reichsverfassung[138] im Grundgesetz genauso wenig, wie eine eindeutige Zuordnung zu einem einzigen Grundrecht. Sowohl das Grundrecht der Allgemeinen Handlungsfreiheit[139] als auch der Berufsfreiheit und der Eigentumsfreiheit enthalten in ihrem bunten Strauß an Gewährleistungen einzelne, mit der Vertragsfreiheit in Verbindung zu bringende Bestandteile.[140]

a) Art. 12 GG als lex specialis *der grundrechtlichen Gewährleistung*

Allgemein wird die Vertragsfreiheit der Allgemeinen Handlungsfreiheit aus Art. 2 Abs. 1 GG zugeordnet. Das extensive Verständnis dieses Grundrechts umfasse auch die „Privatautonomie als Selbstbestimmung des Einzelnen"[141]

---

137 Statt vieler *Neuner/Wolf/Larenz*, Allgemeiner Teil des Bürgerlichen Rechts, 13. Aufl., 2023, § 44 Rn. 9; *Wendland*, Vertragsfreiheit und Vertragsgerechtigkeit, 2019, S. 93.

138 Art. 152 Abs. 1 WRV, „Im Wirtschaftsverkehr gilt Vertragsfreiheit nach Maßgabe der Gesetze".

139 Seit BVerfG 16.1.1957 – 1 BvR 253/56, BVerfGE 6, 32 (36) [unter II.2.a)].

140 Einen allgemeinen Überblick zur verfassungsrechtlichen Anbindung liefert *Heinrich*, Formale Freiheit und materiale Gerechtigkeit, 2000, S. 70 ff.

141 BVerfG 6.12.2005 – 1 BvR 1905/02, BVerfGE 115, 51 (52 f.) [Rn. 3]; 26.7.2005 – 1 BvR 782/94, 1 BvR 957/96, BVerfGE 114, 1 (34) [unter C.I.1.a).aa)]; 19.10.1993 – 1 BvR 567/89, 1 BvR 1044/89, AP GG Art. 2 Nr. 35 = BVerfGE 89, 214 (231)

und damit die alltägliche Freiheit, Verträge abzuschließen und auszugestalten.[142]

Aufgrund des nahezu uferlosen Verständnisses des Schutzbereiches der Allgemeinen Handlungsfreiheit tritt dieses „Auffanggrundrecht“[143] hinter spezielleren Grundrechten zurück. Für die Freiheit, Arbeitsverträge abzuschließen und inhaltlich auszugestalten, folgt daraus eine notwendige Abgrenzung zum Schutzbereich der Berufsfreiheit aus Art. 12 Abs. 1 GG. Da es sich bei dem Arbeitsverhältnis um eine auf Dauer angelegte, der Schaffung und Erhaltung einer Lebensgrundlage dienende Tätigkeit[144] handelt, unterfällt es auch der Berufsfreiheit. Selbst die weiteren, teilweise umstrittenen Anforderungen[145] liegen im hier betrachteten „klassischen“ Arbeitsverhältnis vor.

Art. 12 Abs. 1 GG geht auf die Berufswahl (S. 1) und -ausübung (S. 2) ein und stellt damit ein umfassendes Recht dar. Während die Berufswahl verstärkt auf die freie Entscheidung zu Gunsten eines generellen Tätigkeitsfeldes abziele,[146] sei die Wahl des Arbeitsplatzes in dem Kontext weit zu verstehen und erfasse

---

[unter C.II.2.a)]. Es ist mithin nicht nur der Persönlichkeitskern geschützt, BVerfG 6.6.1989 – 1 BvR 921/85, BVerfGE 80, 137 (152) [unter C.I.1.a)]; Dreier/*Barczak*, 4. Aufl. 2023, Art. 2 Abs. 1 GG Rn. 31; Sachs/*Rixen*, 9. Aufl. 2021, Art. 2 GG Rn. 52. Dies wurde teilweise vertreten, zu der Diskussion Sachs/*Rixen*, 9. Aufl. 2021, Art. 2 GG Rn. 42 ff.; Mangoldt/Klein/Starck/*Starck*, 7. Aufl. 2018, Art. 2 GG Rn. 8 ff.

142 Statt aller BVerfG 3.4.2001 – 1 BvR 2014/95, AP Art. 6 Abs. 1 GG Ehe und Familie Nr. 28 = BVerfGE 103, 197 (215) [unter B.I.]; Dreier/*Barczak*, 4. Aufl. 2023, Art. 2 Abs. 1 GG Rn. 41; Sachs/*Rixen*, 9. Aufl. 2021, Art. 2 GG Rn. 55a.

143 So z.B. Dreier/*Barczak*, 4. Aufl. 2023, Art. 2 Abs. 1 GG Rn. 31; *Höfling*, Vertragsfreiheit, 1991, S. 18; Sachs/*Rixen*, 9. Aufl. 2021, Art. 2 GG Rn. 10; ErfK/*Schmidt*, 24. Aufl. 2024, Art. 2 GG Rn. 4; *Skouris*, Das Prinzip Vertragsfreiheit aus der Sicht eines Außenseiters, in: Dutta/Heinze (Hrsg.), „Mehr Freiheit wagen“ – Beiträge zur Emeritierung von Jürgen Basedow, 2019, S. 15-29 (21); *Stern/Sachs/Dietlein*, in: Stern, Staatsrecht, 2006, S. 1757-1949 (1927 f.).

144 Statt vieler BVerfG 8.6.2010 – 1 BvR 2011/97, 1 BvR 2959/07, BVerfGE 126, 112 (136) [unter B.II.2.]; Mangoldt/Klein/Starck/*Manssen*, 7. Aufl. 2018, Art. 12 GG Rn. 37.

145 So sind beispielhaft die Anforderungen der wiederholten Erwerbstätigkeit, der Erlaubnis und der wirtschaftlich sinnvollen Betätigung zu nennen, Sachs/*Mann*, 9. Aufl. 2021, Art. 12 GG Rn. 50; Mangoldt/Klein/Starck/*Manssen*, 7. Aufl. 2018, Art. 12 GG Rn. 37, 43.

146 Siehe BVerfG 24.4.1991 – 1 BvR 1341/90, AP GG Art. 12 Nr. 70 = BVerfGE 84, 133 (146) [unter C.III.1.]; 11.6.1958 – 1 BvR 596/56, AP GG Art. 12 Nr. 13 = BVerfGE 7, 377 (397) [unter B.IV.1.]; Sachs/*Mann*, 9. Aufl. 2021, Art. 12 GG Rn. 78; Dreier/*Wollenschläger*, 4. Aufl. 2023, Art. 12 GG Rn. 31.

alle organisatorischen Rahmenbedingungen.[147] Insbesondere sei auch das Recht geschützt, sich den Vertragspartner auszusuchen und die Beschäftigung beizubehalten oder aufzugeben.[148] Der Schutzbereich der Berufsausübungsfreiheit wird ebenfalls großzügig verstanden; er gewähre die Gesamtheit der Modalitäten der beruflichen Tätigkeit, wie Inhalt, Umfang und Dauer der Tätigkeit.[149] Die Vertragsfreiheit im beruflichen Kontext findet sich daher sowohl für die Arbeitnehmer als auch Arbeitgeber in Art. 12 Abs. 1 GG und verdrängt somit Art. 2 Abs. 1 GG.[150]

Seit dem *Apothekenurteil*[151] ist es allgemein akzeptiert, dass Art. 12 GG ein einheitliches Grundrecht bildet. Eine klare Trennung zwischen Berufswahl und Berufsausführung sei nicht möglich, z.B. liege unter anderem in der Aufnahme der Berufstätigkeit der Beginn der Berufsausübung und die Betätigung der Berufswahl.[152] Die genaue Zuteilung dieser einzelnen Ausprägungen ist damit ohne Bedeutung. Zwar kann sich eine Regelung zum Kündigungsschutz für den Arbeitnehmer als Einschränkung der Arbeitsplatzwahlfreiheit[153] darstellen und

---

147 So Mangoldt/Klein/Starck/*Manssen*, 7. Aufl. 2018, Art. 12 GG Rn. 57; auch Sachs/*Mann*, 9. Aufl. 2021, Art. 12 GG Rn. 86.

148 Vgl. BVerfG 25.1.2011 – 1 BvR 1741/09, BVerfGE 128, 157 (176) [unter B.I.1.]; 10.3.1992 – 1 BvR 454/91 u.a., AP Einigungsvertrag Art. 38 Nr. 1 = BVerfGE 85, 360 (372 f.) [unter C.III.1.a)]; 24.4.1991 – 1 BvR 1341/90, AP GG Art. 12 Nr. 70 = BVerfGE 84, 133 (146) [unter C.III.1.]. Das BVerfG hat explizit hervorgehoben, dass die unternehmerische Vertrags- und Dispositionsfreiheit umfasst sei, BVerfG 6.6.2018 – 1 BvL 7/14, 1 BvR 1375/14, AP TzBfG § 14 Nr. 170 = BVerfGE 149, 126 (144) = NZA 2018, 774; 10.6.2009 – 1 BvR 706/08 u.a., BVerfGE 123, 186 [Rn. 198].

149 Siehe nur Sachs/*Mann*, 9. Aufl. 2021, Art. 12 GG Rn. 79.

150 BVerfG 23.10.2013 – 1 BvR 1842/11, 1 BvR 1843/11, BVerfGE 134, 204 (222 f.) [Rn. 67]; 7.9.2010 – 1 BvR 2160/09, 1 BvR 851/10, NJW 2011, 1339 (1340) [Rn. 32]; 12.12.2006 – 1 BvR 2576/04, BVerfGE 117, 163 (181) [unter B.I.1.]. Siehe auch *Papier*, RdA 1989, 137 (138); *Scholz*, ZFA 1981, 265 (276 f.), die besonders auf den Gleichlauf der arbeitnehmer- und arbeitgeberseitigen Vertragsfreiheit eingehen; Dürig/Herzog/Scholz/*Remmert*, 104. EL, Art. 12 GG Rn. 276.

151 BVerfG 11.6.1958 – 1 BvR 596/56, AP GG Art. 12 Nr. 13 = BVerfGE 7, 377.

152 BVerfG 11.6.1958 – 1 BvR 596/56, AP GG Art. 12 Nr. 13 = BVerfGE 7, 377 (401) [unter B.IV.3.b)].

153 Das durch sie geschützte Recht, sich den Vertragspartner – bezogen auf das Arbeitsverhältnis ist dies der Arbeitgeber – frei zu wählen, muss denklogisch auch das Recht umfassen, nicht gezwungenermaßen wieder von diesem getrennt zu werden, BVerfG 24.4.1991 – 1 BvR 1341/90, AP GG Art. 12 Nr. 70 = BVerfGE 84, 133 (146) [unter C.III.1.]; vgl. auch Sachs/*Mann*, 9. Aufl. 2021, Art. 12 GG Rn. 86.

den Arbeitgeber in seiner Berufsausübungsfreiheit[154] betreffen. Aufgrund der einheitlichen Schrankenregelung des Art. 12 Abs. 1 GG[155] hat dies aber keinen unterschiedlichen Schutzrahmen zur Folge.

Als weitere Grundrechtsposition des Arbeitgeber ließe sich auch das Recht am eingerichteten und ausgeübten Gewerbebetrieb bemühen, das vereinzelt als

---

154 Im Gegensatz zum Arbeitnehmer kann dabei nicht auf die Vertragspartnerwahlfreiheit im Rahmen der Wahl des Arbeitsplatzes abgestellt werden. Während der Arbeitsvertrag für den Arbeitnehmer das Arbeitsverhältnis begründet und daher die Frage nach dem Vertragspartner im Zweifel eine Entscheidung über das „Ob" einer Berufsausübung und die konkreten Rahmenbedingungen darstellt, ändern sich diese Rahmenbedingungen für den Arbeitgeber nicht abhängig von der Entscheidung für oder gegen einen Arbeitnehmer. Vielmehr unterfällt die Entscheidung des Arbeitgebers, neue Arbeitnehmer auszuwählen und einzustellen oder diesen wieder zu kündigen, dem „Wie" seiner Tätigkeit, sofern die Arbeit nicht vollständig zum Erliegen kommt. Wie viele und welche Arbeitnehmer der Arbeitgeber zur Ausführung der Aufgaben einsetzt, unterliegt ebenso der inhaltlichen Ausgestaltung, wie etwa die zeitliche Einteilung der Produktion (BVerfG 17.11.1992 – 1 BvR 168/89 u.a., AP GG Art. 12 Nr. 75 = BVerfGE 87, 363 (382) [unter C.I.1.a)]; 25.2.1976 – 1 BvL 26/73, 1 BvR 326/73, BVerfGE 41, 360 (370) [unter C.I.]), die Festlegung von Art und Güte der angebotenen Produkte (BVerfG 30.7.2008 – 1 BvR 3262/07 u.a., BVerfGE 121, 317 (345) [unter B.I.1.a).aa)]; 17.12.2002 – 1 BvL 28/95 u.a., BVerfGE 106, 275 (299) [unter C.I.1.b)]) oder die Auswahl der Endabnehmer (BVerfG 10.6.2009 – 1 BvR 706/08 u.a., BVerfGE 123, 186 (238) [unter C.I.3.a).bb)]). Die Freiheit des Arbeitgebers, den Arbeitsvertragspartner zu wählen, fällt somit im Gegensatz zum Arbeitnehmer in den Bereich der Berufsausübung.

155 BVerfG 11.6.1958 – 1 BvR 596/56, AP GG Art. 12 Nr. 13 = BVerfGE 7, 377 (402) [unter B.IV.3.b)]; Dreier/*Wollenschläger*, 4. Aufl. 2023, Art. 12 GG Rn. 39. Diese lediglich für die Berufswahl im *Apothekenurteil* getroffenen Erweiterung wird darüber hinaus auch auf den restlichen ersten Absatz fortgeführt, sodass auch die Arbeitsplatzwahlfreiheit den Schranken des Art. 12 Abs. 1 S. 2 GG unterfällt (Sachs/*Mann*, 9. Aufl. 2021, Art. 12 GG Rn. 107; Dreier/*Wollenschläger*, 4. Aufl. 2023, Art. 12 GG Rn. 95). Einen vollständigen Gleichlauf von Berufswahl und Berufsausübung wollte aber auch das BVerfG nicht annehmen. Da weiterhin der Wille der Verfassung offenbart werde, dass die Berufswahl im Grunde frei sein solle und die Berufsausübung geregelt werden dürfe (BVerfG 11.6.1958 – 1 BvR 596/56, AP GG Art. 12 Nr. 13 = BVerfGE 7, 377 (402) [unter B.IV.3.b)]), ist diese Unterscheidung zumindest in Rahmen der Rechtfertigung in der konkreten Abwägung zu berücksichtigen, vgl. BVerfG 11.6.1958 – 1 BvR 596/56, AP GG Art. 12 Nr. 13 = BVerfGE 7, 377 (402 f.) [unter B.IV.3.b)]; so auch Sachs/*Mann*, 9. Aufl. 2021, Art. 12 GG Rn. 15; Mangoldt/Klein/Starck/*Manssen*, 7. Aufl. 2018, Art. 12 GG Rn. 52.

von Art. 14 GG mitgeschützt angesehen wird.[156] Das BVerfG zieht die Grenze des Rechts aber spätestens in dem Bestand der Rechte, also der Substanz.[157] Umfasst sei nur das Recht auf Fortsetzung des Betriebes im bisherigen Umfang nach den schon getroffenen betrieblichen Maßnahmen.[158] Als erster Zugriff wird häufig darauf abgestellt, die Berufsfreiheit sichere den „Erwerb" und die Eigentumsfreiheit das „Erworbene".[159] Der Annahme, dass Faktoren wie Gewinnchancen und Verdienstmöglichkeiten[160] oder der Kundenstamm[161] an sich nur im Falle einer bestandsgefährdenden Intensität über den eingerichteten und ausgeübten Gewerbebetrieb schützenswert seien, lässt sich damit folgen. Art. 14 GG ließe sich unter Berufung auf die Vertragsfreiheit damit nur dann anführen, wenn die Vorgaben den Betrieb als solchen antasten würden. Die an dieser Stelle relevanten Vorgaben im Bereich der Ausgestaltung der Arbeitsbedingungen oder möglicher Arbeitnehmer liegen jedoch grundsätzlich unterhalb dieser Schwelle und verbleiben daher im Schutzbereich des Art. 12 Abs. 1 GG.

b) Formale und materiale Vertragsfreiheit

Obwohl die Bedeutung der Vertragsfreiheit damit bereits durchscheint, kann allein die Einigung der Vertragsparteien dem Vertragsinhalt noch keine rechtsgeschäftliche Wirkung zukommen lassen. Diese erhält die Abrede erst durch die

---

156 Für einen solchen Schutz z.B. BVerwG 10.7.2012 – 7 A 11/11, BVerwGE 143, 249 (261) [Rn. 35]; *Badura*, § 10 Eigentum, in: Benda (Hrsg.), Handbuch des Verfassungsrechts der Bundesrepublik Deutschland, 1995, S. 327-390 (Rn. 94 ff.); Sachs/*Wendt*, 9. Aufl. 2021, Art. 14 GG Rn. 26; gegen einen solchen Schutz z.B. Münch/Kunig/*Bryde/Wallrabenstein*, 7. Aufl. 2021, Art. 14 GG Rn. 44; ErfK/*Schmidt*, 24. Aufl. 2024, Art. 14 GG Rn. 5; offen Dreier/*Kempny*, 4. Aufl. 2023, Art. 14 GG Rn. 67.

157 BVerfG 6.12.2016 – 1 BvR 2821/11 u.a, BVerfGE 143, 246 (331) [Rn. 240]; 10.6.2009 – 1 BvR 706/08 u.a., BVerfGE 123, 186 (259) [unter C.II.2.b)]; vgl. Jarass/Pieroth/*Jarass*, 18. Aufl. 2024, Art. 14 GG Rn. 21.

158 BGH 18.9.1968 – III ZR 83/85, NJW 1987, 1256 (1258) [unter IV.2.a)].

159 BVerfG 8.6.2010 – 1 BvR 2011/97, 1 BvR 2959/07, BVerfGE 126, 112 (135) [unter B.II.1.]; 16.3.1971 – 1 BvR 52/66 u.a., BVerfGE 30, 292 (334 f.) [unter C.II.4.]; Dreier/*Kempny*, 4. Aufl. 2023, Art. 14 GG Rn. 224; Mangoldt/Klein/Starck/*Manssen*, 7. Aufl. 2018, Art. 12 GG Rn. 289; das Zusammenspiel der beiden Grundrechte hervorhebend Dürig/Herzog/Scholz/*Remmert*, 104. EL, Art. 12 GG Rn. 284 ff.; Sachs/*Wendt*, 9. Aufl. 2021, Art. 14 GG Rn. 186.

160 BVerfG 6.12.2016 – 1 BvR 2821/11 u.a., BVerfGE 143, 246 (331) [Rn. 240]; 26.6.2002 – 1 BvR 558/91, 1 BvR 1428/91, BVerfGE 105, 252 (278) [unter C.II.1.]; 22.1.1997 – 2 BvR 1915/91, BVerfGE 95, 173 (187 f.) [unter C.III.1.].

161 BVerfG 6.10.1987 – 1 BvR 1086/82 u.a., BVerfGE 77, 84 (118) [unter C.VI.1.].

rechtliche Anerkennung vonseiten der Rechtsordnung.[162] Damit einher geht die Frage, ob allein aus der Tatsache, dass eine Einigung vorliegt, die Anerkennung zu vollziehen ist, oder ob die Rechtsordnung diese Anerkennung auch versagen darf. Ganz allgemein von „der" Vertragsfreiheit zu sprechen, wird daher dem Umfang dieser Freiheit nur begrenzt gerecht, schließlich kann sie sowohl in formaler als auch in materialer Ausgestaltung verstanden werden. Auf das an dieser Stelle ausreichende Minimum reduziert hat *Starke* die Unterscheidung dahingehend ausgedrückt, dass die formale Vertragsfreiheit die Möglichkeit und Wirksamkeit aller Verträge forciere, nach dem materialen Verständnis hingegen nur Verträge zuzulassen seien, die Ausdruck tatsächlicher Selbstbestimmung sind.[163] Während also die formale Freiheit das vollständige Ausbleiben jeder staatlichen Intervention voraussetzt, werden gewisse Eingriffe für die materiale Freiheit als notwendig angesehen, um der Einigung die Anerkennung zu erteilen.

Diese Differenzierung wird insbesondere im Zusammenhang mit der Vertragsgerechtigkeit[164] herangezogen.[165] Im Hinblick auf die Frage der Einschränkbarkeit sollen an dieser Stelle zumindest schlaglichtartig die Grundlagen angesprochen

---

162 BVerfG 19.10.1993 – 1 BvR 567/89, 1 BvR 1044/89, AP GG Art. 2 Nr. 35 = BVerfGE 89, 214 (231) [unter C.II.2.a)]. Statt aller *Flume*, in: FS 100 Jahre DJT, 1960, S. 135-238 (142); *Wendland*, Vertragsfreiheit und Vertragsgerechtigkeit, 2019, S. 26.

163 *Starke*, EU-Grundrechte und Vertragsrecht, 2017, S. 246 f. m.w.N.; vergleichbar *Kürth*, Änderungsvorbehalte im Arbeitsvertrag, 2013, S. 28; eine tiefergreifende Betrachtung dieser Frage findet sich auch in *Canaris*, AcP 200 (2000), 273 (277 ff.); *Heinrich*, Formale Freiheit und materiale Gerechtigkeit, 2000, S. 53 ff.; *Wendland*, Vertragsfreiheit und Vertragsgerechtigkeit, 2019, S. 96 ff.

164 Bei der „Gerechtigkeit" wird häufig mit Verweis auf *Aristoteles* zwischen verschiedene Ausprägungen unterschieden. Während die *iustitia commutativa* (Tauschgerechtigkeit) die Gleichwertigkeit von Leistung und Gegenleistung anspricht, bezieht sich die *iustitita distributiva* (Verteilungsgerechtigkeit) auf die Verteilung der Güter, die sich auch nach der Bedürftigkeit der Personen richtet. *Wendland* – der sich in seiner Habilitationsschrift ausführlich mit dem Verhältnis von Vertragsfreiheit und Vertragsgerechtigkeit auseinandersetzt – verdeutlicht, dass Tausch- und Verteilungsgerechtigkeit trotz des Bezugs zur Umwelt im Rahmen der Verteilungsgerechtigkeit Erscheinungsformen der Einzelgerechtigkeit sind, *Wendland*, Vertragsfreiheit und Vertragsgerechtigkeit, 2019, S. 119 ff. Siehe dazu auch *Arnold*, Vertrag und Verteilung, 2014, S. 153 ff.; *Eichenhofer*, SGb 2022, 647 (652); *Nutzinger/Hecker*, Leviathan 36, 2008, 543 (545 ff.); *Stütze*, Die Kontrolle der Entgelthöhe im Arbeitsrecht, 2010, S. 152 ff.

165 Vgl. auch *Hönn*, JZ 2021, 693 (695).

werden,[166] eine vollumfassende Aufbereitung ist hingegen im Hinblick auf die existierende Literatur und die untergeordnete Bedeutung für die aktuelle Betrachtung nicht zielführend.

aa) Vertragstheorien der Literatur

In der Literatur finden sich viele prominente Stimmen, die sich mit diesem Verhältnis auseinandergesetzt haben, und obwohl sie häufig als Gegenstück oder Kritik an den anderen Ansichten angeführt werden,[167] stimmen sie doch darin überein, dass eine vollständige Untätigkeit des Staates im Sinne eines strengen formalen Verständnisses nicht erwünscht ist. Eine nahezu überstrahlende Wirkung nimmt in diesem Kontext die von *Schmidt-Rimpler* eingeführte „Theorie der Richtigkeitsgewähr des Vertragsmechanismus" ein. Aus der Tatsache, dass der Vertragsschluss eine beiderseitige Zustimmung erfordere und somit auch der im Zweifel benachteiligte Vertragspartner die Entstehung des Vertrags mittrage, ergebe sich die – weder unwiderlegliche noch vollkommene – Gewähr der Richtigkeit des Vertragsinhaltes.[168] Stimmt also auch der nicht begünstigte Vertragspartner dem Vertrag zu, bedarf es keiner Einmischung des Staates. Damit einhergehende kleinere Ungerechtigkeiten seien hinzunehmen, solange der Vertragsmechanismus als solcher funktioniere und keine strukturelle Ungleichheit vorliege.[169]

Unter den Prämissen, dass die eigenen Nachteile von den Parteien besonders genau betrachtet werden[170] und die Vertragsparteien am besten die eigenen Interessen kennen,[171] lässt sich dem zustimmen. Bereits aus diesem kurzen Verständnis offenbart sich aber das große Problem dieser Theorie: Die Annahme, jeder Vertragspartner akzeptiere nur das, was ihm einen Vorteil beschert, setzt die freie

---

166 Eine vertiefte Auseinandersetzung mit dieser Thematik liefern beispielsweise *Habersack*, Vertragsfreiheit und Drittinteressen, 1992, S. 41 ff.; *Heinrich*, Formale Freiheit und materiale Gerechtigkeit, 2000, S. 171 ff.; *Wendland*, Vertragsfreiheit und Vertragsgerechtigkeit, 2019, S. 180 ff.

167 *Flume*, in: FS 100 Jahre DJT, 1960, S. 135-238 (142); *Flume*, BGB AT II, 4. Aufl., 1992, S. 7 f.; *Raiser*, in: FS 100 Jahre DJT, 1960, S. 101-134 (118). Die Ähnlichkeit hervorhebend aber auch schon *Schmidt-Rimpler*, in: FS Raiser, 1974, S. 3-26 (4).

168 *Schmidt-Rimpler*, in: FS Raiser, 1974, S. 3-26 (5 f.). Mit Verweis auf „*Volenti non fit iniuria*" auch *Zöllner*, NZA-Beilage 2006, 99 (102).

169 *Schmidt-Rimpler*, AcP 141 (1941), 130 (167); *Schmidt-Rimpler*, in: FS Nipperdey, 1955, S. 1-30 (8).

170 *Schmidt-Rimpler*, AcP 141 (1941), 130 (151); *Schmidt-Rimpler*, in: FS Raiser, 1974, S. 3-26 (5). Vgl. auch *Coester-Waltjen*, AcP 190 (1990), 1 (21 f.).

171 *Coester-Waltjen*, AcP 190 (1990), 1 (14 f.); siehe auch *Zöllner*, NZA-Beilage 2006, 99 (103).

Entscheidung voraus. Ist ein Vertragspartner auf den Vertragsschluss angewiesen, oder gibt es ein anderweitig ausgestaltetes Macht- oder Informationsungleichgewicht, so kann dieser Gedanke nicht mehr überzeugen. Die Nichteinmischung durch hoheitliche Maßnahmen könne deswegen auch nach *Schmidt-Rimpler* nur so lange durchgehalten werden, wie z.B. eine tatsächliche Gleichheit in der Ausgangslage bestehe.[172] Versagt diese Richtigkeitsgewähr, bedürfe es einer hoheitlichen Gestaltung, was jedoch auf ein Minimum zu reduzieren sei.[173]

Auch die übrigen Stimmen zur Gerechtigkeit vertraglicher Abreden folgen dem weitestgehend. *Von Gierke* sieht ebenso die Gefahr der Unterdrückung des schwächeren Vertragsteils[174] und kommt in diesem Kontext zu seiner Aussage, dass die Vertragsfreiheit eine furchtbare Waffe in der Hand des Starken und ein stumpfes Werkzeug in der Hand des Schwachen sei.[175] Das Privatrecht bedürfe eines „Tropfen sozialistischen Öles" und des „Gedanke[n] der Gemeinschaft". Es diene somit auch dem Schutz des Schwachen gegenüber dem Starken,[176] schließlich sei nicht die willkürliche, sondern die vernünftige Freiheit geschützt.[177]

Das Stillhalten des Staates sieht auch *Flume* nur im Ausgangspunkt als zwingend an, nach dessen Selbstbestimmungstheorie der Vertrag aufgrund der Selbstbestimmung der Vertragsparteien unabhängig davon von der Rechtsordnung anerkannt werden müsse, „ob die Freiheit in diesem idealen Sinne ausgeübt wird".[178] Vergleichbar mit *Schmidt-Rimpler* setze die Verwirklichung der Privatautonomie die tatsächliche Macht zur Selbstbestimmung voraus. Dies werde grundsätzlich durch den Markt gewährleistet,[179] sodass ein Tätigwerden des Staates nur in einigen Fällen des Marktversagens erforderlich, dann aber auch notwendig

---

172 *Schmidt-Rimpler*, in: FS Nipperdey, 1955, S. 1-30 (7 f.); *Schmidt-Rimpler*, in: FS Raiser, 1974, S. 3-26 (13). Einen Überblick über die Gründe in *Schmidt-Rimpler*, AcP 141 (1941), 130 (157 f., Fn. 34).

173 *Schmidt-Rimpler*, AcP 141 (1941), 130 (165 ff.); *Schmidt-Rimpler*, in: FS Nipperdey, 1955, S. 1-30 (8). Auch *Steinvorth* stellt in seiner Beurteilung darauf ab, dass zu viel Gleichheit auf Dauer zu einer ökonomischen Ungleichheit führen kann, *Steinvorth*, Philosophie und Politik, in: Schmücker/Steinvorth (Hrsg.), Gerechtigkeit und Politik, 2002, S. 13-24 (16).

174 *Gierke*, Die sociale Aufgabe des Privatrechts, 1889, S. 28 f.

175 *Gierke*, Die sociale Aufgabe des Privatrechts, 1889, S. 28.

176 *Gierke*, Die sociale Aufgabe des Privatrechts, 1889, S. 13, 29.

177 *Gierke*, Die sociale Aufgabe des Privatrechts, 1889, S. 28 f.

178 *Flume*, in: FS 100 Jahre DJT, 1960, S. 135-238 (141); *Flume*, BGB AT II, 4. Aufl., 1992, S. 6 f.

179 *Flume*, in: FS 100 Jahre DJT, 1960, S. 135-238 (144).

sei.[180] Dem schließt sich auch *Raiser* an, der ebenfalls einen gewissen Schutz der Vertragsfreiheit durch den Staat erwartet, mithin sei eine gleiche Ausgangslage zu gewährleisten[181] und so das freie Spiel der wirtschaftlichen Kräfte zu begrenzen.[182] Im Gegensatz zu *Flume* sei jedoch die Anerkennung durch die Rechtsordnung neben dem Zustandekommen auch von dem Inhalt abhängig zu machen.[183] Ein rein formales Verständnis, das jedwedes Einschreiten des Staates ausschließt, führt somit nicht zu einer angemessenen Vertragsfreiheit.

bb) Verständnis des BVerfG

Das BVerfG schlägt in dieselbe Kerbe und hat insbesondere in der *Handelsvertreter-*[184] und *Bürgschaftsentscheidung*[185] ausgeführt, dass eine formale Vertragsfreiheit in Reinform nicht gewinnbringend und erstrebenswert sei. Als Ausgangspunkt sei der Vertragsinhalt von der Rechtsordnung zu respektieren, da der Vertrag grundsätzlich einen angemessenen Interessenausgleich zwischen den beteiligten Parteien bilde.[186] Eine Einmischung aus Gründen eines unerwünschten Ergebnisses oder kleinerer Ungerechtigkeiten müsse im Sinne der Rechtssicherheit daher unterbleiben.[187] Auch das BVerfG stellt aber heraus, dass die Privatautonomie voraussetze, dass „auch die Bedingungen freier Selbstbestimmung tatsächlich

---

180 *Flume*, in: FS 100 Jahre DJT, 1960, S. 135-238 (143 ff.); *Flume*, BGB AT II, 4. Aufl., 1992, S. 11.

181 *Raiser*, JZ 1958, 1 (3, 6); *Raiser*, in: FS 100 Jahre DJT, 1960, S. 101-134 (118 f.). Etwas weiter geht *Zweigert*, der die Vertragsfreiheit letztlich als Utopie bezeichnet, die nur bei einer ökonomischen und sozialen Gleichheit der Parteien existieren kann, dessen Herstellung es anzugehen gelte, *Zweigert*, in: FS Rheinstein, 1969, S. 393-504 (503 f.).

182 *Raiser*, JZ 1958, 1 (3); *Raiser*, in: FS 100 Jahre DJT, 1960, S. 101-134 (131 f.).

183 *Raiser*, JZ 1958, 1 (3).

184 BVerfG 7.2.1990 – 1 BvR 26/84, AP GG Art. 12 Nr. 65 = BVerfGE 81, 242 (254 f.) [unter C.I.3.].

185 BVerfG 19.10.1993 – 1 BvR 567/89, 1 BvR 1044/89, AP GG Art. 2 Nr. 35 = BVerfGE 89, 214 (232) [unter C.II.2.b)].

186 BVerfG 23.11.2006 – 1 BvR 1909/06, AP BGB § 307 Nr. 22 = NZA 2007, 85 (86) [unter 2.b).aa).(2).(a)]; 6.2.2001 – 1 BvR 12/92, BVerfGE 103, 89 (100) [unter B.I.1.b)]; 7.2.1990 – 1 BvR 26/84, AP GG Art. 12 Nr. 65 = BVerfGE 81, 242 (254) [unter C.I.2.]; diese Ausgangslage ähnelt dabei stark dem Verständnis von *Schmidt-Rimpler*, AcP 141 (1941), 130 (167); *Schmidt-Rimpler*, in: FS Nipperdey, 1955, S. 1-30 (8), siehe dazu § 4.II.1.b).aa).

187 BVerfG 19.10.1993 – 1 BvR 567/89, 1 BvR 1044/89, AP GG Art. 2 Nr. 35 = BVerfGE 89, 214 (232) [unter C.II.2.b)].

gegeben sind".[188] Sofern eine Partei ein so starkes Übergewicht habe, dass der Vertragsinhalt aus dessen Sicht einer Fremdbestimmung gleichkommt, gebiete dessen Vertragsfreiheit und das Sozialstaatsprinzip das ausgleichende Eingreifen staatlicher Regelungen.[189] Eine pauschale Aussage, wann eine Fremdbestimmung vorliegt, könne nicht getroffen werden, stattdessen besitze der Gesetzgeber einen Entscheidungs- und Gestaltungsspielraum,[190] der aber dann überschritten sei, wenn trotz offenkundiger Fehlentwicklung eine Handlung ausbleibt.[191] Das einer Fremdbestimmung zugrundeliegende strukturelle Ungleichgewicht hat das BVerfG sowohl auf einen Mangel an Verhandlungsmacht[192] als auch auf einen Mangel an Informationen[193] gestützt. Allein der nachteilige Inhalt reiche zwar nicht für ein Einschreiten aus, nach dem BVerfG indiziere eine ungewöhnlich starke Belastung einer Vertragspartei aber das Fehlen privatautonomer Entscheidungen, sodass eine Prüfung notwendig sei.[194]

---

188 BVerfG 7.2.1990 – 1 BvR 26/84, AP GG Art. 12 Nr. 65 = BVerfGE 81, 242 (254 f.) [unter C.I.3.]; so auch BVerfG 6.2.2001 – 1 BvR 12/92, BVerfGE 103, 89 (100) [unter B.I.1.b)]; 19.10.1993 – 1 BvR 567/89, 1 BvR 1044/89, AP GG Art. 2 Nr. 35 = BVerfGE 89, 214 (231) [unter C.II.1.]. In diesem Sinne ist wohl auch schon *Nipperdey* zu verstehen, der eine tatsächliche und nicht lediglich fiktive Gleichgewichtslage für die Wirksamkeit voraussetzt, *Nipperdey*, Grundrechte und Privatrecht, 1961, S. 19. Einen angemessenen Überblick liefert Staudinger/*Krause*, 2022, Anh zu §§ 305 - 310 BGB Rn. K 47 ff.

189 BVerfG 19.10.1993 – 1 BvR 567/89, 1 BvR 1044/89, AP GG Art. 2 Nr. 35 = BVerfGE 89, 214 (232) [unter C.II.2.b)]; 7.2.1990 – 1 BvR 26/84, AP GG Art. 12 Nr. 65 = BVerfGE 81, 242 (255) [unter C.I.3.]. In dem Fall das Vorliegen eines Vertrages in Frage stellend z.B. *Wolff*, Die Vertragsfreiheit im kollektiven Arbeitsrecht, 1934, S. 5.

190 BVerfG 7.2.1990 – 1 BvR 26/84, AP GG Art. 12 Nr. 65 = BVerfGE 81, 242 (255) [unter C.I.3.].

191 BVerfG 19.10.1993 – 1 BvR 567/89, 1 BvR 1044/89, AP GG Art. 2 Nr. 35 = BVerfGE 89, 214 (234) [unter C.II.2.c)]; 7.2.1990 – 1 BvR 26/84, AP GG Art. 12 Nr. 65 = BVerfGE 81, 242 (255) [unter C.I.3.]. Mit Verweis auf die *Bürgschaftsentscheidung* auch BAG 16.3.1994 – 5 AZR 339/92, NZA 1994, 937 (939 f.) [unter A.II.1.b).cc)].

192 Z.B. BVerfG 7.9.2010 – 1 BvR 2160/09, 1 BvR 851/10, NJW 2011, 1339 (1341) [Rn. 35].

193 Z.B. BVerfG 26.7.2005 – 1 BvR 80/95, BVerfGE 114, 73 (96) [unter C.I.2.b).cc).(2)].

194 BVerfG 19.10.1993 – 1 BvR 567/89, 1 BvR 1044/89, AP GG Art. 2 Nr. 35 = BVerfGE 89, 214 (234) [unter C.II.2.c)]. Diesem kumulativen Verständnis ist zuzustimmen. Solange der Vertragsinhalt „fair" ist, ist nicht ersichtlich, weshalb die Art der Entscheidungsfindung die Anerkennung verhindern sollte, gleiches gilt für einen „unfairen" aber bewusst und frei eingegangenen Vertrag. So auch *Becker*, WM 1999,

Liegen die Voraussetzungen der Privatautonomie nicht vor und ist ein Einschreiten erforderlich, stehen dem Gesetzgeber alternative Möglichkeiten zur Verfügung. Zum einen könnten neue spezialgesetzliche Regelungen getroffen werden,[195] zum anderen genügten aber auch die Generalklauseln[196] des BGB den Voraussetzungen.[197] Innerhalb der Generalklauseln falle die Aufgabe der Sicherung der Vertragsfreiheit dann den Gerichten zu, die im Rahmen der Auslegung und Ausgestaltung der Generalklauseln im Einzelfall zu entscheiden haben.[198]

cc) Abgrenzung ohne herausstehende Bedeutung für das Dreipersonenverhältnis

Rechtsprechung und Literatur gehen folglich davon aus, dass die Einschränkung der formalen Vertragsfreiheit zwar mitunter notwendig sei, jedoch möglichst schonend ausgeprägt und auf ein Minimum reduziert sein sollte. Es gelte, ein angemessenes Mittel zu finden, das eine Fremdbestimmung ausschließt,[199] allein

---

709 (717); *Canaris*, AcP 200 (2000), 273 (278); *Grunsky*, Vertragsfreiheit und Kräftegleichgewicht, 1995, S. 12 f.

195 So bildeten die Einschränkungen zum nachvertraglichen Regelungsverbot aus § 90a HGB die Grundlage der *Handelsvertreterentscheidung*, z.B. BVerfG 7.2.1990 – 1 BvR 26/84, AP GG Art. 12 Nr. 65 = BVerfGE 81, 242 (257) [unter C.II.1.].

196 Auf die Generalklauseln ist später noch genauer einzugehen, siehe dazu § 5.II.

197 BVerfG 19.10.1993 – 1 BvR 567/89, 1 BvR 1044/89, AP GG Art. 2 Nr. 35 = BVerfGE 89, 214 (233 f.) [unter C.II.2.c)]; 7.2.1990 – 1 BvR 26/84, BVerfGE 81, 242 (255 f.) [unter C.1.3.]. Die Entwicklung zu einer strengeren Normierung des BGB insbesondere vor dem Hintergrund des Verbraucherschutzrechts nachzeichnend z.B. den wachsenden Verbraucherschutz beschreibend *Achilles*, JZ 2018, 953 (953 ff.); *Preis*, AcP 220 (2020), 766 (766 ff.).

198 BVerfG 6.2.2001 – 1 BvR 12/92, BVerfGE 103, 89 (101) [unter B.I.1.c)]; 19.10.1993 – 1 BvR 567/89, 1 BvR 1044/89, AP GG Art. 2 Nr. 35 = BVerfGE 89, 214 (233 f.) [unter C.II.2.c)]; 7.2.1990 – 1 BvR 26/84, AP GG Art. 12 Nr. 65 = BVerfGE 81, 242 (255 f.) [unter C.I.3.]; BAG 16.3.1994 – 5 AZR 339/92, NZA 1994, 937 (939) [unter A.II.1.b). cc)].

199 Damit sind die Ähnlichkeiten zu der Behandlung gesetzlicher Regelungen nach der *Radbruch'schen Formel* nicht von der Hand zu weisen. Im Konflikt zwischen positivem Recht und dem Gerechtigkeitsempfinden sei grundsätzlich dem Gesetzesrecht Vorrang einzuräumen, unabhängig davon, ob es als ungerecht oder unzweckmäßig angesehen wird. Erstrebt das Gesetz jedoch nicht einmal die Gerechtigkeit oder erreicht der Widerspruch zwischen Gesetz und Gerechtigkeit ein unerträgliches Maß, muss das gesetzte Recht im Sinne der Gerechtigkeit zurücktreten, *Radbruch*, Vorschule der Rechtsphilosophie, 1947, S. 31; *Radbruch*, Gesamtausgabe Rechtsphilosophie, 1990, S. 89.

das Streben nach einem möglichst vorteilhaften Vertrag aber nicht verhindert[200] und die ökonomische Sinnhaftigkeit nicht hinterfragt.[201] Dabei ist zudem angemessen zu berücksichtigen, dass ein Reziprozitätsproblem vorliegt, bei dem jede Begrenzung zu Gunsten eines Vertragspartners den anderen in seiner Freiheit beschränkt.[202]

Die dargestellten Grundlagen zur materialen Vertragsfreiheit offenbaren bereits die fehlende Aussagekraft für das Dreipersonenverhältnis. Der Konsens ist darin zu sehen, dass sich aus der fehlenden Regulierung keine Fremdbestimmung einer Vertragspartei ergeben darf, von beiden also eine tatsächlich selbstbestimmte Entscheidung getroffen werden können muss. Unbeteiligten Dritten kann schon begriffslogisch keine eigene Entscheidung zugesichert werden, sodass *per definitionem* eine Fremdbestimmung vorliegt.[203]

c) Grundrechtsdimensionen

Die Gegenüberstellung von materialer und formaler Freiheit hat gezeigt, dass zwar im Grunde die formale Freiheit die Grundlage bildet, für ein tatsächlich akzeptables Ergebnis im Rahmen der Vertragsverhandlungen aber unter Umständen ein Einschreiten des Staates notwendig ist. Im Einklang damit wird den Grundrechten auch eine Schutzpflichtdimension zugesprochen. Ursprünglich wurden die Grundrechte allein als Schutz vor dem Staat gesehen; diese Abwehrdimension, die ein ungerechtfertigtes Eingreifen des Staates in die Schutzgüter der Bürger

---

200 *Flume*, BGB AT II, 4. Aufl., 1992, S. 5 f.; die Zulässigkeit „amoralischen“ Verhaltens benennend auch *Eichenhofer*, AuR 2013, 62 (62 f.).

201 *Schäfer/Ott*, Lehrbuch der ökonomischen Analyse des Zivilrechts, 6. Aufl., 2021, S. 499 f.

202 BVerfG 7.2.1990 – 1 BvR 26/84, AP GG Art. 12 Nr. 65 = BVerfGE 81, 242 (255) [unter C.I.3.].

203 *Habersack* nimmt eine Übertragbarkeit auch nur für den Fall an, dass die Interessen eines Vertragspartners mit den Drittinteressen übereinstimmen, *Habersack*, Vertragsfreiheit und Drittinteressen, 1992, S. 68. Auch *Schmidt-Rimpler* hat erkannt, dass in der Betrachtung die Vertragspartnerinteressen im Vordergrund stehen und die Interessen der Gemeinschaft oder Dritter nicht in gleichem Maße geschützt werden, *Schmidt-Rimpler*, AcP 141 (1941), 130 (152); *Schmidt-Rimpler*, in: FS Raiser, 1974, S. 3-26 (10 f.). Zudem wird den Vertragstheorien immer wieder entgegengehalten, dass ein tatsächliches Aushandeln kaum gegeben sei und stattdessen der Marktpreis den Inhalt bestimme. Mit dieser Kritik gegenüber *Schmidt-Rimpler*, *Canaris*, Die Bedeutung der iustitia distributiva im deutschen Vertragsrecht, 1997, S. 48 f.

verhindern soll,[204] wird dahingehend ergänzt, dass dem Staat im Zusammenhang mit einigen Grundrechten die Pflicht zukommt, die Bürger auch vor Übergriffen durch andere Bürger zu schützen.[205] Dies treffe beispielsweise auf das Leben und die körperliche Unversehrtheit aus Art. 2 Abs. 2 S. 1 GG[206] oder auf die hier einschlägige Vertragsfreiheit zu. So ergebe sich aus Art. 12 Abs. 1 GG nicht nur die Pflicht des Staates die Vertragsfreiheit der Parteien nicht ungerechtfertigt zu beschränken, sondern zusätzlich die Pflicht, die Arbeitnehmer aufgrund ihrer strukturellen Unterlegenheit vor einer Benachteiligung durch den Arbeitgeber zu schützen.[207]

Inhaltlich folgt daraus keine weitergehende Voraussetzung als im Zuge des materialen Freiheitsverständnisses angesprochen. So bedeutet die Schutzpflichtdimension insbesondere keine Notwendigkeit staatlicher Intervention, sobald dem Arbeitnehmer irgendein Nachteil droht, stattdessen ist die zu einem Nachteil führende strukturelle Unterlegenheit maßgebliches Kriterium. Dieser grundrechtlich verankerten Pflicht wird der Gesetzgeber auf verschiedenen Wegen gerecht, was zum einen die auch im Arbeitsrecht anwendbaren Regelungen zu Allgemeinen Geschäftsbedingungen (§§ 305 ff. BGB) oder auch das System der Tarifautonomie und betrieblichen Mitbestimmung sein können,[208] zum anderen aber auch

204 BVerfG 15.01.1958 – 1 BvR 400/51, BVerfGE 7, 198 (204 f.) [Rn. 24]; mit Verweis auf diese Rechtsprechung auch *Sodan/Ziekow*, Grundkurs Öffentliches Recht, 10. Aufl., 2023, § 20 Rn. 11. Siehe auch *Isensee*, § 191 Das Grundrecht als Abwehrrecht und als staatliche Schutzpflicht, in: Isensee/Kirchhof (Hrsg.), Handbuch des Staatsrechts, 2011, S. 413-567 (Rn. 2); Münch/Kunig/*Kämmerer*, 7. Aufl. 2021, Art. 12 GG Rn. 4; Dreier/*Sauer*, 4. Aufl. 2023, Vorbemerkungen vor Artikel 1 GG Rn. 96.

205 Vgl. nur Dreier/*Sauer*, 4. Aufl. 2023, Vorbemerkungen vor Artikel 1 GG Rn. 115. Impulsgebend dafür die Entscheidung des BVerfG zum Schwangerschaftsabbruch, BVerfG 25.2.1975 – 1 BvF 1/74 u.a., BVerfGE 39, 1 (20) [unter A.II.2.]. Die Entwicklung ausführlich nachzeichnend *Ruffert*, Vorrang der Verfassung und Eigenständigkeit des Privatrechts, 2001, 141 ff.

206 Z.B. BVerfG 28.1.1992 – 1 BvR 1025/82 u.a., AP AZO § 19 Nr. 2 = BVerfGE 85, 191 (213) [unter C.III.3.]; 25.2.1975 – 1 BvF 1/74 u.a., BVerfGE 39, 1 (20) [unter A.II.2.].

207 So explizit BVerfG 6.6.2018 – 1 BvL 7/14, 1 BvR 1375/14, AP TzBfG § 14 Nr. 170 = BVerfGE 149, 126 (144) [Rn. 47]. Vgl. auch Münch/Kunig/*Kämmerer*, 7. Aufl. 2021, Art. 12 GG Rn. 5.

208 Siehe z.B. BVerfG 14.11.2018 – 1 BvR 1278/16, AP GG Art. 9 Nr. 153 = NZA 2019, 112 (112) [Rn. 7]; 23.11.2006 – 1 BvR 1909/06, AP BGB § 307 Nr. 22 = NZA 2007, 85 (87) [unter 2.b).(2).(b)].

die zivilrechtlichen Generalklauseln, sodass es dann an den Gerichten liegt, die Grundrechte unter Anwendung der Generalklauseln zu würdigen.[209]

d) Bedeutung der zivilrechtlichen Generalklauseln

Nach dem oben Gesagten kommt den zivilrechtlichen Generalklauseln eine besondere Bedeutung zu.[210] Es ist die Aufgabe des Privatrechts, sicherzustellen, dass im Falle vertraglicher Absprachen zwischen Arbeitnehmer und Arbeitgeber beide Seiten auch tatsächlich eine freie und selbstbestimmte Entscheidung treffen können: Es hat die „rechtliche Infrastruktur“[211] bereitzustellen. Da der Gesetzgeber nicht für jede einzelne mögliche Situation eine spezialgesetzliche Regelung treffen kann, stehen ihm zur Erfüllung dieser Aufgabe auch die Generalklauseln zur Verfügung, wobei die Kontrolle den Gerichten zufällt.[212] Diese sind an die Grundrechte gebunden und müssen daher bei der Frage, ob die Parteien in einem angemessenen Verhältnis zueinander standen und somit eine freie und selbstbestimmte Entscheidung möglich war, auch den grundrechtlichen Hintergrund – im Falle der *Handelsvertreterentscheidung* die Berufsfreiheit – berücksichtigen.[213]

Nur über diese Generalklauseln kommen die Grundrechte im Verhältnis zweier Bürger überhaupt zum Tragen. Die Grundrechte des Grundgesetzes binden alle Staatsgewalt als unmittelbar geltendes Recht (Art. 1 Abs. 3 GG) und somit – zumindest als Startpunkt – nur den Staat. Eine unmittelbare Drittwirkung, die auch Private als Grundrechtsverpflichtete ansieht, wird nach absolut h.M. – mit

209 Siehe z.B. BVerfG 7.2.1990 – 1 BvR 26/84, AP GG Art. 12 Nr. 65 = BVerfGE 81, 242 (255 f.) [unter C.I.3.]; *Canaris*, AcP 184 (1984), 201 (240); *Dieterich*, RdA 1995, 129 (131); CKK/*Krause*, 3. Aufl. 2023, Einführung Rn. 58.

210 So explizit auch BVerfG 19.10.1993 – 1 BvR 567/89, 1 BvR 1044/89, AP GG Art. 2 Nr. 35 = BVerfGE 89, 214 (233) [unter C.II.2.c)]. Einen Überblick mit dieser Tendenz im Arbeitsrecht liefern *Absenger/Schubert*, in: FS Kittner, 2021, S. 23-32 (28 ff.).

211 *Schweitzer*, AcP 220 (2020), 544 (545). Vgl. auch *Hellgardt*, Regulierung und Privatrecht, 2016, 56 f. m.w.N.; vgl. auch *Mohr*, Sicherung der Vertragsfreiheit durch Wettbewerbs- und Regulierungsrecht, 2015, S. 454; *Raiser*, in: FS 100 Jahre DJT, 1960, S. 101-134 (131).

212 BVerfG 19.10.1993 – 1 BvR 567/89, 1 BvR 1044/89, AP GG Art. 2 Nr. 35 = BVerfGE 89, 214 (229) [unter C.I.]; 7.2.1990 – 1 BvR 26/84, AP GG Art. 12 Nr. 65 = BVerfGE 81, 242 (255 f.) [unter C.I.3.].

213 So deutlich BVerfG 7.2.1990 – 1 BvR 26/84, AP GG Art. 12 Nr. 65 = BVerfGE 81, 242 (256) [unter C.I.3.].

Ausnahme des Art. 9 Abs. 3 GG[214] – abgelehnt.[215] Im Rahmen der nur mittelbaren Drittwirkung[216] strahlt der Rechtsgehalt der Grundrechte dennoch über gerade diese Generalklauseln ins Privatrechtsverhältnis ein.[217] Schließlich sind – wie bereits angesprochen – die Grundrechte von den Gerichten über die Auslegung der Generalklauseln und unbestimmten Rechtsbegriffe heranzuziehen[218] und damit auch in Rechtsbeziehungen zwischen zwei Privaten zur Geltung zu bringen.

2. *Europäische Gewährleistung*

Spätestens mit der Grundrechtecharta ist ein eigener Grundrechtsstandard auf europäischer Ebene zu dem deutschen Grundrechtsschutz hinzugetreten. Zudem werden die Gewährleistung und Einschränkung der Vertragsfreiheit aber auch in weiteren Primär- und Sekundärrechtsakten adressiert. Nicht erst die aktuelle

---

214 Vgl. nur BAG 20.11.2012 – 1 AZR 611/11, NZA 2013, 437 (443) [Rn. 50]; Dreier/*Barczak*, 4. Aufl. 2023, Art. 9 GG Rn. 91.

215 *Canaris*, AcP 184 (1984), 201 (203 ff.); *Heinrich*, Formale Freiheit und materiale Gerechtigkeit, 2000, S. 117 f.; Sachs/*Höfling*, 9. Aufl. 2021, Art. 1 GG Rn. 116; Jarass/Pieroth/*Jarass*, 18. Aufl. 2024, Art. 1 GG Rn. 48; *Kingreen/Poscher*, Grundrechte Staatsrecht 2, 39. Aufl., 2023, Rn. 271 f.; Dreier/*Sauer*, 4. Aufl. 2023, Vorbemerkungen vor Artikel 1 GG Rn. 111; siehe zur Ansicht des BAG *Krause*, Die Vergrundrechtlichung des Arbeitsverhältnisses, in: Heun/Schorkopf (Hrsg.), Wendepunkte der Rechtswissenschaft, 2014, S. 175-208 (191 f.); a.A. z.B. *Gamillscheg*, AcP 164 (1964), 385 (419 ff.); *Nipperdey*, Grundrechte und Privatrecht, 1961, S. 14 f. Die zumindest für einige Grundrechte die unmittelbare Anwendung vertreten haben.

216 Das genaue Verhältnis zwischen der Schutzpflichtendimension und der mittelbaren Drittwirkung soll an dieser Stelle nicht thematisiert werden, eine klare Richtung ist in der Literatur nicht zu erkennen. Für ein Nebeneinander beider Ansätze *Canaris*, AcP 184 (1984), 201 (225 ff.); *Dreier*, Dimensionen der Grundrechte, 1993, S. 42 ff.; ErfK/*Schmidt*, 24. Aufl. 2024, Einl. GG Rn. 40; *Singer*, ZFA 1995, 611 (623 ff.); als Nachfolge der Drittwirkungslehre *Isensee*, § 191 Das Grundrecht als Abwehrrecht und als staatliche Schutzpflicht, in: Isensee/Kirchhof (Hrsg.), Handbuch des Staatsrechts, 2011, S. 413-567 (Rn. 196). Die Drittwirkung als Unterfall der Schutzpflichtdimension *Badura*, in: FS Molitor, 1988, S. 1-18 (9); *Bezzenberger*, AcP 196 (1996), 395 (402); *Groß*, JZ 1999, 326 (331); *Hermes*, NJW 1990, 1764 (1768); MüKoBGB/*Schubert*, 9. Aufl. 2022, § 242 BGB Rn. 135. Schutzpflichten als Unterfall der Drittwirkung *Benda*, ET 1981, 868-872 (869).

217 BVerfG 11.6.1991 – 1 BvR 239/90, BVerfGE 84, 192 (194 f.) [unter II.1.]; 15.1.1958 – 1 BvR 400/51, BVerfGE 7, 198 (205 f.) [unter B.II.1.]; vgl. Dreier/*Sauer*, 4. Aufl. 2023, Vorbemerkungen vor Artikel 1 GG Rn. 112.

218 BVerfG 11.4.2018 – 1 BvR 3080/09, BVerfGE 148, 267 (280) [Rn. 32]; 15.1.1958 – 1 BvR 400/51, BVerfGE 7, 198 (205 f.) [unter B.II.1.].

Entwicklung[219] lässt somit einen starken Einschlag des Europäischen Rechts auf das nationale Privatrecht erkennen, nach dem eine rein nationalstaatliche Betrachtung auch im Bereich der arbeitsrechtlichen Vertragsfreiheit nur eine Seite der Medaille widerspiegelt.

a) Grundrechtecharta

Eine rechtsverbindliche Normierung eines Grundrechtskatalogs auf europäischer Ebene, welche häufig von deutscher Seite vermisst wurde,[220] trat 2009 in Form der Grundrechtecharta[221] mit Ratifizierung des Lissabon-Vertrages[222] in Erscheinung. Durch Art. 1 Nr. 8 des Vertrags von Lissabon wurde die GRC in Art. 6 Abs. 1 EUV aufgenommen und steht somit als Primärrecht gleichrangig neben den Verträgen[223]. Sie unterscheidet sich in einigen Punkten stark von dem deutschen Grundrechtskatalog, eine explizite Nennung der Vertragsfreiheit findet sich aber auch hier nicht. Im Gegensatz zu der deutschen Verfassung ist das Unionsrecht insbesondere zu Beginn von einem wirtschaftspolitischen Charakter geprägt

---

219 Besonders heraus stechen die Entscheidungen des BVerfG zu dem „Recht auf Vergessen", in denen das Verhältnis der beiden Grundrechtsgewährungen abgesteckt wird. Siehe dazu § 4.II.3.

220 Obwohl die Rechtsprechung bereits vereinzelte grundrechtliche Positionen aus den allgemeinen Grundsätzen entwickelt hatte (die Entwicklung begann mit EuGH 12.11.1969 - C-29/69 (Stauder), ECLI:EU:C:1969:57 [Rn. 7]), behielt sich das BVerfG vor, Rechtsakte an dem deutschen Grundrechtstandard zu prüfen, *solange* noch kein vergleichbarer Standard auf EU-Ebene existierte, BVerfG 29.05.1974 – 2 BvL 52/71, BVerfGE 37, 271 (285) [unter B.I.6.c)] (Hervorhebung durch den Bearbeiter). Bereits deutlich vor der Grundrechtecharta schien die Rechtsprechung des EuGH aber ein so hohes Niveau zu schützen, dass in Verbindung mit der Unterzeichnung der EMRK durch alle Mitgliedstaaten, diese geforderte Vergleichbarkeit mit dem deutschen Grundrechtsstandard gegeben sei, BVerfG 22.10.1986 – 2 BvR 197/83, AP GG Art. 101 Nr. 42 = BVerfGE 73, 339 (378, 383 f.) [unter B.II.1).d).aa); B.II.1.e)].

221 Charta der Grundrechte der Europäischen Union, ABl. 2000 C 364, S. 1.

222 Vertrag von Lissabon zur Änderung des Vertrags über die europäische Union und des Vertrags zur Gründung der europäischen Gemeinschaft vom 13.12.2007, ABl. 2007 C 306, S. 1, in Kraft getreten am 1.1.2009 (vgl. Art. 6 Abs. 2 Vertrag von Lissabon). Die GRC wurde bereits im Jahr 2000 proklamiert, erhielt die Rechtsverbindlichkeit aber erst im Zuge des Vertrages von Lissabon.

223 Gemeint sind der EUV (Vertrag über die Europäische Union, konsolidierte Fassung, bekanntgemacht in ABl. 2012 C 326, S. 13) und der AEUV (Vertrag über die Arbeitsweise der Europäischen Union, konsolidierte Fassung bekanntgemacht in ABl. 2012 C 326, S. 47).

gewesen[224] und enthält in der GRC mit den sozialen Grundrechten (Art. 27 ff. GRC) ein deutliches Abgrenzungskriterium, nachdem auf nationaler Ebene im Gegensatz zur WRV[225] bewusst[226] von einer eigenständigen Gewährung abgesehen wurde.[227] Ein weiterer Unterschied ist darin zu sehen, dass der GRC ein dem Art. 2 Abs. 1 GG vergleichbar weit gefächertes „Auffanggrundrecht" fremd ist.[228] In Verbindung mit einer fehlenden expliziten Sicherung der Vertragsfreiheit führt dies dazu, dass die „Allgemeine Vertragsfreiheit" keinem Recht der Grundrechtecharta ausdrücklich zuzuordnen ist.

aa) Vertragsfreiheit in den „Wirtschaftsbezogenen Grundrechten"

Die Vertragsfreiheit im beruflichen Kontext ist allerdings als von dem Katalog der GRC umfasst anzusehen. Statt nur eines Grundrechts finden sich auf europäischer Ebene mehrere Grundrechte, die einen mit dem Schutzumfang des Art. 12 Abs. 1 GG[229] vergleichbaren Bereich abdecken und als „wirtschaftsbezogene Grundrechte"[230] gruppiert werden. Eine vertiefte Auseinandersetzung mit dem

---

224 Vgl. *Limbach*, NJW 2001, 2913 (2916 f.); *Schulte*, Sozialpolitische Zielsetzung des EG-Vertrages, in: BMAS (Hrsg.), Soziale Grundrechte in der Europäischen Union, 2001, S. 25-45 (26 f.).

225 Insbesondere im fünften Abschnitt der WRV (Art. 151-165 WRV).

226 Vgl. *Gemeinsame Verfassungskommission*, Bericht der Gemeinsamen Verfassungskommission, 5.11.1993, S. 77.

227 Vgl. *Iliopoulos-Strangas*, Soziale Grundrechte in den Mitgliedstaaten der Europäischen Union im Rechtsvergleich unter Berücksichtigung des europäischen Rechts, in: Iliopoulos-Strangas/van Aerschot (Hrsg.), Soziale Grundrechte in Europa nach Lissabon, 2010, S. 699-1196 (746); Sachs/*Sachs*, 9. Aufl. 2021, Vor Abschnitt I Rn. 47; Dreier/*Sauer*, 4. Aufl. 2023, Vorbemerkungen vor Artikel 1 GG Rn. 90; ErfK/*Schmidt*, 24. Aufl. 2024, Einl. GG Rn. 5.

228 Meyer/Hölscheidt/*Bernsdorff*, 5. Aufl. 2019, Art. 7 GRC Rn. 11; Stern/Sachs/*Höfling/Kempny*, 2016, Art. 1 GRC Rn. 14; Stern/Sachs/ *Weber*, 2016, Art. 7 GRC Rn. 4. Art. 6 GRC kommt der Allgemeinen Handlungsfreiheit aus Art. 2 Abs. 1 GG vom Wortlaut her zwar nahe, ist aber als Recht auf Freiheit auf die körperliche Fortbewegungsfreiheit gerichtet, vgl. EU-Grundrechte-Charta/*Jarass*, 4. Aufl. 2021, Art. 6 GRC Rn. 6.

229 So fallen die in Art. 14-16 GRC geschützten Rechte auf Zugang zu einer beruflichen Ausbildung, das Recht einen Beruf frei zu wählen und auszuüben und das Recht der unternehmerischen Freiheit ganz allgemein auch unter Art. 12 Abs. 1 GG. Siehe dazu § 4.II.1.a).

230 So z.B. *Rengeling*, DVBl 2004, 453 (455); Schwarze/*Schwarze/Voet van Vormizeele*, 4. Aufl. 2019, Art. 15 GRC Rn. 1.

Zugang zur beruflichen Ausbildung aus Art. 14 GRC[231] oder der Eigentumsfreiheit aus Art. 17 GRC kann an dieser Stelle mit Blick auf die bereits im nationalen Recht angesprochenen Gründe unterbleiben.[232]

Eine genauere Betrachtung gebietet hingegen das Zusammenspiel von Art. 15 GRC und Art. 16 GRC. Mit der Berufsfreiheit und dem Recht zu arbeiten[233] (Art. 15 GRC) sowie der unternehmerischen Freiheit (Art. 16 GRC) besitzen beide Artikel Gehalte der Berufsfreiheit aus Art. 12 Abs. 1 GG[234] – und beiden wird die Vertragsfreiheit zugeschrieben.[235] Der EuGH geht trotz fehlender einheitlicher Definition[236] von einem weiten Verständnis des „Berufs" aus,[237] sodass das klassische Arbeitsverhältnis in jedem Fall unter Art. 15 GRC zu fassen ist. Auch auf europäischer Ebene sind damit verschiedene

231 Diese wird von *Rengeling* und *Schwarze* nicht zu den wirtschaftsbezogenen Grundrechten gezählt, wird der Vollständigkeit halber aber aufgrund der Überschneidung mit Art. 12 Abs. 1 GG an dieser Stelle mit aufgezählt.

232 Für die Betrachtung der Vertragsfreiheit im Arbeitsverhältnis kommt der beruflichen Ausbildung unabhängig von dem genauen Schutzgehalt vergleichbar der im GG enthaltenen Freiheit sich eine Ausbildungsstätte zu wählen (Art. 12 Abs. 1 S. 1 GG) keine prägende Aufgabe zu (siehe dazu § 4.II.1.a)) Die Eigentumsfreiheit setzt hingegen auch bei der GRC einen spürbaren Eingriff voraus, sodass auch erneut nicht auf den eingerichteten und ausgeübten Gewerbebetrieb abgestellt werden kann. Vgl. EU-Grundrechte-Charta/*Jarass*, 4. Aufl. 2021, Art. 17 GRC Rn. 13. Siehe zur Parallelität mit dem deutschen Verfassungsrecht allgemein auch Schwarze/*Schwarze/Voet van Vormizeele*, 4. Aufl. 2019, Art. 17 GRC Rn. 4; Streinz/*Streinz*, 3. Aufl. 2018, Art. 15 GRC Rn. 7.

233 Wie schon im nationalen Recht, ergibt sich auch hier aus dem Recht zu arbeiten kein „Recht auf Arbeit", Stern/Sachs/*Blanke*, 2016, Art. 15 GRC Rn. 24; Streinz/*Streinz*, 3. Aufl. 2018, Art. 15 GRC Rn. 9; *Wunderlich*, in: FS Schwarze, 2014, S. 304-333 (308 f.). Zum deutschen Recht statt aller Sachs/*Mann*, 9. Aufl. 2021, Art. 12 GG Rn. 20.

234 Zumindest im Falle der berufsbezogenen Tätigkeit ist die unternehmerische Freiheit Art. 12 Abs. 1 GG zuzuordnen, BVerfG 1.3.1979 – 1 BvR 532/77 u.a., AP MitbestG § 1 Nr. 1 = BVerfGE 50, 290 (363) [unter C.III.3.a).aa)]; vgl. *Jarass*, in: FS Müller-Graf, 2015, S. 1410-1419 (1411); Streinz/*Streinz*, 3. Aufl. 2018, Art. 16 GRC Rn. 2.

235 So wird diese teilweise im Bereich des Art. 15 Abs. 1 GRC angeführt (vgl. Schwarze/*Schwarze/Voet van Vormizeele*, 4. Aufl. 2019, Art. 15 GRC Rn. 3), teilweise aber auch in Art. 16 GRC verortet (vgl. Stern/Sachs/*Blanke*, 2016, Art. 16 GRC Rn. 8; Streinz/*Streinz*, 3. Aufl. 2018, Art. 16 GRC Rn. 6).

236 Vgl. Stern/Sachs/*Blanke*, 2016, Art. 15 GRC Rn. 28 mit Verweis auf Meyer/Hölscheidt/*Bernsdorff*, 5. Aufl. 2019, Art. 15 GRC Rn. 17.

237 Maßgeblich sei eine auf Dauer angelegt Tätigkeit zur Schaffung und Erhaltung einer Lebensgrundlage, Meyer/Hölscheidt/*Bernsdorff*, 5. Aufl. 2019, Art. 15 GRC Rn. 17; Stern/Sachs/*Blanke*, 2016, Art. 15 GRC Rn. 28.

Ausprägungen umfasst, wie beispielsweise die wirtschaftliche Betätigungsfreiheit, die Freiheit des Handels oder die freie Wahl der Geschäftspartner.[238] Sie umfasst sowohl die selbständige als auch die unselbständige Tätigkeit.[239]

Die unternehmerische Freiheit wurde zwar vom EuGH als Teilbereich der Berufsfreiheit entwickelt,[240] hat jedoch im Zuge der Normierung in der GRC eine eigenständige Gewährleistung in Art. 16 GRC erhalten.[241] Deren Schutzbereich umfasst neben der Freiheit zur Ausübung einer Wirtschafts- und Geschäftstätigkeit auch die Vertragsfreiheit,[242] also die Disposition über Güter und wirtschaftliche Ressourcen und Grundsatzentscheidungen.[243] Da Art. 16 GRC eine selbständige Arbeit voraussetzt,[244] können Überschneidungen und Abgrenzungsschwierigkeiten allein für selbständige Erwerbstätigkeiten entstehen.

bb) Abgrenzung anhand der Rechtsprechung

Der EuGH verzichtet häufig auf eine Unterscheidung der wirtschaftsbezogenen Grundrechte.[245] Diese fehlende Unterscheidung lässt gemeinsam mit der einheit-

---

238 EuGH 10.7.1991 – C-90/90, C-91/90 (Neu u.a.), ECLI:EU:C:1991:303 [Rn. 5]; 21.2.1991 – C-143/88, C-92/89 (Zuckerfabrik Süderdithmarschen), ECLI:EU:C:1991:65 [Rn. 72 ff.]; 14.5.1974 – Rs. 4/73 (Nold), ECLI:EU:C:1974:51 [Rn. 14]; vgl. Schwarze/*Schwarze/Voet van Vormizeele*, 4. Aufl. 2019, Art. 15 GRC Rn. 3.

239 *Frenz*, GewArch 2008, 465 (465); EU-Grundrechte-Charta/*Jarass*, 4. Aufl. 2021, Art. 15 GRC Rn. 6.

240 Siehe dazu allein die Erläuterungen zur GRC, in denen sowohl bei Art. 15 GRC als auch Art. 16 GRC auf die *Nold*-Rechtsprechung Bezug genommen wird, ABl. 2007 C 303, S. 17 (23); vgl. auch *Jarass*, in: FS Müller-Graf, 2015, S. 1410-1419 (1411).

241 Eine generell unabhängig von Art. 15 GRC existierendes Recht hatte aber wohl zumindest der EuGH nicht im Sinn, EuGH 9.9.2004 – C-184/02 (Spanien und Finnland gegen Parlament und Rat), ECLI:EU:C:2004:497 [Rn. 51]; vgl. *Cloppenburg*, Erwerbsgrundrechte im Unionsrecht, 2020, S. 116.

242 Erläuterungen zur Charta der Grundrechte, ABl. 2007 C 303 S. 17 (23).

243 EuGH 27.3.2014 – C-314/12 (UPC Telekabel Wien), ECLI:EU:C:2014:192 [Rn. 49]; einen Überblick gibt EU-Grundrechte-Charta/*Jarass*, 4. Aufl. 2021, Art. 16 GRC Rn. 10.

244 Vgl. Stern/Sachs/*Blanke*, 2016, Art. 16 GRC Rn. 6; Pechstein/Nowak/Häde, Frankfurter Kommentar/*Kühling/Drechsler*, 2. Aufl. 2023, Art. 16 GRC Rn. 13 jeweils m.w.N.

245 EuGH 6.9.2012 – C-544/10 (Deutsches Weintor), ECLI:EU:C:2012:526 [Rn. 54]; 9.9.2008 – C-120/06 P, C-121/06 P (Fiamm), ECLI:EU:C:2008:476 [Rn. 183]; 30.6.2005 – C295/03 P (Alessandrini), ECLI:EU:C:2005:413 [Rn. 86]; 14.12.2004 – C-210/03 (Swedish Match), ECLI:EU:C:2004:802 [Rn. 72]; 16.10.2003 – C-363/01 (Deutsche Lufthansa), ECLI:EU:C:2003:548 [Rn. 53]; 10.1.1992 – C-177/90 (Kühn/

lichen Entwicklung durch den EuGH und den inhaltlichen Überschneidungen eine klare Linie vermissen, obwohl sie vor dem Hintergrund des begrenzend formulierten Wortlautes des Art. 16 GRC[246] entscheidend sein könnte. Anhand der *Lidl*-Entscheidung[247] lässt sich dieser jedoch annähern.

Inhaltlich umfasste der Sachverhalt die Frage, ob eine ganz bestimmte Etikettierungspflicht bei Geflügelfleisch mit den Grundrechtspositionen aus Art. 15 Abs. 1 GRC und Art. 16 GRC vereinbar sei.[248] In seinen Schlussanträgen hat Generalanwalt *Bobek* dazu festgehalten, dass als „ungefähre Leitlinie" Art. 15 GRC den Schwerpunkt auf das Rechtsverhältnis als solches lege, Art. 16 GRC hingegen eher die Art und Weise des Betriebes anspreche.[249] Trotz der Argumentation, dass Art. 15 GRC eine Nähe zum Persönlichkeitsrecht und Art. 16 GRC zum Eigentumsrecht aufweise,[250] ging es *Bobek* mutmaßlich um eine übergeordnete Grundlage für die nicht in Frage zu stellende Einzelfallbetrachtung ohne allzu starke Fixierung auf die Persönlichkeit oder das Eigentum.[251] Die dem entgegengehaltenen Kritiken, die Probleme im Verhältnis des Persönlichkeitsrechts bei juristischen Personen aufgreifen,[252] sind daher zwar zu beachten und zeigen, wie sehr sich eine starre Abgrenzung hier verweigert, den Ansatz vollständig zu Fall zu bringen, vermögen sie jedoch nicht zu leisten. Obwohl der EuGH dieser

---

Landwirtschaftskammer Weser-Ems), ECLI:EU:C:1992:2 [Rn, 16]; 27.9.1979 – Rs. 230/78 (Eridania), ECLI:EU:C:1979:216 [Rn. 20]; 14.5.1974 – Rs. 4/73 (Nold), ECLI:EU:C:1974:51 [Rn. 12]. Seit der eigenständigen Normierung spricht der EuGH die unternehmerische Freiheit aber teilweise auch isoliert an, vgl. statt aller EuGH 10.7.2019 - C-649/17 (Amazon EU), ECLI:EU:C:2019:576 [Rn. 44].

246 Der Wortlaut „nach [… den …] Rechtsvorschriften und Gepflogenheiten anerkannt" lässt den Schluss zu, dass dieses Grundrecht einen weitergehenden Vorbehalt enthält. Zu der Problematik und der zutreffend abzulehnenden Ansicht dieser Unterscheidung siehe § 4.III.2.

247 EuGH 30.6.2016 - C-134/15 (Lidl), ECLI:EU:C:2016:498.

248 EuGH 30.6.2016 - C-134/15 (Lidl), ECLI:EU:C:2016:498 [Rn. 24].

249 Generalanwalt *Bobek*, Schlussanträge EuGH 30.6.2016 - C-134/15 (Lidl), ECLI:EU:C:2016:169 [Rn. 26 f.].

250 Generalanwalt *Bobek*, Schlussanträge EuGH 30.6.2016 - C-134/15 (Lidl), ECLI:EU:C:2016:169 [Rn. 26].

251 Er spricht eben nur von einer „ungefähren Leitlinie" und Tendenzen, Generalanwalt *Bobek*, Schlussanträge EuGH 30.6.2016 - C-134/15 (Lidl), ECLI:EU:C:2016:169 [Rn. 26].

252 So z.B. *Drechsler*, EuR 2016, 691 (696 ff.).

Unterteilung nicht explizit folgte, stellte er fest, dass Art. 15 GRC allein durch eine Etikettierungspflicht nicht betroffen sei.[253]

Diese Einteilung steht auch im Einklang mit den Erläuterungen zur GRC. So wird die Vertragsfreiheit im Rahmen des Art. 16 GRC mit Verweis auf die Entscheidungen *Sukkerfabriken Nykoebing*[254] und *Spanien gegen Kommission*[255] angeführt.[256] Die diesen Urteilen zugrundeliegenden Beschränkungen betrafen die Frage, wie und an wen die Parteien ihre Ware anbieten bzw. einkaufen können,[257] die Tätigkeit als solche (Herstellung und Vertrieb an sich) wurde hingegen nicht in Frage gestellt. Die dem Art. 15 GRC zugrundeliegenden Entscheidungen betreffen dagegen vor allem Handlungen, die eine generelle Ausübung des Berufes gefährden. So hat der EuGH in der in den Erläuterungen zu Art. 15 GRC angeführten[258] *Hauer*-Entscheidung klargestellt, dass die Berufsfreiheit dann einschlägig ist, wenn durch die Maßnahme die Aufnahme des Berufes oder dessen freie Ausübung gefährdet sind. So sei dafür gerade nicht ausreichend, dass einem Winzer die Erweiterung der Flächen zum Anbau von Weinreben verboten sei, sofern die bestehenden Flächen weiterhin in der Form nutzbar seien.[259] Diesem Verständnis ist der EuGH auch im Anschluss an die Normierung der GRC gefolgt.[260] Warum

---

253 EuGH 30.6.2016 – C-134/15 (Lidl), ECLI:EU:C:2016:498 [Rn. 26]; mit dieser Schlussfolgerung z.B. auch Streinz/*Streinz*, 3. Aufl. 2018, Art. 15 GRC Rn. 7. Im Gegensatz dazu keine Trennung vornehmend EuGH 6.9.2012 – C-544/10 (Deutsches Weintor), ECLI:EU:C:2012:526 [Rn. 54].

254 EuGH 16.1.1979 – Rs. 151/78 (Sukkerfabriken Nykøbing), ECLI:EU:C:1979:4.

255 EuGH 5.10.1999 – C-240/97 (Spanien gegen Kommission), ECLI:EU:C:1999:479.

256 Erläuterungen zur Charta der Grundrechte, ABl. 2007 C 303, S. 17 (23).

257 Den betreffenden Urteilen lagen Konstellationen zugrunde, in denen die Vertragsbeziehung zwischen Herstellern und Abnehmern (EuGH 16.1.1979 – Rs. 151/78 (Sukkerfabriken Nykøbing), ECLI:EU:C:1979:4 [Rn. 11 f.]) bzw. Erzeuger und Verarbeiter (EuGH 5.10.1999 – C-240/97 (Spanien gegen Kommission), ECLI:EU:C:1999:479 [Rn. 91]) adressiert wurden und die handelnden Parteien den Vertrag folglich aufgrund und in Ausübung ihrer bestehenden beruflichen Tätigkeit getroffen haben.

258 Erläuterungen zur Charta der Grundrechte, ABl. 2007 C 303, S. 17 (23).

259 EuGH 13.12.1979 – Rs. 44/79 (Hauer), ECLI:EU:C:1979:290 [Rn. 32].

260 Siehe nur zu Art. 16 GRC die Entscheidungen *Polkomtel*, *Schaible* und *Sky Österreich*, in denen ebenso nur einzelne Vorgaben zur Ausübung, nicht aber zur Tätigkeit als solche enthalten sind; EuGH 20.12.2017 – C-277/16 (Polkomtel), ECLI:EU:C:2017:989 [Rn. 50]; 17.10.2013 – C-101/12 (Schaible), ECLI:EU:C:2013:661 [Rn. 24 ff.]; 22.1.2013 – C-283/11 (Sky Österreich), ECLI:EU:C:2013:28 [Rn. 43].

die arbeitgeberseitige Auswahl einzelner Geschäftspartner dann aber teilweise dem Art. 15 GRC zugesprochen wird, erschließt sich nicht.[261]

cc) Zuordnung im Einzelfall

Außer Frage steht somit, dass die Vertragsfreiheit von Arbeitnehmer und Arbeitgeber durch die GRC geschützt werden. Die genaue Zuordnung kann jedoch nicht pauschal erfolgen, sondern stellt sich im Einzelfall unterschiedlich dar. Das Verständnis der Rechtsprechung zeigt eine Tendenz, dass die arbeitgeberseitige Ausübung des Berufs dem Art. 16 GRC zuzuordnen ist und der generelle Zugang zum Beruf Art. 15 GRC, was aber eine entsprechend starke Einschränkung voraussetzt. Für die Gegenüberstellung der arbeitnehmerseitigen und arbeitgeberseitigen Vertragsfreiheit hat sich bereits im nationalen Recht am Beispiel der Regulierung von Beginn oder Beendigung des Arbeitsverhältnisses gezeigt, dass dies nicht zwingend eine gleichlaufende Betroffenheit der Parteien darstellt. Der Arbeitgeber trifft bei der Entscheidung, ob er einen neuen Arbeitnehmer einstellen soll oder welchen Bewerber er auswählt, eine Disposition über die eigenen finanziellen Ressourcen mit maßgeblichem Einfluss auf das berufliche Wirken, ohne dass sich dessen Charakter ändert, sodass grundsätzlich Art. 16 GRC einschlägig ist.[262] Der Arbeitnehmer wird durch die eine Einstellung ausschließende Regelungen hingegen in seiner Berufswahl- und Ausübungsfreiheit und damit Art. 15 GRC betroffen.[263]

---

261 So z.B. Stern/Sachs/*Blanke*, 2016, Art. 15 GRC Rn. 35. Dem dafür angeführten Urteil liegt eine Entscheidung zugrunde, nach der die klagenden Milch-Erzeuger die abnehmende Molkerei gewechselt haben, woraufhin sie nur einen Teil der ihnen zugeteilten Referenzmenge auf diese übertragen konnten, was im Ergebnis einer Bestrafung des Käuferwechsels gleichkam. Ohne den Milchvertrieb als solchen auszuschließen, wurde also nur der Vertrieb weitergehend geregelt (EuGH 10.7.1991 – C-90/90, C-91/90 (Neu u.a.), ECLI:EU:C:1991:303 [Rn. 5]). Einer von *Sukkerfabriken Nykoebing*, explizit dem Art. 16 GRC zugeordnet, abweichenden Betrachtung kann nicht gefolgt werden.

262 So hat der EuGH die Entscheidung über Entwicklung der Arbeitsbedingungen ausdrücklich dem Art. 16 GRC zugeschrieben, EuGH 18.07.2013 – C-426/11 (Alemo-Herron), ECLI:EU:C:2013:521 [Rn. 32 f.]. Auch Absprachen über die Vergütung unterfallen Art. 16 GRC, EuGH 24.9.2020 – C-223/19 (YS), ECLI:EU:C:2020:753 [Rn. 86 ff.]; vgl. auch EU-Grundrechte-Charta/*Jarass*, 4. Aufl. 2021, Art. 16 GRC Rn. 10.

263 Damit betrifft der Wechsel des Arbeitgebers im Zuge eines Betriebsübergangs den Arbeitnehmer in seinem Recht aus Art. 15 GRC, EuGH 16.12.1992 – C-132/91

b) Weitere europäische Grundlagen

Als Bestandteil der GRC findet die Vertragsfreiheit damit über die Verweisung des Art. 6 Abs. 1 EUV ihren Weg in das europäische Primärrecht, sodass sie auf einer Stufe mit den europäischen Verträgen steht. Über Art. 6 Abs. 3 EUV gelten zudem die gemeinsamen Verfassungsüberlieferungen der Mitgliedstaaten als allgemeine Grundsätze als Teil des Unionsrechts, sodass die in den Mitgliedstaaten gewährleistete Vertragsfreiheit auch auf diesem Weg Beachtung findet,[264] auch wenn diesen neben der GRC nur vereinzelt ein eigenständiger Wert zukomme.[265] Neben den Verfassungsüberlieferungen benennt Art. 6 Abs. 3 EUV auch die Grundrechte der EMRK als Bestandteil des Unionsrechts. Der EuGH sieht in den Gewährleistungen dieses Völkerrechtlichen Vertrags[266] einen Mindeststandard und berücksichtigt zudem die Rechtsprechung des EGMR.[267] Wie die bereits angeführten Grundrechte enthält jedoch auch die EMRK keine explizite Gewähr der Vertragsfreiheit, wobei teilweise der in Art. 1 des ersten Zusatzprotokolls geregelte Schutz des Eigentums als Anknüpfungspunkt für die Vertragsfreiheit verstanden wird.[268]

Auch ohne explizite Gewährleistung der Vertragsfreiheit wird bereits in der marktwirtschaftlichen Wirtschaftsordnung und dem gemeinsamen Binnenmarkt die klare Anknüpfung für die Vertragsfreiheit gesehen. So zeige eine Gesamtbetrachtung, dass die Vertragsfreiheit stillschweigend vorausgesetzt werde.[269] Dies

---

u.a. (Katsikas), ECLI:EU:C:1992:517 [Rn. 31 f.]; der Einordnung von Stern/Sachs/*Blanke*, 2016, Art. 15 GRC Rn. 35 ist daher in diesem Fall zuzustimmen.

264 Zum damaligen Art. 6 Abs. 2 EUV (Konsolidierte Fassung, durch den Vertrag von Amsterdam geändert, ABl. 1997 C 340, S. 145); *Callies*, Die Zukunft der Privatautonomie, in: Zöchling-Jud (Hrsg.), Prinzipien des Privatrechts und Rechtsvereinheitlichung, 2001, S. 85-110 (107); *Herresthal*, ZEuP 2014, 238 (244 f.); *Rengeling*, in: FS Stern, 2012, S. 881-900 (896).

265 *Herresthal*, ZEuP 2014, 238 (244 f.).

266 Bei der EMRK handelt es sich um keine europäische Regelung im Sinne einer unionsrechtlichen Regelung, stattdessen sind die Mitglieder des Europarates die unterzeichnenden Parteien, Karpenstein/Mayer/*Mayer*, 3. Aufl. 2022, Einleitung Rn. 1; Meyer-Ladewig/Nettesheim/*Meyer-Ladewig/Nettesheim*, 5. Aufl. 2023, Einleitung Rn. 14.

267 Statt vieler EuGH 22.10.2020 – C-702/19 P (Silver Plastics), ECLI:EU:C:2020:857 [Rn. 25].

268 *Bruns*, JZ 2007, 385 (392); mit Verweis auf EGMR 25.3.1999 – 31107/96 (Iatridis v. Greece) [Rn. 54] auch *Schöbener/Stork*, ZEuS 2004, 43 (57).

269 *Lobinger*, Vertragsfreiheit und Diskriminierungsverbote, in: Isensee (Hrsg.), Vertragsfreiheit und Diskriminierung, 2007, S. 99-180 (111 f.); *Lüttringhaus*,

wird ebenso durch die Rechtsprechung des EuGH bestätigt, der die Vertragsfreiheit als so selbstverständlich ansieht, dass eine genauere rechtliche Herleitung unterbleibt.[270]

Für den speziellen Fall des grenzüberschreitenden Handelns enthalten die Grundfreiheiten des AEUV besondere Regelungen, die insbesondere für das Arbeitsrecht von Relevanz sind. Auch diese legen die Vertragsfreiheit zwar nicht explizit fest, aus dem Zweck und Inhalt der Grundfreiheiten zeigt sich aber deutlich, dass die Vertragsfreiheit vorauszusetzen ist. Mit ihrer auf die Schaffung eines einheitlichen Binnenmarktes[271] und die Unterbindung von der Staatsangehörigkeit abhängiger unterschiedlicher Behandlungen[272] gerichteten Stoßrichtung seien die Regelungen vor dem Hintergrund der materialen Vertragsfreiheit ebenso der Privatautonomie zuzuordnen.[273] Obwohl also eine explizite Festschreibung der Vertragsfreiheit in EUV und AEUV unterbleibt, fußt deren gesamtes Grundverständnis auf dieser Gewährleistung. Dieser Eindruck wird auch dadurch verstärkt, dass sich die Vertragsfreiheit in einigen Sekundärrechtsakten wiederfindet,[274] und in den letztlich fehlgeschlagenen Bemühungen, ein gemeinsames Kaufrecht zu normieren von der Kommission vorangestellt wurde (Art. 1 Abs. 1 GEK-E[275]).

Vertragsfreiheit und ihre Materialisierung im Europäischen Binnenmarkt, 2018, S. 129 f.; *Schmidt*, Die unternehmerische Freiheit im Unionsrecht, 2010, S. 61 f.; *Schulze*, GPR 2005, 56 (57 f.) m.w.N.; *Starke*, EU-Grundrechte und Vertragsrecht, 2017, S. 251; *Wendland*, Vertragsfreiheit und Vertragsgerechtigkeit, 2019, S. 37. So auch bereits *Canaris*, in: FS Lerche, 1993, S. 873-891 (890).

270 So z.B. EuGH 19.4.2012 – C-213/10 (F-Tex), ECLI:EU:C:2012:215 [Rn. 45]; 22.3.2007 – C-437/04 (Kommission gegen Belgien), ECLI:EU:C:2007:178 [Rn. 51].

271 So deutlich in Art. 26 Abs. 2 EUV, vgl. Grabitz/Hilf/Nettesheim/*Terhechte*, 82. EL, Art. 3 EUV Rn. 40.

272 Besonders eindrücklich ist dabei das Verbot, aufgrund der Staatsangehörigkeit Arbeitnehmer bezüglich Beschäftigung, Entlohnung oder sonstigen Arbeitsbedingungen unterschiedlich zu behandeln, Art. 45 Abs. 2 AEUV.

273 *Grundmann*, JZ 2000, 1133 (1134); *Müller-Graff*, NJW 1993, 13 (14); *Wendland*, Vertragsfreiheit und Vertragsgerechtigkeit, 2019, S. 37.

274 So spricht beispielsweise Art. 18 Abs. 2 lit. e) RL 2014/66/EU, ABl. 2014 L 157, S. 1 von der „Vertragsfreiheit gemäß Unionsrecht“, solche expliziten Nennungen bilden aber die Ausnahme, vgl. *Wendland*, Vertragsfreiheit und Vertragsgerechtigkeit, 2019, S. 37 f.

275 KOM(2011) 635, S. 39. Die Stellung heraushebend auch *Wendland*, Vertragsfreiheit und Vertragsgerechtigkeit, 2019, S. 45 f.

c) *Wirkung der Grundrechte*

Eine klare Positionierung zu Gunsten der formalen oder materialen Vertragsfreiheit findet sich auf Unionsebene nicht. Die Aussage, dass die unternehmerische Freiheit immer auch im Zusammenhang mit ihrer gesellschaftlichen Funktion zu sehen sei,[276] zielt z.B. eher auf die generelle Einschränkbarkeit ab, als eine zwingend notwendige Ausgestaltung anzusprechen.[277] Dennoch gewinnen die im Sekundärrecht adressierten Informationsasymmetrien[278] und das Bild des verständigen Verbrauchers[279] an Gewicht und auch in der Literatur wird darauf hingewiesen, dass im Hinblick auf die vorherrschende Marktwirtschaft die Notwendigkeit einer autonomen Entscheidung adressiert sei.[280] Obwohl damit das Verständnis des EuGH im Vergleich zum BVerfG nicht explizit nach außen

---

276 EuGH 20.12.2017 - C-277/16 (Polkomtel), ECLI:EU:C:2017:989 [Rn. 50].

277 Aus der Betrachtung im Zusammenhang mit der gesellschaftlichen Funktion folge, dass das Recht Beschränkungen unterworfen werden kann, vgl. EuGH 6.9.2012 - C-544/10 (Deutsches Weintor), ECLI:EU:C:2012:526 [Rn. 54]; 14.12.2004 - C-210/03 (Swedish Match), ECLI:EU:C:2004:802 [Rn. 72]. Zu der Einschränkbarkeit später unter § 4.III.2.

278 So z.B. Art. 5 Abs. 1 RL (EU) 2015/2302, ABl. 2015 L 326, S. 1; Art. 5, 6 RL 2011/83/EU, ABl. 2011 L 304, S, 64; Art. 4 Abs. 1 RL 2008/48/EG, ABl. 2008 L 133, S. 66. Siehe dazu auch die RL 93/13/EWG, ABl. 1993 L 95, S. 29, die ebenfalls die Informationsasymmetrie adressiert, vgl. *Riesenhuber*, EU-Vertragsrecht, 2013, § 10 Rn. 2; *Wendland*, Vertragsfreiheit und Vertragsgerechtigkeit, 2019, S. 138.

279 Siehe nur EuGH 18.11.2010 - C-159/09 (Lidl), ECLI:EU:C:2010:696 [Rn. 47]; 13.1.2000 - C-220/98 (Estée Lauder), ECLI:EU:C:2000:8 [Rn. 27]; 16.7.1998 - C-210/96 (Gut Springheide und Tusky), ECLI:EU:C:1998:369 [Rn. 31]. Allgemein dazu *Dreher*, JZ 1997, 167 (171 f.); *Heinrich*, Formale Freiheit und materiale Gerechtigkeit, 2000, S. 157 f.; *Hommelhoff*, AcP 192 (1992), 71 (93 f.); *Seibt*, GRUR 2002, 465 (466 f.); Schwarze/*Stumpf*, 4. Aufl. 2019, Art. 169 AEUV Rn. 11 m.w.N.

280 *Steindorff*, EG-Vertrag und Privatrecht, 1996, S. 42; mit Verweis auf *Steindorff* auch *Heinrich*, Formale Freiheit und materiale Gerechtigkeit, 2000, S. 156. *Heinrichs* Verweis auf *Canaris*, in: FS Lerche, 1993, S. 873-891 (890) zeigt jedoch, dass er eher die Vertragsfreiheit als solche anspricht, als eine materielle Gewährleistung zu bestimmen. Allerdings folgt kurz später der Hinweis darauf, dass der Vertragsgestaltung nur dann Bestandskraft zukommen könne, wenn der Verbraucher umfassend informiert ist (S. 157, mit Verweis auf *Pieper*, § 33 Gesundheitswesen und Verbraucherschutz, in: Bleckmann (Hrsg.), Europarecht, 1997, S. 983-987 (985)) oder die Vertragsfreiheit durch umfassende Information hergestellt werde (S. 166). Eine Formulierung, die stark an das materielle Verständnis erinnert.

tritt, ist eine der materiellen Vertragsfreiheit nahestehende Wirkung wohl nicht zu leugnen, mag darüber auch die „Flagge" der formellen Freiheit[281] wehen.[282]

Im Einklang mit den nationalen Grundrechten entfalten auch die Charta-Grundrechte keine unmittelbare Wirkung zwischen Privaten.[283] Gem. Art. 51 Abs. 1 GRC gilt die Charta für alle Organe, Einrichtungen und sonstige Stellen der Union und für die Mitgliedstaaten, sofern diese Unionsrecht durchführen. Über die grundrechtskonforme Auslegung der Privatrechtsvorschriften gilt aber auch hier die mittelbare Drittwirkung insbesondere über die Generalklauseln.[284] Dies umfasst aufgrund der Verpflichtung zu unionstreuem Verhalten neben den

---

281 *Starke*, EU-Grundrechte und Vertragsrecht, 2017, S. 256.

282 So wohl auch *Lüttringhaus*, Vertragsfreiheit und ihre Materialisierung im Europäischen Binnenmarkt, 2018, S. 625; *Wendland*, Vertragsfreiheit und Vertragsgerechtigkeit, 2019, S. 48. Die Entwicklung beschreibend auch *Grundmann*, in: Riesenhuber (Hrsg.), Europäische Methodenlehre, 4. Aufl. 2021, § 9 Systemdenken und Systembildung Rn. 19 f. Kritisch mit Verweis auf die Rechtsprechung *Starke*, EU-Grundrechte und Vertragsrecht, 2017, S. 249 ff.

283 *Ehlers/Germelmann*, § 2.2 Grundrechte der Europäischen Union, in: Ehlers/Germelmann (Hrsg.), Europäische Grundrechte und Grundfreiheiten, 2023, S. 159-290 (Rn. 98); *Herresthal*, ZEuP 2014, 238 (254); Stern/Sachs/*Ladenburger/Vondung*, 2016, Art. 51 GRC Rn. 15 f.; Pechstein/Nowak/Häde, Frankfurter Kommentar/*Pache*, 2. Aufl. 2023, Art. 51 GRC Rn. 38; *Suerbaum*, EuR 2003, 390 (395); *Winkler*, Die Grundrechte der Europäischen Union, 2006, 162 f. Wie schon im Rahmen des Art. 9 Abs. 3 GG wird die unmittelbare Wirkung einzelner Gewährleistungen aber auch bei der GRC diskutiert. So z.B. Art. 21 Abs. 1 GRC (EuGH 22.1.2019 – C-193/17 (Cresco), ECLI:EU:C:2019:43 [Rn. 77]; 17.4.2018 – C-414/16 (Egenberger), ECLI:EU:C:2018:257 [Rn. 77]) oder Art. 31 Abs. 2 GRC (EuGH 6.11.2018 – C-569/16, C-570/16 (Bauer), ECLI:EU:C:2018:871 [Rn. 85, 87 ff.]; 6.11.2018 – C-684/16 (Max-Planck-Gesellschaft), ECLI:EU:C:2018:874 [Rn. 76 ff.]); siehe auch *Freyler/Heinrich*, in: FS Fuchs, 2020, S. 71-81 (74, 78); *Kokott*, in: FS Schmidt, 2021, S. 991-1006 (998 ff.). Für die darüberhinausgehende Diskussion siehe z.B. Meyer/Hölscheidt/*Borowsky*, 5. Aufl. 2019, Art. 4 GRC Rn. 21; Meyer/Hölscheidt/*Borowsky*, 5. Aufl. 2019, Art. 5 GRC Rn. 1; Meyer/Hölscheidt/*Hölscheidt*, 5. Aufl. 2019, Art. 24 GRC Rn. 19; *Lenaerts/Rüth*, RdA 2022, 273 (278 f.); sowie als Beispiel für die unmittelbare Wirkung von Regelungen außerhalb der GRC zu Art. 157 AEUV EuGH 3.6.2021 – C-624/19 (Tesco), ECLI:EU:C:2021:429 [Rn. 22].

284 Schwarze/*Hatje*, 4. Aufl. 2019, Art. 51 GRC Rn. 22; *Herresthal*, ZEuP 2014, 238 (274 f.); EU-Grundrechte-Charta/*Jarass*, 4. Aufl. 2021, Art. 51 GRC Rn. 38; Stern/Sachs/*Ladenburger/Vondung*, 2016, Art. 51 GRC Rn. 17, die jedoch eine Drittwirkung nach „deutscher Dogmatik" nicht für erforderlich halten.

europäischen Generalklauseln auch die nationalen.[285] Als Mitgliedstaat der Europäischen Union ist Deutschland dazu verpflichtet, sich unionstreu zu verhalten und in diesem Zuge bei der Auslegung von Normen eine richtlinienkonforme oder unionsrechtskonforme Auslegung zu verfolgen.[286] Die Generalklauseln sind somit auch vor dem europäischen Hintergrund der Vertragsfreiheit zu verstehen und die zur Vertragsfreiheit festgehaltenen europäischen Grundlagen in der Auslegung der deutschen Generalklauseln ebenso zu beachten. Aus Art. 51 Abs. 1 S. 2 GRC wird zudem teilweise gefolgert, dass auch auf europäischer Ebene eine Schutzpflichtdimension vorliege. Schon mit Blick auf den Wortlaut und die darin festgehaltene Pflicht, die Grundrechte zu „fördern", zeige sich, dass die GRC nicht auf ein Handlungsverbot im Sinne der Abwehrrechte reduziert werden könne, sodass die Schutzpflichtdimension zu bejahen sei.[287]

3. *Verhältnis von europäischen und nationalen Grundrechten*

Mit der Gewährung der Grundrechte auf mehreren Ebenen und mit teilweise unterschiedlichen Schutzgehalten stellt sich zwangsläufig die Frage des Verhältnisses der Grundrechte untereinander. Die Diskussion hat durch die Doppelentscheidung des BVerfG im Jahr 2019 zum *Recht auf Vergessen*[288] noch einmal neues Feuer erhalten. Die in diesen Entscheidungen ebenfalls adressierte Frage nach dem zuständigen Gericht ist für die vorliegende Bearbeitung nebensächlich und kann dahingehend zusammengefasst werden, dass das BVerfG in *Recht auf Vergessen II* insofern von der sich aufdrängenden Aufteilung – das deutsche BVerfG kontrolliert die nationalen Grundrechte, der EuGH die europäischen – abgewichen ist,

---

285 Siehe z.B. BGH 5.2.1998 – I ZR 211-95, NJW 1998, 2208 (2211) [unter B.II.2.]; NK-BGB/*Krebs*, 4. Aufl. 2021, § 242 BGB Rn. 16; MüKoBGB/*Schubert*, 9. Aufl. 2022, § 242 BGB Rn. 153; so auch *Ritter*, NJW 2012, 1549 (1550), der sich BAG 8.12.2011 – 6 AZN 1371/11, NZA 2012, 286 (287) [Rn. 12] entgegenstellt.

286 Callies/Ruffert/*Ruffert*, 6. Aufl. 2022, Art. 1 AEUV Rn. 24.

287 So im Ergebnis z.B. EU-Grundrechte-Charta/*Jarass*, 4. Aufl. 2021, Art. 51 GRC Rn. 7; Callies/Ruffert/*Kingreen*, 6. Aufl. 2022, Art. 51 GRC Rn. 31; insbesondere mit Verweis auf die EMRK *Junker*, ZFA 2013, 91 (101 f.); *Suerbaum*, EuR 2003, 390 (405 ff.).

288 BVerfG 6.11.2019 – 1 BvR 16/13, AP GG Art. 2 Nr. 50 = BVerfGE 152, 152; 6.11.2019 – 1 BvR 276/17, AP GG Art. 2 Nr. 49 = BVerfGE 152, 216. Das Schlagwort „Recht auf Vergessen" wird dabei vom BVerfG verwendet, obwohl das in Frage stehende Recht aus Art. 17 VO (EU) 2016/679, ABl. 2016 L 119, S. 1 mit dem Begriff „Recht auf Vergessenwerden" überschrieben ist.

dass es sich selbst unter Umständen die Kompetenz zuschreibt, auch am Maßstab der GRC zu messen.[289]

Hinsichtlich der Frage, welche Grundrechte Anwendung finden, enthalten die Kataloge selbst Ausführungen. So binden die Grundrechte des GG die nationale Staatsgewalt (Art. 1 Abs. 3 GG) und somit deutsche Hoheitsträger, während die Rechte der GRC insbesondere für die Union und deren Organe gelten, sowie – entscheidend für eine mögliche Überschneidung – auch für die Mitgliedstaaten, sofern diese Unionsrecht „durchführen" (Art. 51 Abs. 1 S. 1 GRC). Handelt also ein Träger deutscher hoheitlicher Gewalt in Durchführung des Unionsrechts, stellt sich die Rangfrage – klassischerweise tritt dies im Rahmen der Richtlinienumsetzung ein.[290] Nach *Recht auf Vergessen I* grenzt das BVerfG die Anwendung danach ab, ob einem Handeln vollständig determiniertes Recht zu Grunde liegt oder dem Mitgliedstaat ein Spielraum zur Verfügung steht. Im Falle einer Öffnungsklausel bestehe die (widerlegbare) Vermutung, dass zum einen die Einheitlichkeit des Grundrechtsschutzes nicht priorisiert und zum anderen der Grundrechtsmaßstab der GRC durch den deutschen Grundrechtskatalog mitgewährleistet sei.[291] Vorrangig sei daher am Maßstab der deutschen Grundrechte zu prüfen.[292] Steht dem Mitgliedstaat jedoch keine eigene Entscheidungsmacht zu, so seien ausschließlich die Unionsgrundrechte anwendbar und somit vorrangig.[293]

Das BVerfG stellt dabei auf einen Gleichlauf mit der Rechtsprechung des EuGH ab. Dieser hat in seinen Entscheidungen *Åkerberg Fransson*[294] und *Melloni*[295] verdeutlicht, dass die Anwendung des nationalen Grundrechtsstandards bei einer nicht vollständigen unionsrechtlichen Determinierung möglich sei, sofern „weder das Schutzniveau der Charta, wie sie vom Gerichtshof ausgelegt wird, noch der Vorrang, die Einheit und die Wirksamkeit des Unionsrechts beeinträchtigt

---

289 BVerfG 6.11.2019 – 1 BvR 276/17, AP GG Art. 2 Nr. 49 = BVerfGE 152, 216 (236 f.) [Rn. 50 f.] Dies sei dann der Fall, wenn zwar die Unionsgrundrechte Anwendung finden (dazu sogleich), aber ein deutsches Gericht oder Hoheitsträger gehandelt haben.

290 Einen Überblick über die „Durchführung" bietet *Jarass*, NVwZ 2012, 457 (459 f.).

291 BVerfG 6.11.2019 – 1 BvR 16/13, AP GG Art. 2 Nr. 50 = BVerfGE 152, 152 (179) [Rn. 63 ff.].

292 BVerfG 6.11.2019 – 1 BvR 16/13, AP GG Art. 2 Nr. 50 = BVerfGE 152, 152 (179) [Rn. 45].

293 BVerfG 6.11.2019 – 1 BvR 276/17, AP GG Art. 2 Nr. 49 = BVerfGE 152, 216 (237) [Rn. 52]. Dazu auch *Baer*, RdA 2022, 266 (272).

294 EuGH 26.2.2013 – C-617/10 (Åkerberg Fransson), ECLI:EU:C:2013:105.

295 EuGH 26.2.2013 – C-399/11 (Melloni), ECLI:EU:C:2013:107.

werden".[296] Der EuGH weist aber auch darauf hin, dass eine generelle Möglichkeit, einem höheren nationalen Grundrechtsschutz Vorrang gegenüber der Charta einzuräumen, mit dem Vorrang des Unionsrechts nicht zu vereinbaren sei.[297]

4. *Gewährleistung der Vertragsfreiheit im Mehrebenensystem*

Obwohl die Vertragsfreiheit weder im deutschen Verfassungsrecht noch im europäischen Recht explizit Erwähnung findet, bildet sie auf nationaler wie europäischer Ebene eine maßgebliche Grundlage des Privatrechts und ist umfassend geschützt. Dem arbeitsrechtlichen Bezug geschuldet, wird dabei nicht das Auffanggrundrecht des Art. 2 Abs. 1 GG den Maßstab bilden, sondern die Berufsfreiheit aus Art. 12 GG sowie die Berufsfreiheit aus Art. 15 GRC und die Unternehmerische Freiheit aus Art. 16 GRC. Trotz der nicht zu leugnenden Unterschiede weisen die Schutzbereiche der genannten Grundrechte aus GG und GRC weitgehende Gemeinsamkeiten im Schutzumfang auf, die eine vorrangige Prüfung der nationalen Grundrechte im Falle des nicht vollständig determinierten Unionsrechts überhaupt erst ermöglichen.

III. Grenzen der Vertragsfreiheit

Die Vertragsfreiheit ist nicht grenzenlos, nicht jedes die Vertragsparteien in der Vertragsfreiheit betreffende Handeln ist auch ein Grundrechtsverstoß. Der Eingriff in die bereits umschriebenen Schutzbereiche ist sowohl auf nationaler als auch europäischer Ebene weit zu verstehen und umfasst grundsätzlich jedes Verhalten, das eine belastende Wirkung auf die Grundrechtsausübung hat.[298] Damit

---

296 EuGH 26.2.2013 – C-617/10 (Åkerberg Fransson), ECLI:EU:C:2013:105 [Rn. 29]; auch EuGH 26.2.2013 – C-399/11 (Melloni), ECLI:EU:C:2013:107 [Rn. 60]; den grundsätzlichen Vorrang der Unionsgrundrechte auch vor nationalem Verfassungsrecht feststellend bereits in EuGH 17.12.1970 – C-11/70 (Internationale Handelsgesellschaft), ECLI:EU:C:1970:114 [Rn. 3]; 15.4.1964 – C-6/64 (Costa/E.N.E.L.), ECLI:EU:C:1964:66 [Rn. 47]. In diese Richtung auch schon *Krebber*, EuZA 2016, 3 (5 f.).

297 EuGH 26.2.2013 – C-399/11 (Melloni), ECLI:EU:C:2013:107 [Rn. 56 ff.].

298 Für den Eingriff in den Schutzbereich eines im GG geschützten Rechts wird kein finaler und mit Zwang durchsetzbarer Akt gefordert, zu dem „modernen Eingriffsbegriff", Dreier/*Sauer*, 4. Aufl. 2023, Vorbemerkungen vor Artikel 1 GG Rn. 145 m.w.N. Der EuGH verwendet ebenso den Begriff des Eingriffs, obwohl Art. 52 Abs. 1 GRC von Einschränkungen spricht, siehe nur EuGH 22.1.2013 – C-283/11 (Sky Österreich), ECLI:EU:C:2013:28 [Rn. 46, 50]. Zu dem weiten Verständnis siehe EU-Grundrechte-Charta/*Jarass*, 4. Aufl. 2021, Art. 52 GRC Rn. 11; Stern/Sachs/*Krämer*,

stellt – als Ausgangspunkt – jede Vorgabe, wie und ob ein Vertrag geschlossen wird, einen Eingriff dar, der zu rechtfertigen ist.

1. Art. 12 Abs. 1 S. 2 GG

Für die Berufsfreiheit enthält Art. 12 GG selbst die Einschränkung, dass die Berufsausübung durch Gesetz oder aufgrund eines Gesetzes geregelt werden kann. Aufgrund der Charakterisierung als einheitliches Grundrecht[299] liegt darin nicht allein ein Vorbehalt hinsichtlich der Berufsausübung, sondern des gesamten Grundrechts der Berufsfreiheit. Ein Eingriff ist somit dann gerechtfertigt, wenn für das Handeln eine gesetzliche Grundlage besteht, die den formalen Anforderungen entspricht.[300] Materiell darf der Eingriff wie bei jedem Grundrecht insbesondere den Wesensgehalt des Grundrechts nicht antasten (Art. 19 Abs. 2 GG)[301] und muss dem Übermaßverbot genügen, also verhältnismäßig sein.[302]

Die ursprünglich vom BVerfG im *Apothekenurteil* für die Rechtfertigung im Rahmen der Berufsfreiheit entwickelte „Dreistufentheorie" wird vom BVerfG nicht mehr eigenständig geprüft und ist stattdessen im Rahmen der Verhältnismäßigkeit zu berücksichtigen.[303] Von der allein an der typischen Eingriffsintensität

---

2016, Art. 52 GRC Rn. 31; Pechstein/Nowak/Häde, Frankfurter Kommentar/*Pache*, 2. Aufl. 2023, Art. 52 GRC Rn. 15.

299 Siehe dazu § 4.II.1.a).

300 Auf die formalen Anforderungen soll an dieser Stelle nicht weiter eingegangen werden, einen Überblick bieten Jarass/Pieroth/*Jarass*, 18. Aufl. 2024, Art. 12 GG Rn. 33 ff.; Sachs/*Mann*, 9. Aufl. 2021, Art. 12 GG Rn. 108 ff.

301 Umstritten und auch von der Rechtsprechung nicht eindeutig bestimmt, ist unter anderem die Frage nach einem relativen oder absoluten Verständnis, der auch die Eigenständigkeit neben Verhältnismäßigkeitsprüfung und Menschenwürdegehalt aus Art. 1 Abs. 1 GG zugrunde liegt. Für ein absolutes Verständnis z.B. *Lerche*, in: FS Mahrenholz, 1994, S. 515-527 (517); Sachs/*Sachs*, 9. Aufl. 2021, Art. 19 GG Rn. 43. Für ein relatives Verständnis wohl Dreier/*Kaufhold*, 4. Aufl. 2023, Art. 19 Abs. 2 GG Rn. 22 ff. Eine Darstellung der Ansichten aus Literatur und Rechtsprechung findet sich z.B. in Mangoldt/Klein/Starck/*Huber*, 7. Aufl. 2018, Art. 19 GG Rn. 135 ff.

302 BVerfG 3.7.2007 – 1 BvR 2186/06, BVerfGE 119, 59 (80) [unter B.II.2.a)]; 29.10.2002 – 1 BvR 525/99, BVerfGE 106, 181 (192) [unter B.I.1.].

303 BVerfG 3.7.2007 – 1 BvR 2186/06, BVerfGE 119, 59 (86 f.) [unter B.II.3.e)]; 11.7.2006 – 1 BvL 4/00, BVerfGE 116, 202 (226) [unter C.II.2.c).dd)]; in der Formulierung etwas stärker auf eine Trennung gerichtet etwa BVerfG 8.6.2010 – 1 BvR 2011/07, 1 BvR 2959/07, BVerfGE 126, 112 (144) [unter B.II.4.b)]; 5.12.2006 – 1 BvR 2186/06, BVerfGE 117, 126 (138) [unter III.1.c).bb)]. Den Zusammenhang

einer Maßnahme orientierten Betrachtung, die zwischen objektiven und subjektiven Berufswahlbeschränkungen sowie Berufsausübungsbeschränkungen unterschied,[304] ist damit kaum mehr als eine Indizwirkung übriggeblieben. Stattdessen ist auf die tatsächliche Eingriffsintensität abzustellen,[305] die verhältnismäßig sein muss. Die Verhältnismäßigkeit setzt voraus, dass das gewählte Mittel erforderlich und angemessen ist, die Einschränkung also nicht außer Verhältnis zu dem Zweck steht.[306] In der Gegenüberstellung der eingeschränkten und geschützten Interessen ist vor dem Hintergrund der „Dreistufentheorie" daher zu bedenken, dass der zu sichernde Zweck gewichtiger sein muss, je größer der Eingriff ist und je näher er einer Einschränkung der Berufswahlfreiheit kommt.[307]

2. Art. 52 Abs. 1 GRC

Auch Einschränkungen der in der GRC gewährten Rechte sind mit Vorbehalten belegt, im Gegensatz zum GG werden diese jedoch zentral in Art. 52 GRC angesprochen. Sie müssen ebenfalls gesetzlich vorgesehen sein, den Wesensgehalt achten und dem Grundsatz der Verhältnismäßigkeit genügen (Art. 52 Abs. 1 S. 1, 2 GRC). An den Gesetzesvorbehalt seien keine großen Anforderungen zu stellen, es reiche für ein mitgliedstaatliches Handeln bereits aus, dass die nationalen Anforderungen gewahrt seien,[308] bei unionsrechtlichem Handeln seien daher

---

zwischen Dreistufentheorie und Verhältnismäßigkeit herausstellend schon BVerfG 12.10.1977 – 1 BvR 217/75, 1 BvR 216/75, BVerfGE 46, 120 (138) [unter C.I.2.].

304 Die objektiven Berufswahlbeschränkungen seien am schwerwiegendsten zu beurteilen und daher auch nur dann gerechtfertigt, wenn sie der „Abwehr nachweisbarer oder höchst wahrscheinlicher schwerer Gefahren für ein überragend wichtiges Gemeinschaftsgut" dienen. Im Gegensatz dazu sind an Regelungen zur Berufsausübung die geringsten Anforderungen gestellt worden, ausreichend sei bereits, dass sie der Sicherung vernünftiger Gründe des Gemeinwohls dienten. Vgl. BVerfG 11.6.1958 – 1 BvR 596/56, AP GG Art. 12 Nr. 13 = BVerfGE 7, 377 (404 ff.) [unter B.IV.3.d)].

305 Vgl. BVerfG 24.8.2011 – 1 BvR 1611/11, NVwZ 2012, 104 (105) [Rn. 12]; BVerwG 16.12.2016 – 8 C 6/15, BVerwGE 157, 126 = NVwZ 2017, 791 (795) [Rn. 35].

306 Statt aller *Kingreen/Poscher*, Grundrechte Staatsrecht 2, 39. Aufl., 2023, Rn. 402 ff.

307 Vgl. BVerfG 14.1.2015 – 1 BvR 931/12, BVerfGE 138, 261 (285) [Rn. 54]; Sachs/*Mann*, 9. Aufl. 2021, Art. 12 GG Rn. 144; Mangoldt/Klein/Starck/*Manssen*, 7. Aufl. 2018, Art. 12 GG Rn. 141.

308 EU-Grundrechte-Charta/*Jarass*, 4. Aufl. 2021, Art. 52 GRC Rn. 26; Stern/Sachs/*Krämer*, 2016, Art. 52 GRC Rn. 33; Meyer/Hölscheidt/*Schwerdtfeger*, 5. Aufl. 2019, Art. 52 GRC Rn. 33.

ebenso keine hohen Hürden zu ziehen.[309] Gleichermaßen seien an die Wahrung der Wesensgehaltsgarantie geringe Anforderungen zu stellen; es dürfe das Recht nicht als solches infrage gestellt werden.[310] Ob von einem absoluten oder relativen Verständnis der Wesensgehaltsgarantie auszugehen ist und diese eigenständig neben der Verhältnismäßigkeit steht[311], könne den Urteilen des EuGH jedoch nicht eindeutig entnommen werden.[312]

Eine klare Abgrenzung nimmt der EuGH auch bei der Verhältnismäßigkeit nicht zwingend vor und behandelt die Angemessenheit teilweise im Rahmen der Erforderlichkeit.[313] Er setzt aber insgesamt voraus, dass die Einschränkungen erforderlich sein und der dem Gemeinwohl dienenden Zielsetzung bzw. den Erfordernissen des Schutzes der Rechtspositionen anderer entsprechen müssen.[314]

---

309 Mit einem Überblick auch Callies/Ruffert/*Kingreen*, 6. Aufl. 2022, Art. 52 GRC Rn. 62; Streinz/*Streinz/Michl*, 3. Aufl. 2018, Art. 52 GRC Rn. 13.

310 EuGH 6.10.2015 – C-650/13 (Delvigne), ECLI:EU:C:2015:648 [Rn. 48]; 29.4.2015 – C-528/13 (Léger), ECLI:EU:C:2015:288 [Rn. 54]. Siehe zur unternehmerischen Freiheit auch EuGH 20.12.2017 – C-277/16 (Polkomtel), ECLI:EU:C:2017:989 [Rn. 52].

311 So EuGH 20.12.2017 – C-277/16 (Polkomtel), ECLI:EU:C:2017:989 [Rn. 51]; 22.1.2013 – C-283/11 (Sky Österreich), ECLI:EU:C:2013:28 [Rn. 48]. Dahingehend offen formuliert EuGH 14.1.2021 – C-393/19 (Okrazhna), ECLI:EU:C:2021:8 [Rn. 53]: „nicht einen im Hinblick auf den verfolgten Zweck unverhältnismäßigen und nicht tragbaren Eingriff darstellen, der das so gewährleistete Recht in seinem Wesensgehalt antasten würde."

312 Siehe zu der Diskussion mit Verweis auf die genannte Rechtsprechung EU-Grundrechte-Charta/*Jarass*, 4. Aufl. 2021, Art. 52 GRC Rn. 28; Callies/Ruffert/*Kingreen*, 6. Aufl. 2022, Art. 52 GRC Rn. 64; siehe auch *Ruffert*, § 6.1 Berufsfreiheit und unternehmerische Freiheit, in: Ehlers/Germelmann (Hrsg.), Europäische Grundrechte und Grundfreiheiten, 2023, S. 612-638 (Rn. 37); Meyer/Hölscheidt/*Schwerdtfeger*, 5. Aufl. 2019, Art. 52 GRC Rn. 34. Kritischer Schwarze/*Becker*, 4. Aufl. 2019, Art. 52 GRC Rn. 7; Stern/Sachs/*Krämer*, 2016, Art. 52 GRC Rn. 58.

313 Besonders deutlich wird dies in EuGH 9.11.2010 – C-92/09, 93/09 (Schecke und Eifert), ECLI:EU:C:2010:662 [Rn. 76 f.], in dem der Gerichtshof bei der Erforderlichkeit darauf hinweist, dass das Interesse der Union an der Transparenz und die Verletzung des Rechts auf Achtung des Privatlebens ausgewogen gewichtet werden müssen; *Harländer*, Europäische Vertragsfreiheit im deutschen Arbeitsrecht, 2020, S. 87 sieht dies gar als Indiz, dass eine ausführliche Verhältnismäßigkeitsprüfung einen Einzelfall darstellt.

314 EuGH 25.1.2018 – C-473/16 (Bevándorlási), ECLI:EU:C:2018:36 [Rn. 59]; 30.6.2016 – C-134/15 (Lidl), ECLI:EU:C:2016:498 [Rn. 33]; 22.1.2013 – C-283/11 (Sky Österreich), ECLI:EU:C:2013:28, [Rn. 50]; mit leichter Kritik an dem alten Vorgehen des EuGH bereits *Classen*, in: FS Stern, 2012, S. 651-667 (666 f.).

Das Vorgehen des EuGH weist damit im Ergebnis starke Parallelen zur Verhältnismäßigkeitsprüfung auf nationaler Ebene durch das BVerfG auf. So müssen die Einschränkungen geeignet sein, das legitime Ziel zu erreichen,[315] das relativ mildeste Mittel darstellen und die Nachteile dürfen nicht außer Verhältnis zu den angestrebten Zielen stehen.[316]

Trotz des irreführenden Wortlautes enthält Art. 16 GRC keine weitergehende Einschränkung der unternehmerischen Freiheit. Es bleibt folglich auch für Eingriffe in den Schutzbereich der unternehmerischen Freiheit bei den Grundlagen des Art. 52 GRC, die Verhältnismäßigkeit könne aber unter Umständen besonders zu handhaben sein.[317] Den Stein des Anstoßes, dass überhaupt eine weitergehende Einschränkung des Art. 16 GRC in Frage steht, bildet dessen Formulierung, dass die unternehmerische Freiheit „nach dem Unionsrecht und den einzelstaatlichen Rechtsvorschriften und Gepflogenheiten anerkannt" wird. Einem Verständnis, dass darin eine weitere Schranke zu sehen sei, werden jedoch zu Recht stichhaltige Argumente entgegengehalten. Bei einem Verweis auf die Entstehungsgeschichte und das einheitliche Verständnis des EuGH im Bereich der Berufsfreiheit lässt sich gut erkennen, dass ein einheitlicher Schutzstandard näher an der Rechtsprechung angesiedelt ist.[318] Zwar ist zuzugestehen, dass in der GRC eine explizite Zweiteilung zwischen Art. 15 und Art. 16 GRC vorgenommen wurde, die Entwicklung des Art. 16 GRC aus der (gemeinsamen) Rechtsprechung heraus und die fehlende klare Trennung zwischen den Artikeln durch den EuGH stellen aber ebenfalls ein deutliches Indiz gegen eine weitergehende Einschränkung dar. Auch für Art. 16 GRC ist somit von der zentralen Norm des Art. 52 Abs. 2 GRC als Grundrechtsschranke auszugehen, bei dem der Verhältnismäßigkeit besagte Bedeutung zukommt.[319]

---

315 Es ist dabei ausreichend, dass das Ziel erreicht werden kann, EuGH 15.2.2016 – C-601/15 PPU (J.N.), ECLI:EU:C:2016:84 [Rn. 55]; 27.5.2014 – C-129/14 PPU (Spasic), ECLI:EU:C:2014:586 [Rn. 64]; 10.12.2002 – C-491/01 (Tobacco), ECLI:EU:C:2002:741 [Rn. 123].

316 Siehe nur EuGH 30.6.2016 – C-134/15 (Lidl), ECLI:EU:C:2016:498 [Rn. 33]; 22.1.2013 – C-283/11 (Sky Österreich), ECLI:EU:C:2013:28 [Rn. 50].

317 EuGH 22.1.2013 – C-283/11 (Sky Österreich), ECLI:EU:C:2013:28 [Rn. 48]; *Jarass*, in: FS Müller-Graf, 2015, S. 1410-1419 (1413 f.).

318 Auf diesen Zusammenhang hinweisend *Rengeling*, Die wirtschaftsbezogenen Grundrechte in der Grundrechtecharta, in: Schwarze (Hrsg.), Der Verfassungsentwurf des Europäischen Konvents, 2004, S. 331-362 (349 f.); *Schwarze*, in: FS Stern, 2012, S. 945-961 (957 ff.).

319 So weist auch das Präsidium auf die Einschränkbarkeit nach Art. 52 Abs. 1 GRC hin, *Präsidium des Europäischen Konvents*, Erläuterungen zur Charta der Grundrechte,

Mit Blick auf die „Dreistufentheorie" können sich aber zumindest aus der Intensität der Betroffenheit Unterschiede ergeben. Auch wenn diese Theorie nicht ohne Weiteres übertragen werden kann und sie auch im nationalen Recht an Bedeutung verloren hat,[320] beruht sie auf dem Gedanken, dass Ausübungskontrollen weniger eingriffsintensiv und daher leichter zu rechtfertigen sind als Zugangsvoraussetzungen. Regelt Art. 16 GRC insbesondere die Ausübungsmodalitäten, sind die Anforderungen an die Rechtfertigung auch in der Regel geringer. Zudem werden Eingriffe in Art. 16 GRC aus diesem Grund in der Regel die Wesensgehaltsgarantie wahren, schließlich hat der EuGH in früheren Entscheidungen festgehalten, dass der Wesensgehalt der einheitlichen Berufsfreiheit nicht betroffen sei, wenn allein Ausübungsmodalitäten vorliegen.[321] Einem weitergehenden Regelungsspielraum innerhalb des Anwendungsbereichs des Art. 16 GRC im Einzelfall kann daher kein Riegel vorgeschoben werden.[322]

3. *Praktische Konkordanz*

Die soeben beschriebenen Grenzen der Vertragsfreiheit stellen insbesondere Anforderungen an hoheitliche Eingriffe dar – diese sind nur dann zulässig, wenn sie verhältnismäßig sind. Neben einschränkenden Gesetzen kann die Vertragsfreiheit aber auch mit anderen Grundrechten in Konflikt geraten, auch in diesem Fall sich gegenüberstehender Grundrechte gilt es aber, die Verhältnismäßigkeit zu wahren. Neben den geschriebenen Grundrechtsschranken finden die Grundrechte auch in den Grundrechten anderer Personen und den weiteren

---

14.12.2007, S. 23. Vertiefend *Schmidt*, Die unternehmerische Freiheit im Unionsrecht, 2010, S. 199 ff.; siehe auch Stern/Sachs/*Blanke*, 2016, Art. 16 GRC Rn. 6; *Harländer*, Europäische Vertragsfreiheit im deutschen Arbeitsrecht, 2020, S. 72 ff.; *Schwarze*, in: FS Stern, 2012, S. 945-961 (958 f.); Schwarze/*Schwarze*, 4. Aufl. 2019, Art. 16 GRC Rn. 2; Streinz/*Streinz*, 3. Aufl. 2018, Art. 16 GRC Rn. 9; *Wunderlich*, in: FS Schwarze, 2014, S. 304-333 (326 f.).

320 Dies hervorhebend auch Pechstein/Nowak/Häde, Frankfurter Kommentar/*Kühling/Drechsler*, 2. Aufl. 2023, Art. 15 GRC Rn. 28.

321 EuGH 13.12.1994 – C-306/93 (Winzersekt), ECLI:EU:C:1994:407 [Rn. 24]. Auch in neueren Entscheidungen hebt der EuGH diese Ansicht hervor, EuGH 23.1.2019 – C-430/17 (Walbusch), ECLI:EU:C:2019:47 [Rn. 42 f.]; 20.12.2017 – C-277/16 (Polkomtel), ECLI:EU:C:2017:989 [Rn. 52]; 22.1.2013 – C-283/11 (Sky Österreich), ECLI:EU:C:2013:28 [Rn. 49].

322 Im Ergebnis ist somit Generalanwalt *Bobek* in Maßen zu folgen, Generalanwalt Bobek, Schlussanträge EuGH 30.6.2016 – C-134/15 (Lidl), ECLI:EU:C:2016:169 [Rn. 23].

Verfassungsbestimmungen[323] ihre Grenzen. Selbst diejenigen Rechte, die keinem Schrankenvorbehalt unterliegen, können durch dieses kollidierende Verfassungsrecht eingeschränkt werden[324] – erst recht gilt dies daher für jene Grundrechte, die auch anderweitig eingeschränkt werden können.[325] Im Rahmen der Abschlussfreiheit wurde bereits auf die negative Vertragsfreiheit hingewiesen – aus dem Charakter als zweiseitiges Rechtsgeschäft resultiert das Erfordernis einer beiderseitigen Zustimmung, sodass mit wenigen Ausnahmen[326] niemand zum Vertragsschluss gezwungen werden darf. Im Arbeitsverhältnis können darüber hinaus gerade die Meinungs- oder Religionsfreiheit mit der Berufsfreiheit in Konflikt geraten, im Unionsrecht sind zudem die sozialen Grundrechte der Art. 27 ff. GRC zu bedenken, die speziell das Arbeitsrecht adressieren.[327]

Die sich gegenüberstehenden Güter mit Verfassungsrang sind dann in einen möglichst optimalen oder schonenden Ausgleich zu bringen.[328] Eine Grundrechtsverletzung liegt vor, wenn eine Grundrechtsposition in einer nicht mehr ausgeglichenen Art und Weise untergeordnet wird.[329] Auch hier ist somit die Verhältnismäßigkeit der gegenüberstehenden Interessen maßgeblich. Dieses System der praktischen Konkordanz wird nicht nur auf nationaler Ebene vom BVerfG verfolgt, sondern in gleichem Maße auch vom EuGH.[330]

---

323 Vgl. z.B. BVerfG 7.3.1990 – 1 BvR 266/86, 1 BvR 913/87, BVerfGE 81, 278 (292) [unter B.II.2.a)].

324 BVerfG 24.9.2003 – 2 BvR 1436/02, BVerfGE 108, 282 (297) [unter B.II.2.]; 24.2.1971 – 1 BvR 435/68, BVerfGE 30, 173 (193) [unter C.III.5.]; Jarass/Pieroth/*Jarass*, 18. Aufl. 2024, Vorbemerkungen vor Art. 1 GG Rn. 48 ff.; Dreier/*Sauer*, 4. Aufl. 2023, Vorbemerkungen vor Artikel 1 GG Rn. 158 ff.

325 Mit dieser Argumentation z.B. Jarass/Pieroth/*Jarass*, 18. Aufl. 2024, Vorbemerkungen vor Art. 1 GG Rn. 50 m.w.N.

326 Ein Kontrahierungszwang besteht z.B. hinsichtlich der Energieversorgung und im Personennahverkehr, *Brox/Walker*, Allgemeiner Teil des BGB, 48. Aufl., 2024, § 4 Rn. 6.

327 Vgl. dazu z.B. *Willemsen/Sagan*, NZA 2011, 258 (260).

328 BVerfG 12.6.2018 – 2 BvR 1738/12 u.a., BVerfGE 148, 296 (358) [Rn. 139]; 31.5.2016 – 1 BvR 1585/13, BVerfGE 142, 74 (96 f.) [Rn. 70]; vgl. *Hesse*, Grundzüge des Verfassungsrechts der Bundesrepublik Deutschland, 20. Aufl., 1999, § 2 Rn. 72.

329 BVerfG 31.5.2016 – 1 BvR 1585/13, BVerfGE 142, 74 (97) [Rn. 71].

330 EuGH 19.12.2019 – C-752/18 (Deutsche Umwelthilfe), ECLI:EU:C:2019:1114 [Rn. 50]; siehe auch *Herresthal*, ZEuP 2014, 238 (261 f.). Die Abwägung hat der EuGH auch unabhängig von der Bezeichnung als praktische Konkordanz vorgenommen, vgl. *Winter*, NZA 2013, 473 (477). Zur praktischen Konkordanz zwischen Charta-Grundrechten und Grundfreiheiten, *Junker*, ZFA 2013, 91 (127 ff.).

4. *Interessenabwägung*

Im Hinblick auf die im dritten Kapitel folgende Einzelfallbetrachtung lässt sich damit festhalten, dass sowohl im nationalen Verfassungsrecht als auch europäischem Grundrechtsschutz die Vertragsfreiheit nicht schrankenlos gewährleistet ist und Eingriffe möglich sind. Auch in den grundlegenden Überlegungen liegen keine existenziellen Unterschiede zwischen den Ebenen vor. Neben der verpflichtenden gesetzlichen Grundlage und einem – im Detail auf beide Ebenen nicht unumstrittenen – unantastbaren Wesensgehalt wird vor allem die Verhältnismäßigkeit des Grundrechtseingriffs geprüft.[331] Auch wenn in diesem Punkt erneut die Rechtsprechung des EuGH nicht ganz eindeutig ist, nimmt dieser dennoch eine Abwägung der Grundrechtsinteressen vor, die dem deutschen Vorgehen im Rahmen der Angemessenheit oder Verhältnismäßigkeit i.e.S. entspricht.[332] Es ist daher zu fordern, dass der Zweck und das Mittel in einem angemessenen Verhältnis zueinander stehen.

Diese Interessenabwägung zwischen beschränktem und geschütztem, nicht zwingend individuellen[333] Interesse liegt der Bewertung der Zulässigkeit des Eingriffs unabhängig davon zugrunde, ob es sich um einen Legislativakt handelt, der einen Grundrechtseingriff zur Folge hat, oder aber ein Gericht den Konflikt zweier sich gegenüberstehender Grundrechte aufzulösen hat. In beiden Fällen ist zu gewährleisten, dass die grundrechtlichen Gewährleistungen angemessen gewürdigt und möglichst weitgehend bestehen bleiben. Der Gegenüberstellung von den Interessen der Vertragsparteien und den Drittinteressen kommt damit eine besondere Bedeutung zu.

§ 5 Inhaltskontrolle

Führt ein vollständiges Gewährenlassen der Vertragsparteien durch die Rechtsordnung zu einer Fremdbestimmung durch einen der Vertragspartner, muss die Vertragsfreiheit hintenanstehen. Die Rechtsordnung hat also zum einen die Verträge anzuerkennen, zum anderen aber auch die notwendige Infrastruktur bereitzustellen, um eine tatsächlich freie Entscheidung der Vertragsparteien zu ermöglichen. Die damit einhergehende Überprüfung der inhaltlichen Richtigkeit

---

331 Als „zentrale Rechtsfigur zur Bewältigung des Rechtsgüterausgleichs“ bezeichnet von Schwarze/*Becker*, 4. Aufl. 2019, Art. 52 GRC Rn. 6.

332 Kritisch auf den unterschiedlichen Schwerpunkt hinweisend *Classen*, in: FS Stern, 2012, S. 651-667 (660 ff.).

333 So stellt BVerfG 7.3.1990 – 1 BvR 266/86, 1 BvR 913/87, BVerfGE 81, 278 (292) [unter B.II.2.a)] auch auf eine funktionierende staatliche Ordnung ab.

und Angemessenheit anhand rechtlicher Maßstäbe wird als richterliche Inhaltskontrolle[334] bezeichnet.[335] Die in diesem Zusammenhang bedeutsamen Generalklauseln ermöglichen es den Gerichten, die Verträge auf die Einhaltung von Mindeststandards hin zu überprüfen, ohne in eine vollumfassende und jeden Vertrag umspannende Kontrolle auszuufern. Diese Inhaltskontrolle ist insbesondere im Zweipersonenverhältnis zu Gunsten der „unterlegenen" Partei bedeutsam, wie schon der Verweis auf die „Fremdbestimmung eines Vertragspartners" zeigt. Es soll daher zuerst ein kurzer Aufriss der Inhaltskontrolle im Zweipersonenverhältnis erfolgen (**I.**), ehe die Möglichkeiten der Berücksichtigung und des Schutzes von Drittinteressen untersucht wird (**II.**). Nach einem kurzen Exkurs zum Vertrag zu Lasten Dritter (**III.**) werden dann die Ergebnisse zur Kontrollfähigkeit im Hinblick auf Drittinteressen zusammengefasst (**IV.**).

I. Inhaltskontrolle als Schutzinstrument zu Gunsten des unterlegenen Vertragspartners

Der richterlichen Inhaltskontrolle kommt eine freiheitsgewährleistende Aufgabe zu, indem sie verhindern soll, dass eine Vertragspartei aufgrund einer unterlegenen Ausgangslage unangemessen benachteiligt wird.[336] Sie erfolgt vor allem über die §§ 138, 242 BGB, für den Fall der auch im Arbeitsrecht weit verbreiteten Allgemeinen Geschäftsbedingungen[337] aber auch und vorrangig über § 307 BGB. Liegen der Abrede also vom Arbeitgeber gestellte AGB zugrunde, unterfallen diese Bedingungen einer ausführlichen Kontrolle nach den §§ 305 ff. BGB. Statt der noch im AGBG vorherrschenden vollständigen Exklusion arbeitsrechtlicher Regelungen nimmt § 310 Abs. 4 S. 1 BGB lediglich die in dieser Arbeit ebenso ausgeklammerten Tarifverträge und Betriebsvereinbarungen aus der Anwendung heraus und verlangt die Beachtung der im Arbeitsrecht geltenden Besonderheiten (§ 310 Abs. 4 S. 2 BGB).[338] Insbesondere sind danach Bestimmungen unwirksam,

334 Für die Frage, welche Normen der Inhaltskontrolle unterfallen, wird ein weites Verständnis verfolgt und sich an MüKoBGB/*Busche*, 9. Aufl. 2021, Vor § 145 BGB Rn. 25 f. orientiert, wobei § 315 BGB mangels einseitiger Vertragsgestaltungsspielräume an dieser Stelle außen vor gelassen wird.

335 *Becker*, WM 1999, 709 (710).

336 *Becker*, WM 1999, 709 (718). Sie ist primär auf das Zweipersonenverhältnis zugeschnitten, vgl. *Martens*, AcP 177 (1977), 113 (167 f.).

337 Vgl. Preis/*Preis*, 6. Aufl. 2020, I B Vertragsgestaltung in der Praxis Rn. 7.

338 Der vollständige Ausschluss wurde mit dem Ziel verworfen, die bestehende Rechtsunsicherheit auszumerzen und den Schutzstandard des Arbeitsverhältnisses an das übrige Zivilrecht anzugleichen (BT-Drs. 14/6857, 53 f.). Einzig die Beachtung der

die eine entgegen den Geboten von Treu und Glauben unangemessene Benachteiligung darstellen (§ 307 Abs. 1 S. 1 BGB). Schon der Wortlaut des Gesetzes stellt auf die unangemessene Benachteiligung des Vertragspartners ab und lässt so keine Zweifel daran, dass die AGB-Kontrolle im Zweipersonenverhältnis gilt.

Unabhängig von dem Vorliegen von AGB sind die §§ 138, 242 BGB auf alle vertraglichen Abreden anwendbar.[339] § 138 BGB adressiert eindeutig die Nichtigkeit für Rechtsgeschäfte, die einem Vertragspartner unter Ausnutzung einer Schwäche des Gegenübers ein unverhältnismäßig schlechtes Tauschgeschäft auferlegen (§ 138 Abs. 2 BGB) oder einen sonstigen Verstoß gegen die guten Sitten aufweisen (§ 138 Abs. 1 BGB). Die im Wuchertatbestand des zweiten Absatzes vorausgesetzte fehlende Austauschgerechtigkeit bildet für die Annahme der Sittenwidrigkeit des ersten Absatzes lediglich ein Indiz für einen Verstoß.[340] Ein solcher Verstoß gegen die guten Sitten liegt dann vor, wenn das Rechtsgeschäft gegen das Anstandsgefühl aller billig und gerecht Denkenden verstößt und orientiert sich damit an den moralischen Anschauungen der Gemeinschaft.[341] Ein Widerspruch des Rechtsgeschäfts mit diesen guten Sitten kann sich neben dem Inhalt auch aus einer Gesamtschau ergeben, in die objektive wie subjektive Faktoren einzubeziehen sind.[342]

§ 242 BG verlangt eine Leistung, die den Grundsätzen von Treu und Glauben mit Rücksicht auf die Verkehrssitte entspricht, sieht aber keine explizite Anordnung der Nichtigkeit für den Fall des Verstoßes vor und ist daher flexibler in den Rechtsfolgen. Stattdessen lassen sich über die Binnenschranke[343] des Grundsatzes von Treu und Glauben Anforderungen an die Art und Weise der

im Arbeitsrecht geltenden Besonderheiten und die fehlende Einbeziehungskontrolle nach § 305 Abs. 2, 3 BGB sind als Spezialregelung im Vergleich zur übrigen AGB-Kontrolle aufgenommen worden (§ 310 Abs. 4 S. 2 BGB). Siehe allgemein dazu Staudinger/*Krause*, 2022, Anh zu §§ 305 - 310 BGB Rn. K 10 ff.; CKK/*Krause*, 3. Aufl. 2023, Einführung Rn. 62 ff.

339 Zu der Anwendbarkeit von §§ 138, 242 BGB neben § 305 ff. BGB siehe Staudinger/*Krause*, 2022, Anh zu §§ 305 - 310 BGB Rn. K 31.

340 So besonders deutlich im Falle der anerkannten Fallgruppe des wucherähnlichen Geschäfts, MüKoBGB/*Armbrüster*, 9. Aufl. 2021, § 138 BGB Rn. 206.

341 Zu dem Begriff der guten Sitten Grüneberg/*Ellenberger*, 83. Aufl. 2024, § 138 BGB Rn. 2; *Heinrich*, Formale Freiheit und materiale Gerechtigkeit, 2000, S. 369.

342 BGH 29.6.2005 – VIII ZR 299/04, NJW 2005, 2991 (2992) [unter II.B.1.a).aa)]; BAG 22.7.2010 – 8 AZR 144/09, NZA 2011, 743 (746) [Rn. 30]; 26.4.2006 – 5 AZR 549/05, NZA 2006, 1354 (1355) [Rn. 16]. Dazu sogleich unter § 5.II.3.

343 Grüneberg/*Grüneberg*, 83. Aufl. 2024, § 242 BGB Rn. 18; MüKoBGB/*Schubert*, 9. Aufl. 2022, § 242 BGB Rn. 85.

Hauptforderung oder Nebenpflichten, wie die Pflicht zur Rücksichtnahme auf die andere Vertragspartei,[344] begründen. Ähnlich wie das Verständnis der guten Sitten bezieht § 242 BGB sich mit den Schlagworten von Treu und Glauben auf die in der Gemeinschaft herrschenden sozialethischen Wertvorstellungen[345] und umfasst eine Gesamtabwägung der beteiligten Interessen.[346]

An der Anwendbarkeit der vorgestellten Normen im Zweipersonenverhältnis bestehen somit keine Zweifel: Die primäre Schutzrichtung ist zu Gunsten der „schwächeren" Partei ausgerichtet, die im Arbeitsverhältnis typischerweise in der Person des Arbeitnehmers liegt, der den Vorstellungen des Arbeitgebers häufig nichts entgegenzusetzen hat. Mit Blick auf den Wortlaut der Normen zeigt sich deutlich die angesprochene Einflussmöglichkeit der Gerichte. Eine klare Einordnung, wann ein Verstoß gegen die guten Sitten oder Treu und Glauben vorliegt, ist auf den ersten Blick kaum zu leisten und lässt erheblichen Spielraum für die maßgebliche Auslegung durch die Gerichte.

II. Inhaltskontrolle als Schutzinstrument zu Gunsten dritter Interessen

Innerhalb des Zweipersonenverhältnisses wird damit gewährleistet, dass eine vergleichbare Einflussnahmemöglichkeit beider Parteien vorliegt. Die besondere Herausforderung des Drittbezugs offenbart sich, wenn man die beiden Faktoren der Ausgangslage und des Inhalts betrachtet. Eine Selbstbestimmung und Einflussnahme auf den Vertragsinhalt kann typischerweise nur durch die Vertragsparteien selbst erfolgen, die außenstehenden Interessen sind *per definitionem* davon ausgeschlossen. Folglich können Dritte selten überhaupt einen Vorteil aus dem Vertrag ziehen, sodass schon der kleinste Nachteil zu einem missbilligenswerten Ergebnis führen würde. Eine einfache Anwendung der zwischen den Vertragsparteien geltenden Grundsätze ist folglich nicht möglich, dennoch muss die Form der Fremdbestimmung auch hier kontrollfähig sein. Es gilt daher, zu schauen, ob die Inhaltskontrolle überhaupt für die Bewertung von Drittinteressen herangezogen werden kann und welches Maß an Drittbelastung zu verlangen ist, um die Vertragsfreiheit der Vertragsparteien gleichwohl angemessen zu schützen. Es werden

---

344 Siehe nur Grüneberg/*Grüneberg*, 83. Aufl. 2024, § 242 BGB Rn. 35; MüKoBGB/*Schubert*, 9. Aufl. 2022, § 242 BGB Rn. 199 ff.

345 Grüneberg/*Grüneberg*, 83. Aufl. 2024, § 242 BGB Rn. 6.

346 Siehe nur BGH 7.5.1997 – IV ZR 179/96, NZA 1997, 827 (828) [unter 3]. Dazu sogleich unter § 5.II.4.

dabei neben dem § 134 BGB (**1.**) auch die bereits angesprochenen Normen der AGB-Kontrolle (**2.**), des § 138 BGB (**3.**) und des § 242 BGB (**4.**) beleuchtet.

1. § 134 BGB

Die Nichtigkeit eines Rechtsgeschäfts kann sich aus § 134 BGB ergeben, wofür zum einen ein Verstoß gegen ein Verbotsgesetz vorliegen muss, zum anderen sich aus dem Verbotsgesetz keine abweichende Rechtsfolge ergeben darf. Ein Verbotsgesetz ist jede Rechtsnorm im Sinne des Art. 2 EGBGB,[347] die ein spezielles Handeln untersagt.[348] Mit dem Ziel, einen Widerspruch in der Rechtsordnung zu verhindern, ist bereits das Vorliegen der objektiven Tatbestandsmerkmale ausreichend, um die Nichtigkeit nach § 134 BGB anzunehmen.[349] Gegenüber der Sittenwidrigkeit geht die Vorschrift des § 134 BGB als spezieller vor.[350]

Die inhaltlichen Vorgaben richten sich nach dem konkreten Verbotsgesetz, was insbesondere die Frage umfasst, ob Drittinteressen geschützt werden. Eine intensive Interessenabwägung ist in der Prüfung des Verbotsgesetzes zwar vorhanden, aber vorgelagert. Es reicht bereits der Verstoß gegen das Verbotsgesetz, diese muss aber an sich als die Vertragsfreiheit einschränkendes Gesetz dem Grundsatz der Verhältnismäßigkeit genügen, welcher wiederum eine Abwägung der zu schützenden und einzuschränkenden Interessen umfasst.[351] An der Anwendbarkeit des § 134 BGB auch im drittschützenden Kontext bestehen hingegen keine Bedenken, sofern das Verbotsgesetz Drittinteressen schützt.[352]

---

347 Grüneberg/*Ellenberger*, 83. Aufl. 2024, § 134 BGB Rn. 2; sich dem anschließend BGH 28.4.2015 – XI ZR 378/13, NJW 2015, 2248 (2255) [Rn. 66].

348 Vgl. nur *Brox/Walker*, Allgemeiner Teil des BGB, 48. Aufl., 2024, § 14 Rn. 3; Grüneberg/*Ellenberger*, 83. Aufl. 2024, § 134 BGB Rn. 2, 5; *Neuner/Wolf/Larenz*, Allgemeiner Teil des Bürgerlichen Rechts, 13. Aufl., 2023, § 45 Rn. 3; Staudinger/*Seibl/Fischinger/Hengstberger*, 2021, § 134 BGB Rn. 49.

349 Grüneberg/*Ellenberger*, 83. Aufl. 2024, § 134 BGB Rn. 12a; *Neuner/Wolf/Larenz*, Allgemeiner Teil des Bürgerlichen Rechts, 13. Aufl., 2023, § 45 Rn. 22 m.w.N. Anders im Falle von Strafgesetzen, siehe nur BGH 16.4.1996 – IX ZR 138/95, NJW 1996, 1812 (1813) [unter 3.b).aa)]. Verstärkt auf den Schutzzweck abstellend Staudinger/*Seibl/Fischinger/Hengstberger*, 2021, § 134 BGB Rn. 78 f.

350 Vgl. nur BAG 24.3.1993 – 1 AZR 298/92, NJW 1993, 2701 (2703) [unter II.2.c).(8)].

351 Siehe dazu § 4.III.

352 Vgl. auch *Neuner/Wolf/Larenz*, Allgemeiner Teil des Bürgerlichen Rechts, 13. Aufl., 2023, § 45 Rn. 20.

2. *AGB-Kontrolle*

Ohne ein solches Verbotsgesetz könnte sich die Unwirksamkeit zuerst aus den Regelungen des AGB-Rechts ergeben. Unterstellt man die wirksame Einbeziehung der AGB in den Arbeitsvertrag bzw. die vertragliche Abrede, so müssen die Bedingungen den Anforderungen der §§ 307 ff. BGB genügen. Neben den speziellen Klauselverboten der §§ 308, 309 BGB richtet sich die Zulässigkeit somit besonders nach der Inhaltskontrolle des § 307 BGB.

a) Unangemessene Benachteiligung des „Vertragspartners"

Nach dem BVerfG zeichne sich die Inhaltskontrolle von AGB dadurch aus, dass sie der „Privatautonomie beider Vertragsparteien zur Wirksamkeit verhilft",[353] die AGB-Kontrolle schützt also primär die Interessen der Vertragspartner. Ohne dies beim Namen zu nennen, enthalten die dem § 307 BGB vorgehenden §§ 308, 309 BGB allein Klauselverbote, die sich auf dieses Verhältnis zwischen Verwender und dem Vertragspartner beziehen. Obwohl § 309 Nr. 8 b) aa) BGB den „Dritten" nennt, ist dort lediglich die Konstellation angesprochen, dass der Verwender die Ansprüche gegen sich ausschließt und daher auf Ansprüche gegen Dritte verweist. Das negativ betroffene Interesse bleibt nichtsdestoweniger das des Vertragspartners, der einen Anspruchsgegner verlieren würde.[354] Auch § 309 Nr. 11 BGB schützt keinen unbeteiligten Dritten. Nach diesem Verbot darf einem Vertreter keine eigene oder über das gesetzliche Maß festgeschriebene Haftung durch AGB auferlegt werden. *Habersack* hat dabei richtig erkannt, dass die Sonderkonstellation eines unmittelbar am Vertragsschluss beteiligten Dritten vorliegt.[355] Diese Norm als einen ausnahmsweise zulässigen Drittschutz zu bezeichnen,[356] wird der tatsächlichen Vertragsnähe des Vertreters somit kaum gerecht.

Auch die Inhaltskontrolle nach § 307 Abs. 1 BGB bezieht auf den ersten Blick keine Drittinteressen mit ein. Eine Klausel ist dann unwirksam, „wenn sie den Vertragspartner des Verwenders entgegen den Geboten von Treu und Glauben unangemessen benachteiligen". Der Wortlaut ist dahingehend eindeutig und umfasst für die Interessenabwägung lediglich die unangemessene Benachteiligung

353 BVerfG 7.9.2010 – 1 BvR 2160/09, 1 BvR 851/10, NJW 2011, 1339 (1341) [Rn. 38].

354 Vgl. Staudinger/*Coester-Waltjen*, 2022, § 309 Nr. 8 BGB Rn. 33.

355 *Habersack*, Vertragsfreiheit und Drittinteressen, 1992, S. 110 f., der dies zum inhaltsgleichen § 11 Nr. 14 AGBG festgehalten hat.

356 So Wolf/Lindacher/Pfeiffer/*Pfeiffer*, 7. Aufl. 2020, § 307 BGB Rn. 95; auch bereits Wolf/Horn/Lindacher/*Wolf*, 2. Aufl. 1989, § 9 AGBG Rn. 109.

des Vertragspartners und nicht etwaiger Dritter. Diese Feststellung bezieht sich hingegen zuvorderst auf die unmittelbare Berücksichtigung.[357]

Zu keinem anderen Ergebnis kommt eine auf den Zweck des AGB-Rechts gestützte Bewertung, auch wenn eine pointierte Zweckbestimmung nicht ohne Weiteres möglich erscheint. Dass die AGB-Kontrolle zumindest auch den Zweck verfolgt, den unterlegenen Vertragspartner zu schützen, wird flächendeckend angenommen und insbesondere schon durch das ehemalige AGBG und die dem deutschen AGB-Recht zugrundeliegende RL 93/13/EWG gestützt.[358] Auch die Transparenzvorgaben aus § 307 Abs. 1 S. 2 BGB sind denklogisch auf den Vertragspartner zugeschnitten, der den Inhalt der vor sich liegenden Klauseln nicht durchdringt.[359]

Das Schutzbedürfnis allein auf die Unterlegenheit einer Vertragspartei zu gründen,[360] wurde jedoch zurecht abgelehnt. Es sei nicht vereinbar mit einem umfassenden Verständnis des Anwendungsbereichs, der gerade nicht die Unterlegenheit einer Partei voraussetze, sondern auch die von der „schwächeren" Partei gestellte oder zwischen zwei Unternehmen anwendbare AGB der Kontrolle

---

357 MüKoBGB/*Wurmnest*, 9. Aufl. 2022, § 307 BGB Rn. 54. Siehe dazu auch sogleich § 5.II.2.b).

358 Dahingehend herrscht weitgehend Einigkeit. So stellen sowohl die Begründung im Regierungsentwurf zum AGBG (BT-Drs. 7/3919, 9) als auch Art. 3 Abs. 1 RL 93/13/EWG sowie die Erwägungsgründe 19, 20 der Richtlinie 93/13/EWG (ABl. 1993 L 95, S. 29) auf den Nachteil des Vertragspartners bzw. des Verbrauchers ab, ein Faktor der bereits vor der Normierung der Inhaltskontrolle vorformulierter Vertragsbedingungen in der Rechtsprechung die entscheidende Rolle spielte, BGH 27.11.1974 – VIII ZR 9/73, NJW 1975, 163 (164) [unter II.2.b)]; 29.10.1956 – II ZR 79/55, NJW 1957, 17 (18) [unter III.4.] m.w.N. Siehe dazu auch BVerfG 7.9.2010 – 1 BvR 2160/09, 1 BvR 851/10, NJW 2011, 1339 (1341) [Rn. 35]. Auch *Raiser* stellt bereits frühzeitig auf die Gefahr ab, dass der Markt allein ein Ausbeuten des Schwachen durch den Starken im Zeichen der Vertragsfreiheit nicht verhindern könne, *Raiser*, Das Recht der allgemeinen Geschäftsbedingungen, 1935, S. 277. Auf das Verhältnis von Gewerbetreibendem und Verbraucher abstellend auch statt aller EuGH 9.7.2020 – C-698/18, C-699/18 (SC Raiffeisen und BRD Groupe Societé Générale SA), ECLI:EU:C:2020:537 [Rn. 66]; 19.12.2019 – C-453/18, C-494/18 (Bondora), ECLI:EU:C:2019:1118 [Rn. 40].

359 Siehe nur BGH 7.2.2019 – III ZR 38/18, NJW-RR 2019, 942 (943) [Rn. 21] m.w.N.; dies zeigt auch Art. 5 S. 2 RL 93/13/EWG, nachdem im Zweifel die Auslegung einer unklaren Klausel zu wählen ist, die für den Verbraucher zum günstigsten Ergebnis führt.

360 Mit diesem Verweis ohne Quellenangabe z.B. MüKoBGB/*Fornasier*, 9. Aufl. 2022, Vor § 305 BGB Rn. 5.

unterziehe.[361] Es solle generell ein einseitiges Ausnutzen der Vertragsfreiheit verhindert werden,[362] welches z.B. auf einem rationalen Desinteresse der Unterworfenen beruhen kann. In diesem Fall eines Informations- und Motivationsgefälle[363] gehe man sehenden Auges das Risiko ein, dass ein im Einzelfall unwahrscheinliches Szenario mit aufgrund der AGB nachteiligen Rechtsfolgen eintritt, da der Aufwand einer Anpassung oder eines tatsächlichen Aushandelns außerhalb jeden Verhältnisses zu dem Nutzen stehe.[364] Auch ohne eine konkrete Festlegung auf den einen zugrunde liegenden Zweck der AGB-rechtlichen Inhaltskontrolle wird aber bereits deutlich, dass lediglich die Ungleichgewichtslage der Vertragsparteien betrachtet wird, unabhängig davon, worauf sich diese gründet. Wie der Wortlaut kann aber somit auch der Zweck des AGB-Rechts lediglich im Schutz der Interessen der Vertragsparteien gesehen werden.

b) Allein mittelbarer Schutz von Drittinteressen

Auch wenn damit das AGB-Recht nur die Interessen der Vertragsparteien schützt, führt dies nicht zwangsläufig zu einer vollständigen Missachtung jeden Drittinteresses. So sind die Interessen beispielweise im Falle der Übereinstimmung mit den (zu beachtenden) Interessen eines Vertragspartners[365] oder einer vertraglichen oder anderweitig bestehenden Verantwortlichkeit des einen Vertragspartners für das Drittinteresse[366] gewahrt. Dass es sich dabei aber letztlich um eigene Interessen handelt, zeigt sich wohl am anschaulichsten am Vertrag mit Schutzwirkung zu

---

361 Dies zeigt sich bereits als Umkehrschluss aus § 310 Abs. 1 S. 1 BGB, der besondere Regelungen für die Verwendung gegenüber Unternehmen enthält und offenbart, dass abseits dessen die AGB-Kontrolle auch im Verhältnis gegenüber Unternehmern Anwendung finden, in denen die typische Unterlegenheit regelmäßig fehlen wird. Vgl. dazu auch MüKoBGB/*Fornasier*, 9. Aufl. 2022, Vor § 305 BGB Rn. 5; Ulmer/Brandner/Hensen/*Habersack*, 13. Aufl. 2022, Vor § 305 BGB Rn. 47 f.

362 Zuletzt BGH 27.1.2017 – V ZR 130/15, NJW 2017, 1540 (1542) [Rn. 17]; zum AGBG bereits BGH 30.6.1994 – VII ZR 116/93, NJW 1994, 2825 (2826) [unter II.2.b).(1)]; im Gesetzesentwurf ist von einem organisatorischen Vorsprung die Rede, da der Verwender die Klauseln einer sorgfältigen Analyse unterziehen würde, und die Klauseln so im eigenen Interesse formulieren könne, BT-Drs. 7/3919, 13.

363 MüKoBGB/*Fornasier*, 9. Aufl. 2022, Vor § 305 BGB Rn. 6.

364 MüKoBGB/*Fornasier*, 9. Aufl. 2022, Vor § 305 BGB Rn. 6 f.; *Habersack*, Vertragsfreiheit und Drittinteressen, 1992, S. 106 f. m.w.N.

365 Dazu Ulmer/Brandner/Hensen/*Fuchs*, 13. Aufl. 2022, § 307 BGB Rn. 135.

366 BGH 11.6.2003 – IV ZR 158/02, NJW-RR 2003, 1444 (1445) [unter II.2.a)]; 28.3.2001 – IV ZR 19/00, NJW 2001, 1934 (1935) [unter 2.b)]; 15.6.1989 – VII ZR 205/88, NJW 1989, 2750 (2751) [Rn. 26]; BAG 27.3.2007 – 3 AZR 299/06, NZA-RR

Gunsten Dritter. In einem solchen Vertrag liegt die Einbeziehung dritter Personen in den Schutzbereich des Vertrages in der Regel[367] in dem eigenen Interesse des Vertragspartners, dem eine Schutzpflicht gegenüber dem Dritten obliegt. Der Einbeziehung steht es auch nicht entgegen, wenn die Interessen des Dritten von denen des Vertragspartners abweichen.[368]

Auch die weiteren diskutierten Ausnahmen fallen in der Regel auf ein Interesse des Vertragspartners zurück. So sollen betroffene Drittinteressen als umfasst angesehen werden, wenn die benachteiligende Wirkung mittelbar auch den Vertragspartner trifft.[369] Für den Fall der gleichlaufenden Vertragspartei- und Drittinteressen ergibt sich dies schon denklogisch. Es zeigt sich also, dass die Interessen des Vertragspartners nicht zwingend nur die eigenen Rechtsgüter betreffen. Dennoch ist die dritte Person insofern von dem Vertragspartner abhängig, als die eigenen Interessen entweder mit denen des Vertragspartners zufällig oder aufgrund einer Bezugnahme übereinstimmen. Der Schutz der korrespondierenden Interessen ist demnach zwar gewährleistet, nicht jedoch um der Drittinteressen willen. Diese werden nur „reflexartig mitgeschützt"[370] und profitieren somit von der Überschneidung.

c) *Typischerweise mitumfasste Interessen*

Die Relevanz der Drittinteressen für die AGB-rechtliche Inhaltskontrolle hat *Habersack* noch auf einem anderen Weg angenommen. Für § 307 Abs. 1 BGB – *Habersack* bezieht sich auf dessen Vorgängervorschrift in § 9 AGBG – seien danach nicht nur diejenigen Drittinteressen heranzuziehen, die einen direkten Einfluss auf die Interessen des Vertragspartners haben, sondern auch diejenigen, die im Falle einer ausgleichenden Vertragssituation von der Partei typischerweise (und unbewusst) mitvertreten worden wären.[371] Es wäre somit die hypothetische Lage zu betrachten, die bei einem funktionierenden Vertragsmechanismus

2008, 82 (89) [Rn. 66]; CKK/*Klumpp*, 3. Aufl. 2023, § 307 BGB Rn. 54; Staudinger/*Wendland*, 2022, § 307 BGB Rn. 146.

367 So verlangt die geforderte Gläubigernähe, dass der Gläubiger ein berechtigtes Interesse an der Einbeziehung haben muss, wofür auch nicht mehr allein ein personenrechtliches Rechtsverhältnis notwendig ist, statt aller BGH 15.6.1971 – VI ZR 262/69, NJW 1971, 1931 (1932) [unter II.2.b)].

368 Statt aller auch BGH 25.9.2008 – VII ZR 35/07, NJW 2009, 217 (218) [Rn. 17].

369 Dazu Ulmer/Brandner/Hensen/*Fuchs*, 13. Aufl. 2022, § 307 BGB Rn. 134.

370 Staudinger/*Wendland*, 2022, § 307 BGB Rn. 145.

371 *Habersack*, Vertragsfreiheit und Drittinteressen, 1992, S. 161, 176.

vorherrschen würde.[372] In der Konsequenz bedeute dies eine „Ausdehnung der Innenschranken der Privatautonomie".[373] Ein Individuum suche sich seinen Vertragspartner in dem Glauben aus, dieser könne seine eigenen Interessen auch in seinen übrigen Verträgen vertreten. Innerhalb der „richtigen" Verträge seien die Interessen des Individuums daher mitgeschützt, sodass sie Beachtung finden müssten.[374]

Ob diese Ansicht für den Fall gestörter Vertragsparität haltbar ist, bedarf aufgrund der für diese Betrachtung lediglich relevanten paritätischen Ausgangslage keiner Überprüfung.[375] Die AGB-Kontrolle soll dem Umstand Rechnung tragen, dass die unterlegene Vertragspartei die eigenen Interessen nicht in gleichem Maße wie die dominierende Vertragspartei in die Vertragsgestaltung einfließen lassen konnte. Im Falle vorherrschender Parität und fehlender Polarität fehlt es somit an der entscheidenden Voraussetzung. Es würde dem Grundgedanken der Vertragsfreiheit widersprechen, akzeptierte man neben dem Vertrauen auf die Möglichkeit der Mitbestimmung beider Vertragsparteien auch das Vertrauen auf eine „sinnvolle" Entscheidung des Vertragspartners in dessen übrigen Verträgen. Privatautonomie bedeutet nicht allein den Schutz von erfolgreichen Entscheidungen, jedem Vertragspartner steht es frei auch schlechte Entscheidungen zu treffen. Sofern es sich um eine freie Entscheidung handelt, trägt folglich jeder das Risiko selbst, dass aus der eigenen Entscheidung finanzielle Nachteile erwachsen, etwa weil der Vertragspartner zahlungsunfähig ist[376] oder man selbst einem Schadensersatzanspruch ausgesetzt wird. Es steht z.B. jedem Verkäufer frei, einen Gegenstand doppelt zu verkaufen, auch wenn er sich im Verhältnis

372 *Habersack*, Vertragsfreiheit und Drittinteressen, 1992, S. 176.

373 *Habersack*, Vertragsfreiheit und Drittinteressen, 1992, S. 181.

374 *Habersack*, Vertragsfreiheit und Drittinteressen, 1992, S. 169.

375 Auch *Habersack* formuliert die Bedeutung dieser Ansicht allein für die Konstellation der fehlenden Vertragsparität. Dafür sprechen zum einen die Heranziehung eines hypothetischen mit gleicher Macht geschlossenen Vertrages und die Tatsache, dass er für die fehlende Kausalität nur einen Verstärkereffekt annimmt (dazu sogleich). Zum anderen bestimmt er explizit die Kausalität der Verwendung von AGB und der Beeinträchtigung der Drittinteressen zur Eingangsvoraussetzung, *Habersack*, Vertragsfreiheit und Drittinteressen, 1992, S. 176.

376 Die Vertragsfreiheit gewährleistet, dass jeder einen Vertrag so gestalten kann wie er wünscht, sofern keine der bereits angesprochenen Grenzen vorliegen, vgl. BVerfG 8.4.1997 – 1 BvR 48/94, BVerfGE 95, 267 (303 f.) [unter III.1.a)]; 19.10.1993 – 1 BvR 567/89, 1 BvR 1044/89, AP GG Art. 2 Nr. 35 = BVerfGE 89, 214 (231) [unter C.II.2.a)].

zu einem Käufer solchen Schadensersatzansprüchen ausgesetzt sieht.[377] Solange die Vertragspartner also eine freie Entscheidung treffen, erscheint es unbillig, im Wege der AGB-Kontrolle ein Rechtsgeschäft zu verhindern.

Auch *Habersack* erkennt an, dass das Versagen des Vertragsmechanismus durch die AGB nicht kausal für die Veränderung der Rechtslage ist, wenn die fehlende Beachtung allein auf die mangelnde Polarität zurückzuführen ist.[378] Dennoch nimmt er aber auch dort einem Verstärkereffekt an.[379] Erneut kann diese Argumentation nicht übernommen werden. Um von einer Verstärkung eines Ungleichgewichts sprechen zu können, bedarf es einer (Grund-)Beeinträchtigung der Interessen des Vertragspartners. Da diese gerade nicht vorliegt und allein Drittinteressen benachteiligt werden, läge stattdessen ein Begründungseffekt vor. Dem Ansatz *Habersacks* ist somit dahingehend entgegenzutreten, dass die Argumentation zumindest für die fehlende Polarität nicht übertragbar ist und auch der Verstärkereffekt nicht herangezogen werden kann.

d) Kein Drittschutz über die AGB-Kontrolle

Die AGB-rechtliche Inhaltskontrolle ist weder geeignet noch dazu gedacht, den Schutz von nicht am Vertragsschluss beteiligten Drittinteressen zu gewährleisten, sofern eine Parität zwischen den Vertragspartnern vorliegt. Sie dient dem Ausgleich des durch die Verwendung von AGB entstehenden Ungleichgewichts zwischen den Vertragsparteien. Dieses kann zwar ebenfalls vorliegen, stellt sich aber nicht als kausal für die Benachteiligung der Drittinteressen dar.

Die Interessen dritter Personen können mittelbar über § 307 Abs. 1 BGB einen Schutz erfahren, wenn sie mit denen des Vertragspartners übereinstimmen, sei es zufällig oder weil sich die Interessen des Vertragspartners auf Rechtsgüter des Dritten beziehen. Ein darüber hinausgehender Schutz allein aufgrund der Einordnung als AGB existiert hingegen nicht.[380] Sowohl der Wortlaut als auch der Zweck der §§ 307 ff. BGB stützen, dass Interessen Dritter weder neben den

---

377 Mit diesem Beispiel im Rahmen des § 138 BGB auch Erman/*Schmidt-Räntsch*, 17. Aufl. 2023, § 138 BGB Rn. 76.

378 *Habersack*, Vertragsfreiheit und Drittinteressen, 1992, S. 178 f.

379 *Habersack*, Vertragsfreiheit und Drittinteressen, 1992, S. 179.

380 Mit dem Ergebnis auch BGH 25.9.2013 – VIII ZR 206/12, NJW 2014, 209 (211) [Rn. 25]; 7.10.1981 – VIII ZR 214/80, NJW 1982, 178 (180) [unter II.3.a).bb)]. Neben der Rechtsprechung z.B. Ulmer/Brandner/Hensen/*Fuchs*, 13. Aufl. 2022, § 307 BGB Rn. 133; Grüneberg/*Grüneberg*, 83. Aufl. 2024, § 307 BGB Rn. 11; CKK/*Klumpp*, 3. Aufl. 2023, § 307 BGB Rn. 54; *Stoffels*, AGB-Recht, 5. Aufl., 2024, Rn. 469; *Ulrici*, ZFA 2016, 377 (401); Staudinger/*Wendland*, 2022, § 307 BGB Rn. 145.

Vertragsinteressen zur Abwägung herangezogen werden können noch diese verstärken. Auch eine Einbeziehung typischerweise mitgeschützter Drittinteressen ist zumindest für den Fall des Gleichlaufes der Interessen beider Vertragsparteien abzulehnen. Mit Blick auf den Zweck der AGB-Kontrolle muss auch die originäre Einbeziehung von Allgemeininteressen abgelehnt werden. Mangels Einflusses auf eine potenzielle Übervorteilung einer Vertragspartei sind sie nach diesem Verständnis im Rahmen der AGB-Kontrolle außen vor zu lassen.[381] Für die weitere Bearbeitung kann die AGB-rechtliche Inhaltskontrolle somit unberücksichtigt bleiben.

3. § 138 Abs. 1 BGB

Ist die AGB-rechtliche Inhaltskontrolle nicht einschlägig, kann sich die Abrede als nichtig im Sinne des § 138 Abs. 1 BGB herausstellen, was ein sittenwidriges Handeln voraussetzt. Der Wuchertatbestand aus § 138 Abs. 2 BGB wird mit dem Hinweis ausgeklammert, dass bereits der Wortlaut die Beschränkung auf ein Zweipersonenverhältnis offenbart. Dieser verlangt eine unverhältnismäßige Gegenleistung, die versprochen werden muss. Obwohl explizit auch die Leistung an einen Dritten umfasst wird, beruht auch diese Leistung auf dem Prinzip der Austauschgerechtigkeit;[382] der Vertragspartner müsste demnach dem Dritten eine unverhältnismäßige Gegenleistung versprechen. Ein Leistungsaustausch liegt jedoch in den zu betrachtenden Konstellationen nicht mit dem Dritten, sondern allein mit dem Vertragspartner vor – die Drittbetroffenheit ergibt sich ausschließlich aus der Reflexwirkung.

a) Einbeziehung von Drittinteressen

Der Wortlaut von § 138 Abs. 1 BGB enthält keinen Hinweis auf die Möglichkeit des Einbezugs von Drittinteressen, einzige Voraussetzung ist, dass ein Rechtsgeschäft gegen die guten Sitten verstößt. Es ist allerdings anerkannt, dass auch die Verletzung nicht unmittelbar umfasster Interessen die Rechtsfolge der Nichtigkeit auslösen können, wobei sowohl dritte Personen als auch die Allgemeinheit ausschlaggebend sein können.[383]

---

381 Vgl. auch Staudinger/*Wendland*, 2022, § 307 BGB Rn. 151. A.A. Ulmer/Brandner/Hensen/*Fuchs*, 13. Aufl. 2022, § 307 BGB Rn. 137.

382 BGH 8.7.1982 – III ZR 1/81, NJW 1982, 2767 (2767) [unter I.2.]; vgl. Grüneberg/*Ellenberger*, 83. Aufl. 2024, § 138 BGB Rn. 66.

383 So allgemein BGH 23.2.2005 – VIII ZR 129/04, NJW 2005, 1490 (1491) [unter II.1.a)]; 6.12.1989 – VIII ZR 310/88, NJW 1990, 567 (568) [unter B.I.1.a).bb)]. Siehe

Gerade wegen seiner fehlenden Einflussnahmemöglichkeit auf den Vertragsinhalt wird der Dritte beispielsweise vor dem bewussten und zielgerichteten Zusammenwirken der Vertragsparteien zu seinen Lasten geschützt.[384] Das einprägsamste Beispiel ist dabei die Kollusion im Rahmen der Stellvertretung, also das Zusammenarbeiten von Vertreter und Vertragspartner zu Lasten des Vertretenen.[385] Ebenso wird die Verleitung zum Vertragsbruch im Rahmen der Sittenwidrigkeit angeführt, wobei dieses „Eindringen des Dritten in die Beziehungen der Vertragspartner" nicht zwangsläufig einen Sittenverstoß darstelle, sondern zudem noch das Vorliegen weiterer Umstände erfordere.[386] Auch im Arbeitsrecht stellt zwar das reine Abwerben von Arbeitnehmern kein sittenwidriges Verleiten zum Vertragsbruch dar. Mit Hinzutreten weiterer Faktoren, die zu einem Überschreiten der Grenze des zulässigen Wettbewerbes führen, wurde die Sittenwidrigkeit allerdings angenommen.[387] Allein die Tatsache, dass der Arbeitnehmer von einem direkten Konkurrenten abgeworben wird, ist dafür jedoch ebenfalls nicht ausreichend.[388]

Am Beispiel des missbilligten Kaufes von Radarwarngeräten zeigt sich zudem, dass nicht allein individuelle Drittinteressen für § 138 Abs. 1 BGB von Bedeutung sind, sondern darüber hinaus auch Allgemeininteressen herangezogen werden.[389]

---

zudem MüKoBGB/*Armbrüster*, 9. Aufl. 2021, § 138 BGB Rn. 165; Grüneberg/*Ellenberger*, 83. Aufl. 2024, § 138 BGB Rn. 61 ff.; *Heinrich*, Formale Freiheit und materiale Gerechtigkeit, 2000, S. 379 ff.; *Martens*, AcP 177 (1977), 113 (175); sowie die folgenden Beispiele. *Habersack* stellt sogar darauf ab, dass § 138 BGB von Beginn an die Funktion des Drittschutzes zugeschrieben wurde, *Habersack*, Vertragsfreiheit und Drittinteressen, 1992, S. 18.

384 Z.B. BGH 16.7.2019 – II ZR 426/17, NJW 2019, 3635 (3637) [Rn. 25]; im Falle der Testamentsvollstreckung BGH 8.3.1989 – IV a ZR 353/87, NJW-RR 1989, 642 (642) [unter 3.].

385 Z.B. BGH 14.6.2016 – XI ZR 483/14, NJW-RR 2016, 1138 (1138 f.) [Rn. 24].

386 BGH 18.4.2018 – XII ZR 76/17, NJW-RR 2018, 906 (907 f.) [Rn. 24] m.w.N.; 2.6.1981 – VI ZR 28/80, NJW 1981, 2184 (2185) [unter II.1].

387 BAG 19.10.1962 – 1 AZR 1962 487/61, NJW 1963, 124 (125) [unter II.]; BGH 17.3.1961 – I ZR 26/60, AP BGB § 276 Verschulden bei Vertragsabschluß Nr. 8 = NJW 1961, 1308 (1309) [unter 2.b)]. Ein Indiz könnte ein fehlendes eigenes Bedürfnis an weiteren Arbeitnehmern darstellen, so MüKoBGB/*Armbrüster*, 9. Aufl. 2021, § 138 BGB Rn. 184. Siehe zu diesem Vorgehen auch den mittlerweile existierenden § 4 Nr. 4 UWG.

388 BAG 19.10.1962 – 1 AZR 487/61, NJW 1963, 124 (125) [unter II.].

389 Schon *Raiser* hat darauf hingewiesen, dass eine Gefährdung des Gemeinwohles einen Verstoß gegen das sittliche Gebot darstelle, *Raiser*, Das Recht der allgemeinen Geschäftsbedingungen, 1935, S. 280.

Der Kaufvertrag über ein Radarwarngerät, das in Deutschland verwendet werden soll, wird allgemein als sittenwidrig angesehen. Ausschlaggebend ist dafür, dass der Kaufvertrag auf die Begehung eines ordnungswidrigen Verhaltens im Straßenverkehr gerichtet ist.[390] Neben dem ordnungsgemäßen Verhalten im Straßenverkehr wurde die Sittenwidrigkeit in der Rechtsprechung auch schon aus ökologischen Gründen[391] oder wegen Benachteiligung des Sozialhilfeträgers[392] diskutiert. Die generelle Fähigkeit des Schutzes von Drittinteressen über § 138 Abs. 1 BGB ist somit zu bejahen.[393]

b) Objektive Kriterien

Nach einer stark vertretenen Ansicht kann sich die Sittenwidrigkeit eines Vertrages zum einen bereits aus dem Inhalt ergeben, der gegen die grundlegende Wertung verstößt.[394] Falls dies allein aber nicht ausreicht, ist die Sittenwidrigkeit zum anderen auch aus einer Gesamtabwägung möglich, in die auch die Beweggründe und Zwecke einzubeziehen sind.[395]

---

390 BGH 23.2.2005 – VIII ZR 129/04, NJW 2005, 1490 (1491) [unter II.1.b)]; st. Rspr. BGH 25.11.2009 – VIII ZR 318/08, NJW 2010, 610 (611) [Rn. 13] m.w.N. Siehe dazu auch § 9.I.1.c).bb).

391 Vgl. Grüneberg/*Ellenberger*, 83. Aufl. 2024, § 138 BGB Rn. 45 m.w.N.

392 Siehe nur BGH 6.2.2009 – V ZR 130/08, NJW 2009, 1346 (1347) [Rn. 10 ff.]. Siehe dazu auch § 7.II.

393 So auch z.B. BGH 23.2.2005 – VIII ZR 129/04, NJW 2005, 1490 (1491) [unter II.1.a)]; 6.12.1989 – VIII ZR 310/88, NJW 1990, 567 (568) [unter B.I.1.a).bb).i)].

394 BGH 16.7.2019 – II ZR 426/17, NJW 2019, 3635 (3637) [Rn. 24] m.w.N.; *Boecken*, BGB – Allgemeiner Teil, 3. Aufl., 2019, Rn. 384 f.; *Eckert*, AcP 199 (1999), 337 (350 f.); Grüneberg/*Ellenberger*, 83. Aufl. 2024, § 138 BGB Rn. 7; Staudinger/*Fischinger*, 2021, § 138 BGB Rn. 146 f.; *Flume*, BGB AT II, 4. Aufl., 1992, S. 373; *Heinrich*, Formale Freiheit und materiale Gerechtigkeit, 2000, S. 383; *Lindacher*, AcP 173 (1973), 124 (127); NK-BGB/*Looschelders*, 4. Aufl. 2021, § 138 BGB Rn. 91; *Mayer-Maly*, AcP 194 (1994), 105 (163); *Neuner/Wolf/Larenz*, Allgemeiner Teil des Bürgerlichen Rechts, 13. Aufl., 2023, § 46 Rn. 19 f. MüKoBGB/*Armbrüster*, 9. Aufl. 2021, § 138 BGB Rn. 45 erkennt ebenfalls an, dass bereits ein Element so stark ausgeprägt sein kann, dass sich die Sittenwidrigkeit daraus ergibt. Der BGH benennt jedoch teilweise nur die Gesamtabwägung, vgl. BGH 18.4.2018 – XII ZR 76/17, NJW-RR 2018, 906 (907 f.) [Rn. 24] m.w.N.; einen Überblick über die ablehnende Ansicht liefert Staudinger/*Fischinger*, 2021, § 138 BGB Rn. 145.

395 BGH 16.7.2019 – II ZR 426/17, NJW 2019, 3635 (3637) [Rn. 24] m.w.N.; 18.4.2018 – XII ZR 76/17, NJW-RR 2018, 906 (907) [Rn. 24]. *Heinrich*, Formale Freiheit und materiale Gerechtigkeit, 2000, S. 371.

Zu den objektiven Kriterien, die den Inhalt des Vertrages betreffen, gehört unter anderem die Verletzung fremder Interessen, was nicht allein die Interessen der Vertragspartner, sondern auch diejenigen dritter Personen oder der Allgemeinheit umfasst.[396] Ohne abschließenden Katalog, wann der Inhalt gegen die guten Sitten verstößt, werden z.B. neben den rein finanziellen Faktoren, wie sie auch beim Wucher oder wucherähnlichen Geschäft heranzuziehen sind, auch die Intensität der Freiheitsbeschränkung, die Ausnutzung von Machtpositionen oder die Verletzung von Persönlichkeitsrechten herangezogen.[397]

Richtigerweise wird in einigen Fällen dann auch kein subjektives Element gefordert. Soll die Rechtsordnung beispielsweise Personen vor der Fremdbestimmung schützen, die auf der Unterlegenheit gegenüber dem Vertragspartner aufbaut, kann das subjektive Element keine konstitutive Voraussetzung bilden. Ob der mit den rechtsethischen Werten und Prinzipien der Rechtsordnung nicht zu vereinbarende Vertragsinhalt bewusst oder unbewusst von dem Vertragspartner aufgedrängt wurde, ist für die Akzeptanz dann unerheblich.[398] Auch ohne jedes subjektive Element kann somit die Sittenwidrigkeit begründet werden.

Der mit diesen Überlegungen angesprochene primär hinter § 138 Abs. 1 BGB stehende Eliminationszweck – Rechtsgeschäften, in denen z.B. eine Fremdbestimmung und eine außerhalb jeden Verhältnisses stehende Verteilung von Vor- und Nachteilen vorliegt, muss die Rechtswirkung versagt werden[399] – beruht somit auf dem Gedanken, dass das Rechtsgeschäft als Ganzes nicht tragbar ist. Er soll nicht (ausschließlich) das Verhalten der handelnden Personen sanktionieren, sondern ein am Ende stehendes untragbares Ergebnis verhindern.[400] Es ist zwar nicht zu leugnen, dass dem § 138 Abs. 1 BGB auch eine Präventivfunktion zukommt[401] – so

---

396 *Heinrich*, Formale Freiheit und materiale Gerechtigkeit, 2000, S. 379 f. Siehe dazu auch *Habersack*, Vertragsfreiheit und Drittinteressen, 1992, S. 139 f.; *Martens*, AcP 177 (1977), 113 (175 ff.).

397 Ausführlich und auf die Beispiele eingehend *Heinrich*, Formale Freiheit und materiale Gerechtigkeit, 2000, S. 374 ff.

398 So auch Grüneberg/*Ellenberger*, 83. Aufl. 2024, § 138 BGB Rn. 7. Mit Verweis darauf, dass ansonsten trotz sittenwidrigen Inhalts Rechtswirkung eintreten könnte auch *Portz*, Das Gebot sittlichen Verhaltens im deutschen Privatrecht, 1973, S. 106.

399 MüKoBGB/*Armbrüster*, 9. Aufl. 2021, § 138 BGB Rn. 1; *Heinrich*, Formale Freiheit und materiale Gerechtigkeit, 2000, S. 368.

400 MüKoBGB/*Armbrüster*, 9. Aufl. 2021, § 138 BGB Rn. 1.

401 Vgl. MüKoBGB/*Armbrüster*, 9. Aufl. 2021, § 138 BGB Rn. 2; Staudinger/*Fischinger*, 2021, § 138 BGB Rn. 5; *Heinrich*, Formale Freiheit und materiale Gerechtigkeit, 2000, S. 368; *Lindacher*, AcP 173 (1973), 124 (125); die Existenz einer Präventionswirkung wird allerdings in Frage gestellt, da sich die Rechtsfolge auf die Nichtigkeit

soll die Rechtsfolge von zukünftigem missbilligten Verhalten abhalten – und eine damit verbundene Steuerungsfunktion insbesondere für ein bewusstes oder willentliches Fehlverhalten Sinn ergibt.[402] Eine Bestrafung der Gesinnung falle aber nicht unter die Zwecke des § 138 Abs. 1 BGB.[403]

Etwas anders liegt es bei den Drittinteressen. Eine Fremdbestimmung und ein Auseinanderfallen von Vor- und Nachteilen gehen damit zwangsläufig einher. Sie widersprechen also nicht der Rechtsordnung, sondern sind ihr immanent. Allein das Streben der Vertragspartner nach einem möglichst lukrativen Geschäft – auch zu Lasten von Drittinteressen – stellt jedoch noch ein zulässiges Vorgehen dar.[404] Eine in der Marktwirtschaft typische Berührung dritter Interessen ist zweifelsfrei möglich.[405] Ausschließlich der Inhalt kann damit die Sittenwidrigkeit nicht begründen. Nähme man dies an, so wäre die Nichtigkeit der Regelfall statt der Ausnahme, der grundgesetzlichen Sicherung der Vertragsfreiheit wäre in keiner Weise genüge getan. Bei Belastungen dritter Interessen ist die Sittenwidrigkeit somit zwingend in einer Gesamtabwägung einschließlich des Erfordernisses eines subjektiven Elementes festzustellen.[406]

c) Subjektive Kriterien

Dem subjektiven Element kommt somit in der Gesamtabwägung eine entscheidende – für die Sittenwidrigkeit aufgrund der Verletzung von Drittinteressen sogar konstitutive – Bedeutung zu. Wie sich bereits an den Beispielen der Kollusion bzw. dem gemeinsamen Vorgehen zu Lasten des Drittinteresses[407] gezeigt

---

des Rechtsgeschäfts beschränkt, ohne wie § 826 BGB darüber hinausgehende Folgen zu enthalten, vgl. NK-BGB/*Looschelders*, 4. Aufl. 2021, § 138 BGB Rn. 5.

402 Eine vergleichbare Funktion findet sich auch bei den Clawback-Klauseln, § 9.II.2.b). cc).

403 *Eckert*, AcP 199 (1999), 337 (351); Staudinger/*Fischinger*, 2021, § 138 BGB Rn. 6; NK-BGB/*Looschelders*, 4. Aufl. 2021, § 138 BGB Rn. 6.

404 *Hoyningen-Huene*, in: FS 50 Jahre BAG, 2004, S. 369-393 (380 f.). Zum Streben nach einer Monopolstellung *Mestmäcker*, AcP 168 (1968), 235 (253). Die Ausführungen zum Gebot fairen Verhandelns zeigt zudem, dass eine allgemeine Pflicht zur Wahrnehmung der Interessen des Vertragspartners nicht besteht (auch wenn dort gewisse Rücksichtnahmepflichten angeführt werden), BAG 24.2.2022 – 6 AZR 333/21, NZA 2022, 779 (783) [Rn. 31]; 7.2.2019 – 6 AZR 75/18, NZA 2019, 688 (691) [Rn. 33]; vgl. auch *Kamanabrou*, RdA 2020, 201 (201 f.).

405 Siehe dazu § 2.II.2.c).

406 Vgl. dazu z.B. auch BGH 16.7.2019 – II ZR 426/17, NJW 2019, 3635 (3637) [Rn. 25], der das Vorliegen objektiver und subjektiver Voraussetzungen verlangt.

407 Siehe dazu § 5.II.3.a).

hat, erfüllt eine Schädigungsabsicht unproblematisch dieses Erfordernis. Derart hohe Anforderungen sind aber nicht zwingend an den Tag zu legen.

aa) Kein Erfordernis einer verwerflichen Gesinnung

Trotz der Ähnlichkeit zum wucherähnlichen Geschäft ist für den Fall des Drittbezugs keine verwerfliche Gesinnung zu fordern. In der diesen Überlegungen zugrunde liegenden Ausgangslage fallen die Vorteile des Vertrages den Vertragspartnern zu, während die Risiken und Nachteile das Drittinteresse betreffen. Dieses unverhältnismäßige Auseinanderfallen von Vor- und Nachteilen liegt auch dem wucherähnlichen Geschäft zugrunde, bei dem Leistung und Gegenleistung (im Zweipersonenverhältnis) außer Verhältnis stehen.[408] Für die Sittenwidrigkeit des Geschäfts lässt der BGH dort ein auffälliges Missverhältnis nicht ausreichen und verlangt für die Annahme der Sittenwidrigkeit das Vorliegen weiterer Umstände, wie jener verwerflichen Gesinnung,[409] um die hohen Anforderungen aus § 138 Abs. 2 BGB nicht zu unterlaufen.[410]

Eine Übertragung dieser Anforderungen ist jedoch aufgrund der Unterschiede beider Konstellationen abzulehnen. Obwohl auch im Dreipersonenverhältnis die Vor- und Nachteile auseinanderfallen, sind die Verträge gerade nicht wie im Zweipersonenverhältnis auf eine Austauschgerechtigkeit gerichtet, vielmehr ist in einem grundsätzlich freien Wettbewerb zu akzeptieren, dass in bestimmten Grenzen auch Nachteile aus den Verträgen anderer auftreten.[411] Ebenso droht mangels Leistungsbeziehung keine Umgehung der hohen Anforderungen aus § 138 Abs. 2 BGB.

Nur ergänzend soll darauf hingewiesen werden, dass auch der strenge Wortlaut der „verwerflichen Gesinnung" vergleichsweise milden Anforderungen durch die Rechtsprechung unterliegt. Die verwerfliche Gesinnung umfasse neben dem bewussten Ausnutzen der schwächeren Position des anderen Vertragsteils auch das leichtfertige Verschließen vor der Kenntnis der Abhängigkeit, dies sei im Falle eines besonders stark ausgeprägten Missverhältnisses sogar zu vermuten.[412] Die Zulässigkeit des Strebens nach einem möglichst vorteilhaften Vertrag verhindert

---

408 Vgl. nur Grüneberg/*Ellenberger*, 83. Aufl. 2024, § 138 BGB Rn. 34a.

409 BGH 10.11.2016 – IX ZR 119/14, NJW-RR 2017, 377 (378) [Rn. 17]; 9.10.2009 – V ZR 178/08, NJW 2010, 363 (363) [Rn. 6].

410 Staudinger/*Fischinger*, 2021, § 138 BGB Rn. 308 f.; MHdB ArbR/*Krause*, 6. Aufl. 2024, § 60 Rn. 100; *Rieble/Picker*, ZFA 2014, 153 (193).

411 Siehe dazu § 2.II.2.c).

412 BGH 19.1.2001 – V ZR 437/99, NJW 2001, 1127 (1127 f.) [unter II.1.b); II.1.c)]; zur Vermutung der verwerflichen Gesinnung auch BGH 2.7.2004 – V ZR 213/03, NJW

zwar, dass dafür bereits jedes kleine Leistungsmissverhältnis ausreicht, dennoch weist auch das Erfordernis der verwerflichen Gesinnung Parallelen zu der einfachen Kenntnis der die Sittenwidrigkeit begründenden Umstände[413] auf.

bb) Grundsätzlich keine Schädigungsabsicht

Ausreichend für das subjektive Element ist damit die Kenntnis der die Sittenwidrigkeit begründenden Umstände, der eine grob fahrlässige Unkenntnis gleichsteht. Eine Schädigungsabsicht ist auch nach der Rechtsprechung keine zwingende Voraussetzung.[414] Auch innerhalb der Gesamtabwägung steht der Inhalt des Rechtsgeschäfts somit weiterhin im Zentrum.[415] Allein aus subjektiven Gründen kann sich die Sittenwidrigkeit nicht ergeben, schließlich würde das einer Bestrafung der Gesinnung gleichkommen.[416]

Es handelt sich dabei aber nicht um eine ausreichende Bedingung der Sittenwidrigkeit, sondern allein um eine notwendige Minimalanforderung, die eine Interessenabwägung über § 138 Abs. 1 BGB überhaupt erst ermöglicht. Anschaulich zeigt sich dies an der Veräußerung eines bereits verkauften Gegenstandes. In diesem Fall kann der Verkäufer seine aus § 433 Abs. 1 S. 1 BGB resultierende Pflicht gegenüber dem Erstkäufer nicht erfüllen, da er nicht mehr Eigentümer ist. Auch bei Kenntnis der vertraglichen Verpflichtung durch den Zweiterwerber wird die Veräußerung an diesen jedoch nicht sittenwidrig, stattdessen hat der Erstkäufer

---

2004, 2671 (2673) [unter 2.a)]. So auch bereits RG 13.3.1936 – V 184/35, RGZ 150, 1 (6).

413 Dazu sogleich in § 5.II.3.c.bb).

414 BGH 29.6.2005 – VIII ZR 299/04, NJW 2005, 2991 (2992) [unter II.B.1.a).aa)]; 19.1.2001 – V ZR 437/99, NJW 2001, 1127 (1127) [unter II.1.b)] m.w.N.; 6.12.1989 – VIII ZR 310/88, NJW 1990, 567 (568) [unter B.I.1.a).bb).i)]. Dem folgend auch BAG 22.7.2010 – 8 AZR 144/09, NZA 2011, 743 (746) [Rn. 30]; 26.4.2006 – 5 AZR 549/05, NZA 2006, 1354 (1355) [Rn. 16].

415 Staudinger/*Fischinger*, 2021, § 138 BGB Rn. 10; *Heinrich*, Formale Freiheit und materiale Gerechtigkeit, 2000, S. 371. Gegenüber § 826 BGB abgrenzend *Eckert*, AcP 199 (1999), 337 (351 f.). Aus den Motiven wird deutlich, dass die subjektiven Elemente ursprünglich keine Rolle spielen sollten, *Mugdan*, Motive I, 1899, S. 469.

416 Explizit für den Fall der Benachteiligung von Drittinteressen BGH 18.4.2018 – XII ZR 76/17, NJW-RR 2018, 906 (908) [Rn. 26]; 28.10.2011 – V ZR 212/10, NJW-RR 2012, 18 (18) [Rn. 10]. Vgl. auch *Eckert*, AcP 199 (1999), 337 (351); Staudinger/*Fischinger*, 2021, § 138 BGB Rn. 6; NK-BGB/*Looschelders*, 4. Aufl. 2021, § 138 BGB Rn. 6.

solche negativen Entwicklungen hinzunehmen und ist auf Sekundäransprüche verwiesen.[417]

Die zusätzlichen Voraussetzungen innerhalb der Gesamtabwägung, wie z.B. eine ausgeprägte Schädigungsabsicht, sind daher als Rechnungsposten anzusehen, die innerhalb der Interessenabwägung die Sittenwidrigkeit begründen können, ohne in jedem Fall zwingend vorausgesetzt zu sein.[418] Je stärker einzelne Posten ausgeprägt sind, desto geringer sind die Anforderungen an die anderen. Ein Willenselement ist von der handelnden Person jedoch nicht zwingend zu fordern, das Wissen um die Umstände reicht aus.

Zudem entschärft die Rechtsprechung des BGH die Anforderungen an das subjektive Element zusätzlich. Dränge sich die Unverhältnismäßigkeit dem handelnden Vertragspartner auf, so sei von der Kenntnis der Umstände auszugehen.[419] Ob man die Sittenwidrigkeit in Extremfällen auch allein wegen des Inhalts annehmen kann oder nicht, wirkt sich damit im Ergebnis kaum aus, schließlich wird die Kenntnis in diesen Fällen vorliegen; sie bezieht sich auf den Vertragsinhalt, der den Parteien bekannt sein sollte.[420]

cc) Anforderungen bei Drittbezug

Für die Drittbetroffenheit ist grundsätzlich von demselben Maßstab auszugehen, sodass die Betroffenheit und die Kenntnis der Umstände allein die notwendigen Minimalanforderungen darstellen. Aufgrund der Personenmehrheit muss diese Voraussetzung allerdings bei jeder vom Vertrag profitierenden Partei vorliegen,[421] im Falle belasteter Drittinteressen müssen also beide Vertragsparteien in Kenntnis bzw. grob fahrlässiger Unkenntnis der zur Sittenwidrigkeit führenden Umstände handeln.[422]

---

417 Erman/*Schmidt-Räntsch*, 17. Aufl. 2023, § 138 BGB Rn. 76; statt aller BGH 16.7.2019 – II ZR 426/17, NJW 2019, 3635 (3637) [Rn. 29].

418 Vgl. nur MüKoBGB/*Armbrüster*, 9. Aufl. 2021, § 138 BGB Rn. 253 f.; *Eckert*, AcP 199 (1999), 337 (350 f.); das subjektive Element beim inhaltlich „neutralen" Geschäft fordernd *Lindacher*, AcP 173 (1973), 124 (127). Auf den Einfluss des subjektiven Elementes auf den Inhalt abstellend schon *Mugdan*, Motive I, 1899, S. 725.

419 BGH 2.7.2004 – V ZR 213/03, NJW 2004, 2671 (2673) [unter 2.a)]; 19.1.2001 – V ZR 437/99, NJW 2001, 1127 (1127) [unter II.1.c)].

420 So zu Recht und ausführlich BGH 8.5.1985 – IV a ZR 138/83, NJW 1985, 2405 (2406) [unter III.4.]; siehe auch *Flume*, BGB AT II, 4. Aufl., 1992, S. 373; Erman/*Schmidt-Räntsch*, 17. Aufl. 2023, § 138 BGB Rn. 19.

421 BGH 5.4.1968 – V ZR 18/67, BGHZ 50, 63 (70) [unter IV.6]; einschränkend noch RG 15.5.1920 – I 25/20, RGZ 99, 107 (108 f.).

422 So zu der Drittbezogenheit BGH 23.2.2005 – VIII ZR 129/04, NJW 2005, 1490 (1491) [unter II.1.a)]; 9.10.1991 – VIII ZR 19/91, NJW 1992, 310 (310) [unter

Die vom BGH vertretene Vermutung, bei einem besonders stark ausgeprägten Missverhältnis liege die Kenntnis der Umstände vor, umschreibt letztlich nur die fahrlässige Unkenntnis der Umstände. Mit einer kleinen Anpassung gilt diese daher auch für Drittinteressen. Die unverhältnismäßige Belastung der unbeteiligten Interessen drängt sich nicht in gleicher Intensität auf, wie diejenige des unmittelbaren Vertragspartners.[423] Ist die Belastung der Drittinteressen aber offensichtlich unverhältnismäßig hoch, ist das subjektive Element auch ohne positive Kenntnis zu bejahen.

Dies bestätigt sich auch mit Blick auf das Zusammenfallen von Globalzession und verlängertem Eigentumsvorbehalt. Wird im Falle einer Kreditgewährung zur Sicherung der Ansprüche der Bank im Vorfeld jeder zukünftige Anspruch gegen potenzielle Vertragspartner des Kreditnehmers abgetreten, so zwingt es den Kreditnehmer dazu, entweder eigene Produkte immer direkt zu bezahlen – was nur den Wenigsten gelingen wird – oder aber unter verlängertem Eigentumsvorbehalt des Verkäufers zu erwerben, der in der Regel seinerseits als Sicherung die Abtretung der Forderungen aus dem Weiterverkauf verlangt.[424] Der Kreditnehmer wird somit dazu genötigt, seinem Vertragspartner einen verlängerten Eigentumsvorbehalt zuzusagen, den er aufgrund des Prioritätsgrundsatzes nicht einhalten kann, sodass ein Fall des bereits angesprochenen Verleitens zum Vertragsbruch[425] vorliegt. Ohne das Wissen oder das fahrlässige Nichtwissen aktiv festzustellen, reicht es dem BGH bereits aus, dass der Kreditnehmer in einem Gewerbe beheimatet ist, in dem Ware typischerweise unter verlängertem Eigentumsvorbehalt geliefert wird, um die Sittenwidrigkeit anzunehmen.[426] Während also im Falle des wucherähnlichen Geschäfts die fahrlässige Unkenntnis auf ein sich aufdrängendes Missverhältnis gestützt werden kann, ist hier die Handelsüblichkeit entscheidend. Werden Drittinteressen üblicherweise nicht nur berührt,

---

I.1.a)]; 6.12.1989 – VIII ZR 310/88, NJW 1990, 567 (568) [unter B.I.1.a).bb)]. Vgl. MüKoBGB/*Armbrüster*, 9. Aufl. 2021, § 138 BGB Rn. 255 f.; Jauernig/*Mansel*, 19. Aufl. 2023, § 138 BGB Rn. 11.

423 So z.B. der Wert eines Grundstücks und der Kaufpreis im Rahmen eines Kaufvertrages, wie es der Entscheidung BGH 19.1.2001 – V ZR 437/99, NJW 2001, 1127 zugrunde lag.

424 BGH 30.4.1959 – VII ZR 19/58, NJW 1959, 1533 (1536) [unter 2.c).bb)].

425 Siehe dazu § 5.II.3.a).

426 BGH 21.4.1999 – VIII ZR 128/98, NJW 1999, 2588 (2589) [unter II.1.b).bb)] m.w.N.; 6.11.1968 – VIII ZR 15/67, NJW 1969, 318 (320) [unter 3.c)]; 9.6.1960 – VII ZR 228/58, NJW 1960, 1716 (1717) [unter III.4.]; kritisch *Baur/Stürner*, Sachenrecht, 18. Aufl., 2009, § 59 Rn. 55.

sondern in sittenwidrigkeitsbegründender Weise betroffen, kann auf eine aktive Feststellung des Wissenselementes verzichtet werden.

d) Bedeutung des § 138 Abs. 1 BGB

Die obenstehenden Ausführungen haben gezeigt, dass betroffene Drittinteressen in eine Gesamtabwägung miteinzubeziehen sind und auch entscheidend zur Sittenwidrigkeit beitragen können. Allein aus dem (drittbelastenden) Inhalt ergibt sich die Sittenwidrigkeit jedoch nicht, da es beiden Vertragsparteien möglich sein muss, vorteilhafte Verträge zu schließen: Was zu Lasten des Vertragspartners möglich ist, muss im Grundsatz auch gegenüber unbeteiligten Interessen möglich sein. Im Rahmen der damit fällig werdenden Gesamtabwägung gewinnt das subjektive Element an Bedeutung. Konstitutive Voraussetzung ist allein die Kenntnis bzw. fahrlässige Unkenntnis der die Sittenwidrigkeit begründenden Umstände; ohne diese Kenntnis kann den Vertragsparteien ein solcher Vorwurf nicht gemacht werden. Darüber hinaus liegt ein gleitendes System vor, in dem die Anforderungen an die Intensität des subjektiven Elementes von den übrigen Faktoren der Abwägung abhängt. Kommen bereits die objektiven Elemente zu einem Ergebnis, dass kaum mit den guten Sitten vereinbar ist, bedarf es nur noch eines gering ausgeprägten „Rechnungspostens", um das Ergebnis zum Umschwenken zu bringen. Liegt hingegen nur eine leichte Ungleichverteilung von Risiken und Vorteilen vor, so kann allein eine ausgeprägte Schädigungsabsicht überhaupt zur Sittenwidrigkeit führen.

4. § 242 BGB

Auch dann, wenn die Nichtigkeit aus § 138 Abs. 1 BGB mangels Sittenwidrigkeit abzulehnen ist, stellt sich die Geltendmachung der vertraglichen Abrede nicht automatisch als wirksam dar. Der Schuldner hat die Leistung so zu erbringen, wie Treu und Glauben es mit Rücksicht auf die Verkehrssitte verlangen. Neben den verschiedenen Funktionen, die dem Grundsatz von Treu und Glauben zugeschrieben werden, ist dabei auch die Lehre vom Institutsmissbrauch zu beachten.

a) Funktionen des Grundsatzes von Treu und Glauben

Auf den ersten Blick scheint § 242 BGB einen sehr engen Anwendungsbereich zu haben. Hält man an dem Wortlaut fest, so hat der Schuldner die Leistung so zu bewirken, wie Treu und Glauben es mit Rücksicht auf die Verkehrssitte erfordern. Mit der Beschränkung auf die Leistungspflicht des Schuldners wäre allein die konkrete Leistungsbeziehung und die Art und Weise des Bewirkens angesprochen, nach einhelliger Meinung bildet dieser strenge Wortlaut jedoch nicht mehr die Grenze der Anwendbarkeit, vielmehr ist der Grundsatz von Treu und Glauben zu einer Art allumfassenden Generalnorm ausgeweitet worden, die über die Art der Leistungsbewirkung durch den Schuldner hinausgeht.[427]

Um dieser allumfassenden Generalnorm Herr zu werden, wird sich dem Grundsatz von Treu und Glauben in der Regel über mehrere Funktionen genähert.[428] Während über die Ergänzungsfunktion den Vertragsparteien weitere Pflichten (z.B. die Bestimmung von Leistungsort, - zeit oder -art[429]) auferlegt werden können und auch über die Kontrollfunktion der Vertragsinhalt angepasst werden kann,[430] hat die Schrankenfunktion keinen Einfluss auf den Vertragsinhalt. Sie setzt stattdessen der Geltendmachung eines feststehenden Rechts eine Schranke vor. Dem Rechteinhaber kann es untersagt sein, in einer konkreten

---

427 Vgl. nur Erman/*Böttcher*, 17. Aufl. 2023, § 242 BGB Rn. 1; Grüneberg/*Grüneberg*, 83. Aufl. 2024, § 242 BGB Rn. 1 jeweils m.w.N.

428 Ohne zwingend die an dieser Stelle verwendeten Begriffe zu verwenden siehe z.B. Erman/*Böttcher*, 17. Aufl. 2023, § 242 BGB Rn. 18; Grüneberg/*Grüneberg*, 83. Aufl. 2024, § 242 BGB Rn. 15 f.; Staudinger/*Looschelders/Olzen*, 2019, § 242 BGB Rn. 211 ff.; Jauernig/*Mansel*, 19. Aufl. 2023, § 242 BGB Rn. 6 ff. Auch werden die Ergänzungs- und die Kontrollfunktion mitunter eigenständig aufgefasst. Aufgrund der Überschneidungen werden die beiden an dieser Stelle gemeinsam als Ergänzungsfunktion thematisiert, so auch Jauernig/*Mansel*, 19. Aufl. 2023, § 242 BGB Rn. 6. Ausführlich dazu Staudinger/*Looschelders/Olzen*, 2019, § 242 BGB Rn. 170 ff.

429 Erman/*Böttcher*, 17. Aufl. 2023, § 242 BGB Rn. 61; Grüneberg/*Grüneberg*, 83. Aufl. 2024, § 242 BGB Rn. 22; Staudinger/*Looschelders/Olzen*, 2019, § 242 BGB Rn. 181; Jauernig/*Mansel*, 19. Aufl. 2023, § 242 BGB Rn. 17 f. Daneben treten weitere Nebenpflichten Staudinger/*Looschelders/Olzen*, 2019, § 242 BGB Rn. 186; Jauernig/*Mansel*, 19. Aufl. 2023, § 242 BGB Rn. 17 f.; MüKoBGB/*Schubert*, 9. Aufl. 2022, § 242 BGB Rn. 209 ff. Den Vertragsparteien wird sogar teilweise auferlegt, in Anwendung des Gebots fairen Verhandelns auf die Interessen des Vertragspartners Rücksicht zu nehmen, BAG 7.2.2019 – 6 AZR 75/18, NZA 2019, 688 (691) [Rn. 34]; BT-Drs. 14/6040, 126. Ausführlich zu den einzelnen Nebenpflichten Grüneberg/*Grüneberg*, 83. Aufl. 2024, § 242 BGB Rn. 27 ff. m.w.N.

430 Insbesondere können einseitige Belastungen korrigiert werden, Erman/*Böttcher*, 17. Aufl. 2023, § 242 BGB Rn. 18. Weit verbreitete Anwendungsbereiche haben in §§ 313, 314 BGB eine eigenständige Normierung gefunden, Grüneberg/*Grüneberg*, 83. Aufl. 2024, § 242 BGB Rn. 16; Jauernig/*Mansel*, 19. Aufl. 2023, § 242 BGB Rn. 8.

Situation ein an sich bestehendes Recht auszuüben, wenn dies zu einem im Widerspruch zu den Grundsätzen von Treu und Glauben stehendes Ergebnis führen würde.[431]

Dieser Überblick zeigt, dass der Grundsatz von Treu und Glauben ein grundsätzlich bestehendes Vertragsverhältnis[432] voraussetzt, bei dem jedoch in der konkreten Ausübung Anpassungen vorzunehmen sind – seien es die Begründung weiterer Pflichten oder die Untersagung der Geltendmachung unter den aktuellen Bedingungen. Im Gegensatz zu § 138 BGB stellt § 242 BGB somit keine Außenschranke dar, die der wirksamen Begründung des Rechtsgeschäfts entgegensteht, sondern eine Innenschranke, die der Ausübung einen Riegel vorschieben kann.[433] So kann beispielsweise ein Unterhaltsverzicht zum Zeitpunkt des Vertragsschlusses wirksam – insbesondere sittengemäß – sein, das anschließende Berufen auf diese Absprache aber aufgrund der nachträglichen negativen Änderung in der konkreten Situation nicht mehr von der Rechtsordnung toleriert werden.[434] § 242 BGB hat damit einen über den des § 138 Abs. 1 BGB hinausgehenden Anwendungsbereich, sodass dem § 138 Abs. 1 BGB aufgrund des strengeren Anwendungsbereiches Vorrang zu gewähren ist.[435]

b) Berücksichtigung der beteiligten Personen

Insbesondere die zusätzlichen Pflichten sollen Nachteile oder Unannehmlichkeiten in der Person des Vertragspartners verhindern[436] und auch die Korrekturfunktion

---

431 Ganz allgemein Erman/*Böttcher*, 17. Aufl. 2023, § 242 BGB Rn. 101; Jauernig/*Mansel*, 19. Aufl. 2023, § 242 BGB Rn. 7; MüKoBGB/*Schubert*, 9. Aufl. 2022, § 242 BGB Rn. 220 ff.

432 Oder jede andere weit zu verstehende Sonderbeziehung, vgl. Grüneberg/*Grüneberg*, 83. Aufl. 2024, § 242 BGB Rn. 5.

433 Grüneberg/*Grüneberg*, 83. Aufl. 2024, § 242 BGB Rn. 18; *Raiser*, Das Recht der allgemeinen Geschäftsbedingungen, 1935, S. 281 f.; MüKoBGB/*Schubert*, 9. Aufl. 2022, § 242 BGB Rn. 85; auf das „Wie“ der Leistung abstellend auch schon *Enneccerus/Lehmann*, Recht der Schuldverhältnisse: Ein Lehrbuch, 15. Aufl., 1958, § 4.II.

434 BGH 25.10.2006 – XII ZR 144/04, NJW 2007, 904 (905) [Rn. 17]; 30.11.1994 – XII ZR 226/93, NJW 1995, 1148 (1148) [unter 1.]; 9.7.1992 – XII ZR 57/91, NJW 1992, 3164 (3165 f.) [unter 4.a)]; 28.11.1990 – XII ZR 16/90, NJW 1991, 913 (914) [unter 4.c)]; 24.4.1985 – IV b ZR 17/84, NJW 1985, 1835 (1836) [unter 4.].

435 Siehe auch Staudinger/*Looschelders/Olzen*, 2019, § 242 BGB Rn. 364 f.; Jauernig/*Mansel*, 19. Aufl. 2023, § 242 BGB Rn. 13; MüKoBGB/*Schubert*, 9. Aufl. 2022, § 242 BGB Rn. 85 f. A.A. *Becker*, Der unfaire Vertrag, 2003, S. 11.

436 Vgl. Grüneberg/*Grüneberg*, 83. Aufl. 2024, § 242 BGB Rn. 23; NK-BGB/*Krebs*, 4. Aufl. 2021, § 242 BGB Rn. 5; Jauernig/*Mansel*, 19. Aufl. 2023, § 242 BGB Rn. 16.

zielt auf die Pflichten innerhalb des Vertragsverhältnisses ab.[437] Ungeachtet dessen, dass die Funktionen damit einen primären Schutz der Vertragspartnerinteressen nahelegen, sind die Drittinteressen keineswegs zu vernachlässigen oder gar außen vor zu lassen. § 242 BGB liegt stets eine umfassende Interessenabwägung objektiver und subjektiver Elemente[438] zugrunde, in die die „Interessen aller an dem Rechtsverhältnis Beteiligten" einzubeziehen sind.[439] Neben den Interessen der Vertragsparteien sind darunter auch Interessen dritter Personen[440] oder der Allgemeinheit[441] zu verstehen.[442]

Allein irgendeine Drittbetroffenheit kann allerdings nicht zu einem Konflikt mit § 242 BGB führen, dies wäre weder mit der Tatsache in Einklang zu bringen, dass die Interessen der Vertragspartner zumindest in gleichem Maße zu berücksichtigen sind und die Betroffenheit einzelner Drittinteressen im Wettbewerb angelegt sind. Noch würde es sich mit den Ausführungen zu § 138 Abs. 1 BGB vertragen. Wie bereits gesehen, kann sich die Nichtigkeit eines Vertrages aus § 138 Abs. 1 BGB erst ergeben, sofern Drittinteressen maßgeblich beeinträchtigt sind. Dieses Erfordernis einer entsprechend intensiven Betroffenheit wäre konterkariert, wenn über § 242 BGB eine der Unwirksamkeit eines Vertrages

---

437 Siehe deutlich im kodifizierten Fall des § 313 BGB MüKoBGB/*Finkenauer*, 9. Aufl. 2022, § 313 BGB Rn. 2; Grüneberg/*Grüneberg*, 83. Aufl. 2024, § 313 BGB Rn. 1.

438 NK-BGB/*Krebs*, 4. Aufl. 2021, § 242 BGB Rn. 15; MüKoBGB/*Schubert*, 9. Aufl. 2022, § 242 BGB Rn. 130 ff.

439 BGH 7.5.1997 – IV ZR 179/96, NZA 1997, 827 (828) [unter 3.]; Erman/*Böttcher*, 17. Aufl. 2023, § 242 BGB Rn. 14; MüKoBGB/*Schubert*, 9. Aufl. 2022, § 242 BGB Rn. 126.

440 Verhindert § 242 BGB ein wirksames Berufen auf einen Unterhaltsverzicht aufgrund der nachträglichen negativen Entwicklung, kann sich diese z.B. nicht allein auf die finanzielle Lage des Vertragspartners beziehen, sondern auch die Auswirkungen auf ein gemeinsames Kind umfassen. So bei BGH 30.11.1994 – XII ZR 226/93, NJW 1995, 1148 (1148) [unter 1.]; 9.7.1992 – XII ZR 57/91, NJW 1992, 3164 (3165 f.) [unter 4.a)]; 28.11.1990 – XII ZR 16/90, NJW 1991, 913 (914) [unter 4.c)].

441 So kann beispielsweise ein Allgemeininteresse die Ausübung eines bestehenden Einsichtsrechts gem. § 242 BGB verhindern, BGH 12.6.1954 – II ZR 154/53, NJW 1954, 1564 (1565) [unter 1.]. Staudinger/*Looschelders/Olzen*, 2019, § 242 BGB Rn. 151 weisen darauf hin, dass der Gedanke des Gemeinwohls bereits zur Zeit des Nationalsozialismus vertreten worden ist.

442 MüKoBGB/*Schubert*, 9. Aufl. 2022, § 242 BGB Rn. 133. So bereits *Siebert*, Verwirkung und Unzulässigkeit der Rechtsausübung, 1934, S. 118; a.A. *Enneccerus/Lehmann*, Recht der Schuldverhältnisse: Ein Lehrbuch, 15. Aufl., 1958, § 4.II, der allein von den beiderseitigen Interessen spricht.

gleichkommende Konsequenz allein wegen der Betroffenheit dritter Interessen eintreten würde.

c) Lehre des Institutsmissbrauchs

Eine insbesondere im Hinblick auf die Betroffenheit von Drittinteressen anzusprechende Grenze der inhaltlichen Ausgestaltung bildet der Institutsmissbrauch. Die Grundlagen dieser Lehre werden jedoch uneinheitlich gesehen.

aa) Grundlagen des Institutsmissbrauchs

Bereits der Begriff des „Instituts" ist umstritten. Nach dem normativen Verständnis bildet das „Institut" die Gesamtheit der Normen, die auf einen Lebenssachverhalt zutreffen.[443] Noch deutlicher treten die divergierenden Ansichten hinsichtlich der normativen Grundlage der Lehre zum Vorschein. Bei einem vergleichbaren inhaltlichen Verständnis wird der Institutsmissbrauch teilweise der Schrankenfunktion des § 242 BGB zugeordnet, teilweise aber auch als immanente und damit ungeschriebene Grenze verstanden.[444] Innerhalb dieser Ansichten herrscht jedoch dahingehend Einigkeit, dass „der Vertrag" bzw. „die Vertragsfreiheit"

---

443 So beispielsweise *Raiser*, in: summum ius, summa inuiria, 1963, S. 145-167 (147); *Rüthers*, „Institutionelles Rechtsdenken" im Wandel der Verfassungsepochen: ein Beitrag zur politisch-kritischen Funktion der Rechtswissenschaft, 1970, S. 37. Aufgrund der Tatsache, dass innerhalb dieser Ansichten Einigkeit dahingehend herrscht, dass „der Vertrag" ein solches Rechtsinstitut bildet, kann eine detaillierte Darstellung an dieser Stelle unterbleiben. Siehe zu den Begriffen *Rüthers*, „Institutionelles Rechtsdenken" im Wandel der Verfassungsepochen: ein Beitrag zur politisch-kritischen Funktion der Rechtswissenschaft, 1970, S. 41 ff.; *Wendland*, Vertragsfreiheit und Vertragsgerechtigkeit, 2019, S. 632 ff.

444 In Abgrenzung zu dem ebenso in § 242 BGB angelegten „individuellen Rechtsmissbrauch" wird im Rahmen des § 242 BGB von einem „institutionellen Rechtsmissbrauch gesprochen. So z.B. BAG 21.2.2018 – 7 AZR 765/16, NZA 2018, 858 (861) [Rn. 25]; 17.1.2017 – 9 AZR 76/16, NZA 2017, 572 (576) [Rn. 38]; 15.5.2013 – 7 AZR 494/11, NZA 2013, 1267 (1270) [Rn. 27]; Grüneberg/*Grüneberg*, 83. Aufl. 2024, § 242 BGB Rn. 40; *Heinrich*, in: FS Laufs, 2006, S. 585-608 (592); NK-BGB/*Krebs*, 4. Aufl. 2021, § 242 BGB Rn. 69; Staudinger/*Looschelders/Olzen*, 2019, § 242 BGB Rn. 213 ff.; MüKoBGB/*Schubert*, 9. Aufl. 2022, § 242 BGB Rn. 224 ff. So wohl auch *Siebert*, Verwirkung und Unzulässigkeit der Rechtsausübung, 1934, S. 91; *Siebert*, Vom Wesen des Rechtsmissbrauchs, in: Larenz (Hrsg.), Grundfragen der neuen Rechtswissenschaft, 1935, S. 189-224 (196 f.), dessen Verständnis aber auch durch den Nationalsozialismus geprägt war, vgl. *Siebert*, Vom Wesen des Rechtsmissbrauchs, in: Larenz (Hrsg.), Grundfragen der neuen Rechtswissenschaft, 1935, S. 189-224 (198 f.). Eine ungeschriebene Grenze vertreten z.B. *Habersack*, Vertragsfreiheit und Drittinteressen,

ein solches Rechtsinstitut darstellen.[445] Die Grenze jeden rechtlichen Handelns müsse dabei in dem Zweck des Rechtsinstituts selbst liegen.[446] Während also bei dem individuellen Rechtsmissbrauch das individuelle Rechtsverhältnis und das individuelle Handeln der Vertragspartner beleuchtet wird[447] – als Beispiel ist das widersprüchliche Verhalten (*venire contra factum proprium*) anzuführen, bei dem ein individuelles Verhalten eines Vertragspartners dann als treuwidrig anzusehen ist, wenn es im Widerspruch zu dessen bisherigen Verhalten steht[448] – wird an dieser Stelle der Vertrag losgelöst vom individuellen Verhältnis verstanden. Indem allein der Zweck des Rechtsinstituts in den Vordergrund gestellt wird, ist ein subjektives Element unbeachtlich.[449]

1992, S. 36; *Raiser*, Das Recht der allgemeinen Geschäftsbedingungen, 1935, S. 282; *Wendland*, Vertragsfreiheit und Vertragsgerechtigkeit, 2019, S. 630.

445 Vgl. *Habersack*, Vertragsfreiheit und Drittinteressen, 1992, S. 36; *Heinrich*, Formale Freiheit und materiale Gerechtigkeit, 2000, S. 400; *Raiser*, in: summum ius, summa inuiria, 1963, S. 145-167 (147); *Rüthers*, „Institutionelles Rechtsdenken" im Wandel der Verfassungsepochen: ein Beitrag zur politisch-kritischen Funktion der Rechtswissenschaft, 1970, S. 32; *Wendland*, Vertragsfreiheit und Vertragsgerechtigkeit, 2019, S. 625.

446 BAG 17.1.2017 – 9 AZR 76/16, NZA 2017, 572 (576) [Rn. 38]; 15.5.2013 – 7 AZR 494/11, NZA 2013, 1267 (1270) [Rn. 27]; *Habersack*, Vertragsfreiheit und Drittinteressen, 1992, S. 37; *Heinrich*, Formale Freiheit und materiale Gerechtigkeit, 2000, S. 402; *Heinrich*, in: FS Laufs, 2006, S. 585-608 (591); *Mestmäcker*, JZ 1964, 441-445 (443); *Raiser*, in: summum ius, summa inuiria, 1963, S. 145-167 (163). In die Richtung auch *Siebert*, Vom Wesen des Rechtsmissbrauchs, in: Larenz (Hrsg.), Grundfragen der neuen Rechtswissenschaft, 1935, S. 189-224 (204). *Hoyningen-Huene* spricht von der missbilligten Inanspruchnahme eines an sich bestehenden Rechts, *Hoyningen-Huene*, in: FS 50 Jahre BAG, 2004, S. 369-393 (390).

447 Grüneberg/*Grüneberg*, 83. Aufl. 2024, § 242 BGB Rn. 40; *Heinrich*, Formale Freiheit und materiale Gerechtigkeit, 2000, S. 406; Staudinger/*Looschelders/Olzen*, 2019, § 242 BGB Rn. 217; MüKoBGB/*Schubert*, 9. Aufl. 2022, § 242 BGB Rn. 225.

448 Siehe nur *Heinrich*, Formale Freiheit und materiale Gerechtigkeit, 2000, S. 406 f.

449 Vgl. BAG 17.1.2017 – 9 AZR 76/16, NZA 2017, 572 (576) [Rn. 38]; 15.5.2013 – 7 AZR 494/11, NZA 2013, 1267 (1270) [Rn. 27]; *Lutter*, ZGR 1982, 244 (252 f.); MüKoBGB/*Schubert*, 9. Aufl. 2022, § 242 BGB Rn. 226; *Wendland*, Vertragsfreiheit und Vertragsgerechtigkeit, 2019, S. 630. Differenzierter Staudinger/*Looschelders/Olzen*, 2019, § 242 BGB Rn. 222. Nach dem EuGH ist im Gegensatz dazu ein subjektives Element notwendig, um ein missbräuchliches Berufen auf Rechtsvorschriften der Europäischen Union anzunehmen, EuGH 28.7.2016 – C-423/15 (Kratzer), ECLI:EU:C:2016:604 [Rn. 43]; 28.1.2015 – C-417/13 (Starjakob), ECLI:EU:C:2015:38 [Rn. 56]; allgemein dazu *Kamanabrou*, EuZA 2018, 18 (46 ff.).

Der Blick auf die Grundlagen der Vertragsfreiheit offenbart die Zwecke des Vertrages: Selbstbestimmung und Interessenausgleich.[450] Den Vertragsparteien steht es damit grundsätzlich frei, die eigenen Rechtsbeziehungen zu regeln, wobei eine Beschränkung auf diese „eigenen Rechtsbeziehungen" gegeben ist. Über dieses (in der Regel) Zweipersonenverhältnis hinausgehend ist eine Beeinflussung der Rechtsbeziehungen nicht intendiert. Mit diesem Verständnis muss dann ein Institutsmissbrauch angenommen werden, wenn die Vertragsparteien die ihnen zustehende Vertragsfreiheit nutzen, um die Rechtsbeziehungen zu oder von Dritten zu regeln.[451] Das Rechtsinstitut des Vertrags wäre in diesem Fall zu einem über den ihm zugedachten Zweck hinaus verwendet und somit in seiner Funktion missbraucht worden. Es liegt damit in der Tat näher, bereits von einer immanenten Grenze auszugehen.

bb) Fehlende Bedeutung für Reflexwirkungen

Unabhängig davon, ob man diesen Institutsmissbrauch dem Grundsatz von Treu und Glauben zuordnet oder von einer ungeschriebenen Grenze ausgeht, lassen sich diese Überlegungen nicht auf die Reflexwirkungen übertragen.[452] Der institutionelle Rechtsmissbrauch kann bereits aufgrund der objektiven Voraussetzungen nicht angenommen werden. Während gerade beim Beispiel der Verwendung von AGB eine Fremdbestimmung des Vertragspartners vorliegen kann,[453] geht die reflexartige Belastung dritter Interessen nicht über den Zweck des Vertrages hinaus. Originär liegt eine Regelung des eigenen Rechtsverhältnisses vor, die Absprache entspricht somit der ureigenen Funktion des Vertrages. Es darf gerade nicht den Vertragsparteien oktroyiert werden, die eigenen Vertragsinhalte von Drittinteressen abhängig zu machen und diese gar höher zu gewichten.[454]

---

450 Vgl. § 4.I. Siehe auch *Wendland*, Vertragsfreiheit und Vertragsgerechtigkeit, 2019, S. 630.

451 Siehe dazu auch die Ausführungen zum Vertrag zu Lasten Dritter, § 5.III.

452 Im Ergebnis mit Verweis auf die Verhältnismäßigkeit auf die Reflexwirkungen anwendend *Habersack*, Vertragsfreiheit und Drittinteressen, 1992, S. 86 f.

453 Mit diesem Beispiel z.B. *Raiser*, Das Recht der allgemeinen Geschäftsbedingungen, 1935, S. 282 f.; *Wendland*, Vertragsfreiheit und Vertragsgerechtigkeit, 2019, S. 630 f.

454 Auch das BAG stellt darauf ab, dass die Entscheidungen immer ins Verhältnis zu den gerade noch zu billigenden Gestaltungen gesetzt werden müssen, BAG 17.1.2017 – 9 AZR 76/16, NZA 2017, 572 (576) [Rn. 38]; 15.5.2013 – 7 AZR 494/11, NZA 2013, 1267 (1270) [Rn. 27].

Damit also ein institutioneller Rechtsmissbrauch angenommen werden kann, müsste die Verletzung der Drittinteressen gegenüber dem eigenen Rechtsverhältnis derart im Vordergrund stehen, dass sie diese in ihrer Wirkung verdrängen.[455] Beispielhaft wird dafür auf das Fehlen eigener schützenswerter Interessen abgestellt.[456] Die Überschneidungen mit der Sittenwidrigkeit sind damit nicht zu übersehen. Um die hohen Anforderungen der Sittenwidrigkeit nicht über die Lehre vom Institutsmissbrauch zu einem zahnlosen Tiger werden zu lassen, darf der Maßstab an dieser Stelle nicht weniger streng angelegt werden. Damit steht der Schutz über die Lehre vom Institutsmissbrauch für die Reflexwirkungen entweder auf gleicher Ebene mit der Sittenwidrigkeit oder tritt – für den Fall einer ausgeprägten Schädigungsabsicht, bei der eine weniger intensive Belastung der Drittinteressen ausreichen kann – sogar dahinter zurück. Aufgrund des Umfangs des § 138 Abs. 1 BGB kommt der Lehre vom Institutsmissbrauch hinsichtlich der Reflexwirkungen damit keine über die Sittenwidrigkeit hinausgehende Bedeutung zu.[457]

---

455 BAG 17.1.2017 – 9 AZR 76/16, NZA 2017, 572 (576) [Rn. 38]; 15.5.2013 – 7 AZR 494/11, NZA 2013, 1267 (1270) [Rn. 27]; BGH 3.12.1958 – V ZR 28/57, NJW 1959, 626 (626) [unter 2.]. Siehe auch *Martens*, AcP 177 (1977), 113 (173 f.); *Siebert*, Verwirkung und Unzulässigkeit der Rechtsausübung, 1934, S. 120. Dass nicht jede nachteilige Auswirkung auf Dritte zu einem Missbrauch führen muss, lässt sich auch in der Diskussion um einen Missbrauch der Haftungsfreistellung von Gesellschaftern einer GmbH erkennen (§ 13 Abs. 2 GmbHG). Die gesetzlich allein vorgesehene Haftung des Gesellschaftsvermögen wirkt sich nachteilig auf potenzielle Gläubiger aus, die auch im Falle einer zahlungsunfähigen GmbH aber solventen Gesellschaftern nicht auf diese zurückgreifen können. Ein Missbrauch des vorgesehenen Haftungsprivilegs und der Risikotrennung ist zwar anerkannt, erfordert aber deutlich schwerwiegendere Folgen, als alleine die Trennung, vgl. Lutter/Hommelhoff/*Bayer*, 21. Aufl. 2023, § 13 GmbHG Rn. 11; *Kuhn*, in: FS Fischer, 1979, S. 351-364 (356 f.); *Lutter*, ZGR 1982, 244 (252 f.). Siehe zum Konflikt von § 242 BGB und Trennungsprinzip auch BGH 19.11.2013 – II ZR 150/12, NJW 2014, 1107 (1110) [Rn. 25]; 4.5.1977 – VIII ZR 298/75, NJW 1977, 1449 (1449) [unter II.1.]; 14.5.1974 – VI ZR 8/73, NJW 1974, 1371 (1372) [unter II.2.a)]. Die Tatsache, dass die GmbH gerade risikoreiches unternehmerisches Handeln fördern solle und daher die Trennung vorsieht, wird der Möglichkeit des Institutsmissbrauchs als solchem entgegengehalten, *Ehricke*, AcP 199 (1999), 257 (302).

456 *Heinrich*, Formale Freiheit und materiale Gerechtigkeit, 2000, S. 400; *Heinrich*, in: FS Laufs, 2006, S. 585-608 (592); Staudinger/*Looschelders/Olzen*, 2019, § 242 BGB Rn. 258 f.; *Raiser*, in: summum ius, summa inuiria, 1963, S. 145-167 (151).

457 *Raiser* kritisiert hingegen den übermäßigen Rückgriff auf §§ 138, 242 BGB als unbefriedigend, *Raiser*, in: summum ius, summa inuiria, 1963, S. 145-167 (162 f.). Dass ein solcher Rückgriff kein Allheilmittel für jedwede Situation darstellt, soll an

d) Bedeutung des § 242 BGB

Wie schon die Sittenwidrigkeit ist die Vereinbarkeit eines Vertrages mit den Grundsätzen von Treu und Glauben nach einer Gesamtabwägung zu bestimmen. Als Binnenschranke liegt der Schwerpunkt jedoch auf den Interessen der Vertragsparteien, aus denen sich Änderungen im Vertragsinhalt ergeben können. Neben dieser Ergänzungsfunktion sind die Drittinteressen insbesondere im Rahmen der Ausübungskontrolle zu berücksichtigen. Nach der in ihren Feinheiten nicht unumstrittenen Lehre vom Institutsmissbrauch kann es Personen dann untersagt sein, sich auf subjektive Rechte zu berufen, wenn dies im Ergebnis eine mit den Grundsätzen von Treu und Glauben nicht mehr zu vereinbarende Abweichung von dem mit dem Rechtsinstitut verfolgten Zweck bedeuten würde. Auch wenn in dem Vertrag ein solches Institut gesehen wird und dieser zur Regelung der Rechtsverhältnisse allein der Vertragsparteien gedacht ist, kann bei Reflexwirkungen nur in Fällen extremer Belastung von Drittinteressen überhaupt ein Institutsmissbrauch angenommen werden. Von der in § 138 Abs. 1 BGB vorgenommenen Interessenabwägung abweichende Regelungen liegen dabei jedoch nicht vor, sodass sich aus der Priorität der Sittenwidrigkeit vor dem Grundsatz von Treu und Glauben keine weitergehende Bedeutung des § 242 BGB für die Reflexwirkungen ergibt. Aus diesem Grund ist der Grundsatz von Treu und Glauben in der folgenden Bearbeitung zu vernachlässigen.

III. Ausblick auf den Vertrag zu Lasten Dritter

Abseits der Inhaltskontrolle soll im Hinblick auf die nachteilige Wirkung auf Drittinteressen auch der Vertrag zu Lasten Dritte kurz aufgeführt werden. Dass Drittinteressen dafür nicht nur beachtlich, sondern maßgeblich sind, ist bereits im Begriff angelegt und unbestritten. Unter einem solchen Vertrag zu Lasten Dritter wird nahezu einhellig ein Vertrag verstanden, der eine unmittelbare Rechtspflicht des Dritten aus dem Vertrag selbst begründet.[458] In der Person des

---

dieser Stelle auch nicht bezweifelt werden, in den vorliegenden Konstellationen ist die Anwendbarkeit und das Vorliegen der Voraussetzungen hingegen zumindest denkbar.

458 Vgl. nur BGH 12.10.2011 – VIII ZR 50/11, NZM 2012, 558 (559) [Rn. 15]; 29.6.2004 – VI ZR 2121/03, NJW 2004, 3326 (3327) [unter II.2.]; *Bettermann*, JZ 1951, 321 (322); MüKoBGB/*Gottwald*, 9. Aufl. 2022, § 328 BGB Rn. 263; *Habersack*, Vertragsfreiheit und Drittinteressen, 1992, S. 27; *Looschelders*, Schuldrecht, Allgemeiner Teil, 21. Aufl., 2023, § 51 Rn. 7; *Martens*, AcP 177 (1977), 113 (135); *Roth*, in: FS Hadding, 2004, S. 253-270 (254); *Ulrici*, ZFA 2016, 377 (396). Nicht

Dritten muss also eine Änderung der Rechtslage eintreten, die sich aus der vertraglichen Absprache selbst ergeben soll. Aufgrund der geforderten unmittelbaren Verpflichtung aus dem Vertrag stehen der Vertrag zu Lasten Dritter und die lediglich mittelbaren Reflexwirkungen in einem Ausschließlichkeitsverhältnis.[459] Die Einordnung auf einer der beiden Seiten ist jedoch nicht immer auf den ersten Blick erkennbar und stellte gerade das BAG teilweise vor Herausforderungen.[460]

Ein besonders großes Risiko solcher Verträge zu Lasten Dritter liegt dann vor, wenn zwischen einer Vertragspartei und dem Dritten eine rechtliche Beziehung vorliegt.[461] Gerade im arbeitsrechtlichen Kontext, der sich durch das Zusammentreffen verschiedenster in vertraglichen oder tatsächlichen Beziehungen zueinanderstehenden Personen oder Personengruppen auszeichnet,[462] könnten Verträge zu Lasten Dritter somit auf einen nährbaren Boden treffen.

Sowohl die Rechtsprechung[463] als auch die Literatur[464] sind sich einig, dass eine solche Verpflichtung Dritter durch den Vertrag nicht möglich ist. Sie sei dem BGB unbekannt und unwirksam.[465] Eine Absprache zwischen zwei Kaufvertragsparteien, dass ein Dritter den Kaufpreis zu zahlen habe, kann diesen also

---

ausreichend ist, dass sich der Vertrag wirtschaftlich nachteilig auf einen Dritten auswirkt, BGH 6.2.2009 – V ZR 130/08, NJW 2009, 1346 (1347) [Rn. 8].

459 BGH 29.6.2004 – VI ZR 2121/03, NJW 2004, 3326 (3327) [unter II.2.]; Erman/*Bayer*, 17. Aufl. 2023, § 328 BGB Rn. 4; Grüneberg/*Grüneberg*, 83. Aufl. 2024, Einf v § 328 BGB Rn. 10.

460 Siehe dazu § 8.I.2.d) und § 8.III.

461 Für die Intensität der Reflexwirkung *Habersack*, Vertragsfreiheit und Drittinteressen, 1992, S. 56; *Thur*, Der Allgemeine Teil des Deutschen Bürgerlichen Rechts, 1914, S. 167.

462 Vgl. auch *Ulrici*, ZFA 2016, 377 (377).

463 BVerfG 23.4.1986 – 2 BvR 487/80, BVerfGE 73, 261 (270 f.) [unter III.]; BGH 28.11.2017 – XI ZR 211/16, NJW 2018, 701 (702) [Rn. 27]; 14.7.1995 – V ZR 31/94, NJW 1995, 3183 (3184) [unter II.3.c).aa)]; 12.11.1980 – VII ZR 293/79, NJW 1981, 275 (276) [unter II.2.c).bb)]; 8.11.1973 – VII ZR 246/72, NJW 1974, 96 (96) [unter I.2.]; 9.3.1972 – VII ZR 178/70, NJW 1972, 942 (943) [unter II.2.b).aa)]; 9.4.1970 – KZR 7/69, NJW 1970, 2157 (2157) [unter I.1.]; 2.10.1969 – KZR 10/68, GRUR 1970, 195 (196) [unter II.2.]; BAG 23.2.2011 – 4 AZR 440/09, juris [Rn. 24].

464 Siehe nur MüKoBGB/*Gottwald*, 9. Aufl. 2022, § 328 BGB Rn. 263; Grüneberg/*Grüneberg*, 83. Aufl. 2024, Einf v § 328 BGB Rn. 10; *Looschelders*, Schuldrecht, Allgemeiner Teil, 21. Aufl., 2023, § 51 Rn. 7; *Martens*, AcP 177 (1977), 113 (139); *Roth*, in: FS Hadding, 2004, S. 253-270 (253); Jauernig/*Stadler*, 19. Aufl. 2023, § 328 BGB Rn. 7.

465 Diese Unwirksamkeit gilt nicht vollumfänglich, etwaige Ausnahmen, wie die Partei kraft Amtes oder der Prozessstandschafter sollen aber an dieser Stelle ebenso wenig

nicht ohne Weiteres tatsächlich zur Zahlung verpflichten.[466] An einer gesetzlichen Grundlage fehlt es zwar, das „Verbot des Vertrages zu Lasten Dritter" lässt sich jedoch mit dem bereits vorgestellten Institutsmissbrauch erklären. Schließen die Vertragsparteien einen Vertrag mit dem Ziel, nicht das eigene Rechtsverhältnis zu regeln, sondern einer dritten Partei Verpflichtungen aufzubürden, so geht dies deutlich über den intendierten Zweck des Vertrages hinaus, insbesondere fehlt es an eigenen schutzwürdigen Interessen. Auch haben die Grundlagen der Vertragsfreiheit gezeigt, dass der Vertrag wegen seiner beiderseitigen autonomen Zustimmung einen angemessenen Interessenausgleich gewährleistet und von der Rechtsordnung zu akzeptieren ist. Das bewusste Setzen von Rechtsfolgen außerhalb dieses Verhältnisses ist daher schon gar nicht zu erreichen. Die von *Habersack*[467] bemühte ungeschriebene und immanente Grenze findet sich in diese Erklärung sehr gut ein.[468]

IV. Kontrollmechanismen von Reflexwirkungen

Schon die Ausführungen zur materialen Vertragsfreiheit haben gezeigt, dass die Generalklauseln einen Mechanismus darstellen können, um Verträgen, die nicht autonom gefasst wurden, die Wirksamkeit zu entziehen. Folgerichtig sind die Normen auch insbesondere im Zweipersonenverhältnis bzw. innerhalb der Vertragsparteien heranzuziehen. Auffällig ist jedoch, dass dennoch die Berücksichtigung im Dreipersonenverhältnis – nicht immer in gleichem Umfang – bei all den Normen zumindest diskutiert wird. Maßgeblich für die folgende Betrachtung ist damit weniger die generelle Anwendbarkeit als die auf den Zuschnitt der Reflexinteressen reduzierte Anwendbarkeit.

---

thematisiert werden, wie die umstrittene Verpflichtungsermächtigung. Siehe dafür z.B. MüKoBGB/*Gottwald*, 9. Aufl. 2022, § 328 BGB Rn. 266 f.

466 Siehe für dieses Beispiel *Looschelders*, Schuldrecht, Allgemeiner Teil, 21. Aufl., 2023, § 51 Rn. 7.

467 *Habersack*, Vertragsfreiheit und Drittinteressen, 1992, S. 36; wohl auch *Flume*, in: FS 100 Jahre DJT, 1960, S. 135-238 (138); *Martens*, AcP 177 (1977), 113 (139); *Schmalzbauer*, Die Drittwirkung verpflichtender Verträge, 1982, S. 122.

468 Auch dann, wenn § 311 Abs. 1 BGB (siehe z.B. *Dathe*, NZA 2007, 1205 (1209)) oder Art. 2 Abs. 1 GG (BVerfG 23.4.1986 – 2 BvR 487/80, BVerfGE 73, 261 (270 f.) [unter III.]; BAG 30.10.2003 – 8 AZR 491/02, NZA 2004, 481 (483) [unter II.2.b).bb).(1)]; *Laufke*, in: FS Lehmann, 1965, S. 146-188 (170); kritisch *Flume*, in: FS 100 Jahre DJT, 1960, S. 135-238 (138)) herangezogen werden, wird dabei aber nur deutlich, dass bereits in den Grundlagen der Vertragsfreiheit enthalten ist, dass Verträge nicht zu Lasten Dritter abgeschlossen werden können.

Aus diesem Grunde fallen sowohl die AGB-rechtliche Inhaltskontrolle als auch das Verbot des Vertrages zu Lasten Dritter aus der Betrachtung heraus. Während die AGB-Regelungen aufgrund der vorliegend nicht in Frage stehenden Parität der Vertragspartner nicht übertragen werden können, scheitert die Heranziehung des Verbotes des Vertrags zu Lasten Dritter an dem Fehlen einer unmittelbaren Änderung der Rechtslage. Zwar grundsätzlich anwendbar, aber aufgrund des Rangverhältnisses ohne große Bedeutung ist § 242 BGB. Über die darin enthaltenen Grundsätze von Treu und Glauben lässt sich neben den vorrangig im Zweipersonenverhältnis vorliegenden Anpassungen hinsichtlich der Rechte und Pflichten der Vertragsparteien auch die Unwirksamkeit der Geltendmachung eines Rechts ziehen. Wie sich aber gezeigt hat, führt die Anwendung dieses Maßstabes zu keiner strikteren Regelung als im Wege des § 138 Abs. 1 BGB. Da die Sittenwidrigkeit dem § 242 BGB vorgeht, kann auch der Grundsatz von Treu und Glauben für den Schutz von Drittinteressen vor Reflexwirkungen vernachlässigt werden. Es bleiben somit als drittschützende Regelungen § 138 Abs. 1 BGB und – je nach Ausrichtung des Verbotsgesetzes – § 134 BGB.[469]

§ 6 Schutz von Drittinteressen im Arbeitsrecht

Obwohl das Arbeitsverhältnis typischerweise durch eine strukturelle Unterlegenheit des Arbeitnehmers charakterisiert ist und daher die Regelungen häufig arbeitnehmerschützend zur Sicherung der autonomen Entscheidung ausgestaltet sind,[470] steht die Vertragsfreiheit im beruflichen Kontext dem Arbeitnehmer und dem Arbeitgeber im gleichen Maße zu. Schon aus der Grundidee der Vertragsfreiheit, dass zwei frei entscheidende Individuen am besten das eigene Rechtsverhältnis bestimmen können, ergibt sich das Vorliegen einer umfassenden, aber nicht uneingeschränkten Sicherung dieser Freiheit. Neben der nationalen grundrechtlichen Gewährleistung der Vertragsfreiheit sieht demgemäß auch die europäische Gewährleistung die Möglichkeit vor, in die Vertragsfreiheit einzugreifen, sofern eine gesetzliche Regelung vorliegt und der Grundsatz der Verhältnismäßigkeit gewahrt wird. Von herausragender Bedeutung ist dabei die Interessenabwägung, die sowohl zur Verfassungsmäßigkeit einschränkender Verbotsgesetze als auch – dann durch Anwendung der Gerichte – in der Anwendung der vorgestellten Generalklauseln oder im Falle der praktischen Konkordanz die Entscheidung

---

469 Vgl. auch *Habersack*, Vertragsfreiheit und Drittinteressen, 1992, S. 55. Noch allgemeiner für die Anwendbarkeit im Arbeitsrecht *Thüsing*, RdA 2005, 257 (262).

470 *Bartholomeyczyk*, AcP 166 (1966), 30 (65); *Becker*, Der unfaire Vertrag, 2003, S. 56; *Zöllner*, NZA-Beilage 2006, 99 (99).

maßgeblich prägt. Dieser Vorbehalt gibt die Möglichkeit, Regelungen zur Sicherung des tatsächlichen Vorliegens einer privatautonomen Entscheidung zu setzen. Obwohl diese Gedanken auf dem Zweipersonenverhältnis beruhen, lassen sich daraus auch Möglichkeiten des Schutzes dritter Interessen ableiten. Anknüpfungspunkte liefern dazu § 134 BGB mit entsprechenden Verbotsgesetzen und die Sittenwidrigkeit nach § 138 Abs. 1 BGB.

Die genauen Voraussetzungen für die Nichtigkeit nach § 134 BGB hängen von dem Verbotsgesetz ab, gegen das verstoßen werden muss – der Verstoß selbst setzt in der Regel nur die Erfüllung der objektiven Voraussetzungen voraus. Eine intensive Interessenabwägung erfolgt nicht erst innerhalb der konkreten Anwendung, sondern bereits vorgelagert zum Zeitpunkt der Schaffung des Gesetzes; schließlich setzt eine Einschränkung der Vertragsfreiheit im beruflichen Kontext voraus, dass sie dem Grundsatz der Verhältnismäßigkeit genügt, dem eine Abwägung der sich gegenüberstehenden Interessen aus Vertragsfreiheit und mit dem Gesetz zu schützenden (Dritt)Interessen innewohnt.

Für die Sittenwidrigkeit aufgrund einer Drittbelastung ist ein subjektives Element konstitutiv, ohne strenge Anforderungen daran zu stellen. Es soll zwar keine verwerfliche Gesinnung bestraft werden, sondern die Vereinbarkeit des Rechtsgeschäfts mit der Rechtsordnung gewährleistet werden. Aufgrund der in der Rechtsordnung bereits angelegten Belastung dritter Interessen durch vertragliche Abreden erscheint es aber in diesen Fällen zu weitgehend, allein aus dem Inhalt auf die Sittenwidrigkeit zu schließen. In der daraufhin notwendigen Gesamtabwägung sind dennoch ebenso keine hohen Anforderungen an das in Person beider Vertragspartner notwendige subjektive Element zu stellen, stattdessen kann eine besonders stark ausgeprägte Schädigungsabsicht ein höheres Defizit bei der Beurteilung der inhaltlichen Sittenwidrigkeit ausgleichen als die reine Kenntnis der Umstände. Es handelt sich somit um flexible Anforderungen, die von den übrigen Abwägungsfaktoren abhängen. Relativierend ist daher zu ergänzen, dass bei einer Belastung, die allein nach dem Inhalt schon als sittenwidrig anzusehen wäre, wohl zumindest von der Kenntnis der Umstände auszugehen sein dürfte.

Innerhalb der Verbotsgesetze und der Sittenwidrigkeit nimmt die Interessenabwägung einen maßgeblichen Teil ein. Wie diese Interessenabwägung im Einzelfall aussieht, soll anhand der im folgenden Kapitel vorgenommenen Kategorisierung dreier Vertragsgestaltungen betrachtet werden. Zudem gilt es, die Praxistauglichkeit und das Schutzniveau dritter Interessen vor Reflexwirkungen anhand der unterschiedlichen Interessen zu beurteilen.

Drittes Kapitel – Betrachtung einzelner Vertragsgestaltungen

Nachdem die theoretischen Grundlagen zur Bedeutung dritter Interessen innerhalb der Vertragsfreiheit gelegt sind, werden sie im Folgenden in ihrem Praxisbezug betrachtet. Es gilt dabei zu analysieren, ob sich diese Grundlagen überhaupt in der tatsächlichen Anwendung zeigen und, wie der Drittschutz nach der aktuellen Gesetzeslage ausgestaltet ist. Obwohl gerade § 138 Abs. 1 BGB eine Einzelfallentscheidung voraussetzt, bietet sich für die Untersuchung von vertraglichen Abreden im beiderseitigen Interesse eine Kategorisierung nach drei Kriterien an. So kann sich eine Beeinträchtigung von Drittinteressen insbesondere dann ergeben, wenn die Vertragsparteien generell über den Charakter des Tätigkeitsverhältnisses (**§ 7**), den Fortbestand des Arbeitsverhältnisses (**§ 8**) oder die Ausgestaltung der Vergütung (**§ 9**) disponieren.

§ 7 Abreden über den Charakter des Tätigkeitsverhältnisses

Zuerst stellt sich den Vertragsparteien die Frage, ob überhaupt ein Arbeitsvertrag geschlossen werden soll, welchen Charakter das zugrunde liegende Verhältnis der beiden Parteien also haben soll. Neben dem Arbeitsvertrag sind auch weitere Vertragsgestaltungen möglich, die teilweise unterschiedliche Folgen nach sich ziehen. Diese treffen zwar insbesondere den „Arbeitnehmer", es können aber auch allgemeine Drittinteressen berührt sein. Nach einem Kurzüberblick über die möglichen Vertragsgestaltungen (**I.**) folgen grundsätzliche Überlegungen zu Absprachen zu Lasten des Fiskus und der Sozialversicherungsträger anhand der Beleuchtung des Behindertentestaments und des Unterhaltsverzichts (**II.**). Aufbauend darauf werden die Schwarzgeldabrede (**III.**) und die Wahl eines vom Arbeitsvertrag abweichenden Vertragstypus (**IV.**) auf ihre Wirksamkeit hin untersucht. Nach einer kurzen Kontrollüberlegung gerichtet auf die Sittenwidrigkeit einzelner Vertragsbestandteile zu Lasten der Sozialversicherung (**V.**) folgen zum Ende einige Bemerkungen zur Rechtsdurchsetzung (**VI.**) und eine Zusammenfassung der Ergebnisse (**VII.**).

I. Gestaltungsmöglichkeiten im Rahmen des Vertragsverhältnisses

Die Typenfreiheit erlaubt es den Vertragsparteien eine entgeltliche Erfüllung vertraglicher Pflichten auf Grundlage verschiedener Vertragsgestaltungen zu vereinbaren, wofür neben dem Arbeitsvertrag der Werk- und freie Dienstvertrag nur beispielhaft zu nennen sind. Für die tätige Partei ergibt sich daraus die Möglichkeit sowohl als Arbeitnehmer oder Selbständiger aufzutreten als auch als arbeitnehmerähnliche Person.

Diese Dreiteilung wird aufgrund der mit der Digitalisierung und Globalisierung einhergehenden Dynamisierung der Arbeitswelt[471] zwar einem Funktionstest unterzogen – die Entwicklung führt weg vom „klassischen Arbeitsverhältnis".[472] Wie die aktuelle Diskussion um die Einordnung der Crowdworker zeigt, scheint sie diesen aber zu bestehen.[473] Unter Crowdwork versteht man weitgehend die „Ausschreibung von Arbeitsaufgaben durch ein Unternehmen als Auftraggeber (Crowdsourcer) an eine potenziell unbestimmte Menge von Menschen (Crowdworker) auf einer Internetplattform."[474] Schon die Unterschiedlichkeit der „Crowdworker" – es gibt z.B. das interne, externe, indirekte oder direkte Crowdworking[475] – macht eine einheitliche Zuordnung schwierig, sodass auch diese moderne Form der Arbeit im Einzelfall anhand der bekannten Kriterien einzuteilen ist.[476]

1. Persönliche Abhängigkeit als Abgrenzungskriterium

Schon vor der Normierung des Arbeitsvertrages in § 611a Abs. 1 S. 1 BGB[477] als Vertrag, mit dem der Vertragspartner zur Leistung weisungsgebundener[478],

---

471 *Wisskirchen/Haupt*, RdA 2021, 355 (356). Siehe auch *Deinert*, in: FS Fuchs, 2020, S. 435-453 (444 f.).

472 *Deinert*, AP BGB § 611 Abhängigkeit Nr. 132 (unter I.); *Krause*, NJW 2024, 2719 (2719 f.); *Mecke*, SGb 2016, 481 (481); *Waltermann*, in: GS Rebhahn, 2019, S. 635-648 (637).

473 Vgl. BAG 1.12.2020 – 9 AZR 102/20, NZA 2021, 552 (555 ff.) [Rn. 29 ff.]. So auch *Thüsing*, SR 2016, 87 (102); *Waltermann*, NZA 2021, 297 (299 f.).

474 Mit einem Überblick über die Literatur statt aller *Gärtner*, Koalitionsfreiheit und Crowdwork, 2020, S. 21.

475 Vgl. *Däubler/Klebe*, NZA 2015, 1032 (1033); *Schubert*, RdA 2018, 200 (202); *Thüsing/Hütter-Brungs*, NZA-RR 2021, 231 (232). „Den einen" Crowdworker gibt es somit nicht, vgl. schon *Junker*, JZ 2021, 519 (522).

476 Vgl. BAG 1.12.2020 – 9 AZR 102/20, NZA 2021, 552 (557) [Rn. 37]; *Deinert*, AP BGB § 611 Abhängigkeit Nr. 132 (unter II.4.); *Junker*, JZ 2021, 519 (522); *Krause*, Gutachten DJT, 2016, B 103 f.; *Schubert*, RdA 2018, 200 (203); *Schubert*, RdA 2020, 248.

477 Art. 2 Gesetz zur Änderung des Arbeitnehmerüberlassungsgesetzes und anderer Gesetze vom 21.2.2017, BGBl. I 2017, 258.

478 Maßgeblich ist die personenbezogene und verfahrensorientierte Weisung, nicht die auch im Falle der Selbständigkeit mögliche sachbezogene und ergebnisorientierte, vgl. BAG 1.12.2020 – 9 AZR 102/20, NZA 2021, 552 (556) [Rn. 35].

fremdbestimmter Arbeit in persönlicher Abhängigkeit verpflichtet wird,[479] wurden diese Kriterien von der Rechtsprechung als spezielle Variante des Dienstvertrages zugrunde gelegt.[480]

Trotz des Dreiklangs kommt den gesetzlichen Begriffen dabei keine isolierte Bedeutung zu.[481] Schon das BAG – auf das der Gesetzgeber verweist – bezieht sich auf *Hueck*,[482] der eine persönliche Abhängigkeit bei einer Gehorsamspflicht in nicht ganz unerheblichem Umfang annimmt, sodass „auch von fremdbestimmter im Gegensatz zu selbstbestimmter Arbeit" gesprochen werden könne.[483] Die Weisungsgebundenheit, die vorliegt, wenn die Tätigkeit und Arbeitszeit nicht im Wesentlichen freigestaltet werden können (§ 611a Abs. 1 S. 3 BGB), und die Fremdbestimmtheit werden daher vor allem zur näheren Konkretisierung herangezogen.[484] In einer Entscheidung zu Crowdworkern hat das BAG zudem die

---

479 Dieselben Kriterien gelten auch nach europäischem Verständnis. Nach der „Lawrie-Blum-Formel" leistet der Arbeitnehmer „gegen Entgelt für einen anderen, von dem er abhängig [ist], fremdbestimmte Arbeit", EuGH 3.7.1986 – C-66/85 (Lawrie-Blum), ECLI:EU:C:1986:284 [Rn. 12]. Auch die Weisungsbindung wird herangezogen, EuGH 4.12.2014 – C-413/13 (FNV Kunsten), ECLI:EU:C:2014:2411 [Rn. 36]; 19.6.2014 – C-507/12 (Saint Prix), ECLI:EU:C:2014:2007 [Rn. 35]. Mit Kritik an dieser Verallgemeinerung *Wank*, EuZA 2023, 22 (35 ff.).

480 Zur wörtlichen Wiedergabe der Rechtsprechung BT-Drs. 18/9232, 31; BT-Drs. 18/10064, 17; kritisch *Hromadka*, NZA 2018, 1583 (1583); *Wank*, AuR 2017, 140 (142 f.). Siehe auch BAG 27.6.2017 – 9 AZR 851/16, NZA 2017, 1463 (1465) [Rn. 17].

481 Auf die enge Verbindung abstellend BAG 1.12.2020 – 9 AZR 102/20, NZA 2021, 552 (555 f.) [Rn. 31]. Vgl. auch *Hromadka*, NZA 2018, 1583 (1584 f.); *Krause*, Arbeitsrecht, 4. Aufl., 2020, § 2 Rn. 15; *Wank*, AuR 2017, 140 (143 f.). Differenzierender *Bayreuther*, RdA 2020, 241 (246); *Preis*, NZA 2018, 817 (824); ErfK/*Preis*, 24. Aufl. 2024, § 611a BGB Rn. 10.

482 BAG 3.6.1975 – 1 ABR 9/74, AP BetrVG 1972 § 5 Rotes Kreuz Nr. 1 [unter III.1.]. Mit dieser Argumentation *Hromadka*, NZA 2018, 1583 (1584 f.).

483 *Hueck/Nipperdey*, Lehrbuch des Arbeitsrechts – Band 1, 7. Aufl., 1963, S. 41.

484 BAG 1.12.2020 – 9 AZR 102/20, NZA 2021, 552 (555 f.) [Rn. 31]; *Deinert*, in: FS Fuchs, 2020, S. 435-453 (440); *Krause*, Arbeitsrecht, 4. Aufl., 2020, § 2 Rn. 15; *Preis*, NZA 2018, 817 (819). Mit dem Verständnis eines Indizes für die persönliche Abhängigkeit liegt damit eine Übereinstimmung mit dem BSG vor, BSG 4.6.2019 – B 12 R 11/18 R, NZA 2019, 1583 (1586 f.) [Rn. 29 f.]. Den Nutzen der Weisungsgebundenheit insgesamt anzweifelnd noch *Wank*, Arbeitnehmer und Selbständige, 1988, 148 f. Auch die Eingliederung wird nach wie vor als Indiz herangezogen, obwohl sie als eigenständiges Merkmal verschwunden ist, BAG 1.12.2020 – 9 AZR 102/20, NZA 2021, 552 (555) [Rn. 31]; *Deinert*, RdA 2017, 65 (67); *Wank*, AuR 2017, 140 (150 f.). Zum Verständnis vor der Normierung *Wank*, EuZA 2016, 143 (146 f.).

Anforderungen der Weisungsgebundenheit dahingehend konkretisiert, dass für diese auch eine Organisationsstruktur mit vergleichbar steuernder Wirkung[485] ausreichen könne.[486] Die Abgrenzung[487] von Arbeitnehmer und Selbständigem wird somit typischerweise anhand der persönlichen Abhängigkeit vorgenommen.[488]

Nach dem allgemein zur Abgrenzung von persönlich abhängiger und persönlich unabhängiger Arbeit herangezogenen[489] § 84 Abs. 1 S. 2 HGB sind diejenigen Personen selbständig, die im Wesentlichen frei die eigene Tätigkeit gestalten und die Arbeitszeit bestimmen können. Diese Norm bildet damit den Gegenpart zu der Weisungsbindung des § 611a Abs. 1 S. 2 BGB und dem Arbeitsort und Arbeitszeit umfassenden Weisungsrecht nach § 106 GewO.[490] Ein Arbeitsverhältnis ist daher abzulehnen, sofern der handelnden Person ein nicht unerheblicher

---

485 Siehe zu dem Einfluss von „Regulatorischen Rahmenbedingungen“ auf die Einordnung als Beschäftigung im Sinne des § 7 SGB IV *Brose*, NZS 2022, 921 (923 ff.).

486 Während bei einer einfach gelagerten Arbeit mangels umfassender Gestaltungsmöglichkeit schnell eine solche Struktur vorliegen könne, zeuge die fehlende Verpflichtung zur Annahme der Aufträge von einer fehlenden Arbeitnehmereigenschaft, BAG 1.12.2020 – 9 AZR 102/20, NZA 2021, 552 (556 f.) [Rn. 36 f. 42]. Auch der EuGH hat vor dem Hintergrund der RL 2003/88/EG, ABl. 2003 L 299, S. 9 festgehalten, dass kein Arbeitnehmer vorliege, wenn frei über die Annahme der Aufträge entschieden werden könne und die Person zudem keinerlei zeitlicher Festlegung unterliegt, seine Dienste auch anderen Anbietern zur Verfügung stellen und die Aufträge selber weitervermitteln kann, EuGH 22.4.2020 – C-692/19 (Yodel), ECLI:EU:C:2020:288 [Rn. 45]. Mit Verweis auf die arbeitnehmerähnliche Person kritisch *Heckelmann*, NZA 2022, 73 (74 f.); *Thüsing/Hütter-Brungs*, NZA-RR 2021, 231 (235).

487 Es gilt lediglich, das Arbeitsverhältnis von den anderen Rechtsverhältnissen abzugrenzen. Eine detaillierte Abgrenzung der „graduelle[n] Unterschiede“ (*Hromadka*, NZA 2018, 1583 (1586)) im Einzelfall wird hingegen nicht verfolgt. Wie der Vertragsinhalt ausgestaltet sein muss, um tatsächlich diese Vertragsform zu erfüllen, stellt somit lediglich eine Folgefrage dar.

488 In die Richtung z.B. BAG 1.12.2020 – 9 AZR 102/20, NZA 2021, 552 (557) [Rn. 38]; *Krause*, Arbeitsrecht, 4. Aufl., 2020, § 2 Rn. 15. Teilweise wird auch die Weisungsbefugnis ins Zentrum gestellt, *Deinert*, Privatrechtsgestaltung durch Sozialrecht, 2007, S. 130; ErfK/*Preis*, 24. Aufl. 2024, § 611a BGB Rn. 10; vor der Normierung *Greiner*, RdA 2015, 218 (218). So auch nach europäischem Verständnis, EuGH 4.12.2014 – C-413/13 (FNV Kunsten), ECLI:EU:C:2014:2411 [Rn. 34].

489 *Krause*, Arbeitsrecht, 4. Aufl., 2020, § 2 Rn. 18.

490 Vgl. auch *Deinert*, RdA 2017, 65 (71); *Krause*, Arbeitsrecht, 4. Aufl., 2020, § 2 Rn. 18; *Wank*, AuR 2017, 140 (147).

Spielraum hinsichtlich dieser Faktoren verbleibt.[491] Einzelne sachbezogene und ergebnisorientierte Weisungen schaden dem jedoch nicht.[492]

Allein die Bezeichnung als Dienst- oder Werkvertrag hat im Sinne des § 611a Abs. 1 S. 6 BGB ebenfalls keine Auswirkung.[493] Es steht den Vertragsparteien nicht frei, durch die Bezeichnung des Vertrages die im Falle des Arbeitsverhältnisses eingreifenden arbeitnehmerschützenden Regelungen zu suspendieren.[494] Da die Regelungen aber nur zum Schutz des Arbeitnehmers zwingend sind, ist es den Parteien umgekehrt möglich, trotz eines Dienstvertrages ein Arbeitsverhältnis zu vereinbaren und so die arbeitnehmerschützenden Normen zur Anwendung zu bringen.[495]

Zwischen dem Arbeitnehmer und dem Selbständigen ist die arbeitnehmerähnliche Person[496] angesiedelt. Mangels Legaldefinition werden die arbeitnehmerähnlichen Personen meist mit Verweis auf § 12a Abs. 1 Nr. 1 TVG als Personen definiert, die auf Grund von Dienst- oder Werkverträgen für eine andere Person persönlich und ohne eigene Mitarbeiter tätig sind und die entweder ausschließlich für diese Person handeln oder zumindest ein Großteil des Entgelts

---

491 Vgl. auch BAG 9.6.2010 – 5 AZR 332/09, NZA 2010, 877 (879) [Rn. 26].

492 Vgl. BAG 1.12.2020 – 9 AZR 102/20, NZA 2021, 552 (555) [Rn. 35]; *Krause*, Arbeitsrecht, 4. Aufl., 2020, § 2 Rn. 18.

493 BAG 1.12.2020 – 9 AZR 102/20, NZA 2021, 552 (557) [Rn. 39]. Bereits vor dem § 611a Abs. 1 S. 6 BGB BAG 27.6.2017 – 9 AZR 851/16, NZA 2017, 1463 (1465) [Rn. 17]; 24.8.2016 – 7 AZR 625/15, NZA 2017, 244 (246) [Rn. 16]. *Krause*, Arbeitsrecht, 4. Aufl., 2020, § 2 Rn. 21; *Schlegel*, NZA-Beilage 2016, 13 (15); *Schwarze*, ZFA 2021, 44 (44 f.).

494 Die Bezeichnung kann aber ein Indiz darstellen, wenn die Tätigkeit „sowohl in einem Arbeitsverhältnis als auch selbständig erbracht werden" kann, BAG 27.6.2017 – 9 AZR 851/16, NZA 2017, 1463 (1466) [Rn. 24].

495 BAG 18.3.2014 – 9 AZR 740/13, juris [Rn. 21]; 21.4.2005 – 2 AZR 125/04, AP KSchG 1969 § 1 Betriebsbedingte Kündigung Nr. 134 [unter II.2.c)]; *Greiner*, NZS 2009, 657 (658); *Krause*, Arbeitsrecht, 4. Aufl., 2020, § 2 Rn. 21. Aufgrund der mit der sozialrechtlichen Einordnung als Beschäftigter verbundenen Folgen außerhalb des Vertragsverhältnisses (siehe dazu § 7.I.2.) ist dort von einem zweiseitig zwingenden Begriff auszugehen, sodass auch eine vereinbarte Beschäftigung nicht möglich ist, BSG 23.1.2018 – B 12 KR 55/17 B, juris [Rn. 11]; 28.10.1960 – 3 RK 13/56, BSGE 13, 130 (134); vgl. *Brose*, NZS 2022, 921 (922); *Greiner*, NZS 2009, 657 (659).

496 Mit diesem Begriff für Personen unter „ähnlichen wirtschaftlichen Bedingungen wie Arbeitnehmer" bereits *Melsbach*, Deutsches Arbeitsrecht: zu seiner Neuordnung, 1923, S. 24.

aus der Arbeit für diese Person entspringt.[497] Während für den Arbeitnehmer typischerweise mit der persönlichen Abhängigkeit auch eine wirtschaftliche Abhängigkeit einhergeht,[498] die Anstellung also im Normalfall die Existenzgrundlage des Arbeitnehmers bildet,[499] sind die arbeitnehmerähnlichen Personen allein wirtschaftlich abhängig. Ein traditionelles Beispiel[500] der arbeitnehmerähnlichen Person ist der Heimarbeiter, der in einer selbstgewählten Arbeitsstätte im Auftrag von Gewerbetreibenden oder Zwischenmeistern arbeitet, die Verwertung der Arbeitsergebnisse aber dem auftraggebenden Gewerbetreibenden überlässt (§ 2 Abs. 1 HAG).[501]

2. *Folgen der unterschiedlichen Charakterisierung*

Die Einordnung der Vertragsbeziehung ist nicht allein begrifflicher Natur, sondern zieht Rechtsfolgen nach sich, die Anreize enthalten können, einen bestimmten Vertragstyp zu wählen.

a) Folgen für den Arbeitnehmerschutz

Gravierend wirkt sich die beschriebene Dreiteilung auf den Arbeitnehmerschutz aus. Dem Arbeitnehmer kommt in allen Phasen des Arbeitsverhältnisses ein ausgeprägter Schutz zugute. So knüpfen z.B. das KSchG (§ 1 Abs. 1 KSchG), das ArbSchG (§ 2 Abs. 2 Nr. 1 ArbSchG) sowie das BUrlG (§ 1 BUrlG) oder

497 *Krause*, Arbeitsrecht, 4. Aufl., 2020, § 2 Rn. 30; HK-ArbR/*Kreuder/Matthiessen-Kreuder*, 5. Aufl. 2022, § 611a BGB Rn. 83; ErfK/*Preis*, 24. Aufl. 2024, § 611a BGB Rn. 86; *Wank*, Arbeitnehmer und Selbständige, 1988, S. 9. Vereinzelt finden sich auch weitere Regelungen, die daran anknüpfen, siehe z.B. § 2 S. 1 Nr. 9 SGB VI.

498 *Krause*, Arbeitsrecht, 4. Aufl., 2020, § 1 Rn. 7. Die wirtschaftliche Abhängigkeit ist allerdings weder ausreichende noch notwendige Bedingung für die Arbeitnehmereigenschaft, BAG 21.11.2017 – 9 AZR 117/17, NZA 2018, 448 (452) [Rn. 41]; 30.11.1994 – 5 AZR 704/93, NZA 1995, 622 (622) [unter B.I.].

499 Vgl. BAG 9.4.2019 – 9 AZB 2/19, NZA 2020, 67 (69) [Rn. 19]; 21.2.2007 – 5 AZB 52/06, NZA 2007, 699 (700) [Rn. 11]. Siehe auch BVerfG 27.1.1998 – 1 BvL 15/87, BVerfGE 97, 169 (177) [unter B.I.3.b).aa)].

500 Siehe nur *Krause*, Arbeitsrecht, 4. Aufl., 2020, § 2 Rn. 31; ErfK/*Preis*, 24. Aufl. 2024, § 611a BGB Rn. 91; *Schubert*, Germany, in: Schubert (Hrsg.), Economically-dependent workers as part of a decent economy, 2022, S. 44-63 (Rn. 1).

501 Auch wenn das Rechtsverhältnis des Heimarbeiters neben den Merkmalen des Werkvertrages durch solche des Arbeitsvertrages geprägt ist, liegt aufgrund der örtlichen und zeitlichen Spielräume kein Arbeitsverhältnis vor, BAG 24.8.2016 – 7 AZR 625/15, NZA 2017, 244 (246) [Rn. 15].

vergütungsrechtliche Regelungen (§§ 1 Abs. 1, 22 MiLoG, § 3 Abs. 1 EntgFG) an die Arbeitnehmereigenschaft an.[502]

Während die Selbständigen abweichend auf die allgemeinen Regelungen des BGB angewiesen sind – neben den vorgestellten Generalklauseln aus §§ 138, 242 BGB sind insbesondere die §§ 611 ff. BGB auf das freie Dienstverhältnis anwendbar[503] – wird der arbeitnehmerähnlichen Personen[504] aufgrund der vergleichbaren Schutzbedürftigkeit noch ein abgestufter Schutz zuteil. So fallen arbeitnehmerähnliche Personen auch in den Anwendungsbereich des ArbSchG (§ 2 Abs. 2 Nr. 3 ArbSchG) und auch die Zuständigkeit der Arbeitsgerichte ist gegeben (§ 5 Abs. 1 S. 2 ArbGG[505]); dem Heimarbeiter stehen auch darüber hinaus noch weitere Regelungen zur Seite (§§ 12, 21, 29 HAG, § 1 Abs. 2 S. 2 Nr. 6 MuSchG, § 5 Abs. 2 Nr. 6 EntgTranspG). Auf eine generelle Gleichschaltung von Arbeitnehmern und arbeitnehmerähnlichen Personen sei aber bewusst verzichtet worden.[506]

---

502 Darüber hinaus knüpfen noch weitere Regelungen an das Arbeitsverhältnis an, z.B. § 2 Abs. 1 Nr. 3 ArbGG, § 1 Abs. 2 MuSchG i.V.m. § 7 Abs. 1 SGB IV, §§ 2 ff., 7 Abs. 1 Nr. 1 PflegeZG.

503 Vgl. MüKoBGB/*Henssler*, 9. Aufl. 2023, § 616 BGB Rn. 12. Die Schutzvorschriften des Dienstvertragsrechts wurden bei vergleichbarer Schutzbedürftigkeit vereinzelt auch auf das Werkvertragsrecht übertragen, so für den § 618 BGB vom Großen Senat entschieden, BGH (GS) 5.2.1952 – GSZ 4/51, NJW 1952, 458 (458 f.) [unter II.]. Eine generelle Anwendbarkeit liegt jedoch nicht vor, vgl. MüKoBGB/*Henssler*, 9. Aufl. 2023, § 616 BGB Rn. 12.

504 Aufgrund des eigenständigen europäischen Arbeitnehmer-Verständnisses können die in Deutschland den arbeitnehmerähnlichen Personen zugeordneten Personen nach europäischem Recht als Arbeitnehmer angesehen werden, EuArbRK/*Franzen*, 5. Aufl. 2024, Art. 153 AEUV Rn. 8. Dazu auch *Krause*, The recocgnition of Economically-dependent workers within EU Law, in: Schubert (Hrsg.), Economically-dependent workers as part of a decent economy, 2022, S. 255-275 (Rn. 25 ff.).

505 Auf diesem Wege wurden die arbeitnehmerähnlichen Personen in § 5 Abs. 1 S. 2 ArbGG 1926 erstmals bedacht, RGBl. I 1926, S. 508, vgl. *Neuvians*, Die arbeitnehmerähnliche Person, 2002, S. 24. Siehe auch BAG 21.2.2007 – 5 AZB 52/06, NZA 2007, 699 (700) [Rn. 11]; 20.1.2004 – 9 AZR 291/02, NZA 2004, 1058 (1061) [unter B.I.3.a)]; 15.4.1993 – 2 AZB 32/92, NZA 1993, 789 (791) [unter 2.b).aa)]. Weitere Gesetze sind z.B. § 2 S. 2 BUrlG, § 7 Abs. 1 Nr. 3 PflegeZG, § 2 Abs. 3 FPfZG, § 12a TVG, § 26 Abs. 8 Nr. 6 BDSG, § 6 Abs. 1 Nr. 3 AGG, § 1 Abs. 2 S. 2 Nr. 7 MuSchG mit seinen Einschränkungen.

506 BAG 20.1.2004 – 9 AZR 291/02, NZA 2004, 1058 (1061) [unter B.I.3.a)]. Auch der Kündigungsschutz außerhalb des KSchG ist stark eingeschränkt, so ist § 612a BGB nicht auf arbeitnehmerähnliche Personen anwendbar. Allerdings steht auch die arbeitnehmerähnliche Person aufgrund des § 138 Abs. 1 BGB nicht ohne jeden

b) Folgen für das Steuerrecht

Im Steuerrecht ist nach dem Gesamtbild der Verhältnisse[507] festzustellen, ob eine selbständige oder unselbständige Arbeit vorliegt (§ 2 Abs. 1 S. 1 Nr. 3 und 4 EstG[508]). Innerhalb dieser Abwägung spricht der BFH dem Unternehmerrisiko zwar ein besonderes Gewicht zu,[509] aber auch die Weisungsbindung wird als gegen die Selbständigkeit sprechender Faktor in die Abwägung einbezogen,[510] sodass sich eine gewisse Parallelität zu dem Arbeitnehmerbegriff ergibt. Zu einem Gleichlauf der Einordnung führt dies jedoch nicht: Die Gesamtabwägung ist unabhängig von etwaigen arbeitsrechtlichen und sozialversicherungsrechtlichen Beurteilungen vorzunehmen, sogar eine gerichtliche Feststellung durch das BAG – oder auch das BSG[511] – hat somit maximal indizielle Bedeutung.[512] Gleichermaßen kommt auch der Bezeichnung der Tätigkeit durch die Parteien allein diese Indizwirkung zu.[513]

Die Unterscheidung zwischen Selbständigkeit und Unselbständigkeit tritt am deutlichsten mit der Lohnsteuer zu Tage, die für nichtselbständige Arbeit erhoben wird. Statt einer zusätzlichen Abgabe ist dabei allerdings allein die – weiterhin vom Arbeitnehmer zu tragende – Einkommensteuer vom Arbeitgeber

---

Schutz dar, BAG 14.12.2004 – 9 AZR 23/04, NZA 2005, 637 (638) [unter B.II.1.]; siehe dazu auch § 8.I.1.

507 BFH 2.12.1998 – X R 83/96, NZA-RR 1999, 376 (378) [unter III.3.a)].

508 Die Abgrenzung erfolge auch im Rahmen des GewStG und des UStG nach denselben Merkmalen, BFH 10.3.2005 – V R 29/03, NZG 2005, 607 (608) [unter a)]; *Grashoff/Mach*, Grundzüge des Steuerrechts, 16. Aufl., 2023, S. 66.

509 BFH 22.2.2012 – X R 14/10, SpuRT 2012, 167 (168); 2.12.1998 – X R 83/96, NZA-RR 1999, 376 (378) [unter III.3.a)]; vgl. Kirchhof/Seer/*Krumm*, 23. Aufl. 2024, § 15 EStG Rn. 18; *Reiserer/Freckmann/Träumer*, Scheinselbständigkeit, geringfügige Beschäftigung, 2002, S. 110; Schmidt/*Wacker*, 43. Aufl. 2024, § 15 EStG Rn. 11.

510 Kirchhof/Seer/*Krumm*, 23. Aufl. 2024, § 15 EStG Rn. 20; Schmidt/*Wacker*, 43. Aufl. 2024, § 15 EStG Rn. 11 f. Nach dem BFH ist eine zutreffende Definition des Arbeitnehmers in § 1 Abs. 2 LStDV zu finden, nach der es auf die Weisungsbindung ankommt, BFH 2.12.1998 – X R 83/96, NZA-RR 1999, 376 (377) [unter III.2.a)].

511 Dazu sogleich unter § 7.I.2.c).

512 BFH 10.3.2005 – V R 29/03, NZG 2005, 607 (608) [unter a)]; 2.12.1998 – X R 83/96, NZA-RR 1999, 376 (378) [unter III.3.h)]; FG Hamburg 8.9.2020 – 6 K 131/18, juris [Rn. 33]; so auch BSG 23.2.2021 – B 12 R 21/18 R, DStR 2021, 2212 (2214) [Rn. 23]; 21.4.1993 – 11 RAr 67/92, NJW 1994, 341 (342) [unter II.].

513 BFH 2.12.1998 – X R 83/96, NZA-RR 1999, 376 (378) [unter III.3.g)]; 24.7.1992 – VI R 126/88, AP BGB § 611 Abhängigkeit Nr. 63 [unter 2.d)]; LSG Sachsen 24.9.2019 – L 9 KR 193/14, juris [Rn. 28].

durch Abzug vom Lohn einzubehalten und abzuführen (§ 38 Abs. 1 EStG).[514] An dem Grundsatz, dass die Einkommensteuer von jeder natürlichen Person (§ 1 Abs. 1 i.V.m. § 2 Abs. 1 EStG) abhängig vom Einkommen zu entrichten ist (§ 32a EStG[515]), ändert dies jedoch nichts. Auch bei der möglicherweise hinzutretenden Gewerbesteuer für Unternehmer (§ 5 Abs. 1 GewStG), die bei einer selbständigen gewerblichen Tätigkeit anfallen kann,[516] ist zu bedenken, dass sich damit gem. § 35 EstG die Einkommensteuer – nicht zwingend identisch – ermäßigt[517] und keine doppelte Besteuerung vorliegt.

Die genaue Besteuerung hängt indessen von diversen Faktoren ab, die nur zum Teil auf der Einordnung als selbständige oder unselbständige Arbeit beruhen. Insbesondere die Bemessungsgrundlage sowie etwaige Befreiungen, Freibeträge und Freigrenzen beeinflussen die zu tragende Steuerlast maßgeblich.[518] Bei gleichbleibenden Umständen kommt der Frage nach selbständiger oder unselbständiger Tätigkeit damit keine entscheidende Bedeutung zu, sodass die Unterscheidungen der vertraglichen Ausgestaltung trotz der im Steuerrecht existierenden Unterschiede dahingehend nicht überschätzt werden sollen.

c) *Folgen für die Sozialversicherung*

Im Gegensatz dazu hat es umfangreiche sozialversicherungsrechtliche Auswirkungen, wie die Tätigkeit der handelnden Person rechtlich einzuordnen ist. Abgrenzungsmerkmal ist dabei erneut nicht das Arbeitsverhältnis, sondern die Beschäftigung im Sinne des § 7 Abs. 1 SGB IV.

aa) Überblick über das Sozialversicherungsrecht

Die deutsche Sozialversicherung unterfällt dem Vorsorgestrang[519] des deutschen Sozialrechts und enthält Schutzinstrumente, um die Berechtigten vor der finan-

514 Kirchhof/Seer/*Eisgruber*, 23. Aufl. 2024, § 38 EStG Rn. 1.

515 Gem. § 32a EStG bemisst sich die Steuer nach dem Einkommen im Sinne von § 2 Abs. 5 EStG. Ihr unterliegen neben den Einkünften aus selbständiger auch Einkünfte aus unselbständiger Arbeit (§ 2 Abs. 1, 18, 19 EStG).

516 § 15 Abs. 2 S. 1 EstG, BFH 22.2.2012 – X R 14/10, SpuRT 2012, 167 (168); 2.12.1998 – X R 83/96, NZA-RR 1999, 376 (377) [unter III.1.].

517 *Grashoff/Mach*, Grundzüge des Steuerrechts, 16. Aufl., 2023, S. 130.

518 Siehe nur *Grashoff/Mach*, Grundzüge des Steuerrechts, 16. Aufl., 2023, S. 14; Kirchhof/Seer/*Seer*, 23. Aufl. 2024, § 2 EStG Rn. 43.

519 Das deutsche Sozialrecht wird typischerweise in die Teilgebiete Vorsorge, Entschädigung sowie Förderung und Hilfe unterteilt, vgl. *Eichenhofer*, SGb 2022, 647 (650); *Zacher*, Einführung in das Sozialrecht der Bundesrepublik Deutschland, 3. Aufl.,

ziellen Belastung zu bewahren, die aus Alter, Krankheit, Unfall, Pflege oder dem Arbeitsplatzverlust resultieren.[520] Die fünf Sozialversicherungen[521] gehen bereits auf die von Reichskanzler Bismarck vorgetragene Kaiserliche Botschaft von 1881 zurück[522] und wurden mit dem Ziel einer einheitlichen und übersichtlichen Regelung[523] des Sozialrechts[524] schrittweise in den Büchern des SGB zusammengefasst.[525]

Hinter der Sozialversicherung steht die Überlegung, dass manche Lebensrisiken für den Einzelnen unkalkulierbar sind und daher diese Bürde nicht von dem Individuum getragen werden sollte, sondern von der Versichertengemeinschaft.[526]

1985, S. 20 f. Siehe zur „klassischen" und „neueren" Einordnung auch *Preis/Brose*, in: Fuchs/Preis/Brose, 2021, S. 39-170 (§ 5 Rn. 8).

520 Die Arbeitslosenversicherung in SGB III, die Krankenversicherung in SGB V, die Rentenversicherung in SGB VI, die Unfallversicherung in SGB VII, sowie die Pflegeversicherung in SGB XI.

521 Normiert in SGB V, VI, VII, XI und SGB III. Aufgrund des Sachzusammenhangs wurde sich dafür entschieden, die Arbeitslosenversicherung in SGB III zu regeln und somit vor den Allgemeinen Regelungen zu den Sozialversicherungen, die sich einheitlich in SGB IV finden, vgl. BT-Drs. 7/4122, 29 f. Trotz der fehlenden Aufzählung in § 1 Abs. 1 S. 1 SGB IV wird auch die Arbeitslosenversicherung zu den Sozialversicherungen gezählt, *Fuchs/Brose*, in: Fuchs/Preis/Brose, 2021, S. 171-254 (§ 14 Rn. 1); Knickrehm/Kreikebohm/Waltermann/*Hänlein*, 8. Aufl. 2023, § 1-6 SGB IV Rn. 5.

522 Dazu *Koppenfels-Spies*, Sozialrecht, 2018, Rn. 27 ff.; *Waltermann/Schmidt/Chandna-Hoppe*, Sozialrecht, 15. Aufl., 2022, Rn. 58; *Zacher*, Einführung in das Sozialrecht der Bundesrepublik Deutschland, 3. Aufl., 1985, S. 15; sowie ausführlich *Fuchs*, in: Fuchs/Preis/Brose, 2021, S. 1-37 (§ 2 Rn. 9 ff.).

523 Vgl. BT-Drs. 7/868, 1, 19.

524 Mit dem SGB II und SGB XII enthält das SGB auch Regelungen, die dem System sozialer Hilfe und Förderung zuzuordnen sind, das neue SGB XIV wird die Entschädigung umfassen (Art. 1 Gesetz zur Regelung des Sozialen Entschädigungsrechts vom 12.12.2019, BGBl. I 2019, 2652). Die drei Stränge des Sozialrechts (Vorsorge, Entschädigung sowie Förderung und Hilfe) wurden damit im SGB gebündelt.

525 Obwohl der Gesetzentwurf zu einem Sozialgesetzbuch erst aus dem Jahr 1973 stammt (BT-Drs. 7/868), hatte der damals neu gewählte Bundeskanzler Willy Brandt bereits in seiner Regierungserklärung vom 28.10.1969 die Ausarbeitung eines Sozialgesetzbuches angekündigt, Regierungserklärung Willy Brandt vom 28.10.1969, S. 22, Stenografischer Bericht über die 5. Sitzung des Deutschen Bundestages vom 28.10.1969, S. 28. Im Vergleich zu dem ebenfalls von Brandt angekündigten einheitlichen Arbeitsgesetzbuchs, waren die Arbeiten von deutlich größerem Erfolg gekrönt.

526 *Preis/Brose*, in: Fuchs/Preis/Brose, 2021, S. 39-170 (§ 5 Rn. 9).

Daher fallen die Lasten im Wesentlichen der Versichertengemeinschaft zu: Im Gegensatz zu den Leistungen im Bereich der Entschädigung und sozialen Hilfe und Förderung[527] finanzieren sich die Versicherungen dabei (größtenteils[528]) durch die Beiträge der geschützten Personen. Die Beitragshöhe ist abhängig vom Entgelt[529] und – bis auf die Unfallversicherung[530] – grundsätzlich hälftig von Arbeitnehmer und Arbeitgeber zu tragen,[531] auch wenn der Arbeitnehmerbeitrag direkt vom Arbeitgeber einbehalten und gemeinsam mit dessen Beiträgen abgeführt wird (§§ 28d S. 1 und 2, 28e Abs. 1 S. 1 SGB IV).

bb) Anwendungsbereich

Zentraler Begriff der Sozialversicherung ist die „Beschäftigung": § 2 Abs. 2 Nr. 1 SGB IV statuiert, dass alle Personen, die gegen Arbeitsentgelt oder zur Berufsausbildung beschäftigt sind, in den Zweigen der Sozialversicherungen auch versichert sind. Diese Beschäftigung wird vom SGB IV zudem als nichtselbständige Arbeit, insbesondere in einem Arbeitsverhältnis definiert (§ 7 Abs. 1 SGB IV). Maßgeblich ist somit, ob die Tätigkeit eine selbständige oder unselbständige Arbeit umfasst. Es handelt sich folglich erneut um eine offene Definition, deren Voraussetzungen im Einzelfall festzustellen sind,[532] wobei die Bezeichnung durch die Parteien hinter

---

527 Vgl. *Waltermann/Schmidt/Chandna-Hoppe*, Sozialrecht, 15. Aufl., 2022, Rn. 493, 507.

528 Vgl. § 213 SGB VI, § 20 Abs. 1 SGB IV. Siehe auch *Fuchs/Brose*, in: Fuchs/Preis/Brose, 2021, S. 171-254 (§ 13 Rn. 7 ff.), mit Bezug auf § 20 Abs. 1 SGB IV.

529 BSG 23.2.2021 – B 12 R 21/18 R, NZS 2022, 26 (26 f.) [Rn. 11]. Maßgeblich ist das geschuldete, nicht das gezahlte Entgelt, BSG 14.7.2004 – B 12 KR 1/04 R, NZS 2005, 538 (540) [Rn. 14].

530 Die Sonderstellung der ausschließlich vom Arbeitgeber zu finanzierenden Unfallversicherung (§ 150 Abs. 1 S. 1 SGB VII) wird mit dessen damit verbundenen Haftungsfreistellung begründet, *Fuchs/Brose*, in: Fuchs/Preis/Brose, 2021, S. 171-254 (§ 12 Rn. 167); *Waltermann/Schmidt/Chandna-Hoppe*, Sozialrecht, 15. Aufl., 2022, Rn. 146, 284. Für die umgekehrte Argumentation siehe beispielhaft die Ausführungen zum Finanzierungsargument in *Deinert*, Privatrechtsgestaltung durch Sozialrecht, 2007, S. 265 f.

531 Diese Regelungen sind nicht in SGB IV, sondern jeweils in den entsprechenden Büchern zur Krankenversicherung (§ 249 Abs. 1 S. 1 SGB V), Rentenversicherung (§ 168 Abs. 1 Nr. 1 SGB VI), Pflegeversicherung (§ 58 Abs. 1 S. 1 SGB XI) und Arbeitslosenversicherung (§ 346 Abs. 1 S. 1 SGB III) enthalten. Zu dieser hälftigen Beitragslast bestehen Ausnahmen, siehe z.B. § 242 SGB V, §§ 55 Abs. 3, 58 Abs. 1 S. 3 SGB XI.

532 Vgl. auch *Eichenhofer*, in: FS Preis, 2021, S. 191-201 (192); *Preis/Brose*, in: Fuchs/Preis/Brose, 2021, S. 39-170 (§ 12 Rn. 4). Gerade im Bereich von Crowdwork oder der freien Mitarbeiter kann die Abgrenzung schwierig sein, *Brose*, NZS 2017, 7

der tatsächlichen Ausführung zurücktritt.[533] Obwohl damit die Überschneidung zum Arbeitsverhältnis bereits im Gesetz angelegt ist,[534] liegt weder eine Identität der Begriffe vor noch ist die arbeitsgerichtliche Feststellung einer selbständigen Tätigkeit für den Beschäftigtenbegriff im Sinne des SGB IV von Bedeutung.[535]

Die gem. § 2 Abs. 2 Nr. 1 SGB IV pflichtversicherten Beschäftigten bilden den „Kernversichertenbestand“[536], auf der anderen Seite ist von der Exklusion Selbständiger aus der Sozialversicherung auszugehen.[537] Das Gesetz erlaubt es allerdings teilweise auch, sich auf freiwilliger Basis der Sozialversicherung anzuschließen[538] und nimmt Beschäftigte mitunter aus der Versicherungspflicht aus.[539] Hinzu kommt eine weitere spezielle Regelung des Versichertenkreises in der gesetzlichen Rentenversicherung. Gem. § 2 Abs. 1 Nr. 9 SGB VI erstreckt sich die Versicherungspflicht auch auf Personen, die, ohne eigene

---

(10 ff.); *Preis/Brose*, in: Fuchs/Preis/Brose, 2021, S. 39-170 (§ 12 Rn. 47 f.). Eine beispielhafte Abwägung findet sich in LSG Sachsen-Anhalt 10.5.2022 – L 3 BA 30/20, juris [Rn. 36 ff.].

533 BSG 4.6.2019 – B 12 R 11/18 R, NZA 2019, 1583 (1585) [Rn. 19].

534 § 7 Abs. 1 S. 2 SGB IV verweist auf die bereits bekannten Kriterien der Weisung und Eingliederung. Auch das BSG stellt auf die persönliche, nicht auf die wirtschaftliche Abhängigkeit ab, BSG 4.6.2019 – B 12 R 11/18 R, NZA 2019, 1583 (1586 f.) [Rn. 29, 34]; 18.12.2001 – B 12 KR 8/01, juris [Rn. 13]; 14.5.1981 – 12 RK 11/80, juris [Rn. 39]. Siehe dazu auch *Deinert*, in: FS Fuchs, 2020, S. 435-453 (435) m.w.N.

535 BSG 4.6.2019 – B 12 R 11/18 R, NZA 2019, 1583 (1585) [Rn. 19]; siehe auch *Greiner*, NZS 2009, 657 (658). Eingeschränkt wird dies dadurch, dass ein Arbeitsverhältnis eine Beschäftigung darstellt, vgl. BT-Drs. 7/4122, 31. Zur Frage eines einheitlichen Konzepts *Rolfs*, Gutachten DJT, 2024, B 19 ff.

536 *Preis/Brose*, in: Fuchs/Preis/Brose, 2021, S. 39-170 (§ 11 Rn. 3). Die einzelnen Sozialversicherungen können zusätzliche Personengruppen einbeziehen (§ 2 Abs. 4 SGB IV), nehmen aber auch noch einmal explizit die Beschäftigten in Bezug (§§ 24, 25 SGB III, § 5 Abs. 1 Nr. 1 SGB V, § 1 Abs. 1 S. 1 Nr. 1 SGB VI, § 2 Abs. 1 Nr. 1 SGB VII, § 20 Abs. 1 S. 1 SGB XI).

537 *Fuchs/Brose*, in: Fuchs/Preis/Brose, 2021, S. 171-254 (§ 12 Rn. 2); *Schlegel*, NZS 2000, 421 (422).

538 Nicht jeder kann diese freiwillige Versicherung in Anspruch nehmen, es bedarf weiterhin einer Erlaubnis innerhalb des Versicherungszweiges, wie z.B. § 9 SGB V eine darstellt, *Fuchs/Brose*, in: Fuchs/Preis/Brose, 2021, S. 171-254 (§ 11 Rn. 4); Krauskopf/*Stäbler*, 122. EL, § 2 SGB IV Rn. 6.

539 Siehe für die Versicherungsfreiheit z.B. § 6 SGB V, § 4 SGB VII und die Versicherungsbefreiung z.B. § 8 SGB V, § 5 SGB VII; mit diesen Normen *Fuchs/Brose*, in: Fuchs/Preis/Brose, 2021, S. 171-254 (§ 11 Rn. 5).

versicherungspflichtige Arbeitnehmer zu beschäftigen, auf Dauer und im Wesentlichen nur für einen Auftraggeber tätig sind. Neben der Einbeziehung von Heimarbeitern als Beschäftigte nach § 12 Abs. 2 2. HS SGB IV[540] begründet diese Norm damit aber den einzigen sozialversicherungsrechtlichen Schutz der arbeitnehmerähnlichen Personen.[541]

cc) Vertragsgestaltung zu Lasten von Drittinteressen

Behandeln die Parteien die Tätigkeit fälschlich nicht als Beschäftigung führt dies zwar dazu, dass keine Beiträge abgeführt werden,[542] an der rechtlichen Ausgangslage und der Pflicht, diese Beiträge abzuführen, ändert dies jedoch nichts. Die Versicherungspflicht – und damit korrespondierend der Versicherungsschutz und die Beitragspflicht – richten sich nach dem objektiven Vorliegen einer Beschäftigung und nicht nach der Ansicht der Vertragsparteien.[543] Es ändert sich damit nicht die rechtliche, sondern allein die faktische Lage, schließlich werden keine Beiträge gezahlt und die Sozialversicherung wird über die Beschäftigung nicht in Kenntnis gesetzt. In der fiktiv angenommen Situation korrespondiert mit der unterlassenen Beitragszahlung auch ein Verlust der durch die Sozialversicherung gewährleisteten Sicherung.[544] Die negativen Folgen des „Arbeitgebers" liegen hingegen insbesondere in dem Risiko wirtschaftlicher

540 Die sich aus dieser Norm ergebende Versicherungspflicht unterliegt der Möglichkeit der Befreiung, § 6 Abs. 1a, 2 SGB VI. Zudem sind die Beiträge nicht hälftig zu tragen (§ 168 Abs. 1 Nr. 1 SGB VI), sondern allein und vollständig von der arbeitnehmerähnlichen Person (§ 169 Nr. 1 SGB VI).

541 Vgl. *Brose*, NZS 2017, 7 (13); KassKomm/*Guttenberger*, 118. EL, § 2 SGB VI Rn. 34; *Mecke*, SGb 2016, 481 (482). Der Begriff „arbeitnehmerähnliche Selbständige" wurde im Gesetzesentwurf noch explizit verwendet, BT-Drs. 14/45, 8. Die wirtschaftliche Abhängigkeit ist gerade nicht von Bedeutung, BSG 4.6.2019 – B 12 R 11/18 R, NZA 2019, 1583 (1587) [Rn. 34].

542 Vgl. auch *Schlegel*, NZS 2000, 421 (423).

543 Vgl. BSG 4.6.2019 – B 12 R 11/18 R, NZA 2019, 1583 (1585) [Rn. 19].

544 Siehe zu den Folgen § 7.I.2.d). Schon die Grundlagen der Bismarckschen Sozialgesetzgebung folgten dem Schutz des Arbeitnehmers, vgl. *Schlegel*, NZS 2000, 421 (421). Dies werde zum Teil auch als großer Nachteil der Selbständigkeit gesehen, zu großen Teilen würden die negativen Folgen der Selbständigkeit aber auch unterschätzt, *Betzelt*, Flexible Wissensarbeit: AlleindienstleisterInnen zwischen Privileg und Prekarität, 2006, S. 50 f.

und strafrechtlicher Folgen,[545] da er seiner Pflicht zur Abführung der Beiträge[546] nicht nachkommt.

Unter diesen Bedingungen hat die fehlerhafte Behandlung des Beschäftigungsverhältnisses nur geringe (faktische) Bedeutung für die Beitragszahler aus dem Kreis der Versicherten. Die Beiträge für die Versicherten sind gesetzlich festgeschrieben, sodass die Beitragspflicht des Einzelnen nicht ohne Weiteres wegen des Ausscheidens vereinzelter Versicherter angehoben werden kann, selbst wenn daraus Verluste resultieren. Ebenso nur eine untergeordnete Bedeutung ergibt sich für die Grundsicherung. Die Sozialversicherung dient neben dem Versicherten auch dem Schutz der Allgemeinheit vor den Folgen mangelnder Risikovorsorge des Einzelnen.[547] Ohne diese Absicherung erhöht sich die Gefahr, durch den Eintritt eines ursprünglich von der Sozialversicherung abgesicherten Risikos nicht mehr für den eigenen Lebensunterhalt sorgen zu können.[548] Zwar sichert in diesem Fall die Grundsicherung das Existenzminimum ab[549] und ein bewusstes Ausscheiden aus der Sozialversicherung kann sich auf diesem Wege zu Lasten der Steuerzahler auswirken. Indem aber die sozialversicherungsrechtlichen Leistungen in der Regel einen höheren Schutz aufweisen als die Grundsicherung,[550] liegt kein finanzieller Anreiz zum bewussten Ausweichen auf die Grundsicherung

545 Dieser muss im Zweifel die Beiträge samt Säumniszuschlag (§ 24 SGB IV) nachträglich entrichten und kann sie nur begrenzt (§ 28g S. 3 SGB IV) vom Arbeitnehmer zurückverlangen, strafrechtliche Folgen drohen allerdings nicht bei einer unvorsätzlichen Fehleinstufung. Vgl. dazu *Fuchs/Brose*, in: Fuchs/Preis/Brose, 2021, S. 171-254 (§ 12 Rn. 51, 106); MüKoStGB/*Radtke*, 4. Aufl. 2022, § 266a StGB Rn. 89.

546 §§ 28a Abs. 1, 28d S. 1 und 2, 28e Abs. 1 S. 1 SGB IV, vgl. dazu auch *Schlegel*, NZS 2000, 421 (423).

547 Siehe z.B. *Brose*, NZS 2017, 7 (8); *Schlegel*, NZS 2022, 681 (685); *Waltermann*, in: GS Rebhahn, 2019, S. 635-648 (640).

548 Vgl. *Geiger*, NZS 2021, 976 (980). In diese Richtung auch *Schlegel*, NZS 2022, 681 (685) m.w.N.

549 Vgl. BVerfG 9.2.2010 – 1 BvL 1/09 u.a., BVerfGE 125, 175 (227) [Rn. 146]. In der Expertise zur Eingliederung Selbständiger in die gesetzliche Altersversicherung wurde beispielsweise darauf abgestellt, dass später eintretende Altersarmut insbesondere mit einer fehlenden Rente zusammenhängt, *Deutsche Rentenversicherung Bund* (Hrsg.), Szenarien einer Eingliederung der Selbstständigen ohne obligatorische Altersvorsorge in die gesetzliche Rentenversicherung, 2009, S. 6 f.

550 Beispielhaft zeigt sich dies für den Fall der eintretenden Arbeitslosigkeit: Während sich die sozialversicherungsrechtliche Leistung an dem vorangegangen Gehalt orientiert (als Grundsatz 60 %, § 149 Nr. 2 SGB III), gilt für die Grundsicherung nach dem SGB II ein fester Betrag (aktuell im Grundsatz 502 €, § 20 SGB II, § 28 SGB XII i.V.m. Anlage zu § 28 SGB XII).

vor. In der Praxis liegt eine solche Folge z.B. für Soloselbständige wohl vielmehr in der wirtschaftlichen Not begründet, die Beiträge nicht aufbringen zu können.

Als letztes kann die Funktionsfähigkeit der Sozialversicherung und damit das Sozialversicherungssystem als solches Schaden nehmen.[551] In der Theorie korrespondiert mit den unterlassenen Beitragszahlungen auch ein Ausbleiben von Leistungen. Die Sozialversicherung beruht allerdings auf dem Gedanken, dass die Ausgaben für Leistungen nicht allein von den betroffenen Beitragszahlern, sondern von allen und damit insbesondere auch von den Beitragszahlern getragen werden, die keine Leistungen in Anspruch nehmen müssen. Ein System, dass die Risiken von der einzelnen Person abwenden will und die Belastung auf alle Schultern verteilt, ist stabiler, je größer die Solidargemeinschaft ist.[552] Bereits jetzt sei eine Tendenz dahingehend erkennbar, dass die Versicherungsleistungen immer kostspieliger, die eingenommenen Beitragszahlungen aber geringer werden.[553] Mit dieser Argumentation wurde auch im Bereich der geringfügigen Beschäftigung angemahnt, dass die fehlenden Einnahmen eine Gefährdung der Finanzierungsgrundlage bedeuten würden.[554] Entziehen sich immer mehr dieser Gemeinschaft, so droht das gesamte System zusammenzubrechen. Wie präsent diese Sorge ist, zeigt sich auch daran, dass aus Angst vor der „Erosion der sozialversicherungspflichtigen Beschäftigung“[555] über eine Erweiterung der Rentenversicherungspflicht diskutiert wird. Verstärkt wird dieses Risiko dadurch, dass die rechtliche Versicherungspflicht und der daraus resultierende Anspruch weiterhin existieren. Erleidet daher ein der Sozialversicherung noch nicht gemeldeter Beschäftigter einen Versicherungsfall, könnte er dennoch seinen Leistungsanspruch

---

551 Ähnlich wie schon bei der InstitutsVergV wird also nicht mit dem Zusammenbruch einer ganzen Branche bzw. des umfassenden Sozialversicherungsschutzes argumentiert. In Abgrenzung zur InstitutsVergV hat der Arbeitnehmer jedoch auch die eigenen Opfer mit einzuberechnen, die mit dem Ausschluss aus der Sozialversicherung einhergehen, vgl. dazu sogleich § 7.I.2.d).

552 *Schlegel*, NZA-Beilage 2016, 13 (13). Auch das BAG hat festgestellt, dass z.B. mit § 266a Abs. 1 StGB das Interesse der Solidargemeinschaft an der Sicherstellung des Sozialversicherungsaufkommens geschützt werden soll, BAG 26.2.2003 – 5 AZR 690/01, NZA 2004, 313 (315) [unter II.4.c).aa)].

553 Vgl. BT-Drs. 19/24003, 3.

554 Werden zu viele sozialversicherungspflichtige Arbeitsverhältnisse durch abgabefreie Beschäftigungsverhältnisse ersetzt, geht dies zu Lasten der Finanzierungsgrundlage der Sozialversicherung, vgl. BT-Drs. 14/280, 13 (aus arbeitsmarktpolitischen Gründen); BT-Drs. 14/441, 1; *Kazmierczak*, NZS 2003, 186 (186); *Rombach*, SGb 1999, 215 (215).

555 *Fuchs/Brose*, in: Fuchs/Preis/Brose, 2021, S. 171-254 (§ 12 Rn. 3).

geltend machen. Auch die in diesem Fall mit Kenntnis der Beschäftigung von dem Arbeitgeber fälligen Nachzahlungen decken diese Extraausgaben nicht zwingend, sodass das System weiter in Schieflage geraten könnte, schließlich wären alle auf diesem Wege hinzutretenden Beitragszahler auch Leistungsempfänger.

d) Konfliktpotenzial hinsichtlich des Rechtscharakters

Für Drittinteressen ist die Einordnung als nichtselbständiges Arbeits- bzw. Beschäftigungsverhältnis nur von geringer Bedeutung. Insbesondere die arbeitnehmerschützenden Normen wirken im Zweipersonenverhältnis und auch die steuerrechtlichen Folgen sind zum Teil zu vernachlässigen, obwohl die Wahl des Vertrages z.B. Auswirkungen für den Gemeinde-, Länder- oder Bundeshaushalt haben kann (Art. 106 Abs. 3, 5 GG, § 1 GewStG).[556] Ein sichtbarer steuerrechtlicher Nachteil entsteht damit allein in Folge von Schwarzgeldabreden – also der Absprache, für die Tätigkeit weder Steuern noch Beiträge zu entrichten. Wie schon im Falle der Umgehung der Sozialversicherungspflicht hat dies keine rechtlichen Folgen; die Steuerpflicht entsteht, wird aber nicht erfüllt. Ohne Korrelation von eigenen Einzahlungen und der erhaltenen Leistung, wie sie das Sozialversicherungsrecht kennt, bedeutet die Schwarzgeldabrede dennoch in tatsächlicher Hinsicht sinkende Steuereinnahmen bei gleichbleibenden steuerfinanzierten Leistungen.[557]

Das Herausfallen aus der Sozialversicherungspflicht führt zwar aufgrund dieser Korrelation nicht zu unmittelbaren Kosten, ist der Schutz aber auf eine große Solidargemeinschaft ausgelegt, bedeutet ein Zusammenschrumpfen auch eine geringere Fähigkeit die finanziellen Lasten abzufangen. Dass die Vertragsparteien sich trotz der eigenen Nachteile zum Teil von der Sozialversicherung lösen wollen, liegt maßgeblich an dem wirtschaftlichen Anreiz, der von den wegfallenden Beiträgen ausgeht. Auch die fehlende Selbstbestimmung[558] und der für den Arbeitgeber hinzutretende organisatorische Aufwand[559] können aber den Anreiz verstärken. Es ist dabei als Ausgangspunkt für die Nachteile der Sozialversicherung unbeachtlich,

---

556 Es handelt sich dabei mit Blick auf § 42 AO nicht um eine Steuerumgehung, sondern um eine Steuervermeidung, die grundsätzlich zulässig sein muss, dazu Klein/*Ratschow*, 18. Aufl. 2024, § 42 AO Rn. 35.

557 Vgl. in diese Richtung auch BAG 26.2.2003 – 5 AZR 690/01, NZA 2004, 313 (316) [unter II.4.g)].

558 Vgl. nur *Kommission der Europäischen Gemeinschaften*, Mitteilung der Kommission zur Bekämpfung nicht angemeldeter Erwerbstätigkeit, 2007, S. 2; *Schlegel*, NZS 2000, 421 (423 f.).

559 Siehe dazu § 7.I.2.c).cc).

aus welchem Grund die Sozialversicherung entfällt, ob also eine Schwarzgeldabrede getroffen wurde, ein vom Arbeitsvertrag abweichender Vertragstyp gewählt wurde oder auch eine zeitlich[560] oder entgeltlich[561] geringfügige Beschäftigung vorliegt. Bei letzterer entfällt die Versicherungspflicht mit einigen Besonderheiten[562] und auch die Steuerlast sinkt. Gerade im Grenzbereich kann sich also ein nicht unerheblicher finanzieller Anreiz finden, die Schwelle der geringfügigen Beschäftigung nicht zu überschreiten.[563]

II. Sittenwidriges Verhalten gegenüber den Sozialversicherungsträgern und dem Fiskus

Wie sich gezeigt hat, besteht ein Konfliktpotenzial insbesondere vor dem Hintergrund, dass die Vertragsparteien nach der vertraglichen Abrede möglichst ohne finanzielle Einbußen dastehen möchten. Vergleichbare Rechtsgeschäfte, in denen die eigenen finanziellen Interessen zu Lasten eines Dritten, insbesondere des Fiskus, verfolgt werden, existieren auch außerhalb des Arbeitsrechts. Der

---

560 Die Zeitgeringfügigkeit liegt vor, wenn die Beschäftigung auf längstens drei Monate oder 70 Arbeitstage begrenzt zu sein pflegt (§ 8 Abs. 1 Nr. 2 SGB IV), wobei beide Alternativen gleichberechtigt nebeneinanderstehen, BSG 24.11.2020 – B 12 KR 34/19 R, NZS 2021, 976 (977) [Rn. 15].

561 Die Entgeltgeringfügigkeit liegt vor, wenn das Arbeitsentgelt regelmäßig die Geringfügigkeitsgrenze nicht übersteigt (§ 8 Abs. 1 Nr. 1 SGB IV). Diese Grenze liegt seit dem 1.10.2022 bei 520 € pro Monat, BAnz AT 05.09.2022 B1. Siehe zum Verzicht auf Arbeitsentgelt zur Unterschreitung der Grenze *Fuchs/Brose*, in: Fuchs/Preis/Brose, 2021, S. 171-254 (§ 12 Rn. 79); *Kazmierczak*, NZS 2003, 186 (187).

562 § 7 SGB V, § 20 Abs. 1 S. 2 Nr. 1 i.V.m. S. 1 SGB XI, § 27 Abs. 2 SGB III, mitsamt deren Rückausnahmen. Bei der Krankenversicherung besteht zwar grundsätzlich eine Versicherungsfreiheit (§ 7 SGB V), der Arbeitgeber hat dennoch unter Umständen Beiträge zu leisten (§ 249b SGB V), ohne dass ein zusätzlicher Leistungsanspruch besteht. Liegt eine Entgeltgeringfügigkeit vor, sind die Beschäftigten rentenversicherungspflichtig, wobei die Möglichkeit der Befreiung besteht (§ 6 Abs. 1b SGB VI). Den Arbeitgeber treffen allerdings auch in diesem Fall und bei der Zeitgeringfügigkeit einige finanzielle Lasten (§§ 172 Abs. 3, 276a SGB VI). Vgl. dazu *Geiger*, NZS 2021, 976 (980); *Kainz*, NZS 2022, 653 (656); *Kazmierczak*, NZS 2003, 186 (189); *Latzel*, NZS 2022, 281 (281); *Reiserer/Freckmann/Träumer*, Scheinselbständigkeit, geringfügige Beschäftigung, 2002, S. 241 f.; *Rombach*, SGb 1999, 215 (217). Die Unfallversicherung ist allein vom Arbeitgeber zu tragen, auch die geringfügige Beschäftigung ändert daran nichts, vgl. *Latzel*, NZS 2022, 281 (281); *Reiserer/Freckmann/Träumer*, Scheinselbständigkeit, geringfügige Beschäftigung, 2002, S. 228 f.

563 So auch *Kazmierczak*, NZS 2003, 186 (186); *Salje*, NZA 1990, 299 (302).

Umgang der Rechtsprechung mit dem Behindertentestament und dem Unterhaltsverzicht liefern dabei wertvolle Hinweise für eine Einordnung der arbeitsrechtlichen Rechtsgeschäfte.

1. Behindertentestament

Der Begriff des „Behindertentestamentes“ verweist auf eine spezielle Form des Testaments, mit der der Nachlass vor dem Zugriff durch den Sozialhilfeträger geschützt werden soll. Leidet ein Kind unter einer Behinderung und empfängt aus diesem Grund Sozialhilfeleistungen, wird es grundsätzlich in der Erbschaft berücksichtigt und erhält Vorteile aus dem Nachlass. Mittels einer Kombination aus Vor- und Nacherbschaft sowie einer Dauertestamentsvollstreckung werden diese Rechte jedoch derart beschränkt, dass das Kind weiterhin Leistungen der Sozialhilfe erhält, der Sozialhilfeträger aber nicht auf das Vermögen zugreifen kann.[564] Weder entsteht ein Pflichtteilsanspruch, der auf den Sozialhilfeträger überleitbar wäre (§ 93 Abs. 1 SGB XII),[565] noch entsteht dem Kind ein Vermögen, dass dieses nach § 90 SGB XII vorrangig zur Deckung der Kosten einzusetzen hat. Durch die Testamentsvollstreckung ist das Vermögen vor einem Zugriff durch Eigengläubiger des Vorerben geschützt (§ 2214 BGB).

Die Bedürftigkeit wird auf diese Weise aufrechterhalten und so verhindert, dass der Nachlass über den Rückgriff des Sozialhilfeträgers aufgezehrt wird. Das geltende Nachrangprinzip, nachdem der Unterhalt primär durch eigenes Vermögen und erst im Falle der Leistungsunfähigkeit durch die Sozialhilfe zu bestreiten ist,[566] wird auf diese Weise ausgehebelt. Die Privatautonomie in Ausprägung der Testierfreiheit steht somit dem Interesse der am Testament nicht beteiligten öffentlichen Hand entgegen.

Trotz des bewussten Umgehens des Sozialhilfeträgers und des Eingliederungshilfeträgers[567] entspricht es ständiger Rechtsprechung des BGH, die

---

564 BGH 24.7.2019 – XII ZB 560/18, NJW 2020, 58 (59) [Rn. 12]; 19.1.2011 – IV ZR 7/10, NJW 2011, 1586 (1587) [Rn. 12]; vgl. MüKoBGB/*Leipold*, 9. Aufl. 2022, Vor § 2064 BGB Rn. 23. Ausführlich dazu *Deinert*, Privatrechtsgestaltung durch Sozialrecht, 2007, S. 416 ff.

565 BGH 20.10.1993 – IV ZR 231/92, NJW 1994, 248 (250 f.) [unter III.2.d)]; vgl. Schellhorn/Hohm/Schneider/Busse/*Schellhorn*, 21. Aufl. 2023, § 93 SGB XII Rn. 24.

566 BGH 19.1.2011 – IV ZR 7/10, NJW 2011, 1586 (1588) [Rn. 22]; vgl. auch BVerfG 24.7.1963 – 1 BvL 101/58, AP GG Art. 3 Nr. 80 = BVerfGE 17, 38 (56) [unter C.IV.2.b)].

567 Durch das Bundesteilhabegesetz wurde die Eingliederungshilfe eigenständig in SGB IX geregelt und wird nicht durch den Sozialhilfeträger, sondern durch den Eingliederungshilfeträger durchgeführt, BGBl. I 2016, 3234.

Sittenwidrigkeit sowohl der Testierung als auch des Pflichtteilsverzichts durch den Berechtigten[568] abzulehnen.[569] Das Nachrangprinzip werde in SGB XII nicht stringent durchgehalten und könne daher allein nicht gegen die Wirksamkeit des Testamentes sprechen.[570] Zudem stehe mit § 26 Abs. 1 S. 2 Nr. 1 SGB XII ein sozialrechtlicher Mechanismus bereit, um die pflichtwidrige Herbeiführung der eigenen Bedürftigkeit zu sanktionieren.[571] Die Privatautonomie gewährleiste es, alle im Erbrecht vom Gesetz bereitgestellten Gestaltungsinstrumente einschließlich der Kombinationsmöglichkeiten auszuschöpfen.[572] In diesem Lichte lasse das vorrangige Ziel, dem Erben ein über die Sozialhilfe hinausgehenden Mehrwert zu bieten, keinen Verstoß gegen die guten Sitten erkennen.[573] Insbesondere sei von den Eltern nicht zu verlangen, das Interesse der öffentlichen Hand dem Interesse am Wohle des Kindes vorzuziehen.[574] Die Nichtigkeit aufgrund eines Sittenverstoßes könne daher nur im Einzelfall vorliegen; dies ist aber besonders zu begründen[575] und erfordert mehr als die Absicht, den Nachlass einem Zugriff der

---

568 Der BGH erkennt an dieser Stelle, dass die Testierfreiheit nicht einschlägig sein kann, argumentiert daher mit der "negativen Erbfreiheit", schließlich stehe es jedem frei, ob er Erbe werden wolle oder nicht, BGH 19.1.2011 – IV ZR 7/10, NJW 2011, 1586 (1588) [Rn. 27]. Dies mit dem Argument kritisierend, dass das Nachrangprinzip lediglich Dritte nicht binde, im Verhalten des Sozialhilfeempfängers aber entscheidend zu berücksichtigen sei, MüKoBGB/*Leipold*, 9. Aufl. 2022, Vor § 2064 BGB Rn. 23; so auch Staudinger/*Fischinger*, 2021, § 138 BGB Rn. 526. Ebenso kritisch *Armbrüster*, ZEV 2010, 88 (88).

569 BGH 24.7.2019 – XII ZB 560/18, NJW 2020, 58 (59) [Rn. 12]; 19.1.2011 – IV ZR 7/10, NJW 2011, 1586 (1587) [Rn. 12]. Auch mit Blick auf das Akzeptanzprinzip müsse dasselbe Ergebnis angenommen werden, *Deinert*, Privatrechtsgestaltung durch Sozialrecht, 2007, S. 445. Mit grundsätzlicher Kritik z.B. MüKoBGB/*Armbrüster*, 9. Aufl. 2021, § 138 BGB Rn. 67.

570 BGH 19.1.2011 – IV ZR 7/10, NJW 2011, 1586 (1588) [Rn. 23]; 21.3.1990 – IV ZR 169/89, NJW 1990, 2055 (2057) [unter II.2.c).bb)].

571 BGH 19.1.2011 – IV ZR 7/10, NJW 2011, 1586 (1589) [Rn. 31]; so auch Staudinger/*Fischinger*, 2021, § 138 BGB Rn. 526.

572 BGH 24.7.2019 – XII ZB 560/18, NJW 2020, 58 (59) [Rn. 14]; 19.1.2011 – IV ZR 7/10, NJW 2011, 1586 (1587) [Rn. 18].

573 BGH 24.7.2019 – XII ZB 560/18, NJW 2020, 58 (59) [Rn. 12]; 19.1.2011 – IV ZR 7/10, NJW 2011, 1586 (1587 f.) [Rn. 19]; 21.3.1990 – IV ZR 169/89, NJW 1990, 2055 (2056) [unter II.2.a).].

574 BGH 21.3.1990 – IV ZR 169/89, NJW 1990, 2055 (2056 f.) [unter II.2.c).bb)].

575 Vgl. BGH 24.7.2019 – XII ZB 560/18, NJW 2020, 58 (59) [Rn. 14]; 19.1.2011 – IV ZR 7/10, NJW 2011, 1586 (1587) [Rn. 18].

Sozialhilfe zu entziehen.[576] Ein Vertrag zu Lasten Dritter kann hingegen mangels unmittelbarer Änderung der Rechtslage in keinem Fall angenommen werden, schließlich beruht die Einstandspflicht des Sozialhilfeträgers auf einer gesetzlichen Grundlage, dessen Voraussetzungen als Reflex aufrechterhalten werden.[577]

2. *Unterhaltsverzicht*

Den Überlegungen zum Behindertentestament wird häufig der nacheheliche Unterhaltsverzichts gegenübergestellt. Dabei handelt es sich um Abreden zwischen den Ehepartnern, in denen beide auf eine Unterhaltszahlung für den Fall der Scheidung verzichten.[578] Neben dem Kindeswohl[579] kann von einem unterbliebenen Unterhalt auch die Sozialhilfe betroffen sein, sofern der verzichtende Ehepartner im Anschluss in die Bedürftigkeit abrutscht[580] und einen Anspruch auf Sozialhilfe erlangt.[581] Trotz grundsätzlich bestehender gesetzlicher Unterhaltsmöglichkeiten (§§ 1569 ff. BGB) und dem ebenfalls geltenden Nachrangprinzip,[582] wäre somit der Fiskus belastet.

Im Gegensatz zum Behindertentestament wird die Sittenwidrigkeit des Unterhaltsverzichts mit Blick auf den Nachranggrundsatz wesentlich großzügiger angenommen. Zwar sei aufgrund der auch im Unterhaltsrecht geltenden Vertragsfreiheit[583] nicht jeder Unterhaltsverzicht als sittenwidrig anzusehen, nach dem Gesamtcharakter der Abrede könne dies aber im Einzelfall gegeben sein.[584] Liegt objektiv ein Nachteil des Sozialhilfeträgers vor, sei dafür auf subjektiver

576 BGH 24.7.2019 – XII ZB 560/18, NJW 2020, 58 (59) [Rn. 15] m.w.N.

577 So auch BGH 19.1.2011 – IV ZR 7/10, NJW 2011, 1586 (1588) [Rn. 21].

578 Vgl. nur BGH 5.11.2008 – XII ZR 157/06, NJW 2009, 842; 25.10.2006 – XII ZR 144/04, NJW 2007, 904.

579 Siehe dazu § 9.I.2.c).bb).

580 Wird der Verzicht zur Bedingung für die Eingehung der Ehe gemacht, treffe dies nicht zu, schließlich stehe dem „Ehepartner" auch ohne die Ehe kein Anspruch zu, BGH 25.10.2006 – XII ZR 144/04, NJW 2007, 904 (905) [Rn. 19]; 9.7.1992 – XII ZR 57/91, NJW 1992, 3164 (3164 f.) [unter 3.a)].

581 Im gleichen Maße gilt dieses Risiko für die Sozialhilfe auch bei Abreden über einen deutlich erhöhten Unterhalt, aufgrund dessen der zahlungspflichtige Ehepartner in die Bedürftigkeit rutschen kann, vgl. BGH 5.11.2008 – XII ZR 157/06, NJW 2009, 842 (845) [Rn. 37].

582 BGH 8.12.1982 – IV b ZR 333/81, NJW 1983, 1851 (1852) [unter 3.].

583 BGH 5.11.2008 – XII ZR 157/06, NJW 2009, 842 (843) [Rn. 22]; 24.4.1985 – IV b ZR 22/84, NJW 1985, 1833 (1833) [unter II.1].

584 BGH 25.10.2006 – XII ZR 144/04, NJW 2007, 904 (905) [Rn. 19]; 24.4.1985 – IV b ZR 22/84, NJW 1985, 1833 (1834) [unter II.4].

Seite neben der Absicht, die eigenen Finanzen zu Lasten des Sozialhilfeträgers zu schützen[585], auch schon die grob fahrlässige Unkenntnis ausreichend.[586] Der Unterhaltsverzicht ist damit nur in wenigen Konstellationen als sittengemäß anzusehen: Herauszuheben sind dabei Konstellationen, in denen in keiner Weise absehbar war, dass eine Partei in Zukunft finanziell derart schlecht dastehen wird[587] sowie der Unterhaltsverzicht als Bedingung für das Eingehen der Ehe, da somit auch ohne Unterhaltsverzicht kein nachehelicher Unterhalt zu leisten wäre.[588] Ein Vertrag zu Lasten Dritter ist hingegen genauso wenig gegeben, wie beim Behindertentestament.[589]

3. *Kernaussagen*

In der Gegenüberstellung der beiden Rechtsgeschäfte werden trotz der unterschiedlichen Behandlung durch die Rechtsprechung die Gemeinsamkeiten deutlich. In beiden Konstellationen stellt der BGH auf einen Widerspruch zum Nachrangprinzip ab,[590] erkennt aber die grundsätzlich bestehende Vertragsfreiheit an.[591] Innerhalb der für die Sittenwidrigkeit maßgeblichen Gesamtabwägung

---

585 Bereits unter Geltung des § 72 EheG und der damit verbundenen hohen Anforderungen an die Sittenwidrigkeit hat der BGH dies angenommen, BGH 8.12.1982 – IV b ZR 333/81, NJW 1983, 1851(1852) [unter 3.].

586 BGH 5.11.2008 – XII ZR 157/06, NJW 2009, 842 (845) [Rn. 36]; 24.4.1985 – IV b ZR 22/84, NJW 1985, 1833 (1834) [unter II.4.b)]; 8.12.1982 – IV b ZR 333/81, NJW 1983, 1851 (1852) [unter 3.].

587 BGH 24.4.1985 – IV b ZR 22/84, NJW 1985, 1833 (1834) [unter II.4.b)]. Dies aber noch unter Einfluss des alten Scheidungsrechts.

588 BGH 25.10.2006 – XII ZR 144/04, NJW 2007, 904 (905) [Rn. 19]; 9.7.1992 – XII ZR 57/91, NJW 1992, 3164 (3164 f.) [unter 3.a)]. Mit Abkehr von der schuldhaften Scheidung kann eine „ritterliche Scheidung" – also der Verzicht auf den Schuldvorwurf verbunden mit dem Unterhaltsverzicht als Gegenleistung – nicht mehr als Argument vorgebracht werden (BGH 5.11.2008 – XII ZR 157/06, NJW 2009, 842 (845) [Rn. 39]; 8.12.1982 – IV b ZR 333/81, NJW 1983, 1851 (1853) [unter 5.]). Auch ein Unterhaltsverzicht, um den Partner nicht zu kränken, wurde vom BGH abgelehnt (BGH 8.12.1982 – IV b ZR 333/81, NJW 1983, 1851 (1853) [unter 4.b)]).

589 So richtigerweise auch BGH 6.2.2009 – V ZR 130/08, NJW 2009, 1346 (1347) [Rn. 8]. So auch BGH 8.12.1982 – IV b ZR 333/81, NJW 1983, 1851(1853) [unter 4.a)], der von einem „Nahekommen" spricht.

590 BGH 19.1.2011 – IV ZR 7/10, NJW 2011, 1586 (1588) [Rn. 22]; 8.12.1982 – IV b ZR 333/81, NJW 1983, 1851 (1852) [unter 3.].

591 BGH 24.7.2019 – XII ZB 560/18, NJW 2020, 58 (59) [Rn. 14]; 19.1.2011 – IV ZR 7/10, NJW 2011, 1586 (1587) [Rn. 18]; 5.11.2008 – XII ZR 157/06, NJW 2009, 842 (843) [Rn. 22]; 24.4.1985 – IV b ZR 22/84, NJW 1985, 1833 (1833) [unter II.1].

kommt er dennoch zu verschiedenen Ergebnissen: Während der Absicht, die eigenen Finanzen zu Lasten des Fiskus zu schützen, im Rahmen des Behindertentestamentes keine Bedeutung zukommt, ergebe sich daraus im Falle des Unterhaltsverzichts die Sittenwidrigkeit.

Diese Unterscheidung ist dabei auf zwei Grundüberlegungen zu stützen. Zum einen stellt der BGH auf den Bestand der Vermögensquelle ab. Während der nacheheliche Unterhalt für den Fall der Bedürftigkeit gesetzlich festgeschrieben ist (§ 1569 S. 2 BGB), kennt das Erbrecht keinen allgemeinen Anspruch auf eine Erbschaft. Mit dem Unterhaltsverzicht werde daher eine Vermögensquelle ausgeschlagen, auf die ein Anspruch bestehe, bei der Formulierung eines Behindertentestamentes hingegen nicht.[592] Vor dem Hintergrund dieser Argumentation wird berechtigter Weise die Rechtsprechung zum Pflichtteilsrecht hinterfragt.[593] Mit dem Pflichtteil geht der BGH schließlich ausgerechnet auf den Anteil der Erbschaft ein, auf den sehr wohl ein gesetzlicher Anspruch besteht. Auch lag der Entscheidung eine Situation zu Grunde, in der der Verzicht unmittelbar vor dem Erbfall erklärt wurde, sodass das Vermögen zu diesem Zeitpunkt sehr genau bestimmt war.[594]

Zum anderen ist die Unterschiedlichkeit der Systeme für den BGH ausschlaggebend. Das Nachrangprinzip werde im Fall des Behindertentestament nicht effektiv durchgehalten und zu Gunsten der Verwandten häufig durchbrochen. Für die Erziehung und Betreuung behinderter Kinder gebe es im Sozialrecht somit ein gesetzliches System zur Tragung der besonderen Lasten, dass zu Gunsten der Eltern die Allgemeinheit belastet.[595] Im Familienrecht umfasse das System des nachehelichen Unterhalts jedoch Regelungen, um die Folgen zwischen den Ehepartnern aufzuteilen, sodass ein Verzicht dort eine gerade nicht vorgesehene Belastung der Allgemeinheit darstelle.[596]

Die Rechtsprechung des BGH hat sich trotz der Kritik über Jahre gefestigt, sodass eine Abkehr auch im Hinblick auf die Untätigkeit des Gesetzgebers nicht

---

592 Vgl. BGH 19.1.2011 – IV ZR 7/10, NJW 2011, 1586 (1588) [Rn. 24]; 6.2.2009 – V ZR 130/08, NJW 2009, 1346 (1347 f.) [Rn. 17 f.]. Auch BGH 21.3.1990 – IV ZR 169/89, NJW 1990, 2055 (2056) [unter II.2.c).aa)].

593 In diese Richtung auch *Armbrüster*, ZEV 2010, 88 (88); *Deinert*, Privatrechtsgestaltung durch Sozialrecht, 2007, S. 437; *Dutta*, AcP 209 (2009), 760 (787 ff.). Weitere Nennungen in BGH 19.1.2011 – IV ZR 7/10, NJW 2011, 1586 (1587) [Rn. 15].

594 Vgl. BGH 19.1.2011 – IV ZR 7/10, NJW 2011, 1586.

595 Vgl. BGH 19.1.2011 – IV ZR 7/10, NJW 2011, 1586 (1588) [Rn. 23]; 21.3.1990 – IV ZR 169/89, NJW 1990, 2055 (2057) [unter II.2.c).bb)].

596 BGH 19.1.2011 – IV ZR 7/10, NJW 2011, 1586 (1588 f.) [Rn. 38].

zu erwarten ist.[597] Im Hinblick auf Absprachen zu Lasten der Solidargemeinschaft sind damit zwei Grundannahmen festzuhalten: Die finanzielle Belastung der Sozialhilfe kann sittenwidrig sein. Dafür muss aber ein bestehendes System umgangen und sich zumindest grob fahrlässig dessen Kenntnis verschlossen worden sein, eine allein vorliegende vorteilhafte Nutzung der gesetzlichen Möglichkeiten genügt hingegen nicht.[598]

III. Schwarzgeldabrede

Als erste arbeitsrechtliche Vertragskonstellation zu Lasten der Sozialversicherung und des Fiskus ist die „Schwarzarbeit" in den Blick zu nehmen. Diese wird dadurch charakterisiert, dass die Vertragsparteien die anfallenden steuerlichen und sozialversicherungsrechtlichen Beiträge nicht abführen.[599] Diese Charakteristik kann auf verschiedenen Wegen erfüllt werden. Unerheblich für die Einordnung als Schwarzarbeit ist, ob der Vertrag gar nicht gemeldet und vollständig am Staat vorbeigeführt wird oder dieser trotz Vorliegens eines Arbeitsvertrages beispielsweise als Werkvertrag bezeichnet wird, um die Sozialversicherungsbeiträge zu sparen.[600] Ebenso muss nicht der gesamte Vertrag umfasst sein, sodass auch dann eine Schwarzgeldabrede vorliegt, wenn nur

---

597 BGH 19.1.2011 – IV ZR 7/10, NJW 2011, 1586 (1589) [Rn. 40]; so z.B. mit Verweis auf BT-Drs. 16/10144, 52 auch Staudinger/*Fischinger*, 2021, § 138 BGB Rn. 517.

598 Im Gesetz angelegt erreichen diese Nachteile folglich nicht die Schwelle zur Sittenwidrigkeit. Allein diese Belastung stellt somit keinen objektiven Nachteil im Sinne der Sittenwidrigkeit dar. Sodass auch eine Absicht der Schädigung von Fiskus oder Sozialversicherungsträgern nicht zum Überschreiten der Schwelle führen können.

599 Vgl. dazu die Definition aus § 1 Abs. 2 SchwarzArbG, die zudem auch weitere organisatorische Pflichten wie Mitteilungen gegenüber dem Sozialleistungsträger oder Eintragungen enthält. „Schwarzarbeit liegt vor bei Verletzung von Melde-, Aufzeichnungs- und Zahlungspflichten nach Steuerrecht und Sozialgesetzbuch", BT-Drs. 15/2573, 17. Auf europäischer Ebene wird in dem Zuge von nicht angemeldeter Erwerbstätigkeit gesprochen, die definiert wird als „jedwede Art von bezahlten Tätigkeiten, die von ihrem Wesen her keinen Gesetzesverstoß darstellen, den staatlichen Behörden aber nicht gemeldet werden", *Kommission der Europäischen Gemeinschaften*, Mitteilung der Kommission zur Bekämpfung nicht angemeldeter Erwerbstätigkeit, 2007, S. 2.

600 Auch dann, wenn ein Arbeitsverhältnis vorliegt, dieses aber z.B. als Werkvertrag bezeichnet wird – die Bezeichnung ist unerheblich, vgl. § 7.I.2. – werden die nur im Falle des Arbeitsverhältnisses anfallenden Beiträge gespart, sodass eine „Schwarzarbeit" anzunehmen ist, vgl. *Schlegel*, NZS 2000, 421 (425).

ein Teil der Vergütung[601] offiziell angegeben wird, um reduzierte Steuern und Beiträge zu zahlen.

Trotz der damit einhergehenden Nachteile hinsichtlich des Schutzstandards haben die Vertragsparteien vor allem ein finanzielles Interesse daran, diese Beiträge nicht abzuführen. Auf der Gegenseite kann dieses Vorgehen zu empfindlichen Löchern im Steuervolumen[602] und in den Beiträgen zur Sozialversicherung führen.[603]

1. Verbotsgesetze

Derlei Absprachen geraten in Konflikt mit gleich mehreren gesetzlichen Regelungen. Prominentestes Beispiel ist dafür das SchwarzArbG, das mit dem Ziel erlassen wurde, einem erkennbaren Trend zur Umgehung der Beitragspflichten entgegenzuwirken.[604] Abseits dieses Gesetzes sind vor allem strafrechtliche und steuerrechtliche Normen anzuführen (insbesondere §§ 263, 266a StGB sowie § 370 AO).

Mit den genannten Normen wird eine bestimmte vertragliche Abrede untersagt,[605] sodass die Regelungen aus StGB[606], AO und SchwarzArbG[607] zu Recht als Verbotsgesetz im Sinne des § 134 BGB angesehen werden.[608] Insbesondere

---

601 Einschließlich der Sachbezüge, vgl. BT-Drs. 7/4122, 32; BSG 23.2.2021 – B 12 R 21/18 R, NZS 2022, 26 (27) [Rn. 15].

602 Der Zoll gibt die Schadenssumme im Rahmen der straf- und bußgeldrechtlichen Ermittlungen für das Jahr 2022 mit fast 700 Millionen Euro an (https://www.zoll.de/SharedDocs/Pressemitteilungen/DE/Jahresbilanzen/2023/z99_jahresstatistik_fks_2022.html) (geprüft am 25.10.2024). 2017 betrug diese fast eine Milliarde Euro (https://www.zoll.de/SharedDocs/Downloads/DE/Publikation/Broschuere_Bestandteile/Die-Zollverwaltung/jahresstatistik_2017_gesamt.pdf, S. 18) (geprüft am 25.10.2024).

603 BT-Drs. 18/9958, 1; BT-Drs 15/2573, 1; BT-Drs. 9/192, 5; BT-Drs. 2/1111, 3.

604 BT-Drs. 9/192, 5; BT-Drs. 2/1111, 3.

605 Siehe zu den Voraussetzungen § 5.II.1.

606 Insbesondere bei Strafgesetzen wird ein Verbotsgesetz angenommen, BGH 10.7.1991 – VIII ZR 296/90, NJW 1991, 2955 (2956) [unter II.2.a)]; so schon *Mugdan*, Motive I, 1899, S. 210.

607 Eine über die Nichtigkeit nach § 134 BGB hinausgehende bürgerlich-rechtliche Wirkung entfaltet das Gesetz mit den auf Buß- und Strafvorschriften beschränkten Strafen (§§ 8 ff. SchwarzArbG) nicht, HK-ArbR/*Herrmann*, 5. Aufl. 2022, § 1 SchwarzArbG Rn. 1.

608 So z.B. BGH 1.8.2013 – VII ZR 6/13, NJW 2013, 3167 (3168) [Rn. 15 ff.]; 2.7.2003 – XII ZR 74/01, NJW 2003, 2742 (2742) [unter 2.b)]; auch BAG 26.2.2003 – 5 AZR

liegen keine reinen Ordnungsvorschriften vor, die statt des Inhalts die Art und Weise der Leistung missbilligen.[609]

a) Gesamtnichtigkeit des Dienst- und Werkvertrages

Hinsichtlich der steuerrechtlichen Vorschriften erschöpft sich die Folge der Schwarzarbeit in der Nichtigkeit der gesetzeswidrigen Hinterziehungsabrede selbst: Der restliche Vertrag wird im Grundsatz nicht angetastet und erst dann als nichtig angesehen, wenn die Steuerhinterziehung den Hauptzweck der Abrede bildet.[610] Eine Sonderrolle nimmt im Gegensatz dazu das SchwarzArbG ein, bei dem auch die Erfüllungsleistung in den Blick genommen wird und ebenso gegen das Verbotsgesetz verstößt.[611] Nicht allein die Nichtigkeit der Hinterziehungsabrede, sondern die Gesamtnichtigkeit[612] des Werk- oder Dienstvertrages ist danach schon dann anzunehmen, wenn ein beiderseitiger Verstoß gegen das SchwarzArbG vorliegt, weil die sozialversicherungsrechtlichen Pflichten nicht eingehalten wurden oder beide Parteien[613] gegen ihre steuerrechtlichen Pflichten verstoßen haben.[614] Dem beiderseitigen Verstoß i.S.d. § 1 Abs. 2 Nr. 2 SchwarzArbG stehe zudem der Verstoß nur auf Seiten des Ausführenden gleich, sofern die andere Partei diesen Verstoß kennt und dies zum eigenen Vorteil nutzt.[615] Treffen

---

690/01, NZA 2004, 313 (315) [unter II.4.c)]; vgl. auch MüKoBGB/*Armbrüster*, 9. Aufl. 2021, § 134 BGB Rn. 77.

609 Vgl. BGH 23.4.1968 – VI ZR 217/65, NJW 1968, 2286 (2286) [unter II.2.b).aa)]; MüKoBGB/*Armbrüster*, 9. Aufl. 2021, § 134 BGB Rn. 59.

610 Siehe auch zu der Ausnahme des „Hauptzwecks" Joecks/Jäger/Randt/*Randt*, 9. Aufl. 2023, § 370 AO Rn. 701 m.w.N. Auf den Hauptzweck im Rahmen des SchwarzArbG abstellend auch BGH 24.4.2008 – VII ZR 42/07, NJW-RR 2008, 1050 (1050) [Rn. 7]. Zu den Folgen des wirksamen Restvertrages siehe die Ausführungen zu § 139 BGB, § 7.III.2.b).

611 Vgl. BGH 14.12.2016 – IV ZR 7/15, NZA 2017, 454 (457 f.) [Rn. 47]; 11.6.2015 – VII ZR 216/14, NJW 2015, 2406 (2406) [Rn. 15].

612 Dies gilt in der Regel auch, wenn nur ein Teil des (Werk-)Lohns einer Ohne-Rechnung-Abrede unterfällt, BGH 16.3.2017 – VII ZR 197/16, NJW 2017, 1808 (1810) [Rn. 24]; 1.8.2013 – VII ZR 6/13, NJW 2013, 3167 (3169) [Rn. 29 f.].

613 Auch der Arbeitgeber als die Partei, die die Steuern einzubehalten hat, ist Steuerpflichtiger nach § 33 Abs. 1 AO, vgl. Erbs/Kohlhaas/Häberle/*Ambs/Lutz*, 252. EL 2024, § 1 SchwarzArbG Rn. 6.

614 Zum Werkvertrag BGH 10.4.2014 – VII ZR 241/13, NJW 2014, 1805 (1805) [Rn. 13]; 1.8.2013 – VII ZR 6/13, NJW 2013, 3167 (3169) [Rn. 29]; zum Dienstvertrag BAG 24.3.2004 – 5 AZR 233/03, NJOZ 2004, 2595 (2598) [unter II.2.b).cc).(1)].

615 BGH 15.3.2024 – V ZR 115/22, NJW 2024, 2310 (2311 f.) [Rn. 15]; 16.3.2017 – VII ZR 197/16, NJW 2017, 1808 (1809) [Rn. 15]; 11.6.2015 – VII ZR 216/14, NJW 2015,

die Vertragspartner im gemeinsamen Interesse eine „Ohne-Rechnung-Abrede", um die Beiträge und Steuern zu sparen, liegt zumindest diese Alternative vor.[616]

Aus dieser strengen Sanktion geht deutlich eine Präventionswirkung hervor, durch das entstehende Risiko soll eine abschreckende Wirkung entstehen und den Parteien von Beginn an, das Interesse an solchen Abreden nehmen.[617] Indem die Verträge nichtig sind und so Einnahmen verloren gehen, kann schließlich kaum der Hauptzweck in einem nachträglichen „Auffüllen" der Gelder gesehen werden. Stattdessen zeigen die strengen Folgen, die sogar bereicherungsrechtliche Ansprüche ausschließen,[618] dass solche Regelungen von Anfang an verhindert werden sollen.[619]

b) Abweichende Wirksamkeit des Arbeitsvertrages

Wiederum abweichend gelte die Gesamtnichtigkeit nicht beim Arbeitsvertrag. Möglich ist diese Abweichung wegen des § 134 BGB, der eine Nichtigkeit allein dann gebietet, wenn sich aus dem Rechtsgeschäft nichts anderes ergibt. Mit Blick auf den Zweck der Verbotsgesetze[620] zeige sich, dass §§ 263, 266a StGB, § 370 AO auf den Schutz der Solidargemeinschaft und des Fiskus gerichtet seien: Sie sollen die Hinterziehung von Steuern, nicht aber die Arbeit als solche verhindern.[621] Lehne man einen wirksamen Vertrag ab, so fallen in der Konsequenz

2406 (2406) [Rn. 10]; 1.8.2013 – VII ZR 6/13, NJW 2013, 3167 (3169) [Rn. 23 ff.]; Erbs/Kohlhaas/Häberle/*Ambs/Lutz*, 252. EL 2024, § 1 SchwarzArbG Rn. 20; Grüneberg/*Ellenberger*, 83. Aufl. 2024, § 134 BGB Rn. 22; HK-ArbR/*Herrmann*, 5. Aufl. 2022, § 1 SchwarzArbG Rn. 16.

616 Vgl. auch *Lorenz*, NJW 2013, 3132 (3133).

617 Allgemein zur Präventivwirkung BGH 5.10.2004 – VI ZR 255/03, 2005, 215 (216) [unter II.1.]; 15.11.1994 – VI ZR 56/94, NJW 1995, 861 (865) [unter IV.2.]; *Brüggemeier*, Prinzipien des Haftungsrechts, 1999, S. 3; MüKoStGB/*Erb*, 5. Aufl. 2024, Einleitung Rn. 59 ff.; *Wagner*, AcP 206 (2006), 352 (380).

618 Siehe zu den bereicherungsrechtlichen Ansprüchen BGH 11.6.2015 – VII ZR 216/14, NJW 2015, 2406 (2406) [Rn. 15]; BT-Drs. 15/2573, 17 f.; so bereits *Lorenz*, in: FS Buchner, 2009, S. 571-581 (576 f.); anders noch BGH 31.5.1990 – VII ZR 336/89, NZA 1990, 809 (811) [unter 6.].

619 BT-Drs. 15/2573, 17, 34 f.; BR-Drs. 155/04, 1; BGH 1.8.2013 – VII ZR 6/13, NJW 2013, 3167 (3169) [Rn. 24]; vgl. auch Obenhaus/Brügge/Herden/Schönhöft/*Obenhaus*, 2016, Einleitung SchwarzArbG Rn. 7 ff.

620 Dieser ist maßgeblich, vgl. nur MüKoBGB/*Armbrüster*, 9. Aufl. 2021, § 134 BGB Rn. 177.

621 BAG 27.2.2009 – 5 AZR 301/09, NZA 2010, 881 (882) [Rn. 12]; 26.2.2003 – 5 AZR 690/01, NZA 2004, 313 (315) [unter II.4.b)]; vgl. HK-ArbR/*Herrmann*, 5. Aufl.

auch keine Sozialversicherungsbeiträge oder Steuern an, was der Sicherung dieser Systeme zuwiderlaufe und den Zweck ins Gegenteil verkehren würde.[622] Dieser Gedanke zeigt sich auch in § 14 Abs. 2 S. 2 SGB IV, der eine Nettolohnabrede und damit die Wirksamkeit des Vertrages vorschreibt, sofern keine Steuern und Beiträge eingepreist wurden.[623] Es bleibe also beim Arbeitsvertrag dabei, dass die Gesamtnichtigkeit auch bei einem Verstoß gegen das SchwarzArbG nur dann anzunehmen sei, wenn die Steuerhinterziehung den Hauptzweck des Vertrages bilde.[624] Ein Schutzdefizit ergebe sich daraus nicht, da durch die Nichtigkeit der Hinterziehungsabrede ein hinreichender Schutz der „geschützten Interessen der Solidargemeinschaft und des Fiskus" gewährleistet werde.[625]

Mit Blick auf die Verschärfung des SchwarzArbG scheint diese Annahme für das Arbeitsverhältnis etwas widersprüchlich. Stellt man primär auf den Zweck des Verbotsgesetzes ab, kann nicht ignoriert werden, dass mit dem SchwarzArbG gerade nicht nur die Hinterziehungsabrede missbilligt wird.[626] Um einen Anreiz zu rechtstreuem Verhalten zu setzen solle den Vertragsparteien jedwede Sicherung abgesprochen werden, auch der Rückgriff über das Bereicherungsrecht ist aus diesem Grund nach der neuen Rechtsprechung versagt.[627] Durch diese

---

2022, § 1 SchwarzArbG Rn. 10. Kritischer noch LAG Düsseldorf 6.3.2003 – 15 Sa 1348/02, juris [Rn. 59].

622 So auch BAG 26.2.2003 – 5 AZR 690/01, NZA 2004, 313 (315) [unter II.4.c).bb)]; HK-ArbR/*Herrmann*, 5. Aufl. 2022, § 1 SchwarzArbG Rn. 10; *Peters*, NJW 2008, 2478 (2480).

623 Das BAG bezieht diese Norm ebenfalls in seine Entscheidung mit ein, BAG 26.2.2003 – 5 AZR 690/01, NZA 2004, 313 (315 f.) [unter II.4.f)]. Es stellte in folgenden Entscheidungen klar, dass die Annahme einer Nettolohnabrede jedoch nur für das Sozialversicherungsrecht Anwendung findet und keine darüber hinausgehende Wirkung auf das bürgerlich-rechtliche Rechtsverhältnis entfalte, BAG 22.6.2016 – 10 AZR 806/14, NZA 2016, 1218 (1219) [Rn. 18]; 21.9.2011 – 5 AZR 629/10, NZA 2012, 145 (147) [Rn. 23].

624 BAG 26.2.2003 – 5 AZR 690/01, NZA 2004, 313 (315) [unter II.4.c).bb)]. Auch nach der Verschärfung des SchwarzArbG wird dieser Grundsatz mit Verweis auf diese Rechtsprechung angenommen, Erman/*Arnold*, 17. Aufl. 2023, § 134 BGB Rn. 63; MHdB ArbR/*Benecke*, 6. Aufl. 2024, § 32 Rn. 46; Grüneberg/*Ellenberger*, 83. Aufl. 2024, § 134 BGB Rn. 22; HK-ArbR/*Herrmann*, 5. Aufl. 2022, § 1 SchwarzArbG Rn. 10; Schaub ArbR-HdB/*Linck*, 20. Aufl. 2023, § 42 Rn. 20; Jauernig/*Mansel*, 19. Aufl. 2023, § 134 BGB Rn. 11; ErfK/*Preis*, 24. Aufl. 2024, § 611a BGB Rn. 370; Staudinger/*Seibl/Fischinger/Hengstberger*, 2021, § 134 BGB Rn. 426.

625 BAG 26.2.2003 – 5 AZR 690/01, NZA 2004, 313 (315) [unter II.4.c).bb)].

626 Siehe dazu § 7.III.1.a).

627 BGH 11.6.2015 – VII ZR 216/14, NJW 2015, 2406 (2406) [Rn. 15].

eindeutige Gesamtnichtigkeit werden die im Rahmen des Werk- oder Dienstvertrages wegfallende Steuereinnahmen offensichtlich zu Gunsten der generalpräventiven Wirkung akzeptiert. Allein dieser ökonomische Ansatz kann daher nicht das Fortbestehen des Arbeitsvertrages rechtfertigen, Zweck des SchwarzArbG ist nicht, das Steuer- und Sozialversicherungssystem zu schützen, sondern die Schwarzarbeit als solche zu verhindern.

Dennoch lässt sich auch bei Verstößen gegen das SchwarzArbG die Sonderstellung des Arbeitsvertrages mit Blick auf den Arbeitnehmerschutz rechtfertigen, auf den auch das BAG abgestellt hat.[628] Anknüpfend an die strukturelle Unterlegenheit des Arbeitnehmers finden sich viele Sonderregelungen zu dessen Gunsten. Sowohl die Beschränkungen des Arbeitgebers hinsichtlich der Kündigung und Befristung als auch die Einführung des Mindestlohns sind beispielsweise darauf zurückzuführen.[629] Zudem stützt sich die Richtigkeitsvermutung der Tarifverträge darauf, dass die Unterlegenheit durch das kollektive Auftreten ausnahmsweise ausgeglichen sei.[630] Eine solche Sonderstellung des Arbeitsvertrages stellt somit keinen Systembruch dar und die wirtschaftliche Überlegenheit des Arbeitgebers wurde auch bei Einführung des SchwarzArbG zu Recht bedacht.[631] Aufgrund dieser Unterlegenheit des Arbeitnehmers kann sich für die Schutzwürdigkeit kein Unterschied ergeben, ob der Arbeitnehmer mangels Alternativen eine Vergütung unterhalb des Mindestlohns, eine erneute sachgrundlose Befristung oder ein nicht angezeigtes Beschäftigungsverhältnis eingeht. Dem kann auch nicht entgegengehalten werden, dass der Arbeitnehmerschutz wegen der Verschärfung des SchwarzArbG hintenanstehen müsse, schließlich ist der Arbeitnehmerschutz

628 Das BAG stellt zusätzlich darauf ab, dass eine einseitige Belastung des Arbeitnehmer vorläge, der typischerweise vorleistungspflichtig ist und sowohl den Anspruch auf Gegenleistung als auch den sozialversicherungsrechtlichen Schutz verlieren würde, BAG 26.2.2003 – 5 AZR 690/01, NZA 2004, 313 (315) [unter II.4.c).bb)]; so auch HK-ArbR/*Herrmann*, 5. Aufl. 2022, § 1 SchwarzArbG Rn. 10; Jauernig/*Mansel*, 19. Aufl. 2023, § 134 BGB Rn. 11. Zur Abdingbarkeit der Vorleistungspflicht HWK/*Krause*, 11. Aufl. 2024, § 614 BGB Rn. 4. Unterschlagen werden soll an dieser Stelle jedoch nicht, dass auch der Werkunternehmer typischerweise vorleistungspflichtig ist (§ 641 BGB), ohne dass die Rechtsprechung eine Gesamtnichtigkeit annimmt.

629 BVerfG 6.6.2018 – 1 BvL 7/14, 1 BvR 1375/14, AP TzBfG § 14 Nr. 170 = BVerfGE 149, 126 (142) [Rn. 41]; *Preis/Ulber*, Die Verfassungsmäßigkeit des allgemeinen gesetzlichen Mindestlohns, 2014, S. 29. Allgemein dazu auch *Bartholomeyczyk*, AcP 166 (1966), 30 (65); *Becker*, Der unfaire Vertrag, 2003, S. 56.

630 BVerfG 14.11.2018 – 1 BvR 1278/16, AP GG Art. 9 Nr. 153 = NZA 2019, 112 (112) [Rn. 7]; siehe dazu auch § 9.II.3.c).bb).

631 BT-Drs. 2/1111, 4.

in keinem der genannten Verbotsgesetze enthalten. Wenn das BAG also dennoch die einseitige Belastung des Arbeitnehmers als ausschlaggebend angesehen hat, so wird dieser Schutz unabhängig von dem verletzten Gesetz hochgehalten und muss folgerichtig auch weiterhin im Anwendungsbereich des SchwarzArbG angeführt werden.

Richtigerweise wird daher weiterhin nur dann die Gesamtnichtigkeit des Arbeitsvertrages angenommen, wenn die Steuerhinterziehung den Hauptzweck der Abrede bildet: In diesem Fall besteht kein Bedürfnis, den Arbeitnehmerschutz hochzuhalten. Eine realistische Vertragskonstellation im Arbeitsverhältnis ist damit aber kaum denkbar.[632] In einem Arbeitsverhältnis wird der Hauptzweck weiterhin in der Erbringung der (Arbeits-)Leistung liegen,[633] die Hinterziehungsabrede soll allein verhindern, dass davon ausgehend Beiträge und Steuern abgeführt werden. Sogar im Falle eines offeneren Verständnisses des „Hauptzwecks", bei dem die Steuerhinterziehung dem Geschäft lediglich sein Gepräge geben muss,[634] ist die Gesamtnichtigkeit des Arbeitsvertrages allein aus § 134 BGB an dieser Stelle damit nicht einschlägig.

c) Ausschlaggebender Arbeitnehmerschutz

Mit dem SchwarzArbG kommt die deutliche Intention zum Ausdruck, rigoros gegen Schwarzarbeit vorzugehen. Die Vertragsfreiheit der Parteien steht dahinter zurück und selbst finanzielle Einbußen durch ausbleibende Steuereinnahmen werden dem Ziel untergeordnet, die Schwarzarbeit – und die damit einhergehenden Verluste – einzudämmen. Es wird gerade kein Sicherheitsnetz generiert, in das die Vertragsparteien im schlimmsten Fall zurückfallen. Interessanterweise wird der Arbeitnehmerschutz dennoch weiterhin hochgehalten. Während die Dienst- oder Werkunternehmer aus generalpräventiven Überlegungen schutzlos

---

632 Als Beispiel für ein Geschäft mit diesem Hauptzweck siehe Grüneberg/*Ellenberger*, 83. Aufl. 2024, § 138 BGB Rn. 44, der lediglich auf das Tafelgeschäft verweist. Ein weiteres Beispiel könnten die mit dem Cum/Ex-Skandal in Zusammenhang stehenden Abreden darstellen, in denen der Hauptzweck gerade darin besteht, steuerliche Vorteile zu erlangen, so *Florstedt*, DStR 2019, 695 (698); a.A. *Westermann*, Zivilrechtliche Folgen steuerlicher Rechtsirrtümer bei Cum-/Ex-Geschäften, 2018, S. 164 ff.

633 Vgl. BGH 24.4.2008 – VII ZR 42/07, NJW-RR 2008, 1050 (1050) [Rn. 7].

634 OLG Thüringen 6.6.1995 – 5 U 823/94, OLG-NL 1995, 193 (196). Vgl. auch MüKoBGB/*Armbrüster*, 9. Aufl. 2021, § 138 BGB Rn. 63, der aufgrund der Gesamtabwägung auch dann die Sittenwidrigkeit für möglich hält, wenn die Steuerhinterziehung nur einen nicht unwesentlichen Nebenzweck darstellt.

gestellt werden, wird der Arbeitnehmer weiterhin geschützt. Dieses Zurücktreten der Präventivwirkung gegenüber dem Arbeitnehmerschutz ist mit dem Argument zu begrüßen, dass eine Präventivwirkung dann eingeschränkt ist, wenn keine freie Entscheidung vorliegt.[635] Nur dann, wenn der Arbeitnehmer die freie Auswahl zwischen gewünschten und unerwünschten Verhalten hat, sind Anreize zu Lasten der unerwünschten Alternative zielführend. Geht man von einem strukturell unterlegenen Arbeitnehmer aus, kann diese freie Entscheidung und damit die Präventivwirkung einer Gesamtnichtigkeit angezweifelt werden. Mit dem grundsätzlichen Verhältnis von beiderseitigem Interesse der Vertragsparteien und Drittinteresse, steht dies aber nicht im Zusammenhang.

2. *Sittenwidrigkeit*

Abseits der Verbotsgesetze stellt sich wie bei dem Behindertentestament und dem Unterhaltsverzicht die Frage, ob die Umgehung finanzieller Nachteile sittenwidrig ist. Das BAG unterscheidet nicht trennscharf, ob sich die Nichtigkeit einer Schwarzgeldabrede aus einem gesetzlichen Verbot oder einer Sittenwidrigkeit ergibt und spricht stattdessen von der Nichtigkeit aus §§ 134, 138 BGB.[636] Vor dem Hintergrund der Inhaltskontrolle sind daher die Folgen der Reflexwirkungen auch hinsichtlich der Sittenwidrigkeit zu beleuchten. Das Subsidiaritätsverhältnis der Sittenwidrigkeit gegenüber dem Verbotsgesetz – in dessen Anwendungsbereich kommt der Sittenwidrigkeit keine eigenständige Bedeutung zu[637] – ist dafür in den folgenden Überlegungen auszublenden.

Die Sittenwidrigkeit ist dann anzunehmen, wenn eine Gesamtabwägung zu einem von der Rechtsordnung nicht mehr zu tolerierenden Ergebnis kommt.[638] Aufgrund der fehlenden Trennung von § 134 BGB und § 138 Abs. 1 BGB geht

---

635 Siehe dazu auch die Ausführungen hinsichtlich der vergütungsrechtlichen Vertragsgestaltungen in § 9.II.3.b).cc).

636 BGH 24.4.2008 – VII ZR 42/07, NJW-RR 2008, 1050 (1050) [Rn. 6 f.]; 23.6.1997 – II ZR 220/95, NJW 1997, 2599 (2601) [unter II.2.]; kritisch dazu MüKoBGB/*Armbrüster*, 9. Aufl. 2021, § 138 BGB Rn. 63. Die Verweise auf das RG zeigen jedoch, dass die beschriebenen Fälle in dieses Verständnis einzuordnen sind, so unterscheidet sich die Zahlung des Arbeitsentgeltes ohne entsprechende Rechnung in keiner Weise von der Angabe eines reduzierten Grundstückskaufpreises (RG 28.11.1923 – V 802/22, RGZ 107, 357 (364)). Vgl. zum selben Inhalt auch BGH 17.12.1965 – V ZR 115/63, NJW 1966, 588 (589), sofern in beiden Fällen die Steuern gespart werden sollen.

637 § 134 BGB geht dem § 138 Abs. 1 BGB vor, vgl. nur BAG 24.3.1993 – 1 AZR 298/92, NJW 1993, 2701 (2703) [unter II.2.c).(8)]. Siehe dazu § 5.II.1.

638 Siehe dazu § 5.I.

das BAG dabei wenig überraschend wie schon beim SchwarzArbG von einem differenzierenden Vorgehen zwischen Abrede und restlichem Vertrag aus. Während die Hinterziehungsabrede selbst offensichtlich die gesetzliche Wertung umgeht und dessen Sittenwidrigkeit kaum hinterfragt werden kann,[639] setzte die Gesamtnichtigkeit des Vertrages auch hier voraus, dass die Steuerhinterziehung den Hauptzweck des Vertrages und nicht bloß einen untergeordneten Zweck bildet.[640] Wie bereits festgestellt, liegt darin jedoch im Arbeitsverhältnis keine realistische Konstellation.[641]

a) Generell Gesamtnichtigkeit nach § 139 BGB

Schon dann, wenn nur ein Teil eines Rechtsgeschäfts nichtig ist, kann dies zu einer Gesamtnichtigkeit führen. Für den Fall der Sittenwidrigkeit der Hinterziehungsabrede – oder der Nichtigkeit nach § 134 BGB – ist gem. § 139 BGB der gesamte Vertrag dann nichtig, wenn nicht anzunehmen ist, dass das Rechtsgeschäft auch ohne den nichtigen Teil des einheitlichen Rechtsgeschäfts vorgenommen worden wäre. Da es sich bei der Hinterziehungsabrede um eine Nebenabrede eines ganzen Geschäfts handle,[642] lägen im Falle der Nichtigkeit die Eingangsvoraussetzungen des § 139 BGB vor. Der dann vorausgesetzte Einheitlichkeitswille wird angenommen, wenn die beiden vertraglichen Abreden miteinander stehen und fallen sollen, die eine also nicht ohne die andere gewollt ist.[643]

In der (nicht zu Arbeitsverträgen ergangenen) Rechtsprechung wird dabei vor allem auf die Vergütung als Gegenleistung abgestellt: Ist davon auszugehen, dass diese auch ohne die Abrede identisch ausgefallen wäre, so müsste der Vertrag an

---

639 Es liegen sowohl ein Nachteil des Drittinteresses als auch eine Umgehung der gesetzlichen Wertung und eine Schädigungsabsicht vor. Auch der BGH stellt dies nur kurz mit Verweis auf die Rechtsprechung fest, BGH 24.4.2008 – VII ZR 42/07, NJW-RR 2008, 1050 (1050) [Rn. 8].

640 BGH 24.4.2008 – VII ZR 42/07, NJW-RR 2008, 1050 (1050) [Rn. 7]; 23.6.1997 – II ZR 220/95, NJW 1997, 2599 (2601) [unter II.2.]. So bereits RG 15.9.1941 – II 26/41, DR 1942, 40 (40); kritisch mit dem Hinweis, dass die Gesamtabwägung es erfordere, die Sittenwidrigkeit im Einzelfall auch dann anzunehmen, wenn die Steuerhinterziehung nur einen nicht unwesentlichen Nebenzweck bildet MüKoBGB/*Armbrüster*, 9. Aufl. 2021, § 138 BGB Rn. 63.

641 Siehe § 7.III.1.b).

642 BGH 14.12.2016 – IV ZR 7/15, NZA 2017, 454 (456) [Rn. 36]; vgl. auch BGH 2.7.2003 – XII ZR 74/01, NJW 2003, 2742 (2742) [unter 2.b)].

643 BGH 22.9.2016 – III ZR 427/15, NJW 2016, 3525 (3526) [Rn. 16]; 30.3.2011 – VIII ZR 94/10, NJW 2011, 2874 (2876) [Rn. 24]; 24.10.2006 – XI ZR 216/05, NJW-RR 2007, 395 (396) [Rn. 17]; vgl. Grüneberg/*Ellenberger*, 83. Aufl. 2024, § 139 BGB Rn. 5.

sich aufrechterhalten bleiben.[644] Mit Blick auf die verfolgten Interessen – beide Vertragsparteien wollen einen finanziellen Vorteil erlangen – muss das Vorliegen angezweifelt werden, schließlich wird gerade der Arbeitnehmer den vereinbarten (Netto-)Lohn „behalten" wollen.[645] Auch die Existenz des § 14 Abs. 2 S. 2 SGB IV scheint vorauszusetzen, dass ein vereinbartes Entgelt ohne Hinterziehungsabrede höher ausgefallen wäre und stützt diese Überlegung mithin.[646] Selbst wenn eine Gesamtnichtigkeit allein aus dem Vorliegen einer Schwarzarbeitsabrede mangels Hauptzweck im Arbeitsverhältnis keine Bedeutung aufweist, könnte diese Rechtsfolge über den Umweg des § 139 BGB mit hoher Wahrscheinlichkeit dennoch anzunehmen sein.

b) Fortbestehen des Arbeitsvertrages trotz § 139 BGB

Über § 139 BGB ergeben sich somit die gleichen Nachteile, die im Falle der Gesamtnichtigkeit schon nach §§ 134, 138 Abs. 1 BGB vorliegen: Die steuer- und sozialversicherungsrechtlichen Pflichten entfallen mangels wirksamen Vertrages und sorgen für einen fiskalischen Nachteil, der Arbeitnehmer verliert zudem seine Absicherung.[647] Der zusätzliche Argumentationsaufwand der Rechtsprechung, um den Nachteil für Arbeitnehmer bei einem Verstoß gegen das SchwarzArbG durch Fortgeltung des Arbeitsvertrages zu überwinden,[648] wären damit fruchtlos. Auch bei dem Vorliegen einer sittenwidrigen Hinterziehungsabrede ist aber trotz des § 139 BGB von einem weiterhin wirksamen Arbeitsvertrag auszugehen.

aa) Unanwendbarkeit des § 139 BGB

Es wird zum Teil bereits angezweifelt, ob § 139 BGB in diesem Fall anwendbar ist. Nach ständiger Rechtsprechung des BGH sei eine „auf Erzeugung von Rechtswirkung gerichtete Absicht der Beteiligten"[649] notwendig, um ein wirksames Rechtsgeschäft abzuschließen; bei Kenntnis der Teilnichtigkeit müsste diese Absicht und

---

644 Siehe nur BGH 24.4.2008 – VII ZR 42/07, NJW-RR 2008, 1050 (1050) [Rn. 10]; 2.7.2003 – XII ZR 74/01, NJW 2003, 2742 (2742) [unter 2.b)]; 3.7.1968 – VIII ZR 113/66, juris [Rn. 5.].

645 Dies anzweifelnd auch *Lorenz*, NJW 2013, 3132 (3133).

646 Es bleibt jedoch bei einer Einzelfallentscheidung, so hat der BGH den Zusammenhang in einem Fall abgelehnt, in dem die Parteien ein Honorar ohne Mehrwertsteuer und zusätzlich eine nichtige „Ohne-Rechnung-Abrede" vereinbart haben, BGH 21.12.2000 – VII ZR 192/98, NJW-RR 2001, 280 (380 f.) [unter B.I.].

647 Siehe dazu § 7.III.1.b).

648 Siehe dazu § 7.III.1.b).

649 BGH 29.6.1966 – V ZR 68/65, NJW 1966, 1747 (1747) [unter 3.].

damit einhergehend die Wirksamkeit abgelehnt werden. Der mutmaßliche Wille der Arbeitsvertragsparteien[650] sei auf das Fortbestehen des restlichen Arbeitsvertrages gerichtet[651], sodass der Vertrag allein mit dem wirksamen Teil entstanden wäre und mangels Teilnichtigkeit eines Vertrages § 139 BGB keine Anwendung fände.[652]

Die maßgebliche Kenntnis der Nichtigkeit sei nur dann gegeben, wenn den Parteien bewusst ist, dass die Abrede nichtig ist und keine Rechtswirkung entfalten kann,[653] allein die Kenntnis der Abrede selbst reiche hingegen nicht aus. Sowohl die Existenz der diversen steuerrechtlichen Regelungen einschließlich des speziellen SchwarzArbG als auch die Verbreitung und Diskussion im Zusammenhang mit solchen Abreden lassen aber auch die Kenntnis von der Nichtigkeit im Einzelfall plausibel erscheinen. Obwohl die Übertragbarkeit dieser Überlegung des BGH hinsichtlich der Hinterziehungsabrede größtenteils außen vor gelassen wird, steht dieses Zögern einer Anwendung auf die Sittenwidrigkeit ebenfalls nicht im Wege. Es bestand schließlich wegen der Annahme der Gesamtnichtigkeit nach § 134 BGB auch kein Bedürfnis einer intensiven Betrachtung durch den BGH.[654]

---

650 Sowohl der BGH als auch das BAG haben klargestellt, dass die Annahme eines Vertrages nur mit dem wirksamen Teil nicht dazu führen könne, dass am Ende ein nicht gewollter Vertrag vorliegt, BGH 29.6.1966 – V ZR 68/65, NJW 1966, 1747 (1747) [unter 3.]; BAG 15.1.1955 – 1 AZR 305/54, juris [Rn. 50]. Diese Voraussetzung des „Gedankens des § 139 BGB" entspricht damit der Voraussetzung des „Einheitlichkeitswillen" innerhalb des § 139 BGB und unterliegt den an der Stelle ausgebreiteten Anforderungen, siehe § 7.III.2.b).bb).

651 Siehe zu dem mutmaßlichen Willen der Arbeitsvertragsparteien sogleich unter § 7. III.2.b).bb).

652 BGH 29.6.1966 – V ZR 68/65, NJW 1966, 1747 (1747) [unter 3.]; so bereits RG 19.10.1928 – III 70/28, RGZ 122, 138 (140 f.); bestätigt auch von BAG 15.1.1955 – 1 AZR 305/54, juris [Rn. 48 ff.]; *Enneccerus/Nipperdey*, Allgemeiner Teil des bürgerlichen Rechts I, 2, 14. Aufl., 1955, 605. So auch Grüneberg/*Ellenberger*, 83. Aufl. 2024, § 139 BGB Rn. 14; *Flume*, BGB AT II, 4. Aufl., 1992, S. 575 f.; Soergel/*Martens*, 14. Aufl. 2023, § 139 BGB Rn. 31. A.A. NK-BGB/*Faust*, 4. Aufl. 2021, § 139 BGB Rn. 44; *Keim*, NJW 1999, 2866 (2867), die das Bewusstsein als Indikator für den Willen der Wirksamkeit innerhalb des § 139 BGB ansehen.

653 Vgl. BGH 16.3.2017 – VII ZR 197/16, NJW 2017, 1808 (1810) [Rn. 22].

654 BGH 16.3.2017 – VII ZR 197/16, NJW 2017, 1808 (1810) [Rn. 22]. Das von der Rechtsprechung vorausgesetzte Element eines in einen wirksamen und einen nichtigen Teil trennbaren Rechtsgeschäfts (BGH 16.3.2017 – VII ZR 197/16, NJW 2017, 1808 (1810) [Rn. 22]; 13.11.1998 – V ZR 379/97, NJW 1999, 351 (351) [unter 2.]) ist gerade zu bejahen.

Der BGH lässt zwar zudem offen, ob diese Grundsätze allein für die Formnichtigkeit gelten oder auch auf die Sittenwidrigkeit übertragen werden können[655] – diese Übertragbarkeit muss allerdings klar bejaht werden. Abgelehnt wird der rechtsgeschäftliche Charakter der Erklärung aus dem Grund, dass diese im Falle der Kenntnis nicht auf einen Rechtserfolg gerichtet sein kann, Unmögliches könne schließlich nicht gewollt sein.[656] Wird der Grund der Nichtigkeit in die Überlegung nicht einbezogen, kann dieser auch keinen Unterschied machen, allein die Kenntnis der Parteien von der Nichtigkeit ist maßgeblich. Schon das RG, auf das sich der BGH bezieht,[657] hat damit richtigerweise den Grundsatz auch bei einem sittenwidrigen Geschäft angenommen.[658]

Auch die mit Blick auf die Heilungsvorschriften, wie § 311b Abs. 1 S. 2 BGB, geäußerte Kritik kann in diesem Fall nicht durchgreifen. Zwar ist zuzugestehen, dass auch bei Kenntnis des Formmangels die Heilung nicht ausgeschlossen ist und die Eigenschaft als Rechtsgeschäft daher nicht vorschnell abgesprochen werden darf.[659] Der maßgebliche Unterschied liegt jedoch darin, dass die Vertragsparteien bei bekannten Heilungsvorschriften nicht mit einer vergleichbaren Endgültigkeit von der Nichtigkeit ausgehen.[660] Somit wäre der Arbeitsvertrag von Beginn an ohne die Hinterziehungsabrede wirksam geworden und auch geblieben.[661]

bb) Bestandswille der Vertragsparteien nach Treu und Glauben

Auch dann, wenn man § 139 BGB als einschlägig ansieht, ist aber von einer Fortgeltung des Arbeitsvertrages auszugehen. Diese Norm soll die Vertragsparteien vor einem Rechtsgeschäft schützen, das eine von dem Gewollten abweichende Prägung erhalten hat.[662] Teilweise wird dabei mit Verweis auf die Kenntnis der

---

655 BGH 16.3.2017 – VII ZR 197/16, NJW 2017, 1808 (1810) [Rn. 22].

656 RG 11.5.1908 – VII 523/07, RGZ 68, 322 (325); vgl. BGH 29.6.1966 – V ZR 68/65, NJW 1966, 1747 (1747) [unter 3.]; RG 19.10.1928 – III 70/28, RGZ 122, 138 (141).

657 BGH 29.6.1966 – V ZR 68/65, NJW 1966, 1747 (1747) [unter 3.].

658 Siehe z.B. RG 11.5.1908 – VII 523/07, RGZ 68, 322 (326).

659 Jauernig/*Mansel*, 19. Aufl. 2023, § 139 BGB Rn. 12. Zum damaligen § 313 S. 2 BGB auch *Keim*, NJW 1999, 2866 (2867). Unterstützung finden diese Kritiken auch in der Rechtsprechung, BGH 26.9.1975 – V ZR 180/73, NJW 1976, 237 (238); 15.11.1974 – V ZR 78/73, NJW 1975, 205 (205) [unter I.2.b)].

660 Auch der BGH stellt in seiner Entscheidung darauf ab, dass nur eine „zunächst gegebene“ Formnichtigkeit vorliegt, BGH 15.11.1974 – V ZR 78/73, NJW 1975, 205 (205) [unter I.2.b)].

661 Die Sozialversicherungsbeiträge würden sich damit nach § 14 Abs. 2 SGB IV richten.

662 BGH 5.7.2002 – V ZR 229/01, NJW-RR 2002, 1527 (1527) [unter II.1.b)]; Erman/*Arnold*, 17. Aufl. 2023, § 139 BGB Rn. 1; MüKoBGB/*Busche*, 9. Aufl. 2021, § 139

Nichtigkeit ein wirklicher Parteiwille zur Wirksamkeit des restlichen Vertrages angenommen.[663] Ohne eine explizite Vereinbarung ist dem allerdings zu widersprechen, schließlich hat die Wirksamkeit des Arbeitsvertrages insbesondere mit Blick auf § 14 Abs. 2 S. 2 SGB IV erhebliche Auswirkungen auf die geschuldete Gegenleistung,[664] sodass fraglich ist, ob die Parteien auch zu diesen Bedingungen den Vertrag geschlossen hätten. Allein ein Abstellen auf die sich ändernde Vergütung wird dem Zweck des § 139 BGB allerdings ebenso wenig gerecht. Um die Vertragsparteien nicht an einen ungewollten Vertrag zu binden, sei vielmehr auf den mutmaßlichen Willen abzustellen: Es ist danach zu fragen, was die Vertragsparteien nach Treu und Glauben bei Kenntnis der Nichtigkeit vereinbart hätten.[665]

Aus Sicht des Arbeitnehmers ist das Interesse an einem Arbeitsverhältnis allein schon aus dem Grund in der Regel anzunehmen, dass das Arbeitsentgelt typischerweise die Existenzgrundlage des Arbeitnehmers bildet. Beim Arbeitgeber mag dies – trotz seines Interesses an der Erledigung der anfallenden Aufgaben – eventuell etwas weniger deutlich ausgeprägt sein, da insbesondere in seiner Person Zusatzkosten und ein Zusatzaufwand anfallen.[666] Auch ein entgegenstehender Wille hätte aber keine Auswirkungen: Der Grundsatz von Treu und Glauben verhindert es im Einzelfall, dass sich eine Person auf ein ihr eigentlich zustehendes Recht berufen kann, wenn dies eine unzumutbare Belastung darstellen würde.[667] Unter anderem hat der BGH ein treuwidriges Verhalten dann angenommen, wenn sich eine Vertragspartei auf die Gesamtnichtigkeit berufe und damit von allen Pflichten frei werde, obwohl diese Partei ganz bewusst an der Einführung der nichtigen Klauseln mitgewirkt hat.[668] Die Unwirksamkeit des Arbeitsvertrages

---

BGB Rn. 1; Grüneberg/*Ellenberger*, 83. Aufl. 2024, § 139 BGB Rn. 1.

663 MüKoBGB/*Busche*, 9. Aufl. 2021, § 139 BGB Rn. 30; NK-BGB/*Faust*, 4. Aufl. 2021, § 139 BGB Rn. 44; *Keim*, NJW 1999, 2866 (2867); Jauernig/*Mansel*, 19. Aufl. 2023, § 139 BGB Rn. 12; *Medicus/Petersen*, Allgemeiner Teil des BGB, 12. Aufl., 2024, § 35 Rn. 507; Staudinger/*Roth*, 2020, § 139 BGB Rn. 24.

664 Siehe dazu auch § 7.III.2.a).

665 BGH 22.5.1996 – VIII ZR 194/95, NJW 1996, 2087 (2088) [unter II.2.b)]; vgl. MüKoBGB/*Busche*, 9. Aufl. 2021, § 139 BGB Rn. 31; Grüneberg/*Ellenberger*, 83. Aufl. 2024, § 139 BGB Rn. 14; *Ulmer*, in: FS Steindorff, 1990, S. 799-816 (806).

666 Siehe dazu § 7.I.2.

667 Zur Anwendbarkeit von § 242 BGB auf Fälle des § 139 BGB siehe BGH 24.4.2008 – VII ZR 42/07, NJW-RR 2008, 1050 (1050 f.) [Rn. 13 ff.]; Soergel/*Martens*, 14. Aufl. 2023, § 139 BGB Rn. 72.

668 So z.B. BGH 18.11.1966 – I b ZR 146/65, NJW 1967, 245 (245 f.) [unter II.2.]. Siehe dazu auch die Ausführungen in RG 18.12.1917 – Rep. III 356/17, RGZ 91, 359 (362); *Ulmer*, in: FS Steindorff, 1990, S. 799-816 (811), die auf die Vorleistung anspielen.

bedeute insgesamt eine übermäßige Belastung des vorleistungspflichtigen und seinen Schutz verlierenden Arbeitnehmers, gerade unter der Prämisse des strukturell unterlegenen Arbeitnehmers[669] ist auch ein maßgeblicher Einfluss des Arbeitgebers auf die Hinterziehungsabrede nicht ausgeschlossen. Wenn es dem Arbeitgeber aber nach Treu und Glauben wegen seiner Verhandlungsposition und den aus einer solchen Abrede folgenden Vorteilen nicht zusteht, sich auf die Gesamtnichtigkeit zu berufen, erschließt es sich nicht, warum eben dieses Verhalten bei der Frage nach einem nach Treu und Glauben zu ermittelnden mutmaßlichen Willen beachtlich sein sollte.

Der mutmaßliche Wille der Arbeitsvertragsparteien ist damit grundsätzlich auf die Wirksamkeit des Arbeitsvertrages gerichtet. Eines – eigenständigen – Umweges über die Treuwidrigkeit des Berufens auf die Gesamtnichtigkeit bedarf es daher nicht. Zudem müssen auch andere Überlegungen zur Sicherung des Arbeitnehmers nicht bemüht werden. Ob die Grundsätze des fehlerhaften Arbeitsverhältnisses, welches für die Vergangenheit wie ein fehlerfrei zustande gekommenes Arbeitsverhältnis mitsamt den arbeitnehmerschützenden Regelungen zu bewerten ist,[670] im Falle der Kenntnis der Nichtigkeit überhaupt Anwendung finden, ist somit ohne Bedeutung.[671]

c) *Zwischenergebnis*

Die über das SchwarzArbG erreichten Rechtsfolgen für den Arbeitsvertrag sind auch über § 138 Abs. 1 BGB gewährleistet. Die Hinterziehungsabrede selbst ist eindeutig sittenwidrig, unterschiedliche Ansätze gibt es hingegen im Umgang mit dem restlichen Vertrag. Da die Kenntnis der Sittenwidrigkeit von Schwarzarbeitsabreden im beruflichen Alltag unterstellt werden muss, ist der notwendige Wille zur Setzung einer Rechtsfolge auch nur auf den restlichen Arbeitsvertrag gerichtet. Mangels Teilnichtigkeit kann daher keine Gesamtnichtigkeit über § 139 BGB angenommen werden. Aufgrund der essenziellen Bedeutung des

669 BVerfG 14.11.2018 – 1 BvR 1278/16, AP GG Art. 9 Nr. 153 = NZA 2019, 112 (112) [Rn. 7]; vgl. dazu § 7.III.1.b); Gerade in der alten Rechtsprechung des BGH wurde dieses Argument bemüht, um über den bereicherungsrechtlichen Ausgleich einen Mindestschutz zu gewährleisten, BGH 31.5.1990 – VII ZR 336/89, NZA 1990, 809 (811) [unter 6.].

670 Siehe nur BAG 15.1.1986 – 5 AZR 237/84, NZA 1986, 561 (562) [unter III.2.].

671 Dies wird für bewusste Verstöße gegen Strafgesetze und „krasse Sittenwidrigkeit“ abgelehnt, ErfK/*Preis*, 24. Aufl. 2024, § 611a BGB Rn. 152 mit Verweis auf entsprechende Rechtsprechung; vgl. auch Grüneberg/*Weidenkaff*, 83. Aufl. 2024, Einf v § 611 BGB Rn. 29.

Rechtsbindungswillens für die Annahme eines Rechtsgeschäfts ist dieser Weg vorzugswürdig, wirkliche Auswirkungen haben aber auch die abweichenden Meinungen nicht: Geht man von der Anwendbarkeit des § 139 BGB aus, so spricht in diesem Fall auch der mutmaßliche (oder auch der wirkliche) Wille für ein Fortbestehen des Arbeitsvertrages. Ein entgegenstehender Wille des Arbeitgebers wäre aufgrund der Grundsätze von Treu und Glauben unbeachtlich. In jedem Fall ist damit auch bei der Sittenwidrigkeit allein von der Nichtigkeit der Hinterziehungsabrede auszugehen.

Die Unterscheidung zu den unwirksamen Dienst- und Werkverträgen rechtfertigt sich dabei aus zwei Gründen: Zum einen ist im Arbeitsverhältnis nicht denkbar, dass die Steuerhinterziehung den Hauptzweck des Vertrages bildet.[672] Zum anderen wird sowohl bei der Anwendbarkeit des § 139 BGB[673] als auch innerhalb des § 139 BGB[674] auf den Parteiwillen abgestellt, für den im Falle des Arbeitsverhältnisses die angesprochenen Besonderheiten des Arbeitnehmerschutzes zu berücksichtigen sind. Im Ergebnis kann dem BGH damit zugestimmt werden: Vereinbaren Arbeitnehmer und Arbeitgeber, keine Steuern und Sozialversicherungsbeiträge zu entrichten, so bleibt der Arbeitsvertrag im Regelfall gültig, wohingegen die Hinterziehungsabrede sowohl nach § 134 BGB als auch subsidiär § 138 Abs. 1 BGB nichtig ist. Leichte Kritik muss aber an dem Vorgehen geübt werden: Mit dem Verweis auf die Nichtigkeit gem. §§ 134, 138 BGB wird die Subsidiarität der Sittenwidrigkeit übergangen und auch die Folgen der Arbeitnehmerstellung und der Kenntnis der Nichtigkeit für § 139 BGB[675] finden keine Beachtung in den Entscheidungen. Wünschenswert wäre somit ein differenzierteres Vorgehen der Rechtsprechung.

---

672 Siehe dazu § 7.III.1.b).

673 Vgl. BGH 29.6.1966 – V ZR 68/65, NJW 1966, 1747 (1747) [unter 3.]; BAG 15.1.1955 – 1 AZR 305/54, juris [Rn. 50].

674 Vgl. BGH 22.9.2016 – III ZR 427/15, NJW 2016, 3525 (3526) [Rn. 16]; 30.3.2011 – VIII ZR 94/10, NJW 2011, 2874 (2876) [Rn. 24]; 24.10.2006 – XI ZR 216/05, NJW-RR 2007, 395 (396) [Rn. 17].

675 Der BGH geht aufgrund der angenommenen Gesamtnichtigkeit nach §§ 134, 138 BGB nicht genauer auf § 139 BGB ein, vgl. BGH 24.4.2008 – VII ZR 42/07, NJW-RR 2008, 1050 (1050) [Rn. 6 f.]. Allein in BGH 16.3.2017 – VII ZR 197/16, NJW 2017, 1808 (1810) [Rn. 22] wird die Anwendbarkeit in Frage gestellt, allerdings ebenfalls nicht intensiviert.

3. *Inhaltskontrolle als „geringeres Mittel"?*

Ein Eingriff in die Vertragsfreiheit, wie ihn das SchwarzArbG und die übrigen Regelungen darstellen, ist nur dann gerechtfertigt, wenn es sich dabei um eine verhältnismäßige Maßnahme handelt. Insbesondere die Erforderlichkeit der Maßnahme rückt mit Blick auf die ähnlichen Folgen der Sittenwidrigkeit ins Zentrum, die allein im Einzelfall die Nichtigkeit vorsehen. Es darf daher keine Maßnahme vorliegen, die gleich geeignet, aber weniger einschneidend ist. Würde die Wirkung des SchwarzArbG nicht über die Rechtsfolgen von § 138 Abs. 1 BGB hinausgehen, läge eine reine „Placebogesetzgebung" vor, die bestehendes Recht nur wiederholt und sich auf das Setzen eines „Zeichens" beschränkt – eine solche ist aber nicht erwünscht.[676]

Gerade das SchwarzArbG verfolgt einen stark ausgeprägten präventiven Zweck,[677] der allein mit der Annahme der Sittenwidrigkeit kaum zu erreichen ist. Insbesondere durch das Fortbestehen des Arbeitsvertrages wird den Vertragsparteien ein Sicherheitsnetz geschaffen, bei dem allein die zusätzlichen Kosten im Sinne des § 14 Abs. 2 S. 2 SGB IV zu befürchten wären. Über die strafrechtlichen und ordnungsrechtlichen Folgen der genannten Gesetze drohen den beteiligten Parteien Folgen, die über das im Falle der Abführung Geschuldete hinausgehen.[678] Erst dadurch kann ein Anreiz gesetzt werden, zukünftig auf solche Abreden zu verzichten, und wirklich von einer präventiven Wirkung gesprochen werden.[679]

Diese ist umso wichtiger, als es sich bei den Schwarzgeldabreden schon denklogisch um versteckte Abreden handelt und ein repressives Vorgehen damit nur im Falle des Bekanntwerdens von Erfolg gekrönt ist. Während die Vergütungsabreden oder Kündigungsschutzvereinbarung offen vereinbart werden, beruhen die Nachteile für den Fiskus an dieser Stelle gerade darauf, dass die Hinterziehungsabreden nicht bekannt sind, und die Wirksamkeit in der Regel nur im Falle einer

---

676 So zu der inhaltlichen Diskussion eines neu zu schaffenden Mobbinggesetzes *Thüsing/Bleckmann*, BB 2020, 249 (250, 252).

677 BT-Drs. 15/2573, 17, 34 f.; BR-Drs. 155/04, 1; BGH 1.8.2013 – VII ZR 6/13, NJW 2013, 3167 (3169) [Rn. 24]; vgl. auch Obenhaus/Brügge/Herden/Schönhöft/*Obenhaus*, 2016, Einleitung SchwarzArbG Rn. 7 ff.

678 Es drohen nicht nur die Zahlung der tatsächlich geschuldeten Beiträge, sondern auch Bußgelder (§ 8 Abs. 6 SchwarzArbG) sowie eine darüber hinausgehende Geldstrafe oder sogar Freiheitsstrafe (§ 370 AO, § 266a StGB). Für das Verhältnis der verschiedenen Folgen ist § 21 OWiG zu beachten.

679 Siehe zu der Präventivwirkung auch die Ausführungen zum FPersG (§ 9.I.1.c).aa)) und zur InstitutsVergV (§ 9.II.2.c).aa)).

Streitigkeit zum Vorschein kommt.[680] Die im Zusammenhang des SchwarzArbG immer wieder getätigten Verschärfungen[681] sind folglich zielführend für einen effektiven Rechtsschutz, der allein mit der Sittenwidrigkeit nicht zu erreichen ist. Vor diesem Hintergrund mag es daher überraschen, dass mit dem Fortbestehen des Arbeitsverhältnisses von einer Lossagung jeder rechtlicher Ansprüche, wie sie bei dem Dienst- oder Werkertrag sowohl über § 134 BGB als auch §§ 138, 139 BGB zu erreichen ist, abgesehen wird. Dies bedeutet jedoch keine Stärkung der Privatautonomie beider Vertragsparteien; diese ist weiterhin dem generalpräventiven Ansatz untergeordnet, der aufgrund der straf- und ordnungsrechtlichen Normen auch dann gegeben ist, wenn der Vertrag als solcher wirksam bleibt. Vielmehr bildet allein der hinzutretende Arbeitnehmerschutz den Grund dafür, den Arbeitsvertrag fortbestehen zu lassen.

Zudem wird in dem Konflikt zwischen der Vertragsfreiheit und den schützenswerten Interessen der Allgemeinheit auch keinem weitergehenden Eingriff in die Vertragsfreiheit der Weg geebnet. Das Verhalten ist bereits über die Sittenwidrigkeit untersagt und führt zu unwirksamen Abreden, die gesetzlichen Regelungen unterwerfen diese Überschreitung allein strengeren Rechtsfolgen. Die Wirkung des SchwarzArbG geht mithin über die der Sittenwidrigkeit hinaus, ohne die Vertragsfreiheit wesentlich intensiver zu beschränken. Die Erforderlichkeit und damit die Verfassungsmäßigkeit sind daher zu bejahen.

IV. Wahl des Vertragstyps

Zuletzt fällt der Blick auf die Frage der Vertragswahl. Einigen sich die Vertragsparteien, das Vertragsverhältnis anzumelden, stehen ihnen grundsätzlich eine Vielzahl an Gestaltungsmöglichkeiten zur Verfügung. Insbesondere die Wahl eines Werk- oder Dienstvertrages für die Tätigkeiten, die auch in einem Arbeitsverhältnis erledigt werden können, taucht in der öffentlichen Debatte auf. In den vergangenen Jahren ist beispielsweise die Diskussion um die Ausgliederung der Arbeit in der Fleischindustrie auf fremde Kräfte in einem Werkvertragsverhältnis

---

680 *Boockmann/Döhrn/Groneck u.a.*, Abschätzung des Ausmaßes der Schwarzarbeit, 07.02.2022, S. 9; *ISG*, Entwicklung von Schwarzarbeit und illegaler Beschäftigung seit der Einführung des gesetzlichen Mindestlohnes zum 1. Januar 2015 – Qualitative Erhebung, Februar 2020, S. 16 f.

681 BT-Drs. 18/9958, 12; BT-Drs. 15/2573, 17; BT-Drs. 9/192, 5; BT-Drs. 2/1111, 3. Nachdem die Anforderung der „Gewinnsucht“ einem effektiven Vorgehen entgegenstand und gestrichen wurde (BT-Drs. 9/192, 1), werden aktuell auch die personellen Mittel und Befugnisse aufgestockt, *BMF*, Jahresergebnisse 2020 der Finanzkontrolle Schwarzarbeit des Zolls.

in die Schlagzeilen geraten, auch die Unterscheidung von Honorarärzten und angestellten Ärzten zeigt die bestehenden Unterschiede.[682]

1. *Grundsätzlich freie Entscheidung*

Gerade das Beispiel der Fleischindustrie zeigt, dass mit dem Wechsel auf das Werkvertragsverhältnis mit dem Wegfall der Sozialversicherungspflicht auch häufig schlechtere Bedingungen einhergehen.[683] Dennoch stellt die Entscheidung gegen einen Arbeitsvertrag und für einen Werkvertrag keine missbilligte Entscheidung dar.[684] Im Zusammenhang mit der Testierfreiheit hat der BGH darauf hingewiesen, dass die vom Gesetz bereitgestellten Gestaltungsmöglichkeiten auch ausgeschöpft werden dürfen.[685] Von diesem Grundsatz ist auch für die übrigen Ausprägungen der Vertragsfreiheit auszugehen,[686] das „Gesetz zwingt den Marktteilnehmer nicht, den Bedarf an Leistungen ausschließlich durch Arbeitsverträge zu decken. Er kann vielmehr auf jeden rechtlich zulässigen Vertragstyp zurückgreifen, muss aber dann auch die jeweiligen – auch nachteiligen – rechtlichen Folgen in Kauf nehmen."[687]

Auch das Verbot von Fremdarbeit in der Fleischindustrie (§ 6a Abs. 2 GSA Fleisch[688]) ist nicht auf die Entscheidung der Parteien gegen ein Arbeitsverhältnis zurückzuführen. Zwar wurde in der Diskussion unter anderem bemängelt, dass Werkverträge nicht nur ergänzend, sondern zur Erfüllung des eigenen

682 Auf die Vorteile hinsichtlich „Arbeitsbedingungen" und Vergütung hinweisend z.B. *Wank*, AuR 2017, 140 (150).

683 Das betrifft insbesondere die Vergütung, BT-Drs. 19/21978, 25. Siehe auch BT-Drs. 17/6714, 1. In die andere Richtung weist aber z.B. der Vergleich von Honorarärzten und angestellten Ärzten, *Wank*, AuR 2017, 140 (150).

684 Siehe zur Wahl eines Arbeitsvertrages auch die Möglichkeit, diesen ohne Vorliegen der Voraussetzungen kraft Parteivereinbarung zu wählen, § 7.I.1.

685 BGH 24.7.2019 – XII ZB 560/18, NJW 2020, 58 (59) [Rn. 14]; 19.1.2011 – IV ZR 7/10, NJW 2011, 1586 (1587) [Rn. 18].

686 Siehe BGH 19.1.2011 – IV ZR 7/10, NJW 2011, 1586 (1587) [Rn. 18], der gerade nicht nur auf die Testierfreiheit als spezielle Ausprägung, sondern auf die Privatautonomie als solche abstellt.

687 BAG 13.3.2008 – 2 AZR 1037/06, NZA 2013, 878 (880) [Rn. 30]. In diese Richtung bereits BVerfG 20.3.2001 – 1 BvR 491/96, BVerfGE 103, 172 (183) [unter C.I.1.]; 11.6.1958 – 1 BvR 596/56, AP GG Art. 12 Nr. 13 = BVerfGE 7, 377 (398 f.) [unter B.IV.2].

688 Kritisch *Bayreuther*, NZA 2020, 773 (775); *Boemke/Düwell/Greiner u.a.*, NZA 2020, 1160 (1166).

Betriebszwecks eingesetzt wurden.[689] Mitentscheidend für das Verbot war aber der abträgliche Einfluss auf die Arbeitnehmerschutzvorschriften. Durch das Nebeneinander und den ständigen Wechsel von Werkunternehmern und Leiharbeitnehmern sei keine klare Verantwortungslage mehr erkennbar gewesen.[690] Sofern allerdings die Schutzvorschriften eingehalten werden, sei die Ausgliederung nicht als verboten oder rechtsmissbräuchlich einzustufen.[691]

Damit ist das „Bestreben, bei zwei möglichen Ausübungsformen einer Berufstätigkeit die sozialversicherungsfreie zu wählen, […] durchaus legitim".[692] Gleiches gilt auch für die Kombination verschiedener Verträge, sodass die Tätigkeit auch anteilig in einem Arbeitsverhältnis und im Übrigen in einem freien Dienstverhältnis erbracht werden kann.[693]

2. *Ausgeprägte Schädigungsabsicht ohne Bedeutung*

Einen bedeutsamen Stellenwert in der Bewertung der Sittenwidrigkeit nimmt die Schädigungsabsicht ein, insbesondere im Falle der Drittbelastung ist das subjektive Sittenwidrigkeitselement erforderlich, auch wenn es unterschiedlich stark ausgeprägt sein kann.[694] Auch dann, wenn es den Parteien gerade darauf ankommt, durch ihr Verhalten den Fiskus bzw. die Sozialversicherungsträger zu schädigen, kann sich aber für eine solche Vertragswahl kein abweichender Umgang ergeben. Dies hängt maßgeblich damit zusammen, dass § 138 Abs. 1

689 BT-Drs. 19/21978, 3.

690 BT-Drs. 19/21978, 3. Siehe dazu auch *Diepenbrock*, NZS 2016, 127 (131).

691 BT-Drs. 17/6714, 3, 4. Diese als Antwort auf eine kleine Anfrage getätigte Aussage der damaligen schwarz-gelben Bundesregierung beruhte zwar auf der möglichen Umgehung arbeitsrechtlicher Standards und zielte so vor allem auf den Schutz der Arbeitnehmer ab, sie kann aber dennoch als verstärkendes Indiz herangezogen werden, da auch hier die Wahl einer gesetzlich vorgesehenen Möglichkeit der Vermutung der Wirksamkeit unterliegt. Auch die Bundesregierung hat in dem Koalitionsvertrag die Bedeutung der Werkverträge hervorgehoben, *Koalitionsvertrag zwischen SPD, Bündnis 90/Die Grünen und FDP – 20. Legislaturperiode*, Mehr Fortschritt wagen, 12.3.2021, S. 71.

692 BSG 14.5.1981 – 12 RK 11/80, juris [Rn. 44]. In diese Richtung wohl auch *Schlegel*, NZA-Beilage 2016, 13 (14 f.). Eine dem Werkvertrag vorgelagerte Kündigung allein mit dem Ziel des Entzugs des Arbeitnehmerstatus dürfte hingegen am Vorliegen eines Kündigungsgrundes – insbesondere der unternehmerischen Entscheidung – scheitern, vgl. BAG 13.3.2008 – 2 AZR 1037/06, NZA 2013, 878 (880) [Rn. 30].

693 BGH 24.7.2019 – XII ZB 560/18, NJW 2020, 58 (59) [Rn. 14]; BAG 27.6.2017 – 9 AZR 851/16, NZA 2017, 1463 (1467) [Rn. 34].

694 Siehe dazu § 5.II.3.c).

BGB nicht den Zweck verfolgt, eine bestimmte Gesinnung oder Einstellung zu bestrafen. Stattdessen muss eine von der Rechtsordnung nicht mehr zu billigende Rechtslage und damit – für den Fall der Drittbetroffenheit – zumindest eine Benachteiligung der Drittinteressen vorliegen.[695] Allein ein subjektives Element ist ohne diese objektive Voraussetzung damit ohne Bedeutung.

Dieser objektive Nachteil ist jedoch im Zweifel abzulehnen. Zwar hat der Schwund an Mitgliedern und Beiträgen nachteilige Auswirkungen auf das Sozialversicherungsrecht, die bei entsprechendem Gewicht sogar das System als solches gefährden können.[696] Bei über 30 Millionen sozialversicherungspflichtigen Beschäftigten[697] kann das einzelne Arbeitsverhältnis aber kein derartiges Gewicht entfalten. Der befürchtete „Erfolg“ einer Schädigung setzt somit das massenhafte Herausfallen aus der Sozialversicherungspflicht und damit ein weiteres Verhalten anderer Akteure voraus. Eine Zurechnung dieses Verhaltens entbehrt jedoch – insbesondere dann, wenn allein die gesetzlichen Möglichkeiten wahrgenommen werden – jeder Grundlage, schließlich fehlt es sowohl an jedweder Kenntnis fremden Verhaltens als auch an einer Einflussmöglichkeit.[698] Selbst bei vorliegender Schädigungsabsicht verbleibt es daher bei einem nicht ausreichenden Versuch der Schädigung.

Zudem wird aus der Gegenüberstellung von Behindertentestament und Unterhaltsverzicht deutlich, dass nicht jeder Nachteil für den objektiven Sittenwidrigkeitstatbestand ausreicht. Mit der Umgehung einer klar umrissenen Wertung des Gesetzgebers zeigt sich, dass die gesetzlich vorgesehenen Nachteile gerade

---

695 Vgl. *Eckert*, AcP 199 (1999), 337 (351); Grüneberg/*Ellenberger*, 83. Aufl. 2024, § 138 BGB Rn. 61; Staudinger/*Fischinger*, 2021, § 138 BGB Rn. 6.

696 Siehe dazu § 7.I.2.c).cc).

697 Siehe dazu die Anzahl der in Deutschland sozialversicherungspflichtig Beschäftigten in den Jahren 2000 bis 2022 (https://de.statista.com/statistik/daten/studie/39187/umfrage/sozialversicherungspflichtig-beschaeftigte-seit-2000/; https://statistik.arbeitsagentur.de/DE/Navigation/Statistiken/Fachstatistiken/Beschaeftigung/Aktuelle-Eckwerte-Nav.html) (geprüft am 25.10.2024).

698 Im Falle des Zusammentreffens von Globalzession und verlängertem Eigentumsvorbehalt wird beispielsweise die Sittenwidrigkeit auf ein fremdes Verhalten gestützt. Die Sittenwidrigkeit ergibt sich dort erst daraus, dass sich der Vertragspartner einem anderen Vertragspartner gegenüber vertragsbrüchig verhält (siehe dazu § 5.II.3.c).cc)). Die Sittenwidrigkeit kann also allein wegen der Kenntnis des Verhaltens und dem Verleiten zu diesem Vertragsbruch angenommen werden. Vorliegend liegt zum einen in der Vertragswahl ein rechtmäßiges Verhalten, zum anderen liegen weder eine Kenntnis noch eine vergleichbare Verbindung zu dem Verhalten eines anderen vor.

nicht ausreichen.[699] Die einheitliche Rechtsprechung – selten passt dieser Begriff so wie hier – von BVerfG, BGH, BAG und BSG hat das Recht zur freien Wahl des Vertrages ohne eine Einschränkung hinsichtlich der Absicht hervorgehoben.[700] Das BSG hat sogar explizit herausgestellt, dass eine mögliche Schädigungsabsicht unbeachtlich ist.[701] Eine entgegenstehende Rechtsauffassung ist somit nicht erkennbar. Auch eine mit der freien Wahl im Widerspruch stehende Wertung des Gesetzgebers liegt nicht vor, schließlich sind die Vertragstypen als gleichwertige Alternativen mit in sich geschlossenen Vor- und Nachteilen zu verstehen. Ein Nachranggrundsatz, wie er im Sozialversicherungsrecht vorherrscht, besteht folglich nicht – zumal auch dieser mitunter keine entgegenstehende Wertung enthält.[702]

3. *Zwischenergebnis*

Die gesetzliche Wertung ist eindeutig:[703] Alle im Gesetz vorgesehenen Vertragsgestaltungen können von den Vertragsparteien frei gewählt werden – sofern sie denn inhaltlich mit dem Gewollten vereinbar sind. Ob damit das Ziel verfolgt wird, das Sozialversicherungssystem zu schädigen, ist ohne Bedeutung. Diese fehlende Einordnung als sittenwidrig bestätigt somit noch einmal die zwischen Behindertentestament und Unterhaltsverzicht herausgestellte Bedeutung des Widerspruchs zu einem gesetzlichen System. Ohne diesen kann die Sittenwidrigkeit nicht angenommen werden. Aus der einfachen Wahl eines der gesetzlich vorgesehenen Verträge lässt sich damit der objektive Tatbestand der Sittenwidrigkeit nicht begründen. Auch beim Vorliegen einer Schädigungsabsicht bliebe es daher bei einem unbeachtlichen Versuch der Schädigung einer Sozialversicherung.

---

699 BGH 24.7.2019 – XII ZB 560/18, NJW 2020, 58 (59) [Rn. 15].

700 BVerfG 11.6.1958 – 1 BvR 596/56, AP GG Art. 12 Nr. 13 = BVerfGE 7, 377 (398 f.) [unter B.IV.2]; BGH 24.7.2019 – XII ZB 560/18, NJW 2020, 58 (59) [Rn. 14]; BAG 13.3.2008 – 2 AZR 1037/06, NZA 2013, 878 (880) [Rn. 30]; BSG 14.5.1981 – 12 RK 11/80, juris [Rn. 44].

701 BSG 14.5.1981 – 12 RK 11/80, juris [Rn. 44].

702 Im Falle des Behindertentestamentes wird das Vermögen zu einem großen Teil an dem Sozialhilfeträgern vorbeigeführt und so der Nachranggrundsatz umgangen. Da diese gesetzliche Rangfolge aber zu Gunsten der Verwanden durchbrochen werde, könne eine solche entgegenstehende Wertung nicht angenommen werden. Vgl. BGH 19.1.2011 – IV ZR 7/10, NJW 2011, 1586 (1588) [Rn. 23]; 21.3.1990 – IV ZR 169/89, NJW 1990, 2055 (2057) [unter II.2.c).bb)].

703 Und wird auch nicht ernstzunehmend bezweifelt!

V. Einzelfallentscheidung weiterer möglicher Vertragsabreden

Auch andere vertragliche Klauseln mit belastender Wirkung für den Fiskus und insbesondere die Sozialversicherung sind nach diesen Grundlagen denkbar. Dass nicht jede von den Regelungen des SGB abweichende privatrechtliche Abrede nichtig ist,[704] wurde bereits dargestellt, stattdessen sind auch dahingehend Einzelfallentscheidungen am Maßstab der gesetzlichen Wertung zielführend.

Diskutiert wurde beispielsweise die Abbedingung der Entgeltfortzahlung nach § 616 BGB. Ist der Arbeitgeber danach nicht verpflichtet, auch ohne Arbeitsleistung die Gegenleistung zu entrichten, so springt unter Umständen die Krankenversicherung ein (§§ 44, 45, 49 SGB V) und wird belastet. Für die Entgeltfortzahlung im Falle der Krankheit des Arbeitnehmers enthält das EntgFG Spezialregelungen (§ 1 Abs. 1 EntgFG), nach denen der Arbeitgeber das Entgelt bis zu sechs Wochen fortzuzahlen hat (§ 3 Abs. 1 EntgFG). Im Gegensatz zu § 616 BGB ist diese Norm nicht abdingbar und eine davon abweichende Regelung nach § 134 BGB nichtig.[705] Von dem Anwendungsbereich des EntgFG nicht umfasst ist hingegen die Fortzahlung des Lohnes, wenn der Arbeitnehmer aus persönlichen Gründen an der Arbeit gehindert ist, zum Beispiel im Falle der Krankheit des Kindes. Allein § 616 BGB verpflichtet danach den Arbeitgeber zur Entgeltfortzahlung.[706] Diese Norm ist allerdings grundsätzlich abdingbar.[707] Ohne diesen Anspruch bliebe dem Arbeitnehmer allein der eigentlich subsidiäre[708] Anspruch auf Krankengeld nach § 45 SGB V und der Sozialversicherungsträger wäre belastet. Mit Blick auf das Kriterium des Widerspruchs zur gesetzlichen Wertung muss ein solches Vorgehen daher als sittenwidrig eingeordnet werden, wenn § 616 BGB mit dem Ziel abbedungen werden soll, dass der Arbeitnehmer Krankengeld von der Sozialversicherung erhalten soll. [709] § 616 BGB und § 46 Abs. 2 SGB I zeigen eindeutig, dass vorrangig der Arbeitgeber für einen kurzzeitigen Ausfall einzustehen hat.

---

704 Siehe dazu auch *Deinert*, Privatrechtsgestaltung durch Sozialrecht, 2007, S. 99 ff. mit Verweis auf § 32 SGB I.

705 ErfK/*Reinhard*, 24. Aufl. 2024, § 12 EFZG Rn. 9; vgl. zu dem ehemaligen § 616 BGB, *Salje*, NZA 1990, 299 (301).

706 MüKoBGB/*Henssler*, 9. Aufl. 2023, § 616 BGB Rn. 35 m.w.N.

707 Siehe nur Staudinger/*Oetker*, 2022, § 616 BGB Rn. 153 m.w.N.

708 BAG 20.6.1979 – 5 AZR 479/77, AP BGB § 616 Nr. 49 [unter 5.].

709 Nicht auf die Sittenwidrigkeit, aber auf die Problematik hinweisend auch Staudinger/*Oetker*, 2022, § 616 BGB Rn. 162; *Salje*, NZA 1990, 299 (301). Auf einen unwirksamen Vertrag zu Lasten Dritter verweisend *Ulrici*, ZFA 2016, 377 (390).

Differenzierter sieht das Ergebnis für Absprachen aus, in denen auf einen Teil der Vergütung verzichtet wird. Verfolgen die Parteien das Ziel, bestehende Ansprüche gegen die Sozialversicherungsträger abzusichern, besteht wegen des Nachranggrundsatzes ein Konflikt mit der gesetzlichen Wertung,[710] der zur Sittenwidrigkeit führen kann.[711] Allein die Vereinbarung einer geringeren Vergütung oder geringeren Arbeitszeit verstößt hingegen nicht gegen die guten Sitten. Die Möglichkeit der geringfügigen Beschäftigung ist gesetzlich vorgesehen und enthält ein in sich geschlossenes System an (finanziellen) Vor- und Nachteilen, sodass ein Verstoß gegen gesetzliche Wertungen nicht auszumachen ist.

Das in der Gegenüberstellung von Behindertentestament und Unterhaltsverzicht herausgearbeitete Abgrenzungsmerkmal der Umgehung einer gesetzlichen Wertung ist somit auch im Arbeitsrecht zu berücksichtigen. Die Sittenwidrigkeit von Abreden zu Lasten des Fiskus oder der Sozialversicherung setzt also nicht nur voraus, dass tatsächlich eine Benachteiligung und ein subjektives Sittenwidrigkeitselement vorliegen, sondern erfordert auch, dass die Benachteiligung eine gesetzliche Wertung umgeht.

VI. Rechtsdurchsetzung

Die materiellrechtliche Betrachtung des Schutzstandards umfasst nur einen Teil des Ganzen. Zu den in der Theorie bestehenden Regelungen muss auch die Möglichkeit der Durchsetzung treten, um von einem effektiven Schutz sprechen zu

710 Siehe zum Nachranggrundsatz § 7.II.1.

711 Eine Verdienstobergrenze (mit diesem Beispiel noch *Salje*, NZA 1990, 299 (300 f.)) findet sich in den Regelungen zur Waisenrente (§ 48 SGB VI, §§ 67, 68 SGB VII) mittlerweile nicht mehr. Stattdessen sind bestimmte Einkommen gem. § 18a SGB IV zu berücksichtigen. Wäre das Einkommen reduziert worden, ohne dass auch die Arbeitsleistung verringert worden wäre, und dabei allein die Motivation befolgt worden, die Ansprüche gegen den Sozialhilfeträger aufrechtzuerhalten, wäre damit die gesetzlich vorgesehene Wertung umgangen worden und die Sittenwidrigkeit anzunehmen gewesen, so wohl auch *Salje*, NZA 1990, 299 (301 f.); a.A. BSG 27.11.1986 – 5a RKn 26/85, juris [Rn. 15]; 27.11.1986 – RKnU 6/85, juris [Rn. 12 f.]. Ebenso kann auch ein (grundsätzlich zulässiger) außergerichtlicher Vergleich dafür sorgen, dass die Unwirksamkeit einer ordentlichen Kündigung nicht festgestellt wird und die Arbeitslosenversicherung durch Zahlung eines Arbeitslosengeldes belastet wird, obwohl der Arbeitnehmer auch eine Abfindung erhält. Kommt es den Parteien dabei darauf an, den Anspruch auf das Arbeitslosengeld zu behalten, sind die Voraussetzungen der Sittenwidrigkeit erfüllt. Mit Blick auf den BGH weist auch *Salje* darauf hin, dass unter dem Mantel des Vergleichs kein Ausnutzen stattfinden dürfe, *Salje*, NZA 1990, 299 (302 f.).

können. Innerhalb der Rechtsdurchsetzung ist zudem die Besonderheit zu berücksichtigen, dass die Drittinteressen allein Reflexwirkungen ausgesetzt sind – im Ausgangspunkt also keine direkte Partizipation vorliegt.[712] Zudem wird für die Sittenwidrigkeit ein subjektives Element gefordert, das naturgemäß schwer nachzuweisen ist.[713]

1. Spezielle Rechtsdurchsetzungsregelungen

Für die Abreden hinsichtlich des Charakters weist die Rechtsdurchsetzung dennoch nur eine begrenzte Brisanz auf. Zum einen ergibt sich aus der Wahl des Vertragstyps in keinem Fall eine sittenwidrige Benachteiligung, sodass es auch keiner Durchsetzung bedarf. Zum anderen treffen die Folgen der Schwarzgeldabrede nicht individuelle Dritte, die ihren Rechten zur Geltung verhelfen müssen, sondern die Solidargemeinschaft, dessen Schutz im öffentlichen Interesse liegt.[714] Dass der Staat die bestehenden Durchsetzungsmechanismen im Rahmen seiner Möglichkeiten wahrnimmt, ist daher anzunehmen. Um einen angemessenen Schutz dieser Allgemeininteressen zu gewährleisten, sieht das deutsche Recht mehrere Kontrollansätze vor. Hervorzuheben sind dabei z.B. die Finanzkontrolle Schwarzarbeit des Zolls (§ 2 Abs. 1 Nr. 1 SchwarzArbG)[715] und die Rentenversicherungsträger[716], die mindestens alle vier Jahre eine Betriebsprüfung durchführen sollen (§ 28p Abs. 1 S. 1 SGB IV).[717] Ergänzend wird in der AO auch die Steuerfahndung durch die Landesfinanzbehörden genannt (§ 208 Abs. 1 AO).

---

712 Daran wird in der Regel die Zuständigkeit des Arbeitsgerichts nach §§ 2, 2a ArbGG scheitern. Siehe aber auch § 8.IV.1.

713 Vgl. *Betz*, NZA 2022, 1020 (1022).

714 Der Gesetzgeber hat in den diversen Verschärfungen der gesetzlichen Regelungen immer wieder die finanziellen Nachteile an Steuer- und Beitragsleistungen betont, siehe dazu BT-Drs. 18/9958, 1; BT-Drs 15/2573, 1; BT-Drs. 9/192, 5; BT-Drs. 2/1111, 3.

715 Die Rahmenbedingungen für deren Arbeit sollten zuletzt noch einmal verbessert werden, BT-Drs. 18/9958, 1. Siehe dazu auch *BMF*, Jahresergebnisse 2020 der Finanzkontrolle Schwarzarbeit des Zolls.

716 Die Einhaltung der Sozialversicherungspflichten werden im Aufgabenbereich der Krankassen als Einzugsstellen (§ 28h SGB IV), der Bundesagentur für Arbeit (§ 28q SGB IV) und des Unfallversicherungsträgers (§ 166 SGB VII) genannt. Die Zuständigkeit ist teilweise auf die Rentenversicherungsträger übergegangen, § 28p SGB IV, § 166 Abs. 2 SGB VII. Vgl. dazu Kreikebohm/Dünn/*Nieder*, 4. Aufl. 2022, § 28p SGB IV Rn. 2.

717 Diese Überprüfung erfolgt im Interesse der Versicherungsträger, aber auch mittelbar im Interesse der Versicherten, BSG 14.7.2004 – B 12 KR 10/02 R, NZS 2005, 486 (390) [Rn. 29].

Über diese Kontrollmöglichkeiten hinaus sind die Rentenversicherungsträger und auch die Steuerzahler aber nicht zur Untätigkeit gezwungen. Der Zoll weist auf seiner Homepage explizit darauf hin, dass (auch anonymisiert) Hinweise zu einer möglichen Schwarzarbeit abgegeben werden können.[718] Zudem können die Rentenversicherungsträger bei den ihnen obliegenden Betriebsprüfungen unter Umständen auf die vorherige Anmeldung und den gesetzlich vorgesehenen Vorlauf verzichten. Lassen besondere Gründe eine Prüfung in den Geschäftsräumen des Arbeitgebers gerechtfertigt erscheinen, so kann auch ohne Ankündigung eine Prüfung erfolgen (§ 7 Abs. 1 S. 4 BVV i.V.m. § 98 SGB X). Diese „ad hoc-Prüfung" kann insbesondere auch aufgrund der Vermutung der Beitragshinterziehung in größerem Umfang oder Anzeigen der Zollverwaltung und Steuerfahndung beruhen.[719]

2. Allgemeiner Drittschutz

Sollten die zuständigen Stellen dennoch nicht tätig werden, steht allerdings mangels Vorliegens der Voraussetzungen keine Verpflichtungsklage zur Verfügung.[720]

---

718 https://www.zoll.de/DE/Privatpersonen/Arbeit/Fragen-Antworten/fragen-antworten_node.html (geprüft am 25.10.2024). Mit Blick auf die großen Schäden, die Schwarzarbeit anrichtet, adressiert auch das Land Niedersachsen diese Möglichkeit (https://www.mw.niedersachsen.de/startseite/themen/wirtschaft/bekampfung_der_schwarzarbeit/bekaempfung-der-schwarzarbeit-und-illegalen-beschaeftigung-15961.html) (geprüft am 25.10.2024).

719 Vgl. Kreikebohm/Dünn/*Nieder*, 4. Aufl. 2022, § 28p SGB IV Rn. 9.

720 Die für die Verpflichtungsklage gem. § 42 Abs. 1 Alt. 2, Abs. 2 VwGO maßgebliche Klagebefugnis setzt voraus, dass der Kläger möglicherweise in seinen individuellen Rechten verletzt ist, die mögliche Verletzung von Allgemeininteressen befugt hingegen nicht zur Geltendmachung (siehe zu dieser Schutznormtheorie Sodan/Ziekow/*Sodan*, 5. Aufl. 2018, § 42 VwGO Rn. 386 ff.). Ohne Anspruch auf eine bestimmte Verwendung der Steuern und ohne eine aus den Abreden resultierenden Steigerung der eigenen Steuerpflichten kann ein solcher Individualschutz für die unterlassenen Steuerzahlungen nicht angenommen werden. Aufgrund der Kopplung sozialversicherungsrechtlicher Leistungen an die eigene Beitragszahlung ist diese auch für die unterlassene Sozialversicherungsbeiträge abzulehnen. Es ist daher unbeachtlich, ob das von einem Steuerzahler verlangte Eingreifen von Zoll, Rentenversicherungsträger, Steuerfahndung oder Finanzamt auf einen Verwaltungsakt gerichtet ist und somit der Verpflichtungsklage grundsätzlich zugänglich ist. Für die Anordnung einer Außenprüfung oder eine Ergänzungsanordnung durch das Finanzamt wird ein Verwaltungsakt angenommen, BFH 2.9.2008 – X R 9/08, juris [Rn. 10 f.]; Klein/*Ratschow*, 18. Aufl. 2024, § 118 AO Rn. 42; Koenig/*Vorbeck*, 5. Aufl. 2024, § 118 AO Rn. 29. Gleiches gilt für die Aufforderung, eine Steuererklärung abzugeben, Koenig/

Auch eine Feststellungsklage kommt mangels Parteifähigkeit nicht in Betracht. Die Zivilklage setzt als parteibezogene Anforderung die Parteifähigkeit voraus, die gem. § 50 ZPO[721] Rechtsfähigkeit erfordert. Während damit sowohl natürliche (§ 1 BGB) als auch juristische Personen prozessfähig sind,[722] gilt dies nicht für Allgemeininteressen, die damit keine „eigenen Rechte" geltend machen können.[723] Stattdessen sind Allgemeininteressen darauf angewiesen, dass eine Prozessstandschaft vorliegt, also parteifähige Personen die Rechte als fremde Rechte geltend machen können.[724] Eine gewillkürte Prozessstandschaft setzt die Ermächtigung eines anderen durch den Rechtsinhaber voraus,[725] was die Anwendung auf Allgemeininteressen ausschließt. Für eine gesetzliche Prozessstandschaft fehlt es zudem an Anknüpfungspunkten. Gängige gesetzliche Prozessstandschaften sind beispielsweise die des Insolvenz- oder Testamentsverwalters, die kraft ihres Amtes prozessführungsbefugt sind,[726] vereinzelt kommen sie auch in Güter- und Gläubigergemeinschaften vor.[727] Eine derart weitgehende gesetzliche Prozessstandschaft wie in § 2 UmwRG für das verwaltungsgerichtliche Verfahren, in dem bestimmte Verbände auch ohne Verletzung eigener Rechte Rechtsbehelfe einlegen können, existiert ebenfalls nicht.[728]

Vorbeck, 5. Aufl. 2024, § 118 AO Rn. 29. Zwar keine Außenprüfung im Sinne der §§ 196 ff. AO, aber dennoch einen Verwaltungsakt stelle auch die Prüfungsverfügung nach § 2 SchwarzArbG dar, BFH 18.8.2020 – VII R 34/18, juris [Rn. 108]; FG Hamburg 20.10.2020 – 4 K 34/10, juris [Rn. 18, 24,]. Zudem verortet § 28p Abs. 1 S. 5 SGB IV Handlungen (z.B. Nachforderungen) der Rentenversicherungsträger als Verwaltungsakte, vgl. auch BSG 16.12.2015 – B 12 R 11/14 R, juris [Rn. 17]. Siehe zu der Möglichkeit hinsichtlich der vergütungsrechtlichen Abreden § 9.III.1.

721 Wegen des Entfalls des zweiten Absatzes seit dem 1.1.2024 in § 50 ZPO, vgl. Art. 34 Nr. 2 Gesetz zur Modernisierung des Personengesellschaftsrechts, vom 10.12.2021, BGBl. I 2021, 3436.

722 Vgl. Musielak/Voit/*Weth*, 21. Aufl. 2024, § 50 ZPO Rn. 17 ff.

723 Zu dieser Prozessvoraussetzung der Prozessführungsbefugnis Zöller/*Althammer*, 35. Aufl. 2024, Vor § 50 ZPO Rn. 16.

724 Zöller/*Althammer*, 35. Aufl. 2024, Vor § 50 ZPO Rn. 18.

725 Musielak/Voit/*Weth*, 21. Aufl. 2024, § 51 ZPO Rn. 26.

726 Allgemein Musielak/Voit/*Weth*, 21. Aufl. 2024, § 51 ZPO Rn. 19a.

727 Siehe dazu Musielak/Voit/*Weth*, 21. Aufl. 2024, § 51 ZPO Rn. 21 ff.

728 Vergleichbare Verbandsklagen finden sich vor allem im UWG, beschränken sich aber auf die dort gegebenen Konstellationen, vgl. § 8 Abs. 3 Nr. 2 und 3 UWG. Siehe dazu auch Musielak/Voit/*Weth*, 21. Aufl. 2024, § 51 ZPO Rn. 33.

3. *Ergebnis Rechtsdurchsetzung*

Auch ohne individuelle Durchsetzungsmöglichkeiten führt der große Aufwand dazu, dass Schwarzgeldabreden in gleichbleibend hohem Umfang aufgedeckt werden.[729] Keine Aussagen lassen sich jedoch über die Anzahl nicht aufgedeckter Schwarzgeldabreden treffen. Vor dem Hintergrund, dass auch das engste Kontrollnetz nicht alle Abreden aufdecken kann, kommt der Präventivwirkung der Spezialgesetze eine verstärkte Bedeutung zu.[730] Das Zusammenspiel dieser engmaschigen Prüfung und der stark auf die Präventivwirkung ausgerichteten Folgen der Verstöße bildet folglich einen angemessenen und notwendigen Schutz der Rechte.

VII. Ergebnis Charakter des Tätigkeitsverhältnisses

Treffen die Vertragsparteien eine Absprache über den Charakter des Tätigkeitsverhältnisses, hat dies auch Auswirkungen auf allgemeine Drittinteressen. Die damit einhergehenden schwankenden Steuerleistungen und Sozialversicherungsbeiträge betreffen sowohl den Fiskus als auch die Sozialversicherungsträger bzw. das Sozialversicherungssystem. Tatsächlich nachteilige und nicht im Gesetz angelegte Folgen entstehen aber nur in wenigen Fällen.

Die Sittenwidrigkeit eignet sich für einen Schutz dieser Drittinteressen und liegt nur in seltenen Fällen vor. Zusätzlich zu der zwingend geforderten objektiven Benachteiligung und dem subjektiven Sittenwidrigkeitselement hat die Gegenüberstellung von Behindertentestament und Unterhaltsverzicht gezeigt, dass eine „Umgehung der gesetzlichen Wertung“[731] erforderlich ist. Klar ist damit, dass allein die Entscheidung für einen bestimmten Vertragstyp dieses Erfordernis nicht erfüllt. Obwohl damit Nachteile für die Allgemeininteressen einhergehen, sind diese im Gesetz angelegt und stellen keine Umgehung der gesetzlichen Wertung

---

729 Siehe für die Zahlen an Verfahren und Schadenssummen für die Jahre 2016 bis 2020 die Jahresergebnisse des Bundesfinanzministeriums, *BMF*, Jahresergebnisse 2020 der Finanzkontrolle Schwarzarbeit des Zolls. Für die Jahre 2019 bis 2021 *Zoll*, Pressemitteilung – Finanzkontrolle Schwarzarbeit des Zolls legt Jahresbilanz 2021 vor, 16.2.2022. Zum Umfang der Schattenwirtschaft auch https://de.statista.com/statistik/daten/studie/20063/umfrage/entwicklung-des-umfangs-der-schattenwirtschaft-seit-1995/ (geprüft am 25.10.2024).

730 Siehe dazu auch die Ausführungen zu den Vergütungsregelungen, § 9.III.1. Die drohenden Konsequenzen gehen aufgrund ihrer strafrechtlichen Relevanz sogar über die aus InstitutsVergV, FPersG oder MuSchG hinaus.

731 Siehe zu deren Bedeutung auch § 10.II.1.

oder einen objektiven Nachteil dar. Es steht den Parteien frei, die bestehenden Möglichkeiten zum eigenen Vorteil zu nutzen, eine Pflicht der Privatrechtssubjekte, die öffentlichen Kassen zu schützen, existiert nicht.[732]

Abweichend davon umgeht die Schwarzgeldabrede die klar erkennbaren gesetzliche Wertungen des Steuer- und Sozialversicherungssystems und auch die Abbedingung der Entgeltfortzahlung widerspricht der gesetzlich vorgesehenen Sicherung. Die daraus entstehenden Nachteile sind gerade nicht im Gesetz angelegt und der einzige Nutzen – Einsparen der Beiträge und Abgaben sowie des Entgelts – stellt keinen schützenswerten sachlichen Grund dar. Die Sittenwidrigkeit beschränkt sich allerdings auf die Abrede selbst und lässt den restlichen Vertrag unberührt. Dies liegt allein am Schutz des Arbeitnehmers, eine stärkere Gewichtung der Interessen der Vertragsparteien wird daraus nicht deutlich. Das Interesse der Vertragsparteien, entgegen der gesetzlichen Vorgaben die Beträge an Steuer und Sozialversicherung vorbeizuführen, unterliegt den Drittinteressen innerhalb der Interessenabwägung.

Auch die Existenz der Spezialgesetze wie dem SchwarzArbG spricht nicht gegen die Sittenwidrigkeit. Die mit ihnen einhergehende Präventivwirkung verstärkt noch einmal den Schutz der Drittinteressen und bietet Anreize in Zukunft auf derartige Abreden zu verzichten. Während Drittinteressen damit ausreichend über die Sittenwidrigkeit und die wenigen Spezialgesetze geschützt werden und auch die Rechtsdurchsetzung aufgrund der vorgesehenen Kontrollmöglichkeiten diesen Schutz nicht mindert, ist das etwas allgemeine Vorgehen des BAG im Zuge der Nichtigkeit von Schwarzgeldabreden zu kritisieren.

§ 8 Abreden über den Bestand des Arbeitsverhältnisses

Einigen sich die Vertragsparteien auf das Vorliegen eines Arbeitsvertrages, so findet sich die zweite Kategorie arbeitsvertraglicher Abreden in dessen Fortbestehen. Bei der Kündigung als konfliktträchtige Beendigungsmöglichkeit handelt es sich um eine einseitige empfangsbedürftige Willenserklärung, die das Arbeitsverhältnis für die Zukunft beendet.[733] Die arbeitgeberseitige Kündigung befindet sich im andauernden Spannungsverhältnis der grundrechtlich gewährleisteten

---

732 *Deinert*, Privatrechtsgestaltung durch Sozialrecht, 2007, S. 325; siehe auch *Salje*, NZA 1990, 299 (302).

733 Linck/Krause/Bayreuther/*Krause*, 16. Aufl. 2019, § 1 KSchG Rn. 127; *Krause*, Arbeitsrecht, 4. Aufl., 2020, § 18 Rn. 1; HaKo-KSchR/*Mestwerdt*, 7. Aufl. 2021, Einleitung Rn. 1.

Rechte von Arbeitnehmer und Arbeitgeber:[734] Der aus Art. 12 Abs. 1 GG folgenden Vertragsbeendigungsfreiheit des Arbeitgebers steht das ebenfalls aus der Berufsfreiheit folgende Bestandsschutzinteresse des Arbeitnehmers gegenüber.[735] Letzteres steht zwar einer Kündigung nicht entgegen, aus Art. 12 GG folge aber eine Schutzpflicht des Staates, den Arbeitnehmer vor der Vertragsbeendigungsfreiheit des Arbeitgebers zu schützen.[736] Die Kündigung spielt sich damit vorrangig im Verhältnis zwischen Arbeitnehmer und Arbeitgeber ab, so beschränkt sich die Interessenabwägung im Rahmen der Kündigung auf die Interessen „beider Parteien", mithin auf Arbeitnehmer und Arbeitgeber.[737]

Eine isolierte Betrachtung dieser beiden Personen ist dennoch auch bei der Kündigung nicht anzustellen, stattdessen spielen Drittinteressen sowohl bei der Entscheidung über eine Kündigung als auch in dessen Folgen eine nicht zu unterschätzende Rolle. Bei der Druckkündigung wird der Arbeitgeber beispielsweise erst aufgrund des von außen auf ihn einwirkenden Drucks tätig[738] und auch das Verhalten gegenüber Kollegen oder Kunden kann eine Kündigung begründen, wie sich in den letzten Monaten verstärkt im Zusammenhang mit den wegen der Covid-19-Pandemie vorgeschriebenen Hygieneanforderungen gezeigt hat.[739] Da

---

734 Vgl. DD/*Deinert*, 12. Aufl. 2024, Einleitung Rn. 11; MüKoBGB/*Hergenröder*, 9. Aufl. 2023, Einl. KSchG Rn. 17; Linck/Krause/Bayreuther/*Krause*, 16. Aufl. 2019, Einleitung Rn. 61.

735 BVerfG 22.10.2004 – 1 BvR 1944/01, AP KSchG 1969 § 9 Nr. 49 = NZA 2005, 41 (42) [unter II.1.]; 30.7.2001 – 1 BvR 792/03, AP GG Art. 12 Nr. 134 = NZA 2003, 959 (959) [unter B.II.1.a)]; das arbeitgeberseitige Interesse hat das BVerfG zuvor „jedenfalls" über Art. 2 Abs. 1 GG geschützt gesehen, BVerfG 27.1.1998 – 1 BvL 15/87, AP KSchG § 23 1969 Nr. 17 = BVerfGE 97, 169 (176) [unter B.I.3.a)].

736 BVerfG 6.6.2018 – 1 BvL 7/14, 1 BvR 1375/14, BVerfGE 149, 126 (144) [Rn. 47]; 22.10.2004 – 1 BvR 1944/01, AP KSchG 1969 § 9 Nr. 49 = NZA 2005, 41 (42) [unter II.1.]; 27.1.1998 – 1 BvL 15/87, AP KSchG § 23 1969 Nr. 17 = BVerfGE 97, 169 (175) [unter B.I.1.]; 24.4.1991 – 1 BvR 1341/90, BVerfGE 84, 133 (146 f.) [unter C.III.1.]. Ausführlich dazu auch *Bengsch*, Der verfassungsrechtlich geforderte Mindestkündigungsschutz im Arbeitsverhältnis, 2005, S. 67 ff. Siehe dazu auch § 4.II.1.c).

737 BAG 20.10.1954 – 1 AZR 193/54, NJW 1954, 1949 (1950); vgl. *Berkowsky*, Die betriebsbedingte Kündigung, 6. Aufl., 2008, § 4 Rn. 50; Linck/Krause/Bayreuther/*Krause*, 16. Aufl. 2019, § 1 KSchG Rn. 214 f.; *Reuter*, in: FS 25 Jahre BAG, 1979, S. 405-427 (410).

738 Dazu später unter § 8.I.1.a).

739 Neben einer Flut an erstinstanzlichen Urteilen, die eine (ordentliche) Kündigung wegen der Gesundheitsgefährdung der Kollegen oder Kunden als rechtmäßig bestätigt haben, haben sich mittlerweile schon einige Landesarbeitsgerichte dem angeschlossen. Siehe dazu nur mit Verweis auf die erstinstanzlichen Urteile LAG

ein möglicher Einfluss auf das Allgemeininteresse eines funktionierenden Sozialversicherungssystems, in das der gekündigte Arbeitnehmer rutscht, an dieser Stelle aufgrund der zu geringen Intensität unterbleiben kann,[740] beschränken sich die Folgen der Kündigung bzw. deren Unterlassen auf individuelle Drittinteressen. Neben dem negativen Einfluss eines zu ausgeprägten Kündigungsschutzes auf die Einstellungschancen Arbeitssuchender[741] sind dabei die Auswirkungen auf die anderen Arbeitnehmer und Arbeitgeber von besonderer Relevanz. Ein an sich unbeteiligter Arbeitnehmer kann auf verschiedene Arten und Weisen von Abreden betroffen sein, die Sonderbestimmungen für die Kündigung der eigenen Person oder der anderen Arbeitnehmer enthalten. Neben nachteiligen Folgen bezüglich einer eigenen Entlassung (**I.**) kommen auch rein faktische Belastungen in Frage, die sich daraus ergeben können, dass ungeliebte Kollegen weiterhin im Unternehmen tätig sind (**II.**). Für einen dritten Arbeitgeber kann sich eine Belastung – die Tatsache, dass vertraglich gebundene Arbeitnehmer in der Regel einem eigenen Arbeitsverhältnis nicht zur Verfügung stehen, ausgeblendet – insbesondere im Zusammenhang mit dem Übergang des Arbeitsverhältnisses im Rahmen des Betriebsübergangs ergeben (**III.**). Diese Überlegungen schließen mit einem kurzen Ausblick auf die Rechtsdurchsetzung (**IV.**) und einem Ergebnis (**V.**).

I. Kündigungsrelevante Benachteiligung der Arbeitnehmer

Etwaige kündigungsbezogene Absprachen eines Arbeitnehmers mit dem Arbeitgeber können die übrigen Arbeitnehmer in kündigungsrelevanter Weise treffen. Dies kann durch eine Absprache zwischen Arbeitnehmer und Arbeitgeber auf

---

Rheinland-Pfalz 23.5.2023 – 8 Sa 310/22, juris [Rn. 44]; LAG Düsseldorf 4.10.2022 – 3 Sa 374/22, juris [Rn. 56 f.]; LAG Köln 25.8.2022 – 8 Sa 429/21, juris [Rn. 53]. Zum vorsätzlichen und provokanten Anhusten auch LAG Düsseldorf 27.4.2021 – 3 Sa 646/20, NZA-RR 2021, 664 (666) [Rn. 40].

740 Vgl. APS/*Preis*, 7. Aufl. 2024, B. Rechts- und wirtschaftspolitische Aspekte des Bestandsschutzrechts Rn. 12. Siehe zu vertraglichen Abreden zu Lasten des Sozialversicherungssystems § 7.

741 Die fehlende Möglichkeit einer flexiblen und unkomplizierten Beendigung von Arbeitsverhältnissen verhindere die kurzfristige Besetzung solcher Arbeitsplätze, *Bauer*, NZA-Beilage 2019, 21 (22); *Löwisch*, in: FS 50 Jahre BAG, 2004, S. 423-443 (427); *Reuter*, RdA 1978, 344 (349); *Reuter*, in: FS 25 Jahre BAG, 1979, S. 405-427 (423); *Rüthers*, NJW 2002, 1601 (1604); *Schwerdtner*, ZFA 1977, 47 (77). Siehe dazu auch BT-Drs. 13/4612, 9; BVerfG 13.1.1982 – 1 BvR 848/77 u.a., BVerfGE 59, 231 (266) [unter C.II.3.b)]. Für das an dieser Stelle relevante fehlende arbeitgeberseitige Interesse an einer Kündigung, ergeben sich allerdings keine Auswirkungen.

zwei Wegen geschehen, indem entweder das Kündigungsrisiko eines Arbeitnehmers erhöht oder aber das Risiko eines Arbeitnehmers gesenkt wird und so die übrigen Arbeitnehmer einem höheren Risiko ausgesetzt sind.

1. Interesse an der Kündigung eines dritten Arbeitnehmers

Zu Beginn ist festzustellen, dass eine Abrede zwischen einem Arbeitnehmer und einem Arbeitgeber, dass ein dritter Arbeitnehmer entlassen werden soll, für letzteren keine kündigungsrechtlichen Folgen aufweist. Die vertragliche Abrede wirkt allein *inter partes.* Während eine solche Abrede vor allem theoretischer Natur ist, dürfte die dahinterstehende Interessenlage häufiger auftreten. So könnte ein Arbeitnehmer allein unter dieser Bedingung bereit sein, bei einem Arbeitgeber anzufangen oder zu bleiben.[742] Ob der Arbeitgeber in einem solchen Fall aber tatsächlich einem Arbeitnehmer kündigen darf, ist losgelöst von etwaigen Absprachen zu beurteilen.

Außerhalb des KSchG besitzt der Arbeitgeber dahingehend einen Spielraum. Zwar gebietet es die aus Art. 12 GG abgeleitete Schutzpflicht, den Arbeitnehmer nicht schutzlos zu stellen[743] und die Kündigung darf nicht willkürlich sein und muss ein Mindestmaß an sozialer Rücksichtnahme sicherstellen.[744] Dem menschlichen Faktor und dem Interesse an einer flexibleren Personalwirtschaft kommt allerdings eine deutlich größere Bedeutung zu.[745] Insbesondere das Interesse an einem individuellen Arbeitnehmer oder an einem guten Betriebsklima[746] sind

---

742 Vgl. *Dathe*, NZA 2007, 1205 (1208); auch *Kania/Kramer*, RdA 1995, 287 (287). Auf die Erfahrungen, Loyalität und Zuverlässigkeit langfristig Beschäftigter hinweisend *Ganz*, ArbRAktuell 2022, 523 (523).

743 Insbesondere die Generalklauseln gewährleisten dies, BVerfG 27.1.1998 – 1 BvL 15/87, AP KSchG § 23 1969 Nr. 17 = BVerfGE 97, 169 (178 f.) [unter B.I.3.b).cc)]; BAG 19.10.2017 – 8 AZR 845/15, NZA 2018, 436 (438) [Rn. 20]. Neben einigen weiteren Normen des BGB (z.B. § 626 BGB) gelten auch noch spezialgesetzliche Regelungen, wie z.B. § 17 Abs. 1 MuSchG. Zur Wirkung des AGG z.B. BAG 23.7.2015 – 6 AZR 457/14, NZA 2015, 1380 (1381) [Rn. 22 f.]; 19.12.2013 – 6 AZR 190/12, NZA 2014, 372 (374) [Rn. 21 ff.] m.w.N. Siehe dazu auch § 8.I.1.a).aa).(3).(c).

744 BVerfG 27.1.1998 – 1 BvL 15/87, AP KSchG § 23 1969 Nr. 17 = BVerfGE 97, 169 (178 f.) [unter B.I.3.b).cc)]; BAG 5.11.2009 – 2 AZR 383/08, NZA-RR 2010, 325 (327) [Rn. 24]; 25.4.2001 – 5 AZR 360/99, NZA 2002, 87 (89) [unter II.4.b)]. Die Verhinderung willkürlicher Kündigungen stand auch zu Beginn des immer weiter gewachsenen KSchG im Zentrum, BT-Drs. I/2090, 11.

745 BT-Drs. 13/4612, 9; BVerfG 27.1.1998 – 1 BvL 15/87, AP KSchG § 23 1969 Nr. 17 = BVerfGE 97, 169 (177 f.) [unter B.I.3.b).bb)].

746 BT-Drs. 13/4612, 9.

daher genauso zu beachten, wie „einleuchtende"[747] wirtschaftliche Gründe.[748] Die Hürden für eine sitten- oder treuwidrige Kündigung liegen mithin sehr hoch,[749] damit dieser „Mindestschutz" nicht die gesetzlich vorgesehene Abstufung gegenüber dem KSchG aufhebt.[750]

Deutlich strenger sind die Vorgaben innerhalb des Anwendungsbereichs des KSchG, das einen Kündigungsgrund im Sinne des § 1 Abs. 2 S. 1 KSchG verlangt. Mit dieser Überlegung wird die Druckkündigung interessant, die – im Falle des Anerkenntnisses – einen solchen Kündigungsgrund darstellt. Da die Druckkündigung auf derselben Interessenlage beruht und für den Arbeitnehmer dieselben Folgen drohen, soll die Wirksamkeit beleuchtet werden, obwohl es sich bei der Druckkündigung gerade nicht um eine Abrede, sondern ein faktisches Phänomen handelt.

a) *Druckkündigung als Kündigungsgrund*

Abhängig davon, ob eine Druckkündigung als zulässiger Kündigungsgrund akzeptiert wird, tritt also ein von dem Handeln anderer mitbeeinflusster Kündigungsgrund zu den gesetzlich vorgesehenen hinzu und schwächt die Position des

747 BAG 11.6.2020 – 2 AZR 374/19, NZA 2020, 1179 (1182) [Rn. 33]; vgl. auch ErfK/*Kiel*, 24. Aufl. 2024, § 13 KSchG Rn. 9. Teilweise wird auch von vertretbaren wirtschaftlichen Überlegungen gesprochen, vgl. BAG 23.6.1994 – 2 AZR 617/93, NZA 1994, 1080 (1082) [unter II.2.b)].

748 In der Auswahl zwischen zwei Arbeitnehmern wird zu Recht als ausreichend angesehen, wenn allein ein berechtigtes betriebliches Interesse an dem Verbleib des einen Arbeitnehmers besteht, so *Preis*, NZA 1997, 1256 (1268). Von dieser Überlegung ist es nur noch ein kleiner Schritt zu der Kündigung des einen Arbeitnehmers, um einen anderen einzustellen.

749 Insbesondere die Sittenwidrigkeit erfordere ein verwerfliches Motiv oder eine besondere Grundrechtsbeeinträchtigung, BAG 16.2.1989 – 2 AZR 347/88, NZA 1989, 962 (962) [unter II.2.a)]; vgl. APS/*Biebl*, 7. Aufl. 2024, § 13 KSchG Rn. 49; MüKoBGB/*Hergenröder*, 9. Aufl. 2023, § 23 KSchG Rn. 41; *Preis*, NZA 1997, 1256 (1266); *Urban*, Der Kündigungsschutz außerhalb des Kündigungsschutzgesetzes, 2001, S. 133. Siehe zur Gesamtabwägung im Rahmen des § 138 Abs. 1 BGB auch § 5.II.3. Kritisch hinsichtlich der subjektiven Merkmale MHdB ArbR/*Greiner*, 5. Aufl. 2021, § 110 Rn. 64; *Oetker*, AuR 1997, 41 (48).

750 BVerfG 27.1.1998 – 1 BvL 15/87, AP KSchG § 23 1969 Nr. 17 = BVerfGE 97, 169 (178 f.) [unter B.I.3.b).cc)] m.w.N.; BAG 5.12.2019 – 2 AZR 107/19, NZA 2020, 171 (173) [Rn. 19]; 23.6.1994 – 2 AZR 617/93, NZA 1994, 1080 (1081) [unter II.2.a)]; 16.2.1989 – 2 AZR 347/88, NZA 1989, 962 (962) [unter II.2.a)].

Arbeitnehmers. Übt der Arbeitgeber ein ihm dann zustehendes Kündigungsrecht aus, so stellt sich dieses Vorgehen auch nicht als sittenwidrig dar.[751]

Allgemein als zulässig akzeptiert wird die „unechte" Druckkündigung. Diese zeichnet sich dadurch aus, dass zusätzlich zu dem Druck von außen – ausgeübt von Kollegen, Vertragspartnern, … – auch tatsächlich ein Kündigungsgrund vorliegt und der Druck in der Interessenabwägung beachtet werden kann.[752] Um dem Arbeitgeber nicht allein deswegen das Kündigungsrecht zu entziehen, weil zusätzlich von unbeteiligten Dritten die Kündigung gefordert wird, muss der Druck hier unbeachtlich und die Kündigung zulässig sein.[753]

Problematischer ist die „echte" Druckkündigung, bei der es ursprünglich an einem Kündigungsgrund fehlt und der Arbeitgeber die Kündigung allein auf die Abwehr der drohenden Nachteile stützt.[754] Sowohl die angedrohten Folgen

---

751 Es fehlt schon an einer nachteiligen Auswirkung. Übt der Arbeitgeber ein ihm zustehendes Kündigungsrecht aus, liegt darin kein Nachteil. Dies hat der BGH für das aufgrund eines Aufhebungsvertrags ausgeübte Kündigungsrecht eines Untermietvertrages entschieden. In einem zweistufigen Mietverhältnis sei der Aufhebungsvertrag zwischen dem Vermieter und dem Hauptmieter trotz der Belastung des Untermieters dann nicht sittenwidrig, wenn der Hauptmieter ein ihm zustehendes Kündigungsrecht gegenüber dem Untermieter ausübe und ihm so kein objektiver Nachteil drohe, BGH 18.4.2018 – XII ZR 76/17, NJW-RR 2018, 906 (908) [Rn. 26].

752 Siehe nur BAG 19.7.2016 – 2 AZR 637/15, NZA 2017, 116 (118) [Rn. 26]; keine Berücksichtigung innerhalb der Interessenabwägung dürfe jedoch bei diskriminierendem Druck vorliegen, *Deinert*, RdA 2007, 275 (281).

753 Vgl. BAG 19.7.2016 – 2 AZR 637/15, NZA 2017, 116 (118) [Rn. 26]; 18.7.2013 – 6 AZR 420/12, NZA 2014, 109 (112 f.) [Rn. 38]; DD/*Däubler*, 12. Aufl. 2024, § 626 BGB Rn. 292; *Deinert*, RdA 2007, 275 (281); KR/*Fischermeier/Krumbiegel*, 13. Aufl. 2022, § 626 BGB Rn. 220; MüKoBGB/*Hergenröder*, 9. Aufl. 2023, § 1 KSchG Rn. 299; NK-ArbR/*Kerwer*, 2. Aufl. 2023, § 1 KSchG Rn. 585; Linck/Krause/Bayreuther/*Krause*, 16. Aufl. 2019, § 1 KSchG Rn. 314; ErfK/*Oetker*, 24. Aufl. 2024, § 1 KSchG Rn. 182; *Wolf*, Druckkündigungen mit diskriminierendem Hintergrund, 2012, S. 31 f.; den Druck von außen auch bei der unechten Druckkündigung als ausschlaggebend betrachtend *Berkowsky*, Die betriebsbedingte Kündigung, 6. Aufl., 2008, § 6 Rn. 107.

754 BAG 18.7.2013 – 6 AZR 420/12, NZA 2014, 109 (112) [Rn. 39]; 31.1.1996 – 2 AZR 158/95, NZA 1996, 581 (584) [unter II.5.a)]; *Deinert*, RdA 2007, 275 (277); MüKoBGB/*Hergenröder*, 9. Aufl. 2023, § 1 KSchG Rn. 299; APS/*Kiel*, 7. Aufl. 2024, § 1 KSchG Rn. 505; Linck/Krause/Bayreuther/*Krause*, 16. Aufl. 2019, § 1 KSchG Rn. 314; HaKo-KSchR/*Zimmermann*, 7. Aufl. 2021, § 1 KSchG Rn. 424.

als auch die dahinterstehenden Interessen können vielseitig sein,[755] für das hier betrachtete Arbeitnehmer-Arbeitgeber-Verhältnis ist zum Beispiel denkbar, dass die Arbeitnehmer mit einer gemeinsamen Eigenkündigung[756] drohen, weil sie nicht mit einem Straftäter zusammenarbeiten wollen oder durch nachlassende Leistung eines Kollegen mehr Arbeit anfällt.[757]

aa) Druckkündigung im System des § 1 KSchG

Teilweise wird die Zulässigkeit der echten Druckkündigung gänzlich abgelehnt, da kein Kündigungsgrund im Sinne des KSchG vorliege. Innerhalb der die Zulässigkeit annehmenden Gegenansicht ist die Druckkündigung zum Teil der betriebsbedingten, zum Teil aber auch der personenbedingten Kündigung zugeordnet.[758]

(1) Druckkündigung als unzulässige Kündigung

Die Druckkündigung wird zum Teil mit dem Argument abgelehnt, dass das Recht dem Unrecht nicht zu weichen braucht.[759] Gerade mit Blick auf die in dieser Arbeit

---

755 Über das an dieser Stelle maßgebliche Verhältnis hinaus sind zudem auch die Kündigung eines Auftragsverhältnisses (LAG Rheinland-Pfalz 14.12.2007 – 9 Sa 304/07, juris [Rn. 46]) oder die Abgabe einer Verlustübernahmeerklärung an die Entlassung eines Arbeitnehmers (BAG 18.7.2013 – 6 AZR 420/12, NZA 2014, 109) geknüpft worden. Zum Druck speziell im Profisport siehe ArbG Berlin 3.6.2009 – 27 Ca 4832/09, SpuRt 2010, 168; *Breucker*, NZA 2008, 1046 (1048 f.); *Fischinger*, § 10 Beendigung von Arbeitsverhältnissen, in: Fischinger/Reiter (Hrsg.), Das Arbeitsrecht im Profisport, 2021, S. 235-296 (Rn. 122 f.). Eindrucksvoll ist auch die Kündigung eines Arbeitnehmers durch die Commerzbank allein aufgrund des Drucks amerikanischer Behörden, obwohl dieser gegen kein geltendes Recht verstoßen hat, *Buchen*, Kündigung wegen US-Druck ist rechtswidrig, 5.8.2017.

756 Vgl. BAG 18.7.2013 – 6 AZR 420/12, NZA 2014, 109 (112) [Rn. 39]; 4.10.1990 – 2 AZR 201/90, NZA 1991, 468 (469) [unter II.3.]. Im Bereich der reinen Arbeitsniederlegung hat der Arbeitgeber im Falle der Verletzung einer arbeitsvertraglichen Hauptpflicht hingegen zuerst auf die Folgen hinzuweisen, die aus einer Abmahnung oder Kündigung bestehen können, BAG 15.12.2016 – 2 AZR 431/15, NZA 2017, 500 (501) [Rn. 13]. Im Falle einer arbeitgeberseitigen Massenentlassung aufgrund eines solchen pflichtwidrigen Verhaltens stellt sich die Situation des Arbeitgebers hingegen ähnlich prekär dar, wie bei einer arbeitnehmerseitigen Massenkündigung.

757 Vgl. BAG 15.12.2016 – 2 AZR 431/15, NZA 2017, 500 (501) [Rn. 13]; 18.9.1975 – 2 AZR 311/74, AP BGB § 626 Druckkündigung Nr. 10.

758 Das BAG stellt diese drei Ansichten ebenfalls deutlich heraus, BAG 18.7.2013 – 6 AZR 420/12, NZA 2014, 109 (112) [Rn. 41 ff.].

759 Z.B. *Deinert*, RdA 2007, 275 (282); DD/*Deinert*, 12. Aufl. 2024, § 1 KSchG Rn. 350; *Hamacher*, NZA 2014, 134 (135); *Preis*, in: SPV, 2015 (Rn. 970); so auch bereits

in den Blick genommenen Drittinteressen ist die Zulässigkeit bedenklich, schließlich wird zu Lasten des betroffenen Arbeitnehmers ein „neuer" Kündigungsgrund generiert. Die kollektive Druckausübung mit dem Ziel der Kündigung eines ungewünschten Arbeitnehmers besitzt dabei Parallelen zu einem kollektiven Mobbing-Verhalten gegenüber dem Arbeitnehmer (Druckausübung ohne objektiv vorliegenden Kündigungsgrund).[760] Diesem klar zu missbilligenden Verhalten[761] würde die Rechtmäßigkeit zuerkannt, wenn auf dem Wege der Druckkündigung eine wirksame Kündigung ausgesprochen werden könne. Erst recht gelte dies im Bereich der Diskriminierung, wenn also beispielweise Merkmale im Sinne des § 1 AGG den Diskussionsgegenstand bilden.[762]

Dem ist in Teilen zuzustimmen. Eine unrechtmäßige Unterstellung darf nicht ohne Weiteres zu einer rechtmäßigen Kündigung führen. Insbesondere für Diskriminierungen oder Mobbing steht dies außer Frage. Allerdings verkennt dieses pauschale Verbot, dass nicht jede Druckausübung rechtswidrig sein muss.[763] Es ist daher einschränkend zu beurteilen: Einer Druckausübung aus diskriminierenden Gründen hat der Arbeitgeber standzuhalten, gleiches gilt für willkürliche Wünsche des Druckausübenden.[764] Dieses Verständnis gebietet bereits die Schutzpflicht aus Art. 12 GG, die sogar außerhalb des KSchG einen Mindestkündigungsschutz verlangt. Sachfremde oder willkürliche Erwägungen dürfen damit erst recht im Anwendungsbereich des KSchG nicht zu der Kündigung des Arbeitnehmers führen. Ein pauschales Verbot der Druckkündigung ist aber nicht angezeigt; statt der Frage, ob die Druckkündigung zulässig ist, stellt sich allein die Frage, wann dies der Fall ist.

Auch praktische Gründe sprechen für die Zulässigkeit einer Druckkündigung. Dass das Recht dem Unrecht nicht weichen darf, sich der Arbeitgeber schützend vor seine Arbeitnehmer stellen muss und das KSchG mit seinen restriktiven Kündigungsgründen einen Ausgleich zwischen den Arbeitnehmer- und

---

Herschel, RdA 1953, 41 (41). Kritisch auch Staudinger/*Temming*, 2022, § 626 BGB Rn. 235.

760 Vgl. LAG Schleswig-Holstein 20.3.2012 – 2 Sa 331/11, juris [Rn. 28].

761 Siehe dazu § 8.II.

762 So *Hamacher*, NZA 2014, 134 (135); *Preis*, in: SPV, 2015 (Rn. 970); differenzierter *Deinert*, RdA 2007, 275 (283), sofern die Druckkündigung überhaupt anerkannt wird.

763 So auch KR/*Rachor*, 13. Aufl. 2022, § 1 KSchG Rn. 625. In diese Richtung auch NK-ArbR/*Kerwer*, 2. Aufl. 2023, § 1 KSchG Rn. 589.

764 Nach *Oetker* ein rein theoretischer Fall, ErfK/*Oetker*, 24. Aufl. 2024, § 1 KSchG Rn. 183.

Arbeitgeberinteressen geschaffen hat,[765] wird nicht bestritten. Dennoch werden die Interessen des Arbeitgebers in Kündigungsfragen nicht komplett ausgeklammert und es wird irgendwann der Punkt erreicht, an dem es dem Arbeitgeber nicht mehr zuzumuten ist, jeden Nachteil zu akzeptieren.[766] Es muss also auch weiterhin ein Ausgleich gefunden werden, an dem weder der Arbeitnehmer als eine Art Bauernopfer dasteht und ein Dritter seine Wünsche frei diktieren kann noch der Arbeitgeber die Interessen des einen Arbeitnehmers über die eigenen Interessen, die des Unternehmens und die der anderen Arbeitnehmer stellen muss. Zu denken ist an Situationen, in denen wegbrechende Aufträge die Existenz des Unternehmens und damit die Arbeitsplätze der anderen Arbeitnehmer bedrohen oder aber die Eigenkündigung der übrigen Belegschaft die Aufrechterhaltung des Betriebs gefährden würde. Der Arbeitgeber müsste sehenden Auges diesen Weg einschlagen und die Nachteile in Kauf nehmen, bevor er reagieren könnte. Erneut geht es dabei aber um die Frage der genauen Voraussetzungen im Einzelfall,[767] die neben dem Willkürverbot zu beachten sind, nicht der generellen Zulässigkeit.

Zuletzt wird der Zulässigkeit entgegengehalten, dass der Auslöser der Kündigung weder in die Sphäre des Arbeitgebers noch in die des Arbeitnehmers falle. Er falle viel eher in die Sphäre der die Kündigung fordernden Personen, sodass keiner der drei in § 1 KSchG enthaltenen Gründe einschlägig sei.[768] Wie allerdings noch zu zeigen ist, kann die Druckkündigung sehr wohl der Sphäre des Arbeitnehmers und damit dem Kündigungsdreiklang des § 1 KSchG zugeordnet werden, sodass auch dieses Argument nicht durchgreift.

(2) Druckkündigung als betriebsbedingte Kündigung

Der sechste Senat des BAG geht damit zu Recht von der Zulässigkeit der Druckkündigung aus, verortet sie allerdings als betriebsbedingte Kündigung.[769] Dabei

---

765 Siehe dazu DD/*Deinert*, 12. Aufl. 2024, Einleitung Rn. 11.

766 So auch MüKoBGB/*Hergenröder*, 9. Aufl. 2023, § 1 KSchG Rn. 300; NK-ArbR/*Kerwer*, 2. Aufl. 2023, § 1 KSchG Rn. 589; KR/*Rachor*, 13. Aufl. 2022, § 1 KSchG Rn. 625.

767 Dazu sogleich unter § 8.I.1.a).bb).

768 Siehe z.B. *Deinert*, RdA 2007, 275 (282).

769 BAG 18.7.2013 – 6 AZR 420/12, NZA 2014, 109 (112) [Rn. 44 ff.]. So auch HaKo-KSchR/*Denecke*, 7. Aufl. 2021, § 1 KSchG Rn. 528; MüKoBGB/*Henssler*, 9. Aufl. 2023, § 626 BGB Rn. 286; DKL/*Kaiser*, 10. Aufl. 2021, § 1 KSchG Rn. 19; KR/*Rachor*, 13. Aufl. 2022, § 1 KSchG Rn. 625; Thüsing/Rachor/Lembke/*Reinhard*, 4. Aufl. 2018, § 1 KSchG Rn. 790; LSSW/*Schlünder*, 11. Aufl. 2018, § 1 KSchG Rn. 406; HWK/*Thies*, 11. Aufl. 2024, § 1 KSchG Rn. 126; HaKo-KSchR/*Zimmermann*, 7. Aufl. 2021, § 1 KSchG Rn. 796. Das BAG hat die Druckkündigung bereits

stellt er darauf ab, dass der Kündigungsgrund in der Sphäre des Arbeitgebers liege. Auch außerbetriebliche Gründe könnten ein dringendes betriebliches Erfordernis darstellen, und der Arbeitgeber müsse aufgrund der Drucksituation unternehmerisch reagieren, um den Fortbestand zu sichern.[770] Es würden schwere wirtschaftliche Schäden in Aussicht stehen und der Arbeitgeber müsse, wie bei einer betriebsbedingten Kündigung, aus wirtschaftlichen Gründen handeln.[771] Diese Argumentation weist mit der allgemein gehaltenen Begründung einige Ungenauigkeiten auf, sobald die Voraussetzungen der betriebsbedingten Kündigung betrachtet werden.

(a) Fehlende unternehmerische Entscheidung und Sozialauswahl

Grundlage jeder betriebsbedingten Kündigung ist eine freie unternehmerische Entscheidung, die dazu führt, dass mindestens ein Arbeitsplatz für die Zukunft wegfällt.[772] Bereits das Vorliegen einer „freien" Entscheidung wird bemängelt, da dem Arbeitgeber nur eine Handlungsmöglichkeit vorgegeben wird.[773] Mit Blick darauf, dass auch die notwendige Umstrukturierung aufgrund starker finanzieller Belastungen im Einzelfall keine realistischen Alternativen mit sich bringt, aber dennoch als unternehmerische Entscheidung aufgefasst wird,[774] mag dieser Kritikpunkt zu überwinden sein. Entscheidender ist allerdings die Tatsache, dass die Kündigung auf äußeren Druck gar keine unternehmerische Entscheidung darstellt. Innerhalb der betriebsbedingten Kündigung kommt es maßgeblich auf das zweistufige Verhältnis an: Der Arbeitgeber trifft aufgrund äußerer oder innerer

---

zuvor als betriebsbedingt angesehen, BAG 4.10.1990 – 2 AZR 201/90, NZA 1991, 468 (468 f.) [unter II.2.]; 19.6.1986 – 2 AZR 563/85, NZA 1987, 21 (22) [unter B.II.2.a)]. Zuletzt hat es der zweite Senat jedoch offen gelassen, BAG 19.7.2016 – 2 AZR 637/15, NZA 2017, 116 (118 f.) [Rn. 28]; 31.1.1996 – 2 AZR 158/95, NZA 1996, 581 (584) [unter II.5.a)].

770 BAG 18.7.2013 – 6 AZR 420/12, NZA 2014, 109 (112) [Rn. 45].

771 BAG 18.7.2013 – 6 AZR 420/12, NZA 2014, 109 (112) [Rn. 46].

772 Linck/Krause/Bayreuther/*Krause*, 16. Aufl. 2019, § 1 KSchG Rn. 682; ErfK/*Oetker*, 24. Aufl. 2024, § 1 KSchG Rn. 212.

773 *Insam*, DB 2005, 2298 (2300); *Wolf*, Druckkündigungen mit diskriminierendem Hintergrund, 2012, S. 40. Die „Freiheit" der unternehmerischen Entscheidung bezieht sich dabei aber wohl eher auf die fehlende Zulässigkeit einer richterlichen Kontrolle als auf den Druck von außen, vgl. MHdB ArbR/*Kreft*, 5. Aufl. 2021, § 115 Rn. 21.

774 Vgl. *Hoyningen-Huene*, in: FS 50 Jahre BAG, 2004, S. 369-393 (371).

betrieblicher Gründe eine Entscheidung über eine Organisationsveränderung[775], wie z.B. die Neugestaltung der Arbeitsabläufe oder die Stärke der Belegschaft des Betriebes, mit der die Ziele erreicht werden sollen.[776] Erst als Konsequenz zieht diese dann das Erfordernis einer Kündigung nach sich.[777] Die isolierte Entscheidung zur Kündigung selbst ist folglich keine freie unternehmerische Entscheidung.[778] Auch bei außerbetrieblichen Gründen, wie dem vom BAG vergleichend herangezogenen Auftragsverlust,[779] ist eine unternehmerische Entscheidung zur Reduzierung der Arbeitsplätze notwendig, aus der die Kündigung des Arbeitnehmers resultiert.[780] Im Falle der Druckkündigung entlässt der Arbeitgeber den Arbeitnehmer jedoch gerade aus dem Grund, die Arbeitsabläufe wie gehabt fortführen zu können, also keine unternehmerische Entscheidung treffen zu müssen.

Auch das weitere Erfordernis der Sozialauswahl steht einer Einordnung als betriebsbedingte Kündigung entgegen. Mangels individuellen Anknüpfungspunktes muss bei Vorliegen des Kündigungsgrundes eine Sozialauswahl im Sinne des § 1 Abs. 3 S. 1 KSchG durchgeführt werden. Sie dient der individuellen Konkretisierung und stellt die soziale Schutzbedürftigkeit der für die Kündigung in Frage kommenden Arbeitnehmer in den Mittelpunkt.[781] Dieses Erfordernis ergibt im

---

775 Linck/Krause/Bayreuther/*Krause*, 16. Aufl. 2019, § 1 KSchG Rn. 686 mit Verweis auf *Annuß*, Betriebsbedingte Kündigung und arbeitsvertragliche Bindung, 2004, S. 43 ff.

776 BAG 6.7.2006 – 2 AZR 442/05, NZA 2007, 139 (141) [Rn. 35]; 2.6.2005 – 2 AZR 480/04, NZA 2006, 207 (208) [unter B.I.2.a)]. Einen Überblick über „unternehmerische Entscheidungen" liefert *Däubler*, in: FS Preis, 2021, S. 159-170 (159 f.).

777 BAG 18.10.2006 – 2 AZR 676/05, NZA 2007, 798 (799) [Rn. 19]. Siehe auch DD/*Deinert*, 12. Aufl. 2024, § 1 KSchG Rn. 258; *Hoyningen-Huene*, in: FS 50 Jahre BAG, 2004, S. 369-393 (370 f.); ErfK/*Oetker*, 24. Aufl. 2024, § 1 KSchG Rn. 214.

778 Vgl. BAG 6.7.2006 – 2 AZR 442/05, NZA 2007, 139 (141 f.) [Rn. 36 f.]; 20.2.1986 – 2 AZR 212/85, NZA 1986, 823 (824) [unter B.II.2.b)]; *Ascheid*, Kündigungsschutzrecht, 1993, Rn. 235; *Berkowsky*, Die betriebsbedingte Kündigung, 6. Aufl., 2008, § 6 Rn. 39 ff.; DD/*Deinert*, 12. Aufl. 2024, § 1 KSchG Rn. 258; *Hoyningen-Huene*, in: FS 50 Jahre BAG, 2004, S. 369-393 (373); *Preis*, Prinzipien des Kündigungsrechts bei Arbeitsverhältnissen, 2. Aufl., 2022, S. 657.

779 BAG 18.7.2013 – 6 AZR 420/12, NZA 2014, 109 (112) [Rn. 45].

780 Vgl. *Hoyningen-Huene*, in: FS 50 Jahre BAG, 2004, S. 369-393 (371); Linck/Krause/Bayreuther/*Krause*, 16. Aufl. 2019, § 1 KSchG Rn. 689.

781 BAG 27.4.2017 – 2 AZR 67/16, NZA 2017, 902 (903) [Rn. 15] m.w.N.; *Berkowsky*, Die betriebsbedingte Kündigung, 6. Aufl., 2008, § 7 Rn. 23; DD/*Deinert*, 12. Aufl. 2024, § 1 KSchG Rn. 455; MHdB ArbR/*Kreft*, 5. Aufl. 2021, § 115 Rn. 177.

Falle der Druckkündigung keinen Sinn, da allein die Kündigung des geforderten Arbeitnehmers die in Aussicht gestellten Folgen zu verhindern mag.[782]

(b) Kein Wegfall des Beschäftigungsbedarfs

Wie bereits bei der unternehmerischen Entscheidung angeklungen, muss für die betriebsbedingte Kündigung eine Beschäftigungsmöglichkeit wegfallen.[783] Richtigerweise wird kritisiert, dass auch dieses Erfordernis bei der Druckkündigung nicht vorliege.[784] Unbeachtlich ist dabei, dass der Wegfall der Beschäftigungsmöglichkeit zum Zeitpunkt der Kündigung erst droht. Für den Auftragsverlust hat das BAG deutlich gemacht, dass ausreiche, wenn der Auftragsrückgang mit Ablauf der Kündigungsfrist zu erwarten ist.[785] Es kann nicht von dem Arbeitgeber verlangt werden, sehenden Auges in die wirtschaftliche Bedrängnis zu laufen, nur um tatsächlich ein dringendes betriebliches Erfordernis hervorzurufen und im Anschluss Kündigungen auszusprechen.[786]

Auch diese Erwartung liegt aber im Falle der Druckkündigung nicht vor, Gegenstand der Druckausübung ist allein die Person des Arbeitnehmers, deren Arbeitsplatz somit neu besetzt werden könnte. Senkt man die Schwelle des Wegfalls eines Beschäftigungsbedarfs zu sehr ab, droht die Gefahr, das wirtschaftliche Risiko auf den Arbeitnehmer abzuwälzen.[787] Der Entfall eines Auftrages allein kann genauso wenig die Kündigung rechtfertigen wie der Wegfall anderer

---

782 *Berkowsky*, Die personen- und verhaltensbedingte Kündigung, 4. Aufl., 2005, § 7 Rn. 18; *Hamacher*, NZA 2014, 134 (135); *Insam*, DB 2005, 2298 (2300); ErfK/*Oetker*, 24. Aufl. 2024, § 1 KSchG Rn. 184; *Wolf*, Druckkündigungen mit diskriminierendem Hintergrund, 2012, S. 40.

783 DD/*Deinert*, 12. Aufl. 2024, § 1 KSchG Rn. 275; APS/*Kiel*, 7. Aufl. 2024, § 1 KSchG Rn. 467; Linck/Krause/Bayreuther/*Krause*, 16. Aufl. 2019, § 1 KSchG Rn. 711.

784 *Berkowsky*, Die betriebsbedingte Kündigung, 6. Aufl., 2008, § 6 Rn. 106; *Deinert*, RdA 2007, 275 (282); DD/*Deinert*, 12. Aufl. 2024, § 1 KSchG Rn. 350; *Hamacher*, NZA 2014, 134 (135); MüKoBGB/*Hergenröder*, 9. Aufl. 2023, § 1 KSchG Rn. 301; NK-ArbR/*Kerwer*, 2. Aufl. 2023, § 1 KSchG Rn. 591; *Preis*, in: SPV, 2015 (Rn. 970).

785 BAG 19.10.2017 – 8 AZR 845/15, NZA 2018, 436 (438) [Rn. 18] m.w.N.

786 Die Lage ist daher in der Tat vergleichbar, BAG 18.7.2013 – 6 AZR 420/12, NZA 2014, 109 (112) [Rn. 46]. Mit so einem strengen Verständnis aber wohl NK-ArbR/*Kerwer*, 2. Aufl. 2023, § 1 KSchG Rn. 591.

787 Mit diesem Argument auch *Hamacher*, NZA 2014, 134 (134 f.); vgl. auch BAG 18.5.2006 – 2 AZR 412/05, DB 2006, 1962 (1962 f.) [Rn. 18]; Staudinger/*Temming*, 2022, § 626 BGB Rn. 277.

Finanzierungsmittel.[788] Zu einer Kündigung berechtigen diese Faktoren erst in Kombination mit einer unternehmerischen Entscheidung, aufgrund dessen ein Arbeitsplatz wegfällt.

(3) Druckkündigung als personenbedingte Kündigung

Die besseren Gründe sprechen somit dafür, die Druckkündigung der personenbedingten Kündigung zuzuordnen, den Stein des Anstoßes bildet schließlich die Person des Arbeitnehmers, gegen den sich der Vorwurf richtet.[789] Auch das BAG nimmt trotz der allgemeinen Zuordnung zur betriebsbedingten Kündigung an, dass eine personenbedingte Kündigung dann vorliegen könnte, wenn die Beschwerden auf persönlichen Merkmalen beruhen.[790]

(a) In der Person liegender Grund

Das stärkste und immer wieder vorgebrachte Argument für die personenbedingte Kündigung ist, dass sich die druckausübenden Personen an dem Arbeitnehmer stören und gerade ihn aus dem Arbeitsverhältnis entfernt sehen möchten, die Kündigung habe also weniger mit außer- oder innerbetrieblichen Gründen, als mit den Merkmalen der Person des Arbeitnehmers zu tun. Eine Anknüpfung an die persönlichen Fähigkeiten und Eigenschaften[791] liegt somit vor und selbst Kritiker der Druckkündigung gestehen zu, dass die personenbedingte Kündigung näher liegt als die betriebsbedingte.[792]

Nicht überzeugen kann hingegen der Einwand, dass die Person des Arbeitnehmers nur mittelbar den Anlass zur Kündigung bilde und damit nicht ausreiche.[793] Solange ein Bezug zur Person des Arbeitnehmers gegeben ist, muss dies ausrei-

---

788 Für die Kürzung eines Zuschusses BAG 20.2.1986 – 2 AZR 212/85, NZA 1986, 823 (824) [unter B.II.2.a)]. Vgl. auch BAG 23.2.2012 – 2 AZR 548/10, NZA 2012, 852 (853 f.) [Rn. 16]; 30.5.1985 – 2 AZR 321/84, NZA 1986, 155 (155) [unter B.II.1].

789 MüKoBGB/*Hergenröder*, 9. Aufl. 2023, § 1 KSchG Rn. 301; NK-ArbR/*Kerwer*, 2. Aufl. 2023, § 1 KSchG Rn. 592; Linck/Krause/Bayreuther/*Krause*, 16. Aufl. 2019, § 1 KSchG Rn. 317; ErfK/*Oetker*, 24. Aufl. 2024, § 1 KSchG Rn. 184.

790 BAG 31.1.1996 – 2 AZR 158/95, NZA 1996, 581 (584) [unter II.5.b)]. Auf die Nähe zur unechten Druckkündigung hinweisend DD/*Deinert*, 12. Aufl. 2024, § 1 KSchG Rn. 350.

791 Vgl. BAG 10.4.2014 – 2 AZR 812/12, NZA 2014, 653 (655) [Rn. 26]; 24.3.2011 – 2 AZR 790/09, NZA 2011, 1084 (1084) [Rn. 13].

792 *Berkowsky*, Die personen- und verhaltensbedingte Kündigung, 4. Aufl., 2005, § 13 Rn. 20; *Deinert*, RdA 2007, 275 (282).

793 BAG 18.7.2013 – 6 AZR 420/12, NZA 2014, 109 (112) [Rn. 46].

chen. *Kerwer*[794] zieht dafür den Vergleich zum Entzug der Arbeitserlaubnis heran, bei dem die Kündigung auf ausländerrechtliche Regelungen zum Entzug der Fahrerlaubnis zurückzuführen sei, zweifelsfrei aber mittelbar einen Bezug zur Person des Arbeitnehmers aufweise. Ganz ohne Rückbezug ist die Druckausübung damit nicht möglich. Erweist sich die Druckausübung daher als willkürliche, hat der Arbeitgeber diese auszustehen. Gleiches gilt für Merkmale, die innerhalb der personenbedingten Kündigung (z.B. i.S.d. AGG) nicht zulässig sind. Auch das Risiko, dass Auftraggeber oder andere Arbeitnehmer Vertragskündigungen in Aussicht stellen, weil sie mit der Herkunft eines Arbeitnehmers nicht einverstanden sind, hat der Arbeitgeber zu tragen.[795] Da auf diesem Wege willkürliche oder diskriminierende Druckkündigungen ausgeschlossen sind, droht auch nicht der grundrechtlich gewährleistete Mindestschutz umgangen zu werden.

Am Beispiel der krankheitsbedingten Kündigung – eindeutig personenbezogen[796] – zeigt sich, dass die Nichtexistenz eines Fehlverhaltens des Arbeitnehmers[797] oder stark ausgeprägte finanzielle Überlegungen ebenfalls nicht gegen die Zuordnung zur personenbedingten Kündigung sprechen. Die personenbedingte – und insbesondere krankheitsbedingte – Kündigung zeichnet sich gerade dadurch aus, dass dem Betroffenen keine Möglichkeit zur Einflussnahme zusteht.[798] Ein fehlendes Verschulden ist daher unbeachtlich. Auch liegen der krankheitsbedingten Kündigung letztendlich finanzielle Überlegungen zugrunde, da die Beeinträchtigung der betrieblichen Interessen einschließlich wirtschaftlicher Belastungen eine Grundvoraussetzung dieser Kündigung bilden.[799] Beide

---

794 NK-ArbR/*Kerwer*, 2. Aufl. 2023, § 1 KSchG Rn. 592.

795 Vgl. auch HWK/*Quecke*, 11. Aufl. 2024, § 1 KSchG Rn. 257.

796 So z.B. BAG 20.11.2014 – 2 AZR 755/13, NZA 2015, 612 (613) [Rn. 14 ff.]; die krankheitsbedingte Kündigung als Hauptanwendungsfall der personenbedingten Kündigung darstellend Linck/Krause/Bayreuther/*Krause*, 16. Aufl. 2019, § 1 KSchG Rn. 332; *Preis*, in: SPV, 2015 (Rn. 1245); APS/*Vossen*, 7. Aufl. 2024, § 1 KSchG Rn. 134.

797 *Preis*, in: SPV, 2015 (Rn. 970); auch BAG 18.7.2013 – 6 AZR 420/12, NZA 2014, 109 (112) [Rn. 45] stellt darauf ab, dass der Kündigungsgrund in der Sphäre des Arbeitgebers liege.

798 Als Abgrenzung zur Verhaltensbedingten Kündigung, BAG 3.11.2011 – 2 AZR 748/10, NZA 2012, 607 (608) [Rn. 22]; DD/*Deinert*, 12. Aufl. 2024, § 1 KSchG Rn. 92; *Preis*, in: SPV, 2015 (Rn. 1218); HWK/*Thies*, 11. Aufl. 2024, § 1 KSchG Rn. 95.

799 DD/*Deinert*, 12. Aufl. 2024, § 1 KSchG Rn. 107; MüKoBGB/*Hergenröder*, 9. Aufl. 2023, § 1 KSchG Rn. 154; Linck/Krause/Bayreuther/*Krause*, 16. Aufl. 2019, § 1 KSchG Rn. 268; ErfK/*Oetker*, 24. Aufl. 2024, § 1 KSchG Rn. 104; APS/*Vossen*, 7. Aufl. 2024, § 1 KSchG Rn. 154.

Faktoren stehen damit einer Einordnung als personenbedingte Kündigung nicht entgegen. Zudem ist selbst dann, wenn aufgrund der wirtschaftlichen Belastungen die Druckkündigung auch der betriebsbedingten Kündigung unterfallen könnte und beide Kündigungsgründe berührt wären, maßgeblich, aus welchem Bereich die Störung herrührt.[800] Die betriebsbedingten Gründe sind nach dem Gesagten zumindest nachrangig und somit für die Druckkündigung nicht entscheidend.

(b) Asymmetrische Vertragserfüllung

Gegen die personenbedingte Kündigung wird weiterhin vorgebracht, dass sich die Kündigung nicht allein auf die persönlichen Fähigkeiten und Eigenschaften beziehen muss, sondern der Arbeitnehmer aufgrund dessen nicht mehr in der Lage sein darf, die arbeitsvertraglichen Pflichten zu erfüllen.[801] Erfolgt die Kündigung ausschließlich durch den Druck von außen, sei jedoch das Fortbestehen von Eignung und Fähigkeit des Arbeitnehmers anzunehmen.[802]

Mit der Voraussetzung, dass der Arbeitnehmer nicht mehr in der Lage sein darf, die arbeitsvertraglichen Pflichten zu erfüllen, ist die notwendige Äquivalenzstörung angesprochen. Diese besagt, dass sich das Leistungsgleichgewicht zu Lasten des Arbeitgebers verschiebt, der ein Entgelt zahlt, ohne dafür eine vertragsgemäße Leistung zu erhalten.[803] Für die personenbedingte Kündigung bedeutet dies, dass die Erreichung des Vertragszwecks aus einem aus der Sphäre des Arbeitnehmers stammenden Grund nicht nur vorübergehend eingeschränkt sein muss,[804] wobei die Zurechnung zur Sphäre des Arbeitnehmers soeben bejaht wurde. Eine solche Äquivalenzstörung *kann* in der fehlenden Eignung zur geschuldeten Arbeitsleistung liegen.[805] Neben diesem typischen Fall der asymmetrischen Vertragserfüllung, in der der Arbeitgeber das Entgelt zahlen muss, obwohl der Arbeitnehmer nicht in der Lage ist, seine Leistungspflicht zu erfüllen, sind

---

800 BAG 18.9.2008 – 2 AZR 976/06, NZA 2009, 425 (426) [Rn. 19] m.w.N. Vgl. auch *Preis*, in: SPV, 2015 (Rn. 1220).

801 BAG 21.4.2016 – 2 AZR 609/15, NZA 2016, 941 (944) [Rn. 35]; DD/*Deinert*, 12. Aufl. 2024, § 1 KSchG Rn. 85; Linck/Krause/Bayreuther/*Krause*, 16. Aufl. 2019, § 1 KSchG Rn. 266; *Preis*, in: SPV, 2015 (Rn. 1218).

802 *Berkowsky*, Die personen- und verhaltensbedingte Kündigung, 4. Aufl., 2005, § 13 Rn. 20 f.; *Deinert*, RdA 2007, 275 (282); *Insam*, DB 2005, 2298 (2299).

803 *Greiner*, RdA 2007, 22 (26).

804 BAG 21.4.2016 – 2 AZR 609/15, NZA 2016, 941 (944) [Rn. 35]; 28.1.2010 – 2 AZR 764/08, NZA 2010, 625 (626) [Rn. 12]18.9.2008 – 2 AZR 976/06, NZA 2009, 425 (426) [Rn. 22] m.w.N.

805 BAG 21.4.2016 – 2 AZR 609/15, NZA 2016, 941 (944) [Rn. 35].

aber auch andere Konstellationen denkbar. Entscheidend ist, dass die Leistung des Arbeitnehmers an wirtschaftlichem Wert einbüßt.[806] Dieser Gedanke lässt sich am besten mit dem Ausbleiben von Aufträgen aufgrund der Person des Arbeitnehmers verdeutlichen. Dem vom Arbeitgeber geleisteten Entgelt steht dann das Ausbleiben von Aufträgen und somit die fehlende Arbeitsleistung gegenüber. Es ist klar abzugrenzen: Der Arbeitgeber trägt das Risiko ausbleibender Aufträge und der Arbeitnehmer schuldet keinen Erfolg, sondern allein seine Arbeitskraft – allein der Arbeitgeber trägt das Risiko, dass eine zur Verfügung stehende Arbeitsleistung nicht gewinnbringend eingesetzt werden kann.[807] Dennoch liegen die Gründe, warum der Arbeitgeber keine Gegenleistung erhält, im Falle der Druckkündigung nicht mehr in dem typischen wirtschaftlichen Risiko, sondern in der Person des Arbeitnehmers. Gleiches gilt für den Fall, dass der Arbeitgeber aufgrund der Kündigung der restlichen Belegschaft keine Aufträge mehr annehmen könnte,[808] auch hier beruht die fehlende Arbeitsleistung des Arbeitnehmers letztlich auf seiner Person. Auch im Falle der Druckkündigung liegt folglich eine Äquivalenzstörung vor, die auf die Person des Arbeitnehmers zurückzuführen ist und damit den Anforderungen an die personenbedingte Kündigung genügt.

(c) Arbeitnehmerschutz

Ist die Druckkündigung damit mit Blick auf die Voraussetzungen der personenbedingten Kündigung zuzuordnen, zeigt sich ein zusätzlicher Vorteil dieser Verortung. Das Verbot, willkürlicher oder diskriminierender Druckausübung nachzugeben, lässt sich mit der Rückkopplung an die Person des Arbeitnehmers problemlos absichern. Zwar bestimmt § 2 Abs. 4 AGG, dass die Kündigung allein an den Bestimmungen des allgemeinen und besonderen Kündigungsschutzes zu messen ist, eine Kündigung aufgrund der nach § 1 AGG verpönten Merkmale ist dennoch nicht zulässig. Eine solche Ausnahme enthalten die dem AGG zugrundeliegenden[809] Richtlinien[810] nicht, stattdessen gelten sie auch für

806 Vgl. dazu *Greiner*, RdA 2007, 22 (26).

807 Vgl. Jauernig/*Mansel*, 19. Aufl. 2023, § 611a BGB Rn. 3; ErfK/*Preis/Greiner*, 24. Aufl. 2024, § 611a BGB Rn. 734 f.

808 In diese Richtung kann auch das BAG verstanden werden, wenn es davon spricht, dass der Beschäftigungsbedarf der gesamten Belegschaft in Frage steht, BAG 18.7.2013 – 6 AZR 420/12, NZA 2014, 109 (112) [Rn. 46].

809 Vgl. BT-Drs. 16/1780, 1 f.

810 RL 2000/43/EG, ABl. 2000 L 180, S. 22; RL 2000/78/EG, ABl. 2000 L 303, S. 16; RL 2002/73/EG, ABl. 2002 L 269, S. 15.

Entlassungsbedingungen,[811] welche die Kündigung enthalten.[812] Der Begriff der sozialen Rechtfertigung ist daher richtlinienkonform dahingehend auszulegen, dass eine Kündigung aus den in den benannten Richtlinien genannten Gründen nicht sozial gerechtfertigt sein können.[813]

Die betriebsbedingte Kündigung stellt jedoch den wirtschaftlichen Druck in den Vordergrund, da der Kündigungsgrund in der Sphäre des Arbeitgebers liege. Folgerichtig müsste auch allein dieser wirtschaftliche Druck ausreichen, um die Kündigung als wirksam anzusehen, die dahinterstehenden Gründe wären unbeachtlich.[814] Die Einordnung als betriebsbedingte Kündigung läge sich wie ein Mantel über mögliche Arbeitnehmerschutzvorschriften und über den Umweg der Druckkündigung wäre die Kündigung aus diskriminierenden Gründen möglich. Die Diskriminierung würde eine Legitimation aus dem einzigen Grund erfahren, dass nicht der Arbeitgeber, sondern ein Dritter diese Ansichten vertritt, schließlich könnte sich der Arbeitgeber auf die Druckausübung berufen, während die hinter dem Druck stehenden Motive unbeachtlich wären.[815]

Indem die personenbedingte Kündigung die Anknüpfung an die Person des Arbeitnehmers voraussetzt, wird der richtlinienkonformen Auslegung der „sozialen Rechtfertigung" der Weg geebnet. Auf diese Weise ist die Druckkündigung dann unzulässig, wenn dem Druck willkürliche Gründe, ohne personalen Bezug, oder diskriminierende Gründe, mit unerwünschtem personalem Bezug,

---

811 Art. 3 Abs. 1 lit. c) RL 2000/43/EG; Art. 3 Abs. 1 lit. c) RL 2000/78/EG; Art. 1 Nr. 3 RL 2002/73/EG.

812 Siehe nur EuGH 11.7.2006 – C-13/05 (Chacón Navas), ECLI:EU:C:2006:456 [Rn. 47].

813 BAG 16.5.2019 – 6 AZR 329/18, NZA 2019, 1198 (1201 f.) [Rn. 38]; 20.6.2013 – 2 AZR 295/12, NZA 2014, 208 (211) [Rn. 36]; 6.11.2008 – 2 AZR 523/07, NZA 2009, 361 (364) [Rn. 34 ff.]; vgl. auch HWK/*Rupp*, 11. Aufl. 2024, § 2 AGG Rn. 12 f.; ErfK/*Schlachter*, 24. Aufl. 2024, § 2 AGG Rn. 18; *Thüsing*, Arbeitsrechtlicher Diskriminierungsschutz, 2. Aufl., 2013, Rn. 116; KR/*Treber/Plum*, 13. Aufl. 2022, § 2 AGG Rn. 12; DD/*Voigt*, 12. Aufl. 2024, AGG Rn. 66. Umfassend dazu Linck/Krause/Bayreuther/*Krause*, 16. Aufl. 2019, Einleitung Rn. 98 ff.

814 BAG 18.7.2013 – 6 AZR 420/12, NZA 2014, 109 (112) [Rn. 46]. So auch *Deinert*, RdA 2007, 275 (282); *Hamacher*, NZA 2014, 134 (135).

815 Mit dieser Kritik auch *Deinert*, RdA 2007, 275 (282); *Hamacher*, NZA 2014, 134 (135).

zugrunde liegen.[816] Die Maßnahmen nach § 12 AGG[817] stellen somit nicht die einzige Schutzwirkung, sondern allein einen zusätzlichen Schutz dar.

(4) Zwischenergebnis

Während die „echte" Druckkündigung außerhalb des Anwendungsbereichs des KSchG keine Probleme aufweist und zu akzeptieren ist,[818] stellt die Druckkündigung auch innerhalb des KSchG mehr als eine „Kompromisslösung"[819] dar. Aufgrund der wirtschaftlichen Belastung kann dem Arbeitgeber nicht zugemutet werden, jedwedem Druck standzuhalten, sofern die Äquivalenzstörung aus der Sphäre des Arbeitnehmers herrührt. Durch die Einordnung der Druckkündigung als personenbedingte Kündigung,[820] darf der Arbeitgeber allerdings nur dem Druck nachgeben, der (mittelbar) an die Person des Arbeitnehmers anknüpft. Das Risiko, dass die eigenen Vertragspartner willkürliche oder diskriminierende Forderungen stellen, trägt der Arbeitgeber weiterhin selbst.

Zwar schwächt die Anerkennung der Druckkündigung den Schutz dritter Arbeitnehmer ab, durch diese Rückführung auf die Person des Arbeitnehmers wird der Arbeitnehmer aber effektiv vor willkürlichen oder diskriminierenden Kündigungen geschützt. Dieser enge Anwendungsbereich ist genau von der unechten Druckkündigung aus personen- oder verhaltensbedingten Gründen abzugrenzen.[821] Indem auch das BAG in solchen Fällen die personenbedingte Kündigung diskutiert und der Druck aus unrechtmäßigen Gedanken ausgeschlossen wird, zeigt sich, dass die auf den ersten Blick konträren Ansichten nicht ohne Gemeinsamkeiten dastehen. Den Kritikern ist dabei einzugestehen, dass die Einordnung

---

816 Mit dem selben Ergebnis auch NK-ArbR/*Kerwer*, 2. Aufl. 2023, § 1 KSchG Rn. 599.

817 Auf diesen als Schutz verweisend *Deinert*, RdA 2007, 275 (283); KR/*Rachor*, 13. Aufl. 2022, § 1 KSchG Rn. 626.

818 Siehe dazu schon § 8.I.1.a). Vgl. auch NK-ArbR/*Kerwer*, 2. Aufl. 2023, § 1 KSchG Rn. 587, 599, der die diskriminierende Druckkündigung wegen eines Verstoßes gegen das AGG ausnimmt.

819 NK-ArbR/*Kerwer*, 2. Aufl. 2023, § 1 KSchG Rn. 589.

820 MüKoBGB/*Hergenröder*, 9. Aufl. 2023, § 1 KSchG Rn. 301; ErfK/*Oetker*, 24. Aufl. 2024, § 1 KSchG Rn. 184 weisen jedoch darauf hin, dass aufgrund der strengen Anforderungen des BAG (dazu sogleich unter § 8.I.1.a).bb)) die Einordnung als betriebsbedingte oder personenbedingte Kündigung im Ergebnis keinen Unterschied machen würde.

821 Dies verdeutlicht auch DD/*Deinert*, 12. Aufl. 2024, § 1 KSchG Rn. 350 mit der Einordnung von BAG 31.1.1996 – 2 AZR 158/95, NZA 1996, 581 (584) [unter II.5.b)] als unechte Druckkündigung; ebenso nur eine unechte Druckkündigung liegt wohl BAG 4.10.1990 – 2 AZR 201/90, NZA 1991, 468 (468 f.) [unter II.2.] zugrunde.

bei einer dogmatischen Herleitung ein weiteres Verständnis der Äquivalenzstörung voraussetzt, die Akzeptanz der Druckkündigung und die Einordnung zu den personenbedingten Gründen sind jedoch aufgrund dieser aus der Person des Arbeitnehmers resultierenden Äquivalenzstörung zu bevorzugen.

bb) Vorliegen der Voraussetzungen der Druckkündigung

Die von dem BAG angeführten Voraussetzungen stehen in Einklang mit den anerkannten Wirksamkeitsvoraussetzungen der personenbedingten Kündigung. Bei einer Druckkündigung wird vom BAG verlangt, dass der Arbeitgeber sich aufgrund seiner Schutzpflichten schützend vor seinen Arbeitnehmer stellt und versucht den Druck abzuwehren. Die Kündigung darf nur dann als *ultima ratio* bemüht werden, wenn keine anderen Mittel eine Besserung versprechen.[822] Zusätzlich müssen dem Arbeitgeber schwere wirtschaftliche Nachteile drohen.[823]

Diese Anforderungen entsprechen denen der personenbedingten Kündigung: Dass dem Arbeitgeber aufgrund einer auf die Person des Arbeitnehmers zurückgehenden Äquivalenzstörung konkrete wirtschaftliche Beeinträchtigungen drohen, wurde bereits festgestellt.[824] Zudem muss die personenbedingte Kündigung verhältnismäßig sein und die Interessen des Arbeitgebers müssen in einer umfassenden Abwägung überwiegen. Für die Verhältnismäßigkeit muss die Kündigung die *ultima ratio* darstellen, es dürfen also keine weniger einschneidenden Maßnahmen erfolgsversprechend sein.[825] Insbesondere der Weiterbeschäftigungsmöglichkeit kommt damit eine besondere Bedeutung zu.[826] Innerhalb der Interessenabwägung[827] stehen sich das Interesse des Arbeitgebers an einer

---

822 Zu Recht weist *Preis* daher auf die Identität von „ultima ratio" und „Erforderlichkeit" hin, *Preis*, Prinzipien des Kündigungsrechts bei Arbeitsverhältnissen, 2. Aufl., 2022, S. 460.

823 BAG 15.12.2016 – 2 AZR 431/15, NZA 2017, 500 (501) [Rn. 11]; 19.7.2016 – 2 AZR 637/15, NZA 2017, 116 (118 f.) [Rn. 28]; 18.7.2013 – 6 AZR 420/12, NZA 2014, 109 (112) [Rn. 39]. Explizit auf die „Fürsorgepflicht" hinweisend BAG 18.9.1975 – 2 AZR 311/74, AP BGB § 626 Druckkündigung Nr. 10 [unter B.I.2.a)].

824 Siehe dazu § 8.I.1.a).aa).(3).

825 Dies stellt kein spezielles Erfordernis der Druckkündigung dar, sondern gilt generell für die arbeitgeberseitige Kündigung, BAG 12.1.2006 – 2 AZR 179/05, NZA 2006, 980 (981 f.) [Rn. 25]; 17.1.1991 – 2 AZR 375/90, NZA 1991, 557 (558) [unter II.2.c)]. Zur *ultima ratio* auch Linck/Krause/Bayreuther/*Krause*, 16. Aufl. 2019, § 1 KSchG Rn. 182 ff.

826 MüKoBGB/*Hergenröder*, 9. Aufl. 2023, § 1 KSchG Rn. 155; Linck/Krause/Bayreuther/*Krause*, 16. Aufl. 2019, § 1 KSchG Rn. 189.

827 Auch wenn sich die Interessenabwägung nicht im Wortlaut des § 1 Abs. 2 KSchG niederschlägt, wird sie als drittes Erfordernis angesehen, BAG 20.10.1954 – 1 AZR

Beendigung und das des Arbeitnehmers an einer Fortsetzung des Arbeitsverhältnis gegenüber,[828] das Überwiegen der Arbeitgeberinteressen setzt dann eine billigerweise nicht mehr hinzunehmende Belastung des Arbeitgebers voraus.[829] Mangels gesetzlicher Wertung[830] sind dabei auf Arbeitnehmerseite umfassende Faktoren, wie die Dauer der Betriebsangehörigkeit, das bisherige Anstellungsverhältnis, Lebensalter, Unterhaltspflichten oder die Vermittlungsaussicht[831] zu beachten. Auch hat der Arbeitnehmer typischerweise keinen Einfluss auf die personenbedingten Merkmale,[832] während dem Arbeitgeber ein Mitverschulden zur Last fallen kann.[833] Auf Seiten des Arbeitgebers muss folglich ein stark ausgeprägtes wirtschaftliches oder betriebliches[834] Interesse bestehen, das speziell innerhalb

---

193/54, NJW 1954, 1949 (1950); vgl. DD/*Deinert*, 12. Aufl. 2024, § 1 KSchG Rn. 63; NK-ArbR/*Greiner*, 2. Aufl. 2023, § 1 KSchG Rn. 214; ErfK/*Oetker*, 24. Aufl. 2024, § 1 KSchG Rn. 82; APS/*Vossen*, 7. Aufl. 2024, § 1 KSchG Rn. 80.

828 HK-ArbR/*Bufalica*, 5. Aufl. 2022, § 1 KSchG Rn. 54; ErfK/*Oetker*, 24. Aufl. 2024, § 1 KSchG Rn. 108.

829 BAG 20.11.2014 – 2 AZR 664/13, NZA 2015, 931 (933) [Rn. 13]; 8.11.2007 – 2 AZR 292/06, NZA 2008, 593 (593) [Rn. 16]; 10.10.2002 – 2 AZR 472/01, NZA 2003, 483 (484 f.) [unter B.II.1.]; siehe auch Linck/Krause/Bayreuther/*Krause*, 16. Aufl. 2019, § 1 KSchG Rn. 277; APS/*Vossen*, 7. Aufl. 2024, § 1 KSchG Rn. 169 m.w.N. Ein solches Überwiegen dürfte z.B. wohl dann anzunehmen sein, wenn das Verlangen zur Kündigung von einer Aufsichtsbehörde ausgesprochen wird, LAG Hessen 13.7.2016 – 18 Sa 1498/15, juris [Rn. 7, 66], wobei das LAG Hessen die Einordnung als Druckkündigung offengelassen hat.

830 Für die betriebsbedingte Kündigung enthält das KSchG eine solche Wertung, die einer weiteren Interessenabwägung entgegensteht, Linck/Krause/Bayreuther/*Krause*, 16. Aufl. 2019, § 1 KSchG Rn. 215 f.

831 Einen Überblick liefern *Altmann*, § 75 Personenbedingte Kündigung, in: Deinert/Heuschmid/Zwanziger (Hrsg.), Arbeitsrecht, 2019 (Rn. 9 f.); DD/*Deinert*, 12. Aufl. 2024, § 1 KSchG Rn. 64; Linck/Krause/Bayreuther/*Krause*, 16. Aufl. 2019, § 1 KSchG Rn. 280; ErfK/*Oetker*, 24. Aufl. 2024, § 1 KSchG Rn. 109; KR/*Rachor*, 13. Aufl. 2022, § 1 KSchG Rn. 290.

832 DD/*Deinert*, 12. Aufl. 2024, § 1 KSchG Rn. 92; *Preis*, in: SPV, 2015 (Rn. 1218); HWK/*Thies*, 11. Aufl. 2024, § 1 KSchG Rn. 95.

833 BAG 18.7.2013 – 6 AZR 420/12, NZA 2014, 109 (112) [Rn. 39]. Das BAG hat in dieser Konstellation eine Kündigung teilweise auch pauschal als unwirksam angesehen, BAG 19.7.2016 – 2 AZR 637/15, NZA 2017, 116 (118 f.) [Rn. 28].

834 Linck/Krause/Bayreuther/*Krause*, 16. Aufl. 2019, § 1 KSchG Rn. 281; ErfK/*Oetker*, 24. Aufl. 2024, § 1 KSchG Rn. 109; KR/*Rachor*, 13. Aufl. 2022, § 1 KSchG Rn. 291; HWK/*Thies*, 11. Aufl. 2024, § 1 KSchG Rn. 116.

der Druckkündigung aus dem Grund noch verstärkt wird, dass der Arbeitgeber nicht jedes wirtschaftliche Risiko auf den Arbeitnehmer abwälzen darf.[835]

Indem sich der Arbeitgeber schützend vor den Arbeitnehmer stellen muss und nur im Falle nicht mehr zumutbarere wirtschaftlicher Folgen die Druckkündigung ausüben darf, wird auch das *ultima ratio*-Prinzip gewahrt und es liegen überwiegende Interessen des Arbeitgebers vor. Die vom BAG benannten Anforderungen an die Druckkündigung stehen damit im Einklang mit denen der personenbedingten Kündigung. Insbesondere dann, wenn auch eine Abmahnung oder Versetzung des Arbeitnehmers Erfolg verspricht, kommt eine Kündigung daher nicht in Betracht. Aufgrund der Notwendigkeit einer in den Eigenschaften oder Fähigkeiten der Person begründeten Äquivalenzstörung kann sich der Arbeitgeber zudem nicht auf willkürliche oder diskriminierende Druckausübung berufen.

Allein unter diesen engen Voraussetzungen kann die „Kompromisslösung" der Druckkündigung eine wirksame Kündigung rechtfertigen, ohne, dass das Recht dem Unrecht weichen muss. Trotz der Zulässigkeit der Druckkündigung und der damit einhergehenden Schwächung des Arbeitnehmerschutzes liegt daher kein unzureichender Drittschutz vor. Auf die Zulässigkeit einer außerordentlichen Kündigung im Einzelfall[836] kommt es zudem in der Regel aus dem Grund nicht an, dass sie wegen der Möglichkeit der ordentlichen Kündigung unverhältnismäßig ist.[837]

b) *Belastung des Arbeitnehmers nur im Einzelfall möglich*

Auch wenn Abreden hinsichtlich der Kündigung eines dritten Arbeitnehmers keine kündigungsrechtliche Wirkung besitzen, zeigt sich, dass die dahinterstehende Interessenlage im Einzelfall außerhalb des Geltungsbereichs des KSchG oder über die Druckkündigung die Position dritter Arbeitnehmer geschwächt werden kann. Diese Benachteiligung ist aber aus den Gründen hinzunehmen, dass die Druckkündigung auf Extremfälle beschränkt ist und eine wirtschaftlich bedrohliche Lage des Arbeitgebers voraussetzt und gerade in Kleinbetrieben die wirtschaftlichen Interessen des Arbeitgebers maßgeblich zu beachten sind.

---

835 Siehe nur *Hamacher*, NZA 2014, 134 (135); Staudinger/*Temming*, 2022, § 626 BGB Rn. 277.

836 Vgl. DD/*Däubler*, 12. Aufl. 2024, § 626 BGB Rn. 295; KR/*Fischermeier/Krumbiegel*, 13. Aufl. 2022, § 626 BGB Rn. 219; ErfK/*Niemann*, 24. Aufl. 2024, § 626 BGB Rn. 185. Allein diese als wirksam annehmend *Breucker*, NZA 2008, 1046 (1047 f.); *Insam*, DB 2005, 2298 (2300).

837 MHdB ArbR/*Rachor*, 5. Aufl. 2021, § 124 Rn. 91.

2. *Vertraglicher Kündigungsschutz*

Deutlich häufiger wird sich die Ausgangslage eines Arbeitnehmers dadurch verschlechtern, dass ein weiterer Arbeitnehmer mit dem Arbeitgeber einen verbesserten Kündigungsschutz oder gar den Ausschluss der Kündigung vereinbart. Spiegelbildlich zu diesem Kündigungsschutz werden die anderen, von einer drohenden Kündigung potenziell betroffenen Arbeitnehmer schlechter gestellt. Die Bedeutung beschränkt sich dabei auf die ordentliche betriebsbedingte Kündigung. Mangels Notwendigkeit einer individuellen Konkretisierung besteht für die verhaltens- oder personenbedingte Kündigung kein Risiko für die solch ein Verhalten oder diese Eigenschaften nicht aufweisenden Arbeitnehmer, zudem kann die außerordentliche Kündigung nicht ausgeschlossen werden.[838]

Insbesondere bei einem beiderseitigen Ausschluss der ordentlichen Kündigung können sowohl Arbeitnehmer als auch Arbeitgeber an einer solchen Absprache interessiert sein.[839] Dass die Vertragsparteien diese Interessen überhaupt verfolgen können, beruht auf dem nur einseitig zwingenden Charakter des Kündigungsschutzrechts. Es dient dem Schutz der Arbeitnehmerinteressen und ist daher nicht zu deren Lasten, wohl aber zu deren Gunsten disponibel.[840] Ein daraus resultierender unterschiedlich starker Kündigungsschutz der Arbeitnehmer desselben Unternehmens ist schon im Gesetz angelegt und bildet kein dem Arbeitsrecht fremdes Phänomen. Die gesetzlichen Kündigungsschranken finden sich z.B. in § 15 KSchG, der an die Funktion des Arbeitnehmers anknüpft und die ordentliche Kündigung eines Betriebsratsmitglieds oder des Mitglieds einer Jugend- und

838 BAG 20.6.2013 – 2 AZR 379/12, NZA 2014, 139 (140) [Rn. 16]; KR/*Fischermeier/Krumbiegel*, 13. Aufl. 2022, § 626 BGB Rn. 64; MHdB ArbR/*Greiner*, 5. Aufl. 2021, § 110 Rn. 82; Linck/Krause/Bayreuther/*Krause*, 16. Aufl. 2019, § 1 KSchG Rn. 913; Schaub ArbR-HdB/*Linck*, 20. Aufl. 2023, § 127 Rn. 10. Einschränkend *Krause*, RdA 2016, 49 (58) mit Verweis auf BAG 20.6.2013 – 2 AZR 379/12, NZA 2014, 139 (141) [Rn. 21], wonach „regelmäßig" die außerordentliche betriebsbedingte Kündigung nicht ausgeschlossen sei.

839 Siehe zu dem Verzicht auf die Kündigung durch den Arbeitnehmer und die vergleichbare Verlängerung der Kündigungsfrist ErfK/*Müller-Glöge*, 24. Aufl. 2024, § 622 BGB Rn. 34 m.w.N.

840 Siehe zum KSchG BAG 20.2.2014 – 2 AZR 859/11, NZA 2014, 1083 (1088) [Rn. 44]; vgl. auch HK-ArbR/*Bufalica*, 5. Aufl. 2022, Vorbemerkungen zu §§ 1 ff. KSchG Rn. 2; DD/*Deinert*, 12. Aufl. 2024, § 1 KSchG Rn. 4; MüKoBGB/*Hergenröder*, 9. Aufl. 2023, Einl. KSchG Rn. 12; Linck/Krause/Bayreuther/*Krause*, 16. Aufl. 2019, § 1 KSchG Rn. 6; ErfK/*Oetker*, 24. Aufl. 2024, § 1 KSchG Rn. 13 ff.; APS/*Vossen*, 7. Aufl. 2024, § 1 KSchG Rn. 5 f.

Auszubildendenvertretung ausschließt (§ 15 Abs. 1 S. 1 KSchG). Auch abseits des KSchG finden sich entsprechende Regelungen, so z.B. das Kündigungsverbot gegenüber einer Schwangeren (§ 17 Abs. 1 S. 1 Nr. 1 MuSchG) oder die eingeschränkte Möglichkeit der ordentlichen Kündigung befristeter Verträge (§ 15 Abs. 4 TzBfG). Um keine mit diesen Vorteilen einhergehenden unzumutbaren Belastungen Dritter hervorzurufen, sind diese Privilegierungen nicht uneingeschränkt und die abseits der gesetzlichen Regelungen bestehenden Grenzen sind auszuloten.

a) *Vorteile im Kündigungsschutz*

Ein solcher Vorteil einzelner Arbeitnehmer für den Fall der Kündigung kann sich aus verschiedenen Vertragsgestaltungen ergeben. Die sichtbarste liefert der vertragliche Kündigungsausschluss, bei dem der Arbeitgeber gegenüber dem Arbeitnehmer sein Recht zur ordentlichen Kündigung ausschließt. Über die Grundlagen der Sozialauswahl offenbaren sich aber noch andere Möglichkeiten. Die Sozialauswahl soll die Entscheidung der Kündigung abseits persönlicher Interessen auf die Partei konkretisieren, die aus der Masse an „austauschbaren" Arbeitnehmern auf das Arbeitsverhältnis aus sozialen Gesichtspunkten am wenigsten angewiesen ist.[841] In die Sozialauswahl sind all diejenigen Arbeitnehmer einzubeziehen, deren Arbeit der unmittelbar vom Wegfall des Arbeitsplatzes betroffene Arbeitnehmer unter Berücksichtigung des Direktionsrechts ausüben kann. Es ist folglich zu fragen, auf welchen Arbeitsplätzen dieser Arbeitnehmer eingesetzt werden könnte.[842] Im zweiten Schritt erfolgt dann die Auswahl anhand der in § 1 Abs. 3 S. 1 KSchG abschließend aufgezählten Kriterien der Betriebszugehörigkeit, der Unterhaltspflichten, des Lebensalters[843] und der Schwerbehinderung.[844]

---

841 BAG 27.4.2017 – 2 AZR 67/16, NZA 2017, 902 (903) [Rn. 15].

842 BAG 19.12.2013 – 6 AZR 790/12, NZA-RR 2014, 185 (190) [Rn. 45]; 20.6.2013 – 2 AZR 271/12, NZA 2013, 837 (838) [Rn. 12]; 5.6.2008 – 2 AZR 907/06, NZA 2008, 1120 (1122) [Rn. 18]; 6.7.2006 – 2 AZR 442/05, NZA 2007, 139 (143) [Rn. 49]; 24.5.2005 – 8 AZR 398/04, NZA 2005, 1302 (1305) [unter III.2.c)].

843 Zur Vereinbarkeit des „Lebensalters" mit den Regelungen zur Altersdiskriminierung siehe z.B. BAG 27.4.2017 – 2 AZR 67/16, NZA 2017, 902 (903) [Rn. 15]; *Waltermann*, NZA 2005, 1265 (1269); *Waltermann*, ZFA 2006, 305 (322 f.).

844 BT-Drs. 15/1204, 11; BAG 27.4.2017 – 2 AZR 67/16, NZA 2017, 902 (903) [Rn. 15]; 20.6.2013 – 2 AZR 271/12, NZA 2013, 837 (838) [Rn. 11]. Etwas offener noch der Gesetzesentwurf der Bundesregierung, der eine Abweichung in unbilligen Härten nicht ausgeschlossen hat (BT-Drs. 15/1204, 11), vgl. Linck/Krause/Bayreuther/*Krause*, 16. Aufl. 2019, § 1 KSchG Rn. 928. Das Kriterium der Schwerbehinderung

Auf beiden Stufen kann die Auswahl durch vertragliche Abreden beeinflusst werden. Wird die im Arbeitsvertrag enthaltene Arbeitsplatzbeschreibung desjenigen Arbeitnehmers erweitert, dessen Arbeitsplatz entfällt, so wären auch Arbeitnehmer in die Sozialauswahl einzubeziehen, die ursprünglich nicht umfasst wären.[845] Auch durch die Verkürzung der Wartezeit nach § 1 Abs. 1 KSchG könnten Arbeitnehmer überhaupt dem KSchG unterfallen und so eine Sozialauswahl begründen.[846] Innerhalb der Auswahl selbst kann den Arbeitnehmern durch Anrechnung früherer Beschäftigungszeiten eine bessere Ausgangslage hinsichtlich des Kriteriums der Betriebszugehörigkeit geboten werden.[847]

Unabhängig von der Zulässigkeit im Einzelfall liegt mangels unmittelbarer Änderung der Rechtslage kein Vertrag zu Lasten Dritter vor.[848] Die Vereinbarungen begründen allein Vorteile des einen und Nachteile der anderen Arbeitnehmer. Erst über den Eintritt des Kündigungsgrundes und die gesetzlich vorgesehene Sozialauswahl kommt es zur Konkretisierung.

b) Anrechnung früherer Beschäftigungszeiten

Über die Anrechnung von Beschäftigungszeiten wird allein das Kriterium der Betriebszugehörigkeit im Positiven verändert. Aufgrund der Beeinflussung der Sozialauswahl wird hierbei die Beschränkung auf die betriebsbedingte Kündigung besonders deutlich. Auch wenn das sichere Ausbleiben der Kündigung mit einer solchen Absprache nicht einhergeht, da die anderen drei Kriterien zu einer Auswahl

---

wurde erst im Rahmen der Beschlussempfehlung des Ausschusses für Wirtschaft und Arbeit eingefügt, BT-Drs. 15/1587, 8.

845 Die Austauschbarkeit knüpft an die Arbeitsplatzbeschreibung an, BAG 20.6.2013 – 2 AZR 271/12, NZA 2013, 837 (838) [Rn. 12]; 2.6.2005 – 2 AZR 480/04, NZA 2006, 207 (210) [unter B.I.4.a).bb)]; DD/*Deinert*, 12. Aufl. 2024, § 1 KSchG Rn. 496; APS/*Kiel*, 7. Aufl. 2024, § 1 KSchG Rn. 610; Linck/Krause/Bayreuther/*Krause*, 16. Aufl. 2019, § 1 KSchG Rn. 879; MHdB ArbR/*Kreft*, 5. Aufl. 2021, § 115 Rn. 212.

846 Erfüllen Arbeitnehmer noch nicht die Wartezeit von sechs Monaten, unterfallen sie nicht dem KSchG und sind daher im Falle der betriebsbedingten Kündigung vorrangig zu entlassen, BAG 25.4.1985 – 2 AZR 140/84, NZA 1986, 64 (66) [unter B.II.5]; vgl. DD/*Deinert*, 12. Aufl. 2024, § 1 KSchG Rn. 484; MHdB ArbR/*Kreft*, 5. Aufl. 2021, § 115 Rn. 194; ErfK/*Oetker*, 24. Aufl. 2024, § 1 KSchG Rn. 310.

847 Siehe z.B. BAG 2.6.2005 – 2 AZR 480/04, NZA 2006, 207.

848 So auch LAG Berlin-Brandenburg 29.10.1998 – 3 Sa 229/98, NZA-RR 1999, 360 (362) [unter II.4.c)]; *Dathe*, NZA 2007, 1205 (1209); *Graj*, Unkündbarkeitsklauseln in der Sozialauswahl, 2009, S. 133; *Kania/Kramer*, RdA 1995, 287 (288); APS/*Kiel*, 7. Aufl. 2024, § 1 KSchG Rn. 630; *Künzel/Fink*, NZA 2011, 1385 (1387). Siehe dazu auch § 8.I.2.d).aa).

des Arbeitnehmers führen können, wird die Position des Arbeitnehmers innerhalb der Sozialauswahl zumindest verbessert, diejenige der Übrigen verschlechtert.

aa) Grundsätzliche Vereinbarkeit mit der Sozialauswahl

Nicht ohne Kritik geht das BAG von einer grundsätzlichen Zulässigkeit solcher Absprachen aus.[849] Im Konflikt stehen die einzelvertraglichen Abreden zur Verbesserung des Kündigungsschutzes aufgrund der damit einhergehenden Verlagerung der Chancen im Falle der Kündigung mit der Sozialauswahl.[850] Insbesondere für den einzelvertraglichen Kündigungsverzicht[851] wird argumentiert, dass dieses Vorgehen durch Privilegierung Einzelner, im Zweifel wenig schutzwürdiger Arbeitnehmer maßgeblich beeinflusst werde, sodass solche Abreden innerhalb der Sozialauswahl zu suspendieren seien. § 1 Abs. 3 S. 1 KSchG stelle nach Ansicht des BAG[852] ein zwingendes Recht dar, von dem nicht durch einzelvertragliche Absprachen abgewichen werden dürfe.[853] Diese Kritik lässt sich ebenfalls auf die Anrechnung vorheriger Beschäftigungszeiten übertragen, auch dort wird teilweise gefordert, dass nur solche Regelungen für die Sozialauswahl entscheidend sein dürften, die mit § 1 Abs. 3 KSchG in Einklang stehen.[854] Mit dem Kriterium der Dauer der Betriebszugehörigkeit sei es aber nicht zu vereinbaren, dass fremde, nicht abgeleistete Arbeitszeiten angerechnet werden. Die schützenswerte Betriebstreue gehe mit einer enger werdenden Bindung zwischen Arbeitnehmer und Arbeitgeber einher, die wiederum ein tatsächliches Ableisten unter diesem Arbeitgeber voraussetze.[855] Auch zeige § 1 Abs. 4 KSchG, dass die Wertigkeit

---

849 BAG 23.2.2017 – 6 AZR 665/15, NZA 2017, 995 (998) [Rn. 38]; 2.6.2005 – 2 AZR 480/04, NZA 2006, 207 (210) [unter B.I.4.b.).aa)].

850 *Dathe*, NZA 2007, 1205 (1206). Siehe allgemein dazu MHdB ArbR/*Greiner*, 5. Aufl. 2021, § 110 Rn. 83; Linck/Krause/Bayreuther/*Krause*, 16. Aufl. 2019, § 1 KSchG Rn. 913; *Ulrici*, ZFA 2016, 377 (384 f.).

851 Dazu sogleich unter § 8.I.2.e).

852 BAG 27.6.2019 – 2 AZR 50/19, NZA 2019, 1345 (1347) [Rn. 19].

853 Siehe z.B. *Berkowsky*, Die betriebsbedingte Kündigung, 6. Aufl., 2008, § 7 Rn. 156; *Kramer*, Kündigungsvereinbarungen im Arbeitsvertrag, 1994, 30 f.; *Lerch/Weinbrenner*, NZA 2011, 1388 (1390 f.); *Linck*, Die soziale Auswahl bei betriebsbedingter Kündigung, 1990, S. 46; *Lingemann*, Kündigungsschutz, 2011, S. 71; LSSW/*Schlünder*, 11. Aufl. 2018, § 1 KSchG Rn. 444. Differenzierender *Graj*, Unkündbarkeitsklauseln in der Sozialauswahl, 2009, 278 f.

854 *Dathe*, NZA 2007, 1205 (1206).

855 *Dathe*, NZA 2007, 1205 (1206). Der Einordnung als Vertrag zu Lasten Dritter durch *Matz*, FA 2003, 166 (168) ist zudem die fehlende unmittelbare Veränderung der Rechtslage entgegenzuhalten.

der einzelnen Faktoren der Sozialauswahl nicht einfach ohne Weiteres angepasst werden könne.[856]

Der Argumentation, dass allgemein einzelvertragliche Abreden mit kündigungsrechtlicher Bedeutung keinen Einfluss auf die Sozialauswahl haben können, kann mit der wohl überwiegenden Literatur[857] und dem BAG[858] nicht gefolgt werden. Die vertraglichen Absprachen umgehen (in der Regel[859]) weder das Vorliegen der Sozialauswahl noch die Berücksichtigung allein der vier Kriterien des § 1 Abs. 3 S. 1 KSchG, stattdessen weisen sie allein Reflexwirkungen[860] auf, die die Chancen einzelner Arbeitnehmer betreffen.[861] Dass die Chancen der Arbeitnehmer mitunter ungleich verteilt sein können, ist jedoch bereits im Gesetz und dem System der Sozialauswahl angelegt. So sind die von gesetzlichen Kündigungsverboten umfassten Arbeitnehmer ohne Zweifel aus der Sozialauswahl auszuklammern[862] und Arbeitnehmer, die nicht dem Anwendungsbereich des

---

856 *Dathe*, NZA 2007, 1205 (1206).

857 *Bröhl*, Die außerordentliche Kündigung mit notwendiger Auslauffrist, 2005, S. 223; *Bröhl*, BB 2006, 1050 (1056); *Bütefisch*, Die Sozialauswahl, 2000, S. 142; DD/*Deinert*, 12. Aufl. 2024, § 1 KSchG Rn. 489; *Fuhlrott/Hoppe*, BB 2012, 253 (254); APS/*Kiel*, 7. Aufl. 2024, § 1 KSchG Rn. 630; Linck/Krause/Bayreuther/*Krause*, 16. Aufl. 2019, § 1 KSchG Rn. 921; MHdB ArbR/*Kreft*, 5. Aufl. 2021, § 115 Rn. 208; *Künzel/Fink*, NZA 2011, 1385 (1388); ErfK/*Oetker*, 24. Aufl. 2024, § 1 KSchG Rn. 313; *Pauly*, AuR 1997, 94 (98); *Preis*, in: SPV, 2015 (1065 f.); einen Überblick über die Meinung in der Literatur liefert auch *Bütefisch*, Die Sozialauswahl, 2000, S. 137 ff.

858 BAG 20.6.2013 – 2 AZR 271/12, NZA 2013, 837 (838) [Rn. 15]; 2.6.2005 – 2 AZR 480/04, NZA 2006, 207 (210) [unter B.I.4.b).aa)].

859 Im Falle des Kündigungsverzichts kann ein solches Vorgehen problematisch werden. Siehe dazu die Voraussetzungen in § 8.I.2.b).bb).

860 In der Literatur wird vor allem der Begriff des „Reflexes“ verwendet, vgl. APS/*Kiel*, 7. Aufl. 2024, § 1 KSchG Rn. 630; *Preis*, in: SPV, 2015 (Rn. 1065). Daneben spricht aber unter anderem das BAG von einer „mittelbaren“ Verschlechterung, BAG 2.6.2005 – 2 AZR 480/04, NZA 2006, 207 (210) [unter B.I.4.b).aa)]; so auch MHdB ArbR/*Kreft*, 5. Aufl. 2021, § 115 Rn. 208. Beides nennend z.B. *Bütefisch*, Die Sozialauswahl, 2000, S. 142.

861 So auch BAG 2.6.2005 – 2 AZR 480/04, NZA 2006, 207 (210) [unter B.I.4.a).aa)]; *Dathe*, NZA 2007, 1205 (1207); MHdB ArbR/*Kreft*, 5. Aufl. 2021, § 115 Rn. 208; *Preis*, in: SPV, 2015 (Rn. 1065). Insofern ist *Krause* mit seinem Verweis auf die Parallelen zu den Möglichkeiten der Tarifvertragsparteien aus § 1 Abs. 4 KSchG zuzustimmen, Linck/Krause/Bayreuther/*Krause*, 16. Aufl. 2019, § 1 KSchG Rn. 916.

862 BAG 17.11.2005 – 6 AZR 118/05, NZA 2006, 370 (371) [Rn. 17]; DD/*Deinert*, 12. Aufl. 2024, § 1 KSchG Rn. 486; APS/*Kiel*, 7. Aufl. 2024, § 1 KSchG Rn. 622; MHdB ArbR/*Kreft*, 5. Aufl. 2021, § 115 Rn. 195, 202; ErfK/*Oetker*, 24. Aufl. 2024,

KSchG unterfallen sogar vorrangig zu entlassen.[863] Zudem kann der Arbeitgeber Arbeitnehmer gem. § 1 Abs. 3 S. 2 KSchG auch dann aus der Sozialauswahl herausnehmen, wenn dies aufgrund der Fähigkeiten oder der ausgewogenen Personalstruktur in dem betrieblichen Interesse liegt. Die Sozialauswahl kennt folglich schon von Gesetzes wegen gehörige Einschränkungen.

Auch wird die Sozialauswahl maßgeblich von der vertraglichen Ausgestaltung dominiert. Die Frage der „Austauschbarkeit" der Arbeitnehmer richtet sich nicht nach der tatsächlichen Arbeit, sondern nach dem im Arbeitsvertrag vorgesehenen Zuschnitt des Tätigkeitsbereichs.[864] Bereits die Formulierung des Arbeitsvertrages weist somit eine Reflexwirkung für die Sozialauswahl auf, sodass die vollständige Lossagung der Sozialauswahl von einer Beeinflussung durch Arbeitnehmer und Arbeitgeber eine Utopie darstellt.[865] Gerade bei der Anrechnung von Beschäftigungszeiten ist darüber hinaus zu beachten, dass der Arbeitgeber die Faktoren „ausreichend" berücksichtigen muss (§ 1 Abs. 3 S. 1 KSchG), was ihm einen Wertungsspielraum belässt.[866]

Zudem ist die Annahme, allein die enge Bindung von Arbeitnehmer und Arbeitgeber werde honoriert, kritisch zu sehen. Neben dieser engen Bindung werden auch die Wertschätzung für die Bewährung des Arbeitnehmers[867] und der Ausgleich für die aus der Betriebstreue resultierende sinkende Flexibilität auf dem Arbeitsmarkt[868] als hinter dieser Wertung stehend genannt. Zwar darf insbesondere die „Bewährung in der Tätigkeit" keine Ausmaße annehmen, die in

---

§ 1 KSchG Rn. 310 f.; *Preis*, in: SPV, 2015 (Rn. 1062 f.); KR/*Rachor*, 13. Aufl. 2022, § 1 KSchG Rn. 717. Das Vorliegen tarifvertraglicher Unkündbarkeitsregelungen akzeptiert das BAG ebenso, sofern daraus keine groben Auswahlfehler resultieren, BAG 20.6.2013 – 2 AZR 295/12, NZA 2014, 208 (213) [Rn. 50].

863 Siehe § 8.I.2.a).

864 Siehe zu der Anpassung der vertraglich geschuldeten Leistungen sogleich § 8.I.2.d).

865 Mit dieser Argumentation auch *Bütefisch*, Die Sozialauswahl, 2000, S. 143; DD/*Deinert*, 12. Aufl. 2024, § 1 KSchG Rn. 489; APS/*Kiel*, 7. Aufl. 2024, § 1 KSchG Rn. 630; *Preis*, in: SPV, 2015 (Rn. 1065).

866 So auch BAG 29.1.2015 – 2 AZR 164/14, NZA 2015, 426 (427) [Rn. 11]; in dem Gesetzesentwurf wird zwar auf das gleiche Gewicht verwiesen, aber auch festgestellt, dass der Arbeitgeber die Kriterien ausreichend berücksichtigen muss, BT-Drs. 15/1204, 11.

867 BAG 18.1.1990 – 2 AZR 357/89, NZA 1990, 729 (733) [unter II.4.a).dd)]; Linck/Krause/Bayreuther/*Krause*, 16. Aufl. 2019, § 1 KSchG Rn. 930; ErfK/*Oetker*, 24. Aufl. 2024, § 1 KSchG Rn. 331. Auch BAG 6.2.2003 – 2 AZR 623/01, NJOZ 2003, 3166 (3167) [unter II.1.b).bb).(1)] stellt auf den Beitrag ab, den der Arbeitnehmer zum Wert des Unternehmens leistet.

868 DD/*Deinert*, 12. Aufl. 2024, § 1 KSchG Rn. 534; BeckOK ArbR/*Rolfs*, 73. Ed., § 1 KSchG Rn. 482.

Konkurrenz zu der Leistungsträgerklausel des § 1 Abs. 3 S. 2 KSchG tritt, und die sinkende Flexibilität auf dem Arbeitsmarkt knüpft zumindest mittelbar an den konkreten Arbeitgeber an,[869] beide Ansätze setzen die Verbindung zu demselben Arbeitgeber aber nicht zwingend voraus. Dass damit die unmittelbare Verbindung zwischen Arbeitnehmer und Arbeitgeber als Grundlage der Betriebszugehörigkeit nicht in Stein gemeißelt ist, zeigen neben der Tatsache, dass auch im Falle eines Betriebsübergangs vorherige Beschäftigungszeiten angerechnet werden können,[870] auch die aus der Rechtsprechung stammenden Beispiele vergleichbarer Interessenlagen.[871]

Zuletzt gilt es zu bedenken, dass eine Suspendierung der Wirkung solcher Abreden für die Sozialauswahl den originären Zweck dieser Abreden konterkarieren würde. Gerade dann, wenn den Arbeitnehmern für Einbußen ein Kündigungsschutz zugesagt wird, würde ihnen allein ein Placebo gereicht, das in der betriebsbedingten Kündigung keine Wirkung aufweist.[872] Der vertragliche Kündigungsschutz ist folglich nicht nur aufgrund der Vertragsfreiheit und des nur einseitig zwingenden Kündigungsschutzrecht zulässig,[873] sondern auch in der Sozialauswahl zu berücksichtigen, sodass er einen wirksamen Schutz aufweist.

---

869 Die aufgrund der langen gleichbleibenden Tätigkeit entstandene Spezifikation kann insbesondere auf spezifische Situationen beim Arbeitgeber gründen, vgl. DD/*Deinert*, 12. Aufl. 2024, § 1 KSchG Rn. 534.

870 BAG 2.6.2005 – 2 AZR 480/04, NZA 2006, 207 (210) [unter B.I.4.b.).aa)]; APS/*Kiel*, 7. Aufl. 2024, § 1 KSchG Rn. 634; Linck/Krause/Bayreuther/*Krause*, 16. Aufl. 2019, § 1 KSchG Rn. 932.

871 So allein die Beispiele aus Linck/Krause/Bayreuther/*Krause*, 16. Aufl. 2019, § 1 KSchG Rn. 933. Steht die Frage eines Betriebsüberganges aufgrund arbeitsgerichtlichen Vergleichs über die Folgen noch aus, kommt der Arbeitnehmer nicht in den Genuss der Anrechnung, gleiches liegt mangels Arbeitsverhältnisses für das treue Organmitglied vor. Vgl. BAG 2.6.2005 – 2 AZR 480/04, NZA 2006, 207; LAG Rheinland-Pfalz 19.10.2005 – 10 Sa 849/04, juris [Rn. 44 f.], ohne eine Abrede.

872 Eine solche aufgrund einer Betriebsvereinbarung ergangene Zusage lag z.B. BAG 23.2.2012 – 2 AZR 548/10, NZA 2012, 852 zugrunde. Dies nicht als stichhaltiges Argument anerkennend APS/*Kiel*, 7. Aufl. 2024, § 1 KSchG Rn. 630.

873 Der Arbeitgeber darf sein aus Art. 12 GG hergeleitetes Recht auf privatautonome Beendigung selbst beschränken, BAG 25.3.2004 – 2 AZR 153/03, BB 2004, 2303 (2306) [unter B.I.4.b)]); *Bütefisch*, Die Sozialauswahl, 2000, S. 139; Linck/Krause/Bayreuther/*Krause*, 16. Aufl. 2019, § 1 KSchG Rn. 921; *Künzel/Fink*, NZA 2011, 1385 (1386).

bb) Grenzen individualvertraglicher Abreden

Mit der grundsätzlichen Zulässigkeit der Anrechnung von Beschäftigungszeiten geht allerdings keine uneingeschränkte Erlaubnis einher. Aufgrund der mit einem Kündigungsvorteil einhergehenden Nachteil für die anderen Arbeitnehmer innerhalb der betriebsbedingten Kündigung sind strenge Anforderungen an solche Abreden zu stellen. Für die einzelfallbezogene Kontrolle eines Kündigungsverzichts hat das BAG[874] die Grenzen der Zulässigkeit dahingehend formuliert, dass dieser nicht rechtsmissbräuchlich sein und eine Umgehung der Sozialauswahl bezwecken dürfe. Zudem sei ein sachlicher Grund zu fordern.

(1) Bezweckte Umgehung der Sozialauswahl

Das BAG führt nicht weiter aus, wann innerhalb der betriebsbedingten Kündigung eine Umgehung der Sozialauswahl bezweckt ist. Als Begrenzung ist zum einen davon auszugehen, dass mit dem zuvor Gesagten nicht jede mit einer Privilegierung einhergehende Beeinflussung des Ergebnisses der Sozialauswahl eine Umgehung dieser bedeutet. Zum anderen muss die Umgehung dann angenommen werden, wenn – vorausgesetzt ursprünglich waren nicht allein zwei Arbeitnehmer in die Sozialauswahl einzubeziehen – aufgrund der Vereinbarung eine Sozialauswahl völlig unterbleibt. Letzteres wird für die Anrechnung von Arbeitszeiten jedoch schwerlich anzunehmen sein, schließlich fallen keine Arbeitnehmer aus der Sozialauswahl heraus.

Die weitere Annäherung an die dazwischen liegende Grenze der Umgehung erfolgt sinnvollerweise über die Grundlagen der Sozialauswahl. Als Charakteristika müssen sowohl die Individualisierung eines zu kündigenden Arbeitnehmers aus der Masse potenziell Betroffener anhand objektiver Kriterien als auch der Schutz der sozial besonders schutzwürdigen Arbeitnehmer[875] weiterhin fortbestehen. Bleiben daher aufgrund der Vereinbarungen nur eine Gruppe besonders schützenswerter Arbeitnehmer oder gar nur einzelne Arbeitnehmer ohne zusätzlichen Schutz, wäre zwingend ein solcher besonders schützenswerter Arbeitnehmer zu entlassen. Ein solches Ergebnis spräche klar dafür, nicht mehr von einer Auswahl nach sozialen Gesichtspunkten sprechen zu können und damit für die Unzulässigkeit der Abrede. Die arbeitnehmerschützenden Regelungen würden im Ergebnis zu einer Benachteiligung individualisierbarer schützenswerter Arbeitnehmer führen und so in ihr Gegenteil verkehrt. Ein solches Ergebnis könnte als „grob

---

874 BAG 2.6.2005 – 2 AZR 480/04, NZA 2006, 207 (210) [unter B.I.4.b.).aa)].

875 BAG 27.4.2017 – 2 AZR 67/16, NZA 2017, 902 (903) [Rn. 15]; Linck/Krause/Bayreuther/*Krause*, 16. Aufl. 2019, § 1 KSchG Rn. 859. Siehe dazu auch § 8.I.2.a).

fehlerhaft" bezeichnet werden, eine Schwelle, die auch im Falle tarifvertraglicher Regelungen zur Sozialauswahl die Grenze der Zulässigkeit markiert.[876]

Als Indizien, wann diese Umgehung von den Vertragsparteien bezweckt ist, bieten sich dabei zwei Ansätze an. Ein erstes Indiz liegt vor, wenn ein Großteil der Belegschaft mittels Vereinbarung einen Vorteil erhält und nur ein kleiner Teil schutzlos bleibt. Je weniger Arbeitnehmer von dem Schutz ausgenommen werden, desto eher muss sich dem Arbeitgeber aufdrängen, dass der Nachteil nicht von der gesamten Belegschaft, sondern nur von einigen wenigen Arbeitnehmern zu tragen ist und eine tatsächliche Auswahl gar nicht mehr erfolgt. Einen solchen quantitativen Ansatz hat das BAG auch hinsichtlich der Leistungsträger im Sinne des § 1 Abs. 3 S. 2 KSchG verfolgt. Eine Quote von 70 % Leistungsträgern, die aus der Sozialauswahl auszunehmen sind, stelle ein starkes Indiz gegen die Zulässigkeit dar.[877] Aufgrund der relativen Einordnung eines Leistungsträgers als Arbeitnehmer mit gegenüber dem durchschnittlichen Arbeitnehmer erheblichen Leistungsvorteilen, die für den Betrieb von Bedeutung sind,[878] muss der Wert wohl sogar unter 50 % der Belegschaft liegen.[879] Auch wenn der Arbeitgeber bei vertraglichen Abreden nicht an die Kriterien des § 1 Abs. 3 S. 2 KSchG gebunden ist, spricht auch dort eine zu ausufernde Herausnahme potenzieller Arbeitnehmer gegen eine ausreichende Berücksichtigung sozialer Gesichtspunkte.[880] Statt der Individualisierung der zu schützenden Arbeitnehmern drängt sich der Verdacht auf, dass die Individualisierung der nicht umfassten Arbeitnehmer verfolgt wurde.

Ein weiteres widerlegbares Indiz kann auch in einem engen zeitlichen Zusammenhang zwischen der schützenden Vereinbarung und dem Aufkommen des Kündigungsgrundes gesehen werden.[881] Obwohl dort der Schutz des einzelnen Arbeitnehmers im Fokus steht, widerspricht die gezielte Beeinflussung des Ergebnisses der Sozialauswahl der zwingenden Wirkung des § 1 Abs. 3 S. 1 KSchG, mit

876 BAG 20.6.2013 – 2 AZR 295/12, NZA 2014, 208 (212) [Rn. 44].

877 BAG 5.12.2002 – 2 AZR 697/01, NZA 2003, 849 (853) [unter B.I.3.c).bb).(1)].

878 Linck/Krause/Bayreuther/*Krause*, 16. Aufl. 2019, § 1 KSchG Rn. 955 f.; KR/*Rachor*, 13. Aufl. 2022, § 1 KSchG Rn. 682 f.; *Thüsing/Wege*, RdA 2005, 12 (19).

879 Auch das BAG geht wohl davon aus, da es die Bedenken daran knüpft, dass die Auswahl den „betriebsweit größeren Teil der Arbeitnehmer" betrifft, BAG 5.12.2002 – 2 AZR 697/01, NZA 2003, 849 (853) [unter B.I.3.c).bb).(1)]. Zustimmend DD/*Deinert*, 12. Aufl. 2024, § 1 KSchG Rn. 582; *Thüsing/Wege*, RdA 2005, 12 (19) geht sogar von einer Grenze bei 15 % aus.

880 Mit dieser Formulierung BAG 5.12.2002 – 2 AZR 697/01, NZA 2003, 849 (853) [unter B.I.3.c).bb).(1)].

881 So auch BAG 2.6.2005 – 2 AZR 480/04, NZA 2006, 207 (210) [unter B.I.4.b.).aa)].

dem allein die mittelbaren Auswirkungen auf die Chancen vereinbar sind.[882] Sie soll eine objektive Auswahl anhand der sozialen Schutzbedürftigkeit treffen und die Arbeitgeberpräferenzen gerade aus der Entscheidung exkludieren. Gestattet der Arbeitgeber hingegen unmittelbar vor oder gar nach dem Aufkommen des Kündigungsgrundes einen vertraglichen Kündigungsschutz, drängt sich die Annahme auf, dass dieser direkten Einfluss auf die Sozialauswahl nehmen und damit eine gleichberechtigte Auswahl nach sozialen Gesichtspunkten umgehen soll.

(2) Rechtsmissbrauch

Zudem nennt das BAG das Verbot rechtsmissbräuchlicher Abreden. Nach *v. Hoyningen-Huene* bedeutet der Missbrauch die missbilligte Inanspruchnahme eines an sich bestehenden Rechts, bei der die Rechtsausübung nach Art der Begleitumstände verwerflich ist und sich nicht auf schutzwürdige Interessen stützen kann, da allein die Benachteiligung des Gegenübers bezweckt sei.[883] In Verbindung mit den Ausführungen zum Institutsmissbrauchs[884] darf der Arbeitgeber also sein ihm zustehendes Recht zur Vereinbarung eines individualvertraglichen Kündigungsvorteils nicht entgegen dessen Zweck und zu Lasten der Arbeitnehmer verwenden. Mit der Anrechnung früherer Beschäftigungszeiten wird die Honorierung zuvor geleisteter Arbeit eines individualisierten Arbeitnehmers verfolgt, nicht bezweckt ist hingegen, die Steuerung einer aktuellen oder zukünftigen Sozialauswahl zu Lasten individualisierter Arbeitnehmer.[885]

Dass eine Vereinbarung unmittelbar vor dem Entstehen des Kündigungsgrunds ein starkes Indiz gegen die Zulässigkeit darstellt, zeigt sich an dieser Stelle auch mit Blick auf § 162 Abs. 1 BGB. Danach gilt eine Bedingung dann als eingetreten, wenn dessen Eintritt zwar nicht vorliegt, von der Partei, zu dessen Nachteil er gereichen würde aber treuwidrig verhindert wird. Es sei daher rechtsmissbräuchlich, wenn der Arbeitgeber die Weiterbeschäftigungsmöglichkeit durch Besetzung freier Stellen im unmittelbaren Zusammenhang mit der Kündigung verhindere.[886] Im gleichen Maße muss auch die Kündigung als rechtsmissbräuchlich angesehen

---

882 Siehe dazu § 8.I.2.a).

883 *Hoyningen-Huene*, in: FS 50 Jahre BAG, 2004, S. 369-393 (390).

884 Siehe dazu § 5.II.4.c).aa).

885 Vgl. LAG Sachsen 10.10.2001 – 2 Sa 744/00, NZS 2002, 905 (907) [unter A.III.4.b)].

886 BAG 26.3.2015 – 2 AZR 417/14, NZA 2015, 1083 (1086) [Rn. 27]; 5.6.2008 – 2 AZR 107/07, NZA 206, 1180 (1181) [Rn. 16]; *Bröhl*, Die außerordentliche Kündigung mit notwendiger Auslauffrist, 2005, S. 224; MHdB ArbR/*Kreft*, 5. Aufl. 2021, § 115 Rn. 71; *Preis*, in: SPV, 2015 (987).

werden, wenn nicht die Weiterbeschäftigungsmöglichkeit bewusst verhindert, sondern die Auswahl nach den sozialen Kriterien bewusst beeinflusst wird.

Im Ergebnis ergibt sich danach kein Unterschied des Rechtsmissbrauchs zur Umgehung der Sozialauswahl: Sowohl die vorherige Privilegierung eines Großteils der Arbeitnehmer als auch die Schutzvereinbarung zur Beeinflussung einer absehbaren Sozialauswahl sind als Umgehung der Sozialauswahl und als rechtsmissbräuchliches Vorgehen einzuordnen. Sie laufen dem Zweck der Sozialauswahl zuwider, indem die fehlende Privilegierung das maßgebliche Kriterium zur Kündigung darstellt, nicht hingegen die Fähigkeit, die Folgen einer Kündigung aus sozialen Aspekten abzufedern.

(3) Sachlicher Grund

Auch der geforderte sachliche Grund fügt sich in die zuvor genannten Anforderungen ein, wobei die verbotene Umgehung der Sozialauswahl offensichtlich keinen sachlichen Grund darstellt. Stattdessen zeigen die der Rechtsprechung zugrundliegenden Konstellationen, dass eine vergleichbare Interessenlage zu tatsächlich geleisteter Arbeitszeit vorliegt: Die Anrechnung der Zeiten wäre allein deshalb unterblieben, weil der Betriebsübergang aufgrund eines Vergleiches nicht festgestellt wurde oder aber das Organmitglied in keinem Arbeitsverhältnis steht, wohl aber eine vergleichbar enge Bindung zu dem Arbeitgeber aufgebaut hat.[887]

Ohne sachlichen Grund liegt der Verdacht nahe, dass die Gründe für die Vereinbarung nicht in der Person des geschützten Arbeitnehmers, sondern in der Person eines dadurch benachteiligten Arbeitnehmers liegen, zu dessen Lasten die Sozialauswahl beeinflusst werden soll. In diesem Fall würden nach dem oben Gesagten zudem eine Umgehung der Sozialauswahl und ein rechtsmissbräuchliches Verhalten vorliegen und die Anrechnung unwirksam sein. Auch das BAG bestätigt die Indizwirkung eines zeitlichen Zusammenhangs für das Fehlen eines Sachgrundes,[888] womit es zeitgleich das Indiz einer Umgehung der Sozialauswahl und des Rechtsmissbrauchs bestätigt. Es drängt sich in diesem Fall auf, dass der Arbeitgeber allein das Ergebnis der Sozialauswahl beeinflussen will und damit eine individuelle Präferenz der Arbeitnehmer durchgesetzt werden soll, was dem Zweck der Sozialauswahl zuwiderläuft und damit rechtsmissbräuchlich wäre.

---

887 BAG 2.6.2005 – 2 AZR 480/04, NZA 2006, 207; LAG Rheinland-Pfalz 19.10.2005 – 10 Sa 849/04, juris [Rn. 44 f.].

888 BAG 2.6.2005 – 2 AZR 480/04, NZA 2006, 207 (210) [unter B.I.4.b.).aa)].

(4) Verbot sittenwidriger Anpassungen

Stellt das BAG in seiner Rechtsprechung auf die drei Kriterien ab, handelt es sich mithin um eine einheitlich zu verstehende Grenze des individualvertraglichen Kündigungsschutzes, wobei wohl auch das BAG nicht von eigenständigen Anforderungen ausgeht.[889] Ohne ihn beim Namen zu nennen, legt das BAG damit den Maßstab der Sittenwidrigkeitskontrolle an den Tag:

Allein die Nachteile für Drittinteressen hindern die Wirksamkeit der Abreden noch nicht und auch das Hinzutreten der Kenntnis dieser Nachteile begründet noch keine Sittenwidrigkeit. Erst dann, wenn die Abwägung der gegenüberstehenden Interessen ein Überwiegen der Drittinteressen ergibt, liegt ein sittenwidriges Verhalten vor.[890] Mit der Anforderung, dass der Schutz des einzelnen Arbeitnehmers im Vordergrund stehen und ein sachlicher Grund vorliegen muss, wird ein schützenswertes Interesse vorausgesetzt. Die Vereinbarung einiger Vorteile innerhalb der Sozialauswahl ist im Gesetz angelegt, die Begründung von Nachteilen individualisierter Arbeitnehmer hingegen nicht. Dem Vorliegen eines Sachgrundes kommt damit eine große Bedeutung zu: Ohne einen solchen Sachgrund sind die Interessen der Vertragsparteien nicht schützenswert, die dem gegenüberstehende Belastung der Dritten fällt somit entscheidend ins Gewicht – zumal die Schädigungsabsicht indiziert werden kann und deren Gegenbeweis kaum gelingen wird. Statt einer pauschalen Unzulässigkeit oder Unbeachtlichkeit einer vertraglichen Privilegierung des Kündigungsschutzes lassen sich derlei Abreden somit am Maßstab des § 138 Abs. 1 BGB messen. Die Mindestanforderungen der Belastung von Drittinteressen und zumindest der Kenntnis der Umstände sind gegeben. Dieser

---

889 Das BAG entfernt sich in einer Folgeentscheidung von diesem Dreiklang und stellt darauf ab, dass die Abrede nicht rechtsmissbräuchlich sein und allein Vorteile bei der Sozialauswahl bezwecken dürfe, BAG 20.6.2013 – 2 AZR 271/12, NZA 2013, 837 (838) [Rn. 15]. Auch zeigt die Annahme, der zeitliche Zusammenhang bilde ein Indiz für die Umgehungsabsicht und den fehlenden Sachgrund, ein überschneidendes Verständnis (BAG 2.6.2005 – 2 AZR 480/04, NZA 2006, 207 (210) [unter B.I.4.b.).aa)]). Insbesondere in der Literatur wird die Dreiteilung kaum aufgegriffen und stattdessen auf einzelne Aspekte eingegangen, was ebenso für ein einheitliches Verständnis spricht. *Deinert* und *Oetker* stellen etwa auf den fehlenden Grund als Indiz für die Umgehungsabsicht ab (DD/*Deinert*, 12. Aufl. 2024, § 1 KSchG Rn. 489; ErfK/*Oetker*, 24. Aufl. 2024, § 1 KSchG Rn. 313). Im Übrigen auch *Fuhlrott/Hoppe*, BB 2012, 253 (254); APS/*Kiel*, 7. Aufl. 2024, § 1 KSchG Rn. 630; *Müller*, Die Sozialauswahl im Kündigungsrecht, 2008, Rn. 183; explizit zwischen Rechtsmissbrauch und Umgehung der Sozialauswahl trennend MHdB ArbR/*Kreft*, 5. Aufl. 2021, § 115 Rn. 208.

890 Siehe dazu § 5.II.3.

Maßstab genügt auch der grundrechtliche verankerten Schutzpflicht des Staates, die gerade keinen vollumfänglichen Schutz voraussetzt und über die Generalklauseln gewahrt sein kann.[891]

c) Verkürzung der Wartezeit

Auch die Verkürzung der Wartezeit stellt einen Nachteil für andere Arbeitnehmer dar. Gem. § 1 Abs. 1 KSchG unterfallen die Arbeitnehmer erst nach sechs Monaten dem Anwendungsbereich des KSchG, kommt es zuvor zu einer betriebsbedingten Kündigung sind sie daher weniger schutzwürdig und vorrangig zu kündigen.[892] Wird die Wartezeit aber verkürzt, so erfolgt keine vorrangige Kündigung und diese Arbeitnehmer sind ebenso in die Sozialauswahl einzubeziehen, was wiederum in der Kündigung eines ansonsten nicht betroffenen Arbeitnehmer enden kann. Das BAG nimmt auch für diese Abreden die Zulässigkeit an, im Gegensatz zu § 1 Abs. 3 KSchG liege hier nur ein einseitig zwingendes Recht vor.[893] Die im Zuge der Anrechnungsklauseln entwickelten Grenzen lassen sich aber auch für die Verkürzung der Wartezeit habhaft machen. Zum einen stellt das BAG in seinen Anforderungen auf die mittelbare Wirkung der Abreden ab, die nicht allein für die Anrechnung fremder Beschäftigungszeiten vorliegt, sondern auch für die Verkürzung der Wartezeit, die Anpassung des Arbeitsplatzzuschnitts und den individualvertraglichen Kündigungsverzicht gelten. Zum anderen gilt das Verbot sittenwidriger Schädigung generell im rechtsgeschäftlichen Verkehr und damit auch für die anderen Formen vertraglicher Abreden. Aufgrund der mittelbaren Beeinflussung der Sozialauswahl ist somit erneut die Nichtigkeit wegen eines sittenwidrigen Vorgehens zu prüfen.

d) Anpassung der vertraglich geschuldeten Leistung

Indem die Einbeziehung der Arbeitnehmer in die Sozialauswahl von dem im Arbeitsvertrag vorgesehenen Einsatzbereich abhängt, kann der Kreis der potenziell betroffenen Arbeitnehmer auch durch Anpassung des Arbeitsvertrages erweitert oder verringert werden. Auf diese Weise können insbesondere weniger schutzbedürftige Arbeitnehmer in die Sozialauswahl einbezogen werden und so die Weiterbeschäftigung des eigentlich betroffenen Arbeitnehmers gesichert werden.

---

891 Siehe dazu § 8.I.1.

892 Siehe dazu § 8.I.2.a).

893 BAG 23.2.2017 – 6 AZR 665/15, NZA 2017, 995 (998) [Rn. 38]; 20.2.2014 – 2 AZR 859/11, NZA 2014, 1083 (1088) [Rn. 44].

aa) Kein Vertrag zu Lasten Dritter

Im Falle einer betriebsbedingten Kündigung hat das BAG[894] ein solches Vorgehen als Vertrag zu Lasten Dritter eingeordnet. Die von der Kündigung betroffene Arbeitnehmerin hatte einen auf die Redaktion einer speziellen Zeitschrift konzentrierten Arbeitsvertrag. Nach der Einstellung dieser Zeitschrift mahnte die Arbeitnehmerin an, mit den Redakteurinnen der anderen Zeitschriften des Verlags vergleichbar zu sein, sodass diese auch in die Sozialauswahl hätten miteinbezogen werden müssen. Das BAG hat schließlich mitgeteilt, dass eine Vertragsänderung, mit der eine Erweiterung des möglichen Einsatzgebietes einhergeht, einen Vertrag zu Lasten Dritter darstellen würde und unzulässig sei.[895] Die dafür notwendige unmittelbar aus dem Vertrag resultierende Verpflichtung ist jedoch für diese Anpassung – genauso wie für alle an dieser Stelle besprochenen Abreden – abzulehnen. Die Belastung der Redakteurinnen würde nicht aus dem Vertrag resultieren, sondern aus dem System der Sozialauswahl, für das der Vertrag allein die Grundlage schafft.

bb) Übertragbarkeit der Grundsätze

Im Ergebnis – der Nichtigkeit – ist dem BAG dennoch zuzustimmen, wenn dies auch durch die aufgrund von § 138 Abs. 1 BGB durchzuführende Einzelfallentscheidung erreicht wird. Mehr noch als für die anderen vertraglichen Abreden drängt sich für die Anpassung der vertraglich geschuldeten Leistungen die generelle Zulässigkeit auf. Dass eine nachträgliche Änderung des Einsatzbereiches bei beiderseitigem Einverständnis nicht *per se* ausgeschlossen sein kann, ist mit Blick auf die Privatautonomie selbstverständlich, damit die Vertragsparteien innerhalb möglicherweise mehrere Jahrzehnte dauernden Arbeitsverhältnisse auch kleinere Anpassungen der Tätigkeit vornehmen können.[896] Aufgrund der nachteiligen Wirkung für die anderen Arbeitnehmer sind aber auch diese Abreden an demselben Maßstab zu messen. Wird also der Zuschnitt des Arbeitsfeldes eines Arbeitnehmers ausschließlich mit dem Ziel der Beeinflussung der Sozialauswahl zu Lasten eines anderen Arbeitnehmers verändert, so legt dies eine sittenwidrige

894 BAG 17.2.2000 – 2 AZR 142/99, NZA 2000, 822.

895 BAG 17.2.2000 – 2 AZR 142/99, NZA 2000, 822 (824) [unter II.1.c)]. So auch bereits *Gaul*, NZA 1992, 673 (677). Noch ohne Bezug zum Vertrag zu Lasten Dritter die Unwirksamkeit nennend, BAG 29.3.1990 – 2 AZR 369/89, NZA 1991, 181 (184) [unter B.III.3.b)].

896 Vgl. HK-ArbR/*Däubler*, 5. Aufl. 2022, § 611a BGB Rn. 573; MüKoBGB/*Emmerich*, 9. Aufl. 2022, § 311 BGB Rn. 11.

und somit gem. § 138 Abs. 1 BGB nichtige Absprache nahe. Für die Anpassung der vertraglich geschuldeten Leistungen erst anlässlich der Kündigung hat das BAG die Unwirksamkeit sogar explizit genannt[897] und dabei auch die „Umfunktionierung der sozialen Auswahl“[898] angeführt. Auch an dieser Stelle ist damit dem zeitlichen Zusammenhang eine Indizwirkung gegen das Vorliegen eines sachlichen Grundes und einer ausgeprägten Schädigungsabsicht zuzuschreiben. Dass mit der Erweiterung des Kreises vergleichbarer Arbeitnehmer der Zweck der Auswahl nach sozialen Gesichtspunkten eigentlich sogar noch gestärkt wird, stellt jedoch keinen sachlichen Grund dar.[899] Der Zweck solcher Erweiterungen liegt schließlich in der Verhinderung der Konkretisierung auf eine bestimmte Person, nicht hingegen auf einer möglichst sozialverträglichen Wahl. Soll mit der Erweiterung des Aufgabenkreises daher allein die Sozialauswahl umgangen werden,[900] ist eine solche Abrede aufgrund der Sittenwidrigkeit als nichtig anzusehen – ein Vertrag zu Lasten Dritter liegt hingegen nicht vor.

e) Ausschluss der ordentlichen Kündbarkeit

Zuletzt lassen sich die im Zuge der Anrechnungsklauseln entwickelten Grenzen auch für den individualvertraglichen Ausschluss der ordentlichen Kündigung habhaft machen. Auch dieser besitzt eine mittelbare Wirkung auf die Sozialauswahl, indem einige Arbeitnehmer für die Sozialauswahl nicht berücksichtigt werden. Die auf die mittelbare Wirkung und die Sittenwidrigkeit abstellende Rechtsprechung gilt folglich in gleichem Maße. Insbesondere zeigen aber auch schon die Ausnahmen im Gesetz (§ 1 Abs. 3 S. 2 KSchG), dass die Vergleichbarkeit und der Pool an für die Sozialauswahl zu berücksichtigenden Arbeitnehmern Einbruchstellen aufweisen[901] und daher allein die Nichtigkeit im Einzelfall eintreten kann.

---

897 Vgl. BAG 18.10.2006 – 2 AZR 676/05, NZA 2007, 798 (800) [Rn. 30].

898 BAG 29.3.1990 – 2 AZR 369/89, NZA 1991, 181 (184) [unter B.III.3.b)].

899 So aber *Dathe*, NZA 2007, 1205 (1208 f.).

900 In der zugrundeliegenden Entscheidung hat der Arbeitgeber dieses Ziel nicht verfolgt, allein die Arbeitnehmerin hat in diese Richtung argumentiert, vgl. BAG 17.2.2000 – 2 AZR 142/99, NZA 2000, 822.

901 Selbst *Dathe*, der im Falle der Anrechnungsklauseln die pauschale Unzulässigkeit annimmt, stimmt dem zu. Grund sei für ihn, dass für die Einbeziehung der Arbeitnehmer im Gegensatz zu den zu berücksichtigenden Parametern keine detaillierte gesetzliche Regelung vorliege. Die Frage, welche Arbeitnehmer vergleichbar sind, sei nicht lückenlos geregelt, *Dathe*, NZA 2007, 1205 (1207).

Ein vertraglicher Ausschluss der Kündigung in unmittelbarem zeitlichem Zusammenhang mit der anstehenden Kündigung muss daher genauso als Indiz für eine sittenwidrige Beeinflussung der Sozialauswahl gelten, wie eine Ausnahme des Großteils der Belegschaft. Das quantitative Element ist im Vergleich zu den Anrechnungsklauseln sogar noch deutlicher zu formulieren: Trifft ein Arbeitnehmer mit dem Arbeitgeber eine einzelvertragliche Kündigungsschutzabrede, um diesen einen Arbeitnehmer von der Kündigung auszunehmen, so wird dies in der Regel ähnlich wie bei der Ausnahme des § 1 Abs. 3 S. 2 KSchG mit individuellen Merkmalen zusammenhängen. Diese individuellen Merkmale treten aber in den Hintergrund, je mehr Arbeitnehmer einen solchen Schutz zugesprochen bekommen und je verschiedener diese sind. Besonders stellt sich die Frage, aus welchen Gründen die Restbelegschaft keinen solchen Schutz erlangt hat. Statt einer Individualisierung des zu schützenden Arbeitnehmers liegt somit eine Individualisierung des nicht geschützten Arbeitnehmers näher. Die Schlechterstellung einzelner Arbeitnehmer läuft jedoch dem Schutzzweck des Kündigungsschutzes zuwider und ist aus den oben genannten Gründen sittenwidrig.

f) Zulässigkeit sittengemäßer Vertragsabreden

Individualvertragliche Abreden, die den Schutz eines Arbeitnehmers im Falle einer Sozialauswahl erhöhen, sind Ausfluss der Vertragsfreiheit und somit gerade vor dem Hintergrund des nur einseitig zwingenden Kündigungsschutzrechts zulässig. Sie beinhalten zwar nachteilige Reflexwirkungen für nicht unmittelbar davon profitierende Arbeitnehmer, über § 138 Abs. 1 BGB liegt aber ein angemessener Schutz der Drittinteressen vor. Da sowohl eine Belastung der Drittinteressen als auch die Kenntnis oder das Kennenmüssen dieses Umstandes anzunehmen sind, kommt innerhalb der Gesamtabwägung dem sachlichen Grund eine entscheidende Rolle zu. Die Sozialauswahl verfolgt den Schutz der sozial schutzwürdigen Arbeitnehmer, lässt jedoch auch von Gesetzes wegen schon eine Besserstellung einzelner Arbeitnehmer zu und gibt keine Garantie, nicht doch von der Kündigung betroffen zu sein. Zielt die Abrede der Vertragsparteien daher darauf, den Arbeitnehmer besserzustellen, ohne die Auswahl anhand sozialer Kriterien auszuschalten, liegen schutzwürdige und mit der Sozialauswahl zu vereinbarende Interessen vor. In diesem Fall überwiegen die Interessen der Vertragspartner die nur reflexartig betroffenen Drittinteressen. Ohne sachlichen Grund drängt sich hingegen der Verdacht auf, dass allein die Beeinflussung der Sozialauswahl und damit die Belastung Dritter verfolgt wird, sodass die Interessen der übrigen Arbeitnehmer überwiegen. Indizien dafür liegen vor allem in dem engen zeitlichen Zusammenhang und dem Verhältnis der privilegierten zu den nicht privilegierten Arbeitnehmern. Insbesondere Absprachen nach Entstehen des Kündigungsgrundes sind damit kaum als sittengemäß anzusehen.[902]

Obwohl dem sachlichen Grund eine wichtige Bedeutung zukommt, liegen unterschiedliche Maßstäbe für die Zulässigkeit vor. Der sachliche Grund setzt für die Anrechnung von Vorbeschäftigungszeiten eine Vergleichbarkeit zu der tatsächlichen Betriebszugehörigkeit voraus. Für den generellen Kündigungsverzicht bedarf es hingegen nur eines allgemeinen Anknüpfens an das Arbeitsverhältnis.[903] Dies führt damit zu dem auf den ersten Blick verwunderlichen Ergebnis, dass ein vollständiger Ausschluss der Kündigung geringere Anforderungen aufweist als die lediglich in der Sozialauswahl zu berücksichtigende Anrechnung von Vorbeschäftigungszeiten. Zu bedenken gilt es dabei jedoch, dass der Ausschluss der ordentlichen Kündigung zwar die Anzahl der in die Sozialauswahl zu fassenden Arbeitnehmer beeinflusst, nicht aber in die vier im Gesetz festgeschriebenen zu berücksichtigenden Faktoren eingreift.

II. Faktische Belastungen des Arbeitnehmers

Die soeben angesprochenen kündigungsrelevanten Belastungen setzen voraus, dass eine Individualisierung auf den zu kündigenden Arbeitnehmer zu erfolgen hat, sodass sie im Falle der personen- oder verhaltensbedingten Kündigung[904]

---

902 Zudem ist § 242 BGB zu beachten, nachdem ein widersprüchliches Verhalten treuwidrig ist, siehe dazu § 5.II.4. Hat sich der Arbeitgeber also schon bzgl. einer Kündigung geäußert und möchte im Anschluss eine solche privilegierende Abrede treffen, kann dies auch im Konflikt mit § 242 BGB stehen, vgl. BAG 1.6.2022 – 5 AZR 407/21, NZA 2022, 1407 (1410) [Rn. 28]; 20.8.1998 – 2 AZR 603/97, NZA 1998, 1330 (1331) [unter II.3.].

903 Nachvollziehbare Gründe können daher z.B. darin liegen, dass im Gegenzug zu einer finanziell die Arbeitnehmer einschränkenden Änderungskündigung dieser Vorteil zuerkannt wird oder der Arbeitnehmer nur unter Gewährung dieser Sicherheit einverstanden ist, den Arbeitsvertrag zu unterschreiben (MHdB ArbR/*Kreft*, 5. Aufl. 2021, § 115 Rn. 208; siehe dazu auch § 8.I.1.). Unter der Prämisse, dass der Arbeitgeber dem Arbeitnehmer kaum ohne „Hintergedanken" einen Kündigungsschutz versprechen wird (siehe auch *Mauer/Schüßler*, BB 2001, 466 (469)) werden diese Voraussetzungen damit in der Regel erfüllt sein, sofern es dem Arbeitgeber nicht gerade darauf ankommt, einem Arbeitnehmer sittenwidrig Schaden zuzufügen.

904 Die personen- oder verhaltensbedingte Kündigung setzen ein Verhalten des Arbeitnehmers im Sinne eines vertragswidrigen Verhaltens (vgl. BAG 7.5.2020 – 2 AZR 619/19, NZA 2020, 1022 (1023) [Rn. 14]) bzw. das Vorliegen von bestimmten Merkmalen oder Verhältnissen in der Person des Arbeitnehmers voraus (vgl. BAG

außen vor bleiben können. Etwaige Belastungen fallen dort allein faktisch an, wenn der Arbeitgeber trotz Vorliegen eines Kündigungsgrundes auf eine Kündigung verzichtet oder eine solche von vornherein ausschließt. Wie schon bei der betriebsbedingten Kündigung kann der Arbeitnehmer z.B. eine Unterschrift davon abhängig machen, dass eine ordentliche personen- oder verhaltensbedingte Kündigung ausgeschlossen ist und er somit mehr Freiheit genießt, auch ziehen beide Parteien Vorteile aus einem beiderseitigen Ausschluss. Zudem kann der Arbeitgeber in einem solchen Verhalten auch eine Möglichkeit sehen, andere Arbeitnehmer aufgrund dieses freigestellten Verhaltens „loszuwerden", ohne eine Kündigung aussprechen zu müssen.[905]

1. „Mobbing"

Mit dieser Überlegung ist das Verhalten des „Mobbings" angesprochen, das an dieser Stelle beispielhaft die Grundlage der Ausführungen zu den Grenzen solcher Kündigungsverzichte aus dem Grund der Drittbelastung bildet. Eine Mobbinghandlung kann sowohl vom Arbeitnehmer als auch vom Arbeitgeber ausgehen. Einen Drittbezug der Abrede weist ein solches Vorgehen aber nur dann auf, wenn der Arbeitnehmer mit dem Arbeitgeber einen Kündigungsausschluss vereinbart, der eine solche Mobbinghandlung des Arbeitnehmers gegenüber einem Kollegen – bewusst oder unbewusst – ohne drohende Konsequenzen ermöglicht. Das Beispiel des „Mobbings" eignet sich aus mehreren Gründen zur Anschauung: Zum einen stehen keine finanziellen Überlegungen des Arbeitgebers entgegen. Liegt ein personenbedingter Kündigungsgrund vor – zu denken ist an eine fehlende Befähigung[906], die zu einer Mehrarbeit der übrigen Arbeitnehmer führt – hat der Arbeitgeber ein verstärktes Interesse daran, finanzielle Nachteile vom Unternehmen abzuwenden,[907] sodass er die Folgen eines Verzichts genau abwägen wird, mobbender und gemobbter Arbeitnehmer sind hingegen nicht zwingend

---

13.3.1987 – 7 AZR 724/85, NZA 1987, 629 (631) [unter II.2.]), sodass der Arbeitnehmer individualisiert angesprochen ist.

905 So z.B. *Barkow von Creytz*, NJOZ 2022, 865 (869). Als kostengünstige Alternative beschrieben von *Niedl*, Wem nützt Mobbing?, in: Leymann (Hrsg.), Der neue Mobbing-Bericht, 1995, S. 55-75 (62). Auf das Vorgehen hinweisend auch *Beck*, Mobbing am Arbeitsplatz, 2022, S. 75 f.; *Mühe*, Mobbing am Arbeitsplatz – Strafbarkeitsrisiko oder Strafrechtslücke?, 2006, S. 60.

906 Vgl. BAG 21.4.2016 – 2 AZR 609/15, NZA 2016, 941 (944) [Rn. 35].

907 Siehe zu den Voraussetzungen der personenbedingten Kündigung § 8.I.1.a).(aa).(3).

unproduktiv.[908] Zum anderen stellt das „Mobbing" im Gegensatz zu offensichtlich schädigendem Verhalten, wie der Körperverletzung eines Kollegen, eine besondere Herausforderung dar. Auch ohne Vorliegen einer Körperverletzung kann eine (eventuell sogar schwerwiegendere) Belastung des Arbeitnehmers gegeben sein, ohne dass ein vergleichbarer Schutz existiert.[909] Außerdem ist die Abgrenzung zwischen angemessener Kritik und „Mobbing" schwerer zu ziehen als beispielsweise bei einem Faustschlag. Zudem wird ein „Freibrief" zu einem solchen Verhalten in der Praxis realistischer sein, als die Erlaubnis eines Arbeitgebers körperliche Gewalt anzuwenden.

a) Definition

Der Begriff „Mobbing" stellt keinen Rechtsbegriff[910] dar und ist auch sonst nicht eindeutig definiert. *Leymann*, dem der Stein des Anstoßes der Diskussion in Deutschland zugesprochen wird,[911] baute seine Ausführungen beispielsweise auf die Analyse von 45 konkret bestimmten Handlungen auf.[912] Während das Europäische Parlament Anfang des Jahrtausends in einem Arbeitsdokument nicht über die Feststellung hinauskam, dass eine einheitliche Definition nicht existiere,[913] wurden in Deutschland zuletzt die Forderungen laut, ein Gesetz zum Schutz vor Mobbing einschließlich einer Definition festzuschreiben.[914] Auch im Koalitionsvertrag von 2021 wurde das Thema „Mobbing" mit dem Ziel aufgegriffen, das Thema der psychischen Gesundheit zu ergründen und einen neuen Mobbing-Report zu erstellen.[915] An dem Fehlen eines gesetzlich festgeschriebenen einheitlichen Verständnisses hat dies jedoch nichts geändert.

Auch das BAG behilft sich mit einer in der Rechtsprechung entwickelten Definition und versteht unter dem Begriff des Mobbings eine „systematische, sich aus

908 Vgl. *Niedl*, Wem nützt Mobbing?, in: Leymann (Hrsg.), Der neue Mobbing-Bericht, 1995, S. 55-75 (64).

909 *Wolmerath*, Workplace Bullying and Harassment in Germany, in: The Japan Institute for Labour Policy and Training (Hrsg.), Workplace Bullying and Harassment, 2013, S. 77-90 (86).

910 BAG 28.10.2010 – 8 AZR 546/09, NZA-RR 2011, 378 (379) [Rn. 17]; *Berkowsky*, Die personen- und verhaltensbedingte Kündigung, 4. Aufl., 2005, § 8 Rn. 197.

911 Siehe z.B. *Niedl*, Mobbing/ Bullying am Arbeitsplatz, 1995, S. 4; *Wolmerath*, Mobbing, 5. Aufl., 2019, § 1 Rn. 7 f.; *Zapf*, A&O 1999, 1 (1).

912 *Leymann*, Mobbing, 1994, S. 33 f.

913 *Europäisches Parlament*, Mobbing am Arbeitsplatz, 2001, S. 5.

914 BT-Drs. 19/6128, 3; BT-Drs.19/16480, 2.

915 *Koalitionsvertrag zwischen SPD, Bündnis 90/Die Grünen und FDP – 20. Legislaturperiode*, Mehr Fortschritt wagen, 12.3.2021, S. 72.

vielen einzelnen Handlungen/Verhaltensweisen zusammensetzende Verletzung, wobei den einzelnen Handlungen oder Verhaltensweisen für sich allein betrachtet oft keine rechtliche Bedeutung zukommt".[916] Es sieht in der Definition der Belästigung aus § 3 Abs. 3 AGG einen verallgemeinerungsfähigen Begriff, der nicht zwingend eine Belästigung aus den in § 1 AGG genannten Gründen voraussetzt und stellt somit auf die wiederholte Begehung und die Schaffung eines durch „Einschüchterungen, Anfeindungen, Erniedrigungen, Entwürdigungen oder Beleidigungen" gekennzeichneten Umfeldes ab.[917] Letzteres zeigt bereits, dass die Mobbinghandlung eine gewisse „Feindseligkeit"[918] voraussetzt und somit nicht fahrlässig in Erscheinung tritt. Anknüpfend an die Rechtsprechung und im Einklang mit dem Verständnis des Europäischen Parlamentes ist damit für die weitere Betrachtung[919] von einem Verhalten auszugehen, dass wiederholt, über einen längeren Zeitraum, nicht physischer Art und mit demütigender Wirkung auf die gemobbte Person ausgeübt wird.[920] Übliche Konfliktsituationen, die insbesondere

---

916 BAG 25.10.2007 – 8 AZR 593/06, NZA 2008, 223 (225) [Rn. 59, 60]. Siehe auch BAG 22.7.2010 – 8 AZR 1012/08, NZA 2011, 93 (102) [Rn. 90]. Von einem vergleichbaren Verständnis geht auch die DGUV aus (https://www.dguv.de/de/praevention/themen-a-z/gewalt-mobbing/index.jsp) (geprüft am 25.10.2024); vgl. *Barkow von Creytz*, NJOZ 2022, 865 (865).

917 BAG 28.10.2010 – 8 AZR 546/09, NZA-RR 2011, 378 (379) [Rn. 17]; 25.10.2007 – 8 AZR 593/06, NZA 2008, 223 (225) [Rn. 57 f.].

918 Mit dem Begriff „zielgerichtet", BT-Drs. 19/6128, 5; schon *Leymann* stellte in seiner Definition darauf ab, dass die Handlung „gegen eine Person gerichtet" sein müsse, *Leymann*, Mobbing, 1994, S. 21; teilweise wird auch auf das systematische Vorgehen abgestellt, vgl. *Leymann*, Einführung: Mobbing, in: Leymann (Hrsg.), Der neue Mobbing-Bericht, 1995, S. 13-26 (18).

919 Die Auswirkungen eines Mobbing-Falls auf die Kündigungsrechte soll an dieser Stelle nur der Veranschaulichung mit Praxisbezug dienen. Für die Betrachtung kann unterstellt werden, dass eine Mobbinghandlung vorliegt, sodass es keiner Feststellung einzelner fraglicher Handlungen bedarf.

920 *Europäisches Parlament*, Mobbing am Arbeitsplatz, 2001, S. 7. Auch das BAG stellt insbesondere auf die wiederholte Begehung ab, BAG 25.10.2007 – 8 AZR 593/06, NZA 2008, 223 (225) [Rn. 59]. Der Großteil der existierenden Definitionen lässt sich auf diese Punkte zurückführen, vgl. die Übersicht in *Einarsen*, Aggression and Violent Behavior 2000, 379 (380); *Esser/Wolmerath*, Mobbing und psychische Gewalt, 10. Aufl., 2020, S. 24 ff.; *Niedl*, Mobbing/ Bullying am Arbeitsplatz, 1995, S. 18 ff. Auch die von *Bündnis 90/Die Grünen* und *Die Linke* geforderten Definitionen des Mobbings sind damit in Einklang zu bringen, insbesondere *Bündnis 90/ Die Grünen* stellt auf eine Orientierung am AGG ab, BT-Drs. 19/16480, 2; BT-Drs. 19/6128, 3.

im Arbeitsverhältnis in Form berechtigter, wenn auch deutlicher Kritik auftreten können, fallen folglich nicht unter den Begriff des „Mobbings“[921] und stellen ein „kommunikatives Lebensrisiko“[922] dar. Als Gegenpart kann aber auch ein allgemeiner Verweis auf das „Umfeld“ nicht jegliches Handeln rechtfertigen.[923]

b) *Kündigungsgrund*

Dass dem Arbeitgeber im Falle des Mobbings überhaupt ein Kündigungsgrund zustehen kann, soll an dieser Stelle nicht in Frage gestellt werden.[924] Auch nach Maßgabe des KSchG wird ab einer bestimmten Schwelle ein verhaltensbedingter Kündigungsgrund vorliegen. Aus § 241 Abs. 2 BGB ergibt sich die Pflicht des Arbeitnehmers, die berechtigten Interessen des Arbeitgebers zu wahren.[925] Da dieser wiederum seinerseits die Integritätsinteressen der Arbeitnehmer zu schützen hat,[926] obliegt den Arbeitnehmern aus §§ 611a, 241 Abs. 2 BGB die Nebenpflicht, Handlungen zu unterlassen, die den Betriebsfrieden stören,[927] was auch die Rücksicht auf Kollegen umfasst.[928] Durch die feindselige Mobbinghandlung

---

921 Vgl. BAG 15.9.2016 – 8 AZR 351/15, juris [Rn. 36 f.]; 22.10.2015 – 2 AZR 569/14, NZA 2016, 417 (419) [Rn. 30]; 22.7.2010 – 8 AZR 1012/08, NZA 2011, 93 (101) [Rn. 90]; 16.5.2007 – 8 AZR 709/06, NZA 2007, 1154 (1162) [Rn. 85]. Als „Abgrenzung zu dem im gesellschaftlichen Umgang im allgemeinen üblichen“, LAG Thüringen 15.2.2001 – 5 Sa 102/2000, NZA-RR 2001, 577 (579) [unter 3.d)]. Siehe dazu auch die Ausführungen von *Barkow von Creytz*, NJOZ 2022, 865 (866); *Rieble/Klumpp*, ZIP 2002, 369 (374); *Ruberg*, AuR 2002, 201 (206 ff.).

922 *Rieble/Klumpp*, ZIP 2002, 369 (373).

923 Vgl. *Bauer/Schunder*, NZA 2022, 1368 (1369).

924 Zu den Schwierigkeiten, wann ein kündigungsrelevantes Verhalten vorliegt und wer der Urheber ist z.B. BAG 15.1.1997 – 7 ABR 14/96, NZA 1997, 781 (781) [unter B.1.a)]; *Berkowsky*, Die personen- und verhaltensbedingte Kündigung, 4. Aufl., 2005, § 8 Rn. 203 f.

925 Vgl. BAG 16.12.2021 – 2 AZR 356/21, NZA 2022, 407 (408) [Rn. 12].

926 Dazu sogleich unter § 8.II.2.b).

927 Im Falle des Mobbings müsse aufgrund des Bezugs zu dem Allgemeinen Persönlichkeitsrecht nicht zwingend eine Störung des Betriebsfriedens vorliegen, LAG Thüringen 15.2.2001 – 5 Sa 102/2000, NZA-RR 2001, 577 (582) [unter 3.f)]; Linck/Krause/Bayreuther/*Krause*, 16. Aufl. 2019, § 1 KSchG Rn. 644.

928 LAG Thüringen 10.4.2001 – 5 Sa 403/2000, NZA-RR 2001, 347 (357) [unter III.3.b).cc).(2).(b).(aa)]; *Grunewald*, NZA 1993, 1071 (1071); MHdB ArbR/*Reichold*, 6. Aufl. 2024, § 55 Rn. 42. Speziell zum Unterlassen von Mobbinghandlungen gegenüber Kollegen BAG 25.10.2007 – 8 AZR 593/06, NZA 2008, 223 (227) [Rn. 78]; *Blattner*, DB 2019, 487 (488). Teilweise wird sogar eine Verletzung der

sind zudem die Charakteristika eines steuerbaren und vorwerfbaren Verhaltens[929] erfüllt, sodass eine verhaltensbedingte Kündigung angenommen werden kann.[930] Auch personenbedingte Gründe scheinen nicht ausgeschlossen.[931]

Um dem Charakter als *ultima ratio* gerecht zu werden, sind jedoch auch im Falle einer Mobbinghandlung im Einzelfall die weiteren Voraussetzungen zu berücksichtigen. So muss es sich um eine verhältnismäßige Maßnahme handeln, andere Versuche, wie die Abmahnung oder Versetzung dürfen keinen Erfolg gebracht haben oder versprechen.[932] Auch im Bereich des AGG stellt § 12 Abs. 3 AGG mit der darin enthaltenen Aufforderung, geeignete Maßnahmen wie die Kündigung zu ergreifen, keinen eigenständigen Kündigungsgrund dar. Dem Arbeitgeber stehen allein mögliche Maßnahmen zur Verfügung,[933] sodass die Zulässigkeit der Kündigung eigenständig zu betrachten ist.[934] Gerade die Belästigung kann im Einzelfall sogar eine außerordentliche Kündigung rechtfertigen.[935]

Im Regelfall wird der Arbeitgeber zudem ein eigenes Interesse daran haben, mobbende Arbeitnehmer aus dem Unternehmen zu entfernen. Zwar treffen die Folgen vorrangig den betroffenen Arbeitnehmer, bei dem sie sich sogar gesundheitlich niederschlagen können,[936] auch die Arbeitgeberinteressen sind jedoch berührt. Schon der Verweis auf den Betriebsfrieden in der Definition des § 3 Abs. 3

Hauptleistungspflichten angenommen, LAG Thüringen 15.2.2001 – 5 Sa 102/2000, NZA-RR 2001, 577 (580) [unter 3.e)].

929 BAG 3.11.2011 – 2 AZR 748/10, NZA 2012, 607 (608) [Rn. 22].

930 So auch LAG Thüringen 10.4.2001 – 5 Sa 403/2000, NZA-RR 2001, 347 (357) [unter III.3.b).cc).(2).(b).(aa)].

931 *Wolmerath* führt beispielsweise einen autoritären Führungsstil oder die fehlende Fähigkeit zur Menschenführung an, *Wolmerath*, Mobbing, 5. Aufl., 2019, § 4 Rn. 35. Zudem kann an dieser Stelle auch die echte Druckkündigung eine Rolle spielen, die nach hier vertretener Ansicht den personenbedingten Gründen zuzuordnen ist, vgl. § 8.I.1.a).aa).(3).

932 Vgl. ErfK/*Oetker*, 24. Aufl. 2024, § 1 KSchG Rn. 74 ff.

933 BAG 25.10.2007 – 8 AZR 593/06, NZA 2008, 223 (226) [Rn. 74]; vgl. auch HK-AGG/*Buschmann*, 5. Aufl. 2022, § 12 AGG Rn. 35.

934 Zum § 12 Abs. 3 AGG sogleich unter § 8.II.2.a).

935 So beispielsweise BAG 20.5.2021 – 2 AZR 596/20, NZA 2021, 1178 (1180 f.) [Rn. 23] im Falle der sexuellen Belästigung. Vgl. LAG Thüringen 10.4.2001 – 5 Sa 403/2000, NZ-ARR 2001, 347 (357) [unter III.3.b).cc).(2).(b).(aa)]; 15.2.2001 – 5 Sa 102/2000, NZ-ARR 2001, 577 (579) [unter 3.]. Eine beispielhafte Auflistung führt dahingehend ArbG Magdeburg 15.7.2013 – 3 Ca 713/13 HBS, juris [Rn. 23].

936 Als Überblick siehe *Leymann*, Mobbing, 1994, S. 108 ff.; *Wolmerath*, Mobbing, 5. Aufl., 2019, § 1 Rn. 87 ff.; siehe auch LAG Thüringen 15.2.2001 – 5 Sa 102/2000, NZA-RR 2001, 577 (581) [unter 3.f)].

AGG nimmt die Stimmung innerhalb der Belegschaft in Bezug, die Einfluss auf die Arbeitsleistung und Produktivität haben und generell zu Kosten führen kann.[937] Ebenso führen Fehlzeiten der Arbeitnehmer oder eine hohe Fluktuation innerhalb der Belegschaft zu weiteren Kosten[938] und die Reputation könnte leiden.[939] Aus den davon abweichenden Interessen des Arbeitgebers, den handelnden Arbeitnehmer zu halten oder den betroffenen Arbeitnehmer loszuwerden, kann sich aber besagtes Risiko für letzteren ergeben.

2. Existenz einer Kündigungspflicht

Allein aus dem Recht des Arbeitgebers zur Kündigung ergibt sich noch kein Recht des Arbeitnehmers, dass diese auch ausgesprochen wird. Es unterfällt grundsätzlich der Vertragsfreiheit des Arbeitgebers ein solches Recht nicht auszuüben.[940] Bevor die Wirksamkeit eines Kündigungsausschlusses beantwortet wird, soll daher vorangestellt die Frage behandelt werden, ob diese Freiheit des Arbeitgebers in den umschriebenen Situationen des Mobbings eventuell dahingehend eingeschränkt ist, dass eine arbeitgeberseitige Kündigung erfolgen muss.

a) §§ 1, 12 Abs. 3 AGG

Eine gesetzlich geregelte Handlungspflicht des Arbeitgebers findet sich in § 12 Abs. 3 AGG. Liegt ein arbeitnehmerseitiger Verstoß gegen § 7 Abs. 1 AGG vor, also eine Benachteiligung aufgrund der in § 1 AGG genannten Gründe, hat der Arbeitgeber eine geeignete, erforderliche und angemessene Maßnahme zur Unterbindung zu treffen. Eine solche Maßnahme kann auch die Kündigung sein, die allerdings weiterhin nur eine *ultima ratio* darstellen darf, wie der Hinweis auf die den Verhältnismäßigkeitsgrundsatz konkretisierenden[941] Dreiklang aus

---

937 *Wolmerath*, Mobbing, 5. Aufl., 2019, § 1 Rn. 74, 96 f. Siehe dazu auch *Barkow von Creytz*, NJOZ 2022, 865 (866).

938 *Berkowsky*, Die personen- und verhaltensbedingte Kündigung, 4. Aufl., 2005, § 8 Rn. 200; *Niedl*, Wem nützt Mobbing?, in: Leymann (Hrsg.), Der neue Mobbing-Bericht, 1995, S. 55-75 (65 f.).

939 So werde das zugrundeliegende Menschenbild offenbart, wenn ein Unternehmen sich nicht mit Mobbing auseinandersetzt, *Niedl*, Wem nützt Mobbing?, in: Leymann (Hrsg.), Der neue Mobbing-Bericht, 1995, S. 55-75 (56 f.).

940 HK-ArbR/*Bufalica*, 5. Aufl. 2022, Vorbemerkungen zu §§ 1 ff. KSchG Rn. 2.

941 BAG 29.6.2017 – 2 AZR 302/16, NZA 2017, 1121 (1123) [Rn. 29]; 20.11.2014 – 2 AZR 651/13, NZA 2015, 294 (296) [Rn. 23]; zum damaligen § 4 BeschSchG BAG 25.3.2004 – 2 AZR 341/03, NZA 2004, 1214 (1216) [unter B.II.2.]; BT-Drs. 12/5488, 47.

Geeignetheit, Erforderlichkeit und Angemessenheit offenbart.[942] Der Arbeitgeber wird somit zwar zu einem Tätigwerden verpflichtet, es steht ihm aber ein Auswahlermessen zu.[943] Allein dann, wenn dieser Ermessenspielraum auf null reduziert ist, konkretisiert sich die Pflicht auf die Kündigungshandlung. Dies kommt aber nur dann in Betracht, wenn bei objektiver Betrachtung allein diese Kündigung eine rechtsfehlerfreie Ermessensentscheidung darstellt,[944] der Arbeitgeber also nur bei einer Kündigung davon ausgehen darf, dass die Benachteiligung für die Zukunft abgestellt wird.[945]

Insbesondere die Abmahnung, also der Hinweis, dass eine wiederholte Handlung den Verlust des Arbeitsverhältnisses zur Folge haben kann,[946] wird bei einem steuerbaren Verhalten wie dem Mobbing zuvor auszusprechen sein.[947] Eine Abmahnung ist hingegen nicht erforderlich, wenn sich das Verhalten trotz vorheriger Abmahnung wiederholt, eine Verhaltensänderung nicht zu erwarten ist oder die Pflichtverletzung derart schwer wiegt, dass auch dem handelnden Arbeitnehmer klar sein muss, dass sie für den Arbeitgeber nicht hinnehmbar ist.[948] Letzteres umfasst vor allem schwerste und unentschuldbare Pflichtverletzungen,[949] allein die mehraktige Belästigung hat das BAG dafür allerdings nicht ausreichen lassen.[950] Kann durch eine räumliche Trennung, wie

942 Vgl. BAG 25.10.2007 – 8 AZR 593/06, NZA 2008, 223 (226) [Rn. 71].

943 BAG 25.10.2007 – 8 AZR 593/06, NZA 2008, 223 (226) [Rn. 68]; zu der Frage, ob damit ein einklagbarer Anspruch verbunden ist, siehe § 8.IV.2.a).

944 BAG 25.10.2007 – 8 AZR 593/06, NZA 2008, 223 (226) [Rn. 68]; anders noch die Vorinstanz LAG Hamm 6.3.2006 – 16 Sa 76/05, juris [Rn. 54].

945 BAG 29.6.2017 – 2 AZR 302/16, NZA 2017, 1121 (1123) [Rn. 29]; 20.11.2014 – 2 AZR 651/13, NZA 2015, 294 (296) [Rn. 23]; 9.6.2011 – 2 AZR 323/10, NZA 2011, 1342 (1344) [Rn. 28].

946 BAG 19.4.2012 – 2 AZR 258/11, NZA-RR 2012, 587 (568) [Rn. 19].

947 BAG 29.6.2017 – 2 AZR 302/16, NZA 2017, 1121 (1123) [Rn. 28]; 20.11.2014 – 2 AZR 651/13, NZA 2015, 294 (296) [Rn. 25 ff.].

948 BAG 16.12.2021 – 2 AZR 356/21, NZA 2022, 407 (408) [Rn. 12]; 29.6.2017 – 2 AZR 302/16, NZA 2017, 1121 (1123) [Rn. 28]; 20.11.2014 – 2 AZR 651/13, NZA 2015, 294 (296) [Rn. 22]; 23.10.2014 – 2 AZR 865/13, NZA 2015, 353 (357) [Rn. 47]. Für wiederholte Beleidigungen oder die Drohung gegenüber dem Arbeitgeber wurde dies beispielsweise sogar für eine außerordentliche Kündigung angenommen, LAG Mecklenburg-Vorpommern 27.4.2021 – Sa 153/20, juris [Rn. 37].

949 So z.B. der sexuelle Missbrauch durch eine Lehrkraft, BAG 23.10.2014 – 2 AZR 865/13, NZA 2015, 353 (357) [Rn. 48].

950 BAG 29.6.2017 – 2 AZR 302/16, NZA 2017, 1121 (1124) [Rn. 35]; 20.11.2014 – 2 AZR 651/13, NZA 2015, 294 (296) [Rn. 25]. Die wiederholte rassistisch anmutende Nachfrage sei ebenso nicht ausreichend, LAG Berlin-Brandenburg 14.10.2022 – 12

bei der Versetzung oder Umsetzung, die Handlung unterbunden werden, sind auch diese Maßnahmen heranzuziehen. Weniger einschneidende Maßnahmen, wie ein Mitarbeitergespräch,[951] das als eine Art „Abmahnung light“ das Fehlverhalten ohne in Aussicht gestellte Rechtsfolgen aufzeigt,[952] werden in der Regel weniger geeignet sein.

Ein Anspruch des Arbeitnehmers auf Kündigung eines Kollegen wegen eines unter § 7 Abs. 1 AGG fallenden Verhaltens ist somit nicht von vornherein ausgeschlossen. Zwar können aus dem Mobbing gravierende psychische Probleme des Arbeitnehmers folgen,[953] die zu einer Entbehrlichkeit der Abmahnung führen können, häufig wird aber bei einem steuerbaren und wiederholt auftretenden Verhalten, wie dem Mobbing, bereits die Abmahnung die erhoffte Verhaltensänderung versprechen.[954]

b) Schutzpflichten

Eine wiederholte, demütigende Verhaltensweise muss jedoch nicht im Zusammenhang mit den gem. § 1 AGG verpönten Merkmalen stehen, eine direkte Anwendung des § 12 Abs. 3 AGG ist dann mangels § 7 Abs. 1 AGG nicht möglich. Auch unabhängig von den Regelungen des AGG obliegt dem Arbeitgeber jedoch eine Pflicht, auf die Rechte des Arbeitnehmers Rücksicht zu nehmen und daher eine Herabwürdigung oder Missachtung des Arbeitnehmers zu unterbinden. Diese Schutzpflichten ergeben sich aus § 241 Abs. 2 BGB[955] und sind neben dem

---

Sa 51/22, NZA-RR 2023, 125 (129) [Rn. 60 ff.]. Für die sexuelle Belästigung einer Praktikantin hat das LAG Niedersachsen die Entbehrlichkeit hingegen angenommen, LAG Niedersachsen 20.6.2022 – 12 Sa 434/21, Juris [Rn. 61 ff., 93].

951 Die Aufzählung in § 12 Abs. 3 AGG ist nicht abschließend, BT-Drs. 16/1780, 37.

952 *Blattner*, DB 2019, 487 (491).

953 Eine Studie des Europäischen Parlamentes aus dem Jahre 2001 zeigt, dass das Stresslevel der betroffenen Arbeitnehmer häufig steigt und sich teilweise psychische Gesundheitsprobleme entwickeln, wie Schlafstörungen oder Kopfschmerzen bis hin zu Depressionen, *Europäisches Parlament*, Mobbing am Arbeitsplatz, 2001, S. 12 f. Siehe auch *Wolmerath*, Mobbing, 5. Aufl., 2019, § 1 Rn. 88 ff.

954 Vgl. BAG 20.11.2014 – 2 AZR 651/13, NZA 2015, 294 (296) [Rn. 22]. Kritischer *Bauer/Schunder*, NZA 2022, 1368 (1370 f.).

955 BAG 15.9.2016 – 8 AZR 351/15, juris [Rn. 31]; 28.10.2010 – 8 AZR 546/09, NZA-RR 2011, 378 (379) [Rn. 18]; 25.10.2007 – 8 AZR 593/06, NZA 2008, 223 (227) [Rn. 78].

AGG[956] z.B. auch in § 618 BGB[957] und dem ArbSchG[958] konkretisiert. Der Arbeitgeber habe danach die Interessen der Arbeitnehmer so zu wahren, wie Treu und Glauben es verlangen.[959] Maßgeblichen Einfluss auf den Inhalt der Schutzpflichten üben die in den Grundrechten zum Ausdruck kommenden Wertentscheidungen der Verfassung aus, der Arbeitgeber ist mithin insbesondere zum Schutz der Gesundheit – auch der psychischen – und des Persönlichkeitsrechts des Arbeitnehmers verpflichtet.[960]

Statt auf diese allgemeinen Schutzpflichten abzustellen, zieht das BAG allerdings auch ohne gem. § 1 AGG verpönte Merkmale eine analoge Anwendung des § 12 Abs. 3 AGG in Betracht.[961] Aufgrund der bestehenden planwidrigen Regelungslücke und der vergleichbaren Interessenlage[962] ist diesem Vorgehen zuzustimmen. Letztere zeigt sich bereits darin, dass vor der Kodifizierung des BeschSchG und des AGG unabhängig von den Merkmalen auf die Schutzpflichten

---

956 Siehe für § 12 AGG BAG 25.10.2007 – 8 AZR 593/06, NZA 2008, 223 (225 f.) [Rn. 65 ff.]; zu § 4 Abs. 1 BeschSchG auch BAG 25.3.2004 – 2 AZR 341/03, NZA 2004, 1214 (1216) [unter BII.2.].

957 § 618 BGB stelle eine Teilausprägung der Schutzpflichten dar, BAG 22.10.2019 – 9 AZR 532/18, NZA 2020, 513 (516) [Rn. 29]; so auch schon RAG 5.6.1940 – 265/39, ARS 40, 10 (12 f.). vgl. MüKoBGB/*Henssler*, 9. Aufl. 2023, § 618 BGB Rn. 1; MHdB ArbR/*Reichold*, 6. Aufl. 2024, § 93 Rn. 1; ErfK/*Roloff*, 24. Aufl. 2024, § 618 BGB Rn. 1; a. A. Staudinger/*Oetker*, 2022, § 618 BGB Rn. 10. Auch die Pflichten des öffentlich-rechtlichen Arbeitsschutzes können über § 618 BGB bedeutsam sein, ErfK/*Roloff*, 24. Aufl. 2024, § 618 BGB Rn. 4; von einer Überlagerung sprechend MüKoBGB/*Henssler*, 9. Aufl. 2023, § 618 BGB Rn. 6.

958 Das öffentlich-rechtliche Arbeitsschutzrecht (ArbSchG) konkretisiert die arbeitsrechtlichen Pflichten aus § 618 BGB, BAG 12.8.2008 – 9 AZR 1117/06, NZA 2009, 102 (103) [Rn. 13]; ErfK/*Roloff*, 24. Aufl. 2024, § 618 BGB Rn. 4.

959 BAG 21.1.2014 – 3 AZR 807/11, NZA 2014, 903 (904) [Rn. 15]. Die Rücksichtnahme- und Schutzpflichten sind zwar in dem 2002 eingefügten § 241 Abs. 2 BGB verortet, beruhen aber auf dem § 242 BGB, BAG 21.1.2014 – 3 AZR 807/11, NZA 2014, 903 (904) [Rn. 14]; 25.10.2007 – 8 AZR 593/06, NZA 2008, 223 (225 f., 227) [Rn. 65 f., 78]; MüKoBGB/*Bachmann*, 9. Aufl. 2022, § 241 BGB Rn. 55.

960 BAG 15.9.2016 – 8 AZR 351/15, juris [Rn. 31]; 28.10.2010 – 8 AZR 546/09, NZA-RR 2011, 378 (379) [Rn. 18]; 25.10.2007 – 8 AZR 593/06, NZA 2008, 223 (227) [Rn. 78]; 16.5.2007 – 8 AZR 709/06, NZA 2007, 1154 (1160) [Rn. 70]; 4.4.1990 – 5 AZR 299/89, NZA 1990, 933 (934) [unter III.1.].

961 BAG 25.10.2007 – 8 AZR 593/06, NZA 2008, 223 (226) [Rn. 69].

962 Diese beiden Anforderungen sind zwingende Voraussetzung einer Analogie, BGH 13.11.2001 – X ZR 134/00, GRUR 2002, 239 (241) [unter II.2.b).bb)]; vgl. auch *Köhler/Lange*, BGB allgemeiner Teil, 48. Aufl., 2024, § 4 Rn. 23.

abgestellt wurde. Die Anforderung an den Arbeitgeber, im Falle der Belästigung (§ 3 Abs. 2, § 4 BeschSchG) bzw. einer Benachteiligung (§ 12 Abs. 3 AGG) eine geeignete Maßnahme zu ergreifen, sei allein eine „Klarstellung“ der aus § 242 BGB hergeleiteten Verpflichtung die Arbeitnehmer vor Belästigungen und Benachteiligungen zu schützen.[963] Die Grundsätze kämen jedoch auch in den Schutzpflichten zum Ausdruck.[964] Für die im Rahmen der Schutzpflicht vorzunehmende Interessenabwägung vor dem Hintergrund der betroffenen Grundrechte[965] wird es aus Sicht des Arbeitnehmers zudem kaum einen Unterschied machen, ob eine das Allgemeine Persönlichkeitsrecht verletzende Handlung auf Merkmalen des § 1 AGG beruht, oder nicht. Eine vergleichbare Interessenlage liegt folglich vor.

Schwieriger ist die Einordnung hingegen bezüglich der planwidrigen Regelungslücke. Zum einen spricht für das Vorliegen einer solchen Lücke, dass keine mit § 12 Abs. 3 AGG vergleichbare spezialgesetzliche Regelung existiert.[966] Auch soll mit dem AGG keine abschließende Normierung etwaiger Benachteiligungen vorliegen[967] – so verweist § 2 Abs. 3 AGG darauf, dass sonstige Benachteiligungsverbote nicht ausgeschlossen werden. Für die Planwidrigkeit dieser Lücke spricht zudem, dass die Festlegung der Merkmale auf den umzusetzenden europäischen Richtlinien[968] beruht, sich die Beschränkung auf die Merkmale also nicht aus einer originären Überlegung des deutschen Gesetzgebers ergibt. Die Gesetzesinitiativen der Fraktionen *Bündnis 90/Die Grünen* und *Die Linke*[969] bestärken den Eindruck, dass die aufgezeigten Lücken zumindest keinem allgemeinen politischen Interesse entsprechen.[970] Es liegt damit nahe,

963 BAG 25.10.2007 – 8 AZR 593/06, NZA 2008, 223 (226) [Rn. 66 f.]. In diesem Sinne wohl auch BT-Drs. 12/5468, 21.

964 BAG 25.10.2007 – 8 AZR 593/06, NZA 2008, 223 (226) [Rn. 69].

965 Vgl. BAG 12.9.2006 – 9 AZR 271/06, NZA 2007, 269 (271) [Rn. 20].

966 Obwohl das ArbSchG auch die psychische Gesundheit mit einbezieht (§ 4 Nr. 1 ArbSchG), liegen mit der konkreten Gefährdung der Gesundheit (vgl. BAG 28.3.2017 – 1 ABR 25/15, NZA 2017, 1133 (1135) [Rn. 22]) ohne Schutz des Persönlichkeitsrechts deutlich höhere Anforderungen vor, als bei der Benachteiligung im Rahmen des § 12 Abs. 3 AGG, sodass der Anwendungsbereich nur in schwerwiegenden Fällen eröffnet ist und bereits aus diesem Grund keine vergleichbare Regelung in dem öffentlich-rechtlichen Arbeitsschutz zu sehen ist. Gleiches gilt für § 618 BGB.

967 Vgl. auch BT-Drs. 16/1780, 32.

968 Siehe dazu BT-Drs. 16/1780, 1.

969 BT-Drs. 19/16480; BT-Drs. 19/6128.

970 Es ist aber zuzugestehen, dass beide Fraktionen zum Zeitpunkt der Verabschiedung des AGG ohne Regierungsbeteiligung waren, sodass keine aussagekräftige Bestimmung des verfolgten Interesses getroffen werden kann.

dass eine vorhandene Regelungslücke nicht bewusst akzeptiert wurde, sondern die Regelungsbedürftigkeit übersehen wurde.

Zum anderen besteht mit § 241 Abs. 2 BGB eine (offene) Regelung zu diesen Schutzpflichten unabhängig von den Merkmalen aus § 1 AGG, die Konkretisierung der Schutzpflichten für diese Fälle hat keinerlei Einfluss auf die darüber hinaus gehende Einschlägigkeit des § 241 Abs. 2 BGB.[971] Bereits daraus ist der Arbeitgeber zum Ergreifen einer geeigneten, erforderlichen und angemessenen Maßnahme verpflichtet.[972] Aus diesen Gründen könnte eine Regelungslücke und damit die analoge Anwendung abzulehnen sein. Selbst in dem Fall zeigt aber § 12 Abs. 3 AGG eine Orientierung, welche Maßnahmen für den Arbeitgeber innerhalb der aus § 241 Abs. 2 BGB resultierenden Pflicht überhaupt in Frage kommen.

Im Ergebnis spricht für das Vorliegen einer Regelungslücke und die analoge Heranziehung des § 12 Abs. 3 AGG die Rechtssicherheit.[973] § 241 Abs. 2 BGB enthält allein den Hinweis, dass mit dem Schuldverhältnis Schutzpflichten einhergehen. Die darüber hinausgehende Ausgestaltung, dass einer Mobbinghandlung aufgrund des betroffenen allgemeinen Persönlichkeitsrechts eine angemessene Reaktion des Arbeitgebers zu folgen hat, ist im Wortlaut nicht klar ersichtlich. Der Wortlaut des § 12 Abs. 3 AGG ist demgegenüber eindeutiger. Es liegt mithin mit § 241 Abs. 2 BGB keine Regelung mit vergleichbarem Rechtsschutz vor, sodass eine planwidrige Regelungslücke bei vergleichbarer Interessenlage gegeben und § 12 Abs. 3 AGG auch ohne Merkmale des § 1 AGG analog heranzuziehen ist. Indem bei der Gegenansicht die Aufzählung aus § 12 Abs. 3 AGG als Anhaltspunkt für mögliche Maßnahmen herangezogen werden kann, ergeben sich daraus im Ergebnis aber keine Unterschiede.

c) § 104 BetrVG

Eine weitere, aber kein höheres Schutzniveau bietende, Möglichkeit steht den betroffenen Arbeitnehmer zur Verfügung, wenn der Betrieb einen Betriebsrat besitzt. Gem. § 104 S. 1 BetrVG kann der Betriebsrat vom Arbeitgeber die Entlassung oder Versetzung eines Arbeitnehmers verlangen, sofern dieser

---

971 Mit diesem Argument auch *Thüsing/Bleckmann*, BB 2020, 249 (250).

972 Auf dieses Verständnis in Rechtsprechung und Literatur eingehend BAG 16.5.2007 – 8 AZR 709/06, NZA 2007, 1154 (1161) [Rn. 21 f.]. Mit Verweis auf das geschaffene Umfeld auch BAG 15.9.2016 – 8 AZR 351/15, juris [Rn. 31]; 28.10.2010 – 8 AZR 546/09, NZA-RR 2011, 378 (379) [Rn. 18]; 25.10.2007 – 8 AZR 593/06, NZA 2008, 223 (227) [Rn. 78].

973 Mit der Konkretisierung der Schutzpflichten spielt die Rechtssicherheit letztlich auch bei der Normierung des AGG keine unbeachtliche Rolle.

durch gesetzeswidriges Verhalten oder grobe, das heißt schwere oder besonders auffällige,[974] Verletzung der in § 75 Abs. 1 BetrVG enthaltenen Grundsätze den Betriebsfrieden wiederholt stört.

Sofern die Mobbinghandlung derartige Auswüchse annimmt, dass gegen Strafvorschriften, wie die Körperverletzung oder Nötigung (§§ 223, 240 StGB) verstoßen wird, ist das gesetzeswidrige Verhalten anzunehmen.[975] Gleiches gilt für den Verstoß gegen das AGG.[976] Geringere Anforderung verlangt die Alternative der groben Verletzung der in § 75 Abs. 1 BetrVG enthaltenen Grundsätze. Diese beziehen sich auf eine rechte und billige Behandlung aller im Betrieb tätigen Personen, wobei der nachfolgende Verweis auf die Benachteiligung nach ebenso in § 1 AGG genannten Merkmalen die Nähe zu den vorangegangenen Ausführungen offenbart.[977] Versteht man unter dem Mobbing eine Beeinträchtigung, die bezweckt oder bewirkt, dass die Würde der betreffenden Person verletzt und ein von Einschüchterungen, Anfeindungen, Erniedrigungen, Entwürdigungen oder Beleidigungen gekennzeichnetes Umfeld geschaffen wird (§ 3 Abs. 3 AGG),[978] so sind dann auch die Anforderungen des § 104 S. 1 BetrVG zu bejahen, sofern die genannten Merkmale vorliegen.

Eine Beschränkung auf diese Merkmale liegt aber auch an dieser Stelle nicht vor. Die Diskriminierungsverbote des § 75 Abs. 1 1. HS BetrVG stellen keine abschließende Auflistung der Grundsätze von Recht und Billigkeit dar, auch der allgemeine Gleichbehandlungsgrundsatz[979] oder die grundrechtlich geschützten Rechte[980] werden dem zugeordnet. Die mit der Mobbinghandlung einhergehende Verletzung des allgemeinen Persönlichkeitsrechtes[981] gebietet es daher, auch diejenigen Beeinträchtigungen zu umfassen, die nicht auf den genannten Merkmalen beruhen, aber eine vergleichbare Wirkung aufweisen. Dem „Mobbing" wird dabei im BetrVG auch eine nicht unerhebliche Intensität zuerkannt, wie

---

974 ErfK/*Kania*, 24. Aufl. 2024, § 104 BetrVG Rn. 3; HWK/*Ricken*, 11. Aufl. 2024, § 104 BetrVG Rn. 3; Richardi/*Thüsing*, 17. Aufl. 2022, § 104 BetrVG Rn. 4.

975 Vgl. ErfK/*Kania*, 24. Aufl. 2024, § 104 BetrVG Rn. 2; HWK/*Ricken*, 11. Aufl. 2024, § 104 BetrVG Rn. 2; Richardi/*Thüsing*, 17. Aufl. 2022, § 104 BetrVG Rn. 3.

976 GK-BetrVG/*Raab*, 12. Aufl. 2022, § 104 BetrVG Rn. 5.

977 Vgl. auch *Fitting* BetrVG, 32. Aufl., 2024, § 104 BetrVG Rn. 5.

978 Siehe dazu § 8.II.1.a).

979 *Fitting* BetrVG, 32. Aufl., 2024, § 75 BetrVG Rn. 30; HWK/*Reichold*, 11. Aufl. 2024, § 75 BetrVG Rn. 8.

980 Vgl. *Fitting* BetrVG, 32. Aufl., 2024, § 75 BetrVG Rn. 25; ErfK/*Kania*, 24. Aufl. 2024, § 75 BetrVG Rn. 5; HWK/*Reichold*, 11. Aufl. 2024, § 75 BetrVG Rn. 7.

981 Siehe dazu § 8.II.2.b).

mit Blick auf das daraus resultierende Beschwerderecht nach § 84 Abs. 1 BetrVG deutlich wird,[982] sodass von einem Verstoß gegen das Mindestmaß an sozialen Regeln im Miteinander ausgegangen und eine grobe Verletzung der Grundsätze in § 75 Abs. 1 BetrVG angenommen werden kann.[983]

Als weiteres Erfordernis muss dieser Verstoß zu einer wiederholten und ernstlichen Betriebsstörung führen, worunter eine Erschütterung der Zusammenarbeit der Arbeitnehmer untereinander zu verstehen ist.[984] Ein von Einschüchterungen, Anfeindungen, Erniedrigungen, Entwürdigungen oder Beleidigungen gekennzeichnetes Umfeld durch die Mobbinghandlung wird diesen Anforderungen gerecht.[985] Es zeigt sich dabei erneut, dass ein normales Konkurrenzverhalten oder Meinungsverschiedenheiten nicht genügen können. Die wiederholte Störung setzt eine mindestens zweimal erfolgte Störung voraus, was bei der zwingend wiederholt auftretenden Mobbinghandlung[986] bejaht werden kann. Ein möglicherweise entgegenzubringendes Argument, dass trotz wiederholter Handlungen die Störung im Sinne des geschaffenen Umfeldes zwar dauerhaft, aber nur einmalig hervorgerufen wurde, könnte nicht überzeugen. Erst recht muss das Recht des Betriebsrates dann bestehen, wenn eine Störung durch die Wiederholung aufrechterhalten wird und mangels störungsfreier Zeiträume eine intensivere Belastung darstellt.

Für die Konkretisierung der Handlungspflicht auf die Maßnahme der Kündigung gilt das zu § 12 Abs. 3 AGG Gesagte: die Anforderungen an eine arbeitgeberseitige Kündigung werden nicht obsolet. Neben dem Vorliegen eines Kündigungsgrundes – dabei sind auch die Druckkündigung[987] und die materielle Rechtskraftwirkung der Entscheidung des Arbeitsgerichts[988] zu beachten – ist daher insbesondere der *ultima-ratio*-Grundsatz zu wahren.[989] Dem Arbeitnehmer wird somit im Falle der Existenz eines Betriebsrats ein weiteres Schutzinstrument

---

982 *Fitting* BetrVG, 32. Aufl., 2024, § 84 BetrVG Rn. 9; ErfK/*Kania*, 24. Aufl. 2024, § 84 BetrVG Rn. 5; Richardi/*Thüsing*, 17. Aufl. 2022, § 84 BetrVG Rn. 6.

983 So im Ergebnis auch *Fitting* BetrVG, 32. Aufl., 2024, § 104 BetrVG Rn. 5; *Wolmerath*, Mobbing, 5. Aufl., 2019, § 4 Rn. 56.

984 *Fitting* BetrVG, 32. Aufl., 2024, § 104 BetrVG Rn. 7; GK-BetrVG/*Raab*, 12. Aufl. 2022, § 104 BetrVG Rn. 8; Richardi/*Thüsing*, 17. Aufl. 2022, § 104 BetrVG Rn. 6.

985 So auch *Wolmerath*, Mobbing, 5. Aufl., 2019, § 4 Rn. 56.

986 Siehe dazu § 8.II.1.a).

987 *Fitting* BetrVG, 32. Aufl., 2024, § 104 BetrVG Rn. 10 f. Zur Druckkündigung siehe § 8.I.1.a).

988 BAG 28.3.2017 – 2 AZR 551/16, NZA 2017, 985 (986) [Rn. 23].

989 BAG 28.3.2017 – 2 AZR 551/16, NZA 2017, 985 (987) [Rn. 31]; Däubler/Klebe/Wedde/*Deinert*, 19. Aufl. 2024, § 104 BetrVG Rn. 13; Düwell/*Braasch*, 6. Aufl. 2022,

zur Seite gestellt, einen über den Schutzgehalt der aus § 12 Abs. 3 AGG und den Schutzpflichten hinausgehenden Schutz erfährt er dadurch aber nicht.

d) Selbstbindung des Arbeitgebers

Ohne gesetzliche Pflicht könnte der Arbeitgeber auch aus seinem bisherigen Umgang mit solch einem Verhalten zu einer Kündigung verpflichtet sein. Sowohl der arbeitsrechtliche Gleichbehandlungsgrundsatz als auch die Betriebsübung könnten den Arbeitgeber dazu verpflichten so zu reagieren, wie er auf ein gleichgelagertes Verhalten reagiert hat. Der Grund und die Auswirkungen des Mobbings wären somit nachrangig, sofern sie mit der vorangegangenen Vergleichssituation übereinstimmen.

aa) Arbeitsrechtlicher Gleichbehandlungsgrundsatz

Das im AGG enthaltene Gleichbehandlungsgebot, dass eine Kündigung aus den verpönten Merkmalen ausschließt, wird durch den arbeitsrechtlichen Gleichbehandlungsgrundsatz ergänzt.[990] Dieser allgemein anerkannte[991] Grundsatz wird weitgehend in Art. 3 Abs. 1 GG verortet, auch wenn die Herleitung im Gegensatz zu dessen Existenz nicht unumstritten ist.[992] Einschlägig ist er, „wenn der Arbeitgeber Leistungen nach einem allgemeinen generalisierenden Prinzip gewährt, indem er bestimmte Voraussetzungen oder Zwecke für die Leistung festlegt.“[993] In diesem Fall verbietet es der Gleichbehandlungsgrundsatz ohne sachlichen

---

§ 104 BetrVG Rn. 9; ErfK/*Kania*, 24. Aufl. 2024, § 104 BetrVG Rn. 4; Richardi/*Thüsing*, 17. Aufl. 2022, § 104 BetrVG Rn. 15.

990 Liegt ein Verstoß gegen das AGG vor, so wäre zeitgleich auch der nicht gesetzlich normierte arbeitsrechtliche Gleichbehandlungsgrundsatz verletzt, vgl. BAG 11.4.2006 – 9 AZR 528/05, NZA 2006, 1217 (1218) [Rn. 13].

991 BAG 27.4.2021 – 9 AZR 662/19, NZA 2021, 1176 (1177) [Rn. 17]; 3.6.2020 – 3 AZR 730/19, NZA 2021, 347 (351) [Rn. 41]; vgl. *Fuhlrott*, ArbRAktuell 2015, 141 (141); *Hueck*, Der Grundsatz der gleichmäßigen Behandlung im Privatrecht, 1958, S. 60 f.; ErfK/*Preis*, 24. Aufl. 2024, § 611a BGB Rn. 664; MüKoBGB/*Spinner*, 9. Aufl. 2023, § 611a BGB Rn. 1042.

992 BAG 27.4.2021 – 9 AZR 662/19, NZA 2021, 1176 (1177) [Rn. 17]; 3.6.2020 – 3 AZR 730/19, NZA 2021, 347 (351) [Rn. 41]; *Hueck*, Der Grundsatz der gleichmäßigen Behandlung im Privatrecht, 1958, S. 97; ErfK/*Preis*, 24. Aufl. 2024, § 611a BGB Rn. 666; MüKoBGB/*Spinner*, 9. Aufl. 2023, § 611a BGB Rn. 1042. Einen anschaulichen Überblick über die verschiedenen Ansichten bietet HWK/*Thüsing*, 11. Aufl. 2024, § 611a BGB Rn. 331.

993 BAG 27.7.2016 – 7 AZR 545/14, NZA 2016, 1531 (1535) [Rn. 36]. Siehe auch BAG 25.1.2023 – 10 AZR 29/22, NZA 2023, 584 (585 f.) [Rn. 26].

Grund von dem Prinzip abzuweichen, der Arbeitnehmer kann die Leistung vom Arbeitgeber verlangen, sofern etwaige zusätzliche Voraussetzungen erfüllt sind.[994]

(1) Anwendbarkeit auf Kündigungserklärungen

Die für die Anwendbarkeit vorausgesetzte Leistungsgewährung findet sich nicht allein in dem wohl überragenden Feld finanzieller Leistungen, wie der Sonderzahlung[995]. Auch der Verzicht auf eine nachteilige Handlung,[996] der Abschluss von Altersteilzeitverträgen[997] oder beamtenrechtlicher Verträge[998] mit einem Teil der Belegschaft eröffnet nach dem BAG den Anwendungsbereich dieses Gleichbehandlungsgrundsatzes, sodass er auch für die Abgabe von vertraglichen Abreden oder Willenserklärungen heranzuziehen ist.[999] Obwohl die Kündigung eine solche einseitige, empfangsbedürftige Willenserklärung darstellt,[1000] wird die Anwendung des arbeitsrechtlichen Gleichbehandlungsgrundsatzes auf Kündigungsentscheidungen teilweise abgelehnt.

Die Literatur[1001] hat unterschiedlich auf die Ablehnung des BAG reagiert. Dieses wendet den Grundsatz nicht an, „wenn Leistungen oder Vergünstigungen individuell vereinbart werden. Dies [beruhe] darauf, dass die Vertragsfreiheit Vorrang vor dem Gleichbehandlungsgrundsatz genießt."[1002] Nur im Ergebnis ist

---

994 BAG 3.6.2020 – 3 AZR 730/19, NZA 2021, 347 (352) [Rn. 46]; 27.7.2016 – 7 AZR 545/14, NZA 2016, 1531 (1535) [Rn. 36].

995 So z.B. BAG 10.12.2008 – 10 AZR 35/08, NZA 2009, 258 (259 f.) [Rn. 14]; vgl. *Hueck*, Der Grundsatz der gleichmäßigen Behandlung im Privatrecht, 1958, S. 68.

996 Vgl. BAG 11.9.1985 – 7 AZR 371/83, NZA 1987, 156 (157) [unter II.2.].

997 BAG 19.9.2017 – 9 AZR 36/17, NZA 2017, 1612 (1613 f.) [Rn. 24].

998 Den Anspruch aus anderen Gründen ablehnend BAG 11.4.2006 – 9 AZR 528/05, NZA 2006, 1217 (1218) [Rn. 8 ff.].

999 Vgl. BAG 27.4.2021 – 9 AZR 662/19, NZA 2021, 1176 (1177) [Rn. 17].

1000 *Krause*, Arbeitsrecht, 4. Aufl., 2020, § 18 Rn. 1.

1001 Zustimmend Linck/Krause/Bayreuther/*Krause*, 16. Aufl. 2019, § 1 KSchG Rn. 222; HWK/*Quecke*, 11. Aufl. 2024, § 1 KSchG Rn. 71; APS/*Vossen*, 7. Aufl. 2024, § 1 KSchG Rn. 67; kritischer DD/*Deinert*, 12. Aufl. 2024, § 1 KSchG Rn. 68; MHdB ArbR/*Fischinger*, 6. Aufl. 2024, § 14 Rn. 23; *Fuhlrott*, ArbRAktuell 2015, 141 (142); MHdB ArbR/*Greiner*, 5. Aufl. 2021, § 109 Rn. 65 f.; ErfK/*Oetker*, 24. Aufl. 2024, § 1 KSchG Rn. 90; *Preis*, in: SPV, 2015 (Rn. 253); KR/*Rachor*, 13. Aufl. 2022, § 1 KSchG Rn. 246; *Zwanziger*, § 93 Gleichbehandlung, in: Deinert/Heuschmid/Zwanziger (Hrsg.), Arbeitsrecht, 2019 (Rn. 37).

1002 BAG 27.7.2016 – 7 AZR 545/14, NZA 2016, 1531 (1535) [Rn. 36]; vgl. auch BAG 29.6.2017 – 2 AZR 302/16, NZA 2017, 1121 (1124) [Rn. 40]; 16.7.2015 – 2 AZR 85/15, NZA 2016, 161 (168 f.) [Rn. 76].

dem zuzustimmen, schließlich verlangt die Kündigung eine Interessenabwägung im Einzelfall und nur gleiches darf nicht ungleich behandelt werden. Allerdings sind gerade bei der verhaltensbedingten Kündigung vergleichbare Verhaltensweisen nicht von vornherein auszuschließen,[1003] sodass eine Gegenüberstellung mit vorangegangenen Arbeitgeberreaktionen möglich ist. Da aber auch die einen arbeitsrechtlichen Gleichbehandlungsanspruch im Falle der Kündigung ablehnende Ansicht eine unterlassene Kündigung in vorangegangenen vergleichbaren Konstellationen als Indiz für die Zumutbarkeit der Weiterbeschäftigung (§ 1 Abs. 2 S. 1 KSchG) und das Überwiegen der Arbeitnehmerinteressen auffasst,[1004] ist *Preis*[1005] dahingehend zuzustimmen, dass beide Ansichten zum gleichen Ergebnis führen: Sowohl für ein Abweichen von dem bisherigen Vorgehen[1006] als auch zur Widerlegung des Indizes der Zumutbarkeit der Weiterbeschäftigung[1007] ist ein sachlicher Grund notwendig, aber auch ausreichend. Ob man daher die Vergleichbarkeit der zugrundeliegenden Situationen und damit die Anwendbarkeit des arbeitsrechtlichen Gleichbehandlungsgrundsatzes verneint oder aber die durch die vorherige Praxis indizierte Vermutung der Zumutbarkeit einer weiterführenden Beschäftigung im Rahmen der Interessenabwägung widerlegt, ist letztlich insbesondere ein sprachlicher Unterschied.

Zwar werden Kündigungshandlungen selten zeitgleich vorliegen, stellt man aber allein darauf ab, ob der Arbeitgeber in einer vergleichbaren Situation gleich

1003 Vgl. auch *Preis*, in: SPV, 2015 (Rn. 251).

1004 Auch das BAG stellt darauf ab, dass ein Verhalten gegenüber anderen Arbeitnehmern – wie z.B., dass lediglich eine Abmahnung erfolgte – in den Dunstkreis der Interessenabwägung fällt, BAG 7.5.2020 – 2 AZR 678/19, NZA 2020, 1110 (1113) [Rn. 32]; 29.6.2017 – 2 AZR 302/16, NZA 2017, 1121 (1124) [Rn. 40]; aus der Literatur zustimmend DD/*Deinert*, 12. Aufl. 2024, § 1 KSchG Rn. 68; MHdB ArbR/*Fischinger*, 6. Aufl. 2024, § 14 Rn. 23; Linck/Krause/Bayreuther/*Krause*, 16. Aufl. 2019, § 1 KSchG Rn. 223 f.; ErfK/*Oetker*, 24. Aufl. 2024, § 1 KSchG Rn. 90; HWK/*Quecke*, 11. Aufl. 2024, § 1 KSchG Rn. 71.

1005 *Preis*, in: SPV, 2015 (Rn. 253); ähnlich argumentierend *Hueck*, Der Grundsatz der gleichmäßigen Behandlung im Privatrecht, 1958, S. 356 ff.

1006 Der arbeitsrechtliche Gleichbehandlungsgrundsatz verbietet es, willkürlich ungleich zu behandeln. Liegt der Unterscheidung aber ein sachlicher Grund zu Grunde, so besteht kein Konflikt, BAG 27.4.2021 – 9 AZR 662/19, NZA 2021, 1176 (1177) [Rn. 17]; *Hueck*, Der Grundsatz der gleichmäßigen Behandlung im Privatrecht, 1958, S. 65; ErfK/*Preis*, 24. Aufl. 2024, § 611a BGB Rn. 682; MüKoBGB/*Spinner*, 9. Aufl. 2023, § 611a BGB Rn. 1048.

1007 Siehe dazu z.B. Linck/Krause/Bayreuther/*Krause*, 16. Aufl. 2019, § 1 KSchG Rn. 224.

gehandelt hat, so kann es im Ausgangspunkt zudem keinen Unterschied machen, ob die vergleichbaren Handlungen der Arbeitnehmer zeitgleich vorliegen oder ein Verhalten zeitlich früher liegt.[1008] Auch bei letzterem sind die soeben angeführten Überlegungen anzustellen,[1009] allerdings wird es dem Arbeitgeber bei zeitlich zurückliegenden Vergleichsentscheidungen leichter fallen, Gründe gegen die Vergleichbarkeit oder für die Unterscheidung anzuführen, sodass erneut die entgegenstehenden Auffassungen nicht unvereinbar nebeneinander stehen.

(2) Anspruch des Arbeitnehmers auf Kündigung

In den vorliegenden Dreipersonenverhältnissen führt der arbeitsrechtliche Gleichbehandlungsgrundsatz dennoch nicht zu einem Anspruch des gemobbten Arbeitnehmers. Indem der Grundsatz allein dem ungleich behandelten Arbeitnehmer das Recht zuschreibt, die Leistung so zu verlangen, wie es eine Gleichbehandlung erfordert,[1010] wird auch allein der von der Kündigungsentscheidung unmittelbar benachteiligte[1011] Arbeitnehmer Anspruchsinhaber. Unterlässt es der Arbeitgeber also einem Arbeitnehmer zu kündigen, obwohl er in vergleichbaren Fällen abweichend entschieden hat, wird der mobbende Arbeitnehmer zwar ungleich behandelt, aber kaum die auf eine Kündigung hinauslaufende Gleichbehandlung einfordern.[1012]

1008 Auf die theoretische Möglichkeit und praktische Bedeutungslosigkeit abstellend auch *Hueck*, Der Grundsatz der gleichmäßigen Behandlung im Privatrecht, 1958, S. 357 ff.

1009 Vgl. dazu BAG 11.9.1985 – 7 AZR 371/83, NZA 1987, 156 (157) [unter II.4.]; zu der Unterscheidung MHdB ArbR/*Greiner*, 5. Aufl. 2021, § 109 Rn. 66; HWK/*Quecke*, 11. Aufl. 2024, § 1 KSchG Rn. 71. Nur die zeitgleich vorliegenden Fälle als relevant betrachtend wohl *Kamanabrou*, RdA 2007, 199 (201); ErfK/*Oetker*, 24. Aufl. 2024, § 1 KSchG Rn. 90; APS/*Vossen*, 7. Aufl. 2024, § 1 KSchG Rn. 67.

1010 BAG 3.6.2020 – 3 AZR 730/19, NZA 2021, 347 (352) [Rn. 46]; 27.7.2016 – 7 AZR 545/14, NZA 2016, 1531 (1535) [Rn. 36].

1011 Nach dem Wortlaut muss der Arbeitnehmer von der Leistung „ausgeschlossen" gewesen sein, BAG 3.6.2020 – 3 AZR 730/19, NZA 2021, 347 (352) [Rn. 46]. Ob es sich dabei um eine zwingende Voraussetzung handelt oder mit dem Hinweis vernachlässigt werden kann, dass ein bevorzugter Arbeitnehmer kaum auf die Ungleichbehandlung abstellen und eine Gleichbehandlung verlangen wird, kann aber dahinstehen.

1012 Liegt die Ungleichbehandlung zeitgleich mit den Vergleichssituationen vor, so hätten selbstverständlich die gekündigten Arbeitnehmer als ungleich behandelte Arbeitnehmer einen Anspruch auf die Gleichbehandlung und damit das Unterlassen der Kündigung, dies stellt aber eine Problematik des Zweipersonenverhältnisses dar.

Eine Erweiterung der Anspruchsinhaber um die nur durch Reflexwirkungen betroffenen Arbeitnehmer wäre mit den zuvor dargestellten Grenzen der Kündigungsfreiheit des Arbeitgebers nicht vereinbar. Diese wird zu Gunsten der Arbeitnehmer eingeschränkt, die vor ungerechtfertigten Kündigungen geschützt werden sollen.[1013] Insbesondere die damit einhergehende nur einseitig zwingende Wirkung des Kündigungsschutzrechts wäre dann unterlaufen, wenn ein Kündigungsverzicht allein wegen an sich akzeptierter Reflexwirkungen untersagt wäre, schließlich tritt diese umfassend – kündigungsrelevanter oder anderer faktischer Art – in Erscheinung.[1014] Abseits der genannten Fälle der Schutzpflichten und deren Konkretisierungen kann eine Kündigungspflicht daher nicht aufgrund der Reflexwirkungen über den arbeitsrechtlichen Gleichbehandlungsgrundsatz generiert werden.

bb) Betriebliche Übung

Ebenso eine Bindungswirkung aufgrund eines anderen Verhaltens liegt in der betrieblichen Übung, worunter das BAG „die regelmäßige Wiederholung bestimmter Verhaltensweisen des Arbeitgebers [versteht], aus denen die Arbeitnehmer schließen können, ihnen solle eine Leistung oder eine Vergünstigung auf Dauer eingeräumt werden."[1015] Während die Rechtsprechung diese Wirkung über ein tatsächliches Vertragsangebot herleitet, „das von den Arbeitnehmern in der Regel stillschweigend angenommen wird",[1016] verfolgt die Literatur größtenteils den Ansatz, dass die Arbeitnehmer aufgrund der wiederholten Leistung auf das

---

1013 BT-Drs. I/2090, 11; vgl. BVerfG 22.10.2004 – 1 BvR 1944/01, AP KSchG 1969 § 9 Nr. 49 = NZA 2005, 41 (42) [unter II.2.]; 30.7.2001 – 1 BvR 792/03, AP GG Art. 12 Nr. 134 = NZA 2003, 959 (960) [unter B.II.2.]; siehe auch DD/*Deinert*, 12. Aufl. 2024, Einleitung Rn. 11; ErfK/*Oetker*, 24. Aufl. 2024, § 1 KSchG Rn. 4.

1014 Siehe dazu die Ausführungen in § 8.I. und § 8.II.

1015 BAG 25.1.2023 – 10 AZR 116/22, NZA 2023, 633 (634) [Rn. 11]; 27.2.2019 – 5 AZR 354/18, NZA 2019, 989 (990) [Rn. 16]. Über diese Voraussetzungen herrscht dabei senatsübergreifend Einigkeit, vgl. BAG, 17.11.2015 – 9 AZR 547/14, NZA 2016, 308 (309) [Rn. 16]; 11.11.2014 – 3 AZR 849/11, AP BetrAVG § 2 Nr. 74 [Rn. 53]; 29.8.2012 – 10 AZR 571/11, NZA 2013, 40 (41) [Rn. 18]. So bereits RAG 15.6.1929 – 180/29, ARS 6, 203 (203 f.); 19.1.1938 – 153/37, ARS 33, 172 (176).

1016 Sogenannte Vertragstheorie: BAG 27.2.2019 – 5 AZR 354/18, NZA 2019, 989 (990) [Rn. 16]; 23.8.2017 – 10 AZR 136/17, NZA 2018, 44 (46) [Rn. 18]; 17.11.2015 – 9 AZR 547/14, NZA 2016, 308 (309) [Rn. 16]; 19.3.2014 – 5 AZR 954/12, NZA 2014, 787 (790) [Rn. 43]; auch das RAG ging davon aus, dass in dem Verhalten eine Erklärung des Willens liege, RAG 15.6.1929 – 180/29, ARS 6, 203 (204).

Fortdauern vertrauen dürften, ohne einen Vertragsschluss anzunehmen.[1017] Die daraus folgende Verpflichtungswirkung nehmen hingegen beide Ansichten an.[1018]

Von dem arbeitsrechtlichen Gleichbehandlungsgrundsatz hebt sich die betriebliche Übung durch die zwingend mehrmalige und zeitlich frühere Leistung ab, die zu dem einen kollektiven Bezug aufweisen muss, eine Leistung an einzelne Arbeitnehmer begründet mithin keine solche Übung.[1019] Auch ist der entstehende Anspruch nicht personenbezogen, sodass sich ebenso diejenigen Arbeitnehmer, die zum Zeitpunkt der vorherigen Leistungen nicht dem Betrieb angehörten, auf ihn berufen können.[1020] Aufgrund ihrer Eigenheiten kommt der arbeitsrechtliche Gleichbehandlungsgrundsatz bei freiwilligen Leistungen in Betracht, während die betriebliche Übung einen künftigen Rechtsanspruch begründet.[1021] Trotz dieser Unterschiede – gerade die wiederholte Begehung führt zu höheren Anforderungen der betrieblichen Übung – verlaufen die Überlegungen zu beiden Rechtsinstituten aber parallel.

1017 Sogenannte Vertrauenstheorie: *Canaris*, Die Vertrauenshaftung im deutschen Privatrecht, 1971, S. 368 ff.; *Hanau*, AcP 165 (1965), 220 (260 f.); *Hromadka*, NZA 1984, 241 (244); *Krause*, in: FS Bauer, 2010, S. 577-592 (583 f.); *Seiter*, Die Betriebsübung, 1967, S. 93 f., 134; *Singer*, ZFA 1993, 487 (494 f.). Kritisch *Heinrich*, Formale Freiheit und materiale Gerechtigkeit, 2000, S. 421 f.; *Henssler*, in: FS 50 Jahre BAG, 2004, S. 683-711 (690); *Picker*, Die betriebliche Übung, 2011, S. 189 ff.; ErfK/*Preis*, 24. Aufl. 2024, § 611a BGB Rn. 239 ff.; *Waltermann*, RdA 2006, 257 (264); *Weth/Albert*, in: FS Preis, 2021, S. 1495-1501 (1498).

1018 So auch *Heinrich*, Formale Freiheit und materiale Gerechtigkeit, 2000, S. 420.

1019 Vgl. BAG 11.4.2006 – 9 AZR 500/05, NZA 2006, 1089 (1090 f.) [Rn. 15]; auf das Verhältnis geringer Fallzahlen im Vergleich zur Mitarbeiterstärke abstellend auch BAG 28.7.2004 – 10 AZR 19/04, NZA 2004, 1152 (1153) [unter II.1.c).bb)]; vgl. *Bauer/Medem*, ArbRAktuell 2011, 3 (3); *Waltermann*, RdA 2006, 257 (262). Das BAG nimmt allerdings einen Anspruch auch bei einzelnen Arbeitnehmern an, ordnet es aber gerade nicht der betrieblichen Übung zu, BAG 14.9.2011 – 10 AZR 526/10, NZA 2012, 81 (82) [Rn. 13]; mit dem Begriff der „Individualübung" *Wenning*, Betriebliche Übung und Betriebsvereinbarung, 2018, S. 23 f. Siehe auch *Seiter*, Die Betriebsübung, 1967, S. 99 ff.

1020 BAG 27.2.2019 – 5 AZR 354/18, NZA 2019, 989 (990) [Rn. 16]; so auch bereits RAG 15.6.1929 – 180/29, ARS 6, 203 (203 f.).

1021 Siehe zu den Unterschieden auch *Hueck*, Der Grundsatz der gleichmäßigen Behandlung im Privatrecht, 1958, S. 72; *Hueck/Nipperdey*, Lehrbuch des Arbeitsrechts – Band 1, 7. Aufl., 1963, S. 155.

(1) Anwendbarkeit auf Kündigungserklärungen

Neben den typischerweise von einer betrieblichen Übung betroffenen finanziellen Leistungen, wie dem 13. Monatsgehalt,[1022] ist eine solche auch aufgrund der Ausübung der arbeitgeberseitigen Rechte nicht ausgeschlossen. Das BAG geht von einem weiten Verständnis aus, bei dem eine betriebliche Übung dann denkbar sei, wenn der Gegenstand arbeitsvertraglich in derart allgemeiner Form geregelt werden könne.[1023] Während dies bei einer Selbstbeschränkung in Verbindung mit dem Recht aus § 5 Abs. 1 S. 3 EntgFG offen gelassen wurde,[1024] sei die Möglichkeit einer Verbesserung der Regelungen zur Entstehung einer Unkündbarkeit hingegen einer betrieblichen Übung zugänglich, sofern der Arbeitgeberwille unzweifelhaft zur Geltung komme.[1025]

Ein solch weites Verständnis verdient Zustimmung: Dürfen die Arbeitnehmer darauf vertrauen,[1026] dass eine ihnen günstige Praxis fortgeführt wird, kann die Kündigung davon nicht pauschal ausgenommen werden.[1027] Dabei gelten jedoch zwei Einschränkungen, die der betrieblichen Übung im Rahmen der Kündigung nur einen sehr geringen Raum geben. Wie schon bei dem arbeitsrechtlichen Gleichbehandlungsgrundsatz müssen die Voraussetzungen überhaupt vorliegen. Mit dem kollektiven Element und dem Erfordernis einer wiederholten Leistungsgewährung liegen diese sogar noch einmal höher als bei dem Gleichbehandlungsgrundsatz. Die klassische Weihnachtsgratifikation, die jährlich an alle Arbeitnehmer ausgezahlt wird, mag diese Voraussetzungen

---

1022 BAG 13.5.2015 – 10 AZR 266/14, NZA 2015, 992 (993) [Rn. 18]; 14.9.2011 – 10 AZR 526/10, NZA 2012, 81 (81 f.) [Rn. 11 ff.]. Die Entwicklung der betrieblichen Übung begann mit der Weihnachtsgratifikation, RAG 15.6.1929 – 180/29, ARS 6, 203 (203 f.). *Waltermann* stellt darauf ab, dass es in den typischen Fällen um Geld geht, *Waltermann*, RdA 2006, 257 (259).

1023 BAG 11.4.2006 – 9 AZR 500/05, NZA 2006, 1089 (1090) [Rn. 14].

1024 BAG 14.11.2012 – 5 AZR 886/11, NZA 2013, 322 (324) [Rn. 24].

1025 In dem zugrundeliegenden Fall machte der Kläger geltend, dass zwar aufgrund eines neuen Tarifvertrages strengere Anforderungen an die Unkündbarkeit vorlagen – die Unkündbarkeit trat nicht mehr bereits nach Ablauf von zehn Jahren ein – diese Regelungen aber nie angewandt wurden, BAG 16.12.1954 – 2 AZR 58/54, juris [Rn. 18].

1026 Auch nach der Vertragstheorie des BAG spielt das Vertrauen des Arbeitnehmers eine entscheidende Rolle, schließlich stellt auch das BAG darauf ab, was der Arbeitnehmer nach Treu und Glauben verstehen durfte, BAG 27.2.2019 – 5 AZR 354/18, NZA 2019, 989 (990) [Rn. 16].

1027 In eine vergleichbare Richtung aber im Ergebnis offen, LAG Mecklenburg-Vorpommern 14.8.2012 – 5 Sa 324/11, juris [Rn. 57].

erfüllen,[1028] eine Kündigung erfolgt jedoch in der Regel wesentlich seltener und – von den für verhaltensbedingte Gründe untypischen Massenkündigungen abgesehen – allein gegenüber einzelnen Arbeitnehmern. Eine potenziell vergleichbare Kündigungslage wird somit schwerlich zu finden sein.

Auch sei eine betriebliche Übung allein wegen der Untätigkeit des Arbeitgebers kritisch zu sehen. Eine passive Duldung könne keine betriebliche Übung dahingehend begründen, dass die geschuldete Arbeitsleistung nicht erbracht werden müsse.[1029] Der Arbeitnehmer könne daher z.B. nicht darauf vertrauen, dass der Arbeitgeber eine private Internetnutzung toleriere.[1030] Obwohl der mobbende Arbeitnehmer seiner Hauptleistungspflicht ohne Einschränkung nachkommen kann, verletzt er seine Schutzpflichten.[1031] Da auch darin eine Pflichtverletzung des Arbeitnehmers zu sehen ist, muss auch ein Vertrauen darauf, dass der Arbeitgeber diese Pflichtverletzung aufgrund seiner bisherigen Duldung akzeptiere, mit denselben Argumenten abgelehnt werden. Außerhalb der theoretischen Überlegungen bleibt der betrieblichen Übung somit nur ein sehr kleiner Anwendungsbereich, der ein ausdrückliches Handeln des Arbeitgebers und das Vorliegen einer regelmäßigen Praxis bei vergleichbaren Situationen erfordert. Wie im arbeitsrechtlichen Gleichbehandlungsgrundsatz angeführt[1032] kann das bisherige Vorgehen aber auch ohne das Erfüllen der Anforderungen an eine betriebliche Übung zumindest ein Überwiegen der Arbeitnehmerinteressen innerhalb der Interessenabwägung indizieren.[1033]

(2) Anspruch des Arbeitnehmers auf Kündigung

Die vorangegangenen Überlegungen haben gezeigt, dass die betriebliche Übung auch die Kündigung beeinflussen kann. Vor allem dann, wenn der Arbeitgeber

---

1028 Siehe nur BAG 13.5.2015 – 10 AZR 266/14, NZA 2015, 992 (993) [Rn.18]; RAG 15.6.1929 – 180/29, ARS 6, 203 (203 f.).

1029 Vgl. auch *Beckschulze*, DB 2007, 1526 (1526); *Bepler*, RdA 2004, 226 (237); *Besgen/Prinz*, § 1 Dienstliche und private Nutzung von Internet, Intranet und E-Mail, in: Besgen/Prinz (Hrsg.), Neue Medien und Arbeitsrecht, 2006, S. 37-82 (40 f.); *Bloesinger*, BB 2007, 2177 (2180); *Koch*, NZA 2008, 911 (913); *Mengel*, BB 2004, 1445 (1446 f.); *Waltermann*, NZA 2007, 529 (531); a.A. *Barton*, NZA 2006, 460 (461); *Fleischmann*, NZA 2008, 1397 (1397); wohl auch *Däubler*, AiB 1995, 149 (153).

1030 BAG 7.7.2005 – 2 AZR 581/04, NZA 2006, 98 (100) [Rn. 36]. Mit Hinweis auf dieses Urteil *Kort*, in: FS Wank, 2014, S. 259-273 (261 f.) Zu den Problemen bereits *Kamanabrou*, in: FS Otto, 2009, S. 209-223 (213 f.).

1031 Siehe dazu § 8.II.1.b).

1032 Siehe § 8.II.2.d).aa).

1033 In die Richtung auch *Picker*, Die betriebliche Übung, 2011, S. 277 f.

bisher auf die Kündigung verzichtet hat, kann sich daraus ein Konflikt mit einem nun gekündigten Arbeitnehmer ergeben. Ein anderes Bild zeichnet sich, wenn der Arbeitgeber bisher bei einem solchen Verhalten eine Kündigung ausgesprochen hat und der gemobbte Arbeitnehmer aufgrund einer solchen Übung die für ihn günstige Kündigung des mobbenden Arbeitnehmers begehrt.

Sieht man den reflexartig betroffenen Arbeitnehmer als Anspruchsinhaber an, so kommt derselbe Konflikt mit dem nur einseitig zwingendem Kündigungsschutzrecht auf, der schon im arbeitsrechtlichen Gleichbehandlungsgrundsatz aufgezeigt wurde. Der Verzicht auf die Kündigung eines Arbeitnehmers führt zwangsläufig zu einer reflexartigen Betroffenheit der übrigen Arbeitnehmer.[1034] Könnten sich diese auf eine betriebliche Übung berufen, so wäre es dem Arbeitgeber nahezu unmöglich, eine einmal erfolgte betriebliche Übung zu Gunsten des potenziell zu kündigenden Arbeitnehmers zu ändern. Auch ist die betriebliche Übung nach Ansicht des BAG dann möglich, wenn der Gegenstand arbeitsvertraglich in der Form geregelt werden kann.[1035] Dass eine vertragliche Verpflichtung zur Kündigung zwar möglich, aber außerhalb der Vertragsparteien keinerlei Wirkung aufweist, wurde bereits dargestellt.[1036] Auch bei der betrieblichen Übung ist daher davon auszugehen, dass allein die unmittelbar betroffenen Arbeitnehmer Anspruchsinhaber sind. Der gemobbte Arbeitnehmer kann sich folglich nicht auf eine betriebliche Übung berufen.

e) Zwischenergebnis

Tritt in einem Unternehmen ein arbeitnehmerseitiges Mobbing auf, wird es in der Regel schon im Interesse des Arbeitgebers stehen, von seinen Rechten Gebrauch zu machen und diese Handlungen zu unterbinden. Eine Pflicht, den oder die mobbenden Arbeitnehmer zu entlassen, besteht jedoch nur in sehr ausgewählten Fällen. Nicht abgestellt werden kann auf eine etwaige Selbstbindung des Arbeitgebers aufgrund seines vorherigen oder zeitgleich vorliegenden Handelns in vergleichbaren Konstellationen. Der arbeitsrechtliche Gleichbehandlungsgrundsatz und die betriebliche Übung können unter Umständen einem gekündigten Arbeitnehmer zur Seite stehen, wenn der Arbeitgeber bisher nach einem solchen Verhalten auf eine Kündigung verzichtet hat, die gemobbten Arbeitnehmer können sich hingegen nicht darauf berufen.

1034 Siehe dazu die Ausführungen in § 8.I. und § 8.II.

1035 BAG 11.4.2006 – 9 AZR 500/05, NZA 2006, 1089 (1090) [Rn. 14].

1036 Siehe dazu § 8.I.1.

Einen Anspruch, überhaupt tätig zu werden können diese Arbeitnehmer allerdings aus den Schutzpflichten des Arbeitgebers, sowie deren Konkretisierung in § 12 Abs. 3 AGG herleiten. Auch über § 104 BetrVG kann der Arbeitgeber zu einer Reaktion verpflichtet werden. Obwohl dort eine Einzelfallbetrachtung an den Tag zu legen ist, haben die Ausführungen gezeigt, dass wirksame Möglichkeiten des Schutzes bestehen, auch wenn sich eine Pflicht zur Kündigung des mobbenden Arbeitnehmers aufgrund des weiterhin zu beachtenden Verhältnismäßigkeitsgrundsatzes nur dann annehmen lässt, wenn keine andere Maßnahme einen Erfolg verspricht, was insbesondere die Abmahnung umfasst.

3. *Sittenwidrigkeit eines vertraglichen Kündigungsverzichts*

Die soeben dargestellte Verpflichtung zu einem geeigneten, erforderlichen und angemessenen Tätigwerden bezieht sich allerdings nur auf solche Maßnahmen, die dem Arbeitgeber möglich und zumutbar sind.[1037] Daher könnten die Vertragsparteien gewillt sein, diese Rechtsfolge durch den Ausschluss der ordentlichen Kündigung zu umgehen. Auch auf diese Weise ändert sich an der rechtlichen Situation des Arbeitnehmers nichts, tatsächlich müsste er aber weiterhin mit dem mobbenden Arbeitnehmer arbeiten. Mangels spezialgesetzlicher Regelung ist dafür erneut die Sittenwidrigkeit heranzuziehen,[1038] dessen Maßstab bereits im Rahmen der kündigungsrelevanten Reflexwirkungen abgesteckt wurde.

Allein die Nachteile des gemobbten Arbeitnehmers führen nicht zur Sittenwidrigkeit, stattdessen müssen weitere Faktoren – insbesondere das subjektive Element – innerhalb der Gesamtabwägung hinzutreten, um einen Verstoß gegen die guten Sitten annehmen zu können. Bei der Unkündbarkeit aus betriebsbedingten Gründen wurde festgestellt, dass ein sachlicher Grund maßgeblich ist, der das Vorliegen schützenswerter Interessen der Vertragsparteien und einer Schädigungsabsicht beeinflusst. Zudem bilden ein enger zeitlicher Zusammenhang und die Privilegierung einer Vielzahl an Arbeitnehmern starke Indizien für das Fehlen eines solchen Grundes.[1039] Obwohl das BAG auch die Umgehung der Sozialauswahl als Faktor einbezogen hat[1040] und die Stoßrichtung damit klar auf die ordentliche betriebsbedingte Kündigung gerichtet ist, sind letztlich nur die Charakteristika der Sittenwidrigkeit umschrieben. Folgerichtig lassen sich die Überlegungen auch auf die personen- oder verhaltensbedingte Kündigung

---

1037 BAG 25.10.2007 – 8 AZR 593/06, NZA 2008, 223 (226) [Rn. 74].

1038 Vgl. auch *Ulrici*, ZFA 2016, 377 (401).

1039 Siehe dazu § 8.I.2.a).bb).

1040 BAG 2.6.2005 – 2 AZR 480/04, NZA 2006, 207 (210) [unter B.I.4.b.).aa)].

übertragen, womit erneut dem sachlichen Grund eine Schlüsselrolle zufällt. Der sachliche Grund muss dabei allerdings nicht nur rechtfertigen, dass die Kündigung wegen eines alle Arbeitnehmer betreffenden betrieblichen Grundes unterbleiben soll, sondern wegen eines individuell den konkreten Arbeitnehmer betreffenden Grundes.

Das Indiz eines zeitlichen Zusammenhangs bietet sich damit weiterhin an, erfolgt der Ausschluss im unmittelbaren Zusammenhang mit dem Entstehen des Kündigungsgrundes, drängt sich auf, dass allein die in den Schutzpflichten verankerte Pflicht des Arbeitgebers zu Lasten des betroffenen Arbeitnehmers umgangen werden soll. Auch vermittelt ein Kündigungsausschluss für eine individuelle Handlung den Eindruck, dass ein bestimmtes Verhalten zu Lasten anderer Personen gefördert werden soll und nicht eine unternehmensbezogene Entscheidung im Vordergrund steht. Erneut läge mangels sachlichen Grundes kein schützenswertes Interesse der Vertragsparteien, wohl aber ein ausgeprägtes subjektives Sittenwidrigkeitselement vor.

Insbesondere das Fehlen eines sachlichen Grundes kann folglich zur Sittenwidrigkeit und damit Nichtigkeit des Kündigungsverzichts führen, sodass die Kündigung weiterhin eine geeignete, erforderliche und angemessene Maßnahme darstellen kann. Trotz der Möglichkeit eines wirksamen Verzichts auf die ordentliche verhaltensbedingte Kündigung, wird der gemobbte Arbeitnehmer damit vor auf die Mobbinghandlung gerichteten Absprachen zwischen Arbeitnehmer und Arbeitgeber geschützt, wobei auch die nicht dem Verzicht zugängliche außerordentliche Kündigung als Schutzmaßnahme zu beachten ist.

4. *Exkurs: Fehlerhafte Entscheidung des Arbeitgebers*

Etwas weniger deutlich kann der Verzicht auf eine Kündigung auch konkludent zum Ausdruck gebracht werden. Spricht der Arbeitgeber beispielsweise eine Abmahnung aus, drücke er damit zeitgleich aus, dass eine für eine Kündigung notwendige Störungsintensität noch nicht vorliege.[1041] Liegt also eine objektiv nicht geeignete Abmahnung vor, wäre die Kündigung dennoch ausgeschlossen und könnte so zu unbefriedigenden Ergebnissen führen. Auch hier ist daher zu schauen, ob eine Abmahnung eventuell nichtig ist und so einer Kündigung nicht im Wege stehen würde.

1041 BAG 19.11.2015 – 2 AZR 217/15, NZA 2016, 540 (542) [Rn. 28]; 12.5.2011 – 2 AZR 479/09, NZA-RR 2012, 43 (47) [Rn. 53]; 13.12.2007 – 6 AZR 145/07, NZA 2008, 403 (404) [Rn. 23 f.]; Linck/Krause/Bayreuther/*Krause*, 16. Aufl. 2019, § 1 KSchG Rn. 218.

Wie auch bei den vertraglichen Abreden kann eine Unwirksamkeit wegen eines Vertrages zu Lasten Dritter nicht angenommen werden. Eine unmittelbar aus dem Vertrag resultierende Rechtspflicht des nur reflexartig betroffenen Arbeitnehmers liegt nicht vor, die Weiterbeschäftigung des mobbenden Arbeitnehmers führt allein zu faktisch belastenden Folgen.[1042] Denkbar ist hingegen die Sittenwidrigkeit des arbeitgeberseitigen Handelns, die zu einer Nichtigkeit der Abmahnung führt. Als Kündigungsverzicht, der sich von einer vertraglichen Absprache allein dadurch abgrenzt, dass er konkludent erfolgt, stehen diese Überlegung im Einklang mit den zuvor genannten Annahmen zur Sittenwidrigkeit ausdrücklicher vertraglicher Kündigungsverzichte.[1043] Aufgrund der Bedeutung des subjektiven Elementes für die Sittenwidrigkeit, ist danach zu unterscheiden, ob sich der Arbeitgeber der fehlenden Eignung bewusst war, oder ob er einer unbewussten Fehleinschätzung unterlag.

Für eine bewusste Fehlentscheidung des Arbeitgebers ist damit nach den Anforderungen an die Sittenwidrigkeit eine solche zu bejahen. Ausschlaggebend waren in den bereits dargelegten Überlegungen stets die fehlenden schützenswerten Interessen der Vertragsparteien und ein subjektives Sittenwidrigkeitselement. Insbesondere letzteres ist anzunehmen, sofern sich bewusst gegen die notwendige Kündigung entscheiden wird. Auch müssen die Interessen von mobbendem Arbeitnehmer und Arbeitgeber in der Interessenabwägung hintanstehen, da es ihnen allein um die Umgehung der notwendigen Kündigung und damit im Ergebnis um die Verhinderung von Konsequenzen des missbilligten Verhaltens geht.

Im Gegensatz dazu liegt im Falle einer unbewussten Fehleinschätzung keine Sittenwidrigkeit vor. Ein subjektives Element ist gerade abzulehnen und dem Arbeitgeber steht es grundsätzlich zu, seine Belegschaft so zusammenzustellen,

---

1042 So auch *Gehlhaar*, NZA 2009, 825 (829).

1043 Die Sittenwidrigkeit einer Abmahnung ist nicht ohne Weiteres als möglich anzunehmen. Sie kann nicht als Willenserklärung charakterisiert werden (*Hoyningen-Huene*, RdA 1990, 193 (199); ErfK/*Niemann*, 24. Aufl. 2024, § 626 BGB Rn. 30), sodass es bereits an der Eingangsvoraussetzung des § 138 Abs. 1 BGB – dem (einseitigen) Rechtsgeschäft – mangelt. Vielmehr handelt es sich um eine geschäftsähnliche Handlung, auf die aber die Regelungen über Willenserklärungen aber entsprechend angewendet werden können (*Hoyningen-Huene*, RdA 1990, 193 (199); ErfK/*Niemann*, 24. Aufl. 2024, § 626 BGB Rn. 30). Insbesondere vor dem Hintergrund eines konkludent erklärten Kündigungsverzichts mit den zuvor erläuterten Konsequenzen, ist dann auch eine Sittenwidrigkeit aufgrund der Umstände der Vornahme nicht von Beginn an auszuschließen. So auch *Ulrici*, NJW 2003, 2053 (2056).

wie es ihm beliebt.[1044] Will er dem mobbenden Arbeitnehmer also nur noch eine Chance geben, ist dieses Interesse genauso zu berücksichtigen, wie das Vertrauen des mobbenden Arbeitnehmers, nicht aufgrund der Tätigkeit entlassen zu werden. Obwohl das Interesse des belasteten Arbeitnehmers gewichtig in die Interessenabwägung einzufließen hat, kann ein Zurücktreten seiner Interessen mit der Überlegung gerechtfertigt werden, dass bei einer weiteren Zuwiderhandlung allein die Kündigung erfolgversprechend ist, und der Arbeitgeber sich dann auch nicht mehr auf die Unkenntnis berufen kann.[1045]

Sofern sich die mangelnde Eignung der Abmahnung aber nicht aufdrängt, wird aufgrund der hohen Anforderungen die Sittenwidrigkeit in der Regel abzulehnen sein. Die Interessen des Arbeitgebers überwiegen dann diejenigen des gemobbten Arbeitnehmers, der zumindest einen eingeschränkten Schutz dadurch erfährt, dass der Arbeitgeber bei einer weiteren Mobbinghandlung mit der Kündigung zu reagieren hat.

5. Zwischenergebnis

Ist der Arbeitnehmer Handlungen seiner Kollegen ausgesetzt, die als Mobbing zu qualifizieren sind, steht ihm insbesondere aufgrund der Schutzpflichten des Arbeitgebers ein Anspruch auf dessen Einschreiten zu. Dies bedeutet zwar nicht von Beginn an einen Anspruch auf die konkrete Maßnahme der Kündigung, kann sich aber zu einem solchen zuspitzen, sofern nur die Kündigung einen Erfolg verspricht. Ausgeschlossen ist die Kündigung hingegen dann, wenn ein wirksamer – ausdrücklich oder konkludent über die Abmahnung ausgesprochener – Kündigungsverzicht des Arbeitgebers vorliegt. Ein solcher ist grundsätzlich von dem Ermessensspielraum und der Berufsfreiheit des Arbeitgebers gedeckt, kann sich aber im Einzelfall als sittenwidrig und nichtig herausstellen. Die in dem Zuge notwendige Interessenabwägung schlägt dann zu Gunsten des gemobbten Arbeitnehmers in die Sittenwidrigkeit aus, wenn keine schutzwürdigen Interessen der Vertragsparteien den Schutzinteressen des gemobbten Arbeitnehmers gegenüber stehen, der Arbeitgeber also insbesondere mit dem Verzicht das Fehlverhalten des mobbenden Arbeitnehmers zu Lasten des gemobbten fördern möchte. Durch diese hohen Anforderungen wird der Konflikt der Parteien in einen angemessenen Ausgleich gebracht. Der Schutz des betroffenen Arbeitnehmers steht dabei

---

1044 Siehe dazu § 4.II.1.a).

1045 Nicht zuzustimmen ist damit *Gehlhaar*, der die Möglichkeit einer falschen Ermessensausübung als mit der Annahme eines durchsetzbaren Anspruchs aus § 12 Abs. 3 AGG nicht vereinbar brandmarkt, *Gehlhaar*, NZA 2009, 825 (829).

zwar im Zentrum, Kritik gegenüber Kollegen und Arbeitnehmern ist aber weiterhin zweifelsohne erlaubt und mit der Kündigung als *ultima ratio* wird auch die Schutzpflicht des Arbeitgebers gegenüber dem mobbenden Arbeitnehmer einbezogen.

In dieser Betrachtung ausgeklammert, stehen dem Arbeitnehmer noch weitere Reaktionsmöglichkeiten zu. Selbstverständlich steht es ihm frei, eigenständig das Arbeitsverhältnis zu kündigen und sich auf diese Weise der Mobbinghandlung zu entziehen. Da sich der Arbeitgeber mit der Verletzung seiner Schutzpflicht vertragswidrig verhält, stände dem Arbeitnehmer dann ein Ersatzanspruch gem. § 628 Abs. 2 BGB zu.[1046] Auch die deliktischen oder (gegen den Arbeitgeber) vertraglichen Schadensersatz- oder Schmerzensgeldansprüche sind nicht zu vernachlässigen.[1047] Gerade die Anerkennung des Allgemeinen Persönlichkeitsrechtes als sonstiges Recht im Sinne des § 823 Abs. 1 BGB hat den Anwendungsbereich dahingehend geöffnet, ohne dass eine physische oder psychische Gesundheitsbeeinträchtigung vorliegen muss. Für den an dieser Stelle beispielhaft besprochenen Fall des Mobbings durch einen Kollegen steht dem Arbeitnehmer somit ein ausgeprägtes Schutzsystem zur Verfügung, bei dem der Anspruch auf eine Kündigung des Arbeitsverhältnisses mit dem mobbenden Arbeitnehmer nur die Spitze des Eisbergs darstellt.[1048] Einer weitergehenden Normierung der materiellen Ansprüche bedarf es somit nicht.[1049]

Mit derselben Argumentation ist dann, wenn die Kündigung als letzter Ausweg verpflichtend ist, auch eine unmittelbar folgende Wiedereinstellung als sittenwidrig und nichtig anzusehen. Wenn schon im Rahmen der Bewertung der Kündigung keine anderen Optionen, wie die Abmahnung oder die Versetzung, als erfolgsversprechend bewertet wurden, kann auch für eine erneute Anstellung keine andere Entscheidung erfolgen. Insbesondere ist die Beschäftigung in anderen Bereichen oder in anderweitiger Trennung von dem betroffenen Arbeitnehmer

---

1046 Siehe dazu z.B. *Gamillscheg*, Die Beendigung des Arbeitsverhältnisses, 2020, S. 83.

1047 Vgl. BAG 15.9.2016 – 8 AZR 351/15, juris [Rn. 29]; 28.10.2010 – 8 AZR 546/09, NZA-RR 2011, 378 (379) [Rn. 17]; 22.7.2010 – 8 AZR 1012/08, NZA 2011, 93 (101) [Rn. 90]; *Benecke*, Mobbing, 2005, S. 88 f.; *Bieszk/Sadtler*, NJW 2007, 3382 (3383); *Rieble/Klumpp*, ZIP 2002, 369 (376 ff.).

1048 Siehe zu den schlechten Erfolgsaussichten z.B. die Ausführungen in *Bieszk/Sadtler*, NJW 2007, 3382 (3382 f.).

1049 Zumindest bezüglich der Ansprüche ist damit *Thüsing* und *Bleckmann* zuzustimmen, dass ein neues Mobbinggesetz keinen weitergehenden Schutz bieten würde, *Thüsing/Bleckmann*, BB 2020, 249 (250 f.). So auch *Höpfner*, in: FS Düwell, 2011, S. 379-408 (406).

bereits vor der Kündigung als nicht erfolgsversprechend ausgeschieden. Es ergibt in der rechtlichen Einordnung keinen Unterschied, ob der Arbeitgeber den Schutz des gemobbten Arbeitnehmers durch eine unterlassene Kündigung oder durch eine solche Wiedereinstellung unterlaufen möchte: Wäre also ein Kündigungsverzicht mangels schutzwürdigen Interesses nichtig, so muss dies gleichermaßen auch für die Wiedereinstellung gelten.

III. Betriebsübergang

Ebenfalls Einfluss auf den Bestand des Arbeitsverhältnisses haben Abreden im Zusammenhang mit einem Betriebsübergang. Bei diesem stehen sich die Parteien des Arbeitnehmers, des bisherigen Arbeitgebers als Veräußerer und des Erwerbers gegenüber. Gem. § 613a Abs. 1 S. 1 BGB geht das bestehende Arbeitsverhältnis auf den Erwerber über, dem Arbeitnehmer steht aber nach Abs. 6 das Recht zu, dem Übergang des Arbeitsverhältnisses zu widersprechen und so das Arbeitsverhältnis mit dem bisherigen Arbeitgeber fortbestehen zu lassen. Dieser Widerspruch kann auch dem bisherigen Arbeitgeber gegenüber erklärt werden (§ 613a Abs. 6 S. 2 BGB), sodass eine Abrede zwischen Arbeitnehmer und bisherigem Arbeitgeber erhebliche Folgen (Bestehen oder Nichtbestehen eines Arbeitsverhältnisses) für einen Dritten (Erwerber) hat. Als gesetzlich vorgesehene Reaktionsmöglichkeit sind derlei Absprachen selbstredend zulässig.[1050] Eine weitaus konfliktträchtigere Konstellation hatte das BAG vor einigen Jahren zu entscheiden: Nachdem der Arbeitnehmer dem Übergang des Arbeitsverhältnisses zunächst gem. § 613a Abs. 6 S. 1 BGB widersprochen hatte, einigte er sich anschließend mit dem bisherigen Arbeitgeber, dass das Arbeitsverhältnis dennoch übergehen solle.[1051]

1. „Widerruf" des Widerspruchs kein Vertrag zu Lasten Dritter

Die Möglichkeit eines Widerrufes des Widerspruchs lehnt das BAG zu Beginn des Urteils zu Recht ab. Der Widerspruch nach § 613a Abs. 6 BGB sei als Gestaltungsrecht zu charakterisieren, woraus neben der Bedingungsfeindlichkeit auch die fehlende Möglichkeit eines freien einseitigen Widerrufes folge.[1052] Der darüberhinausgehenden Abrede zwischen Arbeitnehmer und bisherigem Arbeitgeber, dass der Widerspruch unbeachtlich sein solle, sprach das BAG anschließend die

1050 Siehe dazu auch die Ausführungen zur Wahl des Vertragstyps unter § 7.IV.

1051 BAG 30.10.2003 – 8 AZR 491/02, NZA 2004, 481.

1052 BAG 30.10.2003 – 8 AZR 491/02, NZA 2004, 481 (483) [unter II.2.a)]. Siehe auch BAG 28.2.2019 – 8 AZR 201/18, NZA 2019, 1279 (1283) [Rn. 42]; 15.12.2016 – 8 AZR 612/15, NZA 2017, 783 (786) [Rn. 32].

Wirksamkeit ab, da ein Vertrag zu Lasten Dritter vorliege. Durch diese Absprache sei einem Dritten eine Verpflichtung auferlegt worden, ohne dass er hätte mitwirken können.[1053]

Diesem Verständnis muss kritisch begegnet werden.[1054] Auch das BAG definiert einen Vertrag zu Lasten Dritter über eine Verpflichtung aus dem Vertrag heraus.[1055] Zielt die Abrede allerdings darauf ab, den Widerspruch als unbeachtlich anzusehen, ergibt sich die Verpflichtung des Erwerbers aus dem Gesetz. Der Übergang des Arbeitsverhältnisses ist gem. § 613a BGB für die Betriebsübergänge vorgesehen, in denen kein wirksamer Widerspruch erhoben wird. Die Abrede begründet folglich keine Verpflichtung für einen Dritten, sondern suspendiert allein die Ausnahme von der gesetzlich vorgesehenen Reaktion.[1056] Mangels unmittelbarer Verpflichtung muss daher ein Vertrag zu Lasten Dritter abgelehnt werden.[1057]

Einer aus dem Vertrag zu Lasten Dritter folgenden pauschalen Unwirksamkeit ist zudem entgegenzuhalten, dass die Verfügungsmacht über das eigene Arbeitsverhältnis grundsätzlich den Arbeitsvertragsparteien zukommt.[1058] Solange also der Betriebsübergang nicht abgeschlossen ist, müssen Arbeitnehmer und

1053 BAG 30.10.2003 – 8 AZR 491/02, NZA 2004, 481 (483) [unter II.2.b).bb).(1)].

1054 Der überwiegende Teil der Literatur hat das Ergebnis des BAG ohne Anmerkungen übernommen, vgl. Schaub ArbR-HdB/*Ahrendt*, 20. Aufl. 2023, § 118 Rn. 47; HWK/*Müller-Bonanni*, 11. Aufl. 2024, § 613a BGB Rn. 342; MüKoBGB/*Müller-Glöge*, 9. Aufl. 2023, § 613a BGB Rn. 115; ErfK/*Preis*, 24. Aufl. 2024, § 613a BGB Rn. 97; Grüneberg/*Weidenkaff*, 83. Aufl. 2024, § 613a BGB Rn. 53; *Willemsen/Müller-Bonanni*, G. Übergang von Arbeitsverhältnissen nach § 613a BGB, in: Willemsen/Hohenstatt/Schweibert u.a. (Hrsg.), Umstrukturierung und Übertragung von Unternehmen: arbeitsrechtliches Handbuch, 2021, S. 891-1089 (Rn. 152). Teilweise wird hingegen auch die Anknüpfung an den Vertrag zu Lasten Dritter übernommen, vgl. *Meyer*, NZA 2017, 960 (965); APS/*Steffan*, 7. Aufl. 2024, § 613a BGB Rn. 224. Einen Vertrag zu Lasten Dritter ablehnend z.B. Staudinger/*Klumpp*, 2020, Vorbem zu §§ 328 ff Rn. 68.

1055 BAG 30.10.2003 – 8 AZR 491/02, NZA 2004, 481 (483) [unter II.2.b).aa).(1)]; vgl. § 5.III.

1056 Das BAG stellt hingegen darauf ab, dass mit dem Widerspruch die gesetzliche Folge eingetreten ist und jede weitere Handlung somit nicht mehr als gesetzliche Folge zu sehen ist, BAG 30.10.2003 – 8 AZR 491/02, NZA 2004, 481 (483) [unter II.2.b).bb).(3)].

1057 In einer abgewandelten Fallkonstellation erkennt das BAG ebenfalls an, dass ein Vertrag zu Lasten Dritter dann nicht vorliegt, wenn die Rechtsfolgen aus § 613a BGB resultieren, BAG 19.3.1998 – 8 AZR 139/97, NZA 1998, 750 (751) [unter I.3.a)]. So auch Staudinger/*Klumpp*, 2020, Vorbem zu §§ 328 ff Rn. 68.

1058 So auch Staudinger/*Annuß*, 2022, § 613a BGB Rn. 347 und Staudinger/*Klumpp*, 2020, Vorbem zu §§ 328 ff Rn. 68, mit dem Vergleich zur ausgesprochenen und zurückgenommenen Kündigung.

bisheriger Arbeitgeber auch noch frei über das eigene Arbeitsverhältnis disponieren können.[1059] Würde eine auf die Verhinderung der Widerspruchswirkung abzielende Abrede auch vor dem Übergang grundsätzlich von der Zustimmung des Erwerbers abhängen, läge eine ähnliche Fremdbestimmung vor, wie die nun vom BAG bemängelte. Es hinge vom Wohlwollen des Erwerbers ab, ob der Arbeitnehmer in dem Arbeitsverhältnis mit dem bisherigen Arbeitgeber festsitzt.[1060] Ein Vertrag zu Lasten Dritter kann aufgrund der gesetzlichen Folgen nicht angenommen werden und ist auch mit Blick auf den arbeitnehmerschützenden Zweck des Widerspruchs[1061] weniger interessengerecht als eine flexible Handhabung.

2. *Unwirksamkeit nur im Einzelfall*

Ein solches flexibles Vorgehen ist über die Inhaltskontrolle zu erreichen. Neben den Grenzen des § 242 BGB ist auch § 138 Abs. 1 BGB zu beachten und die damit einhergehende Nichtigkeit zu prüfen. Mit der Ablehnung eines Vertrages zu Lasten Dritter ist folglich nicht der Möglichkeit nachträglicher, belastender Abreden Tür und Tor geöffnet. Wie der nachfolgende Überblick zeigt, kommen die dem Einzelfall gesetzten Grenzen denen eines pauschalen Verbotes im Ergebnis sogar sehr nahe.

a) Treuwidrigkeit

Eine von den Grundsätzen von Treu und Glauben umfasste Fallgruppe ist diejenige des widersprüchlichen Verhaltens. Auf diesem Wege kann eine an sich zulässige Rechtsausübung unzulässig sein, wenn diese mit dem früheren Verhalten unvereinbar ist. Treuwidrig ist ein widersprüchliches Verhalten allerdings erst dann, wenn ein Vertrauenstatbestand geschaffen wird[1062] und die Interessen

---

1059 Es wäre mit Art. 12 GG unvereinbar, „wenn ein Arbeitnehmer verpflichtet würde, für einen Arbeitgeber zu arbeiten, den er nicht frei gewählt hat“, BT-Drs. 14/7760, 20.

1060 Die übrigen Möglichkeiten der Beendigung des Arbeitsverhältnisses – insbesondere die Kündigung – stehen selbstverständlich weiterhin zur Verfügung. Zu den deutlichen Einschränkungen dieser Ansicht sogleich unter § 8.III.2.

1061 Vgl. *Löw*, BB 2021, 3000 (3001); ErfK/*Preis*, 24. Aufl. 2024, § 613a BGB Rn. 96.

1062 Zur Bedeutung des Vertrauenstatbestands BGH 16.3.2017 – I ZR 39/15, GRUR 2017, 702 (713) [Rn. 96]; 4.2.2015 – VIII ZR 154/14, NJW 2015, 1087 (1089) [Rn. 24]; 25.10.2012 – I ZR 162/11, NJW-RR 2013, 1057 (1061) [Rn. 46]; 7.2.2005 – III ZR 172/04, NJW 2005, 1354 (1356) [unter III.]; 14.9.2004 – XI ZR 248/03, ZIP 2004, 2273 (2275) [unter IV.]; 5.6.1997 – X ZR 73/95, NJW 1997, 3377 (3379 f.) [unter II.4.b)].

der Gegenpartei dahingehend vorrangig schutzwürdig erscheinen.[1063] Da der „Widerruf" des Widerspruchs inhaltlich einem zuvor erklärten Widerspruch entgegen steht und aufgrund der fehlenden freien Widerruflichkeit ein gewisser Vertrauenstatbestand vom Gesetz verdeutlicht wird, kommt es maßgeblich auf die Interessenabwägung,[1064] also die Schutzwürdigkeit des Vertrauens an. Dahingehend sind zwei Punkte zu beachten.

Die auf den Schutz des Arbeitnehmers ausgerichtete Regelung des § 613a BGB[1065] bürdet dem Erwerber generell eine große Unsicherheit auf. Dieser hat es nicht in der Hand, welche Arbeitnehmer von dem Widerspruchsrecht Gebrauch machen und welche Arbeitsverhältnisse so auf ihn übergehen. Einen Monat haben die Arbeitnehmer Zeit, dem Übergang des Arbeitsverhältnisses im Zuge des Betriebsübergangs zu widersprechen (§ 613a Abs. 6 BGB), selbst wenn zu diesem Zeitpunkt bereits für den Erwerber gearbeitet wurde.[1066] Auch am letzten Tag dieser Frist können die Arbeitnehmer dementsprechend noch wirksam widersprechen, sodass die Last, spontan auf personale Veränderungen reagieren zu müssen, bereits im Gesetz angelegt ist. Für die Beurteilung, wann die gesetzliche Belastung überschritten und damit ein schützenswerter Vertrauenstatbestand gegeben ist, bietet das Gesetz hingegen keine Lösung. Auch aus der ebenfalls in § 242 BGB verorteten Verwirkung des gesetzlich vorgesehenen Widerspruchsrechts lässt sich kein Mehrwert ziehen. Die Monatsfrist des § 613a Abs. 6 BGB gilt dann nicht, wenn eine ordnungsgemäße Belehrung unterblieben ist.[1067] Das damit in der Theorie unbegrenzte Widerspruchsrecht dürfe jedoch nur unter Wahrung der Grundsätze von Treu und Glauben ausgeübt

---

1063 St. Rspr. BGH 11.9.2019 – IV ZR 20/18, NJW-RR 2019, 1369 (1371) [Rn. 20] m.w.N. Das LAG Hamm hat z.B. in einer ebenso erklärten Anfechtung des Widerrufs eines Widerspruchs eine Erklärung des Arbeitnehmers gesehen, an dem Widerspruch zum Übergang des Arbeitsverhältnisses im Zuge des Betriebsübergangs festzuhalten. Das weitere Verfolgen eines nach dem Betriebsübergang mit dem Erwerber bestehenden angeblichen Arbeitsverhältnisses sei daher widersprüchlich, LAG Hamm 10.6.2002 – 19 Sa 43/02, NZA-RR 2003, 185 (186) [unter II.2.]. Mit vergleichbaren Konstellationen auch BAG 19.3.1998 – 8 AZR 139/97, NZA 1998, 750 (751) [unter I.3.a)]; 15.2.1984 – 5 AZR 123/82, NZA 1984, 32 (33) [unter III.2.a)]. Siehe auch *Canaris*, Die Vertrauenshaftung im deutschen Privatrecht, 1971, S. 278.

1064 Diese ist auch im Falle eines widersprüchlichen Verhaltens notwendig, vgl. BAG 22.7.2021 – 2 AZR 6/21, NZA 2021, 1405 (1406 f.) [Rn. 26].

1065 Vgl. *Löw*, BB 2021, 3000 (3001); ErfK/*Preis*, 24. Aufl. 2024, § 613a BGB Rn. 96.

1066 Staudinger/*Annuß*, 2022, § 613a BGB Rn. 312.

1067 St. Rspr. BAG 14.11.2013 – 8 AZR 824/12, NZA 2014, 610 (611) [Rn. 18] m.w.N. Siehe aber auch BAG 22.7.2021 – 2 AZR 6/21, NZA 2021, 1405 (1406) [Rn. 22].

werden.[1068] Mit dem Argument des Vertrauensschutzes könne der Arbeitnehmer dann nicht mehr widersprechen, wenn er längere Zeit untätig geblieben ist und sich der Erwerber daher darauf einstellen durfte, dass er auch weiterhin nicht widerspricht.[1069] Die für die Verwirkung fraglichen Zeiträume von mehreren Jahren[1070] sind für den „Widerruf" des Widerspruchs unpraktikabel und nicht zu übernehmen. Während dieser lange Zeitraum herangezogen wird, um der Untätigkeit einen Erklärungswert zuzugestehen,[1071] ist dieser Erklärungswert unmittelbar gegeben, wenn dem Übergang des Arbeitsverhältnisses widersprochen wird. An einem solchen zeitlichen Faktor besteht somit auch kein Interesse.

Anknüpfen lässt sich hingegen an die ebenso von der Rechtsprechung angesprochenen personellen Dispositionen.[1072] Gerade dann, wenn der Erwerber im Vertrauen darauf, dass ein Arbeitsverhältnis nicht übergeht, zusätzliche Arbeitnehmer einstellt, ist er deutlich schutzwürdiger als im gesetzlich vorgesehenen Falle des einfachen Widerspruchs. Käme es trotz des ursprünglich erklärten Widerspruchs doch zu einem Übergang des Arbeitsverhältnisses, läge eine Überbesetzung vor, die aufgrund der Kündigungsregelungen zu einer langfristigen Belastung des Erwerbers führen könnte. Im Gegensatz zu der Unterbesetzung im Falle des kurzfristig ausgeübten Widerspruchs eines Arbeitnehmers, sind diese Extraaufwendungen allerdings nicht im Gesetz vorgesehen. Ein schutzwürdiges Vertrauen ist mithin anzunehmen, wenn der Erwerber im Anschluss an den ursprünglichen Widerspruch des Arbeitnehmers Dispositionen getätigt hat,[1073] der Erwerber also über die für den

---

1068 BAG 22.7.2021 – 2 AZR 6/21, NZA 2021, 1405 (1406) [Rn. 25].

1069 BAG 22.7.2021 – 2 AZR 6/21, NZA 2021, 1405 (1406 f.) [Rn. 26].

1070 Der Entscheidung zur Verwirkung des Widerspruchsrechts lag ein Sachverhalt zugrunde, in dem der Arbeitnehmer rund acht Jahre nach dem Betriebsübergang widersprechen wollte, BAG 22.7.2021 – 2 AZR 6/21, NZA 2021, 1405. Im Falle des „Widerrufs" des Widerspruchs zum Übergang des Arbeitsverhältnisses erklärte der Arbeitnehmer diesen „Widerruf" drei Wochen nach dem Widerspruch, BAG 30.10.2003 – 8 AZR 491/02, NZA 2004, 481.

1071 Das BAG stellt darauf ab, dass die Anforderungen an das „Umstandsmoment" mit fortschreitender Untätigkeit sinken, BAG 22.7.2021 – 2 AZR 6/21, NZA 2021, 1405 (1407) [Rn. 27].

1072 Das LAG Hamm stellt auf die Dispositionen ab (LAG Hamm 10.6.2002 – 19 Sa 43/02, NZA-RR 2003, 185 (186) [unter II.1.b)]) und das BAG stimmte der Bewertung zu, BAG 30.10.2003 – 8 AZR 491/02, NZA 2004, 481 (483) [unter II.2.b).aa)].

1073 Auch *Heinrich* stellt darauf ab, dass nur dann ein schützenswertes Vertrauen vorliegt, wenn Dispositionen getroffen wurden, *Heinrich*, Formale Freiheit und

Betriebsübergang vorgesehenen Nachteile hinaus betroffen ist.[1074] Mit Blick auf das Kündigungsrecht sollte es aber nicht allein bei personalen Dispositionen bleiben. Bei einer betriebsbedingten Kündigung werden die unternehmerischen Entscheidungen nicht gerichtlich überprüft,[1075] die unternehmerische Gestaltung des Betriebes stehe dem Unternehmer zu.[1076] Diese unternehmerische Gestaltung darf auch dem Erwerber nicht ohne Weiteres abgesprochen werden, sodass es auch ihm möglich sein muss, im Vertrauen auf den Widerspruch des Arbeitnehmers solche Entscheidungen treffen zu können. Zwar darf eine Kündigung nicht wegen des Betriebsübergangs ausgesprochen werden (§ 613a Abs. 4 S. 1 BGB),[1077] hat der Arbeitnehmer aber den Widerspruch erklärt, muss der Erwerber solche Entscheidungen treffen können, ohne danach eine etwaige betriebsbedingte Kündigung mitsamt Sozialauswahl und Kündigungsfrist aussprechen zu müssen.

Anhand dieser Belastungen des Erwerbers wird auch deutlich, dass es der Treuwidrigkeit nicht entgegenstehen kann, dass der Vertrauenstatbestand in der Person eines Dritten entsteht. Als geschützt hat die Rechtsprechung das Vertrauen des „anderen Teils“ angesehen.[1078] Neben dem zweifelsohne umfassten unmittelbaren Vertragspartner, muss dies aber auch für andere am Rechtsverhältnis beteiligte Personen gelten.[1079] Zwar kann dafür nicht ausreichen, irgendwie von den Folgen berührt zu sein, dies würde die Grundsätze von Treu und Glauben zu einem kaum

---

materiale Gerechtigkeit, 2000, S. 412.

1074 In diese Richtung wohl auch BAG 19.3.1998 – 8 AZR 139/97, NZA 1998, 750 (751) [unter I.3.b)], das keine „Schädigung“ annimmt, sofern allein die gesetzlich geregelte Kündigungsfrist als Belastung auftaucht.

1075 Siehe nur MüKoBGB/*Hergenröder*, 9. Aufl. 2023, § 1 KSchG Rn. 355.

1076 BAG 22.11.1973 – 2 AZR 543/72, AP KSchG § 1 Betriebsbedingte Kündigung Nr. 22 [unter I.2.b)].

1077 Der Betriebsinhaberwechsel muss den tragenden Grund bilden, BAG 20.9.2006 – 6 AZR 249/05, NZA 2007, 387 (388) [Rn. 28]; 26.5.1983 – 2 AZR 477/81, NJW 1984, 627 (629) [unter B.III.1.]. Darüber hinaus sind Kündigungen zulässig (§ 613a Abs. 4 S. 2 BGB).

1078 So BGH 16.3.2017 – I ZR 39/15, GRUR 2017, 702 (713) [Rn. 96]; 4.2.2015 – VIII ZR 154/14, NJW 2015, 1087 (1089) [Rn. 24]; 7.2.2005 – III ZR 172/04, NJW 2005, 1354 (1356) [unter III.]; 14.9.2004 – XI ZR 248/03, ZIP 2004, 2273 (2275) [unter IV.]; 5.6.1997 – X ZR 73/95, NJW 1997, 3377 (3379 f.) [unter II.4.b)]; lediglich BGH 25.10.2012 – I ZR 162/11, NJW-RR 2013, 1057 (1061) [Rn. 46] spricht von einem Vertrauenstatbestand gegenüber dem Verpflichteten.

1079 Siehe MüKoBGB/*Schubert*, 9. Aufl. 2022, § 242 BGB Rn. 386, der das Vertrauen anderer Beteiligter auf das Vorliegen einer bestimmten Rechtslage als umfasst ansieht.

überwindlichen Hindernis aufblähen und jedwede Meinungsänderung unterbinden. Eine derart intensive Verknüpfung wie im Falle des Betriebsübergangs muss aber in jedem Fall umfasst sein. Selbst dann, wenn der Erwerber zu keinem Zeitpunkt von dem Arbeitnehmer angesprochen wird,[1080] treffen ihn von Gesetzes wegen die Rechtsfolgen nicht nur in gleichem Maße, sondern intensiver als den bisherigen Arbeitgeber. Unabhängig davon, wem gegenüber der Widerspruch ursprünglich erklärt wurde, kann auch das Vertrauen des Erwerbers damit zu einem treuwidrigen Verhalten führen.

Innerhalb der im Rahmen des § 242 BGB durchzuführenden Interessenabwägung ist daher zu beachten, dass Arbeitnehmer und bisheriger Arbeitgeber ihr Arbeitsverhältnis grundsätzlich frei regeln können. Dass damit für den Erwerber Rechtsfolgen einhergehen, auf die er keinen Einfluss hat, ist als gesetzlich vorgesehene Belastung zu akzeptieren. Dies umfasst auch, dass nach dem Betriebsübergang mitunter mehr Arbeitnehmer zur Verfügung stehen, als benötigt werden und diese somit nicht wirtschaftlich genutzt werden können. Eine nachträgliche Unwirksamkeit des Widerspruchs unterliegt dennoch strengen Grenzen, sofern der Erwerber schutzwürdig ist. Als endgültige Grenze ist wohl der Ablauf der Monatsfrist anzusehen, da auch von Gesetzes wegen ab diesem Zeitpunkt Planungssicherheit für den Erwerber vorgesehen ist. Vor Ablauf dieser Frist ist ein nachträgliches Handeln der Vertragsparteien widersprüchlich und treuwidrig, sofern der Erwerber bereits im Vertrauen auf den Widerspruch unternehmerisch tätig geworden ist und tätig werden durfte. Ob dabei der Betriebsübergang noch aussteht oder bereits erfolgt ist, kann hingegen keinen Unterschied ergeben, schließlich hat dies auch keine Konsequenzen für den Widerspruch selbst. Die Wahrscheinlichkeit einer unternehmerischen Entscheidung und damit Schutzwürdigkeit des Erwerbers kann jedoch nach dem Betriebsübergang steigen.

b) Sittenwidrigkeit

Die Treuwidrigkeit stellt damit nicht das Dreiecksverhältnis, sondern das widersprüchliche Verhalten in den Vordergrund. Anders liegt dies bei der Sittenwidrigkeit. Der Nachteil für den Erwerber und die Kenntnis dieses Nachteils sind an dieser Stelle zwar gegeben, wie schon im Rahmen des § 242 BGB sind die Belastungen in großen Teilen jedoch schon im Gesetz vorgesehen und damit

---

1080 Der Widerspruch kann gegenüber dem Veräußerer und dem Erwerber erklärt werden (§ 613a Abs. 6 S. 2 BGB), die fragliche Abrede erfolgte zwischen dem Arbeitnehmer und dem Veräußerer, seinem bisherigen Arbeitgeber. Es ist daher möglich, dass der Erwerber zu keinem Zeitpunkt einbezogen ist.

nicht als Nachteil von Drittinteressen im Sinne von § 138 Abs. 1 BGB zu sehen. Für die Annahme der Sittenwidrigkeit muss daher ebenso eine unternehmerische Entscheidung des Erwerbers vorliegen und die Belastung so über das gesetzliche Maß hinausgehen. Für das subjektive Element bedeutet dies, dass zwar keine Schädigungsabsicht[1081] vorliegen muss, sich die Kenntnis aber auch nicht allein auf die Nachteile beziehen darf, sondern die unternehmerische Entscheidung als die Sittenwidrigkeit begründenden Umstand mitumfassen muss. Gemeinsam mit der notwendigen Interessenabwägung – bei der die Interessen des Erwerbers aufgrund der unternehmerischen Entscheidung als schützenswert einzustufen sind, da dem Erwerber nur die betriebsbedingte Kündigung bliebe[1082] – weist die Sittenwidrigkeit damit einen deutlich engeren Anwendungsbereich als die Treuwidrigkeit auf.

3. *Zwischenergebnis*

Im Grundsatz ist daher davon auszugehen, dass Arbeitnehmer und bisheriger Arbeitgeber auch nach der Erklärung des Widerspruchs nicht jede Dispositionsmöglichkeit verloren haben. Die daraus resultierenden Folgen für den Erwerber können aber über das im Gesetz angelegte Maß hinausgehen und so die Unwirksamkeit oder Nichtigkeit der Disposition begründen. Wegen des zuvor erklärten Widerspruchs liegt ein widersprüchliches Verhalten vor, dessen Ausübung dann treuwidrig ist, wenn der Erwerber ein schutzwürdiges Vertrauen aufweist. Dies ist anzunehmen, wenn bereits unternehmerische Entscheidungen getroffen wurden und so ein zusätzlicher Nachteil vorliegt.[1083] Primär wegen der Nachteile für Dritte

---

1081 Es könnte Arbeitnehmer und bisherigem Arbeitgeber darauf ankommen, den Erwerber durch zusätzliche Kosten zu schädigen. In diese Richtung könnte die Argumentation des BAG verstanden werden, das darauf abstellt, die Abrede sei „*darauf gerichtet* [den] Übergang des Arbeitsverhältnisses auf die Beklagte eintreten zu lassen und damit die Beklagte statt der KG mit der Entgeltzahlungs- und Beschäftigungspflicht zu belasten", BAG 30.10.2003 – 8 AZR 491/02, NZA 2004, 481 (483) [unter II.2.b).bb).(2)] (Hervorhebungen durch den Bearbeiter).

1082 Eine solche betriebsbedingte Kündigung war beispielsweise Inhalt in BAG 24.9.2015 – 2 AZR 562/14, NZA 2016, 366; 19.3.1998 – 8 AZR 139/97, NZA 1998, 750 m.w.N. Vgl. auch *Klumpp/Jochums*, JuS 2006, 687 (690); HWK/*Müller-Bonanni*, 11. Aufl. 2024, § 613a BGB Rn. 357; ErfK/*Preis*, 24. Aufl. 2024, § 613a BGB Rn. 106; *Rieble*, NZA 2004, 1 (2); Grüneberg/*Weidenkaff*, 83. Aufl. 2024, § 613a BGB Rn. 37.

1083 In dem zugrundeliegenden Fall stellt die Beklagte darauf ab, dass ihr der Widerspruch mitgeteilt wurde und sie daher schon bestimmte (personelle) Dispositionen treffen konnte, LAG Hamm 10.6.2002 – 19 Sa 43/02, NZA-RR 2003, 185 (186) [unter

kann auch eine Sittenwidrigkeit vorliegen. Diese fordert aber zum einen, dass die Nachteile das gesetzlich vorgesehene Maß überschreiten müssen und zum anderen, subjektiv auch Kenntnis der Umstände vorliegt. Damit ist auch hier auf die intensivere Belastung aufgrund getroffener unternehmerischer Entscheidungen abzustellen. Die Sittenwidrigkeit weist damit einen engeren, nicht über § 242 BGB hinausgehenden Schutzumfang auf.

Zu widersprechen ist dem BAG in jedem Fall in der Einordnung als Vertrag zu Lasten Dritter. Die den Erwerber treffenden Konsequenzen beruhen auf den Folgen des § 613a BGB.[1084] Mangels unmittelbarer Änderung der Rechtslage übergeht die Einordnung als pauschal unwirksamer Vertrag zu Lasten Dritter damit § 613a BGB und ist durch eine Einzelfallabwägung zu ersetzen.

IV. Rechtsdurchsetzung

Die Rechtsdurchsetzungsmöglichkeiten der betroffenen Dritten stellen sich zwar unterschiedlich dar, zu großen Teilen ergeben sich daraus allerdings keine Probleme. Allein im Zusammenhang mit der Verpflichtung des Arbeitgebers, bei Mobbinghandlungen angemessene Maßnahmen zu ergreifen besteht ein solches Konfliktpotenzial.

1. Rechtsdurchsetzungsmöglichkeit des gekündigten Arbeitnehmers

Für den aufgrund spezieller vertraglicher Abreden zwischen einem Arbeitnehmer und Arbeitgeber gekündigten Arbeitnehmer ergeben sich prozessual keine Herausforderungen. Wie bei jeder Kündigung steht es dem Arbeitnehmer frei die Kündigungsschutzklage – eine besondere Feststellungsklage[1085] – gem. § 4 KSchG zu erheben und die Rechtmäßigkeit der Maßnahme anzuzweifeln. Mangelt es dabei an einem Kündigungsgrund oder an einer ordnungsgemäßen, im Falle der betriebsbedingten Kündigung anfallenden Sozialauswahl, so ist die Kündigung gem. § 1 Abs. 3 S. 1 KSchG unwirksam.[1086] Wurden demnach Arbeitnehmer zu

---

II.1.b)]. Im Ergebnis muss daher die Abrede zwischen Arbeitnehmer und bisherigem Arbeitgeber auch nach diesem Vorgehen als unwirksam angesehen werden.

1084 So wie es das BAG auch zuvor angenommen hat, BAG 19.3.1998 – 8 AZR 139/97, NZA 1998, 750 (751) [unter I.3.a)]; 15.2.1984 – 5 AZR 123/82, NZA 1984, 32 (33) [unter III.2.a)].

1085 So deutlich BAG 2.4.1987 – 2 AZR 418/86, NZA 1987, 808 (810 f.) [unter B.II.2]; vgl. MüKoBGB/*Hergenröder*, 9. Aufl. 2023, § 4 KSchG Rn. 18; APS/*Hesse/Tiedemann*, 7. Aufl. 2024, § 4 KSchG Rn. 18.

1086 Z.B. BAG 27.6.2019 – 2 AZR 50/19, NZA 2019, 1345 (1347) [Rn. 26].

Unrecht aus der Sozialauswahl ausgenommen oder liegt der Entscheidung eine unrechtmäßige Gewichtung der darin zu berücksichtigenden Kriterien vor, besteht das Arbeitsverhältnis fort.

2. *Rechtsdurchsetzungsmöglichkeit des faktisch belasteten Arbeitnehmers*

Etwas umstrittener ist die Frage der Rechtsdurchsetzung hinsichtlich der faktischen Belastung eines Arbeitnehmers, die aus der unterbliebenen Kündigung eines mobbenden Arbeitnehmers resultiert.

a) Vorliegen eines einklagbaren Anspruchs nach § 12 Abs. 3 AGG

In der Literatur[1087] wird teilweise bereits angezweifelt, dass – so das BAG[1088] – § 12 Abs. 3 AGG einen gerichtlich geltend zu machenden Anspruch des Arbeitnehmers enthält.[1089] Als Gegenargument wird insbesondere die Gesetzessystematik angeführt. Erst die §§ 13-16 AGG seien mit „Rechte der Beschäftigten" überschrieben und gewährleisten Reaktionsmöglichkeiten für den Fall der Benachteiligung.[1090] Das Gesetz sieht folglich ein Beschwerde- oder Leistungsverweigerungsrecht[1091] vor und kennt den Schadensersatz (§§ 13, 14, 15 AGG), einen einklagbaren Anspruch auf ein Tätigwerden des Arbeitgebers findet man dort jedoch nicht.

Obwohl das BAG selbst keine Erläuterung bemüht, warum es bei § 12 Abs. 3 AGG von einem einklagbaren Anspruch ausgeht, kann diesem trotz des systematisch durchaus verständlichen Gegenargumentes gefolgt werden. Insbesondere die folgenden Punkte sind dem BAG zugutezuhalten: Zum einen bedürfe es eines effektiven Schutzes der Arbeitnehmer, sodass nicht allein repressive Maßnahmen als ausreichend anzusehen sind, sondern auch die Möglichkeit

---

1087 So z.B. *Gehlhaar*, NZA 2009, 825 (826).

1088 So z.B. BAG 25.10.2007 – 8 AZR 593/06, NZA 2008, 223 (226) [Rn. 68]; 12.9.2006 – 9 AZR 271/06, NZA 2007, 269 (271) [Rn. 21]. Dem wird in der Literatur häufig zugestimmt, vgl. Adomeit/Mohr/*Mohr*, 2. Aufl. 2011, § 12 AGG Rn. 26; Schleusener/Suckow/Plum/*Suckow*, 6. Aufl. 2022, § 12 AGG Rn. 53.

1089 Der Anspruch nach § 104 BetrVG ist hingegen ein durchsetzbarer, kollektivrechtlicher Anspruch, siehe GK-BetrVG/*Raab*, 12. Aufl. 2022, § 104 BetrVG Rn. 11.

1090 So *Gehlhaar*, NZA 2009, 825 (826). Mit Verweis auf das BAG hingegen mittlerweile Adomeit/Mohr/*Mohr*, 2. Aufl. 2011, § 12 AGG Rn. 26.

1091 Auch außerhalb des AGG kann ein solches Zurückbehaltungsrecht aus § 273 BGB wegen Verletzung der Nebenpflicht zum Schutz des Persönlichkeitsrechts des Arbeitnehmers vorliegen, vgl. BAG 13.3.2008 – 2 AZR 88/07, juris [Rn. 42].

präventiven Schutzes erfordern müsse.[1092] Von den gesetzlich vorgesehenen Reaktionsmöglichkeiten bietet ohne einklagbaren Anspruch wohl nur § 14 AGG einen dahingehenden Schutz, wobei zu bedenken ist, dass die Leistungsverweigerung immer auch ein Risiko birgt.[1093] Der Schadensersatzanspruch – § 15 Abs. 1 AGG bezieht sich auf die Benachteiligung aus § 7 Abs. 1 AGG, wegen der Pflichtverletzung des Arbeitgebers könne aber § 280 Abs. 1 BGB herangezogen werden[1094] – bietet allein eine Entschädigung und könnte zu einer finanziellen Abwägung seitens des Arbeitgebers führen, um bis zu einer möglicherweise verfolgten Eigenkündigung des Arbeitnehmers „durchzuhalten". Eine Möglichkeit, die mit dem bezweckten Schutz des Persönlichkeitsrechts des Arbeitnehmers kaum zu vereinbaren ist. Zum anderen ist diesem teleologischen Argument an die Seite zu stellen, dass eine unterlassene Schutzmaßnahme eine Verletzung arbeitsvertraglicher Nebenpflichten darstelle, sodass ein einklagbarer Anspruch anzunehmen sei.[1095] Mit dieser Argumentation ist der einklagbare Anspruch auch dann anzunehmen, wenn die Mobbinghandlung nicht auf einem Merkmal des § 1 AGG basiert.

Zuletzt kann aus dem fehlenden Einstellungsanspruch im Falle des Verstoßes gegen das AGG im Auswahlverfahren[1096] nicht geschlossen werden, dass der Arbeitgeber auch bei einem relevanten Verhalten innerhalb der Kündigungsüberlegungen nicht zur Kündigung verpflichtet ist. Begründet wird der fehlende

---

1092 ErfK/*Schlachter*, 24. Aufl. 2024, § 12 AGG Rn. 3. Auch die Bundesregierung hat – allerdings zu § 12 Abs. 1 AGG – bei Einführung des AGG die Bedeutung präventiver Maßnahmen herausgestellt, BT-Drs. 16/1780, 37.

1093 So z.B. für den Fall, dass die Klärung der Rechtslage zeitaufwendig ist, vgl. BAG 13.3.2008 – 2 AZR 88/07, juris [Rn. 47]. Auf die nahezu nicht existente Bedeutung dieses Falles hinweisend, *Bauer/Schunder*, NZA 2022, 1368 (1368).

1094 So *Freyler*, NZA 2020, 284 (289); Schleusener/Suckow/Plum/*Plum*, 6. Aufl. 2022, § 15 AGG Rn. 29; HWK/*Rupp*, 11. Aufl. 2024, § 15 AGG Rn. 2a; Schleusener/Suckow/Plum/*Suckow*, 6. Aufl. 2022, § 12 AGG Rn. 55 f.; MüKoBGB/*Thüsing*, 9. Aufl. 2021, § 12 AGG Rn. 13. A.A. *Bauer/Krieger/Günther*, Gleichbehandlungsgesetz und Entgelttransparenzgesetz, 5. Aufl., 2018, § 12 AGG Rn. 5.

1095 MüKoBGB/*Thüsing*, 9. Aufl. 2021, § 12 AGG Rn. 13. Siehe für Schutzpflichten z.B. MüKoBGB/*Bachmann*, 9. Aufl. 2022, § 241 BGB Rn. 181 f.; MüKoBGB/*Spinner*, 9. Aufl. 2023, § 611a BGB Rn. 906; *Wolmerath*, ArbRAktuell 2015, 63 (64). Auch § 7 Abs. 3 AGG stellt darauf ab, dass eine Benachteiligung eine Verletzung vertraglicher Pflichten darstellt, vgl. auch LAG Berlin-Brandenburg 14.10.2022 – 12 Sa 51/22, NZA-RR 2023, 125 (127) [Rn. 30].

1096 Siehe § 15 Abs. 6 AGG. Auch ein Wiedereinstellungsanspruch existiert nicht, BAG 20.10.2015 – 9 AZR 743/14, NZA 2016, 299 (302) [Rn. 20].

Einstellungsanspruch damit, dass kein Kontrahierungszwang als Sanktion vorliegen solle, da dieser die Vertragsfreiheit zu sehr einschränke.[1097] Die Kündigung eines Arbeitnehmers stellt jedoch keinen solchen Kontrahierungszwang dar. Auch stellt die damit notwendige Neueinstellung eine geringere Belastung des Arbeitgebers dar als eine Begründung eines Arbeitsverhältnisses, für das eventuell kein Bedarf und keine Mittel zur Verfügung stehen.

Insgesamt ist mit dieser Argumentation die Ansicht des BAG als vorzugswürdig anzusehen.[1098] Sowohl der Wortlaut als auch die Systematik schließen ein solches Verständnis nicht aus, insbesondere erscheint es fragwürdig, dass allein die Leistungsverweigerung gem. § 14 AGG den Schutz der Arbeitnehmer sichern soll. Ohne Anspruch des Arbeitnehmers lägen allein finanzielle Folgen zugrunde, die Verletzung des Persönlichkeitsrechts des Arbeitnehmers könnte durch den Arbeitgeber „abgekauft“ werden.

b) Erfolgsaussichten

Gesteht man dem Arbeitnehmer damit richtigerweise die Klagemöglichkeit ein, so steht ihm die Leistungsklage offen, die auf Einhaltung der Schutzpflichten des Arbeitgebers gerichtet ist. Im Zusammenhang damit wird § 894 ZPO genannt;[1099] im Achten Buch der ZPO gelegen, findet diese Vorschrift auch für die Zwangsvollstreckung im arbeitsgerichtlichen Verfahren Anwendung (§ 62 Abs. 1 S. 1 ArbGG). Wird der Schuldner zur Abgabe einer Willenserklärung – die Kündigung ist eine einseitige empfangsbedürftige Willenserklärung des Arbeitgebers[1100] – verurteilt, so gilt diese als abgegeben, sobald das Urteil Rechtskraft erlangt hat. Dieses Vorgehen, das einen hinreichend bestimmten Inhalt voraussetzt[1101] und damit lediglich in den begrenzten Fällen möglich ist, in denen allein die Kündigung einen Erfolg verspricht, ist dabei auch möglich, wenn die Willenserklärung – wie

1097 HK-ArbR/*Berg*, 5. Aufl. 2022, § 15 AGG Rn. 14; MüKoBGB/*Thüsing*, 9. Aufl. 2021, § 15 AGG Rn. 42.

1098 So auch ErfK/*Schlachter*, 24. Aufl. 2024, § 12 AGG Rn. 3; Schleusener/Suckow/Plum/*Suckow*, 6. Aufl. 2022, § 12 AGG Rn. 53; MüKoBGB/*Thüsing*, 9. Aufl. 2021, § 12 AGG Rn. 13.

1099 *Gehlhaar*, NZA 2009, 825 (828).

1100 Linck/Krause/Bayreuther/*Krause*, 16. Aufl. 2019, § 1 KSchG Rn. 127; HaKo-KSchR/*Mestwerdt*, 7. Aufl. 2021, Einleitung Rn. 1.

1101 BGH 19.5.2011 – I ZB 57/10, NJW 2011, 3161 (3162) [Rn. 7]; MüKoZPO/*Gruber*, 6. Aufl. 2020, § 894 ZPO Rn. 11; Zöller/*Seibel*, 35. Aufl. 2024, § 894 ZPO Rn. 2.

vorliegend – gegenüber einem Dritten abzugeben ist.[1102] Ein weiteres Druckmittel ist für das Verlangen des BetrVG zum Tätigwerden in § 104 S. 2, 3 BetrVG vorgesehen, nachdem ein Zwangsgeld angesetzt werden kann.[1103]

Zur Wahrheit gehört jedoch auch, dass die Effektivität des Schutzes maßgeblich mit der tatsächlichen Durchsetzung zusammenhängt. Im Falle des Mobbings, das aus vielen einzelnen und für sich betrachtet meist nicht verwerflichen Handlungen besteht, wird die mangelnde prozessuale Erfolgsaussicht häufig in der Angst vor eigenen Nachteilen und Repressalien,[1104] sowie der Beweisproblematik[1105] gesehen. Mangels Beweiserleichterung – mobbingtypische Befunde sollen gerade keine Indizien schaffen[1106] – hat der Arbeitnehmer die Handlungen nachzuweisen. § 12 Abs. 1 AGG trägt es zwar dem Arbeitgeber auf, im Falle eines Verdachts selbst nachzuforschen und nicht auf den Beweis des Arbeitnehmers zu warten,[1107] dennoch wird auch im Falle eines motivierten Arbeitgebers die Beweissuche wohl schwierig sein.

Richtigerweise ist eine Beweiserleichterung an dieser Stelle jedoch weiterhin abzulehnen.[1108] Die Grünen beziehen sich in ihrem Gesetzesentwurf unter anderem auf § 22 AGG,[1109] dieser erleichtert aber allein den Beweis des Kausalzusammenhangs.[1110] Es kann somit darauf verzichtet werden, den Beweis zu erbringen, dass eines der in § 1 AGG genannten Merkmale ausschlaggebend war. Ohne

---

1102 OLG Brandenburg 20.9.2000 – 7 U 71/00, NJW-RR 2001, 1185 (1186) [unter I.1.c)]; Zöller/*Seibel*, 35. Aufl. 2024, § 894 ZPO Rn. 2.

1103 GK-BetrVG/*Raab*, 12. Aufl. 2022, § 104 BetrVG Rn. 30.

1104 *Thüsing/Bleckmann*, BB 2020, 249 (252). Dies steht auch im Einklang mit der Aussage, dass nur die wenigsten Mobbingbetroffenen den Rechtsweg bestreiten würden, *Wolmerath*, ArbRAktuell 2015, 63 (63).

1105 Vgl. BAG 15.1.1997 – 7 ABR 14/96, NZA 1997, 781 (781) [unter B.1.a)]. So auch *Berkowsky*, Die personen- und verhaltensbedingte Kündigung, 4. Aufl., 2005, § 8 Rn. 204; *Höpfner*, in: FS Düwell, 2011, S. 379-408 (404); *Prütting*, in: FS 50 Jahre BAG, 2004, S. 1311-1327 (1314); *Rieble/Klumpp*, ZIP 2002, 369 (380).

1106 BAG 16.5.2007 – 8 AZR 709/06, NZA 2007, 1154 (1162) [Rn. 88 ff.]; *Rieble/Klumpp*, ZIP 2002, 369 (380). A.A. z.B. LAG Thüringen 10.4.2001 – 5 Sa 403/00, NZA-RR 2001, 347 (357 f.) [unter III.3.b).cc).(2).(b).aa)]; 15.2.2001 – 5 Sa 102/00, NZA-RR 2001, 577 (580) [unter 3.d)].

1107 *Bauer/Krieger/Günther*, Gleichbehandlungsgesetz und Entgelttransparenzgesetz, 5. Aufl., 2018, § 12 AGG Rn. 30; ErfK/*Schlachter*, 24. Aufl. 2024, § 12 AGG Rn. 3.

1108 Es ist damit zuzustimmen, dass die im Vergleich zum AGG nicht bestehende Beweiserleichterung zu akzeptieren ist, so *Thüsing/Bleckmann*, BB 2020, 249 (251 f.).

1109 BT-Drs. 19/6128, 3.

1110 Vgl. ErfK/*Schlachter*, 24. Aufl. 2024, § 22 AGG Rn. 2; *Thüsing/Bleckmann*, BB 2020, 249 (251 f.); MüKoBGB/*Thüsing*, 9. Aufl. 2021, § 22 AGG Rn. 3.

entsprechende Relevanz des Bezugspunktes für das Mobbing, hilft allein dies nicht weiter. Die sonstigen Beweiserleichterungen beruhen zudem unter anderem auf einem Wissensvorsprung,[1111] wie das Beispiel der deliktischen Produkthaftung zeigt, bei dem die Beweislast dem Hersteller aufgetragen wird, da Außenstehende keinen Einblick in den Geschehensablauf hätten.[1112] Einen solchen Vorteil sucht man bei dem Arbeitgeber eines gemobbten Arbeitnehmers vergeblich.[1113] Insbesondere mit Blick auf die auch gegenüber dem beschuldigten Arbeitnehmer bestehenden Schutzpflichten, ist die Beweiserleichterung daher abzulehnen, eine zu starke Beweiserleichterung droht ansonsten die strengen Regelungen der Verdachtskündigung zu unterlaufen.[1114]

Nicht als Schutzlücke der Drittinteressen, sondern des Arbeitgebers, kann es zudem zu einem Konflikt kommen, zwischen der gerichtlich festgestellten Pflicht des Arbeitgebers eine Kündigung auszusprechen und einer im Kündigungsschutzverfahren des gekündigten Arbeitnehmers gerichtlich festgestellten Unwirksamkeit der Kündigung. Dem Urteil kommt keine Drittwirkung zu, sodass die Gerichte unterschiedlich entscheiden könnten.[1115]

3. Rechtsdurchsetzungsmöglichkeit des erwerbenden Arbeitgebers

Für den dargestellten Fall des Betriebsübergangs bestehen hingegen wieder keine Probleme. Die Frage der Wirksamkeit solcher Abreden zwischen Arbeitnehmer und bisherigem Arbeitgeber haben Auswirkungen auf den Übergang des Arbeitsverhältnisses. Der Erwerber steht somit vor der Frage, ob dieses Arbeitsverhältnis gem. § 613a BGB auf ihn übergegangen ist, oder weiterhin mit dem bisherigen Erwerber besteht. Die Feststellungsklage setzt gem. § 256 ZPO ein Feststellungsinteresse voraus, sodass das begehrte Urteil eine Gefahr beseitigen muss, die aufgrund der Unsicherheit für ein Recht des Klägers besteht.[1116] Da der Erwerber die

---

1111 BAG 16.5.2007 – 8 AZR 709/06, NZA 2007, 1154 (1162) [Rn. 91].

1112 Siehe nur NK-BGB/*Katzenmeier*, 4. Aufl. 2021, § 823 BGB Rn. 323 m.w.N.

1113 So auch BAG 16.5.2007 – 8 AZR 709/06, NZA 2007, 1154 (1162) [Rn. 91].

1114 Es ist damit ein Vergleich zum Whistleblowing möglich, bei dem der Arbeitgeber einen von einem Kollegen beschuldigten Arbeitnehmer auch nicht ohne Weiteres entlassen darf, sondern die Schutzpflicht eine möglichst gute und verborgene Sachverhaltsaufklärung erfordert. Vgl. *Eufinger*, DB 2018, 891 (895 f.).

1115 *Bauer/Schunder*, NZA 2022, 1368 (1368); *Gehlhaar*, NZA 2009, 825 (827). Allgemein auch *Fervers*, Die Bindung Dritter an Prozessergebnisse, 2022. Das daraus resultierende Problem der fehlenden Drittwirkung solcher Urteile stellt den Arbeitgeber vor Unsicherheiten und soll an dieser Stelle nicht weiter behandelt werden.

1116 BGH 13.1.2010 – VIII ZR 351/08, NJW 2010, 1877 (1878) [Rn. 12].

Feststellung begehrt, ob er in die Rechte und Pflichten des Arbeitsverhältnisses eingetreten ist, ist die Feststellungsklage einschlägig.

V. Ergebnis Bestandsschutz

Der Arbeitsplatz hat für den Arbeitnehmer aufgrund des Arbeitsentgelts eine herausragende Bedeutung für seine Existenz. Dem daraus erwachsenden Schutzauftrag des Staates ist dieser mit dem KSchG, aber auch abseits dessen mit den Generalklauseln gerecht geworden. Die Interessen von Arbeitnehmer und Arbeitgeber werden auf diesem Wege in einen angemessenen Ausgleich gebracht, ohne diese Materie jeder vertraglichen Einflussnahme zu entziehen. Aufgrund von Abreden über den Bestand des Arbeitsverhältnisses können aber auch andere Arbeitnehmer und Arbeitgeber betroffen sein. Während sich für die Arbeitnehmer insbesondere höhere Risiken der eigenen Kündigung und selten auch die unterbliebene Kündigung eines Kollegen nachteilig auswirken können, droht einem anderen Arbeitgeber sogar die Begründung eines Arbeitsvertrages, mit dem er nicht geplant hat.

Insbesondere der Kündigungssauschluss oder vergleichbare Vorteile einzelner Arbeitnehmer lassen sich am Maßstab der Sittenwidrigkeit messen, auch wenn das BAG es nicht so benennt. Der Kündigungsausschluss ist damit grundsätzlich wirksam, sofern einem Arbeitnehmer ein Vorteil zugesprochen werden soll. Obwohl damit auch Nachteile für andere Arbeitnehmer einhergehen, ist dies zu akzeptieren, da die Sozialauswahl keine vollständige Gleichheit der Arbeitnehmer vorschreibt, sondern lediglich eine nach sozialen Gesichtspunkten erfolgende Auswahl. Mangels sachlichen Grundes sittenwidrig sind derartige Vereinbarungen hingegen, wenn die Kündigung einer konkreten Person zu Lasten einer anderen umgangen werden soll. Dies kann zum einen dann angenommen werden, wenn die Sozialauswahl umgangen werden soll, der Nachteil einer Person also im Vordergrund steht. Zum anderen auch dann, wenn aufgrund der sich aus den Schutzpflichten konkretisierenden Handlungspflicht aus § 12 Abs. 3 AGG (oder § 104 BetrVG) eine Kündigung aufgrund schwerer Verfehlungen ausgesprochen werden müsste. Der Arbeitgeber hat in diesem Fall eine geeignete, erforderliche und angemessene Maßnahme zu ergreifen, die sich in Ausnahmefällen auf eine Pflicht zur Kündigung konkretisieren kann. Versucht der Arbeitgeber dieser Pflicht durch den Ausschluss der ordentlichen Kündigung zu umgehen – kann er also keine sachlichen Gründe für den Ausschluss vorweisen – stellt sich sowohl der vertragliche als auch der konkludent über die Abmahnung erfolgte Ausschluss als sittenwidrig dar und steht einer Kündigung nicht im Wege.

Auch eine Abrede, dass ein im Zuge des Betriebsübergangs im Sinne des § 613a Abs. 6 S. 1 BGB erfolgter Widerspruch keine Wirkung haben solle, ist grundsätzlich möglich und nur im Einzelfall sittenwidrig. Auch dann, wenn sich daraus Folgen für den Erwerber ergeben, steht Arbeitnehmer und bisherigem Arbeitgeber die Verfügungsmacht über das eigene Arbeitsverhältnis zu. Zudem schreibt schon § 613a BGB dem Erwerber einige nachteilige Folgen zu. Für die Sittenwidrigkeit bedarf es daher einer über dieses Maß hinausgehenden Benachteiligung des Erwerbers und dessen Kenntnis durch Arbeitnehmer und bisherigen Arbeitgeber. Dieser Nachteil liegt z.B. dann vor, wenn der Erwerber bereits im Vertrauen auf die Endgültigkeit des Widerspruchs Dispositionen getätigt hat. Trotz des engen Anwendungsbereichs des § 138 Abs. 1 BGB ist der Erwerber dahingehend geschützt, dass im Falle dieser Dispositionen ein schutzwürdiges Vertrauen vorlag, sodass sich die Abrede als im Sinne des § 242 BGB ganz ohne subjektives Element als widersprüchlich und unwirksam darstellt.

Der Sittenwidrigkeit bedarf es im Falle einer arbeitgeberseitigen Zusage gegenüber einem Arbeitnehmer, einen anderen Arbeitnehmer zu entlassen, nicht. Diese hat für letzteren keine nachteiligen Folgen und erfordert daher keiner Unwirksamkeit. In derartigen Situationen kann aber eine Druckkündigung vorliegen, dessen Institut grundsätzlich als wirksam anzusehen ist[1117]. Obwohl damit ein „neuer" Kündigungsgrund geschaffen wird, geht damit aufgrund der hohen Anforderungen und der Einordnung als personenbedingte Kündigung kein unzureichender Schutz der Drittinteressen einher.

Auch die Durchsetzung dieser Rechte ist – insbesondere durch die Möglichkeit der gerichtlichen Geltendmachung des § 12 Abs. 3 AGG – ausreichend gewährleistet. Die mit dem Thema Mobbing verbundenen Einschränkungen des Rechtsschutzes basieren nicht auf prozessualen oder materialen Lücken, sondern auf den tatsächlichen Schwierigkeiten der Abgrenzung zu akzeptiertem Verhalten, den Beweisschwierigkeiten und der Angst vor eigenen Sanktionen als Reaktion auf die Geltendmachung der Rechte. Eine Beweiserleichterung liegt hingegen zu Recht nicht vor. Trotz fehlender spezialgesetzlicher Regelungen ist insgesamt aufgrund der Inhaltskontrolle erneut von einem angemessenen Drittschutz auszugehen.

§ 9 Abreden über die Vergütung der Arbeitsleistung

Die beiden vorangegangenen Fallgruppen haben die Fragen des Bestehens und des Fortbestehens eines Arbeitsverhältnisses umfasst. Als letztes wird der Blick nun

1117 Vgl. § 8.I.1.a).

auf die innerhalb dieses Arbeitsverhältnisses bestehende Gegenleistungspflicht des Arbeitgebers gerichtet. Die Ausgestaltung des Entgelts ist typischerweise sehr weit den Vertragsparteien überlassen,[1118] so umfasst die AGB-Kontrolle gerade nicht die Hauptleistungspflichten[1119] und es liegen nur vereinzelte arbeitnehmerschützende Grenzen wie z.B. zur Sicherung eines Mindesterlöses vor. Mit dem MiLoG ist ein sich den aktuellen Entwicklungen angepasster Mindeststundenlohn für Arbeitnehmer[1120] eingeführt worden, und auch auf einem darüber liegenden Entgeltniveau kann eine zu geringe Entlohnung eine sittenwidrige Abrede darstellen, sofern der typischerweise für die Tätigkeit entrichtete Lohn deutlich höher liegt.[1121] Zudem bilden auch die hier nicht näher betrachteten Tarifverträge eine Sicherung der Arbeitnehmer, da sie Regelungen zum Entgelt enthalten können.[1122] Die genannten Regelungen können gemeinsam mit dem AGG, dem arbeitsrechtlichen Gleichbehandlungsgrundsatz und der betrieblichen Übung insbesondere zu einer Angleichung aller Vergütungen führen;[1123] die vergütungsrechtlichen Regelungen betreffen damit vor allem die Vertragsparteien.

Deutlichere Auswirkungen für Drittinteressen ergeben sich für die Abreden, die nicht allein die Höhe des Entgelts betreffen, sondern deren Berechnung. Das Entgelt ist nicht zwingend in Form eines festen monatlichen Betrages festzusetzen, vielmehr steht es den Parteien frei, auch flexible Bestandteile aufzunehmen, die aus einem Akkordlohn oder Prämien bestehen können, sodass die Vergütung

---

1118 Dies betrifft insbesondere die reine Höhe des Entgelts, *Mengel*, § 1 Arbeitsverträge, in: Reufels/Hümmerich (Hrsg.), Gestaltung von Arbeitsverträgen und Dienstverträgen für Geschäftsführer und Vorstände, 2023, S. 29–1425 (Rn. 2428); *Reiserer/ Weiss-Bölz*, C.242 Bonus- und Sonderzahlungen, in: Maschmann/Sieg/Göpfert (Hrsg.), Vertragsgestaltung im Arbeitsrecht, 2020, S. 740-757 (Rn. 9). Vgl. auch BAG 21.6.2000 – 5 AZR 806/98, NZA 2000, 1050 (1050 f.) [unter I.].

1119 Auf den Preis als Gegenleistung bezogen BT-Drs. 7/3919, 22; BGH 23.8.2018 – III ZR 192/17, NJW 2019, 47 (48) [Rn. 15]; Erwägungsgrund 19 RL 93/13/EWG.

1120 Siehe zum persönlichen Anwendungsbereich § 22 MiLoG.

1121 Zur Zwei-Drittel-Grenze der Rechtsprechung BGH 30.11.2009 – AnwZ (B) 11/08, NZA 2010, 595 (597) [Rn. 19]; BAG 19.8.2015 – 5 AZR 500/14, NJOZ 2016, 226 (229) [Rn. 27].

1122 Siehe z.B. Däubler/*Nebe*, 5. Aufl. 2022, § 1 TVG Rn. 84.

1123 Zum AGG z.B. BT-Drs. 16/1780, 35; NK-ArbR/*Schneider*, 2. Aufl. 2023, § 8 AGG Rn. 13. Zum arbeitsrechtlichen Gleichbehandlungsgrundsatz z.B. *Krause*, Arbeitsrecht, 4. Aufl., 2020, § 4 Rn. 13. Zur betrieblichen Übung z.B. BAG 16.1.2002 – 5 AZR 715/00, NZA 2002, 632 (633) [unter I.2.].

abhängig von der Qualität oder Quantität der eigenen Leistung variieren kann.[1124] So wird mit der erhöhten Verdienstmöglichkeit im Interesse des Arbeitnehmers ein Anreiz zur erhöhten Produktivität gesetzt,[1125] ohne dem Arbeitgeber das vollständige Risiko aufzubürden, auch dann das erhöhte Entgelt auszahlen zu müssen, wenn die Einnahmen mangels Arbeitserfolg geringer ausfallen.[1126] Da davon auszugehen ist, dass der Arbeitgeber grundsätzlich einen geringeren Lohn zahlen, der Arbeitnehmer aber ein möglichst hohes Gehalt erhalten möchte,[1127] kann somit diese Art der Vergütung im beiderseitigen Interesse liegen. Die sich aus den Auswirkungen auf Drittinteressen ergebenden Folgen werden sowohl im Hinblick auf den Gesundheitsschutz (**I.**) als auch im Zusammenhang mit der spezialgesetzlichen Regelung der InstitutsVergV (**II.**) beleuchtet, ehe erneut auf die Rechtsdurchsetzung eingegangen wird (**III.**) und die Ergebnisse für die Vergütung zusammengefasst werden (**IV.**).

I. Gesundheitsschutz

Unter dem Stichwort des Gesundheitsschutzes sind Abreden über flexible Vergütungen zusammenzufassen, die sich nachteilig auf die Gesundheit anderer Personen auswirken. Durch den Bezug zur Gesundheit wird bereits deutlich, dass an dieser Stelle vorrangig individuelle Drittinteressen in Frage kommen.[1128] Nicht umfasst sind von der Untersuchung allerdings direkte Vereinbarungen, die Gesundheit aktiv zu schädigen. An der Sittenwidrigkeit solcher Absprachen können

1124 Vgl. *Krause*, Arbeitsrecht, 4. Aufl., 2020, § 11 Rn. 12; MHdB ArbR/*Krause*, 6. Aufl. 2024, § 64 Rn. 18; *Reiserer/Weiss-Bölz*, C.242 Bonus- und Sonderzahlungen, in: Maschmann/Sieg/Göpfert (Hrsg.), Vertragsgestaltung im Arbeitsrecht, 2020, S. 740-757 (Rn. 13).

1125 *Diepold*, Die leistungsbezogene Vergütung, 2005, S. 50 f.; *Krause*, Arbeitsrecht, 4. Aufl., 2020, § 11 Rn. 17; MHdB ArbR/*Krause*, 6. Aufl. 2024, § 64 Rn. 18; *Mengel*, § 1 Arbeitsverträge, in: Reufels/Hümmerich (Hrsg.), Gestaltung von Arbeitsverträgen und Dienstverträgen für Geschäftsführer und Vorstände, 2023, S. 29-1425 (Rn. 2440); Schaub ArbR-HdB/*Vogelsang*, 20. Aufl. 2023, § 63 Rn. 8.

1126 Vgl. *Krause*, Arbeitsrecht, 4. Aufl., 2020, § 11 Rn. 17.

1127 So auch schon *Smith*, The wealth of nations, 1970, S. 169.

1128 Die Schutzrichtung des FPersG wird vor allem mit der Sicherheit des Straßenverkehrs umschrieben (siehe dazu § 7.I.1.). Wie auch der BGH aber zu Recht annimmt, steckt dahinter vor allem der Schutz von Leib und Leben der Verkehrsteilnehmer, einschließlich der handelnden Personen, BGH 23.2.2005 – VIII ZR 129/04, NJW 2005, 1490 (1491) [unter II.1.b).bb)].

aber wegen der ausgeprägten Schädigungsabsicht auch keine Zweifel bestehen.[1129] Statt eines auf die Gesundheit Dritter gerichteten Verhaltens resultiert die Betroffenheit in den vorliegend betrachteten Reflexwirkungen aus einem Anreiz zum Überschreiten bestehender Grenzen und somit einer unbewussten Gefährdung für Dritte. Anknüpfend an Berufe (FPersG) oder Personen (MuSchG) wird der Akkordlohn verboten bzw. reguliert, um so ein an dieses Merkmal anknüpfendes Risiko für Dritte zu senken.

1. § 3 FPersG

Das Fahrpersonalgesetz (FPersG) richtet sich mit wenigen Ausnahmen (§ 1 Abs. 2 FPersG) an das Fahrpersonal von Kraftfahrzeugen und Straßenbahnen im öffentlichen Straßenverkehr. Aus den Regelungen zur Beschäftigung und Tätigkeit des Fahrpersonals sticht vor allem die strenge Reglementierung der Lenkzeiten hervor (§ 2 Nr. 1 lit. c) FPersG i.V.m. § 1 FPersV), die sowohl die Fahrer als auch die Unternehmer adressiert.[1130] In engem Zusammenhang mit diesen Regelungen steht zudem § 3 FPersG, der eine Vergütung abhängig von der zurückgelegten Strecke oder der Menge der beförderten Güter untersagt und damit das Verbot dieser Vergütungsart an die ausgeübte Betätigung knüpft.

a) Regelungsinhalt

§ 3 FPersG enthält das Verbot, Fahrpersonal im Arbeitsverhältnis anhand quantitativer Faktoren zu vergüten, es sei denn, die Vergütung ist nicht geeignet, die Sicherheit im Straßenverkehr zu beeinträchtigen (§ 3 S. 2 FPersG). Ziel dieser Regelung ist folglich, die Verkehrssicherheit zu erhöhen,[1131] wobei das Allgemeininteresse der Verkehrssicherheit nicht ohne die eng damit verbundene körperliche Gesundheit der Verkehrsteilnehmer gesehen werden kann.[1132] Bei Einführung des Gesetzes bestand die Sorge, die Verbindung der strengen Lenkzeitregulierungen und einer leistungsabhängigen Vergütung könne zu einer erhöhten Anfälligkeit für Geschwindigkeitsüberschreitungen führen.[1133] Daher ist der deutsche

---

1129 Vereinbarungen, die die Begehung einer Straftat zum Gegenstand haben, werden als sittenwidrig betrachtet, MüKoBGB/*Armbrüster*, 9. Aufl. 2021, § 138 BGB Rn. 60; Staudinger/*Fischinger*, 2021, § 138 BGB Rn. 535. Gerade mit Blick auf die unter § 5. II.2. festgehaltenen Grundlagen und der in so einem Falle zu bejahenden Schädigungsabsicht, kann dem nur zugestimmt werden.

1130 Vgl. Erbs/Kohlhaas/Häberle/*Häberle*, 252. EL 2024, § 1 FPersG Rn. 1.

1131 Vgl. BT-Drs. VI/1060, 5.

1132 Vgl. BGH 23.2.2005 – VIII ZR 129/04, NJW 2005, 1490 (1491) [unter II.1.b).bb)].

1133 BT-Drs. VI/1060, 5.

Gesetzgeber schon früh über die europarechtlichen Vorgaben zu Lenk- und Ruhezeiten[1134] hinausgegangen und hat die Regelung zur leistungsspezifischen Vergütung bereits 1970 eingeführt – deutlich vor einem unionsweiten Verbot abhängiger Vergütung.[1135]

Aufgrund seines die spezielle Vergütungspraxis verbietenden Inhaltes stellt § 3 FPersG ein gesetzliches Verbot im Sinne des § 134 BGB[1136] dar, sodass dem widersprechende Abreden zwischen Arbeitnehmer und Arbeitgeber über quantitätsabhängige Entlohnung nichtig sind und auf die übliche Vergütung i.S.d. § 612 BGB zu verweisen ist.[1137]

b) *Erschwerniszulagen*

Der kurze und klare Wortlaut des § 3 FPersG findet aufgrund des geringen Konfliktpotenzials kaum Niederschlag in der juristischen Wissenschaft[1138] sowie der europäischen[1139] und der nationalen Rechtsprechung. Insbesondere das LAG Rheinland-Pfalz hatte sich jedoch mit der Vereinbarkeit von Vergütungsabreden mit § 3 FPersG auseinanderzusetzen und die Reichweite der Regelung abzustecken.[1140] Den Entscheidungen lagen insbesondere zwei gegenüberstehende Sachverhalte zugrunde: Zum einen handelt es sich um Zulagen, die für eine zweite

---

1134 VO (EWG) 543/69, ABl. 1969 L 77, S. 49.

1135 Art. 1 Abs. 6 VO (EWG) 2827/77, ABl. 1977 L 334, S. 1 enthielt erstmals ein Verbot der abhängigen Vergütung mitsamt der aus § 3 FPersG bekannten Ausnahme. Die folgenden Verordnungen (Art. 10 VO (EWG) 3820/85, ABl. 1985 L 370, S. 1 und Art. 10 VO (EG) 561/2006, ABl. 2006 L 102, S. 1) enthalten allein kleinere Änderungen des Wortlautes.

1136 Siehe dazu § 5.II.4.

1137 So auch LAG Rheinland-Pfalz 30.11.2007 – 9 Sa 532/07, juris [Rn. 19 f.].

1138 Vgl. nur die kurzen Ausführungen in *Andresen/Winkler*, Fahrpersonalgesetz und Sozialvorschriften für Kraftfahrer, 4. Aufl., 2011, § 3 FPersG; Erbs/Kohlhaas/Häberle/*Häberle*, 252. EL 2024, § 3 FPersG Rn. 1 ff. Teilweise wird ganz auf eine Erläuterung verzichtet, vgl. *Wann*, Lenk- und Ruhezeiten im Straßenverkehr, 1987.

1139 Zuletzt hat der EuGH lediglich festgestellt, dass eine Prämie für Treibstoffeinsparung allein nicht die Annahme begründet, dadurch werde die Sicherheit des Straßenverkehrs gefährdet, EuGH 8.7.2021 – C-428/19 (Rapidsped), ECLI:EU:C:2021:548 [Rn. 62].

1140 So z.B. die parallelen Entscheidungen LAG Rheinland-Pfalz 5.1.2012 – 3 Sa 333/11, juris; 6.12.2011 – 3 Sa 331/11, juris; 6.12.2011 – 3 Sa 332/11, juris; 6.12.2011 – 3 Sa 334/11, juris; 6.12.2011 – 3 Sa 337/11, juris; 6.12.2011 – 3 Sa 345/11, juris; 6.12.2011 – 3 Sa 354/11, juris. Auch LAG Rheinland-Pfalz 30.11.2007 – 9 Sa 532/07, juris.

Fahrt am Tag (Doppeltour) oder eine besonders lange Fahrt (Außerkreistour) gezahlt wurden.[1141] Zum anderen wurde Paketzustellern eine Zustellprämie pro zugestelltem und abgeholten Paket geleistet.[1142]

Eine Regelung, die „neben einem Grundlohn Zustellprämien pro Paket sowie pro Stopp sowohl bei Zustellung als auch bei Abholung vorsieht", widerspreche aufgrund des nicht auszuschließenden Anreizes § 3 FPersG und sei daher gem. § 134 BGB nichtig.[1143] Die Zulage für Doppel- und Außerkreistouren weise eine solche Anreizwirkung hingegen nicht auf und stehe im Einklang mit § 3 FPersG.[1144] Der Grund für die unterschiedliche Bewertung sei, dass der Verdienst durch die Zustellung der Pakete auch dann erreicht werden könne, wenn die Pakete in geringerem zeitlichen Umfang als angelegt ausgeteilt werden. Der Arbeitnehmer könne folglich ein Interesse daran haben, sich besonders zu beeilen, um die gewonnene Zeit anderweitig zu nutzen.[1145] Abweichend davon könnten die Fahrer der Doppeltouren keinen Einfluss auf die Zuteilung solcher Doppeltouren nehmen und es bestehe keine Abhängigkeit zu einer zeitigen Rückkehr zum Startpunkt, sodass den Fahrern kein Zeitdruck auferlegt werde, von dem die Auszahlung einer Prämie abhänge.[1146]

Zuzustimmen ist der Aussage, bei einer vorher festgelegten Menge an Fahrten bestehe kein zusätzlicher wirtschaftlicher Anreiz zu einem schnelleren Vorgehen, bei einer vorher nicht feststehenden Menge an abzuholenden Paketen jedoch sehr wohl. Etwas irreführend stellt sich jedoch die Unterteilung des LAG Rheinland-Pfalz zwischen zuzustellenden und abzuholenden Paketen dar:[1147]

Während die Zusage einer Prämie bei Abholung der Pakete ohne vorherige Mengenvorgabe einen direkten wirtschaftlichen Vorteil darstelle,[1148] ergebe sich der Anreiz zur Gefährdung der Sicherheit des Straßenverkehrs „im Hinblick auf die zuzustellenden Pakete [...] daraus, dass der zugesagte Verdienst bei der Auslieferung einer entsprechenden Anzahl von Paketen auch dann erreicht wird, wenn dies unterhalb der zeitlichen Grenze eines regulären Arbeitstages möglich ist", sodass die verbleibende Zeit anderweitig genutzt werden könne.[1149] Eine – nach

1141 Z.B. LAG Rheinland-Pfalz 5.1.2012 – 3 Sa 333/11, juris.
1142 Z.B. LAG Rheinland-Pfalz 30.11.2007 – 9 Sa 532/07, juris.
1143 LAG Rheinland-Pfalz 30.11.2007 – 9 Sa 532/07, juris [Rn. 19].
1144 Statt vieler LAG Rheinland-Pfalz 5.1.2012 – 3 Sa 333/11, juris [Rn. 49 f.].
1145 LAG Rheinland-Pfalz 30.11.2007 – 9 Sa 532/07, juris [Rn. 19].
1146 Statt vieler LAG Rheinland-Pfalz 5.1.2012 – 3 Sa 333/11, juris [Rn. 29].
1147 LAG Rheinland-Pfalz 30.11.2007 – 9 Sa 532/07, juris [Rn. 19].
1148 LAG Rheinland-Pfalz 30.11.2007 – 9 Sa 532/07, juris [Rn. 19].
1149 LAG Rheinland-Pfalz 30.11.2007 – 9 Sa 532/07, juris [Rn. 19].

dieser Formulierung mögliche – isolierte Unzulässigkeit von Paketzustellung und Paketabholung kann jedoch nicht überzeugen. Damit würde das Verständnis einhergehen, dass auch der Anreiz zu missbilligen ist, die quantitativ festgelegte Arbeit schneller zu beenden, um die gewonnene Zeit anderweitig und nicht mit Arbeit zu verbringen.

Dieses Interesse an einem frühzeitigen Feierabend hat das LAG Rheinland-Pfalz aber in seinen Entscheidungen zu der Erschwerniszulage für Doppel- oder Außerkreistouren nicht für ausreichend gehalten. In der dortigen Begründung heißt es, dass „allein das allgemeine Interesse der Fahrer, ggf. früher Feierabend machen zu können, [...] unabhängig von den dafür gezahlten Zulagen" bestehe.[1150] Da nicht bezweifelt wurde, dass die Anzahl der zuzustellenden Pakete vorgegeben ist,[1151] müsste folgerichtig auch für die Paketzustellung die Eignung der Beeinträchtigung der Sicherheit des Straßenverkehrs mangels zusätzlichen Anreizes zu einem schnelleren Handeln abgelehnt werden.

Allein das Versprechen von Prämien für die Zustellung einer zuvor ohne Einflussnahmemöglichkeit des Zustellers festgelegten Anzahl an Paketen steht folglich im Einklang mit § 3 FPersG. Sinnvollerweise sind die Ausführungen des LAG daher zusammenhängend zu verstehen, sodass sich die Anreizwirkung der Paketzustellungsprämie erst daraus ergibt, dass die gewonnene Arbeitszeit zu anderen, aber arbeitsspezifischen Zwecken genutzt werden könne. Zu denken ist z.B. daran, in der Zeit weitere Pakete abzuholen, wofür wiederum eine Prämie geleistet wird. Wird hingegen allein eine Erschwerniszulage für eine besonders aufwendige Leistung[1152] in Aussicht gestellt, besteht lediglich ein intrinsisches Interesse an einem frühzeitigen Feierabend, ein darüber hinausgehender extrinsischer Anreiz liegt nicht vor. Die kombinierte Prämienleistung ist damit unbestritten unzulässig, die isolierte Betrachtung von Paketzustellung und Paketabholung durch das LAG Rheinland-Pfalz hingegen kritisch zu hinterfragen.

c) Inhaltskontrolle als „geringeres Mittel"?

Wie schon beim SchwarzArbG[1153] stellt sich die Frage der Erforderlichkeit der gesetzlichen Regelung. Sollte der Schutz des Straßenverkehrs und der

1150 LAG Rheinland-Pfalz 5.1.2012 – 3 Sa 333/11, juris [Rn. 50].

1151 Das LAG Rheinland-Pfalz stellt extra noch einmal heraus, dass im Gegensatz zu den zuzustellenden Paketen bei den abzuholenden die Anzahl nicht von Anfang an feststeht, LAG Rheinland-Pfalz 30.11.2007 – 9 Sa 532/07, juris [Rn. 19].

1152 Dies gilt sowohl für Doppel- oder Außerkreisfahrten, als auch die festgelegte Menge an Paketen.

1153 Siehe dazu § 7.III.

Verkehrsteilnehmer in gleichem Maße über § 138 Abs. 1 BGB zu erreichen sein, könnte der Eingriff in die Vertragsfreiheit nicht gerechtfertigt sein.

aa) Vorüberlegungen

Betrachtet man die in diesem Fall relevanten Interessen, so fällt eine Besonderheit in den Blick. Dem Interesse der Vertragsparteien an der mit einer Produktivitätssteigerung verbundenen möglichst vielversprechenden Vergütungspolitik[1154] steht die Gesundheit dritter Verkehrsteilnehmer gegenüber. Diese Interessen stehen im Straßenverkehr allerdings nicht schutzlos, sondern unterfallen bereits ohne die Nichtigkeit der Akkordlohnabreden dem weitreichenden Regelungssystem von StVO und StVG. Verstößt der Fahrer eines KFZ gegen die Vorgaben der StVO, indem er die Geschwindigkeitsbegrenzungen überschreitet oder unter anderweitiger Missachtung der Regelungen den Straßenverkehr gefährdet, besitzt die StVO eigene Durchsetzungsmechanismen, die die handelnde Person treffen.[1155] Bereits auf diesem Wege herrscht aufgrund der mit solchen Haftungs- und Strafnormen verfolgten Präventivwirkung[1156] ein Schutz der Drittinteressen. Insbesondere der dauerhafte Anstieg der Bußgelder für Geschwindigkeitsüberschreitungen zeigt allerdings, dass die Entwicklung zu einer strengeren Regelung führt, um eine

1154 Siehe dazu § 9.

1155 Das Bundesministerium für Verkehr und digitale Infrastruktur wird gem. § 26a Abs. 1 Nr. 2 StVG ermächtigt eine Vorschrift über Regelsätze für Geldbußen wegen einer Ordnungswidrigkeit nach § 24 StVG zu erlassen und ist dieser Ermächtigung mit der Bußgeldkatalog-Verordnung und dem dort im Anhang zu § 1 Abs. 1 BKatV enthaltenen Bußgeldern nachgekommen. Damit sind bei einem Verstoß gegen die Geschwindigkeitsvorgaben aus der auf § 6 Abs. 1 StVG beruhenden StVO (BGBl. I 2019, 756) (§§ 3 i.V.m. 49 StVO) die Bußgelder der BKatV anzuwenden.

1156 Siehe dazu schon § 7.III.1.a). Explizit für die Geschwindigkeitskontrollen, BGH 23.2.2005 – VIII ZR 129/04, NJW 2005, 1490 (1491) [unter II.1.b).aa)]. Auf die erhöhte Sorgfalt auch bei verschuldensunabhängiger Haftung hinweisend, *Mataja*, Das Recht des Schadenersatzes vom Standpunkte der Nationalökonomie, 1888, S. 42. Im Bereich des Aktienrechts auch *Goette*, ZHR 2012, 588 (590); *Hopt*, ZHR 2011, 444 (524); *Ruffner*, ZSR 2000, 195 (210 f.); *Schäfer/Ott*, Lehrbuch der ökonomischen Analyse des Zivilrechts, 6. Aufl., 2021, S. 166. Ebenso auf europäischer Ebene am Beispiel der Gleichbehandlung EuGH 25.4.2013 – C-81/12 (Asociația Accept), ECLI:EU:C:2013:275 [Rn. 63]; 22.4.1997 – C-180/95 (Draehmpaehl), ECLI:EU:C:1997:208 [Rn. 25]; 2.8.1993 – C-271/91 (Marshall), ECLI:EU:C:1993:335 [Rn. 24]; 8.11.1990 – C-177/88 (Dekker), ECLI:EU:C:1990:383 [Rn. 23]; 10.4.1984 – C-14/83 (von Colson), ECLI:EU:C:1984:153 [Rn. 23].

angemessene Sicherheit im Straßenverkehr zu gewährleisten.[1157] Dass auch über die Verbote hinausgehende Anreize als sinnvoll angesehen werden, zeigen zudem Angebote, wie die Telematikregelungen einzelner KFZ-Versicherer, bei denen das vorschriftsmäßige Fahren honoriert wird.[1158] Mit einem widersprüchlichen finanziellen Anreiz zum schnelleren Fahren könnte zudem eine Kosten-Nutzen-Rechnung zwischen Prämien und Strafen provoziert werden, bei der es eine Fehlgewichtung zu verhindern gilt. Aus diesem Grund scheint es sinnvoll, die existierenden Möglichkeiten der Regulierung zu bemühen und Absprachen, die einen weiteren, evtl. über die Strafe hinausgehenden finanziellen Anreiz enthalten, einer genauen Kontrolle zu unterziehen. Auch § 3 FPersG weist somit durch seine Folgenandrohung eine weitere, die Präventivwirkung von StVO und StVG verstärkende Wirkung auf.

bb) Sittenwidrigkeit des Radarwarngeräts

Erkenntnisse zu einem sittenwidrigen Handeln bezüglich des Straßenverkehrs liefert ein Blick auf den Kauf von Radarwarngeräten. Aufgrund des davon ausgehenden Risikos zur Geschwindigkeitsüberschreitung statuiert § 23 Abs. 1c StVO, dass das Mitführen eines solchen Gerätes unzulässig ist. Der Kauf ist nicht verboten, wird jedoch von dem BGH dann als sittenwidrig und gem. § 138 Abs. 1 BGB nichtig eingestuft, wenn es erkennbar zum Einsatz im Geltungsbereich der deutschen Straßenverkehrsordnung gedacht ist.[1159] Das Gerät diene der Umgehung der präventiven Wirkung einer drohenden Geschwindigkeitskontrolle und einem Vertrag, der „auf die Begehung eines ordnungswidrigen Verhaltens im

---

1157 Vgl. dazu auch BR-Drs. 687/21, 51 f. So auch der Beschluss der Verkehrsministerkonferenz vom 15./16. April 2021 (unter Punkt 6.6 der Tagesordnung Nr. 2.n) (https://www.verkehrsministerkonferenz.de/VMK/DE/termine/sitzungen/21-04-15-16-vmk-telefonschaltkonferenz/21-04-15-16-beschluss.pdf) (geprüft am 25.10.2024).

1158 Siehe nur die Übersicht des ADAC (https://www.adac.de/produkte/versicherungen/ratgeber/telematik/) (geprüft am 25.10.2024) und der Verbraucherzentrale (https://www.verbraucherzentrale.de/wissen/geld-versicherungen/weitere-versicherungen/telematikversicherung-geld-sparen-moeglich-aber-es-gibt-kehrseiten-38399) (geprüft am 25.10.2024); *Klimke*, RuS 2015, 217 (217 f.). Es gilt dabei aber zu beachten, dass den Versicherern vorrangig der Schutz der eigenen Finanzen vorschwebt, vgl. *Klimke*, RuS 2015, 217 (218).

1159 BGH 25.11.2009 – VIII ZR 318/08, NJW 2010, 610 (611) [Rn. 13]; 23.2.2005 – VIII ZR 129/04, NJW 2005, 1490 (1491) [unter II.1.b)].

Straßenverkehr gerichtet ist, das im Interesse der Verkehrssicherheit in Deutschland verboten ist", sei die rechtliche Anerkennung zu versagen.[1160]

Neben der Verkehrssicherheit[1161] hebt der BGH dabei noch einmal speziell den damit zusammenhängenden Schutz von Leib und Leben der Verkehrsteilnehmer[1162] als Schutzrichtung hervor. Diese ebenso von § 3 FPersG berührten Rechte geben den Ausschlag für die Sittenwidrigkeit und damit die Nichtigkeit unabhängig von einer Verbotsnorm.

cc) Sittenwidrigkeit der Akkordlohnabrede für Fahrpersonal

Die Sittenwidrigkeit aufgrund einer Gefährdung des Straßenverkehrs und der damit einhergehenden Personen kann für die Vergütungsabreden des Fahrpersonals allerdings nicht angenommen werden. Erforderlich ist eine Gesamtabwägung von objektiven Faktoren, wie dem Inhalt und dem Zweck, sowie subjektiver Faktoren. Beide weisen für die Akkordlohnabreden des Fahrpersonals gegenüber dem Kauf eines Radarwarngerätes erhebliche Unterschiede auf, die offenbaren, dass die Annahme der Sittenwidrigkeit des Kaufs eines Radarwarngeräts nicht für eine Übertragung auf die Akkordlohnabrede des Fahrpersonals streitet, sondern sogar Argumente gegen diese Annahme liefert.

Schon die objektive Belastung der Drittinteressen ist nicht stark ausgeprägt. Wie auch der Kauf eines Radarwarngerätes führt der Akkordlohn nicht zwingend zu einer Gefährdung des Straßenverkehrs und der Verkehrsteilnehmer, sondern erhöht lediglich das Risiko einer Gefährdung. Der BGH hat zu Recht herausgestellt, dass der Zweck des Radarwarngeräts einzig der Hinweis auf Geschwindigkeitskontrollen und somit die Umgehung derer präventiven Wirkung sein kann.[1163] Auf den Kauf kann allein die nach § 23 Abs. 1c StVG verbotene Nutzung des Geräts und die vor finanziellen Konsequenzen geschützte Umgehung der Sicherheit anderer und einem selbst folgen. Einen ordnungstreuen Nutzen weist diese Vorrichtung hingegen nicht auf. Die Akkordlohnabreden im Anwendungsbereich des FPersG sind hingegen einer weiteren Lesart zugänglich: Der Arbeitnehmer kann angehalten werden, innerhalb der allgemein und extern bestehenden verkehrsrechtlichen Regeln möglichst effektiv zu arbeiten. So kann ein optimales Zeitmanagement gefördert sowie das bewusst ineffiziente Arbei-

---

1160 BGH 23.2.2005 – VIII ZR 129/04, NJW 2005, 1490 (1491) [unter II.1.b)].
1161 BR-Drs. 751/01, 5; BGH 23.2.2005 – VIII ZR 129/04, NJW 2005, 1490 (1491) [unter II.1.b).bb)].
1162 BGH 23.2.2005 – VIII ZR 129/04, NJW 2005, 1490 (1491) [unter II.1.b).bb)].
1163 BGH 23.2.2005 – VIII ZR 129/04, NJW 2005, 1490 (1491) [unter II.1.b).aa)].

ten verhindert werden, ohne Geschwindigkeitsüberschreitungen zu provozieren. Eine Umgehung der Verkehrsregeln ist folglich anders als beim Radarwarngerät nicht einzig logische Konsequenz, stattdessen liegen schützenswerte Interessen der Vertragsparteien vor. Bereits in der Belastung der Drittinteressen liegt somit eine leichte Abstufung vor.

Ebenso beeinflusst die mögliche gesetzestreue Anreizwirkung das subjektive Element der Sittenwidrigkeit. Es ist fraglich, ob die Parteien vor dem Hintergrund der vielseitigen Motive überhaupt auch die negative Wirkung im Hinterkopf haben. Es kann schließlich als Startpunkt davon ausgegangen werden, dass die Vertragsparteien sich rechtmäßig verhalten wollten.[1164] Zudem wird der Fahrer auch im eigenen Interesse keine bewusste Gesundheitsgefährdung eingehen und stattdessen selbst im Falle der Geschwindigkeitsüberschreitung auf die eigenen Fahrkünste vertrauen. Während also beim Kauf eines Radarwarngerätes aufgrund der eingeschränkten Verwendungsmöglichkeit davon auszugehen ist, dass beiden Parteien bewusst ist, dass eine verbotene Verwendung folgt,[1165] kann diese Überlegung nicht auf die Akkordlohnabrede übertragen werden. Dort kann maximal die Kenntnis vermutet werden, dass die Abrede zu Umgehungen der Verkehrsregeln führen kann. Sind allerdings sowohl subjektives als auch objektives Sittenwidrigkeitselement nur in der Minimalausprägung erfüllt, bedeutet dies nicht die generelle Sittenwidrigkeit. Aufgrund der schützenswerten Interessen der Vertragsparteien ist die Gesamtabwägung stattdessen zu deren Gunsten zu entscheiden.[1166]

1164 Zumindest aber wird das Gegenteil sehr schwer nachweisbar sein, sodass die Sanktionswirkung in einem Großteil der Fälle leerlaufen würde.

1165 Eine vergleichbare Überlegung, in der das typische Vorgehen des Vertragspartners bereits die Vermutungswirkung begründet, hat der BGH auch bei dem Konflikt zwischen Globalzession und verlängertem Eigentumsvorbehalt an den Tag gelegt. Allein die Tatsache, dass der Kreditnehmer in einem Gewerbe beheimatet ist, in dem typischerweise unter verlängertem Eigentumsvorbehalt geliefert werde, reiche dort aus, vgl. BGH 21.4.1999 – VIII ZR 128/98, NJW 1999, 2588 (2589) [unter II.1.b).bb)], m.w.N.; siehe dazu § 5.II.2.c).cc).

1166 Dieselben Überlegungen können darüber hinaus auch für andere Vertragsgestaltungen verwendet werden. So hat der Lieferdienst Gorillas geplant, den schnellsten Kurieren eine priorisierte Stellung bei der Schichtwahl zu ermöglichen. Obwohl auch dies dazu führen kann, die Regelungen des Straßenverkehrs zu umgehen, kann eine solche Regelung zwar kritisch gesehen werden, die Sittenwidrigkeit ist hingegen abzulehnen, siehe dazu *Rainer*, Lieferdienst Gorillas will langsame Fahrradkuriere schlechterstellen, 22.7.2022.

Dieses Ergebnis soll nicht darüber hinwegtäuschen, dass im Einzelfall eine Sittenwidrigkeit vorliegen kann, z.B. bei einer ausgeprägten Schädigungsabsicht.[1167] Aufgrund des Vorrangs von § 134 BGB kann diese Überlegung jedoch neben dem § 3 FPersG vernachlässigt werden. Zudem ist zu bedenken, dass der Arbeitnehmer auch ohne erhöhte Vergütung die Geschwindigkeit überschreiten kann, sodass die Relevanz einer Schädigungsabsicht und der Sittenwidrigkeit weiter eingeschränkt wird.

dd) Angemessener Interessenausgleich durch § 3 FPersG

Nachdem an dem legitimen Zweck des § 3 FPersG und der Geeignetheit keine Bedenken bestehen, bildet § 138 Abs. 1 BGB auch keine weniger einschneidende, aber gleich geeignete Regelung, um die Sicherheit des Straßenverkehrs zu schützen. Im Gegensatz zu dem Einsatz eines Radarwarngeräts können die Vertragsparteien mit den Akkordlohnabreden auch legitime Interessen verfolgen, sodass weder eine Gesetzesumgehung bezweckt wird noch von einem subjektiven Sittenwidrigkeitselement ausgegangen werden kann. Sofern es damit auf eine aktive Darlegung dieses subjektiven Elementes ankommt, gehen mit ihr zudem erhebliche Beweisschwierigkeiten einher, sodass die Sittenwidrigkeit die Wirksamkeit der vertraglichen Abreden kaum beeinflussen dürfte.

Trotz des pauschalen Verbotes der Akkordlohnabreden stellt § 3 FPersG auch einen angemessenen Interessenausgleich dar. Die Sicherheit des Straßenverkehrs bildet ein gewichtiges und schützenswertes Gut, hinter dem die Gesundheit und das Leben der Verkehrsteilnehmer steckt. In die ebenfalls grundrechtlich geschützte Vertragsfreiheit wird zudem nur in geringem Maße und nur so weit wie nötig eingegriffen. Es wird allein eine Art der Vergütung ausgeschlossen und aufgrund der branchenweiten Regelungen drohen auch keine Wettbewerbsnachteile gegenüber Konkurrenten. Die in § 3 S. 2 FPersG enthaltene Ausnahme sichert zudem, dass erhöhte Vergütungen für eine erhöhte „Erschwernis“[1168] weiterhin möglich sind.

Nach dieser Betrachtung ist die Existenz und Notwendigkeit des § 3 FPersG somit unter anderem darauf zurückzuführen, dass die Sittenwidrigkeit zwar eine flexible Einzelfallabwägung ermöglicht, jedoch dann an eine Grenze stößt, wenn die Vertragsparteien legitime Interessen verfolgen.

1167 Siehe dazu die Voraussetzungen in § 5.II.2.c).

1168 So die Wortwahl in LAG Rheinland-Pfalz 5.1.2012 – 3 Sa 333/11, juris [Rn. 47].

2. *§ 11 Abs. 6 Nr. 1 MuSchG*

Ein weiteres spezialgesetzliches Verbot der Akkordlohnabrede ist im Mutterschutzgesetz verankert und unterfällt statt einer beruflichen einer individuellen Anknüpfung. Neben dem schon im Titel deutlich werdenden Schutz der Mütter wird auch der Schutz der Kinder vor gesundheitlichen Folgen direkt zu Beginn des Gesetzes als Zweck ausgewiesen (§ 1 Abs. 1 MuSchG).

a) Regelungsinhalt

§ 11 Abs. 6 Nr. 1 MuSchG verbietet eine Akkordarbeit oder eine andere Arbeit, bei der durch ein gesteigertes Tempo ein höheres Entgelt erzielt werden kann, sofern die Arbeitnehmerin schwanger ist. Auch diese Regelung verbietet nicht eine spezielle Arbeit als solche, sondern allein die Art und Weise der Vergütung einer schwangeren Frau.[1169] Der Akkordlohnabrede stehen dabei Arbeiten gleich, in denen das Entgelt durch ein gesteigertes Arbeitstempo erhöht werden kann (§ 11 Abs. 6 Nr. 1 Alt. 2 MuSchG), dies umfasst insbesondere Quantitätsprämien oder von der Arbeitsmenge abhängige Provisionen.[1170] Geschützt wird unabhängig von einer biologischen Betrachtung „jede Person, die schwanger ist" (§ 1 Abs. 4 MuSchG)[1171], sofern die Frau eine nichtselbständige Arbeit verrichtet bzw. sich in einem Arbeitsverhältnis befindet (§ 1 Abs. 2 MuSchG i.V.m. § 7 Abs. 1 SGB IV). In den ersten Fassungen enthielt das MuSchG zwar bereits eine Formulierung, die dem aktuellen Wortlaut ähnelt, allerdings war eine solche Vergütung nur verboten, sofern die durchschnittliche Arbeitsleistung die Kräfte werdender Mütter übersteigt (§ 2 Abs. 2 S. 2 MuSchG 1942, § 4 Abs. 2 lit. h) MuSchG 1952). Diese Ausnahme findet sich in der aktuellen Fassung nicht mehr.[1172] § 29 Abs. 3 Nr. 8 MuSchG gibt der Aufsichtsbehörde jedoch die Möglichkeit, die Beschäftigung in der Form ausnahmsweise zu erlauben, sofern keine Gefährdung vorliegt.

1169 Das Verbot der „Akkordarbeit" ist also vielmehr ein Verbot der „Akkordvergütung". Statt aller Roos/Bieresborn/*Bieresborn*, 2. Aufl. 2020, § 11 MuSchG Rn. 124; Hk-MuSchG/BEEG/*Pepping*, 6. Aufl. 2022, § 11 MuSchG Rn. 146.

1170 Hk-MuSchG/BEEG/*Pepping*, 6. Aufl. 2022, § 11 MuSchG Rn. 147.

1171 Siehe dazu Hk-MuSchG/BEEG/*Pepping*, 6. Aufl. 2022, § 1 MuSchG Rn. 82; ErfK/*Schlachter*, 24. Aufl. 2024, § 1 MuSchG Rn. 12.

1172 Neufassung mit Art. 1 Nr. 4 Gesetz zur Änderung des Mutterschutzgesetzes und der Reichsversicherungsordnung vom 24.8.1965, BGBl. I 1965, 912; vgl dazu *Zmarzlik*, AuR 1965, 294 (297). Zuvor sind Versuche gescheitert, die Rückausnahme aus gesundheitspolitischen Überlegungen zu entfernen und auf ein absolutes Verbot umzuschwenken, siehe dazu BT-Drs. IV/56, 1; Stenografischer Bericht über die 197. Sitzung des Deutschen Bundestages vom 6.7.1965, S. 10068.

Mit dem expliziten Verbot der Akkordvergütung geht die deutsche Regelung über die europäische Grundlage hinaus: Die mit dem MuSchG umgesetzte RL 92/85/EWG[1173] enthält keine Ausführungen zur Vergütung und bezieht sich auf risikoreiche Tätigkeiten, wobei insbesondere die körperliche Ermüdung genannt wird (Art. 4 Abs. 1 i.V.m. A.1.g) Anhang I RL 92/85/EWG). Sowohl die Richtlinie[1174] als auch das MuSchG[1175] beziehen neben der Gesundheit der Mutter auch die des (ungeborenen) Kindes mit in den Schutzzweck ein und stehen damit im Einklang mit der Annahme des BVerfG,[1176] dass auch das ungeborene Leben dem Schutz aus Art. 2 Abs. 2 S. 1 GG unterfällt.

Da auch § 11 Abs. 6 Nr. 1 MuSchG eine spezielle Vergütungspraxis verbietet, liegt es auf den ersten Blick nahe, wie schon bei § 3 FPersG ein gesetzliches Verbot im Sinne des § 134 BGB mit der Folge anzunehmen, dass sich die Vergütung stattdessen nach der üblichen Vergütung gem. § 612 BGB richtet.[1177] Stattdessen wird allerdings die Umwandlung der Akkordvergütung in eine Zeitvergütung erwartet.[1178] Etwaige Nachteile sind durch den Mutterschutzlohn gem. § 18 S. 2, 3 MuSchG auszugleichen, der auch Nachteile der Schwangeren umfasst, die aus einer geringeren Leistungsfähigkeit im Akkord entstehen.[1179] Für die Nichtigkeit nach § 134 BGB bleibt somit nur dann ein Anwendungsbereich, falls die Schwangerschaft bereits zum Zeitpunkt der Begründung der Vergütungsabrede

1173 ABl. 1992 L 348, S. 1.

1174 Trotz ihres Titels („Maßnahmen zur Verbesserung der Sicherheit und des Gesundheitsschutzes von schwangeren Arbeitnehmerinnen") und der auf die Gesundheit der Arbeitnehmerin abstellenden Erwägungsgründe, findet die Gesundheit des ungeborenen Kindes beispielsweise in A.1. Anhang I RL 92/85/EWG seinen Niederschlag.

1175 § 1 Abs. 1 S. 1 MuSchG stellt dies ausdrücklich klar, aber auch schon die erste Fassung bezieht sich auf die Geburt gesunder Kinder, wobei der nationalsozialistische Einfluss auf die Formulierung schon durch die Bezeichnung der „Geburt gesunder Kinder" als „größte Leistung für die Volksgemeinschaft" kaum zu übersehen ist. Ebenso stellt auch die Fassung von 1952 auf die Gesundheit von Mutter und Kind ab (§ 3 Abs. 1 MuSchG 1952). Vgl. auch BT-Drs. 18/8963, 34.

1176 BVerfG 25.2.1975 – 1 BvF 1/74 u.a., BVerfGE 39, 1 (36) [unter C.I.1.].

1177 Siehe dazu § 9.I.1.a).

1178 *Heilmann*, Mutterschutzgesetz, 2. Aufl., 1991, § 4 Rn. 43; ErfK/*Schlachter*, 24. Aufl. 2024, § 11 MuSchG Rn. 9.

1179 Vgl. dazu die Begründung der Berechnung, Hk-MuSchG/BEEG/*Pepping*, 6. Aufl. 2022, § 18 MuSchG Rn. 34.

vorgelegen hat, also tatsächlich eine verbotene Arbeit (bzw. Vergütung) geleistet wurde.[1180]

b) Umsatzprovisionen

Auch § 11 Abs. 6 Nr. 1 MuSchG weist einen klaren Wortlaut auf, sodass vergleichbar mit § 3 FPersG nur vereinzelte Nennungen in Wissenschaft und Rechtsprechung zu finden sind. Eine der wenigen Diskussionen befasst sich im Hinblick auf § 11 Abs. 6 Nr. 1 Alt. 2 MuSchG mit den gemischten Entlohnungsformen, also Vergütungsbestandteilen, die teilweise, aber nicht ausschließlich an die Quantität anknüpften. Nach einer Ansicht sei bereits ein solcher Anteil als für das Verbot ausreichend anzusehen,[1181] nach der Gegenansicht müsse die Arbeitsgeschwindigkeit einen maßgeblichen Einfluss auf die Höhe der Provision haben.[1182] Letzterem hat sich auch das BAG angeschlossen, als es über die Einordnung von Umsatzprovisionen zu entscheiden hatte.[1183]

aa) Verständnis des „leistungsanreizenden Entlohnungssystems"

Das BAG äußert sich in der Bewertung der Umsatzprovisionen sehr allgemein. Das MuSchG – das BAG bezieht sich auf die damalige Regelung des § 4 Abs. 3 Nr. 1 MuSchG – verbiete ein leistungsanreizendes Entlohnungssystem, was neben dem Akkordlohn auch sonstige Arbeiten umfasse, bei denen ein unmittelbarer und im Voraus festgelegter Zusammenhang zwischen dem individuellen Arbeitsergebnis und der Lohnhöhe bestehe.[1184] Dass dies für die Umsatzprovision nicht gelte, ergebe sich aus der teleologischen Auslegung dieser Norm. Der bezweckte Schutz der Gesundheit von Mutter und Kind stehe einer Umsatzprovision dann

---

1180 Vgl. BAG 20.12.1972 – 3 AZR 60/72, AP Nr. 7 zu § 11 MuSchG 1968 [unter III.1.].

1181 So noch Bulla/Buchner/*Buchner*, 5. Aufl. 1981, § 4 MuSchG Rn. 61. In den Grundzügen auch Hk-MuSchG/BEEG/*Pepping*, 6. Aufl. 2022, § 11 MuSchG Rn. 148.

1182 Roos/Bieresborn/*Bieresborn*, 2. Aufl. 2020, § 11 MuSchG Rn. 127; Meisel/Sowka/*Meisel*, 5. Aufl. 1999, § 4 MuSchG Rn. 34; Zmarzlik/Zipperer/Viethen/Vieß/*Viethen/Wascher*, 9. Aufl. 2006, § 4 MuSchG Rn. 75. So mittlerweile auch Buchner/Becker/*Buchner*, 8. Aufl. 2008, § 4 MuSchG Rn. 94, in der aktuellen Auflage fehlen Ausführungen zu Absatz sechs.

1183 BAG 25.5.1983 – 5 AZR 226/81, AP MuSchG 1968 § 11 Nr. 9 [unter I.3.b).cc)]. Nach dem Urteil wurde flächendeckend auf diese verwiesen, so hat auch Buchner/Becker/*Buchner*, 8. Aufl. 2008, § 4 MuSchG Rn. 94 nach dem Urteil die Rechtsprechung aufgenommen, nachdem das Werk von dem BAG noch für eine kritische Ansicht angeführt wurde, BAG 25.5.1983 – 5 AZR 226/81, AP MuSchG 1968 § 11 Nr. 9 [unter I.3.b).cc)].

1184 BAG 25.5.1983 – 5 AZR 226/81, AP MuSchG 1968 § 11 Nr. 9 [unter I.3.b).aa)].

nicht entgegen, wenn von ihr bereits keine Gefahr für die Gesundheit ausgehe; nur Vergütungsabreden, die einen vom Arbeitstempo abhängigen Leistungsanreiz setzen können, würden demnach dem Verbot leistungsabhängiger Vergütung unterfallen.[1185]

Dieser Entscheidung lag die Konstellation zugrunde, dass die Klägerin zusätzlich zu ihrer Grundvergütung eine Umsatzprovision in Höhe von 2 % des von ihr erbrachten Umsatzes erhielt.[1186] Die Motivation zu einer gesundheitsgefährdenden Arbeitsleistung könne aber nur dann angenommen werden, wenn die Entgelthöhe „entscheidend" von der Arbeitsleistung abhänge.[1187] Indem der Umsatz nicht allein von der Geschwindigkeit der Verkäuferin, sondern von weiteren Faktoren, wie der beruflichen Erfahrung, der Art und Weise der Unterstützung und der Anzahl überhaupt kaufinteressierter Kunden abhänge, könne dies für die Umsatzprovision der zugrundeliegenden Art und Weise nicht angenommen werden: Dem eigenen Beitrag komme keine derart prägende Rolle zu. Stattdessen sei das Verbot nur dann anzuwenden, wenn die Quantität entscheidenden Einfluss auf die Vergütung habe.[1188]

Grundsätzlich verdienen diese Ausführungen zum Zweck des Gesetzes Zustimmung, schließlich sollen gerade die gesundheitsgefährdenden Belastungen verhindert werden. Liegt eine Provision in Höhe von 2 % vor, die zudem nur zu einem Bruchteil tatsächlich von der eigenen Arbeitsgeschwindigkeit abhängt, kann mit gutem Gewissen eine solche Anreizwirkung abgelehnt werden. Nach dem Gesetzeszweck ist ein Verbot für diese Umsatzprovisionen und eine damit verbundene Einschränkung der Vertragsfreiheit somit mangels gesundheitlicher Risiken (auch für die Drittinteressen) nicht notwendig. Insbesondere die Tatsache, dass die Anzahl vorhandener und kaufinteressierter Kunden eine absolute Obergrenze bilden und aufgrund der Vielzahl der Faktoren die belastende Geschwindigkeit eine untergeordnete Rolle spielt, lassen in diesem konkreten Fall die Aussage zu, dass kein Anreiz zu einer erhöhten gesundheitsgefährdenden Arbeitsleistung[1189] besteht und stattdessen die reine Mehrvergütung[1190] verfolgt werden kann. Allerdings ist die isolierte Betrachtung des Gesetzeszwecks unvollständig. Nach dem schon von *Savigny* verwendeten viergliedrigen Auslegungskanon sind auch die

1185 BAG 25.5.1983 – 5 AZR 226/81, AP MuSchG 1968 § 11 Nr. 9 [unter I.3.b).cc)].
1186 BAG 25.5.1983 – 5 AZR 226/81, AP MuSchG 1968 § 11 Nr. 9.
1187 BAG 25.5.1983 – 5 AZR 226/81, AP MuSchG 1968 § 11 Nr. 9 [unter I.3.b).aa)].
1188 BAG 25.5.1983 – 5 AZR 226/81, AP MuSchG 1968 § 11 Nr. 9 [unter I.3.b).cc)].
1189 BAG 25.5.1983 – 5 AZR 226/81, AP MuSchG 1968 § 11 Nr. 9 [unter I.3.b).cc)].
1190 BAG 25.5.1983 – 5 AZR 226/81, AP MuSchG 1968 § 11 Nr. 9 [unter I.3.b).bb)].

Historie, die Systematik und insbesondere der Wortlaut heranzuziehen,[1191] worauf das BAG allerdings zu verzichten scheint.

Der Wortlaut von § 11 Abs. 6 Nr. 1 Alt. 2 MuSchG verlangt allein, dass bei der Arbeit durch ein gesteigertes Arbeitstempo ein höheres Entgelt erzielt werden kann, über die Maßgeblichkeit dieses Einflusses können keine Informationen entnommen werden. Weiterhin existiert auch keine Einschränkung, wie sie z.B. § 4 Abs. 2 lit. h) MuSchG 1952 vorsah und auch § 11 Abs. 6 Nr. 3 MuSchG vorsieht. Diese – erst nachträglich in den Entwurf der Neufassung eingefügte[1192] und 1983 noch nicht existente – Regelung verbietet die getaktete Arbeit nur dann, wenn durch sie eine unverantwortbare Gefährdung entsteht. Begründet wird die Einschränkung damit, dass im Gegensatz zur Akkordarbeit eine Anpassungsmöglichkeit für die Situation bestehe und somit keine grundsätzlich unzulässige Gefährdung vorliege.[1193] Der Wortlaut lässt mithin auch die Annahme zu, dass jede Einflussnahme ausreichend ist, die Geschwindigkeit müsste daher weder maßgeblich, geschweige denn allein[1194] die Entgelthöhe beeinflussen. Dieses Verständnis wird auch durch die Regelung des § 29 Abs. 3 Nr. 8 MuSchG gestärkt, die für § 11 Abs. 6 Nr. 1 und 2 MuSchG die Möglichkeit einer durch die Aufsichtsbehörde erteilten Ausnahmegenehmigung umfasst, sofern keine unverantwortbare Gefährdung vorliegt. Durch diese externe Ausnahmemöglichkeit liegt der Schluss nahe, dass dieselbe Ausnahme nicht auch schon in § 11 Abs. 6 Nr. 1 Alt. 2 MuSchG anzusiedeln ist. Insbesondere das Fehlen des § 11 Abs. 6 Nr. 3 MuSchG[1195] mit seiner im Wortlaut enthaltenen Einschränkung in § 29 Abs. 3 Nr. 8 MuSchG spricht demnach dafür, dass die Bewilligung der Aufsichtsbehörde keine zusätzliche, sondern die einzige Ausnahme darstellen soll.

bb) Verständnis der „sonstigen Arbeiten"

Obwohl die Auslegung damit den Eindruck erweckt, dem Ergebnis des BAG entgegenzustehen, ist dies nicht der Fall. Stattdessen ist aber das allgemein gehaltene Vorgehen zu kritisieren. Die vor dem Zweck der Norm sinnvolle Ansicht, dass Vergütungsvereinbarungen dann nicht verboten sind, wenn die Arbeitsgeschwindigkeit lediglich einen klar untergeordneten Faktor darstellt und keinen

1191 *Savigny*, System des heutigen römischen Rechts – Erster Band, 1840, S. 213.

1192 BT-Drs. 18/11782, 9, 34.

1193 BT-Drs. 18/11782, 34.

1194 So BAG 25.5.1983 – 5 AZR 226/81, AP MuSchG 1968 § 11 Nr. 9 [unter I.3.b).cc)].

1195 Die Aufsichtsbehörde kann eine solche Tätigkeit lediglich nach § 29 Abs. 3 Nr. 7 MuSchG verbieten, vgl. Roos/Bieresborn/*Bieresborn*, 2. Aufl. 2020, § 29 MuSchG Rn. 23.

gesundheitsgefährdenden Anreiz bietet, kann dann angenommen werden, wenn man statt des Leistungsanreizes auf die „sonstigen Arbeiten" abstellt.

Eine solche Formulierung findet sich beispielsweise auch im Rahmen des § 823 Abs. 1 BGB, in dessen Anwendungsbereich das „sonstige Recht" eine mit den vorangestellten Rechten – insbesondere dem Eigentumsrecht – vergleichbare Wirkung aufweisen müsse.[1196] Die sonstigen Arbeiten müssten daher vergleichbar mit dem Akkordlohn sein, der – wird nicht allein auf die Qualität abgestellt – zweifelsfrei eine starke Abhängigkeit des Entgeltes von der Arbeitsgeschwindigkeit und die damit verbundene Anreizwirkung aufweist.[1197] Ein parallel dazu verlaufendes Verständnis, dass allein diejenigen Arbeiten unter § 11 Abs. 6 Nr. 1 Alt. 2 MuSchG fallen, die eine mit dem Akkordlohn vergleichbare Anreizwirkung besitzen, wird auch vom BAG angedeutet.[1198] Sie entspricht zudem dem Zweck und ist mit dem Wortlaut vereinbar.

Dass mit solchen Vergütungen nicht zwingend eine Gesundheitsgefährdung einhergehen muss, wird schon dadurch deutlich, dass § 29 Abs. 3 Nr. 8 MuSchG auch für Akkordlohnabreden die Möglichkeit vorsieht, dass keine unverantwortbare Gefährdung mit der Arbeit einhergeht. Während Akkordlohnabreden damit allein über § 29 Abs. 3 Nr. 8 MuSchG möglich sind, liegt eine sonstige Arbeit im Sinne des § 11 Abs. 6 Nr. 1 MuSchG nur dann vor, wenn eine erhebliche Anreizwirkung mit der Ausgestaltung einhergeht.

Dem Ergebnis des BAG, dass solche Umsatzprovisionen von § 11 Abs. 6 Nr. 1 MuSchG unter Umständen nicht umfasst sind, kann zudem zugutegehalten werden, dass der Gesetzgeber auch drei Jahrzehnte nach dem Urteil keinen Bedarf gesehen hat, den Wortlaut der Norm in einer klarstellenden Art und Weise anzupassen. Auch wenn das Verbot von Akkordarbeit oder sonstigen Arbeiten mit leistungsabhängiger Vergütung mittlerweile in § 11 Abs. 6 MuSchG normiert ist, ist der Wortlaut im Vergleich zum § 4 Abs. 3 Nr. 1 MuSchG a.F. in den Grundzügen gleich geblieben und auch die Gesetzesmaterialien lassen nicht erkennen, dass inhaltliche Änderungen vorgesehen sind.[1199] Dem BAG ist somit im Ergebnis

---

1196 Erman/*Wilhelmi*, 17. Aufl. 2023, § 823 BGB Rn. 35; auf den vergleichbaren „absoluten Schutz" abstellend, *Medicus*, AcP 165 (1965), 115 (116 f.).

1197 Vgl. nur *Krause*, Arbeitsrecht, 4. Aufl., 2020, § 11 Rn. 12; MHdB ArbR/*Krause*, 6. Aufl. 2024, § 64 Rn. 18; ErfK/*Preis*, 24. Aufl. 2024, § 611a BGB Rn. 430 ff.

1198 Auch das BAG geht bei der Einordnung des Prämienverfahrens davon aus, dass dieses „wie die Akkordarbeit" ein Anreiz bieten müsste, ohne jedoch deutlich zu machen, ob damit das soeben angesprochene Verständnis verfolgt wird, BAG 25.5.1983 – 5 AZR 226/81, AP MuSchG 1968 § 11 Nr. 9 [unter I.3.b).aa)].

1199 BT-Drs. 18/8963, 82.

zuzustimmen, auch wenn die allgemein gehaltenen Ausführungen und die Beschränkung auf die teleologische Betrachtung nicht überzeugen können. Umsatzprovisionen in der dargestellten Art und Weise fallen folglich nicht unter § 11 Abs. 6 Nr. 1 Alt. 2 MuSchG.

c) *Inhaltskontrolle als „geringeres Mittel"?*

Auch bei § 11 Abs. 6 Nr. 1 MuSchG bestehen keine ernsthaften Zweifel daran, dass der Schutz der Gesundheit von Mutter und Kind ein legitimes Schutzziel darstellt, das durch das Verbot der Akkordvergütung zumindest gefördert wird. Damit gilt der Blick erneut der Inhaltskontrolle, die mangels pauschalen Verbotes eine weniger einschneidende Maßnahme bilden könnte, einer Vertragsabrede im Sinne des § 11 Abs. 6 Nr. 1 MuSchG die Wirksamkeit zu entziehen.

aa) Vorüberlegungen

Ein unabhängig von der Akkordlohnabrede bestehender Schutz der Drittinteressen, wie beim Fahrpersonal in StVG und StVO gegeben, existiert hinsichtlich der Gesundheit des ungeborenen Kindes nicht. Dennoch weist auch § 11 Abs. 6 Nr. 1 MuSchG die Besonderheit auf, dass die Drittinteressen nicht schutzlos stehen, da die Gesundheit des Kindes Überschneidungen mit derjenigen der Mutter aufweist und wohl auch von einem eigenständigen Interesse der Mutter an der Gesundheit des Kindes auszugehen ist, sofern man der Arbeitnehmerin kein Handeln entgegen dem Interesse des Kindes unterstellen möchte. Gerade dann, wenn eine der Vertragsparteien kraft Gesetzes oder persönlicher Verbundenheit einem Drittinteresse gegenüber verpflichtet ist, wird davon auszugehen sein, dass die Drittinteressen reflexartig mitgeschützt werden.[1200]

bb) Sittenwidrigkeit der Unterhaltsfreistellung

Auch die Grundannahme, dass Eltern ihre Kinder repräsentieren und im Zweifel das Beste für ihr Kind wollen, steht einer Sittenwidrigkeit aber nicht entgegen.[1201] Dies zeigt ein vergleichender Blick auf die abseits des Arbeitsrechts liegende Freistellung eines Elternteils vom Kindesunterhalt oder den nachehelichen Unterhaltsverzicht. Solche Vereinbarungen zeichnen sich dadurch aus, dass ein Elternteil den anderen Elternteil von seiner Unterhaltspflicht gegenüber dem Kind

---

1200 Vgl. Staudinger/*Wendland*, 2022, § 307 BGB Rn. 146.
1201 So auch *Roth*, in: FS Hadding, 2004, S. 253-270 (263 f.).

(zum Teil) freistellt.[1202] Grundsätzlich sind die Eltern zu einem an dem Vermögen orientierten finanziellen Unterhalt sowie der Betreuung des Kindes verpflichtet.[1203] Kann der weiterhin verpflichtete Elternteil ohne finanzielle Unterstützung des freigestellten Elternteils die finanziellen Bedürfnisse nicht decken oder ist er aufgrund der fehlenden finanziellen Unterstützung beruflich stärker eingespannt und vernachlässigt die Betreuung, ist das Kind nachteilig betroffen.[1204] Dennoch wird die Unterhaltsfreistellung grundsätzlich akzeptiert, da sie keine rechtlichen Auswirkungen auf den Unterhaltsanspruch des Kindes habe.[1205] Nicht akzeptiert werden könne dies jedoch, wenn das Elternteil sich missbräuchlich auf diese Freistellung beruft, was insbesondere eine stark veränderte finanzielle Situation der Elternteile und somit einen klassischen Fall der Ausübungskontrolle nach Treu und Glauben[1206] umfasst.[1207]

Im Übrigen kann eine solche Freistellung auch im Einzelfall wegen der Benachteiligung eines Drittinteresses sittenwidrig sein.[1208] Das BVerfG hat darauf hingewiesen, dass die Vertragsfreiheit der Eltern seine Grenzen auch im Kindeswohl findet.[1209] Während die angegriffene Entscheidung die Sittenwidrigkeit ablehnt, weil weder unzulässige Gegenleistungen vereinbart wurden noch eine wirtschaftliche Abhängigkeit bestanden habe,[1210] hat das BVerfG kritisiert, dass das Kindeswohl bei den Überlegungen außer Acht gelassen wurde.[1211] Die Freiheit der Eltern, die Sorge des Kindes frei zu gestalten, finde dort seine Grenze,

1202 So der zugrundeliegende Sachverhalt in BVerfG 6.2.2001 – 1 BvR 12/92, BVerfGE 103, 89.

1203 BVerfG 6.2.2001 – 1 BvR 12/92, BVerfGE 103, 89 (107) [unter B.II.1.].

1204 Siehe auch BVerfG 6.2.2001 – 1 BvR 12/92, BVerfGE 103, 89 (107 ff.) [unter B.II.2.].

1205 BGH 25.2.1987 – IVb ZR 96/85, NJW-RR 1987, 709 (709) [unter II.3.]; vgl. auch die Ausführungen in BVerfG 6.2.2001 – 1 BvR 12/92, BVerfGE 103, 89 (109) [unter B.II.2.b)].

1206 Siehe dazu § 5.II.3.a).

1207 Vgl. BGH 24.4.1985 – IV b ZR 22/84, NJW 1985, 1833 (1833) [unter II.2].

1208 Die daneben mögliche Sittenwidrigkeit, die sich aus der Fremdbestimmung eines Ehepartners unter Ausnutzung einer Drucksituation ergeben kann, wird an dieser Stelle mangels Drittbezug ausgelassen, vgl. dazu BVerfG 6.2.2001 – 1 BvR 12/92, BVerfGE 103, 89 (102) [unter B.I.2.a)].

1209 BVerfG 6.2.2001 – 1 BvR 12/92, BVerfGE 103, 89 (107) [unter B.II.]; an anderer Stelle wurde die Sittenwidrigkeit auch im Zusammenhang mit der Belastung der Sozialhilfe thematisiert, BGH 8.12.1982 – IV b ZR 333/81, NJW 1983, 1851 (1852) [unter 3.], dazu auch unter § 7.II.2.

1210 OLG Stuttgart 28.11.1991 – 16 UF 280/91, NJW-RR 1993, 133 (134) [unter 3.].

1211 BVerfG 6.2.2001 – 1 BvR 12/92, BVerfGE 103, 89 (107) [unter B.II.].

wo eine Vernachlässigung des Kindes droht; in diesen Fällen müsse der Staat die Pflege und Erziehung des Kindes sicherstellen.[1212] Die Freistellung mag zwar keinen rechtlichen Einfluss auf den Unterhalt des Kindes haben, sehr wohl liege aber ein tatsächlicher nachteiliger Einfluss vor.[1213] Art. 6 Abs. 2 GG gebiete die Berücksichtigung der Interessen des Kindeswohls, die dann nicht mehr gewahrt seien, wenn ein den Verhältnissen der Eltern angemessener Barunterhalt sowie eine entsprechende Betreuung nicht mehr gewährleistet werden können.[1214] Auch ohne Schädigungsabsicht lässt sich die Sittenwidrigkeit darüber rechtfertigen, dass die Umstände den Vertragsparteien bekannt sind, die Kindesinteressen deutlich betroffen sind und die rein finanziellen Interessen eines Vertragspartners demgegenüber nicht schutzwürdig sind. Allein die Tatsache, dass sich Absprachen irgendwann einmal negativ auswirken können, reiche jedoch noch nicht für die Sittenwidrigkeit aus[1215] und wäre stattdessen im Rahmen der missbräuchlichen Geltendmachung relevant.

cc) Sittenwidrigkeit der Akkordlohnabrede für Schwangere

Die über Art. 6 Abs. 2 GG zu berücksichtigende enge Verknüpfung von Rechten und Pflichten gegenüber dem Kind und dem Kindeswohl[1216] beschränkt sich nicht auf den finanziellen Unterhalt und umfasst ferner das nicht geborene Kind.[1217] Auch für die Gesamtbetrachtung der Akkordlohnvereinbarung schwangerer Arbeitnehmerinnen sind somit die Interessen des Kindeswohls zu beachten. Für die Sittenwidrigkeit der Akkordlohnabreden lassen sich die Überlegungen des BVerfG jedoch nicht übernehmen. Aus vergleichbaren Gründen wie schon im Anwendungsbereich des FPersG genügen daher das schwach ausgeprägte subjektive Sittenwidrigkeitselement und Abgrenzungsschwierigkeiten hinsichtlich der objektiven Belastung dafür, dass die Gesamtabwägung in der Regel zu Gunsten der Vertragsparteien ausfallen würde.

1212 BVerfG 6.2.2001 – 1 BvR 12/92, BVerfGE 103, 89 (107) [unter B.II.1.].

1213 Zustimmend *Röthel*, NJW 2001, 1334 (1335).

1214 BVerfG 6.2.2001 – 1 BvR 12/92, BVerfGE 103, 89 (108) [unter B.II.2.].

1215 BGH 24.4.1985 – IV b ZR 22/84, NJW 1985, 1833 (1834 f.) [unter II.4.c)].

1216 BVerfG 6.2.2001 – 1 BvR 12/92, BVerfGE 103, 89 (107) [unter B.II.1.]; 3.11.1982 – 1 BvL 25/80 u.a., BVerfGE 61, 358 (371 f.) [unter B.I.1.]; Mangoldt/Klein/Starck/*Robbers*, 7. Aufl. 2018, Art. 6 GG Rn. 145.

1217 BVerfG 25.2.1975 – 1 BvF 1/74 u.a., BVerfGE 39, 1 (36) [unter C.I.1.]; Mangoldt/Klein/Starck/*Robbers*, 7. Aufl. 2018, Art. 6 GG Rn. 155.

Zum einen sind die legitimen Ziele im gleichen Maße möglich und fließen als schützenswerte Interessen in die Gesamtabwägung ein.[1218] Es ist der Arbeitnehmerin zuzutrauen, die mögliche Vergütungssteigerung nur im Rahmen der körperlichen Fähigkeiten zu verfolgen und so die Drittinteressen gar nicht erst zu berühren. Im Gegensatz dazu ist die Freistellungsvereinbarung zwar nicht, wie der Kauf eines Radarwarngeräts, auf eine verbotene Handlung gerichtet, dennoch dient sie vorrangig den finanziellen Interessen des freigestellten Elternteils. Ohne Bezug zu der eigenen Leistungsfähigkeit oder den eigenen Unterhaltspflichten kann dabei keine vergleichbare Schutzwürdigkeit des freigestellten Elternteils angenommen werden.

Zum anderen bestehen Abgrenzungsschwierigkeiten hinsichtlich der objektiven Belastung. Es fehlen schlicht absolute Zahlen, ab wann eine Belastung des Kindes vorliegt. Im Gegensatz zum Bedarf des Kindesunterhalts, der sich errechnen und eine Unterschreitung erkennen lässt,[1219] ist die Grenze der körperlichen Überlastung von Person zu Person verschieden und nicht unmittelbar erkennbar. Für diese Annahme spricht auch die Tatsache, dass die Arbeitnehmerin selbst nicht auf den Schutz verzichten darf.[1220] Auch wenn also die Arbeitnehmerin davon ausgeht, kein Risiko für die eigene Gesundheit und die des Kindes einzugehen, hat dies keine Auswirkungen.

Zuletzt wirken sich die im Vordergrund stehenden legitimen Interessen und die fehlende Sichtbarkeit der Belastungsgrenze auf das subjektive Element aus. Während hinsichtlich der Unterhaltsfreistellung den Vertragsparteien zumindest bekannt ist, dass damit Zahlungen zu Gunsten des Kindes reduziert oder eingestellt werden und die Kenntnis der die Sittenwidrigkeit begründenden Umstände anzunehmen ist, kann das Bewusstsein der Mutter, ein Risiko für die Gesundheit des Kindes einzugehen, nicht zwingend unterstellt werden. Stattdessen wird davon auszugehen sein, dass die Arbeitnehmerin in der Regel die Leistung in dem Moment reduziert, in der sie von einer potenziellen Gefährdung für das ungeborene Kind erfährt. Das Risiko besteht mithin vor allem in den Fällen, in denen die Mutter die eigenen Fähigkeiten überschätzt und sich unbewusst überlastet. Eine Schädigungsabsicht gegenüber dem eigenen Kind ist aus der Betrachtung auszuschließen, zumal erneut in diesem Fall auch ohne Vergütungsabrede eine Überlastung seitens der Arbeitnehmerin möglich ist.

1218 Siehe dazu schon § 9.I.1.c).cc).

1219 So enthält die Düsseldorfer Tabelle eine nach Einkommen gestufte Bedarfstabelle, vgl. *Niepmann*, NZFam 2022, 141 (142).

1220 Hk-MuSchG/BEEG/*Pepping*, 6. Aufl. 2022, § 11 MuSchG Rn. 141.

dd) Angemessener Interessenausgleich durch § 11 Abs. 6 Nr. 1 MuSchG

§ 138 Abs. 1 BGB stellt aus verschiedenen Gründen kein mit § 11 Abs. 5 Nr. 1 MuSchG vergleichbares Sicherungsmittel dar. Neben den schützenswerten Interessen der Vertragsparteien liegen sowohl in der Feststellung der Betroffenheit des Drittinteresses als auch des subjektiven Elementes Schwierigkeiten, die einem angemessenen Schutzstandard entgegenstehen. Für die Gesundheit des ungeborenen Kindes[1221] bestände ohne die gesetzliche Regelung daher insbesondere dann ein Risiko, wenn die Belastung der Mutter im Grenzbereich zur Überlastung liegt und diese sich der Gefahr nicht bewusst ist. Erst recht gilt es, nicht noch zusätzliche finanzielle Anreize zu einem Ausreizen der körperlichen Fähigkeiten zu setzen. Aufgrund der sich daraus möglicherweise ergebenden gravierenden Folgen für den Schutz der Gesundheit des ungeborenen Kindes ist diese Regelung daher zu begrüßen und als erforderlich einzustufen. Die dem gegenüberstehende Vertragsfreiheit der Vertragsparteien wird zwar eingeschränkt, auch vermitteln die Ausnahmen durch die zwischengeschaltete Aufsichtsbehörde strengere Anforderungen als die inkorporierten Ausnahmen des § 3 S. 2 FPersG. Dennoch stellt die Norm einen angemessenen Interessenausgleich dar.[1222] Der Arbeitnehmerin wird – nur für den Zeitraum der Schwangerschaft und der Stillzeit (§ 12 Abs. 5 Nr. 1 MuSchG) – durch das Verbot der Akkordvergütung die Möglichkeit eines typischerweise erhöhten Entgelts genommen, dies umfasst aber zum einen kein Verbot der Arbeit als solche, zum anderen sind Vergütungsverluste im Wege des Mutterschutzlohns aufzufangen. Die dem Arbeitgeber darüber entstehenden Kosten fallen aufgrund des „U2-Verfahrens" auch nicht in voller Höhe in dessen Person an, schließlich werden die Kosten über ein Umlageverfahren beglichen (§§ 1 Abs. 2 Nr. 2, 7 Abs. 1 AAG).[1223] Im Hinblick auf den in der deutschen Rechtsordnung verfassungsrechtlich verankerten Schutz der Mutter vor wirtschaftlichen Nachteilen[1224] ist diese abgeschwächte finanzielle Belastung des Arbeitgebers damit zu akzeptieren und steht einer Verhältnismäßigkeit nicht im Wege.

1221 Dessen Schutz auch vom BVerfG hervorgehoben wurde, BVerfG 25.2.1975 – 1 BvF 1/74 u.a., BVerfGE 39, 1 (36) [unter C.I.1.].

1222 Und wird damit dem mit den Regelungen verfolgten Ziel der „verantwortungsvollen Abwägung" gerecht, BT-Drs. 18/8963, 1.

1223 Vgl. *Kamanabrou*, Arbeitsrecht, 2017, § 34 Rn. 3087; Hk-MuSchG/BEEG/*Pepping*, 6. Aufl. 2022, Vor §§ 18 bis 25 MuSchG Rn. 5.

1224 Aus Art. 6 Abs. 4 GG ergibt sich ein Recht der Mutter auf Schutz und Fürsorge durch die Gemeinschaft, welches auch den Schutz vor wirtschaftlichen Nachteilen umfasst, BVerfG 28.3.2006 – 1 BvL 10/01, BVerfGE 115, 259 (271) [unter B.I.1.].

Die im Einzelfall weiterhin mögliche Sittenwidrigkeit tritt nach aktueller Rechtslage hinter § 134 BGB i.V.m. § 11 Abs. 6 Nr. 1 MuSchG zurück.

3. Nachlassende Qualität

Diesen beiden Beispielen vergütungsrechtlicher Regelungen lässt sich eine weitere ohne vergleichbare Verbote gegenüberstellen, obwohl auch dort Gesundheitsrisiken drohen. Die mit einem Akkordlohn zusammenhängenden Nachteile für den Drittschutz fallen umfassend an und beschränken sich nicht allein auf das Fahrpersonal oder werdende Mütter. Insbesondere beim Stückakkord kann sich die Akkordlohnabrede auf die Qualität der Ware auswirken, schließlich steht die erhöhte Quantität im Fokus der Arbeitnehmer.[1225] Leidet darunter die Qualität, bedeutet dies im Regelfall ein Abwägen des Arbeitgebers – unter den Normalbedingungen der freien Marktwirtschaft werden sich die Kunden ab einem gewissen Punkt aufgrund des Preis-Leistungs-Verhältnisses von dem Produkt und dem Unternehmen abwenden. In die Entscheidung, welche Qualität zu welchem Preis angeboten wird, hat die Rechtsordnung aber nicht zwingend einzugreifen. Vor dem Hintergrund der Drittbetroffenheit steht es den Kunden schließlich frei, auch minderwertige Qualität zu kaufen. Hinsichtlich der Drittinteressen wird es aber dann problematisch, wenn die mangelnde Qualität nicht nur die Ware betrifft, sondern eine Gesundheitsgefährdung der Kunden darstellt.

a) Gesetzlich festgeschriebener Schutz der Dritten

Insbesondere dann, wenn Hersteller mit gefährlichen Stoffen arbeiten, sind eine Vielzahl von Regelungen zu beachten. Nur beispielhaft seien die CLP-Verordnung[1226] und das Chemiegesetz genannt. Werden diese Standards missachtet, drohen empfindliche Sanktionen (z.B. §§ 26, 27 ChemG) – unabhängig von dem Einfluss etwaiger Vergütungsabreden. Darüber hinaus sieht die deutsche Rechtsordnung mit dem ProdHaftG und § 823 Abs. 1 BGB eine doppelte deliktische Schadensersatzhaftung vor, wenn ein Kunde aufgrund eines fehlerhaften Produkts

---

Jede wirtschaftliche Belastung muss hingegen nicht ausgeglichen werden, BAG 23.10.1991 – 7 AZR 56/91, NZA 1992, 925 (928) [unter II.5.].

1225 Dieses Risiko benennend bereits *Mataja*, Das Recht des Schadenersatzes vom Standpunkte der Nationalökonomie, 1888, S. 42.

1226 VO (EG) 1272/2008, ABl. 2008 L 353, S. 1.

eine Gesundheitsverletzung erleidet.[1227] Trotz der bestehenden Unterschiede[1228] liegt beiden Regelungen ein weiter Produktbegriff[1229] und das Verständnis zugrunde, dass das Produkt die Sicherheit gewährleisten muss, die die Allgemeinheit erwartet.[1230] Zudem sind auch die zu § 823 Abs. 1 BGB entwickelten Fallgruppen der Konstruktions-, Instruktions-, Fabrikations- und Entwicklungsfehler sowie der Beobachtungspflicht im Rahmen des ProdHaftG zu beachten.[1231] Da sich der Fabrikationsfehler dadurch auszeichnet, dass die Konzeption des Produkts zwar fehlerfrei ist, die Fabrikation im Einzelfall aber nicht dem Standard entspricht,[1232] unterfällt der Qualitätsverlust zum Zwecke der Quantitätssteigerung dieser Kategorie des Fabrikationsfehlers und bietet dem Geschädigten unter Einhaltung der weiteren Anforderungen einen Anspruch auf Schadensersatz. Wie schon mit den Regelungen des Straßenverkehrs ist folglich auch mit der Produkthaftung eine Präventivwirkung durch die in Aussicht gestellten Folgen verbunden.[1233] Eine unabhängig von dem Verletzungserfolg eintretende Belastung, wie sie im Straßenverkehr mit der bußgeldbewährten Geschwindigkeitsüberschreitung gegeben ist, liegt hingegen nicht vor.[1234]

1227 Beide Normen sind grundsätzlich nebeneinander anwendbar (§ 15 Abs. 2 ProdHaftG), vgl. Staudinger/*Hager*, 2021, § 823 BGB Rn. F 4.

1228 Siehe dazu Staudinger/*Hager*, 2021, § 823 BGB Rn. F 5.

1229 § 2 ProdHaftG definiert das Produkt als „jede bewegliche Sache, auch wenn sie einen Teil einer anderen beweglichen Sache oder einer unbeweglichen Sache bildet, sowie Elektrizität". Obwohl der Anwendungsbereich des § 823 Abs. 1 BGB grundsätzlich weitgehender zu verstehen ist (so Staudinger/*Hager*, 2021, § 823 BGB Rn. F 6), sind auch über das ProdHaftG eine Vielzahl von Produkten umfasst, siehe dazu BT-Drs. 11/2447, 16 f.; Staudinger/*Oechsler*, 2021, § 2 ProdHaftG Rn. 7, 27 ff. In beiden Fällen fallen aber wohl Dienstleistungen, wie sie beispielsweise für die Kreditberatung relevant sind (dazu § 9.II.), nicht in den Schutzbereich, Staudinger/*Hager*, 2021, § 823 BGB Rn. F 6; Staudinger/*Oechsler*, 2021, § 2 ProdHaftG Rn. 41.

1230 BGH 17.10.1989 – VI ZR 258/88, NJW 1990, 906 (907) [unter II.2.b).aa)]; Staudinger/*Hager*, 2021, § 823 BGB Rn. F 8; Staudinger/*Oechsler*, 2021, § 3 ProdHaftG Rn. 15.

1231 Staudinger/*Hager*, 2021, § 823 BGB Rn. F 12 ff.; Staudinger/*Oechsler*, 2021, § 3 ProdHaftG Rn. 104 ff.

1232 Staudinger/*Hager*, 2021, § 823 BGB Rn. F 17; Staudinger/*Oechsler*, 2021, § 3 ProdHaftG Rn. 104; MüKoBGB/*Wagner*, 8. Aufl. 2020, § 823 BGB Rn. 974 f.

1233 Siehe dazu § 9.I.1.c).aa). Vgl. auch BGH 5.10.2004 – VI ZR 255/03, NJW 2005, 215 (216) [unter II.1.]; 15.11.1994 – VI ZR 56/94, NJW 1995, 861 (865) [unter IV.2.]. Speziell für das ProdHaftG, MüKoBGB/*Wagner*, 8. Aufl. 2020, Einl. ProdHaftG Rn. 15.

1234 Vgl. nur NK-ProdR/*Ehring*, 2022, § 1 ProdHaftG Rn. 8.

Im Ausgangspunkt sind die Drittinteressen folglich weder im Straßenverkehr noch im Hinblick auf mangelhafte Produkte den Interessen der Vertragsparteien schutzlos ausgeliefert, auch wenn die Regelungen des StVG und der StVO in der Regel bereits eine Erhöhung der Gefahr für Drittinteressen ausreichen lassen. Obwohl auch in beiden Fällen durch die Vergütungsabrede Anreize bestehen, die eigene Arbeitsgeschwindigkeit zum Nachteil der Gesundheit Dritter hochzufahren, existiert keine mit § 3 FPersG oder § 11 Abs. 6 MuSchG vergleichbare Norm, die eine zusätzliche Präventivwirkung aufweist. Ohne eine die Akkordvergütung verbietende Verbotsnorm bleibt folglich der Anreiz zur Missachtung der Regelungen bestehen und der Schutz hinter dem der beiden dargestellten Konstellationen zurück. Will man jedoch die Akkordvergütung nicht vollständig verbieten, kommt eine gesetzliche Regelung nicht in Betracht. Sowohl eine berufsspezifische Anknüpfung wie bei § 3 FPersG als auch eine personenspezifische Anknüpfung wie bei § 11 Abs. 6 Nr. 1 MuSchG kommt für das flächendeckend und personenunabhängig auftretende Risiko einer mangelhaften Qualität nicht in Frage.[1235]

b) Sittenwidrigkeit

Gleiches gilt für die Sittenwidrigkeit. Diese wurde für die betrachteten Fälle als ungeeignet beschrieben, da beide Vertragsparteien das legitime Ziel verfolgen, die Produktivität bzw. den Lohn zu erhöhen. Auch wenn diese finanziellen Interessen nicht als höherwertiger als die Gesundheit Dritter bezeichnet werden können[1236] und die Gefahr für diese Rechtsgüter erhöht wird, kann nicht ohne Weiteres unterstellt werden, dass die Vertragsparteien die auch zum Schutz der Drittinteressen bestehenden Regelungen missachten wollen. Auch für die gesundheitsgefährdende Qualität gilt somit, dass die Gesundheit Dritter bereits Regelungen unterfällt und den schützenswerten Interessen der Vertragspartner somit nicht schutzlos gegenübersteht. Ebenso kann das für die Gesamtabwägung einzubeziehende subjektive Element aufgrund der (möglichen) legitimen Ziele nicht vermutet oder unterstellt werden. Neben die eingeschränkte Anwendbarkeit treten somit auch hier noch Beweisschwierigkeiten, die die Effektivität zusätzlich schwächen.

So bleibt für die Nichtigkeit nach § 138 Abs. 1 BGB erneut nur ein kleiner Anwendungsbereich. Stellt sich die Abrede im Einzelfall als nicht mehr akzeptabel

---

1235 Denkbar wären allein gesetzliche Regelungen zu einzelnen, besonders gefahrträchtigen Branchen, wie der Chemie oder dem Baugewerbe.

1236 So bezüglich der deliktischen Außenhaftung *Spindler*, in: FS Otto, 2009, S. 537-554 (545).

dar, wird beispielsweise eine Prämie für eine Leistung ausgeschrieben, die nur unter Missachtung der gängigen Sicherheitsvorgaben zu erreichen ist, kann die Sittenwidrigkeit angenommen werden. Mangels Einschlägigkeit des § 134 BGB hat diese dann auch nicht zurückzutreten.

4. *Zwischenergebnis*

Die Vereinbarung einer Akkordvergütung oder anderer, zu einer höheren Leistung anreizenden Vergütungsformen ist grundsätzlich zulässig. Allein in ausgewählten Fällen existieren Verbote zum Schutz einer Vertragspartei[1237] oder dritter Interessen. Auch abseits dieser Verbote stehen die Drittinteressen nicht schutzlos dar. Für den Fall der Gesundheitsverletzung stehen zumindest deliktische Haftungsregelungen zur Seite, die eine präventive Wirkung aufweisen und neben die im Einzelfall spezialgesetzliche Regelungen – wie diejenigen des Straßenverkehrs – treten. Bei den Verbotsnormen handelt es sich folglich nicht um die alleinigen Schutznormen der Drittinteressen. Sie weisen stattdessen eine Verstärkungswirkung auf, indem sie zusätzliche Anreize zur Überschreitung bestehender Grenzen eindämmen sollen und somit für den Optimalfall, dass alle Arbeitnehmer im Rahmen der eigenen körperlichen und geistigen sowie der rechtlichen Grenzen handeln, keinen Mehrwert aufweisen. Die Verbotsgesetze verhindern nicht die Ausübung eines Berufs und beziehen sich nur auf wenige spezielle Fälle bzw. Personen. Sie stellen damit einen erforderlichen und angemessenen Eingriff in die Vertragsfreiheit dar, der gerechtfertigt ist.

Die legitimen Interessen führen zudem dazu, dass Akkordlohnvereinbarungen nur in extremen Einzelfällen die Sittenwidrigkeit begründen und so zur Nichtigkeit führen. In der Gesamtabwägung sind verschiedene Faktoren zu berücksichtigen, zudem bedeutet das Aufeinandertreffen mehrerer Akteure in der freien Marktwirtschaft, dass ein reines Berühren der Drittinteressen nicht ausreichen kann und vielmehr den Normalfall bildet.[1238] Auch wenn die Gesundheit unbeteiligter Dritter grundsätzlich ein schützenswertes und hohes Gut darstellt, sind diese Interessen aufgrund der darüber hinaus bestehenden Regelungen nur in einer geringen Intensität betroffen. In Verbindung mit den akzeptierten Interessen der Vertragsparteien bedeutet dies in der Regel ein sittengemäßes Verhalten. Nur dann, wenn diese Interessen nicht mehr im Vordergrund stehen, kann die

---

1237 § 11 Abs. 6 Nr. 1 MuSchG dient auch dem Schutz der Mutter, zudem wurde auf § 23 Abs. 1 Nr. 1 JArbSchG nicht eingegangen. Dessen Zweck ist auf den Schutz der Jugendlichen selbst gerichtet, BT-Drs. 7/2305, S. 1, 25.

1238 Siehe dazu § 2.II.2.c).

Sittenwidrigkeit von Akkordvergütungen aufgrund der Gesundheitsschädigung Dritter angenommen werden.

Für den Fall eines zu missbilligenden subjektiven Elementes bietet § 138 Abs. 1 BGB somit einen angemessenen Schutz, der jedoch nur in einem Bruchteil der Fälle überhaupt vorliegen wird. Gerade dann, wenn das subjektive Element nicht nachgewiesen oder vermutet werden kann, stößt die Sittenwidrigkeit an ihre Grenzen, welche durch spezialgesetzliche Regelungen aufgefangen werden kann. Insbesondere dort, wo eine Überschätzung der eigenen (fahrerischen oder körperlichen) Fähigkeiten vorliegt, kann dies notwendig sein. Die darüber hinausgehende Schutzlücke, die sich daraus ergibt, dass es für ein interessengerechtes Verbot einer individuellen oder beruflichen Anknüpfung bedarf, ist aufgrund der dargestellten Abwägung zu akzeptieren.

Dieses zurückhaltende Verständnis des Drittschutzes und der damit einhergehende Schutz der Vertragsfreiheit scheint auch in der Rechtsprechung zugrunde gelegt zu werden. Wie aber die Betrachtung der Entscheidungen zu den Paketzustellungen und der Umsatzprovisionen gezeigt hat, haben sich die Gerichte dabei auf eher allgemeine Formulierungen beschränkt, die im Sinne der Rechtssicherheit in Zukunft etwas differenzierter ausfallen sollten.

II. Finanzsektor

Ein Mittelweg zwischen dem Verbot einer leistungsanreizenden Vergütung und deren uneingeschränkter Zulässigkeit wird unter anderem im Finanzsektor gegangen. Auch dort wird das Ziel verfolgt, die nachteiligen Wirkungen des Anreizes zu umgehen, dabei aber der Ansatz eingeschlagen, die Zulässigkeit variabler Vergütungen einigen Faktoren zu unterwerfen.

Solche Anforderungen an ein Vergütungssystem finden sich beispielsweise für die Vergütung der Vorstandsmitglieder in der Aktionärsrechte-RL[1239] und dem Deutschen Corporate Governance Kodex[1240], deren Anforderungen in §§ 87 f. AktG umgesetzt wurden.[1241] Auch § 37 KAGB sowie die VersVergV und die WpI-VergV enthalten unterschiedlich ausgeprägte Regelungen. Zuletzt wurden durch

---

1239 Siehe z.B. der neue Art. 9 Abs. 6 Unterabsatz 3, eingefügt durch Art. 1 Nr. 4 RL (EU) 2017/828, ABl. 2017 L 132, S. 1. Dazu und zum Umsetzungsgesetz (ARUG II) auch *Ebel*, Rückforderung bereits ausgezahlter Vorstandsvergütung, 2021, S. 321 f.; *Redenius-Hövermann/Siemens*, ZIP 2020, 145; *Rosiak*, Clawback-Klauseln im System der Vorstandsvergütung, 2021, S. 58 ff.

1240 Die Empfehlungen für das Vergütungssystem befinden sich im Abschnitt G des DCGK. Siehe dazu z.B. *Bachmann*, ZHR 184, 2020, 127 (132 ff.).

1241 BT-Drs. 16/12278, 5; BT-Drs. 19/9739, 73.

das StromPBG und das EWPBG im Energiesektor Verbote für Bonuszahlungen verabschiedet, sofern die Unternehmen auf staatliche Hilfen angewiesen sind.[1242] Sehr ausführlich und umfangreich ist die von der *BaFin* erlassene InstitutsVergV ausgestaltet. Bei dieser Verordnung, die für das Arbeitsverhältnis im Bankensektor gilt und daher beispielhaft beleuchtet wird, handelt es sich nicht um die einzige inhaltliche Vorgabe seitens der *BaFin*. Stattdessen hat diese auch durch verschiedene Rundschreiben[1243] und Merkblätter[1244] Stellung bezogen. Von besonderer Bedeutung ist neben der InstitutsVergV selbst allerdings auch die ebenso von der *BaFin* herausgegebene, nur verwaltungsinterne Wirkung aufweisende[1245] Auslegungshilfe[1246].

1242 Nach § 37a StromPBG und § 29a EWPBG dürfen Unternehmen, die staatliche Hilfen über 25 Millionen Euro in Anspruch nehmen, nur unter sehr eingeschränkten Voraussetzungen für das Jahr 2023 Boni oder anderweitige variable Vergütung auszahlen. Der Zweck liegt dabei darin, dass die Unternehmen diejenigen Ausgaben, die Einzelnen zugute kommen, einsparen sollen, wenn sie eine staatliche Entlastungssumme erhalten (BT-Drs. 20/4915, 152). Aufgrund der speziellen Belastung durch die höheren Energiepreise und der Begrenzung auf das Jahr 2023 liegt die Schutzrichtung damit aber nicht so wie bei den anderen Regelungen in den Anreizen zu einem langfristigen wirtschaftlichen Handeln.

1243 So z.B. Rundschreiben 5/2023 (BA) – Mindestanforderungen an das Risikomanagement – MaRisk, (https://www.bafin.de/SharedDocs/Veroeffentlichungen/DE/Rundschreiben/2023/rs_05_2023_MaRisk_BA.html) (geprüft am 25.10.2024).

1244 So z.B. das Merkblatt zu den Mitgliedern von Verwaltungs- oder Aufsichtsorganen gemäß KWG und KAGB, (https://www.bafin.de/SharedDocs/Veroeffentlichungen/DE/Merkblatt/mb_verwaltungs-aufsichtsorgane_KWG_KAGB.html) (geprüft am 25.10.2024).

1245 *Denk/Kliche*, ZfgK 2018, 232 (232); *Ebel*, Rückforderung bereits ausgezahlter Vorstandsvergütung, 2021, S. 326.

1246 Die aktuelle Auslegungshilfe stammt aus dem Jahr 2018. Im Juni 2023 hat die *BaFin* einen Entwurf für einen Fragenkatalog („FAQ") veröffentlicht, der laut der Vorbemerkungen die Auslegungshilfe ersetzen soll, *BaFin*, FAQ InstitutsVergV. Über dieses Entwurfsstadium ist der Katalog noch nicht hinausgekommen. Zudem stellt die *BaFin* auch klar, dass die in der bisherigen Auslegungshilfe beschriebene Verwaltungspraxis nicht aufgegeben werden solle, sofern sie nicht in den FAQ aktualisiert wird (https://www.bafin.de/SharedDocs/Veroeffentlichungen/DE/Konsultation/2023/kon_10_23_Konsultation_Leitlinien_Entwurf.html;jsessionid=9CD250376E2CC874AF6EB18B66F885BF.internet011) (geprüft am 25.10.2024).

1. *Hintergrund der InstitutsVergV*

Dem speziellen Anwendungsbereich und der fehlenden Präsenz in der Judikatur geschuldet, gehört die InstitutsVergV wohl auch in juristischen Kreisen nicht zum alltäglichen Tätigkeitsfeld und ist dementsprechend nicht flächendeckend bekannt. Es handelt sich um eine Rechtsverordnung, die zwar nicht vom Gesetzgeber, sondern der *BaFin* erlassen wurde, aufgrund der Ermächtigungen des *BMF* über § 25a Abs. 6 Nr. 1 KWG und schließlich der *BaFin* über § 1 Nr. 5 BaFinBefugV[1247] jedoch eine Rückkopplung an den Gesetzgeber und somit kein Legitimationsdefizit aufweist. Inhaltlich regelt sie insbesondere die Zusammensetzung und die Anforderungen an die variable Vergütung, die statt der bereits dargestellten Akkordvergütung in diesem Fall insbesondere Bonuszahlungen, Provisionen und aktienbasierte Vergütungen umfasst.[1248] Ziel dieser Regelungen ist es, diejenigen Gefahren zu reduzieren, die aus einem zu risikofreudigen Verhalten erwachsen können[1249] und die Interessen der handelnden Personen mit etwaigen betroffenen Interessen anzugleichen.[1250]

Mit ihren inhaltlichen Regulierungen der Vergütungsausgestaltung steht die InstitutsVergV am Ende einer langen Entwicklung. Die ersten Vergütungsregulierungen wurden in den Vereinigten Staaten in den Sarbanes-Oxley Act 2002[1251] aufgenommen, nachdem die mit gravierenden wirtschaftlichen Folgen verbundenen Zusammenbrüche unter anderem von *Enron* und *WorldCom* auf eine missbräuchliche Vergütungspraxis zurückgeführt wurden.[1252] Dieser

1247 Verordnung zur Übertragung von Befugnissen zum Erlass von Rechtsverordnungen auf die Bundesanstalt für Finanzdienstleistungsaufsicht vom 13. Dezember 2002 (BGBl. I 2003, 3), die zuletzt durch Artikel 1 der Verordnung vom 12. Januar 2023 (BGBl. I 2023, Nr. 15) geändert worden ist.

1248 Vgl. CKK/*Hoefs*, 3. Aufl. 2023, Anh. Besondere Vergütungssysteme Rn. 1.

1249 *BaFin*, Auslegungshilfe, 2018, S. 1.

1250 Vgl. *El Mahdy*, Account Finance 2020, 3493 (3499 f); *Velte*, Bus Res 2020, 1417 (1418). Diese von der Vergütung ausgehende Anreizwirkung kann auch zu Gunsten anderer Interessen habhaft gemacht werden, wie die Überlegungen zu einem (ökologisch) nachhaltigen Handeln des Unternehmens zeigen. Siehe dazu *EU High-Level Expert Group on Sustainable Finance*, Financing a sustainable european economy, S. 41.

1251 § 304 Sarbanes-Oxley Act of 2002, Pub. L. 107-204, July 30, 2002, 116 Stat. 745. Eine verschärfte Regelung folgte mit dem Dodd-Frank-Act 2010, Sec. 10D Securities Exchange Act of 1934, eingefügt durch Title IX, Sec. 954 Dodd-Frank Wall Street Reform and Consumer Protection Act, Pub. L. 11-203, July 21, 2010, 124 Stat. 1904.

1252 Zu den Hintergründen *Chan/Chen/Chen u.a.*, Journal of Accounting and Economics 2012, 180 (180 f.); *Chen/Vann*, Journal of Business Finance & Accounting 2017, 1370 (1372); *Müller/Rieber/Tank*, KoR 2020, 132 (133); *Schneider*, Journal

US-amerikanischen Entwicklung lief die europäische lange Zeit trotz zaghafter Stimmen[1253] für eine ähnliche Regelung hinterher.[1254] Erst mit der Finanzmarktkrise, bei der zumindest eine Mitursächlichkeit in der Art und Weise der Vergütung gesehen wird,[1255] nahm die Auseinandersetzung mit diesem Thema einen Entwicklungsschub.[1256]

In mehreren europäischen Richtlinien und Verordnungen, an deren vorläufiger Spitze die RL (EU) 2019/878 (CRD V)[1257] und VO (EU) 2019/876 (CRR II)[1258] stehen, wurden Ansätze zu dem Verhältnis von flexibler und variabler Vergütung

---

of Financial Service Professionals 2010, 24 (25); *Velte*, Bus Res 2020, 1417 (1418 f.); *Wadewitz*, Börsen-Zeitung, 26.05.2020, 11; *Yeoh*, Business Law Review 2007, 90 (90).

1253 So z.B. *Bouton*, "Promoting Better Corporate Governance in Listed Companies", 23.09.2002, 2 f.; *High Level Group of Company Law experts*, Report of the High Level Group of Company Law experts on a Modern Regulatory Framework for Company Law in Europe, 4.11.2002, S. 64, 69 ff.

1254 So auch für die deutsche Entwicklung *Müller/Rieber/Tank*, KoR 2020, 132 (132). Britische Banken beispielsweise ab 2015, vgl. *Löw*, NZA 2017, 1365 (1368). Aus diesem Grund befasst sich nach wie vor ein Großteil der Quellen, mit dem US-amerikanischen Kapitalmarkt.

1255 Erwägungsgrund 2 der Empfehlung der *Europäischen Kommission* zur Vergütungspolitik im Finanzdienstleistungssektor (2009/384/EG), ABl. 2009 L 120, S. 22; Erwägungsgrund 1 der VO (EU) Nr. 575/2013, ABl. 2013 L 176, S. 1; *CEBS*, High-level principles for Renumeration Policies, 20.4.2009, S. 1; *Diller/Arnold*, ZIP 2011, 837 (837); *Fischer*, Risikomanagement und Vergütungspolitik, in: Maschmann (Hrsg.), Total Compensation, 2019, S. 469-495 (Rn. 1); Annuß/Früh/Hasse/*Früh*, 2016, Vorbemerkung InstitutsVergV Rn. 4; *FSF*, Report of the Financial Stability Forum on Enhancing Market and Institutional Resilience, 7.4.2008, S. 20; *FSF*, Principles for Sound Compensation Practices, 2.4.2009, S. 1; *Rom/Herz/Jagodschinski*, ZfgK 2017, 1075 (1075).

1256 Nach dem „Draghi-Report", der erstmals die Förderung unverhältnismäßiger Risikobereitschaft durch das Vergütungssystem adressierte (*FSF*, Report of the Financial Stability Forum on Enhancing Market and Institutional Resilience, 7.4.2008, S. 20), folgten weitere Stellungnahmen und Ansätze: 3.1 und 3.2 Empfehlung der *Europäischen Kommission* zur Vergütungspolitik im Finanzdienstleistungssektor (2009/384/EG), ABl. 2009 L 120, S. 22; *BCBS*, Compensation Principles and Standards Assessment Methodology, January 2010, S. 10 ff.; *CEBS*, High-level principles for Renumeration Policies, 20.4.2009, S. 2; *FSF*, Principles for Sound Compensation Practices, 2.4.2009, S. 2 f. Ein Überblick über die Entwicklung ist ebenso der Auslegungshilfe der *BaFin* vorausgestellt, *BaFin*, Auslegungshilfe, 2018, S. 1 ff.

1257 ABl. 2019 L 150, S. 253.

1258 ABl. 2019 L 150, S. 1.

und die Sicherung eines angemessenen Eigenkapitals verfolgt.[1259] Ergänzt wurden diese Regelungen durch Leitlinien, in denen die damit beauftragte[1260] EBA diese Anforderungen noch einmal präzisiert hat.[1261] 2010 wurde schließlich die InstitutsVergV zur Umsetzung dieser Anforderungen verabschiedet und seitdem immer wieder aktualisiert und ergänzt.[1262] Ins Auge fallen dabei insbesondere die 2017 eingefügten Rückzahlungsklauseln („Clawback-Klauseln"), die es Kreditinstituten erlauben, auch bereits ausgezahlte Bonuszahlungen zurückzuverlangen, sofern gesetzlich vorgesehene, für das Kreditinstitut negative Ereignisse eintreten.

Wie schon das Verbot der Akkordvergütung treffen diese Regelungen empfindliche Vorgaben für die Vertragsgestaltung von Arbeitnehmer und Arbeitgeber. Vergütungsausgestaltungen, die den Regelungen der InstitutsVergV widersprechen, werden verboten – auch hier sind daher die Voraussetzungen an ein Verbotsgesetz erfüllt. Daran ändert auch nichts, dass die variable Vergütung als solche nicht verboten und in § 14 Abs. 1 InstitutsVergV allein ein Hinwirken auf eine Anpassung verlangt wird.[1263] Stattdessen besteht diese Hinwirkungspflicht allein für zum Zeitpunkt des Inkrafttretens bereits bestehende Abreden, die nicht ohne Weiteres einseitig angepasst werden können. Eine neue Abrede mit einem der

1259 Diese Bestimmungen enthalten z.B. bereits die allgemeine Berücksichtigung langfristiger Interessen und fehlenden Anreiz zu besonders risikoreichem Handeln (Art. 92 Abs. 2 lit. a) und b) CRD IV). Ebenso wird bereits das Verhältnis von fester und variabler Vergütung (100 %, Art. 94 Abs. 1 lit. g) (i) CRD IV), die Zurückbehaltung eines gewissen Anteils der variablen Vergütung (Art. 94 Abs. 1 lit. m) CRD IV) und der Schutz der Eigenmittel (Art. 94 Abs. 1 lit. c) CRD IV) angesprochen.

1260 Art. 74 Abs. 3, 75 Abs. 2 CRD IV.

1261 Leitlinien für eine solide Vergütungspolitik gemäß Artikel 74 Absatz 3 und Artikel 75 Absatz 2 der Richtlinie 2013/36/EU und Angaben gemäß Artikel 450 der Verordnung (EU) Nr. 575/2013, EBA/GL/2015/22. Siehe auch Leitlinien für solide Vergütungspolitik gemäß Richtlinie 2013/36/EU, EBA/GL/2001/04.

1262 Die InstitutsVergV wurde bereits am 6.10.2010 ausgefertigt, BGBl. I 2010, 1374. Die deutlich ausführlichere Nachfolgeverordnung hat diese gem. § 29 InstitutsVergV (2013) am 1.1.2014 abgelöst, BGBl. I 2013, 4270. Einige Normen, wie der die „Clawback-Klauseln" enthaltende § 20 Abs. 6 InstitutsVergV sind erst 2017 hinzugetreten, Art. 1 Nr. 21 Verordnung zur Änderung der Institutsvergütungsverordnung, BGBl. I 2017, 3042. Die aktuelle Fassung wurde zuletzt geändert durch die Vierte Verordnung zur Änderung der Institutsvergütungsverordnung vom 14. Februar 2023, BGBl. I 2023 Nr. 41.

1263 In die Richtung argumentierend *Diller/Arnold*, ZIP 2011, 837 (837).

Verordnung widersprechenden Inhalt wäre mit dem Zweck des Gesetzes nicht zu vereinbaren.[1264]

2. *Regelungsgegenstand der InstitutsVergV*

Die vergütungsbezogenen Regelungen der InstitutsVergV sind kleinschrittig und für eine Vielzahl unterschiedlicher Ausgestaltungen ausgerüstet, wobei an dieser Stelle allein die grundlegenden Charakteristika der Rechnungsgrößen aufzugreifen sind. Es liegt ein zweistufiges System vor, bei dem auf die im zweiten Abschnitt der Verordnung geregelten, auf alle Institute gem. § 1 Abs. 1b, § 53 Abs. 1 KWG anwendbaren allgemeinen Regelungen (§§ 1 Abs. 1, 2 Abs. 7 InstitutsVergV) im anschließenden dritten Abschnitt besondere Anforderungen folgen, die nur einen kleinen, als bedeutende Institute charakterisierten Teil betreffen (§ 1 Abs. 3 InstitutsVergV).

a) *Allgemeine Vergütungsausgestaltung*

Der „zentrale Anknüpfungspunkt" der Ermittlung des Gesamtbetrages sei laut der *BaFin* in § 7 InstitutsVergV zu verorten,[1265] die Höhe der insgesamt auszuzahlenden variablen Vergütung, des Bonuspools[1266], muss daher vor allem an die Fähigkeiten des Instituts zur Abfederung finanzieller Risiken angepasst werden. So muss sichergestellt werden, dass unabhängig von der Höhe der gezahlten (variablen) Leistungen die Liquidität des Instituts nicht gefährdet wird, wobei die Risikotragfähigkeit und die Liquiditätsausstattung zu berücksichtigen sind (§ 7 Abs. 1 Nr. 1, 2 lit. a) InstitutsVergV).[1267]

Eine zweite Säule, die neben die Berechnung des Bonuspools tritt, betrifft die genaue Berechnung der einzelnen variablen Vergütung. Zum einen darf die variable Vergütung nicht außerhalb eines angemessenen Verhältnisses zu der fixen Vergütung stehen, was (in der Regel) zumindest eine Obergrenze von 100 % der Fixvergütung bedeutet (§§ 5, 6 Abs. 1 und 2 InstitutsVergV, § 3 Abs. 1 S. 1 InstitutsVergV i.V.m. § 25a Abs. 5 KWG). Die variable Vergütung darf in diesem Fall

---

1264 Mit dieser Argumentation auch Annuß/Früh/Hasse/*Annuß*, 2016, § 14 InstitutsVergV Rn. 1 f. m.w.N.; weiter *Kramer/Lang/Neugeboren*, CB 2017, 425 (430). Im Ergebnis wohl auch *Kuhn*, CCZ 2017, 171 (172). Einen Überblick über die abweichende Meinung liefert Annuß/Früh/Hasse/*Annuß*, 2016, § 14 InstitutsVergV Rn. 1 f.

1265 *BaFin*, Auslegungshilfe, 2018, S. 24.

1266 *BaFin*, Auslegungshilfe, 2018, S. 24.

1267 Vgl. dazu *BaFin*, Auslegungshilfe, 2018, S. 25.

also maximal zu einer Verdopplung der festen Vergütung führen.[1268] Zum anderen gilt es, einen angemessenen Ausgleich zu finden, der keine signifikante Abhängigkeit von der variablen Vergütung bedeutet, aber dennoch Verhaltensanreize ermöglicht (§ 6 Abs. 1 InstitutsVergV). Die Anreize zu einem bestimmten, positiven Verhalten bilden eine der Grundannahmen der variablen Vergütung[1269] und dienen auch in diesem Kontext dem Ziel, eine nachhaltige und solide Entwicklung zu fördern.[1270] In dieselbe Kerbe schlägt auch die Verringerung der variablen Vergütung im Falle negativer Erfolgsbeiträge (§ 5 Abs. 2 InstitutsVergV) und die Ausrichtung an den langfristigen Zielen des Instituts (§ 4 InstitutsVergV), mit dessen Hilfe die Mitarbeiter zu einem effektiven Beitrag angehalten werden sollen. Zu ambitionslose Ziele als Grundlage für die variable Vergütung, die auch ohne große Anstrengung erreicht werden könnten, sollen auf diese Weise verhindert werden.[1271] Die zu vermeidenden unverhältnismäßigen Risiken, die eine Deckelung dieser Leistungsanreize nach oben bedeuten, sind insbesondere dann anzunehmen, wenn eine starke Abhängigkeit von der variablen Vergütung vorliegt (§ 5 Abs. 1 Nr. 1, Abs. 3 Nr. 1 InstitutsVergV). Ein angemessener Lebensstandard muss daher auch ohne die variable Vergütung noch möglich sein.[1272] Ebenso ist ein zu sehr auf quantitative Kriterien ausgelegtes Verfahren unzulässig (§ 5 Abs. 1 Nr. 3 und 5 InstitutsVergV). Dies könne dazu führen, dass die eigenen Interessen verfolgt werden und im Sinne einer schnelleren Abwicklung auf notwendige Beratungen verzichtet werde oder Empfehlungen nicht am Interesse des Kunden, sondern an einem möglichen Nutzen des Instituts orientiert werden[1273] – eine Überlegung, die bereits im Rahmen der Akkordlohnverbote aufgekommen ist.

b) Anpassung der Vergütung

Die im dritten Abschnitt der InstitutsVergV folgenden Sonderregelungen zeichnen sich insbesondere durch die ex-ante- und die ex-post-Risikoadjustierung aus. Für die vorgelagerte Berechnung der variablen Vergütung sind daher zu den bereits dargestellten Voraussetzungen weitere zu beachten, zudem kommen

1268 Dass es sich dabei tatsächlich um eine Deckelung handelt, zeigt die Gegenüberstellung der (nicht auf Kreditinstitute bezogenen) Gehälter von Managern, bei denen die variable Vergütung bereits vor zehn Jahren zwischen 50 % und 80 % der Gesamtvergütung ausgemacht habe, *Wasserer*, in: FS Roth, 2011, S. 871-880 (872).

1269 Siehe dazu § 9.

1270 *BaFin*, Auslegungshilfe, 2018, S. 20.

1271 *BaFin*, Auslegungshilfe, 2018, S. 13.

1272 Vgl. *BaFin*, Auslegungshilfe, 2018, S. 16.

1273 Vgl. *BaFin*, Auslegungshilfe, 2018, S. 14.

erstmalig Maßnahmen zu dem Katalog hinzu, die auch eine nachträgliche Anpassung dieser Vergütung ermöglichen.

aa) Voraussetzungen

Gem. § 18 Abs. 1 InstitutsVergV gelten für Risikoträger und Risikoträgerinnen bedeutender Institute ergänzend die §§ 19, 20 InstitutsVergV. Der Anwendungsbereich der ex-ante- (§ 19 InstitutsVergV) und ex-post-Risikoadjustierung (§ 20 InstitutsVergV) ist folglich mehrstufig eingeschränkt.

Zuvörderst ist schon dem Titel des dritten Abschnitts zu entnehmen, dass ein bedeutendes Institut vorliegen muss. Ein Institut ist gem. § 1 Abs. 3c KWG bedeutend, wenn es eine Bilanzsumme aufweist, die im Durchschnitt zu den jeweiligen Stichtagen der letzten vier abgeschlossenen Geschäftsjahre über 15 Milliarden Euro liegt oder eine der Nrn. 1-3 einschlägig ist (§ 1 Abs. 3 S. 1 InstitutsVergV)[1274]. Ein großer Teil der Arbeitnehmer deutscher Kreditunternehmer fällt damit bereits aus diesem Grund nicht in den Anwendungsbereich der Sonderregelungen. Von den etwa 2.500 Unternehmen, die in Deutschland in den Anwendungsbereich nach § 1 Abs. 1 InstitutsVergV i.V.m. § 1 Abs. 1b KWG fallen,[1275] erreichten ledig-

1274 Da die InstitutsVergV, deren Auslegungshilfe und das KWG nicht parallel oder überhaupt nicht aktualisiert und angepasst wurden, sind die Bezugnahmen teilweise unrichtig. Die Regelungen zu den bedeutenden Instituten waren ursprünglich in § 17 InstitutsVergV enthalten, BGBl. I 2013, 4270, unwesentlich verändert durch Art. 1 Nr. 18 der Verordnung zur Änderung der Institutsvergütungsverordnung, BGBl. I 2017, 3042. Mit der am 26.4.2019 in Kraft getretenen Zweiten Verordnung zur Änderung der Institutsvergütungsverordnung wurde der § 17 InstitutsVergV jedoch aufgehoben und die entsprechenden Verweise auf die Normen der §§ 25 ff. KWG geändert, Art. 1, 2 Zweite Verordnung zur Änderung der Institutsvergütungsverordnung, BGBl. I 2019, 486. Zum 29.3.2019 wurde der § 25n KWG eingeführt, der eine wörtliche Übernahme des § 17 InstitutsVergV enthielt, Art. 8 Nr. 4 Brexit-Steuerbegleitgesetz, BGBl. I 2019, 357. Auch der § 25n KWG wurde jedoch am 29.12.2020 aufgehoben, zumindest die ersten beiden Absätze wurden in dem zeitgleich eingefügten § 1 Abs. 3c S. 1 und 2 KWG übernommen, Art. 2 Nr. 2, 42, 13 Abs. 2 Risikoreduzierungsgesetz, BGBl. I 2020, 2773. Die von der *BaFin* mit Stand vom 15.2.2018 veröffentlichte Auslegungshilfe verweist somit folgerichtig für die Bestimmung bedeutender Institute auf den bis April 2019 bestehenden § 17 InstitutsVergV (*BaFin*, Auslegungshilfe, 2018, S. 43). Inhaltlich entspricht der § 1 Abs. 3c KWG allerdings den § 17 Abs. 1 und 2 InstitutsVergV a.F. und dem § 25n KWG a.F. mit der einzigen Änderung, dass die durchschnittliche Bilanzsumme der letzten vier, statt der letzten drei Jahre betrachtet wird.

1275 Die *BaFin* listet in ihrer Datenbank aktuell 1.349 Kreditinstitute und 1.105 Finanzdienstleistungsinstitute (https://portal.mvp.bafin.de/database/InstInfo/sucheForm.do)

lich etwa 50 Kreditinstitute die erforderliche Bilanzsumme.[1276] An der Spitze steht dabei die Deutsche Bank, die in den vergangenen Geschäftsjahren eine durchschnittliche Bilanzsumme von über 1,3 Billionen Euro aufweist.[1277]

Auch diese reduzierte Anzahl an Arbeitnehmern müssten auf einer zweiten Stufe die Eigenschaft als Risikoträger oder Risikoträgerin erfüllen. Darunter sind nur diejenigen Arbeitnehmer zu verstehen, deren berufliche Tätigkeit sich wesentlich auf das Risikoprofil des Instituts auswirkt (§ 2 Abs. 8 InstitutsVergV, § 1 Abs. 21 S. 1 KWG).[1278] Eine solche Risikoträgerschaft liegt beispielsweise dann vor, wenn ein wesentlicher Geschäftsbereich geleitet wird oder der Arbeitnehmer für die Genehmigung hoher Kredite ermächtigt ist.[1279]

Eine letzte Grenze gilt allein für die ex-post-Risikoadjustierung. Diese nachträgliche Anpassung findet nur dann Anwendung, wenn die ermittelte variable Vergütung mindestens 50.000 € beträgt und über ein Drittel der Gesamtvergütung ausmacht (§ 18 Abs. 1 S. 3 InstitutsVergV). Auch dies engt damit den Kreis der Arbeitnehmer, auf die alle Sonderregelungen anwendbar sind, weiter stark ein.

bb) Ex-ante-Risikoadjustierung

Die in § 19 InstitutsVergV verortete ex-ante-Risikoadjustierung zielt auf eine optimale Anpassung der Vergütungsberechnung an das bestehende Risiko ab[1280]

(geprüft am 25.10.2024). Hinzu kommen noch die in § 1 Abs. 1 S. 1 InstitutsVergV beschriebenen Zweigstellen.

1276 Die Zahlen beziehen sich dabei allein auf die Kreditinstitute, *Kuck*, Die Bank 2020, 12. Der Vergleich zu den Jahren 2019 und 2012 offenbart, dass der Wert relativ stabil geblieben ist, vgl. *Kuck*, Die Bank 2012, 34 (34); *Kuck*, Die Bank 2019, 12 (12 ff.).

1277 So der Geschäftsbericht der Deutschen Bank von 2022, S. 7 (https://investor-relations.db.com/files/documents/annual-reports/2023/Geschaeftsbericht-2022.pdf) (geprüft am 25.10.2024) und 2021, S. 6 (https://investor-relations.db.com/files/documents/annual-reports/2022/Geschaeftsbericht_2021.pdf) (geprüft am 25.10.2024).

1278 Dies umfasst zudem auch Geschäftsleiter nach § 1 Abs. 2 KWG sowie die Mitglieder des Verwaltungs- oder Aufsichtsorgans im Sinne des § 25d KWG (§ 1 Abs. 21 KWG). Das Beispiel des „Investment Bankers" anführend *Thum*, NZA 2017, 1577 (1579); *Velte*, Der Konzern 2020, 50 (53).

1279 EBA/GL/2015/22, Rn. 84 i.V.m. Artikel 3 Nr. 6, 11 lit. b) VO (EU) 604/2014, ABl. 2014 L 167, S. 30.

1280 *BaFin*, Auslegungshilfe, 2018, S. 52; vgl. auch *Fischer*, Risikomanagement und Vergütungspolitik, in: Maschmann (Hrsg.), Total Compensation, 2019, S. 469-495 (Rn. 15).

und schreibt eine Mehrebenenbetrachtung[1281] vor, die grundlegende Berechnung muss daher verschiedene Faktoren mit einbeziehen: Es sind der Gesamterfolg des Instituts, der Erfolgsbeitrag der Organisationseinheit sowie der individuelle Erfolgsbeitrag angemessen – das heißt grundsätzlich zu gleichen Teilen[1282] – zu berücksichtigen (§ 19 Abs. 1 S. 1 InstitutsVergV). Auch für die Bewertung dieser einzelnen Faktoren sieht § 19 InstitutsVergV strenge Vorgaben vor. Das Verbot, den eigenen Erfolgsbeitrag allein an quantitativen Parametern festzumachen (§ 19 Abs. 2 S. 1 InstitutsVergV),[1283] ähnelt dabei stark den Ausführungen der leistungsanreizenden Vergütung gem. § 11 Abs. 6 Nr. 1 Alt. 2 MuSchG.[1284] Weiter sind der Bemessungszeitraum auf mindestens ein Jahr festzulegen und die langfristige Entwicklung ins Auge zu fassen (§ 19 Abs. 1 S. 2, Abs. 3 InstitutsVergV). Damit diese Vorgaben nicht leerlaufen, sind bereits in den Bemessungsgrundlagen Vorgaben zu bestimmen, wie auf Leistungsschwankungen zu reagieren ist.[1285] Es müssen daher auch Regelungen vorgesehen sein, nach denen ein sitten- oder pflichtwidriges Handeln beispielsweise zu einer Verringerung der variablen Vergütung führen muss (§ 19 Abs. 2 S. 3 InstitutsVergV), in gravierenden Fällen, wie denen des § 18 Abs. 5 S. 3 InstitutsVergV, sogar zum vollständigen Verlust der variablen Vergütung.[1286]

Trotz der vielen gesetzlichen Vorgaben lassen diese ausreichend Entscheidungsspielraum für die Institute, sodass ein großes Ermessen der Institute vorliegt, das erst innerhalb der tatsächlichen Festlegung der variablen Vergütung ausgeübt werden kann. Statt bereits im Arbeitsvertrag den Betrag der variablen Vergütung festlegen zu können, sind allein die Bemessungsgrundlagen anzuführen, die ihrerseits den soeben dargestellten Anforderungen entsprechen müssen. Auf dieser Grundlage ist dann im Anschluss der genaue Betrag der variablen Vergütung nach billigem Ermessen und unter Beachtung der vorher festgelegten Faktoren zu bestimmen (§ 315 Abs. 1 BGB).[1287]

1281 Mit diesem Begriff *Fischer*, Risikomanagement und Vergütungspolitik, in: Maschmann (Hrsg.), Total Compensation, 2019, S. 469-495 (Rn. 17).

1282 *BaFin*, Auslegungshilfe, 2018, S. 52.

1283 Der Begriff „angemessen" sei dabei als „ausgeglichen" zu verstehen, *BaFin*, Auslegungshilfe, 2018, S. 55.

1284 Siehe dazu § 9.I.2.b).aa).

1285 Vgl. *BaFin*, Auslegungshilfe, 2018, S. 53.

1286 *BaFin*, Auslegungshilfe, 2018, S. 53.

1287 Vgl. BAG 24.10.2018 – 10 AZR 285/16, NZA 2019, 387 (392) [Rn. 41]; LAG München 28.7.2016 – 3 Sa 1042/15, juris [Rn. 167]; 3.3.2016 – 3 Sa 987/15, juris [Rn. 126].

cc) Ex-post-Risikoadjustierung

Trotz Einhaltung der Vorgaben zur Berechnung der Vergütung kann sich die Ausgangslage entgegen der Erwartung entwickeln, und so eine nachträgliche Anpassung erfordern. Diese ex-post-Risikoadjustierung[1288] weist einen geringeren Umfang auf, je genauer die ex-ante-Risikoadjustierung vorgenommen wurde.[1289] Damit auch in diesen Fällen die variable Vergütung sowohl die finanzielle Lage des Instituts als auch den individuellen Beitrag des Risikoträgers angemessen berücksichtigt, sind zwei Mechanismen vorgesehen, die eine nachträgliche Anpassung der variablen Vergütung zur Folge haben.

Ein „erheblicher Teil" der variablen Vergütung muss in Aktien bzw. vergleichbare Instrumenten ausgezahlt werden, die den Wert des Unternehmens nachhaltig widerspiegeln (§ 20 Abs. 5 S. 1 Nr. 1 InstitutsVergV). Auf diese Weise passt sich die variable Vergütung implizit an die Entwicklung des Instituts an. Durch die zu verhängende Sperrfrist von mindestens einem Jahr, in der nicht über diesen Anteil verfügt werden darf (§ 20 Abs. 5 S. 2 InstitutsVergV), wird somit ein Anreiz für den Risikoträger gesetzt, die langfristige, über den Auszahlungszeitpunkt hinausgehende Entwicklung in den Blick zu nehmen. Verstärkt wird dieser Anreiz dadurch, dass nicht allein ein Abschmelzen der Vergütung verhindert werden kann, sondern sich positive Entwicklungen des Instituts auch in der Wertentwicklung der variablen Vergütung widerspiegeln.[1290]

Auch der nicht in diesen den Wert des Unternehmens ausdrückenden Instrumenten ausgezahlte Anteil der variablen Vergütung kann nachträglich reduziert werden, wofür Malus- und Clawback-Klauseln vorzusehen sind.[1291] Diese Zweiteilung des Klausel-Systems fußt auf dem Erfordernis, dass mindestens 40 % der variablen Vergütung zurückzubehalten und über mindestens vier Jahre verteilt auszuzahlen sind (§ 20 Abs. 1 S. 1 InstitutsVergV). Tritt in diesem Zeitraum die Notwendigkeit der Reduzierung zu Tage, so muss der einbehaltene Teil in entsprechender Höhe abschmelzen, die Malus-Klauseln erlauben also nachträglich den einbehaltenen Anteil zu reduzieren.[1292] Die Clawback-Klauseln erlauben es

---

1288 Vgl. *BaFin*, Auslegungshilfe, 2018, S. 49.

1289 Vgl. *BaFin*, Auslegungshilfe, 2018, S. 58.

1290 Vgl. *BaFin*, Auslegungshilfe, 2018, S. 62. Siehe auch die Ausführungen zu der ökonomischen Vertragstheorie, *Schäfer/Ott*, Lehrbuch der ökonomischen Analyse des Zivilrechts, 6. Aufl., 2021, S. 477 f.

1291 Im Gegensatz zu den impliziten Maßnahmen ist im Rahmen von Malus- oder Clawback-Klauseln ausschließlich eine negative Anpassung möglich, vgl. *BaFin*, Auslegungshilfe, 2018, S. 58, 62.

1292 Vgl. *BaFin*, Auslegungshilfe, 2018, S. 48 f.

hingegen, einen Betrag von dem bereits ausgezahlten Anteil wieder zurückzuverlangen.[1293] Diese sind zwingend vorzusehen, wenn die gesamte variable Vergütung entfallen soll, schließlich ist der bereits ausgezahlte Anteil nur über den Clawback wiederzuerlangen.[1294]

dd) Anpassungsgründe

Während die implizite Adjustierung kein weiteres Tätigwerden verlangt, ist also für die explizite Anpassung eine bewusste Entscheidung für diese Maßnahmen notwendig. Wann diese nachträgliche Anpassung aber vorgesehen wird, hat ebenso einem durch die InstitutsVergV vorgegebenen Rahmen zu folgen. Gem. § 18 Abs. 5 S. 1 InstitutsVergV ist eine Verringerung der variablen Vergütung (allein des zurückbehaltenen Anteils[1295]) dann notwendig, wenn bzgl. einer der drei maßgeblichen Faktoren eine negative Abweichung von den ursprünglichen Zielen vorliegt.

Diesem „Normalfall" steht zudem der „Sonderfall"[1296] zur Seite, dass ein Verhalten, das zu erheblichen Verlusten oder wesentlichen regulatorischen Sanktionen führt (Nr. 1) oder eine schwerwiegende Verletzung einer relevanten Regelung bzgl. Eignung und Verhalten (Nr. 2) vorliegen (§ 18 Abs. 5 S. 3 InstitutsVergV). Diese an das Verhalten des Risikoträgers anknüpfende Alternative soll nicht nur zur Verringerung der variablen Vergütung führen, im Gegensatz zu der ersten Alternative ist der vollständige Verlust nicht nur mögliche, sondern verpflichtende Konsequenz.

Während die Anpassung im Normalfall der negativen Abweichung anhand der Gegenüberstellung der Zielvereinbarung und dem tatsächlichen Ergebnis zu bestimmen ist,[1297] weisen die Vorgaben für den Sonderfall des negativen Erfolgsbeitrags einen hohen Anteil an unbestimmten Rechtsbegriffen auf. Für die Frage, wann ein „erheblicher" Verlust, eine „wesentliche" Sanktion oder Maßnahme oder eine „relevante" Regelung gegeben sind, existiert somit erneut ein nicht unerheblicher Entscheidungsspielraum der Institute, wobei die Auslegungshilfe unterstützend eingreift.[1298]

1293 Vgl. *BaFin*, Auslegungshilfe, 2018, S. 48 f.
1294 Vgl. *BaFin*, Auslegungshilfe, 2018, S. 58.
1295 *BaFin*, Auslegungshilfe, 2018, S. 49, 62.
1296 *BaFin*, Auslegungshilfe, 2018, S. 49.
1297 *BaFin*, Auslegungshilfe, 2018, S. 49.
1298 *BaFin*, Auslegungshilfe, 2018, S. 50 f.

c) Drittschutz

Die InstitutsVergV ist dem über das Zweipersonenverhältnis hinausgehenden Schutz verschrieben und bezieht sich auf eine Vielzahl unterschiedlicher Interessen. Im Zusammenhang mit den nationalen und europäischen Regelungen werden Anleger und Einleger, Haushalte und Unternehmen, Kunden von Instituten, Markt(-teilnehmer), Sparer, Steuerzahler sowie die Verbraucher ausdrücklich genannt.[1299] Gemeinsam mit der Integrität des Finanzsystems, dessen Zusammenbruch die Entwicklung erst befeuert hat,[1300] lässt sich der Drittschutz deutlich erkennen. Verfolgt wird dieser Schutz der Interessen dritter Personen oder der Allgemeinheit durch eine auf Prävention ausgerichtete Regelungsgestaltung, die, wenn auch mit Einschränkungen, einen Mindestschutz verspricht.

aa) Präventivwirkung

Die in den vorangegangenen Abschnitten vorgestellten Regelungen lassen sich unabhängig von dem engeren Anwendungsbereich der Sonderregeln in zwei Ansätze ordnen, die beide hinsichtlich des Drittschutzes eine Präventivwirkung aufweisen. Die Berechnungsvorgaben und die Art der Auszahlung lassen dies deutlich erkennen. Sowohl die Vorgaben, an welchen Faktoren die variable Vergütung zu orientieren ist, als auch die Begrenzung des insgesamt auszuzahlenden Betrages sind darauf ausgerichtet, dass von Beginn an zumindest die Fortexistenz gesichert sein muss und auch keine Risiken gefördert werden, die über die allgemein mögliche negative Entwicklung hinausgehende zukünftige Gefahren zur Folge haben. Neben der Berücksichtigung des Gesamterfolgs des Instituts muss daher ein gesicherter Eigenkapitalanteil[1301] verbleiben (§§ 7 Abs. 1 S. 3 Nr. 2 lit. a), 19 Abs. 1 InstitutsVergV). Auch sind die Risikotragfähigkeit zu beachten und die eigenen Interessen den langfristigen Institutsinteressen unterzuordnen sowie rein quantitative Faktoren abzulehnen (§§ 4, 5 Abs. 1 Nr. 3, 7 Abs. 1 S. 3 Nr. 1). Die teilweise Auszahlung der Vergütung in Instrumenten, die den Wert des

---

1299 Siehe dazu § 5 Abs. 1 Nr. 3 InstitutsVergV; Erwägungsgründe Nr. 4, 12 VO (EU) 2019/876; Erwägungsgründe Nr. 8, 13 RL (EU) 2019/878; Erwägungsgründe Nr. 7, 33, 68, 97, 116, 123, 127 VO (EU) Nr. 575/2013; Erwägungsgründe Nr. 12, 33 f., 51, 91 RL 2013/36/EU.

1300 Siehe dazu § 9.II.1. So auch der damalige Finanzminister Peer Steinbrück in seiner Regierungserklärung zum Finanzmarktstabilisierungsgesetz am 15.10.2008, Stenografischer Bericht über die 182. Sitzung des Deutschen Bundestages vom 15.10.2008, S. 19354.

1301 Zu der Frage, ob dies im Falle eines negativen Gesamterfolgs zwangsläufig die Streichung jeder variablen Vergütung bedeutet, sogleich unter § 9.II.3.a).

Unternehmens nachhaltig widerspiegeln (§ 20 Abs. 5 S. 1 Nr. 1 InstitutsVergV), verstärkt insbesondere den letzten Ansatz, indem schon im Voraus ein Anreiz gesetzt wird, eine über den Bemessungszeitraum hinausgehende Entwicklung ins Auge zu fassen.

Obwohl die ex-post-Risikoadjustierung nur reagierend und somit repressiv tätig wird, ist auch für diese eine Präventivwirkung anzunehmen. Die für den Fall einer nicht vorgesehenen negativen Auswirkung eintretende Kürzung der variablen Vergütung kann eine empfindliche Belastung der Arbeitnehmer bedeuten: Zwar darf allein die variable Vergütung entfallen und diese keinen so starken Anteil der Gesamtvergütung darstellen, dass eine Abhängigkeit von dieser vorliegt (§ 6 Abs. 1 InstitutsVergV), dennoch kann die variable Vergütung sogar vollständig abschmelzen, was einen mittleren fünfstelligen Betrag[1302] bedeuten kann.[1303] Wie bei Straf- und Haftungsnormen[1304] anzunehmen und bei dem SchwarzArbG, § 3 FPersG sowie der Produkthaftung explizit herausgestellt,[1305] ist die präventive Abschreckungswirkung einer derart einschneidenden Folge nicht zu leugnen. Auf diese Weise sollen die Interessen der Risikoträger und des Instituts an einer positiven Entwicklung angeglichen werden.[1306] Die weitere Funktion der Kompensation steht zudem deutlich hinter der Prävention zurück. Aufgrund der Periodengerechtigkeit dürfen nur die Vergütungen angetastet werden, die für den Zeitraum gewährt wurden, in dem die Voraussetzungen der ex-post-Risikoadjustierung vorliegen.[1307] Liegt dann aber ein „erheblicher Verlust" eines Kreditinstituts mit

1302 Der Anwendungsbereich des § 20 InstitutsVergV ist erst ab einer jährlichen variablen Vergütung von 50.000 € eröffnet, § 18 Abs. 1 S. 3 InstitutsVergV.

1303 So sind in den letzten Jahren insbesondere in den Vereinigten Staaten Fälle bekannt geworden, in denen hohe Millionenbeträge zurückgefordert wurden, vgl. *The Economist*, The Economist, 21.02.2021, 58.

1304 Die *BaFin* weist explizit darauf hin, dass die Regelungen der InstitutsVergV weder eine Haftung, noch einen Schadensersatz darstellt, *BaFin*, Auslegungshilfe, 2018, S. 49.

1305 Siehe dazu § 7.III.1.a), § 9.I.1.c).aa) und § 9.I.3.a). Vgl. auch BGH 5.10.2004 – VI ZR 255/03, NJW 2005, 215 (216) [unter II.1.]; 15.11.1994 – VI ZR 56/94, NJW 1995, 861 (865) [unter IV.2.]. Für die Malus- und Clawback-Klauseln auch *Desai/Hogan/Wilkins*, The Accounting Review 2006, 83 (103); *Europäische Kommission*, Bewertung der Vergütungsbestimmungen der Richtlinie 2013/36/EU und der Verordnung (EU) Nr. 575/2013, 28.7.2016, S. 7 f.; *Kroos/Schabus/Verbeeten*, The Accounting Review 2018, 213 (214).

1306 Vgl. *El Mahdy*, Account Finance 2020, 3493 (3499 f.); *Hopt*, ZHR 2011, 444 (524); *Velte*, Bus Res 2020, 1417 (1418). Vgl. auch *Goette*, ZHR 2012, 588 (590).

1307 *BaFin*, Auslegungshilfe, 2018, S. 50.

einer Bilanzsumme von einer Billion Euro[1308] (einem dreizehnstelligen Wert) vor, wird auch ohne konkrete Bezifferung des Verlustes deutlich, dass die Reduzierung der auszuzahlenden Vergütung um einen fünfstelligen Betrag nicht geeignet ist, diesen auszugleichen und allein einen Tropfen auf dem heißen Stein bildet.[1309]

Sowohl die im Voraus zu beachtenden Vorgaben zur Berechnung und Auszahlung als auch die in Aussicht gestellte nachträgliche Reduzierung der Vergütung sollen folglich einen präventiven Schutz der Drittinteressen gewährleisten. Eine nachträgliche Sicherung der Drittinteressen ist über die Regelungen der InstitutsVergV jedoch weder möglich noch angedacht.[1310]

bb) Wirksamkeit

Ob diese Regelungen geeignet sind, den bezweckten präventiv ausgestalteten Drittschutz zu leisten und damit tatsächlich eine weitere Finanzkrise zu verhindern, lässt sich auch aufgrund der noch relativ jungen Regelungen nur schwerlich prognostizieren.[1311] Diesem Schutzsystem werden jedoch erste positive Entwicklungen bescheinigt. Allen voran attestiert die *Europäische Kommission* den eigenen Regeln einen Erfolg und sieht nur Bedarf für leichte Anpassungen.[1312] Auch weitere Stimmen und Studien zeichnen tendenziell eine positive Erwartung an solche Regelungen.[1313]

1308 Die Deutsche Bank wies in den vergangenen Jahren konstant Bilanzsummen um die 1,3 Billionen Euro auf. Siehe dazu die Geschäftsberichte der Jahre 2022, S. 7 (https://investor-relations.db.com/files/documents/annual-reports/2023/Geschaeftsbericht-2022.pdf) (geprüft am 25.10.2024) und 2021, S. 6 (https://investor-relations.db.com/files/documents/annual-reports/2022/Geschaeftsbericht_2021.pdf) (geprüft am 25.10.2024).

1309 Annuß/Früh/Hasse/*Früh*, 2016, Vorbemerkung InstitutsVergV Rn. 26. So auch in der New York Times, in der von "soften the blow" gesprochen wird, *Ross Sorkin/Karaian/La Merced u.a.*, Goldman Makes Its Bankers Pay, 23.10.2020. Im Ergebnis auch *Europäische Kommission*, Bewertung der Vergütungsbestimmungen der Richtlinie 2013/36/EU und der Verordnung (EU) Nr. 575/2013, 28.7.2016, S. 12; *Firk/Holst/Wolff*, Controlling 2019, 34 (34); *Krumey/Merkelbach*, CCZ 2019, 266 (273).

1310 Vgl. *BaFin*, Auslegungshilfe, 2018, S. 49.

1311 So auch Annuß/Früh/Hasse/*Früh*, 2016, Vorbemerkung InstitutsVergV Rn. 8.

1312 Erwägungsgrund Nr. 1 RL (EU) 2019/878; *Europäische Kommission*, Bewertung der Vergütungsbestimmungen der Richtlinie 2013/36/EU und der Verordnung (EU) Nr. 575/2013, 28.7.2016, S. 6 f.

1313 *Ebel*, Rückforderung bereits ausgezahlter Vorstandsvergütung, 2021, S. 356 f.; *Müller/Rieber/Tank*, KoR 2020, 132 (132); *Velte*, Der Konzern 2020, 50 (56); trotz der

Die implizite ex-post-Risikoadjustierung orientiert sich ohne weiteres Tätigwerden seitens des Instituts an dem langfristigen Erfolg und somit indirekt auch an den damit verbundenen Drittinteressen einer stabilen, wenn möglich positiven Entwicklung.[1314] Zwar wird nicht gewährleistet, dass sich die Risikoträger tatsächlich nach diesen Interessen richten, zumindest wird aber von Beginn an ein finanzieller Anreiz gesetzt, um die Interessen möglichst anzugleichen. Die daher zu erwartende Stärkung der Drittinteressen ist lediglich mit einer kleinen Einschränkung zu versehen: Auch zum Zeitpunkt der Finanzkrise wird der Anteil der mit einer solchen Beteiligung am Unternehmen ausgestatteten Risikoträger als hoch bewertet.[1315]

Auch die Vorgaben an die Berechnung der variablen Vergütung versprechen eine Besserung des Drittschutzes. Allein die Sicherung eines nicht auszuschüttenden Mindesteigenkapitals[1316] und die Berücksichtigung der Risikotragfähigkeit senken das Risiko des Zusammenbruchs der Institute. Zudem liefern auch die Berücksichtigung des Institutserfolges und das Verbot einer Berücksichtigung rein quantitativer Faktoren Ansätze, die Interessen der Risikoträger an die Drittinteressen anzugleichen.

Insbesondere den Clawback-Klauseln werden jedoch nicht nur positive Effekte zugeschrieben, auch wenn sich diese Ansätze nicht auf die InstitutsVergV, sondern vor allem auf die Vorstandsvergütung beziehen.[1317] Aus Angst vor dem Scheitern sei ein großes Innovationsdefizit möglich, da aus finanziellen Erwägungen das sichere Vorgehen, dem risikoreichen, aber hohe Gewinnpotenziale versprechenden Handeln vorgezogen werde.[1318] Auch wenn das Innovationsbedürfnis in

---

kritischen Anmerkungen auch Annuß/Früh/Hasse/*Früh*, 2016, Vorbemerkung InstitutsVergV Rn. 59. Allgemein zu der Wirkung der Clawback-Klauseln *Velte*, Bus Res 2020, 1417 (1431 f.).

1314 So für die Vorstandsvergütung *Fischer*, Risikomanagement und Vergütungspolitik, in: Maschmann (Hrsg.), Total Compensation, 2019, S. 469-495 (Rn. 31).

1315 *FSA*, The Turner Review, März 2009, S. 81; vgl. auch Annuß/Früh/Hasse/*Früh*, 2016, Vorbemerkung InstitutsVergV Rn. 8.

1316 Zu den genauen Grenzen des § 7 InstitutsVergV im Falle eines negativen Gesamterfolges sogleich unter § 9.II.3.a).

1317 Die Ausführungen sind jedoch zu einem großen Teil übertragbar. Die Clawback-Klauseln innerhalb der Vorstandsvergütung dienen ebenso dem Zweck, langfristige Interessen zu verfolgen (*Bayer*, DB 2018, 3034 (3039); MüKoAktG/*Spindler*, 6. Aufl. 2023, § 87 AktG Rn. 110 ff.) und beruhen auf ähnlichen Gedanken. Etwas differenzierter *Schubert*, in: FS Windbichler, 2020, S. 1065-1079 (1065).

1318 *Babenko/Bennett/Bizjak u.a.*, Clawback Provisions and Firm Risk, 11.10.2022, 14 f.; *Ebel*, Rückforderung bereits ausgezahlter Vorstandsvergütung, 2021, S. 357 f.; *Firk/*

Kreditinstituten nicht so stark ausgeprägt ist, wie in anderen Branchen (hier zeigt sich wohl einer der großen Unterschiede zum AktG[1319]), lässt sich dieses Problem zumindest im Ansatz auch auf diese in Form eines Investitionsdefizits[1320] übertragen. Nicht ohne Grund weist die InstitutsVergV darauf hin, dass mit der variablen Vergütung weiterhin ein Anreiz zu erfolgsversprechendem Handeln einhergehen muss (§ 6 Abs. 1 S. 2 InstitutsVergV). Zum einen wird gerade mit dieser Norm der negativen Wirkung der Clawback-Klauseln entgegengewirkt, zum anderen ist die gesamte InstitutsVergV auf die Reduzierung des Risikos ausgerichtet, sodass diese Nachteile im Hinblick auf überragende Gewinne wohl zu akzeptieren sind. Ob die Clawback-Klauseln finanziell gesehen sinnvoll sind, ist folglich im Einzelfall auch von der Risikogeneigtheit der Personen abhängig.[1321]

Zudem wird bei der expliziten ex-post-Risikoadjustierung ein eigenständiger Entschluss zum Tätigwerden notwendig. Wie bereits dargestellt beruhen die Regelungen insbesondere dort auf vielen unbestimmten Rechtsbegriffen, *Annuß* spricht gar von „zahlreichen nichtssagenden Formulierungen und Allgemeinplätzen",[1322] die trotz der Unterstützung durch die Auslegungshilfe der *BaFin* und die ergänzenden Regelungen aus dem KWG (insbesondere §§ 2, 25a KWG) einige Unsicherheiten zurücklassen können. Führen diese Unsicherheiten dazu, dass die Klauseln trotz Möglichkeit aufgrund eines drohenden Rechtsstreits nicht wahrgenommen werden, schwächt dies die maßgebliche Präventivwirkung ab.[1323] So wie

---

Holst/Wolff, Controlling 2019, 34 (37); *Rosiak*, Clawback-Klauseln im System der Vorstandsvergütung, 2021, S. 161 ff.; siehe dazu auch die Ausführungen zur Business Judgement Rule, die einem risikoaversen Handeln der Vorstandsmitglieder aus Angst vor den finanziellen Folgen entgegenwirken soll, § 9.II.3.b).bb).(1).(c).

1319 In diese Richtung wohl auch *Duplois*, Die Beeinflussung aktienrechtlicher Corporate Governance durch das Bankaufsichtsrecht, 2017, S. 294, der auf die intensiveren Auswirkungen einer Schieflage von Kreditinstituten und Nicht-Kreditinstituten abstellt. Vgl. dazu *Redenius-Hövermann/Siemens*, ZIP 2020, 145 (146).

1320 Statt der Menge an Patenten oder die Kosten für Forschung- und Entwicklung, bildet dort die Investition in riskante, aber lukrative Projekte den Maßstab. Zu der Entwicklung in diesen Punkten *Babenko/Bennett/Bizjak u.a.*, Clawback Provisions and Firm Risk, 11.10.2022, 15.

1321 Vgl. *Chen/Greene/Owers*, Review of Corporate Finance Studies 2015, 108 (148).

1322 Annuß/Früh/Hasse/*Annuß*, 2016, § 5 InstitutsVergV Rn. 4.

1323 Auf diese Unsicherheit des Vorstands hinweisend *Chan/Chen/Chen u.a.*, Journal of Accounting and Economics 2012, 180 (181) m.w.N. Auf die geringe Aktivierung eingehend *Forbes.com*, Clawbacks are in place and ineffective, 29.10.2008 und die *Europäische Kommission*, die schon der Existenz eine gewisse Abschreckungswirkung zuschreibt, die tatsächliche Ausübung aber als gering beschreibt, *Europäische*

das Radarwarngerät die Präventivwirkung der Geschwindigkeitsbegrenzungen umgeht,[1324] muss auch allgemein die präventive Wirkung von Haftungstatbeständen ohne Durchsetzung abgelehnt werden.[1325]

d) *Überblick über den Regelungsgegenstand*

Die InstitutsVergV schränkt die Ausgestaltungsfreiheit hinsichtlich der Vergütung zum Schutz von verschiedenen Drittinteressen stark ein und zielt insbesondere auf die langfristige Fortexistenz des Instituts ab. Das Zusammenspiel aus absoluten Grenzen in Form eines unantastbaren Mindesteigenkapitals und der Berücksichtigung verschiedener, nicht ausschließlich quantitativer Berechnungsfaktoren verspricht eine nachhaltige Vergütungspolitik, die durch die Abschreckungswirkung der ex-post-Risikoadjustierung verstärkt wird. Im Sinne der individuellen Drittinteressen und der Allgemeininteressen werden Anreize zu einem risikoreichen und kurzfristigen Vorgehen vermieden und die Interessen der Risikoträger an die übrigen angeglichen.

Drei Punkte sind dabei jedoch zu beachten. Ein Großteil der Regelungen ist nur auf eine begrenzte Anzahl an Risikoträgern in bedeutenden Kreditinstituten anwendbar, wobei gerade diese Institute im Sinne einer stabilen Finanzwirtschaft wohl entscheidend sind. Die mit den Clawback-Klauseln verbundene Verringerung lukrativer Investitionen wird im Sinne des übergeordneten Ziels akzeptiert. Zudem gilt es zu beobachten, ob die Möglichkeit der Clawback-Regelungen auch tatsächlich wahrgenommen wird, nur so kann ein wirksamer Schutz verfolgt werden.

3. *Erforderlichkeit einzelner Regelungen*

Als eine die Vertragsfreiheit einschränkende gesetzliche Regelung müssen, wie schon bei dem FPersG und dem MuSchG gesehen, die verfassungsrechtlichen Vorgaben eingehalten werden. Mit Blick auf die Präventivwirkung und den Drittschutz ist neben der Erforderlichkeit auch die Geeignetheit zur Zweckerreichung nicht ohne Weiteres anzunehmen.

a) *Bonuszahlungen trotz negativen Gesamtertrags*

Zuerst ist fraglich, ob ein Bonuspool festgelegt werden darf, wenn der Gesamterfolg des Kreditinstituts negativ ist. Die ausgezahlte variable Vergütung muss sich

---

Kommission, Bewertung der Vergütungsbestimmungen der Richtlinie 2013/36/EU und der Verordnung (EU) Nr. 575/2013, 28.7.2016, S. 7.

1324 BGH 23.2.2005 – VIII ZR 129/04, NJW 2005, 1490 (1491) [unter II.1.b).aa)].

1325 *Spindler*, AG 2013, 889 (889).

neben der eigenen Leistung des Arbeitnehmers auch an dem wirtschaftlichen Erfolg des Kreditinstituts orientieren, der gleich mehrfach Einfluss ausübt. Während die Ermittlung der individuellen variablen Vergütung den Gesamterfolg des Instituts zu berücksichtigen hat (§ 19 Abs. 1 S. 1 InstitutsVergV), ist auch schon in der vorgelagerten Festsetzung des Bonuspools die Risikotragfähigkeit und die Liquidität des Instituts heranzuziehen (§ 7 Abs. 1 S. 3 InstitutsVergV). Es stellt sich daher die Frage, ob überhaupt ein solcher Bonuspool festgesetzt werden darf, wenn zwar ein positiver individueller Beitrag vorliegt, das Institut aber rote Zahlen schreibt.

aa) Gesetzliche Grundlage

Diese Frage findet ihren Ursprung in der offenen Gestaltung des § 7 InstitutsVergV und der entsprechenden Auslegungshilfe. In der Gesamtschau der in § 7 Abs. 1 S. 3 InstitutsVergV genannten Kriterien[1326] wird allgemein verlangt, dass die Ertragslage berücksichtigt wird (§ 7 Abs. 1 S. 3 Nr. 1 InstitutsVergV), als Erläuterung enthält die Auslegungshilfe allein den Hinweis, dass im Fall einer „unzureichenden Ertragslage“ eine Festsetzung des Bonuspools „auf null“[1327] nur dann verhindert werden könne, wenn sich eine finanzielle Besserung unmittelbar und konkret abzeichnet.[1328] Deutlicher wurde die *BaFin* hingegen in der Auslegungshilfe zur alten Fassung (§ 7 S. 2 Nr. 1 InstitutsVergV 2014): Obwohl die Norm einen nahezu identischen Wortlaut aufwies, ging die *BaFin* davon aus, dass ein Bonuspool bei einem negativen Gesamtbetrag in der Regel nicht festgesetzt werden dürfe,[1329] wobei ebenso ein sich abzeichnender Umschwung eine variable Vergütung unter Umständen zulasse.[1330]

bb) Auslegung der Normen

Trotz dieser offenen gesetzlichen Grundlage zeigt die Auslegung der Norm ein klares Bild und erlaubt die Festsetzung eines Bonuspools auch dann, wenn das Institut einen negativen Gesamtertrag aufweist.

1326 Vgl. *BaFin*, Auslegungshilfe, 2018, S. 26.

1327 Mit diesem Ausdruck z.B. BAG 20.3.2013 – 10 AZR 8/12, NZA 2013, 970 (973) [Rn. 37].

1328 *BaFin*, Auslegungshilfe, 2018, S. 26.

1329 *BaFin*, Auslegungshilfe, 2013, S. 8.

1330 *BaFin*, Auslegungshilfe, 2013, S. 8. Dies sei letztlich gleichbedeutend mit einem Verständnis, bei jedem Verlust die variable Vergütung zu streichen, *Ziefle*, Die variable Vergütung in Instituten als Teil des Risikomanagements, 2018, S. 296; *Zürn/Böhm*, BB 2014, 1269 (1270).

(1) Wortlaut des § 7 Abs. 1 S. 3 InstitutsVergV

Die Voraussetzungen von § 7 Abs. 1 S. 3 InstitutsVergV, der zweite Absatz stellt lediglich klar, dass die Voraussetzungen in jedem maßgeblichen Zeitpunkt[1331] vorliegen müssen, weisen zwei verschiedene Herangehensweisen auf.

Hinreichend zu berücksichtigen sind die Risikotragfähigkeit, die mehrjährige Kapitalplanung und die Ertragslage (§ 7 Abs. 1 S. 3 Nr. 1 InstitutsVergV). Allein letztere weist dabei einen Bezug zu dem aktuellen Geschäftsjahr auf, sofern man darunter die Differenz zwischen Erträgen und Aufwendungen versteht, also letztlich den Jahresabschluss.[1332] Dieser „hinreichenden Berücksichtigung" steht die „Sicherstellung" einer angemessenen Eigenmittel- und Liquiditätsausstattung sowie die Kapitalpufferanforderungen gemäß § 10i KWG[1333] zur Seite (§ 7 Abs. 1 S. 3 Nr. 2 InstitutsVergV). Während die Anforderungen aus Nr. 2 also eine nicht antastbare Grenze bilden,[1334] ist die Ertragslage lediglich zu berücksichtigen, was im Vergleich ein schwächeres Verständnis offenbart. Auch bei Vorliegen eines negativen Gesamtergebnisses mag dessen hinreichende Berücksichtigung somit möglicherweise zu einer Reduzierung des Bonuspools führen. Es können aber dennoch die Grenzen der Nr. 2 gewahrt sein,[1335] sodass ein vollständiger Verzicht nicht zwingend ist. Nach dem Wortlaut der Norm wäre somit eine Festsetzung des Bonuspools auf null ausschließlich aufgrund der Entwicklung des Instituts nur in dem Fall zwingend, dass die Kapitalgrenzen der Nr. 2 nicht eingehalten werden können.

(2) Zweck

Das unter anderem mit dieser Norm bezweckte Fortbestehen ist also im Einzelfall auch bei einem negativen Gesamtertrag möglich, sodass die variable Vergütung nicht zwingend auszuschließen ist. Zu beachten ist zudem, dass die Alternative zu der unterbliebenen Auszahlung keineswegs eine volle Auszahlung der variablen Vergütung bedeuten würde, sondern die hinreichende Berücksichtigung der Ertragslage bereits den Bonuspool reduzieren würde. Auch spricht eine negative Gesamtbilanz dafür, dass nicht alle Arbeitnehmer die eigenen Zielvorgaben erfüllt

---

1331 Z.B. im Falle des § 20 Abs. 1 S. 1 InstitutsVergV, siehe *BaFin*, Auslegungshilfe, 2018, S. 27.

1332 „Pagatorischer Gewinn", vgl. *Küting*, DB 2006, 1441 (1441); MüKoHGB/*Reiner*, 5. Aufl. 2024, § 264 HGB Rn. 84.

1333 Über den Verweis aus § 10i KWG ergeben sich aus den §§ 10 ff. KWG i.V.m. VO (EU) 575/2013 weitere Kapitalanforderungen.

1334 Mit diesem Verständnis wohl auch *BaFin*, Auslegungshilfe, 2018, S. 27.

1335 So bereits zur alten Fassung *Jensen*, BB 2014, 2869 (2869).

haben und der individuelle Betrag auszuzahlender variabler Vergütung aufgrund der Abhängigkeit auch von der eigenen Leistung weiter absinkt. Für die Festsetzung eines Bonuspools, die Einhaltung der Vorgaben aus § 7 Abs. 1 S. 3 Nr. 2 InstitutsVergV unterstellt, spricht der Zweck allerdings erst unter Berücksichtigung der folgenden Erwägungen.

Ganz allgemein wird mit der variablen Vergütung eine Anreizwirkung geschaffen, auf die auch in der InstitutsVergV explizit hingewiesen wird (§ 6 Abs. 1 S. 2 InstitutsVergV).[1336] Wie schon die Präventivwirkung von Sanktionen ohne Durchsetzung an Stärke verliert, kann aber auch die Anreizwirkung an Anziehung verlieren, wenn die Ausschüttung nicht den Versprechungen entspricht. Hat ein Arbeitnehmer seine Zielvorgabe erreicht oder überschritten und somit seinen Beitrag zu einer nicht noch negativer ausfallenden Bilanz geleistet, könnte der Anreiz ohne Aussicht auf einen zumindest reduzierten Bonus verpuffen.[1337] Insbesondere in finanziell schwierigen Zeiten, in denen die Institute auf eine hohe Bereitschaft der Arbeitnehmer angewiesen sind, könnte diese somit leiden und auf diesem Wege den Fortbestand gefährden und den langfristigen Interessen entgegenstehen.

Zudem bezweckt die InstitutsVergV keine alternative Risikoverteilung. Das Risiko eines finanziellen Verlustes trägt der Arbeitgeber,[1338] er kann nicht ohne Weiteres die Risiken einer „normalen negativen Geschäftsentwicklung“[1339] dem Arbeitnehmer aufbürden. Auch wenn dem Arbeitnehmer weiterhin sein Festgehalt bleibt, stände ihm die variable Vergütung allein dann zu, wenn neben einem Gewinn des Instituts kumulativ auch die eigene Zielvorgabe erreicht worden wäre, während der Arbeitgeber die Auszahlung verweigern könnte, sofern schon einer der beiden Faktoren nicht gegeben ist.

1336 *BaFin*, Auslegungshilfe, 2018, S. 20; siehe auch die Präambel der Betriebsvereinbarung Bonus aus der Entscheidung BAG 13.10.2021 – 10 AZR 729/19, NZA 2022, 268 (269).

1337 Siehe auch Annuß/Früh/Hasse/*Annuß*, 2016, § 7 InstitutsVergV Rn. 7. Auf die Anreizwirkung von Mankogeldern bezogen auch *Krause*, AP BGB § 611 Mankohaftung Nr. 3 (unter I.3.d)); *Schwirtzek*, NZA 2005, 437 (438). Auf das Zusammenspiel von Transparenz und Anreizwirkung hinweisend *Zürn/Rappensperger/Brämswig*, DB 2013, 2681 (2684).

1338 So z.B. BAG 20.3.2013 – 10 AZR 8/12, NZA 2013, 970 (973) [Rn. 37].

1339 BAG 20.3.2013 – 10 AZR 8/12, NZA 2013, 970 (973) [Rn. 37]. Siehe auch BAG 19.3.2014 – 10 AZR 622/13, NZA 2014, 595 (600) [Rn. 43].

(3) Systematik

Ein Blick über § 7 Abs. 1 S. 3 InstitutsVergV hinaus stützt dieses Verständnis ebenfalls. § 19 Abs. 1 InstitutsVergV stellt explizit klar, dass sowohl der Gesamterfolg als auch der individuelle Erfolgsbeitrag angemessen zu berücksichtigen sind. Dies erfordere grundsätzlich eine annähernd gleiche Gewichtung,[1340] eine hierarchische Unterordnung des eigenen Erfolgsbeitrages unter den Gesamterfolg ist hingegen nicht vorgesehen.[1341] Zusätzlich verlangt auch § 18 Abs. 5 InstitutsVergV den vollständigen Verlust der variablen Vergütung nur in engen Grenzen. Würde dem Gesamterfolg bzw. der Ertragslage aber im Rahmen des § 7 Abs. 1 S. 3 InstitutsVergV eine derart gewichtige Rolle zugeschrieben, dass bereits geringe Verluste die Festsetzung eines Bonuspools verhindern würden, liefe die Bedeutung des Eigenbeitrags in der folgenden Ermittlung der variablen Vergütung leer und insbesondere der Verlust aufgrund eines zu „erheblichen Verlusten" führenden Verhaltens verlöre an Bedeutung, wenn aufgrund jeden Verlustes bereits keine variable Vergütung festgesetzt werden dürfte.[1342]

Weiterhin weist die *BaFin* auf ein striktes Verbot der Ermittlung eines Bonuspools erst dann hin, sofern die Voraussetzungen nach § 45 KWG vorliegen.[1343] Dabei stehen erneut die Eigenmittel und die Liquidität im Vordergrund: So darf die *BaFin* die Ausschüttung untersagen, wenn eine ausreichende Zahlungsbereitschaft nicht mehr gewährleistet ist (§ 45 Abs. 1 Nr. 1, Abs. 2 Nr. 5 i.V.m. § 11 Abs. 1 InstitutsVergV). Auch die zugrundliegenden europäischen Rechtsakte und die EBA Guidelines sehen ein solch strenges Vorgehen bei negativer Bilanz nicht vor und legen den Fokus auf die Erhaltung der Kapitalausstattung.[1344]

1340 *BaFin*, Auslegungshilfe, 2018, S. 52.

1341 So auch *Merkelbach*, WM 2014, 1990 (1993).

1342 Auch die Festsetzung des Bonuspools muss nicht vor Beginn des Geschäftsjahres erfolgen, sofern er vor Beginn der Auszahlung besteht, Annuß/Früh/Hasse/*Annuß*, 2016, § 7 InstitutsVergV Rn. 2.

1343 *BaFin*, Auslegungshilfe, 2018, S. 26.

1344 Siehe z.B. Art. 141 RL 2013/36/EU. Art. 94 Abs. 1 lit. n) RL 2013/36/EU und Anhang I Nr. 1 RL 2010/76/EU, ABl. 2010 L 329, S. 3 unter Nr. 23 lit. q) sprechen sogar explizit von einem „erheblichen Absenken" für den Fall eines negativen Finanzergebnisses. Auch EBA/GL/2021/04, Rn. 238 ff.; EBA/GL/2015/22, Rn. 217 ff. sprechen gegen eine Überordnung der aktuellen Institutsleistung. In Erwägungsgrund 83 der RL 2013/36/EU wird die Gewinnsituation sogar nur herangezogen, um die nicht mehr erfüllten Kapitalpufferanforderungen wieder auszugleichen. Im Ergebnis so auch *Merkelbach*, WM 2014, 1990 (1993).

(4) Historie

Zuletzt kann auch die historische Entwicklung zu keinem anderen Ergebnis führen. Zu der alten Fassung hat die *BaFin* noch auf den „negativen Gesamterfolg“[1345] abgestellt, der ohne in Aussicht stehende Verbesserung eine Festsetzung des Bonuspools verhindere. Insbesondere galt dies, wenn damit ein „Verzehr des Unternehmenswertes“ einherging. Zum einen hat die *BaFin* somit den eindeutig empirisch feststellbaren negativen Gesamterfolg gegen die offene „unzureichende Ertragslage“[1346] ausgetauscht, was deutlich für ein weites Verständnis spricht.[1347] Zum anderen zeigt der Zusatz des „Verzehres des Unternehmenswertes“ die Tendenz, dass bereits in der alten Auflage vor allem gravierende Verluste ins Auge gefasst wurden.

(5) Ergebnis

Es kann damit kein Zweifel daran bestehen, dass die InstitutsVergV die Festsetzung eines Bonuspools im Falle eines negativen Gesamtertrags nicht verbietet, sofern die Eigenmittelausstattung und Kapitalpuffer dies ermöglichen. Insbesondere der offene Wortlaut der Norm und die geänderte Fassung der Auslegungshilfe lassen keinen anderen Schluss zu. Zu begrüßen ist daher, dass die *BaFin* in dem Entwurf zu den FAQ trotz negativer Ertragslage eine Festsetzung des Bonuspools erlaubt, sofern er plausibel, umfassend und nachvollziehbar begründet ist.[1348] Insbesondere den Kapitalrücklagen und der Zielerreichung der Arbeitnehmer dürfte nach dem oben Gesagten dabei eine Schlüsselrolle zufallen.

cc) Festsetzung des Bonuspools „auf null“ nur in Ausnahmesituationen

Damit im Einklang steht auch das gängige Verständnis des „billigen Ermessens“ gem. § 315 Abs. 1 BGB. Aufgrund der vielen Unbekannten kann die variable Vergütung nicht zu Beginn des Geschäftsjahres oder gar für mehrere Jahre endgültig festgelegt werden, sodass zu Beginn allein die Faktoren und Kriterien festzuschreiben sind und auf dieser Grundlage dann bei Feststehen dieser Faktoren die variable Vergütung benannt wird. Steht es einer Partei zu, nachträglich den Vertragsinhalt (im vertraglich vorgesehenen Rahmen) zu bestimmen, so muss dies

---

1345 *BaFin*, Auslegungshilfe, 2013, S. 8.

1346 *BaFin*, Auslegungshilfe, 2018, S. 26.

1347 Für *Fischer* spricht diese Änderung der Formulierung eindeutig für eine Änderung der Ansicht seitens der *BaFin*, *Fischer*, Risikomanagement und Vergütungspolitik, in: Maschmann (Hrsg.), Total Compensation, 2019, S. 469-495 (Rn. 21).

1348 *BaFin*, FAQ InstitutsVergV, Nr. 12.

im Zweifel nach billigem Ermessen und somit im Einklang mit § 315 Abs. 1 BGB geschehen. Dem billigen Ermessen entspricht eine Entscheidung dann, wenn die „wesentlichen Umstände des Falls abgewogen und die beiderseitigen Interessen angemessen berücksichtigt worden sind."[1349] Das BAG hatte sich gleich mehrfach mit Bonusvereinbarungen auseinanderzusetzen, deren Höhe sich neben der eigenen Leistung auch an dem Erfolg des Unternehmens orientiert. Trotz Erreichen der individuellen Zielvorgaben wurde dort die Bonuszahlung auf „null" gesetzt, da allein die unternehmensbezogenen Finanzen hinter den Erwartungen zurückgeblieben sind oder Verluste eingefahren wurden.[1350] Damit eine solche Festsetzung auf „null" trotz Erreichens der individuellen Zielvorgaben noch dem geforderten billigem Ermessen entspricht, seien „besonders gewichtige, außergewöhnliche Umstände" erforderlich, normale Schwankungen dürften hingegen nicht zu einer Festsetzung auf „null" führen.[1351] Diese außergewöhnlichen Umstände wurden z.B. bei einem Jahresverlust von mehreren Milliarden Euro angenommen,[1352] allein ein Fehlbetrag von 300 Millionen Euro wurde hingegen nicht akzeptiert.[1353]

Es ist also nicht nur abzulehnen, von einer zwingenden Festsetzung auf „null" auszugehen, sofern ein negativer Gesamtertrag vorliegt, vielmehr ist es in der Regel gar nicht erst zulässig. Ist vorgesehen, dass der Bonus sowohl den eigenen Beitrag honorieren als auch die Gesamtentwicklung des Instituts widerspiegeln soll, muss der Bonus mit nur wenigen Ausnahmen auch diese beiden Faktoren berücksichtigen. Dieses restriktive Verständnis ist auch mit Blick auf das Synallagma zu begrüßen. Die Gegenleistung der Bonuszahlung bildet die Produktivitätssteigerung des Arbeitnehmers.[1354] Erfüllt damit der Arbeitnehmer seine

1349 BAG 13.10.2021 – 10 AZR 729/19, NZA 2022, 268 (276) [Rn. 96]; 3.8.2016 – 10 AZR 710/14, NZA 2016, 1334 (1337) [Rn. 26]; 19.3.2014 – 10 AZR 622/13, NZA 2014, 595 (599) [Rn. 41]; 20.3.2013 – 10 AZR 8/12, NZA 2013, 970 (973) [Rn. 33].

1350 BAG 13.10.2021 – 10 AZR 729/19, NZA 2022, 268; 24.10.2018 – 10 AZR 285/16, NZA 2019, 387; 19.3.2014 – 10 AZR 622/13, NZA 2014, 595; 15.5.2013 – 10 AZR 679/12, AP BGB § 315 Nr. 111; 20.3.2013 – 10 AZR 8/12, NZA 2013, 970.

1351 BAG 13.10.2021 – 10 AZR 729/19, NZA 2022, 268 (277) [Rn. 113]; 19.3.2014 – 10 AZR 622/13, NZA 2014, 595 (600) [Rn. 43]; 20.3.2013 – 10 AZR 8/12, NZA 2013, 970 (973) [Rn. 37].

1352 BAG 19.3.2014 – 10 AZR 622/13, NZA 2014, 595 (600) [Rn. 43]; 15.5.2013 – 10 AZR 679/12, AP BGB § 315 Nr. 111 [Rn. 38]; 20.3.2013 – 10 AZR 8/12, NZA 2013, 970 (973) [Rn. 37].

1353 BAG 24.10.2018 – 10 AZR 285/16, NZA 2019, 387 (394) [Rn. 68]; auch das Unterschreiten der Erwartung um 200 Millionen Euro wird nicht als ausreichend angesehen, BAG 13.10.2021 – 10 AZR 729/19, NZA 2022, 268 (277 f.) [Rn. 111].

1354 Siehe dazu § 9.II.3.a).bb).(2).

„vertragliche Pflicht“, so darf der Arbeitgeber dieses Gegenseitigkeitsverhältnis nicht ohne Weiteres aufkündigen.[1355]

b) *Verschuldensunabhängige ex-post-Reduzierung auf „null“ gem. § 18 Abs. 5 S. 3 InstitutsVergV*

Auch eine Rückforderung der vollständigen variablen Vergütung ohne vorwerfbares Verhalten verdient besondere Aufmerksamkeit. Neben der Festsetzung des Bonuspools auf „null“ sind auch Mechanismen vorzusehen, mit denen die variable Vergütung vollständig zurückgefordert werden kann. Dabei sticht § 18 Abs. 5 S. 3 Nr. 1 InstitutsVergV hervor, der ein vorwerfbares Verhalten nicht voraussetzt, sondern allein die Beteiligung an einem Verhalten verlangt, das zu erheblichen Verlusten geführt hat.

aa) Gesetzliche Grundlage

Der Wortlaut von § 18 Abs. 5 S. 3 Nr. 1 InstitutsVergV ist eindeutig: „in jedem Fall“ muss der vollständige Verlust der variablen Vergütung eintreten, wenn eine maßgebliche Beteiligung an einem Verhalten vorliegt, das zu einem erheblichen Verlust[1356], einer wesentlichen regulatorischen Sanktion oder aufsichtsrechtlichen Maßnahme geführt hat. Eine darüber hinausgehende Voraussetzung einer vorsätzlichen oder auch nur fahrlässigen Handlung wird nicht gestellt.[1357] Solch eine enge Regelung wird allerdings nicht durch die europäischen Grundlagen vorgegeben. Sowohl Art. 94 Abs. 1 lit. n) (1) RL 2013/36/EU als auch die EBA Guidelines[1358] verlangen keine derartige Verpflichtung. In beiden Fällen wird lediglich die Möglichkeit gefordert, bis zu 100 % der Vergütung zurückzufor-

---

1355 Siehe zu dieser Argumentation auch die Ausführungen zum Freiwilligkeitsvorbehalt unter § 9.II.3.b).bb).(2).

1356 Als weiteres Problem könnte angesehen werden, wie der erhebliche Verlust zu verstehen ist. So könnte neben dem Verständnis, dass das Verhalten isoliert betrachtet zu einem Verlust unabhängig von der letztlich vorliegenden Jahresbilanz geführt hat, auch ein Verlust in der Jahresbilanz möglich sein. Dass der „erhebliche Verlust“ im erstgenannten Sinne verstanden werden muss zeigt sich jedoch zum einen im Vergleich zu den weiteren in § 18 Abs. 5 S. 3 InstitutsVergV aufgeführten, insoliert auf das Verhalten abstellenden Auslösern (regulatorische Sanktion, aufsichtliche Maßnahme). Zum anderen stellt die *BaFin* in der aktualisierten Auslegungshilfe klar, dass mehrere Verluste zusammengerechnet werden könne (*BaFin*, Aktualisierte Auslegungshilfe, S. 60), was nur bei einer isolierten Betrachtung Sinn ergibt.

1357 *BaFin*, Auslegungshilfe, 2018, S. 50.

1358 EBA/GL/2015/22, Rn. 268 ff.

dern, wenn eine solche Beteiligung oder eine Verantwortlichkeit vorliegen. Eine eigenständige Regelung, die allein bei einer zu verantwortenden Handlung die vollständige Rückforderung vorsieht, wäre somit mit den europarechtlichen Vorgaben vereinbar.

Der enge Wortlaut soll jedoch nicht darüber hinwegtäuschen, dass das Verschulden einen Einfluss auf die ex-post-Risikoadjustierung hat. Die Maßgeblichkeit der Beteiligung setze zwar nur voraus, dass ein Näheverhältnis zum Schaden vorliegt, das sich aus der Kompetenz oder der Entscheidungsgewalt ergeben könne, und die ebenfalls ausreichende objektive Zurechnung[1359] verlangt im – hier gerade nicht vorliegenden[1360] – Haftungsrecht allein das kausale Verhältnis zwischen der Handlung und dem eintretenden Ereignis.[1361] Dennoch wird in dem Verschulden oder einer vorliegenden Pflichtverletzung ein Indiz für die maßgebliche Beteiligung gesehen.[1362]

Hinsichtlich der Erheblichkeit des Verlustes findet das Verschulden hingegen aktuell keine Berücksichtigung. In der Auslegungshilfe wird als Indiz der Verlust von mindestens 1 % des vorgehaltenen Eigenkapitals angeführt.[1363] Differenzierter sieht es allerdings das Update der Auslegungshilfe von 2020, die jedoch keine konsolidierte Fassung darstellt und von der *BaFin* auch nicht auf der Homepage aufgeführt ist. Dort wird zwar weiterhin auf die 1 %-Grenze verwiesen, allerdings gelte dies nur bei zumindest fahrlässigem Verhalten. Ganz ohne Verschulden sei hingegen zumindest ein Verlust von mindestens 5 % des vorgehaltenen Eigenkapitals für die Indizwirkung zu verlangen.[1364] In dem neuesten Entwurf für FAQ sieht die *BaFin* ein Abweichen von dem Verschuldenserfordernis gar nur in Einzelfällen vor.[1365] Auch die *BaFin* scheint also die Probleme der verschuldensunabhängigen Rückforderung gesehen zu haben und verschärfte Voraussetzungen zumindest zu diskutieren.

1359 *BaFin*, Auslegungshilfe, 2018, S. 50.

1360 *BaFin*, Auslegungshilfe, 2018, S. 49.

1361 Jauernig/*Kern*, 19. Aufl. 2023, § 823 BGB Rn. 20, 22; Grüneberg/*Sprau*, 83. Aufl. 2024, Einf v § 823 BGB Rn. 3.

1362 *BaFin*, Auslegungshilfe, 2018, S. 50. In Nr. 7 des Entwurfs zu den FAQ spricht die *BaFin* mittlerweile davon, dass grundsätzlich mindestens grobe Fahrlässigkeit erforderlich sei, *BaFin*, FAQ InstitutsVergV.

1363 *BaFin*, Auslegungshilfe, 2018, S. 50.

1364 *BaFin*, Aktualisierte Auslegungshilfe, S. 60.

1365 *BaFin*, FAQ InstitutsVergV, Nr. 7.

bb) Ex-post Reduzierungen im Arbeitsverhältnis

Weder das Wegfallen einer an den Arbeitnehmer bisher getätigten bzw. in Aussicht gestellten Zahlung noch die finanzielle Belastung des Arbeitnehmers im Falle einer auf ihn zurückzuführenden finanziellen Belastung des Arbeitgebers sind im arbeitsrechtlichen Kontext ungewöhnlich. Vielmehr haben sie unter den Stichworten der Arbeitnehmerhaftung sowie dem Freiwilligkeits- und Widerrufsvorbehalt das Arbeitsrecht mit einigen Sonderregelungen geprägt und bilden nach wie vor den Anknüpfungspunkt für gerichtliche Auseinandersetzungen. Diese Grundlagen sind vor dem Kontext der verschuldensunabhängigen ex-post-Reduzierung auf „null" zu beleuchten, ohne dabei zu missachten, dass in den Clawback-Klauseln gerade kein Schadensersatz bzw. keine Haftungsnorm vorliegt[1366] und ohne eine Einschätzung vorzunehmen, auf welche Weise die Clawback-Klauseln rechtssicher in den Arbeitsverträgen zu inkorporieren sind.[1367]

(1) Haftungsregelungen

Das Arbeitsrecht zeichnet sich durch eine auf den Arbeitnehmerschutz gerichtete Stoßrichtung aus[1368] und auch die Haftung des Arbeitnehmers unterfällt Sonderregelungen, die unter Umständen eine Haftung des Arbeitnehmers gegenüber dem Arbeitgeber in voller Höhe verhindern. Eine ähnliche Privilegierung liegt unabhängig von der Arbeitnehmereigenschaft mit der Business Judgement Rule auch für Vorstandsmitglieder vor. Obwohl also die zivilrechtliche Haftung im Grundsatz dem Prinzip der Verschuldenshaftung folgt und eine Haftung ohne ein solches Verschulden nur in Ausnahmefällen möglich ist,[1369] bestehen Sonderregelungen, die den Haftungsumfang verringern oder erweitern können. Auch im Hinblick auf die Tatsache, dass die Regelungen der verschuldensunabhängigen ex-post-Risikoadjustierung in voller Höhe keinen Haftungs- oder Schadensersatzcharakter aufweisen – die fehlende Anwendbarkeit der Business Judgement

---

1366 *BaFin*, Auslegungshilfe, 2018, S. 49.

1367 Dazu *Dörrwächter*, DB 2020, 2182 (2183); *Ebel*, Rückforderung bereits ausgezahlter Vorstandsvergütung, 2021, S. 426 ff.; *Poelzig*, NZG 2020, 41 (45 f.); *Werner*, NZA 2020, 155 (158). Zu den AGB-rechtlichen Anforderungen auch CKK/*Hoefs*, 3. Aufl. 2023, Anh. Besondere Vergütungssysteme Rn. 19; *Krumey/Merkelbach*, CCZ 2019, 266 (270).

1368 Siehe dazu § 7.I.2.a).

1369 MüKoBGB/*Wagner*, 8. Aufl. 2020, Vor § 823 BGB Rn. 1. Insbesondere im Arbeitsrecht § 831 BGB, siehe dazu auch bereits *Mataja*, Das Recht des Schadenersatzes vom Standpunkte der Nationalökonomie, 1888, S. 38 ff.

Rule wird explizit herausgestellt[1370] – kann allein mangelndes Verschulden folglich nicht der Wirksamkeit entgegenstehen. Dennoch könnten sich die scharfen, ein Verschulden nicht voraussetzenden Regelungen der InstitutsVergV auf den ersten Blick als ein Bruch mit den sich insbesondere in den Privilegierungsansätzen offenbarenden Schutzvorschriften darstellen. Wie sich jedoch zeigt, sind die verschiedenen Ansätze sehr gut in Einklang zu bringen.

(a) Arbeitnehmerhaftung

Innerhalb des Arbeitsverhältnisses liegt ein abgestufter Haftungsumfang des Arbeitnehmers gegenüber dem Arbeitgeber vor. Personenschäden ausgenommen,[1371] haftet der Arbeitnehmer in einem von der Vorwerfbarkeit abhängigen anteiligen Verhältnis, bei dem die volle Haftung für vorsätzliches Handeln und die unterbleibende Haftung für leicht fahrlässiges Verhalten die beiden Randbereiche darstellen.[1372] Die Zwecke dieser Privilegierung sind vielschichtig und knüpfen sowohl an die Person des Arbeitgebers als auch des Arbeitnehmers an. Der Arbeitgeber könne kraft seiner Stellung die Risiken in seinem Betrieb reduzieren und finanzielle Nachteile z.B. durch Einpreisung beherrschen, zudem würden ihm die wirtschaftlichen Vorteile der Arbeit zufallen. Zusätzlich können die während der Ausführung entstehenden Schäden gerade in der Handhabung wertvoller Gerätschaften das Arbeitsentgelt des Arbeitnehmers um ein Vielfaches überschreiten und so die Existenzsicherung des Arbeitnehmers gefährden.[1373]

Insbesondere die im Rahmen der InstitutsVergV fehlende Existenzgefährdung verdeutlicht dabei, dass mit der verschuldensunabhängigen Reduzierung des Bonus auf „null" kein Bruch mit diesem Arbeitnehmerschutz einhergeht. Die verschuldensunabhängige vollständige Reduzierung umfasst allein die variable

---

1370 *BaFin*, Auslegungshilfe, 2018, S. 49.

1371 Siehe zu diesen Sonderregelungen als Überblick *Waltermann*, NJW 1997, 3401; *Waltermann*, NJW 2002, 1225; *Waltermann*, NJW 2004, 901.

1372 BAG 22.6.2011 – 8 AZR 102/10, NZA 2012, 91 (94) [Rn. 36]; 5.2.2004 – 8 AZR 91/03, NZA 2004, 649 (650) [unter II.2.a)]; 18.4.2002 – 8 AZR 348/01, NZA 2003, 37 (39) [unter II.3.a)]; zur Abkehr von der Bedingung der gefahrgeneigten Arbeit BAG (GS) 27.9.1994 – GS 1/89 (A), NZA 1994, 1083 (1084) [unter B.I.2.]. Ausführlich zu den Verschuldensgraden *Kamanabrou*, Arbeitsrecht, 2017, Rn. 1183 ff.

1373 Prägnant *Krause*, Arbeitsrecht, 4. Aufl., 2020, § 16 Rn. 2; *Waltermann*, RdA 2005, 98 (99). Ausführlicher mit Kritik an der Rechtsprechung *Otto*, § 3 Prinzipien einer gerechten Haftungsverteilung im Arbeitsverhältnis, in: Otto/Schwarze/Krause (Hrsg.), Die Haftung des Arbeitnehmers, 2014, S. 23-44 (Rn. 24 ff).

Vergütung. Obwohl diese beträchtliche Höhen annehmen kann,[1374] bleibt das Festgehalt unangetastet. Die weiteren Anforderungen an die variable Vergütung – sie darf zum einen maximal 100 % der festen Vergütung betragen (§ 25a Abs. 5 S. 2 KWG), zum anderen nicht derart hoch sein, dass eine signifikanten Abhängigkeit der Arbeitnehmer besteht (§ 5 Abs. 3 Nr. 1 i.V.m. § 5 Abs. 1 Nr. 1 InstitutsVergV) – stellen sicher, dass bereits die Festvergütung einen angemessenen Lebensstandard gewährleistet.[1375] Die für die Privilegierung der Arbeitnehmerhaftung maßgebliche fehlende Äquivalenz zwischen möglichen Schäden und dem Arbeitsentgelt[1376] kann folglich nicht angeführt werden.[1377]

(b) Vertragsstrafe

Den Vertragsparteien ist es auch möglich, vertraglich eine Strafe für ein Fehlverhalten festzulegen. Damit soll zum einen gesichert werden, dass die Schädigung nicht erfolgt, zum anderen aber auch durch die Schadenspauschalierung der entstehende Schaden ohne schwierige Beweiserhebung ausgeglichen werden.[1378] Wird die Vertragsstrafe über AGB eingeführt, so muss sie den Anforderungen des § 307 BGB genügen, sie ist aber aufgrund der Besonderheiten der Beweisschwierigkeiten und der fehlenden Schutzalternativen im Arbeitsverhältnis trotz § 309 Nr. 6 BGB zulässig (§ 310 Abs. 4 BGB).[1379] Für die Wirksamkeit wird gefordert,

---

1374 Dem lässt sich die Entwicklung der privilegierten Arbeitnehmerhaftung als Vergleich gegenüberstellen. Es herrschte die Annahme vor, es sei unbillig, gegen kleines Gehalt den Gefahren des Straßenverkehrs ausgesetzt zu sein. Die Schäden beliefen sich damals auf vier- bis fünfstellige Reichsmarkbeträge, RAG 14.1.1941 – 201/39, ARS 41, 259 (260); 8.11.1939 – 60/39, ARS 37, 269 (269 f.); 23.11.1938 – 71/38, ARS 34, 357 (358); 12.7.1937 – 297/36, ARS 30, 3 (3 f., 6 f.).

1375 *BaFin*, Auslegungshilfe, 2018, S. 16.

1376 So bereits ArbG Plauen 4.11.1936 – 1 Ca 189/36, ARS 29, 62; als eines der maßgeblichen Kriterien übernommen von BAG (GS) 25.9.1957 – GS 4 (5)/56, NJW 1958, 235 (237) [unter 1.]; vgl. dazu auch *Neumann-Duesberg*, JZ 1964, 433 (439 f.); *Richardi*, NZA 1994, 241 (242); *Zeuner*, RdA 1975, 84 (87); sowie bereits *Müller-Erzbach*, AcP 110 (1910), 309 (387).

1377 Dass über die auch am Gesamterfolg des Instituts orientierte variable Vergütung eine eingeschränkte Beteiligung der Arbeitnehmer am Gewinn des Instituts vorliegt und somit das Auseinanderfallen von Vorteilen und Risiken nicht in gleicher Intensität wie der Arbeitnehmerhaftung vorliegt, ist daher nicht entscheidungserheblich.

1378 MüKoBGB/*Spinner*, 9. Aufl. 2023, § 611a BGB Rn. 963.

1379 BAG 20.10.2022 – 8 AZR 332/21, NZA 2023, 423 (426) [Rn. 33]; 24.8.2017 – 8 AZR 378/16, NZA 2018, 100 (102) [Rn. 16]; *Krause*, in: FS Reuter, 2010, S. 627-642 (629); MüKoBGB/*Spinner*, 9. Aufl. 2023, § 611a BGB Rn. 962.

dass sowohl die Strafe als auch die Pflichtverletzung in der Vertragsstrafe genannt werden, ansonsten ist – wie z.B. bei globalen Vertragsstrafen – das Bestimmtheitsgebot nicht erfüllt.[1380] Zudem muss die Vertragsstrafe in der Höhe angemessen sein, was den Ausgleich zwischen fühlbarer Bestrafung und verhältnismäßiger Belastung voraussetzt.[1381] Obwohl ein schuldloses Handeln von der Vertragsstrafe nicht umfasst ist, spricht erneut insbesondere das Fortbestehen der festen Vergütung innerhalb der InstitutsVergV dafür, einen weiteren Spielraum zuzulassen und keinen Widerspruch zur Vertragsstrafe anzunehmen.

(c) Business Judgement Rule

Aus denselben Gründen stehen auch die Überlegungen der Business Judgement Rule einer verschuldensunabhängigen vollständigen Rückforderung der variablen Vergütung nicht im Wege. Trotz eines unterschiedlichen Anwendungsbereichs[1382] ist auch diese Regelung auf den Schutz vor einer finanziellen Überlastung angelehnt.

Das Vorstandsmitglied hat die Sorgfalt eines ordentlichen und gewissenhaften Geschäftsleiters anzuwenden (§ 93 Abs. 1 S. 1 AktG) und soll daher seine Handlungen auf das Wohl der Gesellschaft und die Interessen der Aktionäre ausrichten sowie spekulative Finanzgeschäfte unterlassen.[1383] Im Falle eines mittelbar auch Dritte treffenden,[1384] schuldhaften[1385] Verstoßes gegen diese, in der Gegenüber-

1380 BAG 20.10.2022 – 8 AZR 332/21, NZA 2023, 423 (427) [Rn. 36]; 18.8.2005 – 8 AZR 65/05, NZA 2006, 34 (36 f.) [Rn. 20]; 21.4.2005 – 8 AZR 425/04, NZA 2005, 1053 (1055) [unter II.3.d).bb)]; *Krause*, Arbeitsrecht, 4. Aufl., 2020, § 15 Rn. 10; MüKoBGB/*Spinner*, 9. Aufl. 2023, § 611a BGB Rn. 966.

1381 Siehe BAG 4.3.2004 – 8 AZR 196/03, NZA 2004, 727 (733) [unter B.III.2.b).aa)]; vgl. auch BAG 20.10.2022 – 8 AZR 332/21, NZA 2023, 423 (427 f.) [Rn. 46]; MüKoBGB/*Spinner*, 9. Aufl. 2023, § 611a BGB Rn. 969.

1382 Statt den Arbeitnehmer zu privilegieren, wird das Vorstandsmitglied der AG adressiert (vgl. § 93 Abs. 1 S. 1 AktG). Der Anstellungsvertrag des Vorstandsmitglieds stellt zwar keinen Arbeitsvertrag dar (Grüneberg/*Weidenkaff*, 83. Aufl. 2024, Einf v § 611 BGB Rn. 23), dennoch unterfallen die Vorstandsmitglieder einer AG dem Anwendungsbereich der InstitutsVergV, sofern es sich bei der AG um ein Kreditinstitut handelt (§§ 1 Abs. 1 S. 1, 2 Abs. 7 S. 2 InstitutsVergV i.V.m. § 1 Abs. 2 KWG, § 76 Abs. 1 AktG).

1383 MüKoAktG/*Spindler*, 6. Aufl. 2023, § 93 AktG Rn. 22, 25 f.; vgl. auch Hölters/Weber/*Hölters/Hölters*, 4. Aufl. 2022, § 93 AktG Rn. 35.

1384 So z.B. die unter einer Entwertung der Aktien leidenden Aktionäre, vgl. MüKoAktG/*Spindler*, 6. Aufl. 2023, § 93 AktG Rn. 362.

1385 Zum Verschuldenserfordernis Hölters/Weber/*Hölters/Hölters*, 4. Aufl. 2022, § 93 AktG Rn. 6; MüKoAktG/*Spindler*, 6. Aufl. 2023, § 93 AktG Rn. 21.

stellung mit der InstitutsVergV vertraut klingenden, Sorgfaltspflichten sind die Vorstandsmitglieder gem. § 93 Abs. 2 S. 1 AktG zum Ersatz des entstandenen Schadens verpflichtet.

Diese Haftung für Schäden kann – wie schon bei der Arbeitnehmerhaftung – schnell zu einer finanziellen Überforderung des Vorstandsmitglieds führen. Bereits bei geringsten Unsicherheiten über den Erfolg könnte somit die Motivation zum Handeln sinken und stattdessen die Untätigkeit bevorzugt werden.[1386] Um einem solchen risikoaversen Verhalten entgegenzuwirken, wird das Haftungsrisiko der Vorstandsmitglieder über die Business Judgement Rule eingeschränkt.[1387] Nach dieser in § 93 Abs. 1 S. 2 AktG normierten Regel liegt eine Pflichtverletzung nicht vor, „wenn das Vorstandsmitglied bei einer unternehmerischen Entscheidung vernünftigerweise annehmen durfte, auf der Grundlage angemessener Information zum Wohle der Gesellschaft zu handeln." Muss das Vorstandsmitglied also eine zukunftsgerichtete Prognoseentscheidung[1388] treffen, haftet es auch nicht für etwaige Fehlschläge, sofern es davon ausgeht, auf einer ausreichenden Informationslage die langfristigen Interessen der Gesellschaft zu stärken.[1389]

Diese finanzielle Überlastung kann nicht von der Privilegierung als Gegenpart getrennt betrachtet werden und droht für die Risikoträger im Anwendungsbereich der InstitutsVergV nicht. Daran, dass die Business Judgement Rule der vollständigen Reduzierung der variablen Vergütung ohne Verschuldenserfordernis nicht entgegensteht, ändert somit auch nichts, dass mit der zugrundeliegenden unsicheren Prognoseentscheidung[1390] und der Orientierung an dem langfristigen Wohl der Gesellschaft nicht zu übersehende Ähnlichkeiten zu der Ausrichtung der InstitutsVergV bestehen.

(d) Mankohaftung

Zum Abschluss ist der Blick auf die besondere Form der Mankohaftung zu richten. Es ist verbreitet, die den normalen Regelungen der Arbeitnehmerhaftung folgende

1386 MüKoAktG/*Spindler*, 6. Aufl. 2023, § 93 AktG Rn. 43.

1387 Vgl. MüKoAktG/*Spindler*, 6. Aufl. 2023, § 93 AktG Rn. 43.

1388 BT-Drs. 15/5092, 11. Siehe auch *Semler*, in: FS Ulmer, 2003, S. 627-642 (627 f.); MüKoAktG/*Spindler*, 6. Aufl. 2023, § 93 AktG Rn. 48.

1389 Zu den einzelnen Voraussetzungen BT-Drs. 15/5092, 11 f. Ausführlich auch MüKoAktG/*Spindler*, 6. Aufl. 2023, § 93 AktG Rn. 43 ff. Ohne Kodifizierung in diese Richtung bereits BGH 9.7.1979 – II ZR 118/77, NJW 1979, 1823 (1827) [unter II.1.g)].

1390 Siehe zur Anwendbarkeit des § 93 Abs. 2 S. 1 AktG bei der Kreditvergabe OLG Hamm 12.7.2021 – I-27 U 12/10, WM 2012, 2200 (2200) [unter B.II.1.].

Mankohaftung durch privatautonome Mankoabreden abzuändern. Über eine solche Klausel wird der Arbeitnehmer beispielsweise verpflichtet, finanzielle Fehlbeträge in seiner Kasse verschuldensunabhängig auszugleichen,[1391] es liegt folglich keine Privilegierung vor, sondern eine Haftungsverschärfung. Aufgrund der auch für die Mankohaftung geltenden Grundsätze der Arbeitnehmerhaftung[1392] verstoße eine unbeschränkte Mankohaftung daher gegen zwingendes Arbeitsschutzrecht und wird auch vom BAG als unzulässig angesehen.[1393] Angenommen wird die Zulässigkeit solcher Mankoabreden hingegen, wenn insbesondere zwei Voraussetzungen vorliegen: Dem Arbeitnehmer muss ein „angemessener finanzieller Risikoausgleich"[1394] gewährt und die verschuldensunabhängige Haftung maximal auf diesen begrenzt werden. Die Haftung für nicht voll beherrschbare Umstände und Risiken ist also nur dann zulässig, wenn statt eigenem Vermögen allein die „Erfolgsprämie" verloren gehen kann.[1395]

Obwohl der Arbeitgeber folglich allein das Minus bis zu dem Betrag ausgleichen kann, den er zuvor zusätzlich ausgeschüttet hat, stellt sich die zulässige Mankohaftung nur auf den ersten Blick als „Nullsummenspiel"[1396] dar. Statt eines unmittelbaren finanziellen Gewinns, liegt der Vorteil des Arbeitgebers aber in der Anreizwirkung der in Aussicht gestellten Mehrvergütung, jegliches „Minus" in

---

1391 *Kamanabrou*, Arbeitsrecht, 2017, Rn. 1197; *Krause*, Arbeitsrecht, 4. Aufl., 2020, § 16 Rn. 12. Vgl. die beispielhafte Klausel in *Jochums*, C.400 Haftung des Arbeitnehmers, in: Maschmann/Sieg/Göpfert (Hrsg.), Vertragsgestaltung im Arbeitsrecht, 2020, S. 1005-1013 (Rn. 31a).

1392 Vgl. BAG 5.2.2004 – 8 AZR 91/03, NZA 2004, 649 (650 f.) [unter II.2.c).cc)]; 2.12.1999 – 8 AZR 386/98, NZA 2000, 715 (716) [unter I.2.]. Vgl. auch *Krause*, RdA 2013, 129 (133); *Krause*, Arbeitsrecht, 4. Aufl., 2020, § 16 Rn. 12.

1393 BAG 2.12.1999 – 8 AZR 386/98, NZA 2000, 715 (716) [unter I.2.]; 17.9.1998 – 8 AZR 175/97, NZA 1999, 141 (144) [unter B.IV.1.].

1394 *Krause*, § 13 Besondere Fallgruppen der Arbeitnehmerhaftung und angrenzende Erscheinungen, in: Otto/Schwarze/Krause (Hrsg.), Die Haftung des Arbeitnehmers, 2014, S. 244-343 (Rn. 41). Mit einem solchen Gedanken bereits *Müller-Erzbach*, AcP 110 (1910), 309 (388).

1395 BAG 5.2.2004 – 8 AZR 91/03, NZA 2004, 649 (650 f.) [unter II.2.c).cc)]; 2.12.1999 – 8 AZR 386/98, NZA 2000, 715 (716) [unter I.2.b)]; 17.9.1998 – 8 AZR 175/97, NZA 1999, 141 (144) [unter B.IV.2.]; 17.4.1956 – 2 AZR 340/55, juris [Rn. 53]; so auch schon RAG 15.5.1935 – 14/35, ARS 24, 261 (264). Ausführlich zu der Wirksamkeit *Krause*, § 13 Besondere Fallgruppen der Arbeitnehmerhaftung und angrenzende Erscheinungen, in: Otto/Schwarze/Krause (Hrsg.), Die Haftung des Arbeitnehmers, 2014, S. 244-343 (Rn. 41 ff.).

1396 *Schwirtzek*, NZA 2005, 437 (438).

dem eigenen Verantwortungsbereich zu verhindern:[1397] Eine Wirkung, die auch im Rahmen der InstitutsVergV eine prägende Rolle spielt.

Die gerade durch diese Charakteristika deutlich werdenden Gemeinsamkeiten mit den Regelungen der InstitutsVergV – verschuldensunabhängige Rückforderung nur eines im Voraus als Verhaltensanreiz in Aussicht gestellten Betrages ohne Antasten der festen Vergütung – lassen Rückschlüsse auch für die InstitutsVergV zu. Während die vorherigen Ausführungen gezeigt haben, dass die Haftungsregelungen der vollständigen verschuldensunabhängigen Rückforderung nicht entgegenstehen, ist mit Blick auf die Rechtsprechung zur Mankohaftung zu sehen, dass vergleichbare Regelungen im arbeitsrechtlichen Kontext bereits etabliert sind. Allerdings sind die – von der InstitutsVergV gewahrten – Voraussetzungen der Beschränkung auf einen zuvor gewährten Risikoausgleich dabei sicherzustellen.

(2) Freiwilligkeitsvorbehalt

Keinen in der Person des Arbeitgebers anfallenden Schaden, sondern allein die Entscheidung, nicht zahlen zu wollen, setzt der Freiwilligkeitsvorbehalt voraus, der von Arbeitgeberseite häufig zur Verhinderung einer betrieblichen Übung herangezogen wird.[1398] Stellt der Arbeitgeber eine Vergütung wirksam unter einen Freiwilligkeitsvorbehalt, kann er mangels Anspruch die wiederholte Leistung in Zukunft ohne Angabe von Gründen unterlassen, ein Anspruch auf diese Leistung entsteht und erlischt schließlich allein mit der Gewährung gegenüber dem Arbeitnehmer.[1399] Um keine unangemessene Beeinträchtigung der Arbeitnehmer-

1397 So auch *Krause*, RdA 2013, 129 (139); *Krause*, § 13 Besondere Fallgruppen der Arbeitnehmerhaftung und angrenzende Erscheinungen, in: Otto/Schwarze/Krause (Hrsg.), Die Haftung des Arbeitnehmers, 2014, S. 244-343 (Rn. 46). Die Anreizwirkung relativierend *Schwirtzek*, NZA 2005, 437 (438). Die Mankoabrede als „wenig nützlich" bezeichnend *Melot de Beauregard*, Die vertragliche Erweiterung der Arbeitnehmerhaftung, in: Priester/Heppe/Westermann (Hrsg.), Praxis und Lehre im Wirtschaftsrecht, 2018, S. 445-457 (452).

1398 Die formalen und materialen Anforderungen an einen wirksamen Freiwilligkeitsvorbehalt haben sich zu einer derartigen Herausforderung entwickelt, dass der Freiwilligkeitsvorbehalt *de facto* allein zur Verhinderung der Betrieblichen Übung in Frage kommt. Umfassend dazu *Preis*, NZA 2009, 281. Vgl. auch *Annuß*, in: FS Picker, 2010, S. 861-871 (871); *Lembke*, in: FS Preis, 2021, S. 719-731 (721 ff.).

1399 BAG 30.7.2008 – 10 AZR 606/07, NZA 2008, 1173 (1175) [Rn. 17]; 5.6.1996 – 10 AZR 883/95, NZA 1996, 1028 (1029) [unter II.3.]; 6.12.1995 – 10 AZR 198/95, NZA 1996, 1027 (1027) [unter II.1.]; *Gaul*, in: FS Hromadka, 2008, S. 99-114 (100); *Hanau/Hromadka*, NZA 2005, 73 (73); *Preis/Sagan*, NZA 2012, 697 (697 f.); Preis/*Preis*, 6. Aufl. 2020, II V 70 Vorbehalte und Teilbefristung Rn. 44.

interessen zu begründen, sind diese Vorbehalte allerdings nur in wenigen Fällen, nicht im Synallagma stehender Zahlungen zulässig.

Die typischerweise von dem Arbeitgeber vorformulierten Klauseln sind einer AGB-Kontrolle zu unterziehen[1400] und folglich nur dann zulässig, wenn sie keine unangemessene Benachteiligung des Arbeitnehmers bedeuten (§ 307 Abs. 1, 2 BGB). Eine solche Benachteiligung muss dann angenommen werden, wenn der vorleistungsverpflichtete Arbeitnehmer[1401] seine Vertragspflichten erfüllt, der Arbeitgeber seine daraus erwachsenden Pflichten jedoch nachträglich suspendieren würde. Folgerichtig differenziert die Rechtsprechung zwischen dem laufenden Entgelt und darüber hinausgehenden Sonderzahlungen. Allein im letzten Fall liege keine unangemessene Benachteiligung durch eine einseitige und nachträgliche Veränderung der synallagmatischen Verknüpfung vor, sodass der Vorbehalt nur unter diesen Bedingungen zulässig sei.[1402] Auch die Literatur hat sich dem grundsätzlich angeschlossen[1403] und – wie auch schon die Rechtsprechung[1404] – herausgestellt, dass nicht allein die reine Arbeitsleistung und das feste Gehalt in einem solchen Synallagma stehen. Auch die mit einer variablen Vergütung verfolgte Anreizwirkung zu einer erhöhten Arbeitsleistung kann eine solche Gegenleistung darstellen.[1405] Knüpft eine über das feste Entgelt hinausgehende Zahlung also

1400 *Krause*, Arbeitsrecht, 4. Aufl., 2020, § 11 Rn. 17.

1401 § 614 S. 2 BGB. Siehe auch BAG 6.10.2011 – 6 AZR 262/10, NZA 2012, 330 (333) [Rn. 18]; zur Abdingbarkeit HWK/*Krause*, 11. Aufl. 2024, § 614 BGB Rn. 4.

1402 Während der fünfte Senat dies für das laufende Entgelt klarstellte, schloss sich der zehnte Senat im Anschluss dem an und akzeptierte den Freiwilligkeitsvorbehalt für alle darüber hinausgehenden Leistungen, BAG 30.7.2008 – 10 AZR 606/07, NZA 2008, 1173 (1175) [Rn. 12, 17]; 25.4.2007 – 5 AZR 627/06, NZA 2007, 853 (854) [Rn. 20].

1403 Schaub ArbR-HdB/*Linck*, 20. Aufl. 2023, § 35 Rn. 104; *Maaß*, C.360 Freiwilligkeitsvorbehalt, in: Maschmann/Sieg/Göpfert (Hrsg.), Vertragsgestaltung im Arbeitsrecht, 2020, S. 959-964 (Rn. 8); Preis/*Preis*, 6. Aufl. 2020, II V 70 Vorbehalte und Teilbefristung Rn. 62. Die Begrifflichkeiten werden dabei nicht einheitlich verwendet. Während *Gaul* auf den Entgeltcharakter abstellt (*Gaul*, in: FS Hromadka, 2008, S. 99-114 (106 f.)), bezieht sich *Krause* auf das Äquivalenzprinzip (*Krause*, in: FS Bauer, 2010, S. 577-592 (589)) und *Lembke* auf das Arbeitsentgelt im engeren Sinne, das er ebenso mit dem Synallagma erläutert (*Lembke*, NJW 2010, 257 (259)).

1404 BAG 25.4.2007 – 5 AZR 627/06, NZA 2007, 853 (854) [Rn. 20]. Zustimmend auch BAG 30.7.2008 – 10 AZR 606/07, NZA 2008, 1173 (1177) [Rn. 31].

1405 BAG 3.7.2024 – 10 AZR 171/23, AP BGB § 611 Gratifikation Nr. 239 [Rn. 48]; 19.3.2014 – 10 AZR 622/13, NZA 2014, 595 (601) [Rn. 52]; 12.4.2011 – 1 AZR 412/09, NZA 2011, 989 (991) [Rn. 25]; DDW/*Bonin/Walser*, 5. Aufl. 2021, § 308 Nr. 4 BGB Rn. 41; *Lingemann/Gotham*, DB 2007, 1754 (1756); Preis/*Preis*, 6. Aufl.

auch[1406] an die eigene Leistung an und ist daher geeignet, einen Leistungsanreiz bei dem Arbeitnehmer zu setzen, stelle eine grundlose Einstellung der Zahlung ebenso eine Beeinträchtigung der Arbeitnehmerinteressen dar.[1407]

Darüber hinaus muss die Klausel den Freiwilligkeitsvorbehalt klar und verständlich kommunizieren. So darf aus der Formulierung – z.B. durch Verbindung mit einem Widerrufsvorbehalt, der einen Anspruch voraussetzt[1408] – nicht der Eindruck entstehen, es werde eine feste Zusage gegeben.[1409] Unterstellt man die Einhaltung der formalen Anforderungen, ist der Freiwilligkeitsvorbehalt somit zulässig, sofern er weder die feste Vergütung noch andere im Synallagma stehende Vergütungsbestandteile umfasst.

Obwohl die von der InstitutsVergV betroffenen variablen Vergütungen aufgrund ihres vorausgesetzten Bezugs zur eigenen Leistung jenen synallagmatischen Charakter aufweisen, steht das Verständnis des Freiwilligkeitsvorbehalts diesen Regelungen nicht entgegen. Bei der Bewertung der Zulässigkeit verschuldensunabhängiger Reduzierung der variablen Vergütung auf „null" ist schließlich zu bedenken, dass der Freiwilligkeitsvorbehalt solch hohe Anforderungen stellt,

---

2020, II V 70 Vorbehalte und Teilbefristung Rn. 62; ErfK/*Preis*, 24. Aufl. 2024, § 611a BGB Rn. 537.

1406 Die Mitursächlichkeit ist ausreichend, vgl. BAG 12.4.2011 – 1 AZR 412/09, NZA 2011, 989 (991) [Rn. 25]; Schaub ArbR-HdB/*Linck*, 20. Aufl. 2023, § 35 Rn. 107.

1407 BAG 3.8.2016 – 10 AZR 710/14, NZA 2016, 1334 (1337) [Rn. 20]; 19.3.2014 – 10 AZR 622/13, NZA 2014, 595 (601) [Rn. 52]. Vgl. auch *Krause*, in: FS Bauer, 2010, S. 577-592 (588).

1408 BAG 14.9.2011 – 10 AZR 526/10, NZA 2012, 81 (83) [Rn. 25]; 30.7.2008 – 10 AZR 606/07, NZA 2008, 1173 (1179) [Rn. 45]. Zum Widerrufsvorbehalt sogleich unter § 9.II.3.b).bb).(3).

1409 Dies umfasst z.B. auch Begriffe wie „erhält" oder „gewährt", vgl. BAG 20.2.2013 – 10 AZR 177/12, NZA 2013, 1015 (1017) [Rn. 20]; 30.7.2008 – 10 AZR 606/07, NZA 2008, 1173 (1179) [Rn. 45]; 24.10.2007 – 10 AZR 825/06, NZA 2008, 40 (42) [Rn. 17]. Dieselben Argumente verwendet auch *Krause*, der dies aber als vorgelagerte Frage der vertraglichen Bindung und somit außerhalb des AGB-rechtlichen Transparenzgebots einordnet, *Krause*, in: FS Bauer, 2010, S. 577-592 (587 f.). Zuletzt sei darauf hingewiesen, dass ergänzend zu den widersprüchlichen Formulierungen auch ein Pauschalvorbehalt abzulehnen ist, da er keine Unterscheidung nach dem Entstehungsgrund vornimmt und den Eindruck vermitteln kann, auch individual ausgehandelte Leistungen oder festes Entgelt seien umfasst. Dazu z.B. CKK/*Klumpp*, 3. Aufl. 2023, § 307 BGB Rn. 218 f.; Preis/*Preis*, 6. Aufl. 2020, II V 70 Vorbehalte und Teilbefristung Rn. 46. Die Problematik der Formulierung soll an dieser Stelle aber nicht im Detail angesprochen werden, da sie keinen Einfluss auf die inhaltlichen Voraussetzungen besitzt.

weil der Rückgriff auf diesen Vorbehalt im Gutdünken des Arbeitgebers steht.[1410] Die InstitutsVergV sieht diese Regelung allerdings nur für besondere Fälle vor und verlangt somit einen Grund.

(3) Widerrufsvorbehalt

Aussagekräftiger könnte daher der Blick auf den Widerrufsvorbehalt sein, der sich gegenüber dem Freiwilligkeitsvorbehalt insbesondere durch das Bestehen eines Anspruchs und damit im Zusammenhang stehend das Erfordernis eines Grundes sowie einer Deckelung nach oben auszeichnet. Auch diese Vorbehalte sind jedoch in der Regel vom Arbeitgeber gestellt und folglich an der AGB-Kontrolle zu messen. Statt allein die Generalklausel des § 307 BGB[1411] heranzuziehen, besteht durch diese Klausel das Recht des Arbeitgebers von einer versprochenen Leistung[1412] abzuweichen, sodass die Vereinbarung unter Berücksichtigung der Interessen des Arbeitgebers für den Arbeitnehmer zumutbar sein muss (vgl. § 308 Nr. 4 BGB).[1413]

(a) Inhaltskontrolle

Der Widerruf ist nur bei Vorliegen eines Grundes von einigem Gewicht zulässig, der zudem bereits in der Klausel enthalten sein muss.[1414] Ein willkürliches Berufen

---

1410 BAG 21.1.2009 – 10 AZR 219/08, NZA 2009, 311 (312) [Rn. 16]; 30.7.2008 – 10 AZR 606/07, NZA 2008, 1173 (1175) [Rn. 17]; *Krause*, in: FS Bauer, 2010, S. 577–592 (590 f.).

1411 Da § 308 Nr. 4 BGB den § 307 BGB konkretisiert, sind die Wertungen des § 307 BGB nicht vollständig außer Acht zu lassen, vgl. BAG 12.1.2005 – 5 AZR 364/04, NZA 2005, 465 (467) [unter B.I.4.b)].

1412 Der zehnte Senat des BAG hat ausgeführt, dass die Regelungen des § 308 Nr. 4 BGB nicht anwendbar seien, sofern ein erstmaliges einseitiges Leistungsbestimmungsrecht vorliege, eine Änderung bereits zugesagter Leistungen also gerade nicht gegeben sei, BAG 15.5.2013 – 10 AZR 679/12, AP BGB § 315 Nr. 111 [Rn. 26]; CKK/*Roloff*, 3. Aufl. 2023, § 308 BGB Rn. 76. Eine direkte Anwendung auf die Regelungen der Berechnung der variablen Vergütung aus der InstitutsVergV ist folglich nicht möglich.

1413 Die formellen Anforderungen sollen an dieser Stelle erneut ausgeblendet werden, für die AGB-rechtlichen Anforderungen kann jedoch auf die Ausführungen zum Freiwilligkeitsvorbehalt verwiesen werden. Siehe dazu auch Küttner Personalbuch 2024/*Kania*, 31. Aufl., Änderungsvorbehalte Rn. 6; *Maaß*, C.600 Widerrufsvorbehalt, in: Maschmann/Sieg/Göpfert (Hrsg.), Vertragsgestaltung im Arbeitsrecht, 2020, S. 1616–1620 (Rn. 8). Mit Kritik an einer zu geringen Anforderung seitens des BAG DDW/*Bonin*/*Walser*, 5. Aufl. 2021, § 308 Nr. 4 BGB Rn. 32.

1414 BAG 24.1.2017 – 1 AZR 774/14, NZA 2017, 777 (778) [Rn. 23]; 19.12.2006 – 9 AZR 294/06, NZA 2007, 809 (811) [Rn. 26]; 11.10.2006 – 5 AZR 721/05, NZA 2007, 87

auf die Freiwilligkeit einer Leistung ist nicht möglich. Als ausreichend wird von der Rechtsprechung allerdings bereits angesehen, dass „die Richtung“ erkennbar ist, ob der Widerruf also z.B. aufgrund der Leistung oder dem Verhalten des Arbeitnehmers oder einer – an dieser Stelle relevanteren – wirtschaftlichen Notlage möglich sein soll.[1415] Das BAG geht dabei von einem abgestuften Verhältnis aus, sodass neben der eindeutig unter die wirtschaftliche Notlage fallenden drohenden Insolvenz[1416] auch ein negatives wirtschaftliches Ergebnis der Betriebsabteilung oder ein nicht ausreichender Gewinn genannt werden.[1417]

Als zweite inhaltliche Schranke wird eine Obergrenze gesetzt: Der Widerrufsvorbehalt darf sich maximal auf 25 %[1418] der Gesamtvergütung beziehen, sofern auch nach Abzug dieses Betrages die tarifliche Vergütung sichergestellt ist.[1419]

(89 f.) [Rn. 21, 28]; 12.1.2005 – 5 AZR 364/04, NZA 2005, 465 (467) [unter B.I.4.c)/B.I.5.a)]. Dieser Rechtsprechung hat sich die Literatur weitgehend angeschlossen, vgl. nur *Bayreuther*, ZIP 2007, 2009 (2010 f.); *Benecke*, AuR 2006, 337 (339); DDW/*Bonin/Walser*, 5. Aufl. 2021, § 308 Nr. 4 BGB Rn. 42; *Gaul*, in: FS Hromadka, 2008, S. 99-114 (102); Küttner Personalbuch 2024/*Kania*, 31. Aufl., Änderungsvorbehalte Rn. 6; Preis/*Preis*, 6. Aufl. 2020, II V 70 Vorbehalte und Teilbefristung Rn. 22; ErfK/*Preis*, 24. Aufl. 2024, §§ 305 - 310 BGB Rn. 61. Nur für Leistungen außerhalb des Gegenseitigkeitsverhältnisses allein die Willkürfreiheit fordernd APS/*Künzl*, 7. Aufl. 2024, § 2 KSchG Rn. 111. Bereits zur alten Rechtslage *Preis*, in: FS Kissel, 1994, S. 879-913 (911).

1415 BAG 24.1.2017 – 1 AZR 774/14, NZA 2017, 777 (778) [Rn. 19]; 11.10.2006 – 5 AZR 721/05, NZA 2007, 87 (89 f.) [Rn. 28]; 12.1.2005 – 5 AZR 364/04, NZA 2005, 465 (468) [unter B.I.5.b)].

1416 So in BAG 24.1.2017 – 1 AZR 774/14, NZA 2017, 777 (778 f.) [Rn. 31].

1417 Noch weitere Beispiele nennend BAG 11.10.2006 – 5 AZR 721/05, NZA 2007, 87 (89 f.) [Rn. 28]; 12.1.2005 – 5 AZR 364/04, NZA 2005, 465 (468) [unter B.I.5.b)]. Der Arbeitgeber habe dabei einen entsprechenden Spielraum und sei bis zur „Willkür“ frei, vgl. BAG 11.10.2006 – 5 AZR 721/05, NZA 2007, 87 (89) [Rn. 23]; DDW/*Bonin/Walser*, 5. Aufl. 2021, § 308 Nr. 4 BGB Rn. 42.

1418 Stellen die Zahlungen keine Gegenleistung für die Arbeitsleistung dar, erhöht sich dieser Teil auf bis zu 30 %, BAG 24.1.2017 – 1 AZR 774/14, NZA 2017, 777 (778) [Rn. 25]. Mangels konkreter Entgelterwartung oder -chance besteht keine Schutzbedürftigkeit, sofern sich die Höhe der Leistung nicht durch eine folgende Entscheidung, sondern ohne weiteres Eingreifen anhand festgelegter Kriterien ergibt. Auf die nach § 20 Abs. 5 InstitutsVergV ausgestalteten Vertragsbestandteile lassen sich diese Ausführungen also nicht übertragen, so deutlich auch *Schwarze*, RdA 2012, 321 (327).

1419 Statt aller BAG 24.1.2017 – 1 AZR 774/14, NZA 2017, 777 (778) [Rn. 25]; 11.10.2006 – 5 AZR 721/05, NZA 2007, 87 (89) [Rn. 23]. *Stoffels* sieht die Sicherung der Tarifvergütung mit Verweis auf BAG 24.1.2017 – 1 AZR 774/14, NZA

Auf diese Weise soll verhindert werden, dass einseitig in das synallagmatische Verhältnis eingegriffen und so das wirtschaftliche Risiko auf den Arbeitnehmer abgewälzt wird.[1420] In diesem Zusammenhang werden auch die für den Fall des Eingriffs in das Gegenseitigkeitsverhältnis vorgesehenen strengen Regelungen der Änderungskündigung herangezogen.[1421] Zuletzt darf aber auch die existenzsichernde Funktion des Arbeitsentgelts nicht außer Acht gelassen werden.[1422]

Der in der InstitutsVergV vorgesehene Verlust einer variablen Vergütung aus wirtschaftlichen Gründen betritt somit kein Neuland im arbeitsrechtlichen Kontext. Die Charakteristika der vollständigen und verschuldensunabhängigen ex-post-Reduzierung sind stattdessen mit den Grundannahmen der strengen Voraussetzungen des Widerrufsvorbehalts in Einklang zu bringen. Allen voran hat die feste Vergütung einen angemessenen Lebensstandard zu gewährleisten. Indem diese von § 18 Abs. 5 S. 3 InstitutsVergV nicht umfasst ist, wird bereits der existenzsichernden Funktion des Arbeitsentgeltes angemessen Rechnung getragen. Auch das Erfordernis gewichtiger Gründe[1423] findet sich in ähnlicher Ausgestaltung in § 18 Abs. 5 S. 3 InstitutsVergV, schließlich reichen für den Widerrufsvorbehalt auch wirtschaftliche Gründe aus. Zwar kann die variable Vergütung bis zu 50 % der Gesamtvergütung darstellen (§ 25a Abs. 5 S. 2 KWG) und damit über der für den Widerrufsvorbehalt angenommenen Beschränkung liegen, zusätzlich zu

---

2017, 777 (778) [Rn. 25] allein als Teil der Ausübungskontrolle, *Stoffels*, NZA 2017, 1217 (1219). Im Einklang mit der zuvor angeführten Rechtsprechung ist aber anzunehmen, dass schon die Vereinbarung diese Obergrenze wahren muss und die Ausübung die festgesetzten Grenzen wahren muss.

1420 BAG 24.1.2017 – 1 AZR 774/14, NZA 2017, 777 (778) [Rn. 23]; 11.10.2006 – 5 AZR 721/05, NZA 2007, 87 (89) [Rn. 22]; 12.1.2005 – 5 AZR 364/04, NZA 2005, 465 (467) [unter B.I.4.c).bb)]; MHdB ArbR/*Krause*, 6. Aufl. 2024, § 63 Rn. 19. Zum Wirtschaftsrisiko ErfK/*Preis/Greiner*, 24. Aufl. 2024, § 615 BGB Rn. 120 f. Zur Bedeutung des Synallagmas *Schwarze*, RdA 2012, 321 (323 f.).

1421 BAG 12.1.2005 – 5 AZR 364/04, NZA 2005, 465 (467) [unter B.I.4.c).bb)]; vgl. *Hanau/Hromadka*, NZA 2005, 73 (74). Relativierend *Bayreuther*, ZIP 2007, 2009 (2011); MHdB ArbR/*Krause*, 6. Aufl. 2024, § 63 Rn. 19.

1422 Siehe *Schwarze*, RdA 2012, 321 (324 f., 327), der das primäre Abstellen auf das Synallagma kritisiert. Zur Bedeutung des Entgelts auch BT-Drs. I/2090, 11; BVerfG 27.1.1998 – 1 BvL 15/87, AP KSchG § 23 1969 Nr. 17 = BVerfGE 97, 169 (177) [unter B.I.3.b).aa)].

1423 Als Vergleich werden in den USA deutlich weitreichendere Auslöser implementiert: „almost anything that might damage a firm's reputation. That includes creating a toxic corporate culture, sexual harassment and "inappropriate" personal relationship", *The Economist*, The Economist, 21.02.2021, 58.

den bereits genannten Punkten ist aber auch die Anwendbarkeit der 25 %-Grenze auf Spitzenverdiener umstritten[1424] und die ex-post-Risikoadjustierung weist allein einen engen Anwendungsbereich mit typischerweise hohen Vergütungen auf,[1425] sodass auch diese Grenze den Überlegungen nicht im Wege steht.

(b) Ausübungskontrolle

Neben das grundsätzliche Vorliegen einer wirksamen Klausel nach den oben genannten Voraussetzungen tritt die weitere Anforderung, dass auch die konkrete Ausübung der Kontrolle standhält.[1426] Auch der wirksam vereinbarte Widerrufsvorbehalt darf nur dann ausgeübt werden, wenn die Ausübung billigem Ermessen entspricht.[1427] Diese zweite Stufe der Prüfung erfolgt am Maßstab des § 315 BGB,[1428] der für eine einseitige Leistungsbestimmung das billige Ermessen voraussetzt (§ 315 Abs. 1 BGB). Nach den bereits vorgestellten Grundsätzen kann dieses billige Ermessen aber nur dann angenommen werden, wenn die Auszahlung eines auf Institutserfolg und eigener Leistung basierenden Bonus auch beide Faktoren berücksichtigt. Der Widerruf eines solchen Bonus allein aus Gründen des negativen Institutsergebnisses kann daher wie schon die Festsetzung auf „null" allein in außergewöhnlichen Situationen erfolgen.[1429]

(4) Rückschlüsse aus den genannten Systemen für die Zulässigkeit

Im Falle einer Verschiebung finanzieller Leistungen zu Lasten des Arbeitnehmers an den Arbeitgeber haben sich im Arbeitsrecht einige besondere Anforderungen entwickelt, die auf den Schutz des Arbeitnehmers zurückzuführen sind. Eine direkte Übertragung dieser Überlegungen auf die ex-post-Risikoadjustierung ist aufgrund der grundsätzlichen Unterschiede nicht möglich. Die Haftungsregelungen sind nicht anwendbar und insbesondere die Business Judgement Rule

---

1424 Die fehlende Anwendbarkeit annehmend *Schwarze*, RdA 2012, 321 (323) mit Verweis auf BAG 28.5.1997 – 5 AZR 125/96, NZA 1997, 1160 (1165) [unter B.]; DDW/*Bonin/Walser*, 5. Aufl. 2021, § 308 Nr. 4 BGB Rn. 38, 39; *Thüsing/Mengel*, Flexibilisierung von Arbeitsbedingungen und Entgelt, 2005, S. 22; kritisch CKK/*Roloff*, 3. Aufl. 2023, § 308 BGB Rn. 53; *Willemsen/Grau*, NZA 2005, 1137 (1139).

1425 Siehe dazu § 9.II.2.b).aa). Die ex-post-Risikoadjustierung verlangt beispielsweise eine Bonuszahlung von mindestens 50.000 €, § 18 Abs. 1 S. 3 InstitutsVergV.

1426 BAG 12.1.2005 – 5 AZR 364/04, NZA 2005, 465 (469) [unter B.III.].

1427 Siehe nur MüKoBGB/*Spinner*, 9. Aufl. 2023, § 611a BGB Rn. 364.

1428 Statt aller BAG 24.1.2017 – 1 AZR 774/14, NZA 2017, 777 (778) [Rn. 29].

1429 Siehe zu den Anforderungen der Rechtsprechung § 9.II.3.a).cc).

dient der gemäßigten Steigerung des Risikos,[1430] während die Regelungen der InstitutsVergV zwar das Risiko nicht vollends ausschließen sollen,[1431] sehr wohl aber restriktiver zu verstehen sind. Auch setzt der erhebliche Verlust nach § 18 Abs. 5 S. 3 Nr. 1 InstitutsVergV nur eine Beteiligung voraus, während die Annahme der Mankohaftung auf einer isolierten Zugriffsmöglichkeit des Arbeitnehmers basiert.[1432]

Dennoch weisen die vorangestellten Überlegungen in eine klare Richtung. Sofern gar nicht oder zumindest nicht schwerwiegend in das synallagmatische Verhältnis eingegriffen wird, kann ein Teil der Vergütung bei Vorliegen eines gewichtigen Grundes auch verschuldensunabhängig zurückgefordert oder nicht ausgezahlt werden. Maßgebliches Kriterium für eine verschuldensunabhängige Reduzierung auf „null" ist damit die Sicherung eines „Kernbereichs"[1433] der synallagmatischen Vergütung. Weder darf dabei der einseitige Eingriff dieses Gegenseitigkeitsverhältnis zu stark aus dem Gleichgewicht bringen noch darf die Existenz des Arbeitnehmers gefährdet werden. Sogar eine verschuldensunabhängige Haftung ist unter diesen Umständen möglich. Die von der InstitutsVergV weiterhin garantierte feste Vergütung und das Erfordernis bestimmter Gründe sichern einen angemessenen Lebensstandard – und somit erst recht die Existenz. Obwohl auch die variable Vergütung in einem synallagmatischen Verhältnis steht, spricht die Gesamtschau somit deutlich für die dem Grunde nach bestehende Zulässigkeit solcher Regelungen.[1434]

cc) Ziele der InstitutsVergV

Allein die Tatsache, dass eine Regelung keinen Bruch im arbeitsrechtlichen Kontext darstellen würde, bedeutet hingegen noch keine rechtliche Unbedenklichkeit.

1430 Diese Tendenz aufgreifend auch *Semler*, in: FS Ulmer, 2003, S. 627-642 (639 f.). Auch der gestaffelten Arbeitnehmerhaftung kann eine ähnliche Wirkung zugeschrieben werden, vgl. *Behrens*, ZFA 1989, 209 (232); *Krause*, NZA 2003, 577 (580).

1431 Die variable Vergütung soll so ausgestaltet sein, dass sie trotz Risikoreduzierung noch einen Verhaltensanreiz setzen kann (§ 6 Abs. 1 S. 2 InstitutsVergV).

1432 BAG 17.9.1998 – 8 AZR 175/97, NZA 1999, 141 (144) [unter B.IV.2.]. Etwas relativiert wird dies dadurch, dass nicht nur dann eine Mankohaftung akzeptiert wird, wenn nur ein Arbeitnehmer z.B. Zugriff auf eine Kasse hat, sondern auch, wenn dieser für die Ausgestaltung des Zugriffs zuständig ist. So z.B. die Ladenverwalterin BAG 2.12.1999 – 8 AZR 386/98, NZA 2000, 715 (716) [unter I.2.b)].

1433 So die Wortwahl beim Widerrufsvorbehalt, BAG 24.1.2017 – 1 AZR 774/14, NZA 2017, 777 (778 f.) [Rn. 23].

1434 Ein offener Widerspruch liegt nicht vor, so aber *Merkelbach/Hören*, Die Bank 2018, 36 (38).

Im Sinne eines angemessenen Ausgleichs der gegenüberstehenden Interessen darf die Vertragsfreiheit nicht über das notwendige Maß hinaus eingeschränkt werden, um die Erforderlichkeit einer Regelung zu gewährleisten.[1435] Vor dem bezweckten Schutz des Kapitalmarktes und der Anleger stellt sich somit die Frage, ob der verschuldensunabhängige Verlust einen über die Wirkung eines Verschuldenserfordernisses hinausgehenden Mehrwert aufweist. Im Falle des unverschuldeten Beitrages zu einem erheblichen Verlust zeigen sich dahingehend jedoch Probleme:

Als maßgeblicher Ansatz zur Zweckerreichung steht neben der Sicherung einer finanziellen Rücklage auch die Steuerung der Arbeitnehmer zu einem risikoaversen Verhalten.[1436] Diese gewinnbringende Beeinflussung des Arbeitnehmerverhaltens setzt allerdings ein schuldhaftes Agieren voraus.[1437] Es bedarf einer verbesserungswürdigen Grundeinstellung des Arbeitnehmers, die neben vorsätzlichem Fehlverhalten insbesondere auch auf einer Missachtung der Sorgfaltsregelungen aus Gleichgültigkeit beruhen könnte. Einer externen Motivation bedarf es hingegen dann nicht, wenn der Arbeitnehmer bereits die Handlungsvorgaben verinnerlicht hat. Es ist denkbar, dass ein (erheblicher) Verlust auch aus einem angemessenen Verhalten resultiert, in denen der Arbeitnehmer die internen Vorgaben berücksichtigt und mit bestem Gewissen die langfristigen Interessen des Instituts verfolgt, der Verlust also aus einer unglücklichen, nicht vorhersehbaren Entwicklung folgt.[1438] Dieses wirtschaftliche Risiko darf jedoch gerade nicht auf den Arbeitnehmer abgewälzt werden.[1439] Weiter kann der Arbeitnehmer auch entgegen seiner eigentlichen Zuverlässigkeit mangels Alternativen wissentlich, oder aufgrund eines unvermeidbaren Irrtums unwissentlich von den Vorgaben abweichen, ohne dass es eines Tätigwerdens bedarf. Ein Risiko, dass der Arbeitnehmer – die Möglichkeit rechtmäßigen Handelns vorausgesetzt – in Zukunft

1435 So auch *Krumey/Merkelbach*, CCZ 2019, 266 (272).

1436 Siehe dazu insgesamt § 9.II.2.d).

1437 Zu den Clawback-Klauseln *Krumey/Merkelbach*, CCZ 2019, 266 (273). Speziell für die Mankohaftung auf die fehlende Steuerungswirkung abstellend CKK/*Klumpp*, 3. Aufl. 2023, § 307 BGB Rn. 228; *Krause*, § 13 Besondere Fallgruppen der Arbeitnehmerhaftung und angrenzende Erscheinungen, in: Otto/Schwarze/Krause (Hrsg.), Die Haftung des Arbeitnehmers, 2014, S. 244-343 (Rn. 51).

1438 Vgl. *Babenko/Bennett/Bizjak u.a.*, Clawback Provisions and Firm Risk, 11.10.2022, 14.

1439 Siehe dazu § 9.II.3.b).bb).(3).(a). Siehe auch ErfK/*Preis/Greiner*, 24. Aufl. 2024, § 615 BGB Rn. 120 f.

bewusst ein erhöhtes Risiko eingeht, besteht mangels bewusster Entscheidung gegen die Institutsvorgaben nicht.[1440]

Es ist nicht zu leugnen, dass ein zu eingeschränkter Anwendungsbereich die negativen Folgen relativiert und – wie sich bei den Mankogeldern gezeigt hat – auch durch den verschuldensunabhängigen Verlust ein Anreiz verfolgt werden kann, durch erhöhte Anstrengungen Verluste vorzubeugen, die nicht im eigenen Einflussbereich stehen.[1441] Zudem ist das Verschulden schwerer nachweisbar als eine bloße Beteiligung, was wiederum zu Unsicherheiten in der Ausübung und damit einhergehend zu einer Abschwächung der Präventivwirkung führen kann. Dieselbe Abschwächung kann allerdings auch aus einem Vertrauensverlust resultieren. Die Anreizwirkung setzt ein gewisses Maß an Vertrauen voraus, durch das eigene Verhalten einen Vorteil zu erlangen. Eine zu weitgehende Abweichung von diesem Verständnis kann dieser Wirkung zuwiderlaufen und die Wirksamkeit der Präventivwirkung abschwächen.[1442] Zudem bedeutet eine Verschuldensvoraussetzung nicht, dass eine bloße Beteiligung an solchen erheblichen Verlusten keine Nachteile nach sich ziehen darf: Allein die verpflichtende vollständige Rückforderung der variablen Vergütung ist abzulehnen. Der verfolgten Präventionswirkung bedarf es folglich lediglich in schuldhaften Verhaltensweisen.

Ohne die Präventionswirkung bliebe allein die finanzielle Betrachtung der Rückforderung als zweiter Ansatz. Es wurde jedoch schon festgehalten, dass selbst eine Abfederung eines institutsweiten Defizits nur im Ansatz realistisch erscheint.[1443] Insbesondere unter der Prämisse, dass für einen erheblichen Verlust 1 % des Eigenkapitals als Indiz festgehalten wurde und dieser somit in dreistelliger Millionenhöhe auftreten kann,[1444] ist zudem fraglich, ob überhaupt von

1440 Der verschuldensunabhängigen Haftung jegliche Präventivwirkung abzusprechen, geht dabei zu weit. Die Möglichkeit einer solchen Haftung kann zu erhöhter Sorgfalt führen und dahingehend zu einem verbesserten Schutz beitragen. Siehe dazu bereits die Ausführungen zur Mankohaftung unter § 9.II.3.b).bb).(1).(d). Die Ausführungen zeigen aber, dass die Wirkung deutlich hinter derjenigen einer verschuldensabhängigen Haftung zurücktritt. Siehe allgemein dazu MüKoBGB/*Wagner*, 8. Aufl. 2020, Einl. ProdHaftG Rn. 15 f.

1441 Siehe dazu § 9.II.3.b).bb).(1).(d).

1442 Siehe dazu § 9.II.3.a).bb).(2). In diese Richtung auch *Krause*, NZA 2003, 577 (585).

1443 Siehe dazu § 9.II.2.c).aa).

1444 *BaFin*, Auslegungshilfe, 2018, S. 50. Die Deutsche Bank wies 2022 ein Eigenkapital von fast 62 Milliarden Euro aus, siehe den Geschäftsbericht 2022, S. 382 (https://investor-relations.db.com/files/documents/annual-reports/2023/Geschaeftsbericht-2022.pdf) (geprüft am 25.10.2024).

einem „soften the blow"[1445] gesprochen werden kann. Auch für die nachträgliche Ausbesserung der finanziellen Situation kann in der verschuldensunabhängigen ex-post-Risikoadjustierung daher keine erhöhte Wirksamkeit festgestellt werden.

dd) Bevorzugung einer verschuldensabhängigen Regelung

Obwohl die verschuldensunabhängige Reduzierung der variablen Vergütung auf „null" mit dem arbeitsrechtlichen Grundverständnis vereinbar ist, stellt sie vor dem drittschützenden Hintergrund der InstitutsVergV weder eine zwingende noch eine erforderliche Regelung dar. Auch das Risiko nachteiliger Entwicklungen durch eine drohende Abnahme der notwendigen Motivationswirkung trägt zu dieser Schlussfolgerung bei. Vor dem Hintergrund der offeneren europäischen Vorgaben und dem Zweck der InstitutsVergV wäre es daher im Sinne der auch von der *BaFin* verfolgten Entwicklung vorzugswürdig, die vollständige Reduzierung nur unter der Voraussetzung eines schuldhaften Verhaltens zwingend vorzuschreiben.[1446]

c) Privilegierung des Tarifvertrags

Zuletzt scheint die Privilegierung des Tarifvertrages vor dem Hintergrund des Drittschutzes einen Fremdkörper darzustellen. All die zuvor vorgestellten Ansätze zur Reduzierung des Risikos finden dann Beachtung, wenn sie individuell ausgehandelt oder vorgegeben werden.

aa) Gesetzliche Grundlage

Bis auf § 16 Abs. 1 S. 1 Nrn. 1 und 3 InstitutsVergV, die allein Offenlegungspflichten enthalten, sind die Regelungen der InstitutsVergV dann nicht anzuwenden, wenn die Vergütungen durch einen, im Anwendungsbereich eines oder aufgrund eines Tarifvertrages vereinbart sind (§ 1 Abs. 4 InstitutsVergV). Die variable Vergütung darf folglich über die 100 %-Grenze im Verhältnis zur festen Vergütung steigen und die Anforderungen an die Risikoadjustierung müssen nicht beachtet werden. Die Tarifvertragsparteien können somit bis zur Grenze der Sittenwidrigkeit[1447] in freiem Ermessen über die Vergütungsgestaltung entscheiden. Diese Ausnahme basiert auf der europäischen Vorgabe, schließlich wird in den

---

1445 *Ross Sorkin/Karaian/La Merced u.a.*, Goldman Makes Its Bankers Pay, 23.10.2020.

1446 Aufgrund des klaren Wortlautes, der eben nur eine „Beteiligung" voraussetzt, ist eine Auslegung der InstitutsVergV, die allein pflichtwidrige Handlungen umfasst, abzulehnen. So jedoch *Krumey/Merkelbach*, CCZ 2019, 266 (274).

1447 Dazu sogleich unter § 9.II.4.

Erwägungsgründen der RL 2013/36/EU extra darauf hingewiesen, dass die Rechte, Tarifverträge zu schließen und durchzusetzen, von den Vergütungsregelungen unberührt bleiben sollen.[1448]

Vergleichbare Privilegierungen eines Tarifvertrages sind weit verbreitet. Einen kompletten Ausschluss enthält beispielsweise § 310 Abs. 4 S. 1 BGB, nach dem die AGB-Kontrolle nicht durchzuführen ist, wenn es sich um tarifvertragliche Regelungen handelt.[1449] Einzelne Anpassungen durch Tarifverträge können aber unter anderem auch im Arbeitszeit- und Urlaubsrecht (§ 7 ArbZG, § 13 BUrlG), dem Kündigungsrecht (§ 622 Abs. 4 S. 1 BGB, §§ 1 Abs. 4 KSchG), dem Gleichbehandlungsrecht (§ 15 Abs. 4 AGG) oder dem Teilzeit- und Befristungsrecht (§§ 9a Abs. 6, 12 Abs. 6, 13 Abs. 4, 14 Abs. 2 TzBfG) vorgenommen werden. In nachteiligen Abreden durch Tarifverträge zeigt sich der Konflikt zwischen der arbeitnehmerschützenden Wirkung der Regelungen und der Annahme, dass die Kollektivität die Arbeitnehmerinteressen gegenüber dem Arbeitgeber stärkt und daher den Kollektivvertragsparteien ein größerer Spielraum zur Verfügung stehen müsse. Abseits der gesetzlichen Regelungen wird darauf aufbauend beispielsweise auch in der Mankohaftung diskutiert, ob eine nachträgliche Abweichung möglich ist.[1450]

bb) Zweck der Privilegierung des Tarifvertrags

Als Begründung solcher Ausnahmen wird aufgeführt, dass eine auch für den Tarifvertrag geltende Einschränkung die Tarifautonomie konterkariere.[1451] Die Tarifautonomie schützt das Recht der Koalitionen, eigenständige Regelungen über die Arbeits- und Wirtschaftsbedingungen zu treffen und gewährleistet so einen Freiraum zur autonomen Rechtsgestaltung.[1452] Neben der Bildung

1448 Erwägungsgrund 69 RL 2013/36/EU.

1449 Das gilt auch für den Fall einer individualvertraglichen Bezugnahme, sofern eine Globalverweisung vorliegt, BAG 18.9.2012 – 9 AZR 1/11, NZA 2013, 216 (218) [Rn. 24]; MüKoBGB/*Fornasier*, 9. Aufl. 2022, § 310 BGB Rn. 132.

1450 Dafür *Krause*, NZA 2003, 577 (586) mit Verweis auf *Schwarze*, RdA 2001, 178 (180). Auf den zwingenden Charakter der Arbeitnehmerhaftung hinweisend *Brose*, RdA 2011, 205 (216); *Waltermann*, RdA 2005, 98 (109). Explizit auf die nachteilige Wirkung für Arbeitnehmer hinweisend, § 9a Abs. 6, 13 Abs. 4 TzBfG.

1451 Zu § 310 Abs. 4 S. 1 BGB BT-Drs. 14/6857, 54; *Becker*, WM 1999, 709 (715); MüKoBGB/*Fornasier*, 9. Aufl. 2022, § 310 BGB Rn. 132.

1452 ErfK/*Linsenmaier*, 24. Aufl. 2024, Art. 9 GG Rn. 51.

von Koalitionen schützt Art. 9 Abs. 3 GG somit auch die Betätigung dieser Vereinigungen,[1453] zu der typischerweise der Tarifvertrag über Löhne und Gehälter gehört.[1454]

Auf diesen Gebieten sei durch den Tarifvertrag eine interessengerechtere Entscheidung zu treffen als durch staatliche Intervention, schließlich könnten die Parteien ihre Interessen am besten selbständig verhandeln und sie stünden sich gleichwertig gegenüber.[1455] Die typischerweise vorliegende und die der arbeitnehmerschützende Einstellung zugrundeliegende ungleiche Machtverteilung zu Lasten des Arbeitnehmers werde durch das kollektive Zusammenwirken ausgeglichen.[1456] Indem dadurch zu vermuten sei, dass der Tarifvertrag richtig ist und die Interessen beider Seiten in einen angemessenen Ausgleich bringt,[1457] könne den Tarifvertragsparteien ein größerer Spielraum zugestanden werden,[1458] der durch die Privilegierungen vor zu weitgehenden Eingriffen bewahrt wird.

cc) Übertragbarkeit auf drittschützende Vergütungsregelungen

Die in § 1 Abs. 4 InstitutsVergV enthaltene Privilegierung wurde von der *BaFin* vorgesehen, um den Anforderungen aus § 25a Abs. 1 S. 3 Nr. 6 KWG gerecht zu werden.[1459] Dort[1460] war die Sonderstellung tarifvertraglicher Regelungen jedoch nicht von Beginn an vorgesehen, sondern wurde erst während der Beratungen auf

---

1453 BVerfG 11.7.2017 – 1 BvR 1571/15 u.a., BVerfGE 146, 71 (114) [Rn. 130]; 11.7.2006 – 1 BvL 4/00, BVerfGE 116, 202 (219) [unter C. II.1.b).aa)]. Vgl. Dreier/*Barczak*, 4. Aufl. 2023, Art. 9 GG Rn. 84; ErfK/*Linsenmaier*, 24. Aufl. 2024, Art. 9 GG Rn. 39.

1454 So z.B. Dreier/*Barczak*, 4. Aufl. 2023, Art. 9 GG Rn. 86.

1455 BVerfG 11.7.2017 – 1 BvR 1571/15 u.a., BVerfGE 146, 71 (120 f.) [Rn. 146].

1456 BT-Drs. 18/1558, 26; BT-Drs. 7/3919, 41; BVerfG 14.11.2018 – 1 BvR 1278/16, AP GG Art. 9 Nr. 153 = NZA 2019, 112 (112) [Rn. 7]; 11.7.2017 – 1 BvR 1571/15 u.a., BVerfGE 146, 71 (120 f.) [Rn. 146]; BAG 22.9.2009 – 1 AZR 972/08, NZA 2009, 1347 (1352) [Rn. 39].

1457 BVerfG 11.7.2017 – 1 BvR 1571/15 u.a., BVerfGE 146, 71 (120 f.) [Rn. 146]. Vgl. auch *Becker*, WM 1999, 709 (715); ErfK/*Preis*, 24. Aufl. 2024, §§ 305 - 310 BGB Rn. 8; *Skouris*, Das Prinzip Vertragsfreiheit aus der Sicht eines Außenseiters, in: Dutta/Heinze (Hrsg.), „Mehr Freiheit wagen" – Beiträge zur Emeritierung von Jürgen Basedow, 2019, S. 15-29 (19). MüKoBGB/*Fornasier*, 9. Aufl. 2022, § 310 BGB Rn. 132 verweist ebenfalls darauf, dass der Tarifvertrag allein in seiner Gesamtheit einen Ausgleich der Interessen gewähre.

1458 Vgl. BVerfG 11.7.2017 – 1 BvR 1571/15 u.a., BVerfGE 146, 71 (120 f.) [Rn. 146]; Staudinger/*Krause*, 2022, Anh zu §§ 305 - 310 BGB Rn. K 88.

1459 *BaFin*, Auslegungshilfe, 2013, S. 3; *BaFin*, Auslegungshilfe, 2018, S. 5.

1460 Bzw. in dem damaligen § 25a Abs. 1 S. 3 Nr. 4 InstitutsVergV.

Empfehlung des Finanzausschusses[1461] mit dem Ziel eingeführt, einen Eingriff in die im Grundgesetz festgeschriebene Tarifautonomie zu verhindern.[1462] Obwohl also die Argumentation im Einklang mit der zuvor am Beispiel der Bereichsausnahme des § 310 Abs. 4 S. 1 BGB erläuterten Privilegierung steht, lassen sich diese Gedanken gerade nicht auf die Regelungen der InstitutsVergV übertragen.

Auch das BVerfG stellt darauf ab, dass die der Tarifautonomie zugrundeliegende Richtigkeitsgewähr nur dann vorliege und somit ein gewichtiges Argument darstellen kann, wenn auch ein Kräftegleichgewicht besteht.[1463] Die Vermutung, dass der Tarifvertrag die Interessen sachgerecht in Ausgleich bringt, umfasst ebenso allein die Interessen „beider Seiten",[1464] die Drittinteressen sind aber von keiner der Tarifvertragsparteien umfasst und stehen daher ohne Repräsentation außerhalb der Verhandlungen.[1465] Auch wenn das BVerfG ergänzend darauf abstellt, dass durch den Tarifvertrag dem Gemeinwohl gerecht werde, liegt dem ein Verständnis widerstreitender Interessen zugrunde,[1466] sodass die Überlegungen zumindest im vorliegenden Fall nicht fruchten.

Die Regelungen der InstitutsVergV heben sich von den übrigen Privilegierungen dadurch ab, dass mit ihr eine verstärkte Außenwirkung einhergeht, die zudem auch intendiert ist. Die vergütungsrechtlichen Beschränkungen dienen dem Schutz des Kreditwesens und der Anleger, in der Regel wird es im Gegensatz dazu kaum Auswirkungen auf Dritte oder die Allgemeinheit haben, wenn die Arbeitszeit eines Arbeitnehmers vereinzelt über zehn Stunden beträgt (§ 7 Abs. 1 Nr. 1 ArbZG) oder eine kürzere bzw. längere Frist zur Geltendmachung etwaiger Schadensersatzansprüche nach dem AGG (§ 15 Abs. 4 AGG) oder Kündigungen (§ 622 Abs. 4 S. 1 BGB) vereinbart werden. Letztere dienen dem Ausgleich der Arbeitnehmer- und Arbeitgeberinteressen, in denen eine gestärkte Arbeitnehmerposition zu erfolgreichen und ausgeglichenen Tarifverhandlungen beitragen kann. Stimmen hingegen die Arbeitnehmer- und Arbeitgeberinteressen von Beginn an überein und die Lasten treffen nicht beteiligte Drittinteressen, kann auch eine gestärkte Arbeitnehmerposition nicht die Schutzbedürftigkeit der

---

1461 BT-Drs. 17/2181, 5; vgl. dagegen BT-Drs. 17/1291, 7.

1462 Stenografischer Bericht über die 49. Sitzung des Deutschen Bundestages vom 17.6.2010, S. 5076.

1463 BVerfG 11.7.2017 – 1 BvR 1571/15 u.a., BVerfGE 146, 71 (120 f.) [Rn. 146]. Auch ErfK/*Preis*, 24. Aufl. 2024, §§ 305 - 310 BGB Rn. 8.

1464 BVerfG 11.7.2017 – 1 BvR 1571/15 u.a., BVerfGE 146, 71 (120 f.) [Rn. 146].

1465 So auch Annuß/Früh/Hasse/*Annuß*, 2016, § 1 InstitutsVergV Rn. 10.

1466 BVerfG 11.7.2017 – 1 BvR 1571/15 u.a., BVerfGE 146, 71 (120 f.) [Rn. 146]. Vgl. dazu ErfK/*Linsenmaier*, 24. Aufl. 2024, Art. 9 GG Rn. 80.

Drittinteressen überwinden. Vor dem Hintergrund des Drittschutzes lässt sich folglich festhalten, dass eine Privilegierung des Tarifvertrages allein das Risiko birgt, eine Ausflucht aus den vergütungsrechtlichen Regelungen zu liefern und so die Wirksamkeit der Verordnung zu untergraben. Liegt mangels Beteiligung der betroffenen Interessen kein Kräftegleichgewicht vor, stellt auch das BVerfG darauf ab, dass die Tarifautonomie nicht durchgreife, sodass diese auch nicht durch eine gesetzliche Privilegierung geschützt werden muss. Es mag daher lobenswert sein, dass mit RL 2013/36/EU die Rechte der Sozialpartner, Tarifverträge zu schließen, nicht berührt werden sollen[1467] und das KWG die Bestandskraft gegenüber Tarifverträgen nicht vorschreibt (§ 25a Abs. 1 S. 3 Nr. 6 KWG), die Ausnahme der Tarifverträge wird dem Ziel der InstitutsVergV aber nicht gerecht.

d) Abschließende Bewertung

Vor dem Konflikt zwischen dem Schutz der Vertragsfreiheit und der drittschützenden Ausrichtung muss die InstitutsVergV nicht nur geeignet sein, einen angemessen Schutz der Drittinteressen zu gewährleisten, sie darf zudem nicht über das notwendige Maß hinaus in die Vertragsfreiheit eingreifen.

Unter dieser Prämisse ist die Festsetzung des Gesamtbetrags nach § 7 InstitutsVergV nicht anzuzweifeln. Trotz offenen Wortlauts zeigt die Auslegung ein klares Verständnis dahingehend, dass die Festsetzung des Bonuspools auf „null" trotz Erreichens der persönlichen Ziele allein dann zulässig ist, wenn besonders gewichtige und außergewöhnliche Umstände vorliegen. Dadurch wird gewährleistet, dass der Arbeitnehmer im Regelfall auch tatsächlich die Höhe der variablen Vergütung beeinflussen kann, so wie es ihm in Aussicht gestellt wird.

Etwas kritischer sind jedoch die verbliebenen Regelungen zu sehen. Die verschuldensunabhängige Reduzierung der variablen Vergütung auf „null" stellt eine weitergehende Einschränkung der Vertragsfreiheit dar, die aber ohne parallele Erhöhung der Wirksamkeit daherkommt. Weder ist diese Form der ex-post-Risikoadjustierung geeignet, durch Rückforderung finanzieller Mittel die Fortexistenz des Instituts sicherzustellen, noch kann sie unter dem Blickwinkel der Arbeitnehmerlenkung gerechtfertigt werden: Mangels vorwerfbaren Verhaltens läuft eine entsprechende Präventivwirkung ins Leere. Verbunden mit den Nachteilen drohenden Motivationsverlustes wäre eine – von den europäischen Grundlagen umfasste – Anpassung in der Weise wünschenswert, dass zumindest der vollständige Verlust der variablen Vergütung wie auch schon bei § 18 Abs. 5 S. 3 Nr. 2 InstitutsVergV an ein vorwerfbares Verhalten zu knüpfen ist. Auch nach einer

1467 Erwägungsgrund 69 RL 2013/36/EU.

solchen Anpassung stünden die Drittinteressen nicht schutzlos, da die vollständige ex-post-Reduzierung nur ein Puzzleteil von vielen darstellt. Abseits davon wird bereits das Mindestkapital gesichert, es besteht bei Vorliegen von „besonders gewichtigen, außergewöhnlichen Umständen" die Möglichkeit zur vollständigen Reduzierung und über den Faktor des Unternehmenserfolgs reduziert sich die variable Vergütung im Falle eines Verlustes unabhängig von dem eigenen Erfolg.

Diesem zu starken Eingriff in die Vertragsfreiheit von Arbeitnehmer und Arbeitgeber steht die Privilegierung des Tarifvertrages zur Seite, die bei einem derart prominenten Drittschutz fehl am Platz ist. Mangels Interessenpolarität zwischen Arbeitnehmerseite und Arbeitgeberseite und der damit einhergehenden fehlenden Berücksichtigung der Drittinteressen ist eine Überwindung der strukturellen Unterlegenheit der Arbeitnehmer nicht zielführend und birgt das Risiko, die Ziele der InstitutsVergV zu unterlaufen. Auch wenn die Gesamtheit der Regelungen innerhalb der InstitutsVergV einen wirksamen Schutz des Kreditwesens und der Anleger in Aussicht stellt, gehen die von der *BaFin* vorangetriebenen Änderungen hinsichtlich des Verständnisses der InstitutsVergV in die richtige Richtung.

4. *Inhaltskontrolle*

Auch außerhalb des Anwendungsbereichs der InstitutsVergV und der vergleichbaren Regelungen zur variablen Vergütung ist es denkbar, dass ein zu risikoreiches Handeln der Arbeitnehmer eine Belastung darstellt. Mangels spezialgesetzlicher Regelungen ist dann, wenn beispielsweise die hohen Anforderungen an den personalen Anwendungsbereich nicht erfüllt sind, die Inhaltskontrolle heranzuziehen und die Abrede insbesondere auf ein Überschreiten der Schwelle zur Sittenwidrigkeit zu überprüfen. § 138 Abs. 1 BGB soll jedoch die Vertragsfreiheit nicht vollständig einstampfen, sondern einen angemessenen Ausgleich der gegenüberstehenden Interessen garantieren, sodass gerade bei den betroffenen Drittinteressen ein strenger Maßstab an den Tag zu legen ist.[1468] Schon während der Beleuchtung der Akkordlohnabreden wurde dabei deutlich, dass die Vergütungsabreden aufgrund des schutzwürdigen Eigeninteresses der Vertragsparteien in der Regel der Inhaltskontrolle standhalten und nur in Einzelfällen die Sittenwidrigkeit anzunehmen ist.[1469]

Allein die Tatsache, dass mit einer Leistungsanreize enthaltenden Vergütungsabrede die Möglichkeit einhergeht, auch ein risikoreicheres, aber zulässiges Verhalten zu fördern, das in der Konsequenz beispielsweise auch zur Insolvenz eines

---

1468 Siehe dazu § 5.II.2.c).cc).

1469 Siehe dazu § 9.I.1.c).cc) und § 9.I.2.c).cc).

Unternehmens – quasi als korrespondierende Rechtsfolge zu den Auswirkungen auf das Kreditwesen – führen kann, begründet folglich nicht die Sittenwidrigkeit. Rutscht ein Unternehmen aufgrund solcher Abreden in die Insolvenz und erleidet so ein (dritter) Vertragspartner finanzielle Nachteile, da die vertraglichen Pflichten nicht mehr erfüllt werden können, besteht keine Pflicht zum Handeln. Die dem Rechtsverkehr immanenten Rechtsfolgen beziehen sich gerade auf eine derartige finanzielle Betroffenheit. Das Risiko, dass der eigene Vertragspartner aufgrund schlechter wirtschaftlicher Entscheidungen insolvent wird, ist im wirtschaftlichen Verkehr nicht zu verhindern und von den Individuen selbst zu tragen.[1470] Zudem stehen die Gläubiger im Falle der Insolvenz nicht im gesetzlichen Vakuum, sondern können sich auf die insolvenzrechtlichen Regelungen berufen, die eine bestmögliche Befriedigung der Gläubiger anstreben.[1471] Eine Einschränkung der Vertragsfreiheit wäre somit zu weitgehend und nicht zu rechtfertigen. Schon die objektiv notwendige Belastung ist sehr schwach ausgeprägt und auch das subjektive Element wird – wollen Arbeitnehmer und Arbeitgeber nicht bewusst die eigene Insolvenz provozieren – nur schwach ausgeprägt sein. Aufgrund der schützenswerten Interessen der Vertragsparteien ist die Sittenwidrigkeit daher abzulehnen.

In bestimmten Einzelfällen kommt dennoch eine Sittenwidrigkeit in Betracht. Liegt eine (unwahrscheinliche) Schädigungsabsicht vor und fehlen korrespondierend damit schützenswerte Eigeninteressen zur ökonomischen Organisation des eigenen Rechtsverhältnisses, schlägt die Gesamtabwägung zu Gunsten der Drittinteressen aus. Zudem kann sich auch eine Mankoabrede dann als sittenwidrig darstellen, wenn durch sie der Arbeitnehmer dazu angehalten wird, ein bestehendes Manko wieder auszugleichen, indem er zu Lasten der Kunden ein zu hohes Entgelt fordert oder zu wenig Rückgeld auszahlt. Im Falle einer solchen Möglichkeit lägen eine über das normale Maß hinausgehende objektive Belastung der Kundeninteressen, keine schützenswerten Interessen an einer (zulässigen) Leistungssteigerung und damit einhergehend zumindest Kenntnis der Umstände vor.[1472] Solche Abreden stehen folglich den guten Sitten entgegen.

1470 Siehe dazu bereits § 5.II.1.c).

1471 Eine detaillierte Auseinandersetzung mit den Auswirkungen einer Insolvenz für die Gläubiger soll an dieser Stelle unterbleiben. Stattdessen wird sich darauf beschränkt, auf diese Zielrichtung hinzuweisen, vgl. BT-Drs. 12/2443, 72. Gem. § 1 InsO dienen diese Regelungen der Verwertung des Vermögens und der Befriedigung der Gläubiger.

1472 Vgl. dazu vor der Inkorporierung des AGBG in das BGB und der Anwendbarkeit der AGB-Kontrolle im Arbeitsrecht, AR-Blattei SD/*Stoffels*, 870.2 Rn. 102. Siehe auch

5. *Ergebnis*

Mit der InstitutsVergV existiert eine Einschränkung der Vertragsfreiheit, die aufgrund des intendierten Schutzes der Drittinteressen dem Grunde nach einen angemessenen Ausgleich zwischen den gegenüberstehenden Interessen bietet. Die zwingende Vorgabe des vollständigen Verlustes der variablen Vergütung sollte sich allerdings im Interesse nicht nur der Vertragspartner, sondern auch der Anleger und der Allgemeinheit auf vorwerfbare Verhaltensweisen beschränken, um so die Vertragsfreiheit und die notwendige Anreizwirkung der variablen Vergütung nicht über Maßen zu beschränken. Auch die Privilegierung des Tarifvertrages sollte hinterfragt werden, um so die Wirksamkeit der Regelungen nicht zu gefährden. Im Übrigen wird die variable Vergütung nicht vollständig untersagt, sondern nur für einen dazu noch kleinen Teil der Arbeitnehmer begrenzt. Durch die zusätzliche Gewissheit, dass das feste Gehalt nicht angetastet wird und somit allein die weitere Gewinnspanne betroffen ist, liegen nur sehr geringe Eingriffe auf Seiten der Vertragspartner vor. Die dem gegenüberstehenden – das hat sich eindrucksvoll in der Finanzkrise gezeigt – gewichtigen Interessen der Dritten und der Allgemeinheit führen damit zu der Annahme eines angemessenen Interessenausgleichs innerhalb der mit Einschränkung vorliegenden Erforderlichkeit der Regelungen.

Ebenso restriktiv ist mit der Inhaltskontrolle umzugehen, um eine interessengerechte Abwägung vorzunehmen. Wie schon bei den Akkordlohnabreden ist von einer geringen Erfolgsaussicht auszugehen, bei der die Sittenwidrigkeit nur im Einzelfall bejaht werden kann. Die einfache Zusage einer leistungsorientierten Vergütung basiert auf dem schützenswerten Interesse einer flexiblen und motivierenden Vertragsgestaltung, sodass die Gesamtabwägung häufig zu Gunsten der Vertragsparteien ausschlagen wird. Jede darüber hinausgehende Annahme der Sittenwidrigkeit würde eine Überhöhung der Drittinteressen gegenüber der Vertragsfreiheit bedeuten. Dass ausgerechnet bei der Vergütung in Kreditinstituten strengere Anforderungen gestellt werden und von diesem Grundsatz abgewichen wird, lässt sich den dramatischen Folgen der Finanzkrise zuordnen. So sind auch die VersVergV und §§ 87 f. AktG als vergleichbare Regelungen darauf

---

Deinert, RdA 2000, 22 (34); *Krause*, § 13 Besondere Fallgruppen der Arbeitnehmerhaftung und angrenzende Erscheinungen, in: Otto/Schwarze/Krause (Hrsg.), Die Haftung des Arbeitnehmers, 2014, S. 244-343 (Rn. 57); CKK/*Krause*, 3. Aufl. 2023, Vor § 307 BGB Rn. 11.

zurückzuführen, dass die Anfälligkeit der Finanzstabilität im Einzelfall offenbart wurde.[1473]

III. Rechtsdurchsetzung

Die vergütungsrechtlichen Abreden betreffen sowohl individuelle als auch allgemeine Drittinteressen, die Möglichkeiten der Rechtsdurchsetzung erfolgen daher wie in den vorangegangenen Fallgruppen sowohl über inkorporierte Kontrolleinheiten als auch über den individuellen Rechtsschutz.

1. Spezielle Rechtsdurchsetzungsregelungen

Wie schon beim SchwarzArbG sehen die speziellen Gesetze zur Regelung der Vergütung eigene Maßnahmen vor, um die Einhaltung der Vorgaben zu beaufsichtigen. Das FPersG und das MuSchG legen die Aufsicht in Niedersachsen in die Hand des örtlich zuständigen Gewerbeaufsichtsamtes[1474] als zuständige Aufsichtsbehörde (§ 4 Abs. 1 FPersG, § 29 Abs. 1 MuSchG). Dieses besitzt die Befugnis, die erforderlichen Maßnahmen anzuordnen, insbesondere die Beschäftigung nach Akkordvergütung zu untersagen (§ 4 Abs. 1a FPersG, § 29 Abs. 3 S. 2 Nr. 7 MuSchG).[1475] Ebenso verfolgt die InstitutsVergV dieses Vorgehen der integrierten Kontrolle, auch wenn die maßgeblichen Regelungen nicht in der Verordnung selbst, sondern in dem KWG zu finden sind. Die Aufsicht übernehmen die EZB

1473 Auch die VersVergV und §§ 87 f. AktG sind auf den Gedanken zurückzuführen, dass die auf kurzzeitige Gewinne ausgerichtete Vergütungspraxis in der Finanzkrise gezeigt hat, dass nicht nur die Stabilität einzelner Unternehmen, sondern die Finanzstabilität im Allgemeinen gefährdet ist. Zur VersVergV Annuß/Früh/Hasse/*Sammet*, 2016, Anhang XI Begründung zur Versicherungsvergütungsverordnung. Zu §§ 87 f. AktG BT-Drs. 16/12278, 5; Erwägungsgründe 2, 22 RL (EU) 2017/828; vgl. Grigoleit/*Grigoleit/Kochendörfer*, 2. Aufl. 2020, § 87a AktG Rn. 8.

1474 Siehe dazu die Auflistung für das FPersG (https://www.bag.bund.de/SharedDocs/Downloads/DE/Adressen-pdf/Laender_Genehmigungsbehoerden.pdf) (geprüft am 25.10.2024); vgl. dazu Erbs/Kohlhaas/Häberle/*Häberle*, 252. EL 2024, § 4 FPersG Rn. 3. Siehe dazu die Auflistung für das MuSchG (https://www.bmfsfj.de/bmfsfj/themen/familie/familienleistungen/mutterschaftsleistungen/aufsichtsbehoerden-fuer-den-mutterschutz-und-kuendigungsschutz/aufsichtsbehoerden-fuer-mutterschutz-und-kuendigungsschutz-informationen-der-laender-73648) (geprüft am 25.10.2024); vgl. dazu Brose/Weth/Volk/*Latterner/Weth*, 9. Aufl. 2020, § 29 MuSchG Rn. 3.

1475 Vergleichbare Inhalte finden sich auch über den Betrachtungsgegenstand hinaus, siehe z.B. § 52 BImSchG.

und die *BaFin* nach der in § 1 Abs. 5 KWG genannten Kompetenzzuweisung, die Kontrollkompetenz über die InstitutsVergV ergibt sich aus § 6 Abs. 1 S. 1 KWG, da es sich um eine Rechtsverordnung handelt, die aufgrund des KWG und der VO (EU) Nr. 575/2013 und RL 2013/36/EU erlassen wurde.[1476] Die *BaFin* besitzt eine weitreichende Kompetenz zur Anordnung von erforderlichen[1477] Maßnahmen (vgl. §§ 6 Abs. 3, 25a Abs. 2 S. 2, 45b KWG), die zum einen die Eigenkapitalanforderungen betreffen können (§ 10 Abs. 3 KWG), zum anderen aber auch flexible und frühzeitige[1478] Handlungsmöglichkeiten hinsichtlich der Ausgestaltung und Auszahlung variabler Vergütung umfassen (§ 45 Abs. 2 Nr. 10, 11, Abs. 7 S. 1, 2 KWG[1479]). Zudem sind im weiteren Verlauf auch scharfe Sanktionen gegen die handelnden Geschäftsleiter und das Institut selbst möglich (vgl. §§ 35 Abs. 2 Nr. 6, 36 Abs. 2 S. 2 KWG). Um diese Anforderungen zu erfüllen, stehen den Aufsichtsbehörden weitgehende Betretungs- und Informationsrechte zu.[1480]

Sollte es trotz dieser internen Kontrollmechanismen dennoch zu einem Verstoß kommen, bei dem die Aufsichtsbehörde untätig bleibt, rundet die Verpflichtungsklage die Rechtsdurchsetzungsmöglichkeiten ab. Im Gegensatz zu den Schwarzgeldabreden wird die Verpflichtungsklage in der Regel zulässig sein, mit der die Aufsichtsbehörde zu einem Tätigwerden innerhalb des gesetzten Ermessens verpflichtet werden kann.[1481]

1476 Siehe dazu § 9.II.1. Zudem ist die *BaFin* die zuständige Behörde im Sinne des Art. 4 Abs. 1 RL 2013/36/EU (§ 6 Abs. 1 S. 2 KWG).

1477 FSM-KWG/*Braun*, 6. Aufl. 2023, § 25a KWG Rn. 697; Schwennicke/Auerbach/*Langen/Donner*, 4. Aufl. 2021, § 25a KWG Rn. 175.

1478 Der § 45 Abs. 2 Nr. 10 ermögliche durch die Beschränkung des Bonuspools im Vorfeld eine Verhinderung später zu korrigierender Ansprüche und so eine effektive Gefahrenabwehr, BT-Drs. 17/10974, 91.

1479 Vgl. dazu auch allgemein Schwennicke/Auerbach/*Langen/Donner*, 4. Aufl. 2021, § 25a KWG Rn. 180. In der bis zum 29.12.2020 geltenden Fassung fanden sich diese Regelungen noch in § 45 Abs. 2 S. 1 Nrn. 5a, 6, Abs. 5 S. 5, 6 KWG und wurden durch Art. 2 RiG geändert (Gesetz zur Umsetzung der Richtlinien (EU) 2019/878 und (EU) 2019/879 zur Reduzierung von Risiken und zur Stärkung der Proportionalität im Bankensektor, BGBl. I 2020, 2773). Inhaltlich hat sich jedoch nichts geändert, vgl. BT-Drs. 19/22786, 91.

1480 Die Geschäftsräume können während der üblichen Betriebs- und Geschäftszeiten betreten werden (§ 4 Abs. 5 FPersG; § 29 Abs. 2 MuSchG i.V.m. § 22 Abs. 2 ArbSchG; § 44 Abs. 1 S. 2 KWG). Zudem sind die betroffenen Personen zur Auskunft verpflichtet (§ 4 Abs. 3 FPersG; § 27 MuSchG; § 44 Abs. 1 KWG).

1481 In der Regel wird in der Anordnung der Aufsichtsbehörde ein Verwaltungsakt zu sehen sein, vgl. Brose/Weth/Volk/*Latterner/Weth*, 9. Aufl. 2020, § 29 MuSchG Rn. 15; Schwennicke/Auerbach/*Schwennicke*, 4. Aufl. 2021, § 45 KWG Rn. 64. Zu

Darüber hinaus weisen die Gesetze eine nicht zu unterschätzende Präventivwirkung aufgrund der in Aussicht gestellten Folgen auf, die das Bedürfnis eines aktiven Tätigwerdens reduziert.[1482] Gem. § 8 Abs. 1, Abs. 2 FPersG handelt der Unternehmer ordnungswidrig, wenn er den Arbeitnehmer nach der zurückgelegten Strecke oder der beförderten Menge Güter befördert, sodass ihm ein Bußgeld auferlegt werden kann. Gleiches gilt für Arbeitnehmer und Unternehmer auch für den Fall, dass sie ihrer Auskunftspflicht nicht nachkommen und die Arbeit der Aufsichtsbehörde so erschweren (§ 8 Abs. 1 Nr. 1 lit. d), Nr. 2 lit. c) FPersG). Obwohl der Verstoß gegen § 11 Abs. 6 MuSchG nicht in den Katalogen der §§ 32, 33 MuSchG enthalten und mit einem Bußgeld bedacht ist, droht auch im MuSchG kein Zurückstecken der Präventivwirkung. Das Unterlassen der arbeitgeberseitigen Information über eine Schwangerschaft (§ 27 Abs. 1 S. 1 Nr. 1 lit. a) MuSchG) stellt ein ordnungswidriges Handeln dar und kann mit einer Geldbuße geahndet werden (§ 32 Abs. 1 Nrn. 11-15, Abs. 2 MuSchG), sodass die Schwangerschaft der Aufsichtsbehörde nicht verborgen bleibt. Die Bußgeldvorschriften des KWG (§ 56 KWG) enthalten hingegen keine Regelung zu einer fehlerhaften Vergütungspolitik, sofern man die Untätigkeit trotz Anordnung nach § 25a Abs. 2 S. 2 KWG[1483] herausnimmt. Dennoch kann auch hier aufgrund der scharfen Sanktionsmöglichkeiten gegen die Geschäftsleiter und die Institute selbst sowie der möglichen internen Haftung[1484] eine Präventivwirkung angenommen werden. Neben diese Regelungen treten zudem die bereits aufgeführten Rechtsfolgen aus dem StVG, ProdHaftG sowie dem Deliktsrecht.[1485]

---

den Voraussetzungen des Verwaltungsakts siehe § 35 VwVfG. Obwohl ein Dreipersonenverhältnis vorliegt, bei dem der Kläger nicht der Adressat des gewünschten Verwaltungsakts ist, kann auch die Klagebefugnis gem. § 42 Abs. 2 VwGO bejaht werden, da bereits festgestellt wurde, dass die entsprechenden Normen des FPersG, MuSchG und der InstitutsVergV dritte Individualinteressen schützen sollen. Im Sinne der „Schutznormtheorie" wäre daher die Geltendmachung der Verletzung subjektiver Rechte und somit die Klagebefugnis zu bejahen. Siehe zur „Schutznormtheorie" Sodan/Ziekow/*Sodan*, 5. Aufl. 2018, § 42 VwGO Rn. 386 ff. Im Rahmen der ebenso geschützten Allgemeininteressen sind diese Überlegungen daher nicht übertragbar.

1482 Siehe dazu § 9.I.1.c).aa).

1483 Vgl. Schwennicke/Auerbach/*Langen/Donner*, 4. Aufl. 2021, § 25a KWG Rn. 172.

1484 Vgl. Schwennicke/Auerbach/*Langen/Donner*, 4. Aufl. 2021, § 25a KWG Rn. 185.

1485 Vgl. für die InstitutsVergV und die Folgen aus § 823 Abs. 2 BGB i.V.m. § 266 StGB und § 826 BGB Schwennicke/Auerbach/*Langen/Donner*, 4. Aufl. 2021, § 25a KWG Rn. 188.

2. *Allgemeiner Drittschutz*

Ohne derartiges Kontrollsystem müssen die betroffenen Drittinteressen im zivilprozessualen Weg geltend gemacht werden. Erneut beschränkt die Rechtsfähigkeit diese Option auf natürliche und juristische Personen.[1486]

a) Leistungsklage

Kein Problem hinsichtlich des Rechtsschutzes besteht bei Vorliegen eines materiellrechtlichen Anspruchs einer dritten Person. In diesem Fall steht dem Dritten die Leistungsklage gegenüber seinem Anspruchsgegner zu. Für die formalen Voraussetzungen bestehen keine Unterschiede zu anderen Leistungsklagen, insbesondere wird die Prozessführungsbefugnis bei Geltendmachung eines eigenen Anspruchs zu bejahen sein.[1487] Derartige Schadensersatzansprüche können im Zusammenhang mit solchen Vergütungsabreden auftreten – so z.B. die Ansprüche aus § 826 BGB, § 1 ProdHaftG oder §§ 7, 18 StVG. Auch die sittenwidrige vorsätzliche Schädigung nach § 826 BGB setzt eine Gesamtschau von Inhalt, Beweggrund und Zweck voraus[1488] und wird daher ebenfalls nur selten überhaupt in Betracht kommen.

Diese Ansprüche knüpfen dabei nicht unmittelbar an die sittenwidrige Abrede an, sondern können darauf aufbauend auftreten, sie bilden mithin nur einen zusätzlichen repressiven Ausgleich. Allerdings könnte im Falle des Vorliegens der weiteren Voraussetzungen der Schadensersatzanspruch bei drohender Gefahr als vorbeugender quasinegatorischer Unterlassungsanspruch i.V.m. § 1004 BGB (analog[1489]) geltend gemacht werden,[1490] wobei fraglich ist, ob eine vorbeugende Klage bei derartigen Handlungen überhaupt in Frage kommt. Auch wenn der Rechtsschutz dabei nicht auf der Sittenwidrigkeit beruht, sondern sich „nur" auf dieselbe Handlung stützt, kann damit dem theoretischen Drittschutz auch die praktische Durchsetzung zur Seite gestellt werden.

1486 Siehe dazu § 7.VI.2.

1487 Zöller/*Althammer*, 35. Aufl. 2024, Vor § 50 ZPO Rn. 16.

1488 Grüneberg/*Sprau*, 83. Aufl. 2024, § 826 BGB Rn. 4.

1489 Es wird sich dabei auf eine Gesamtanalogie der Unterlassungsansprüche aus §§ 12, 862, 1004 BGB gestützt, vgl. MüKoBGB/*Wagner*, 8. Aufl. 2020, Vor § 823 BGB Rn. 40. In die Richtung auch bereits RG 11.4.1901 – VI 443/00, RGZ 48, 114 (119).

1490 Sämtliche Rechte und Interessen, die „den Schutz des Deliktsrechts genießen", können auch über präventive Abwehransprüche abgewehrt werden, *Baur*, JZ 1966, 381 (381); MüKoBGB/*Wagner*, 8. Aufl. 2020, Vor § 823 BGB Rn. 40 m.w.N. In diese Richtung bereits RG 5.1.1905 – VI 38/04, RGZ 60, 6 (7 f.); explizit für den § 826 RG 11.4.1901 – VI 443/00, RGZ 48, 114 (118 f.).

b) (Dritt-)Feststellungsklage

Besteht kein materiellrechtlicher Anspruch, der im Wege der Leistungsklage geltend gemacht werden kann, so bliebe den Betroffenen allein die Möglichkeit, die Nichtigkeit des Rechtsverhältnisses feststellen zu lassen.[1491] Die Rechtsprechung verweist darauf, dass auf diesem Wege auch das Bestehen oder Nichtbestehen von Rechtsverhältnissen festgestellt werden kann, an denen der Kläger nicht beteiligt ist.[1492] In der Wissenschaft hat diese pauschale Zulässigkeit einige kritische Stimmen auf den Plan gerufen, die immer wieder dieselben Punkte aufgreifen: Es fehle an einer Prozessführungsbefugnis, sodass es zum Konflikt mit der Prozessstandschaft als Möglichkeit fremder Interessenwahrnehmung komme, es fehle an einer Bindungswirkung des Urteils für den Dritten und eigentlich habe die Rechtsprechung immer ein eigenes Rechtsverhältnis des Beklagten betrachtet, das aber durch das fremde beeinflusst wurde.[1493] Insbesondere das letzte Argument drängt sich bei näherer Betrachtung der Entscheidungen nahezu auf. So hat der wirksame Ausschluss von Kommanditisten aufgrund der Abfindungszahlungen Einfluss auf die Höhe des eigenen Gesellschaftsanteils[1494] und auch das Feststellungsinteresse des Klägers an der Wirksamkeit des Verkaufs einiger Grundstücke durch die Beklagte an einen Dritten wurde damit bejaht, dass dies für das Bestehen von Ansprüchen des Klägers gegen die Beklagte von Bedeutung sei.[1495] Die Drittfeststellungsklage ist damit abzulehnen.

Auch dann, wenn mit der Rechtsprechung die generelle Zulässigkeit bejaht wird, muss die Möglichkeit der Drittfeststellungsklage für die vorliegenden Fälle aber abgelehnt werden. Es sei notwendigerweise das Feststellungsinteresse gegenüber dem Vertragspartner zu verlangen, wofür die zumindest mittelbare

---

1491 Die Feststellungsklage stellt mangels Vollstreckungstitel ein Minus zur Leistungsklage dar, sodass die Leistungsklage primär zu prüfen ist, vgl. BGH 24.1.2017 – XI ZR 183/15, NJW-RR 2017, 815 (815) [Rn. 11]; *Lüke*, in: FS Henckel, 1995, S. 563-577 (572). Siehe zur Feststellungsklage § 8.IV.1.

1492 Siehe nur BGH 16.7.2019 – II ZR 426/17, NJW 2019, 3635 (3636) [Rn. 18]; 25.1.2011 – II ZR 122/09, NJW 2011, 1667 (1668) [Rn. 11]; 17.7.2006 – II ZR 242/04, NJW 2006, 2854 (2855) [Rn. 16].

1493 So beispielsweise MüKoZPO/*Becker-Eberhard*, 6. Aufl. 2020, § 256 ZPO Rn. 36; Zöller/*Greger*, 35. Aufl. 2024, § 256 ZPO Rn. 6; *Lüke*, in: FS Henckel, 1995, S. 563-577 (576); *Michaelis*, in: FS Larenz, 1983, S. 443-485 (461); Saenger/*Saenger*, 10. Aufl. 2023, § 256 ZPO Rn. 6. Diese Kritik abwehrend Stein/Jonas/*Roth*, 23. Aufl. 2016, § 256 ZPO Rn. 34.

1494 BGH 17.7.2006 – II ZR 242/04, NJW 2006, 2854 (2855) [Rn. 16].

1495 BGH 16.7.2019 – II ZR 426/17, NJW 2019, 3635 (3636) [Rn. 19].

Bedeutung dieses Rechtsverhältnisses für die Parteien von Bedeutung sein und ein rechtliches Interesse bestehen müsse.[1496] Dass dafür aber nicht allein eine (mittelbare) Reflexwirkung sittenwidriger Absprachen ausreichen kann, haben sowohl der BGH als auch das BAG hinreichend deutlich gemacht. Das fragliche Rechtsverhältnis müsse für die rechtliche Beziehung des Dritten von Bedeutung sein.[1497] Zudem muss auch das normale Wirtschaftsrisiko ausgenommen werden. Das Feststellungsinteresse könne nicht auf eine Minderung der finanziellen Lage gestützt werden, sofern diesem ein freier Entschluss anderer Personen zugrunde liege; gehen also Kommanditisten nicht gegen einen fraglichen Ausschluss vor, stehe es den übrigen Kommanditisten nicht zu, die Feststellung der Nichtigkeit des Ausschluss geltend zu machen, selbst wenn dies zu einer Minderung der eigenen Kommanditanteile führt.[1498]

Die als sittenwidrig zu missbilligenden Vergütungsabreden enthält zwar das Risiko, in Zukunft eventuell in seinen Rechtsgütern betroffen zu sein, eine auch nur mittelbare Bedeutung für das eigene Rechtsverhältnis muss aufgrund der tatsächlichen Betroffenheit aber abgelehnt werden. Für die vorliegenden Fälle ergibt sich folglich keine Rechtsdurchsetzungsmöglichkeit aus der Drittfeststellungsklage.

3. *Ergebnis Rechtsdurchsetzung*

Neben dem bereits bejahten angemessenen materiellen Drittschutz hinsichtlich der Vergütungsabreden ist auch die Rechtsdurchsetzung als ausreichend anzusehen. Maßgeblichen Anteil daran besitzen die spezialgesetzlichen Regelungen mit ihrem mehrere Ebenen umfassenden Schutzsystem. Während die Präventivwirkung bereits einen Verstoß gegen die Vorgaben verhindern soll und die Aufsichtsbehörde für den Fall des Verstoßes effektive Maßnahmen ergreifen kann, komplettiert die verwaltungsrechtliche Verpflichtungsklage die Durchsetzung, falls die beiden vorangestellten Maßnahmen versagen.

Die Leistungsklage setzt hingegen eine (drohende) Rechtsgutsverletzung – auch innerhalb des Anwendungsbereichs von FPersG, MuSchG oder InstitutsVergV – voraus. Diese beruht zwar nicht auf der Nichtigkeit der vertraglichen Abrede, geht aber in dem engen Anwendungsbereich der Sittenwidrigkeit von Vergütungsabreden mit dieser einher. Diese Möglichkeit ist mangels weitreichender Verbandsklagemöglichkeiten für die Drittinteressen weitgehend unzugänglich

---

1496 BGH 25.1.2011 – II ZR 122/09, NJW 2011, 1667 (1668) [Rn. 11].

1497 So z.B. BGH 16.7.2019 – II ZR 426/17, NJW 2019, 365 (3636) [Rn. 18]; BAG 21.12.1982 – 1 AZR 411/80, NJW 1983, 1750 (1751) [unter B.I.].

1498 BGH 17.7.2006 – II ZR 242/04, NJW 2006, 2854 (2855) [Rn. 16].

und zudem auf wenige Einzelfälle beschränkt. Stattdessen ist der mit den Spezialgesetzen gewährte Schutz wohl als ausreichend anzusehen.

IV. Ergebnis Vergütung

Wollen die Arbeitsvertragsparteien eine über die feste Vergütung hinausgehende Vergütungsabrede treffen, besitzen sie weitgehende Vertragsfreiheit. Der Großteil existierender Einschränkungen dieses grundrechtlich geschützten Teils der Privatautonomie ist dem Schutz des Arbeitnehmers und seiner existenzsichernden Vergütung verschrieben, nur wenige Regelungen zielen auf den Schutz dritter Interessen. Die Regulierung der variablen Vergütung soll aber z.B. als Drittinteressen Individuen, wie das ungeborene Kind, oder die Teilnehmer des Straßenverkehrs, aber auch allgemeine Interessen, wie das beispielhaft herangezogene Kreditwesen, schützen.

Die Sittenwidrigkeit stößt bei dieser Art der Abreden an ihre Grenzen. Die vergleichsweise herangezogenen sittenwidrigen Kaufverträge über Radarwarngeräte oder eines Vertrages zum Unterhaltsverzicht haben gezeigt, dass die Inhaltskontrolle dort ihr Limit erreicht, wo die Belastung von Drittinteressen nicht die einzige (sinnvolle) Folge der Abrede ist. Solange es ihnen darauf ankommt, primär eigene Interessen zu verfolgen und unternehmerisch gewünschte Reize zu setzen, sind diese als schutzwürdig anzusehen und können allein durch die im freien Handel und Wettbewerb nicht zu verhindernden Reflexwirkungen nicht übergangen werden. Dies verhindert zwar nicht die Sittenwidrigkeit im Einzelfall, in der Regel wird aber wegen der Unsicherheit § 138 Abs. 1 BGB abzulehnen sein. Anders sieht dies z.B. dann aus, wenn es vertraglich vereinbart ist, dass im Rahmen einer Mankohaftung ein nachträglicher Ausgleich möglich ist. Dies ist nur zu Lasten der Kunden denkbar und stellt damit einen objektiven Nachteil dar, dessen Kenntnis unterstellt werden kann.

Besondere Bedeutung kommt daher den Verbotsgesetzen zu, die trotz der Kritik dem Schutzbedürfnis der Drittinteressen gerecht werden. Die Präventivwirkung bietet eine zusätzliche Stärkung der als besonders anfällig und bedürftig ausgemachten Interessen, die aufgrund der weiterhin gegebenen Möglichkeiten der variablen Vergütung und dem eng umgrenzten personalen Anwendungsbereich dem Verhältnismäßigkeitsgrundsatz gerecht wird. Eine darüber hinausgehende vollumfängliche Einschränkung der variablen Vergütung wird jedoch zu Recht nicht verfolgt.[1499] Auch die auf den ersten Blick gering ausgeprägten

---

1499 Auch der aktuelle Koalitionsvertrag enthält zwar deutliche Aussagen zur „Flexibilität“ im Arbeitsverhältnis, dies bezieht sich allerdings nicht auf etwaige

Rechtsdurchsetzungsmöglichkeiten stellen keine Benachteiligung der Drittinteressen dar. Die hohen materiellen Anforderungen an die Sittenwidrigkeit sorgen dafür, dass zwar nicht wegen der Sittenwidrigkeit selbst, wohl aber aus den diese begründenden Umständen die Möglichkeit prozessualer Geltendmachung besteht. Wie schon im Zuge des SchwarzArbG kommt zudem den integrierten Rechtsdurchsetzungsmöglichkeiten eine Schlüsselrolle zu, die durch die zulässige Verpflichtungsklage noch verstärkt wird.

Ganz ohne Kritik kommen die Regelungen der InstitutsVergV aber nicht aus. Vor dem Hintergrund des Drittschutzes sollte die InstitutsVergV hinsichtlich der verschuldensunabhängigen Rückforderung und der Privilegierung des Tarifvertrags nachgebessert werden. Über die Privilegierung des Tarifvertrages besteht das Risiko, alle drittschützenden Regelungen zu umgehen, ohne dass den Drittinteressen eine Möglichkeit der Mitbestimmung gegeben wird. Zudem erfordert es der Drittschutz nicht zwingend, eine verschuldensunabhängige Rückforderung der vollständigen variablen Vergütung zu verlangen – letztlich kann sich dies sogar über eine geringere Präventivwirkung negativ auswirken. Auch der Rechtsprechung ist entgegenzuhalten, dass sich die Entscheidungen im Ergebnis zwar als richtig herausstellen, mitunter aber deutlichere Aussagen helfen würden, den um die Zulässigkeit von Vergütungsabredenden liegenden Nebel zu lichten.

Vergütungsregelungen. In diesem Kontext wird allein die Erhöhung des Mindestlohns angesprochen, *Koalitionsvertrag zwischen SPD, Bündnis 90/Die Grünen und FDP – 20. Legislaturperiode*, Mehr Fortschritt wagen, 12.3.2021, 65 ff. Eine weitergehende Regelung ist daher auch nicht zu erwarten.

Viertes Kapitel – Schlussbetrachtung

Die Grundlagen der Vertragsfreiheit (§§ 4-6) und die Fallgruppen (§§ 7-9) verdeutlichen, wie intensiv und unterschiedlich neben den Arbeitnehmerinteressen auch die Drittinteressen von arbeitsvertraglichen Regelungen betroffen und vor diesen geschützt sein können. Auf dieser Erkenntnis aufbauend sind die Ergebnisse der Arbeit zusammenzufassen und zu bewerten. Insbesondere die zu Beginn aufgeworfene Frage des angemessenen Ausgleichs vom Schutz der Vertragsfreiheit und der Drittinteressen steht dabei im Vordergrund (**§ 10**). Im Anschluss folgt eine kurze und überblicksartige Einordnung in das Verhältnis zu den ausgeschlossenen Vertragsbeziehungen und damit dem Gesamtkontext (**§ 11**).

§ 10 Bewertung der Ergebnisse

Eine einheitliche Bewertung des Schutzes dritter Interessen vor Reflexwirkungen im Arbeitsverhältnis ist nicht ohne Weiteres möglich. Dennoch zeugen die Fallgruppen von einem einheitlichen und ausreichenden Schutz dritter Interessen.

I. Ausgangslage

Den Ausgangspunkt der Untersuchung bilden Reflexwirkungen, die von Vertragsabreden ohne Interessenpolarität zwischen Arbeitnehmer und Arbeitgeber ausgehen. Trotz eines weiten Verständnisses der Reflexwirkungen – in Abgrenzung zum Vertrag zu Lasten Dritter umfassen diese alle Folgen, die nicht unmittelbar aus der vertraglichen Abrede die Rechtslage ändern – liegt damit eine vergleichbare Ausgangslage vor.

Eine weitergehende Kategorisierung der Drittinteressen hat sich in den Fallgruppen nur auf den ersten Blick aufgedrängt. Eine Zweiteilung in Allgemeininteressen, wie das in der ersten Fallgruppe besprochene Interesse der Sozialversicherung, und Individualinteressen, wie sie in der zweiten Fallgruppe im Kündigungsschutz auftreten, ist nicht möglich.[1500] Deutlich zeigt dies die Entwicklung der InstitutsVergV, bei der die Interessen der Anleger eng mit dem Interesse an einem intakten Kreditwesen verwoben sind. Ein vergleichbares Verhältnis von Allgemeininteressen und dahinterstehenden Individualinteressen hebt der BGH

1500 Zu der fehlenden Bedeutung für das Ergebnis siehe auch § 10.II.2.

ebenso im Straßenverkehr hervor und findet sich auch im Sozialversicherungssystem wieder.[1501]

Die Vertragsfreiheit von Arbeitnehmer und Arbeitgeber ist auf nationaler und unionaler Ebene grundrechtlich abgesichert. Um sicherzustellen, dass sich daraus keine Fremdbestimmung für einen Vertragspartner ergibt, muss von der Rechtsordnung eine angemessene Infrastruktur gewährleistet werden. Diesem Schutzauftrag wird der Gesetzgeber sowohl durch die Schaffung spezialgesetzlicher Regelungen als auch über die Generalklauseln gerecht. In diesem Zusammenhang kommt der Interessenabwägung eine besondere Rolle zu, die sowohl für die Rechtfertigung von in die Vertragsfreiheit eingreifenden Gesetzen als auch durch die Gerichte für den Fall praktischer Konkordanz oder der Inhaltskontrolle über die Generalklauseln durchgeführt werden muss.

Als Generalklausel kommt damit neben § 134 BGB für die Begrenzung der Vertragsfreiheit insbesondere § 138 Abs. 1 BGB eine große Bedeutung für Drittinteressen zu. § 242 BGB kann zwar ebenso über die Schrankenfunktion zu Gunsten von Drittinteressen die Ausübung eines vertraglich vereinbarten Rechts verhindern, bleibt in der Wirkung aber zu großen Teilen hinter der Sittenwidrigkeit zurück. In der vorliegenden Untersuchung kam der treuwidrigen Geltendmachung allein im Rahmen des „Widerrufs" des Widerspruchs zu einem Übergang des Arbeitsverhältnisses nach einem Betriebsübergang eine eigenständige Bedeutung zu. Auf die AGB-Kontrolle, die Lehre vom Institutsmissbrauch oder den Vertrag zu Lasten Dritter lässt sich der Drittschutz vor Reflexwirkungen hingegen nicht stützen.

II. Drittschutz innerhalb der betrachteten Fallgruppen

Obwohl die drei betrachteten Fallgruppen sehr unterschiedliche Vertragskonstellationen mit ebenso abweichenden Folgen für Drittinteressen betreffen, zeigen sie über weite Strecken eine einheitliche Linie.

1. Einheitliches Verständnis der Sittenwidrigkeit

Abweichend von der Sittenwidrigkeit im Zweipersonenverhältnis setzt § 138 Abs. 1 BGB wegen Belastungen von Drittinteressen zwingend eine Gesamtabwägung

---

1501 Da die persönlichen Auswirkungen der fehlenden Versicherungsbeiträge oder Steuern allerdings sehr begrenzt sind (siehe dazu § 7.I.2.c).cc)), sind in diesem Fall die steuerrechtlichen und sozialversicherungsrechtlichen Nachteile als vorrangig allgemein, die Nachteile für Kreditwesen und Straßenverkehr aber z.B. als individuell eingestuft.

voraus. Da Reflexwirkungen von vertraglichen Abreden bereits im freien Wettbewerb angelegt sind, kann sich allein daraus keine den guten Sitten widersprechende Wirkung ergeben. Liegen die Mindestanforderungen des objektiven Nachteils für Drittinteressen und der subjektiven Kenntnis dieses Umstandes vor, gilt es im Einzelfall festzustellen, welche der gegenüberstehenden Interessen schützenswert sind. Ein Ausschlagen zu Gunsten der Drittinteressen kann sich dabei z.B. aus dem Fehlen eines sachlichen Grundes, einer besonders ausgeprägten Belastung der Drittinteressen oder einer Schädigungsabsicht ergeben. Wie stark das subjektive Element ausgeprägt sein muss, hängt somit von dem Vorliegen anderer Voraussetzungen im Einzelfall ab. Aufgrund dieser strengen Anforderungen beschränkt sich die Sittenwidrigkeit auf wenige Extremfälle.

Auch für die Benachteiligung von Allgemeininteressen ist dieses Verständnis zugrunde zu legen. Zwar zeigt die Gegenüberstellung von Behindertentestament und Unterhaltsverzicht, dass eine „Umgehung einer gesetzlichen Wertung“ vorliegen muss. Der Blick auf die übrigen Fallgruppen offenbart allerdings, dass in der „Umgehung“ keine eigenständig hinzutretende Voraussetzung für die Sittenwidrigkeit liegt. Auch die Abreden zum Kündigungsschutz sind so lange wirksam, wie sie keine „Umgehung der Sozialauswahl“ darstellen.[1502] Zudem zeigt sich, dass die Anforderungen an die Zulässigkeit vertraglicher Abreden dort geringer sind, wo Nachteile für Dritte bereits eine gesetzliche Anknüpfung finden. So bürdet § 613a BGB dem Erwerber beim Betriebsübergang große Nachteile auf,[1503] auch sind Vorteile einzelner Personen durch die Leistungsträgerklausel oder den Zuschnitt des vertraglichen Arbeitsbereichs in der Sozialauswahl angelegt.[1504] Die Überlegung wird zudem durch den Hinweis gestützt, dass bereits in der Marktwirtschaft gewisse Reflexwirkungen zu Lasten Dritter angelegt sind. Das Umgehen eines gesetzlichen Systems ist folglich nur eine Umschreibung dessen, was auch für jede Belastung von individuellen Drittinteressen gilt: Innerhalb der Gesamtabwägung sind höhere Anforderungen an den sachlichen Grund zu stellen, je schutzwürdiger das Drittinteresse ist. Sind die Nachteile nicht schon im Gesetz angelegt, können die Parteiinteressen nur dann überwiegen, wenn ein bedeutsamer sachlicher Grund vorliegt.

1502 Siehe dazu § 8.I.2.b).bb).(1).
1503 Siehe dazu § 8.III.
1504 Siehe dazu § 8.I.2.b).aa).

2. *Bewertung der Einzelfälle*

Hinsichtlich des Charakters des Tätigkeitsverhältnisses steht den Vertragsparteien die Sittenwidrigkeit gerade wegen der gesetzlich vorgesehenen Möglichkeiten weitgehend nicht im Wege. Allein die Wahl eines Vertragstyps führt nicht zu einer Belastung der Drittinteressen über das im Gesetz verankerte Maß hinaus und kann daher auch nicht sittenwidrig sein. Solche gesetzlich nicht vorgesehenen Nachteile treten folglich vor allem[1505] in der Schwarzgeldabrede für Fiskus und Sozialversicherungsträger in Erscheinung. Für eine solche Abrede sprechen keine sachlichen Gründe, sodass die Abrede unabhängig vom SchwarzArbG bereits sittenwidrig wäre.

Abweichend vom Dienst- oder Werkvertrag umfasst die Nichtigkeit im Arbeitsvertrag allein die Schwarzgeldabrede selbst. Durch diese Besonderheit des Arbeitsvertrages werden zwar Steuern und Sozialversicherungsbeiträge fällig, sodass diese Drittinteressen weiter gefördert werden. Dass der Vertrag wirksam ist, beruht aber auf anderen Überlegungen, schließlich werden die finanziellen Einbußen bei der Gesamtnichtigkeit des Werk- oder Dienstvertrages akzeptiert. Der Arbeitsvertrag bleibt daher allein zum Schutz des Arbeitnehmers wirksam. Indem § 139 BGB wegen der zu unterstellenden Kenntnis der Nichtigkeit keine Anwendung findet, der Wille im Übrigen aber auch auf das Fortbestehen gerichtet wäre, gilt dies sowohl für das SchwarzArbG als auch die Sittenwidrigkeit.

Bei den kündigungsrechtlichen und vergütungsrechtlichen Absprachen sind in der Regel sachliche Gründe anzunehmen und die Sittenwidrigkeit folglich abzulehnen. Da die Regelungen zur arbeitgeberseitigen Kündigung lediglich einseitig zwingend sind, können die Parteien grundsätzlich Verbesserungen vornehmen. Kommt es den Parteien darauf an, einen Vorteil innerhalb der Sozialauswahl festzuschreiben, ohne einen anderen Arbeitnehmer isoliert zu benachteiligen oder die Grundlagen der Sozialauswahl zu umgehen, liegen damit schützenswerte Interessen vor, die den Ausschlag zur Wirksamkeit geben können. Ein solches Interesse könnte z.B. in einem Ausgleich für zeitgleich eingegangene finanzielle Einbußen liegen. Widerlegbare Indizien gegen das Vorliegen sind aber der enge zeitliche Zusammenhang mit der Kündigung und eine große Anzahl an Arbeitnehmern, die von diesen Absprachen profitieren. In beiden Fällen besteht der Verdacht, dass die Veränderung der Sozialauswahl zu Lasten der nicht umfassten Arbeitnehmer intendiert war.

1505 Auch einzelne Abreden, wie die Abbedingung des Entgeltfortzahlungsanspruchs können zur Sittenwidrigkeit führen, siehe § 7.V.

Auch die vergütungsrechtlichen Absprachen sind an diesen Voraussetzungen zu messen, wobei sich im Anwendungsbereich von FPersG, MuSchG und InstitutsVergV eine große Schwäche der Sittenwidrigkeit offenbart. Wie schon die Verbesserung der Ausgangslage innerhalb der Sozialauswahl, stellt auch der Wille, Leistungs- und Vergütungssteigerungen in einem mit den übrigen Regeln zu vereinbarenden Rahmen zu fördern, ein von Gesetzes wegen ermöglichtes Interesse dar. Es liegen damit schützenswerte Interessen der Vertragsparteien vor, die einer Sittenwidrigkeit entgegenstehen. Nur bei einem ausgeprägten subjektiven Sittenwidrigkeitselement käme eine Nichtigkeit nach § 138 Abs. 1 BGB in Betracht. Wie der Blick auf den Kauf eines Radarwarngerätes gezeigt hat, kann ein solches aber nur dann ohne explizite Feststellung angenommen werden, wenn allein ein unzulässiges Verhalten möglich ist.

Auch für den Ausschluss der ordentlichen verhaltensbedingten Kündigung und den Betriebsübergang bietet die Inhaltskontrolle einen geeigneten Schutzschirm. Ist ein Arbeitnehmer einer schädigenden Handlung eines Kollegen ausgesetzt, hat der Arbeitgeber grundsätzlich schützend einzugreifen. Unabhängig davon, ob die Handlungen in den Anwendungsbereich des AGG fallen, ist der Arbeitgeber aufgrund seiner gerichtlich durchsetzbaren Pflicht aus § 12 Abs. 3 AGG zu einer geeigneten, erforderlichen und angemessenen Maßnahme verpflichtet. Im Einzelfall kann sich diese Konkretisierung der Schutzpflichten aus § 241 Abs. 2 BGB auch allein auf die Kündigung beschränken. Ein expliziter oder konkludenter Ausschluss der ordentlichen Kündigung stellt sich dann ohne sachlichen Grund als sittenwidrig dar und steht einer Kündigung nicht im Wege. Allein die unbewusst unzureichende Abmahnung verhindert zwar eine unmittelbare Kündigung, schützt den Arbeitnehmer allerdings auf dem Wege, dass bei einer erneuten Handlung die Kündigung alternativlos ist.

Für die Absprache, dass ein Widerspruch zum Übergang des Arbeitsverhältnisses nach einem Betriebsübergang doch keine Wirkung entfalten solle, spielt die Sittenwidrigkeit zwar eine untergeordnete Rolle. Aufgrund von § 242 BGB liegt dennoch ein ausreichender Schutz vor. Grundsätzlich steht es Arbeitnehmer und Arbeitgeber zu, über den Bestand des Arbeitsverhältnisses zu disponieren. Auch nach erklärtem Widerspruch können Arbeitnehmer und bisheriger Arbeitgeber (dem der Widerspruch gegenüber erklärt werden kann) im Grundsatz vereinbaren, dass der Widerspruch keine Wirkung haben soll. Aufgrund der vorangegangenen Erklärung liegt allerdings ein widersprüchliches Verhalten im Sinne des § 242 BGB vor, dass ein Berufen auf diese Absprache untersagt, sofern der Erwerber schutzwürdig ist. Diese Schutzwürdigkeit liegt aufgrund der Konzeption des § 613a BGB erst dann vor, wenn der Erwerber im Vertrauen auf die

Gültigkeit des Widerspruchs eine Organisationsentscheidung getroffen hat und auch treffen durfte.[1506] Mit diesem Maßstab ist gewährleistet, dass der Erwerber dann geschützt wird, wenn die Folgen über das gesetzlich vorgesehene Maß hinausgehen. Nur für den Fall der Kenntnis dieser Schutzwürdigkeit kommt auch eine Sittenwidrigkeit in Betracht.

Obwohl damit die Sittenwidrigkeit im Einzelfall einen ausreichenden Schutz bietet, sind die wenigen Spezialgesetze nicht als unnötig oder gar verfassungswidrig einzustufen. Wie bereits dargelegt, weisen die spezialgesetzlichen Regelungen insbesondere einen Vorteil hinsichtlich der legitimen Interessen auf. Zudem ist den Gesetzen eine Präventivwirkung gemein, bei der durch die Sichtbarkeit eines Gesetzes und die angedrohten Folgen von vornherein die Abreden verhindert werden sollen. Es handelt sich folglich nicht um eine reine Kodifizierung der Rechtsfolgen der Sittenwidrigkeit. Sie weisen allesamt einen darüberhinausgehenden Nutzen auf und sind daher mangels geringerer Mittel mit gleicher Eignung (Sittenwidrigkeit im Einzelfall) als verfassungsgemäß anzusehen.

Ganz ohne Sittenwidrigkeit oder spezialgesetzliche Regelung hat auch die Druckkündigung Auswirkungen auf dritte Arbeitnehmer. Über die Druckkündigung ist die Kündigung eines Arbeitnehmers allein aus dem Grund möglich, dass sich andere Arbeitnehmer (oder weitere Personen, wie Kunden, Vertragspartner, etc.) von diesem gestört fühlen und daher Druck auf den Arbeitgeber ausüben. Originär muss folglich kein Grund in der Person oder dem Verhalten des Arbeitnehmers vorgelegen haben und auch eines dringenden betrieblichen Erfordernisses bedarf es nicht. Obwohl damit die Position des von der Druckausübung der Arbeitnehmer auf den Arbeitgeber betroffenen (dritten) Arbeitnehmers deutlich geschwächt wird, liegt aufgrund der hohen Anforderungen und der Verortung als personenbedingte Kündigung ein ausreichender Drittschutz vor. Nur dann, wenn die Druckausübung mit der Person des Arbeitnehmers zusammenhängt und weder willkürlich noch diskriminierend ist, darf der Arbeitgeber dem Druck überhaupt nachgeben. Zudem handelt es sich um eine auf Extremfälle beschränkte Kündigung, bei der dem Arbeitgeber unzumutbare Nachteile drohen müssen und ihm keine weniger einschneidenden Handlungsmöglichkeiten zur Verfügung stehen dürfen.

1506 Zwar setzt die Sittenwidrigkeit voraus, dass ein subjektives Sittenwidrigkeitselement vorliegt und ist damit nicht in jedem Fall einschlägig. Über § 242 BGB wird indes gewährleistet, dass sich die Vertragsparteien nicht auf die Absprache berufen können, wenn dem Erwerber Nachteile entstehen, die über das ihm gesetzlich Auferlegte hinausgehen. Ein ausreichender Schutz ist damit auch hier anzunehmen.

Zuletzt reduziert auch die prozessuale Durchsetzung des materialen Drittschutzes nicht das Schutzniveau. Sofern der dritten Person materiellrechtliche Ansprüche zustehen, sind diese über die Leistungsklage geltend zu machen. Ebenso schafft die Feststellungsklage – inklusive der Kündigungsschutzklage – Abhilfe, wenn das Bestehen eines eigenen Rechtsverhältnisses begehrt wird. Eine darüberhinausgehende Drittfeststellungsklage existiert hingegen nicht. Die sich daraus ergebende Schwierigkeit für Allgemeininteressen und faktische Belastungen wird dadurch ausgeglichen, dass diverse Spezialgesetze ein eigenes Schutz- und Kontrollsystem enthalten. In ausgewählten Fällen kann ein Tätigwerden der Behörden dann sogar mit der Verpflichtungsklage eingefordert werden. Gerade dort, wo der Staat ein eigenes Interesse verfolgt (Steuern und Sozialversicherung, Kreditwesen), ist aber von einer eigenen Motivation zum Tätigwerden auszugehen. Dort kann auf einen umfassenden Katalog an Maßnahmen zurückgegriffen werden, sodass die Durchsetzung der Rechte insgesamt auf verschiedenen Wegen gewährleistet ist und gemeinsam mit der präventiven Wirkung der Gesetze einen angemessenen Schutz bietet.

Es bleibt allerdings bei einem gewichtigen Problem: Im Rahmen der kündigungsrechtlichen Relevanz von Mobbinghandlungen ist deutlich geworden, dass die Beweisführung Schwierigkeiten aufweist. Dennoch kommt eine Beweiserleichterung nicht in Betracht. Vergleichbare Beweiserleichterungen basieren auf anderen Begebenheiten und benachteiligen den Arbeitgeber, der eine bessere Einsicht in die Vorgänge hat. An dieser Stelle ist die Mobbinghandlung auch für den Arbeitgeber schwierig nachzuvollziehen und die Beweiserleichterung träfe mit dem potenziell mobbenden Arbeitnehmer eine Person, der gegenüber der Arbeitgeber ebenso zum Schutz verpflichtet ist.

3. *Kritik*

Bei den spezialgesetzlichen Regelungen sind allein zwei Inhalte der InstitutsVergV kritisch und als mit der Zweckrichtung nicht vereinbar anzusehen. Zum einen betrifft das die Pflicht, die variable Vergütung verschuldensunabhängig auf null zu reduzieren, wenn der Arbeitnehmer an einem Verhalten beteiligt war, das zu einem erheblichen Verlust geführt hat (§ 18 Abs. 5 S. 3 Nr. 1 InstitutsVergV). Eine solch strenge Regelung ist zwar mit den übrigen Regelungen des Arbeitsrechts in Einklang zu bringen, allerdings nicht nur nicht notwendig, geschweige denn in den europäischen Grundlagen vorgesehen, sie konterkariert unter Umständen auch das Ziel eines effektiven Schutzes von Anlegern und dem Kreditwesen. Damit wird die Vertragsfreiheit deutlich über Gebühr eingeschränkt. Zum anderen ist die Privilegierung des Tarifvertrages nicht mit der drohenden Belastung von – auch im Tarifvertrag nicht repräsentierten – Drittinteressen zu erklären und schafft das Risiko, auf diesem Wege die gesetzlichen Regelungen zu umgehen. Darüber hinaus ist die InstitutsVergV allerdings als angemessener Interessenausgleich zu verstehen, schließlich wird die variable Vergütung weiterhin ermöglicht und nur in engere Bahnen gelenkt, zudem sind die Regelungen abgestuft und nur auf eine bestimmte Personengruppe anwendbar.

Des Weiteren ist gleich mehrfach aufgefallen, dass die Rechtsprechung zwar zu dem richtigen Ergebnis kommt, allerdings auf eine intensive Differenzierung verzichtet. So sollte nicht vorschnell ein Vertrag zu Lasten Dritter angenommen werden und im Rahmen der Schwarzgeldabrede nicht allein auf die Nichtigkeit nach §§ 134, 138 BGB verwiesen werden. Gerade die Besonderheiten des Arbeitsverhältnisses im Zusammenhang mit § 139 BGB finden so nicht die angemessene Beachtung. Eine ähnliche Differenzierung wäre auch im Zusammenhang mit der Akkordvergütung nach § 3 FPersG angezeigt gewesen.

III. Ergebnis

Es hat sich gezeigt, wie sehr das Arbeitsrecht auf das Zweipersonenverhältnis zwischen Arbeitnehmer und Arbeitgeber zugeschnitten ist. Der gesetzliche Schutz von Drittinteressen findet sich im arbeitsrechtlichen Kontext nur punktuell und teilweise versteckt. Auch die Präsenz in der Rechtsprechung steht deutlich hinter der des Arbeitnehmerschutzes zurück – teilweise liegt die Rechtsprechung Jahrzehnte zurück oder ist quasi nicht existent. Es hat sich allerdings auch gezeigt, dass dieser „Flickenteppich" aus vereinzelten Spezialgesetzen und Rechtsprechungen sowie der Generalklauseln einen ausreichenden Schutz gewährleistet und nur minimaler Anpassungen bedarf.

Mit der Gewährleistung der Vertragsfreiheit gehen zwingend Reflexwirkungen für Drittinteressen einher. Vor dem Hintergrund der grundrechtlichen Sicherung der Vertragsfreiheit ist daher die Zurückhaltung hinsichtlich spezieller Verbotsgesetze zum Schutz dritter Interessen und innerhalb der Anwendung des § 138 Abs. 1 BGB zu begrüßen. Während sich im typischen Zweipersonenverhältnis häufig ein Konsens zu Gunsten eines höheren Arbeitnehmerschutzes finden lassen wird, kann ein „je mehr Schutz, desto besser" im Drittbezug gerade nicht bemüht werden. Der Nachteil ginge z.B. auch zu Lasten eines Arbeitnehmers, ein Zustand, der besonders im Zusammenhang mit einer Beweiserleichterung im Falle des Mobbings die Konflikte aufzeigt.

Trotz der von der Rechtsprechung geforderten „Umgehung einer gesetzlichen Wertung" lassen sich unterschiedliche Schutzstandards nicht pauschal auf eine Unterscheidung zwischen Individual- und Allgemeininteressen stützen.

Insbesondere die für die Sittenwidrigkeit essenziellen objektiven Nachteile können aber im Einzelfall für Allgemeininteressen geringer ausfallen, da sie häufiger im Gesetz vorgesehen sind. Auch die von *Martens*[1507] angeführte Abstufung nach ideellen und ökonomischen Interessen lässt sich in einem Vergleich allein der betroffenen Drittinteressen nicht wiedererkennen. Mit seinem Verweis auf die *Blinkfüer*-Entscheidung des BVerfG[1508] wird deutlich, dass der Aussage eine andere Überlegung zugrunde liegt. Diese Abstufung ist vor dem Hintergrund zu sehen, dass Meinungs- und Pressefreiheit die „geistige Betätigung und den Prozeß der Meinungsbildung" schützen sollen und nicht wirtschaftliche Interessen.[1509] Damit lässt sich zwar keine Abstufung innerhalb der Drittinteressen verdeutlichen. Zumindest im Vergleich zur Vertragsfreiheit kann diesem Ansatz mit Einschränkungen aber zugestimmt werden. Schaut man sich allein die Gegenüberstellung der Vertragsfreiheit mit rein wirtschaftlichen Überlegungen an, überwiegt die Vertragsfreiheit. Derartige rein wirtschaftliche Drittinteressen fallen zu großen Teilen in den Bereich der Drittbelastung, die ohne Weiteres hinzunehmen sind. Bestens zeigt sich dies am Beispiel der Vertragswahl, die trotz der damit einhergehenden wegfallenden Steuereinnahmen und Sozialversicherungsbeiträge zu akzeptieren sind. Auch aus der Einschränkung im Anwendungsbereich der InstitutsVergV und zu Gunsten der Anleger lassen sich keine Aussagen ziehen, dass allein wegen finanzieller Nachteile einzelner Personen die Vertragsfreiheit eingeschränkt werde. Für diese Einschränkung ist insbesondere auch die Bedeutung für das Kreditwesen als solches und des Arbeitsplatzes zur Existenzsicherung hinzuzuziehen.

Die geringe Kritik knüpft folgerichtig weder an dem grundsätzlichen Schutz noch an einer internen Abstufung an. Sie bezieht sich stattdessen auf zwei andere Bereiche. Innerhalb der InstitutsVergV sind mit der verpflichteten Reduzierung der variablen Vergütung ohne Verschuldenserfordernis und der Privilegierung des Tarifvertrages zwei Regelungen enthalten, die im Sinne des Drittschutzes angepasst werden sollten. Auch sind die Ausführungen der Rechtsprechung vereinzelt zu undifferenziert und gerade in der Abgrenzung zum Vertrag zu Lasten Dritter ungenau. Im Sinne der Drittinteressen und der Rechtssicherheit gilt es an dieser Stelle über eine Anpassung nachzudenken.

1507 *Martens*, AcP 177 (1977), 113 (178).

1508 BVerfG 26.2.1969 – 1 BvR 619/63, AP GG Art. 5 Abs. 1 Meinungsfreiheit Nr. 3 = BVerfGE 25, 256.

1509 BVerfG 26.2.1969 – 1 BvR 619/63, AP GG Art. 5 Abs. 1 Meinungsfreiheit Nr. 3 = BVerfGE 25, 256 (268) [unter B.II.2.].

Obwohl die Regelungen unstrukturiert und den Drittschutz ignorierend anmuten und vereinzelte Kritik vorliegt, sind die Drittinteressen im Arbeitsrecht aber insgesamt ausreichend vor Reflexwirkungen geschützt, die von Abreden zwischen Arbeitnehmer und Arbeitgeber ausgehen. Trotz der mit ihrer Unbestimmtheit einhergehenden Unsicherheiten[1510] schützen die Generalklauseln – insbesondere § 138 Abs. 1 BGB – nicht allein die Arbeitnehmerinteressen,[1511] sondern auch die Drittinteressen effektiv. Um der Vertragsfreiheit gerecht zu werden, beschränkt sich dies zwar nur auf Extremfälle. Dennoch wird gewährleistet, dass den Drittinteressen keine nicht mehr zumutbaren und über das gesetzlich vorgesehene Maß hinausgehenden Nachteile aufgebürdet werden. Eine weitergehende Unterbindung aufgrund von im Wettbewerb zwingend auftretenden Reflexwirkungen wäre mit der Vertragsfreiheit und dem freien Wettbewerb unvereinbar.[1512] Die wenigen Spezialgesetze bilden zudem eine angemessene und punktuelle Ergänzung, indem sie gerade dort ansetzen, wo die Sittenwidrigkeit aufgrund von Beweisschwierigkeiten oder nicht auszugleichenden Nachteilen an ihre Grenzen stößt. Ein Bedürfnis für eine weitergehende Normierung ist innerhalb der betrachteten Fallgestaltungen nicht festzustellen.

Die vereinzelte Kritik und der Umgang der Rechtsprechung mit diesem Thema zeigt zwar, dass der Drittschutz weiterhin in der öffentlichen Wahrnehmung eine Art Schattendasein führt. Negative Folgen ergeben sich daraus für die Drittinteressen hingegen nicht.

§ 11 Ausblick

Trotz der Begrenzung auf einen Teil der Reflexwirkungen sollen die Ergebnisse zum Abschluss in den über das Betrachtete hinausgehenden Kontext eingeordnet werden. Ohne eine erneute Bewertung vorzunehmen, werden dabei allein die Auswirkungen kleiner Stellschrauben thematisiert. Als eingrenzende Faktoren kommen die Betrachtung polarer Interessen, kollektiver Vereinbarungen und die Erweiterung auf andere Vertragsparteien in Frage.

Liegt zwischen Arbeitnehmer und Arbeitgeber eine Interessenpolarität vor, müssen sich diese annähern und es kommt zu einem Abschleifen der Interessen, sodass die Drittinteressen auf einer der Seiten mitgeschützt werden. Denkbar sind z.B. Gehaltseinbußen, für die der Arbeitnehmer einen besseren Kündigungsschutz

---

1510 Vgl. auch *Mayer-Maly*, AcP 194 (1994), 105 (171).

1511 *Absenger/Schubert*, in: FS Kittner, 2021, S. 23-32 (31).

1512 Die Beschränkung auf Extremfälle stellt sich also keinesfalls als Schwäche dar, *Schmalzbauer*, Die Drittwirkung verpflichtender Verträge, 1982, S. 134.

verlangt, oder aber der Wegfall von Vergünstigungen, als dessen Ausgleich eine Gegenleistung an die Arbeitnehmer gezahlt wird.[1513] Werden die Drittinteressen beispielsweise durch den Arbeitnehmer mitvertreten, treten auch noch die arbeitnehmerschützenden Normen hinzu und verstärken den Drittschutz. An der Möglichkeit sittenwidriger Abreden ändert das hingegen nichts, grundsätzlich ist auch hier derselbe Maßstab an den Tag zu legen. Für das Beispiel des Kündigungsschutzes als Gegenleistung wäre in dem Ausgleich zu den finanziellen Nachteilen beispielsweise ein sachlicher Grund zu sehen und die Sittenwidrigkeit folglich auszuschließen. Für das subjektive Sittenwidrigkeitselement ist zu beachten, dass eine Schädigungsabsicht aufgrund der gegenteiligen Interessen kaum auf beiden Seiten vorliegen wird, allerdings ist auch allein die Kenntnis der Umstände zwingende Voraussetzung. Stärkere Ausprägungen im Sinne einer Schädigungsabsicht führen lediglich zu einer Berücksichtigung innerhalb der Interessenabwägung.[1514] Auch bei polaren Interessen der Vertragspartner kann sich aus dem Kompromiss folglich eine sittenwidrige Belastung dritter Interessen ergeben, sofern die Benachteiligung das entsprechende Maß erreicht und dies den Parteien zumindest bekannt ist. Eklatante Schutzlücken sind damit nicht zu erwarten.

Dass auch für Tarifverträge dieselben Grundlagen gelten, zeigt das Beispiel des § 1 Abs. 4 Nr. 1 InstitutsVergV. Das Risiko der Drittinteressen ergibt sich aus der fehlenden Mitsprache in den vertraglichen Abreden. Im Ergebnis ist es daher unbeachtlich, ob der Inhalt von einem Arbeitnehmer und einem Arbeitgeber ausgehandelt wurde oder von Arbeitgeber- und Arbeitnehmervertretungen. Es wird allein das Innenverhältnis angepasst, nicht aber das Außenverhältnis. Fehlt es an Polarität, so bewirkt die stärkere Verhandlungsposition der Arbeitnehmer keinen Unterschied, insbesondere sind externe Interessen nicht stärker vertreten als in Individualabreden. Es sollte daher Vorsicht herrschen, die Privilegierung des Tarifvertrages zu weitgehend zu verfolgen und über den Schutz des Arbeitnehmers hinaus eine Richtigkeitsgarantie anzunehmen. Auch beim Tarifvertrag besteht somit die Möglichkeit der Sittenwidrigkeit, auch wenn den Gewerkschaften und Arbeitgebervertretern in keiner Weise derartige Absichten unterstellt werden sollen. Die angesprochenen Zweifel an der Richtigkeitsgewähr gelten aber nicht in allen Bereichen. Zumindest die Arbeitskollegen sind im Falle eines Tarifvertrags in der Regel mitvertreten, sodass sich eine Privilegierung z.B. beim

---

1513 Siehe nur LAG Rheinland-Pfalz 5.1.2012 – 3 Sa 333/11, juris.

1514 BGH 23.2.2005 – VIII ZR 129/04, NJW 2005, 1490 (1491) [unter II.1.a)]; 9.10.1991 – VIII ZR 19/91, NJW 1992, 310 (310) [unter I.1.a)]; 6.12.1989 – VIII ZR 310/88, NJW 1990, 567 (568) [unter B.I.1.a).bb]. Vgl. MüKoBGB/*Armbrüster*, 9. Aufl. 2021, § 138 BGB Rn. 254 f.

Kündigungsschutz anbietet. Für Betriebsvereinbarungen gilt im Grunde dasselbe: Eine Betriebsvereinbarung, die Kurierfahrer zu schnellerem Handeln animiert,[1515] mag erneut aufgrund der möglichen legitimen Interessen nicht grundsätzlich sittenwidrig sein, das Risiko für den Straßenverkehr und die Verkehrsteilnehmer besteht aber im gleichen Maße wie bei einer individualvertraglichen Abrede.

Deutliche Unterschiede zeigen sich hingegen bei der Erweiterung auf andere Vertragspartner. Auch hier bleibt es zwar grundsätzlich bei der Notwendigkeit von Einzelfallentscheidungen, diese unterliegen aber abhängig von den Vertragspartnern unterschiedlichen Vorzeichen. Absprachen mehrerer Arbeitnehmer zu Lasten des Arbeitgebers sind beispielsweise auch vor dem Hintergrund des strukturellen Ungleichgewichts und des Art. 9 Abs. 3 GG zu beachten. Innerhalb von Abreden zwischen Arbeitgebern sind hingegen strengere Normierungen zu beachten, wie sie das AÜG oder das Wettbewerbsrecht kennen. Ein Schluss auf solche Vertragsabreden ist mithin nicht möglich.

Im Rahmen des Arbeitnehmerbegriffs wurde zudem die aktuelle Entwicklung und Digitalisierung des Arbeitsrechts angesprochen. Diese bringt zwar viele Herausforderungen mit sich, eine Bedeutung für die Drittinteressen kündigt sich damit allerdings vorerst nicht an. Zumindest die aktuellen Probleme beziehen sich auf die Arbeitnehmer und die mit der Flexibilisierung einhergehende Gefahr. Im Trend liegen daher die Themen des Homeoffice, des Arbeitszeitrechts oder des Urlaubsrechts.[1516] Die für die Drittinteressen einhergehenden Probleme werden somit wohl nicht durch diese Entwicklung gelöst, deren Gefahr vergrößert sich allerdings auch nicht.

Auch ohne genaue Untersuchung ist im Ergebnis davon auszugehen, dass die Drittinteressen im Arbeitsrecht nicht nur vor Abreden geschützt sind, die im gemeinsamen Interesse von Arbeitnehmer und Arbeitgeber getroffen werden. Es bleibt dabei: Das Arbeitsrecht ist auf den Schutz der Arbeitnehmer ausgerichtet. Allerdings bestehen auch ohne genaue Aussagen zum Einzelfall ausreichende spezialgesetzliche und generalklauselartige Sicherungen, die im arbeitsrechtlichen Kontext einen angemessenen Drittschutz gewährleisten.

1515 Siehe dazu z.B. die Überlegungen des Lieferdienstes Gorillas, *Rainer*, Lieferdienst Gorillas will langsame Fahrradkuriere schlechterstellen, 22.7.2022.

1516 Dazu als allgemeine Quelle *Krause*, Gutachten DJT, 2016; *Krause*, NZA 2016, 1004; siehe dazu auch *Waltermann*, RdA 2019, 94.

Literaturverzeichnis

Absenger, Nadine/Schubert, Jens M., Zur Bedeutung von Generalklauseln im Arbeitsrecht – eine Skizze, in: Deinert, Olaf/Klebe, Thomas u.a. (Hrsg.), Arbeit, Recht, Politik und Geschichte – Festschrift für Michael Kittner zum 80. Geburtstag, Frankfurt am Main 2021, S. 23-32 (zit. *Absenger/Schubert*, in: FS Kittner).

Achilles, Wilhelm-Albrecht, Vom Bürgerlichen Gesetzbuch zum Verbrauchergesetzbuch? – Zum Perspektivwechsel des Gesetzgebers im Kaufrecht, JZ 2018, S. 953-960.

Adomeit, Klaus/Mohr, Jochen (Hrsg.), Allgemeines Gleichbehandlungsgesetz (AGG) – Kommentar zum AGG und zu den anderen Diskriminierungsverboten, 2. Aufl., Stuttgart u.a. 2011 (zit. Adomeit/Mohr/*Bearbeiter*).

Altmann, Silke, § 75 Personenbedingte Kündigung, in: Deinert, Olaf/Heuschmid, Johannes/Zwanziger, Bertram (Hrsg.), Arbeitsrecht – Handbuch für die Praxis, 10. Aufl., Frankfurt am Main 2019, S. 1494-1506.

Andresen, Bernd/Winkler, Wolfgang, Fahrpersonalgesetz und Sozialvorschriften für Kraftfahrer – Kommentar zum FPersG, zur FPersV, zu den Verordnungen (EG) Nr. 561/2006 und (EWG) Nr. 3821/85 sowie zum AETR, 4. Aufl., Berlin 2011.

Annuß, Georg, Betriebsbedingte Kündigung und arbeitsvertragliche Bindung, zugl. Univ. Diss. Regensburg, Köln 2004.

Annuß, Georg, Gedanken zum Freiwilligkeitsvorbehalt im vorformulierten Arbeitsvertrag, in: Lobinger, Thomas/Richardi, Reinhard/Wilhelm, Jan (Hrsg.), Festschrift für Eduard Picker zum 70. Geburtstag am 3. November 2010, Tübingen 2010, S. 861-871 (zit. *Annuß*, in: FS Picker).

Annuß, Georg/Früh, Andreas/Hasse, Andreas (Hrsg.), Institutsvergütungsverordnung, Versicherungsvergütungsverordnung – InstitutsVergV, VersVergV: Kommentar, München 2016 (zit. Annuß/Früh/Hasse/*Bearbeiter*).

Armbrüster, Christian, Anm. zu OLG Köln 9.12.2009 – 2 U 46/09, ZEV 2010, S. 88-89.

Arnold, Stefan, Vertrag und Verteilung – Die Bedeutung der iustitia distributiva im Vertragsrecht, zugl. Univ. Habil. München, Tübingen 2014.

Ascheid, Reiner, Kündigungsschutzrecht – die Kündigung des Arbeitsverhältnisses, Stuttgart u.a. 1993.

Ascheid, Reiner (Begr.)/*Preis, Ulrich u.a.* (Hrsg.), Kündigungsrecht – Großkommentar zum gesamten Recht der Beendigung von Arbeitsverhältnissen, 7. Aufl., München 2024 (zit. APS/*Bearbeiter*).

Babenko, Ilona/Bennett, Benjamin/Bizjak, John M./Coles, Jeffrey L./Sandvik, Jason J., Clawback Provisions and Firm Risk, 11.10.2022, https://papers.ssrn.com/sol3/Delivery.cfm/SSRN_ID4245965_code3650963.pdf?abstractid=4006661&mirid=1 (geprüft am 25.10.2024).

Bachmann, Gregor, Neue Vergütungsregeln im Kodex, ZHR 184, 2020, S. 127-138.

Badura, Peter, Persönlichkeitsrechtliche Schutzpflichten des Staates im Arbeitsrecht, in: Gamillscheg, Franz (Hrsg.), Sozialpartnerschaft in der Bewährung – Festschrift für Karl Molitor zum 60. Geburtstag, München 1988, S. 1-18 (zit. *Badura*, in: FS Molitor).

Badura, Peter, § 10 Eigentum, in: Benda, Ernst (Hrsg.), Handbuch des Verfassungsrechts der Bundesrepublik Deutschland – Studienausgabe, 2. Aufl., Berlin 1995, S. 327-390.

Baer, Susanne, Grundgesetz und Arbeitsrecht – Eckpunkte für schwierige Verhältnisse, RdA 2022, S. 266-273.

BaFin, Aktualisierte Auslegungshilfe zur Institutsvergütungsverordnung, https://compgovernance.de/compensation-regulations/81bafin-update-auslegungshilfe-zur-institutsvergv-zwischenstand-september-2020/ (geprüft am 25.10.2024) (zit. *BaFin*, Aktualisierte Auslegungshilfe).

BaFin, Auslegungshilfe zur Institutsvergütungsverordnung 2013 (zit. *BaFin*, Auslegungshilfe, 2013).

BaFin, Auslegungshilfe zur Institutsvergütungsverordnung 2018 (zit. *BaFin*, Auslegungshilfe, 2018).

BaFin, Entwurf Fragen und Antworten zur Institutsvergütungsverordnung, Konsultation 10/2023, https://www.bafin.de/SharedDocs/Downloads/DE/Konsultation/2023_Anlagen_Konsultationen/dl_kon_10_2023_Entwurf_FAQ_Institutsverguetungsverordnung.pdf (geprüft am 25.10.2024) (zit. *BaFin*, FAQ InstitutsVergV)

Barkow von Creytz, Dunja, Mobbing für die kalte Kündigung, NJOZ 2022, S. 865-869.

Barnert, Thomas, Die formelle Vertragsethik des BGB im Spannungsverhältnis zum Sonderprivatrecht und zur judikativen Kompensation der Vertragsdisparität – Zugleich ein Befund judikativer Entwicklungsphasen materieller Vetragsethik im Interzessionsrecht, zugl. Univ. Diss. Augsburg, Heidelberg 1999.

Bartholomeyczyk, Horst, Äquivalenzprinzip, Waffengleichheit und Gegengewichtsprinzip in der modernen Rechtsentwicklung, AcP 166 (1966), S. 30-75.

Barton, Dirk-Michael, Betriebliche Übung und private Nutzung des Internetarbeitsplatzes, NZA 2006, S. 460-466.

Bauer, Jobst-Hubertus, Kündigungsschutz - Paradigmenwechsel nötig?, NZA-Beilage 2019, S. 21-25.

Bauer, Jobst-Hubertus/Krieger, Steffen/Günther, Jens, Gleichbehandlungsgesetz und Entgelttransparenzgesetz – Kommentar, 5. Aufl., München 2018.

Bauer, Jobst-Hubertus/Medem, Andreas von, Betrübliche betriebliche Übung – oder doch nicht so schlimm?, ArbRAktuell 2011, S. 3-6.

Bauer, Jobst-Hubertus/Schunder, Maximilian Luca, Maßnahmen und Pflichten des Arbeitgebers bei sexuellen Belästigungen, NZA 2022, S. 1368-1372.

Baur, Fritz, Zu der Terminologie und einigen Sachproblemen der „vorbeugenden Unterlassungsklage", JZ 1966, S. 381-383.

Baur, Jürgen Fritz/Stürner, Rolf, Sachenrecht, 18. Aufl., München 2009.

Bayer, Walter, Die Vergütung von Vorstands- und Aufsichtsratsmitgliedern börsennotierter Gesellschaften nach dem RefE für das ARUG II, DB 2018, S. 3034-3042.

Bayreuther, Frank, Arbeitnehmereigenschaft und die Leistung fremdbestimmter Arbeit am Beispiel des Crowdworkers, RdA 2020, S. 241-248.

Bayreuther, Frank, Verbot von Werkverträgen und Arbeitnehmerüberlassung in der Fleischwirtschaft, NZA 2020, S. 773-776.

Bayreuther, Frank, Widerrufs-, Freiwilligkeits- und Anrechnungsvorbehalte – geklärte und ungeklärte Fragen der aktuellen Rechtsprechung des BAG zu arbeitsvertraglichen Vorbehalten, ZIP 2007, S. 2009-2015.

BCBS, Compensation Principles and Standards Assessment Methodology, January 2010, https://www.bis.org/publ/bcbs166.pdf (geprüft am 25.10.2024).

Beck, Sandra, Mobbing am Arbeitsplatz, zugl. Univ. Diss. Würzburg, Baden-Baden 2022.

Becker, Michael, Vertragsfreiheit, Vertragsgerechtigkeit und Inhaltskontrolle, WM 1999, S. 709-718.

Becker, Michael, Der unfaire Vertrag – Verfassungsrechtlicher Rahmen in privatrechtlicher Ausfüllung, Tübingen 2003.

BeckOK Arbeitsrecht, hrsg. von Rolfs, Christian/Giesen, Richard u.a., 73. Ed., München (zit. BeckOK ArbR/*Bearbeiter*).

Beckschulze, Martin, Internet-, Intranet- und E-Mail-Einsatz am Arbeitsplatz, DB 2007, S. 1526-1535.

Behrens, Peter, Die Bedeutung der ökonomischen Analyse des Rechts für das Arbeitsrecht, ZFA 1989, S. 209-238.

Benda, Ernst, Technische Risiken und Grundgesetz, ET 1981, 868-872.

Benecke, Martina, Mobbing – Arbeits- und Haftungsrecht, München 2005.

Benecke, Martina, Flexibilisierung und kein Ende, AuR 2006, S. 337-342.

Bengsch, Karen, Der verfassungsrechtlich geforderte Mindestkündigungsschutz im Arbeitsverhältnis – Ein Beitrag zur kündigungsrechtlichen Konkretisierung der §§ 138 I, 242 BGB, zugl. Univ. Diss. Jena, Berlin 2005.

Bepler, Klaus, Betriebliche Übungen, RdA 2004, S. 226-241.

Berkowsky, Wilfried, Die betriebsbedingte Kündigung – Eine umfassende Darstellung unter Berücksichtigung des Betriebsverfassungsrechts und des Arbeitsgerichtsverfahrens, 6. Aufl., München 2008.

Berkowsky, Wilfried, Die personen- und verhaltensbedingte Kündigung – Eine umfassende Darstellung unter Berücksichtigung des Betriebsverfassungsrechts und des Arbeitsgerichtsverfahrens, 4. Aufl., München 2005.

Besgen, Nicolai/Prinz, Thomas, § 1 Dienstliche und private Nutzung von Internet, Intranet und E-Mail, in: Besgen, Nicolai/Prinz, Thomas (Hrsg.), Neue Medien und Arbeitsrecht – Internet, E-Mail und andere moderne Kommunikationsmittel, Bonn 2006, S. 37-82.

Bettermann, Karl August, Verpflichtungsermächtigung und Vertrag zu Lasten Dritter, JZ 1951, S. 321-325.

Betz, Christoph, Die Krux mit der Substanziierungslast im arbeitsgerichtlichen Verfahren, NZA 2022, S. 1020-1023.

Betzelt, Sigrid, Flexible Wissensarbeit: AlleindienstleisterInnen zwischen Privileg und Prekarität, Bremen 2006.

Bezzenberger, Tilman, Ethnische Diskriminierung, Gleichheit und Sittenordnung im bürgerlichen Recht, AcP 196 (1996), S. 395-434.

Biedenkopf, Kurt Hans, Grenzen der Tarifautonomie, zugl. Univ. Habil. Frankfurt, Karlsruhe 1964.

Bieszk, Dorothea/Sadtler, Susanne, Mobbing und Stalking: Phänomene der modernen (Arbeits-)Welt und ihre Gegenüberstellung, NJW 2007, S. 3382-3387.

Blattner, Jessica, Abgrenzung zwischen sexueller Belästigung und Flirterei am Arbeitsplatz, DB 2019, S. 487-492.

Bloesinger, Hubert, Grundlagen und Grenzen privater Internetnutzung am Arbeitsplatz, BB 2007, S. 2177-2184.

BMF, Jahresergebnisse 2020 der Finanzkontrolle Schwarzarbeit des Zolls, https://www.bundesfinanzministerium.de/Content/DE/Pressemitteilungen/Finanzpolitik/2021/02/2021-02-09-jahresergebnisse-2020-finanzkontrolle-schwarzarbeit.html (geprüft am 25.10.2024).

Boecken, Winfried, BGB – Allgemeiner Teil, 3. Aufl., Stuttgart 2019.

Boecken, Winfried/Düwell, Franz Josef u.a. (Hrsg.), Gesamtes Arbeitsrecht, 2. Aufl., Baden-Baden 2023 (zit. NK-ArbR/*Bearbeiter*).

Boemke, Burkhard/Düwell, Franz Josef/Greiner, Stefan/Hamann, Wolfgang/ Kalb, Heinz-Jürgen/Kock, Martin/Mengel, Anja/Motz, Guido/Schüren, Peter/ Thüsing, Gregor/Wank, Rolf, Das Verbot der Arbeitnehmerüberlassung in der Fleischwirtschaft, NZA 2020, S. 1160-1166.

Boensch, Fabian, Arbeitsvertragliche Entgeltflexibilisierung und aufsichtsrechtliche Institutsvorgaben – Eine Untersuchung unter besonderer Beachtung einseitiger Leistungsbestimmungsrechte, zugl. Univ. Diss. Münster, Hamburg 2018.

Boockmann, Bernhard/Döhrn, Roland/Groneck, Max/Verbeeck, Hans, Abschätzung des Ausmaßes der Schwarzarbeit – eine Untersuchung im Auftrag des Bundesministeriums für Arbeit und Soziales, 07.02.2022, https://www.ssoar.info/ssoar/bitstream/handle/document/33427/ssoar-2010-boockmann_et_al-Abschatzung_des_Ausmaes_der_Schwarzarbeit.pdf?sequence=1&isAllowed=y&lnkname=ssoar-2010-boockmann_et_al-Abschatzung_des_Ausmaes_der_Schwarzarbeit.pdf (geprüft am 25.10.2024).

Bork, Reinhard, Allgemeiner Teil des Bürgerlichen Gesetzbuchs, 4. Aufl., Tübingen 2016.

Bouton, Daniel, "Promoting Better Corporate Governance in Listed Companies" – Report of working group chaired by Daniel Bouron, 23.09.2002, https://www.ecgi.global/sites/default/files/codes/documents/rapport_bouton_en.pdf (geprüft am 25.10.2024).

Breucker, Marius, Die Druckkündigung im Sport, NZA 2008, S. 1046-1051.

Bröhl, Knut, Aktuelle Rechtsprechung des Bundesarbeitsgerichts zur Sozialauswahl, BB 2006, S. 1050-1056.

Bröhl, Knut, Die außerordentliche Kündigung mit notwendiger Auslauffrist, zugl. Univ. Diss. Gießen, München 2005.

Brose, Wiebke, Haftung und Risiken nach den arbeitsrechtlichen Grundsätzen und dem SGB VII, RdA 2011, S. 205-221.

Brose, Wiebke, „Regulatorische Rahmenbedingungen" als Einbahnstraße in eine abstrakte Einordnung von Tätigkeiten als abhängige Beschäftigung?, NZS 2022, S. 921-927.

Brose, Wiebke, Von Bismarck zu Crowdwork – Über die Reichweite der Sozialversicherungspflicht in der digitalen Arbeitswelt, NZS 2017, S. 7-14.

Brose, Wiebke/Weth, Stephan/Volk, Annette (Hrsg.), Mutterschutzgesetz und Bundeselterngeld- und Elternzeitgesetz: Kommentar, 9. Aufl., München 2020 (zit. Brose/Weth/Volk/*Bearbeiter*).

Brox, Hans/Walker, Wolf-Dietrich, Allgemeiner Teil des BGB, 48. Aufl., München 2024.

Brox, Hans/Walker, Wolf-Dietrich, Allgemeines Schuldrecht, 48. Aufl., München 2024.

Brüggemeier, Gert, Prinzipien des Haftungsrechts – Eine systematische Darstellung auf rechtsvergleichender Grundlage, Baden-Baden 1999.

Bruns, Alexander, Die Vertragsfreiheit und ihre Grenzen in Europa und den USA – Movement from Contract to Status?, JZ 2007, S. 385-394.

Buchen, Stefan, Kündigung wegen US-Druck ist rechtswidrig, 5.8.2017, https://daserste.ndr.de/panorama/aktuell/Kuendigung-wegen-US-Druck-ist-rechtswidrig,wirtschaftskrieg130.html (geprüft am 25.10.2024).

Bulla, Gustav-Adolf (Begr.)/*Buchner, Herbert* (Hrsg.), Mutterschutzgesetz – Kommentar, 5. Aufl., München 1981 (zit. Bulla/Buchner/*Bearbeiter*).

Buchner, Herbert/Becker, Ulrich (Hrsg.), Mutterschutzgesetz und Bundeselterngeld- und Elternzeitgesetz – Kommentar, 8. Aufl., München 2008 (zit. Buchner/Becker/*Bearbeiter*).

Busche, Jan, Privatautonomie und Kontrahierungszwang, zugl. Univ. Habil. Berlin, Tübingen 1999.

Bütefisch, Wylka, Die Sozialauswahl – Praxisorientierte Darstellung der §§ 1 Abs. 3, 4 KSchG und 125 Abs. 1 S. 1 Nr. 2 InsO, zugl. Fernuniv. Diss. Hagen, Köln 2000.

Calliess, Christian/Ruffert, Matthias (Hrsg.), EUV/AEUV – Das Verfassungsrecht der Europäischen Union mit Europäischer Grundrechtecharta: Kommentar, 6. Aufl., München 2022 (zit. Callies/Ruffert/*Bearbeiter*).

Callies, Gralf-Peter, Die Zukunft der Privatautonomie – Zur neuen Entwicklung eines gemeineuropäischen Rechtsprinzips, in: Jud, Brigitta (Hrsg.), Prinzipien des Privatrechts und Rechtsvereinheitlichung – Wiener Tagung, 13. - 16. September 2000; 11. Tagung der Gesellschaft Junger Zivilrechtswissenschaftler e.V, Stuttgart 2001, S. 85-110.

Canaris, Claus-Wilhelm, Die Bedeutung der iustitia distributiva im deutschen Vertragsrecht – Aktualisierte und stark erweiterte Fassung des Vortrags vom 2. Juli 1993, München 1997.

Canaris, Claus-Wilhelm, Die Vertrauenshaftung im deutschen Privatrecht, zugl. Univ. Habil. München, München 1971.

Canaris, Claus-Wilhelm, Grundrechte und Privatrecht, AcP 184 (1984), S. 201-246.

Canaris, Claus-Wilhelm, Verfassungs- und europarechtliche Aspekte der Vertragsfreiheit in der Privatrechtsgesellschaft, in: Badura, Peter (Hrsg.), Wege und Verfahren des Verfassungslebens – Festschrift für Peter Lerche zum 65. Geburtstag, München 1993, S. 873-891 (zit. *Canaris*, in: FS Lerche).

Canaris, Claus-Wilhelm, Wandlungen des Schuldvertragsrechts – Tendenzen zu seiner „Materialisierung“, AcP 200 (2000), S. 273-364.

CEBS, High-level principles for Renumeration Policies, 20.4.2009, https://service.betterregulation.com/document/151742 (geprüft am 25.10.2024).

Chan, Lilian H./Chen, Kevin C.W./Chen, Tai-Yuan/Yu, Yangxin, The effects of firm-initiated clawback provisions on earnings quality and auditor behavior, Journal of Accounting and Economics 2012, S. 180-196.

Chen, Mark A./Greene, Daniel T./Owers, James E., The Costs and Benefits of Clawback Provisions in CEO Compensation, Review of Corporate Finance Studies 2015, S. 108-154.

Chen, Yu/Vann, Carol E., Clawback provision adoption, corporate governance, and investment decisions, Journal of Business Finance & Accounting 2017, S. 1370-1397.

Classen, Claus Dieter, Das Prinzip der Verhältnismäßigkeit, in: Sachs, Michael/Siekmann, Helmut (Hrsg.), Der grundrechtsgeprägte Verfassungsstaat – Festschrift für Klaus Stern zum 80. Geburtstag, Berlin 2012, S. 651-667 (zit. *Classen*, in: FS Stern).

Clemenz, Susanne/Kreft, Burghard/Krause, Rüdiger (Hrsg.), AGB-Arbeitsrecht – Kommentar zu den Paragraphen 305-310 BGB, 3. Aufl., Köln 2023 (zit. CKK/*Bearbeiter*).

Cloppenburg, Christian, Erwerbsgrundrechte im Unionsrecht, zugl. Univ. Diss. Münster, Tübingen 2020.

Coester-Waltjen, Dagmar, Die Inhaltskontrolle von Verträgen außerhalb des AGBG, AcP 190 (1990), S. 1-33.

Dathe, Uwe, Die Auswirkungen ausgewählter Vereinbarungen auf die Sozialauswahl, NZA 2007, S. 1205-1211.

Däubler, Wolfgang, Das Fernsprechgeheimnis des Arbeitnehmers, AiB 1995, S. 149-157.

Däubler, Wolfgang, Die „freie Unternehmerentscheidung" im Kündigungsschutzrecht, in: Brose, Wiebke/Greiner, Stefan u.a. (Hrsg.), Grundlagen des Arbeits- und Sozialrechts – Festschrift für Ulrich Preis zum 65. Geburtstag, München 2021, S. 159-170 (zit. *Däubler*, in: FS Preis).

Däubler, Wolfgang (Hrsg.), Tarifvertragsgesetz – Mit Arbeitnehmer-Entsendegesetz, 5. Aufl., Baden-Baden 2022 (zit. Däubler/*Bearbeiter*).

Däubler, Wolfgang/Beck, Thorsten (Hrsg.), Allgemeines Gleichbehandlungsgesetz – Mit Entgelttransparenzgesetz, Berliner LADG: Handkommentar, 5. Aufl., Baden-Baden 2022 (zit. HK-AGG/*Bearbeiter*).

Däubler, Wolfgang/Deinert, Olaf/Walser, Manfred (Hrsg.), AGB-Kontrolle im Arbeitsrecht – Kommentar zu den §§ 305 bis 310 BGB, 5. Aufl., München 2021 (zit. DDW/*Bearbeiter*).

Däubler, Wolfgang/Deinert, Olaf (Hrsg.), KSchR – Kündigungsschutzrecht – Kommentar für die Praxis, 12. Aufl., Frankfurt am Main 2024 (zit. DD/*Bearbeiter*).

Däubler, Wolfgang/Hjort, Jens Peter/Schubert, Micheal/Wolmerath, Martin (Hrsg.), Arbeitsrecht – Individualarbeitsrecht mit kollektivrechtlichen Bezügen, 5. Aufl., Baden-Baden 2022 (zit. HK-ArbR/*Bearbeiter*).

Däubler, Wolfgang/Klebe, Thomas, Crowdwork: Die neue Form der Arbeit – Arbeitgeber auf der Flucht?, NZA 2015, S. 1032-1041.

Däubler, Wolfgang/Klebe, Thomas u.a. (Hrsg.), BetrVG – Betriebsverfassungsgesetz – Kommentar für die Praxis mit Wahlordnung und EBR-Gesetz, 19. Aufl., Frankfurt am Main 2024 (zit. Däubler/Klebe/Wedde/*Bearbeiter*).

Dauner-Lieb, Barbara/Langen, Werner (Hrsg.), BGB – Band 2: Schuldrecht; ProdHaftG; UKlaG §§ 241 - 853 BGB, 4. Aufl., Baden-Baden 2021 (zit. NK-BGB/*Bearbeiter*).

Deinert, Olaf, Anmerkung zu BAG 1.12.2020 – 9 AZR 102/20, AP BGB § 611 Abhängigkeit Nr. 132.

Deinert, Olaf, Die Druckkündigung im Lichte der Diskriminierungsverbote, RdA 2007, S. 275-283.

Deinert, Olaf, Mankohaftung, RdA 2000, S. 22-37.

Deinert, Olaf, Neuregelung des Fremdpersonaleinsatzes im Betrieb, RdA 2017, S. 65-82.

Deinert, Olaf, Privatrechtsgestaltung durch Sozialrecht – Begrenzungen des Akzeptanz- und Vermögenswertprinzips durch sozialrechtliche Regelungen, zugl. Univ. Habil. Rostock, Baden-Baden 2007.

Deinert, Olaf, Sozialversicherungspflichtige Beschäftigung und Arbeitsverhältnis, in: Marhold, Franz/Becker, Ulrich u.a. (Hrsg.), Arbeits- und Sozialrecht für Europa – Festschrift für Maximilian Fuchs, Baden-Baden 2020, S. 435-453 (zit. *Deinert*, in: FS Fuchs).

Denk, Christian/Kliche, Karin, Die neue Auslegungshilfe zur InstitutsVergV, ZfgK 2018, S. 232-235.

Desai, Hemang/Hogan, Chris E./Wilkins, Michael S., The Reputational Penalty for Aggressive Accounting: Earnings Restatements and Management Turnover, The Accounting Review 2006, S. 83-112.

Deutsche Rentenversicherung Bund (Hrsg.), Szenarien einer Eingliederung der Selbstständigen ohne obligatorische Altersvorsorge in die gesetzliche Rentenversicherung – Expertise im Auftrag des Forschungsnetzwerks Alterssicherung (FNA) der Deutschen Rentenversicherung Bund, Berlin (Nachdruck 2009).

Diepenbrock, Thorsten, Selbständigkeit und Arbeitnehmereigenschaft im Sozialrecht, NZS 2016, S. 127-132.

Diepold, Markus, Die leistungsbezogene Vergütung, zugl. Univ. Diss. Berlin, Berlin 2005.

Dieterich, Thomas, Grundgesetz und Privatautonomie im Arbeitsrecht, RdA 1995, S. 129-136.

Dieterich, Thomas/Oehmann, Werner (Hrsg.), Arbeitsrecht-Blattei, Heidelberg (zit. AR-Blattei SD/*Bearbeiter*).

Diller, Martin/Arnold, Christian, Vergütungsverordnungen für Banken und Versicherungen: Pflicht zum Mobbing?, ZIP 2011, S. 837-845.

Dornbusch, Gregor/Krumbiegel, Markus/Löwisch, Manfred (Hrsg.), AR – Kommentar zum gesamten Arbeitsrecht, 10. Aufl., Köln 2021 (zit. DKL/*Bearbeiter*).

Dörrwächter, Jan, Malus-/Clawback-Klauseln: die wichtigsten Fragen, DB 2020, S. 2182-2184.

Drechsler, Stefan, Der EuGH auf dem Weg zu einer Dogmatik der Wirtschaftsgrundrechte? – Anmerkung zum Urteil des EuGH vom 30. Juni 2016 in der Rechtssache Lidl (C-134/15), EuR 2016, S. 691-705.

Dreher, Meinrad, Der Verbraucher – Das Phantom in den opera des europäischen und deutschen Rechts?, JZ 1997, S. 167-177.

Dreier, Horst, Dimensionen der Grundrechte – Von der Wertordnungsjudikatur zu den objektiv-rechtlichen Grundrechtsgehalten, Hannover 1993.

Dreier, Horst (Hrsg.), Grundgesetz – Kommentar, Band 1, 4. Aufl., Tübingen 2023 (zit. Dreier/*Bearbeiter*).

Duplois, Marcel, Die Beeinflussung aktienrechtlicher Corporate Governance durch das Bankaufsichtsrecht, zugl. Univ. Diss. Freiburg, Baden-Baden 2017.

Dürig, Günter/Herzog, Roman/Scholz, Rupert (Hrsg.), Grundgesetz – Kommentar, 104. EL, München (zit. Dürig/Herzog/Scholz/*Bearbeiter*).

Dutta, Anatol, Grenzen der Vertragsfreiheit im Pflichtteilsrecht, AcP 209 (2009), S. 760-806.

Düwell, Franz Josef (Hrsg.), Betriebsverfassungsgesetz – BetrVG, WO, EBRG, SEBG: Handkommentar, 6. Aufl., Baden-Baden 2022 (zit. Düwell/*Bearbeiter*).

Ebel, Christian Alexander, Rückforderung bereits ausgezahlter Vorstandsvergütung, zugl. Univ. Diss. Freiburg, Berlin 2021.

Eckert, Jörn, Sittenwidrigkeit und Wertungswandel, AcP 199 (1999), S. 337-359.

Ehlers, Dirk/Germelmann, Claas Friedrich (Hrsg.), Europäische Grundrechte und Grundfreiheiten, 5. Aufl., Berlin 2023.

Ehricke, Ulrich, Zur Begründbarkeit der Durchgriffshaftung in der GmbH, insbesondere aus methodischer Sicht, AcP 199 (1999), S. 257-304.

Ehring, Philipp/Taeger, Jürgen (Hrsg.), Produkthaftungs- und Produktsicherheitsrecht – BGB, ProdHaftG, ProdSG, MÜ-VO, MüG, ÜAnlG, Baden-Baden 2022 (zit. NK-ProdR/*Bearbeiter*).

Eichenhofer, Eberhard, Diskriminierungsverbote und Vertragsfreiheit, AuR 2013, S. 62-65.

Eichenhofer, Eberhard, Plattformarbeit und Internationales Recht, in: Brose, Wiebke/Greiner, Stefan u.a. (Hrsg.), Grundlagen des Arbeits- und Sozialrechts – Festschrift für Ulrich Preis zum 65. Geburtstag, München 2021, S. 191-201 (zit. *Eichenhofer*, in: FS Preis).

Eichenhofer, Eberhard, Sozialrecht als System, SGb 2022, S. 647-657.

Einarsen, Ståle, Harassment and bullying at work, Aggression and Violent Behavior 2000, S. 379-401.

El Mahdy, Dina, The unintended consequences of voluntary adoption of clawback provisions on managerial ability, Account Finance 2020, S. 3493-3526.

Elking, Lennart, Der „Nichtvertragliche Arbeitgeber" – Leiharbeit im Betriebsübergang auf Entleiherseite, zugl. Univ. Diss. Bochum, Baden-Baden 2013.

Enneccerus, Ludwig/Lehmann, Heinrich, Recht der Schuldverhältnisse: Ein Lehrbuch – Lehrbuch des Bürgerlichen Rechts Band 2, 15. Aufl., Tübingen 1958.

Enneccerus, Ludwig/Nipperdey, Hans Carl, Allgemeiner Teil des bürgerlichen Rechts – Zweiter Halbband, 14. Aufl., Tübingen 1955 (zit. *Enneccerus/Nipperdey*, Allgemeiner Teil des bürgerlichen Rechts I, 2).

Erbs, Georg (Begr.)/*Kohlhaas, Max/Häberle, Peter* (Hrsg.), Strafrechtliche Nebengesetze, 252. EL 2024, München (zit. Erbs/Kohlhaas/Häberle/*Bearbeiter*).

Erfurter Kommentar zum Arbeitsrecht, hrsg. von Müller-Glöge, Rudi/Preis, Ulrich/Gallner, Inken/Schmidt, Ingrid, 23. Aufl., München 2023 (zit. ErfK/*Bearbeiter*).

Erman Bürgerliches Gesetzbuch – Kommentar mit Nebengesetzen – Band 1: §§ 1-597 BGB, hrsg. von Westermann, Harm Peter/Grunewald, Barbara/Maier-Reimer, Georg, 17. Aufl., Köln 2023 (zit. als Erman/*Bearbeiter*).

Erman Bürgerliches Gesetzbuch – Kommentar mit Nebengesetzen – Band 2: §§ 598-1588 BGB, BVersTG, Dt-frz WZGA, VersAusglG, hrsg. von Westermann, Harm Peter/Grunewald, Barbara/Maier-Reimer, Georg, 17. Aufl., Köln 2023 (zit. als Erman/*Bearbeiter*).

Esser, Axel/Wolmerath, Martin, Mobbing und psychische Gewalt – Der Ratgeber für Betroffene und ihre Interessenvertretung, 10. Aufl., Frankfurt am Main 2020.

EU High-Level Expert Group on Sustainable Finance, Financing a sustainable european economy – Final report 2018, https://finance.ec.europa.eu/system/files/2018-01/180131-sustainable-finance-final-report_en.pdf(geprüftam25.10.2024).

Eufinger, Alexander, Arbeitgeberseitiger Umgang mit Whistleblower-Hinweisen, DB 2018, S. 891-896.

Europäische Kommission, Bewertung der Vergütungsbestimmungen der Richtlinie 2013/36/EU und der Verordnung (EU) Nr. 575/2013, COM(2016) 510, Brüssel, 28.7.2016.

Europäisches Parlament, Mobbing am Arbeitsplatz – Arbeitsdokument, SOCI 108 DE, Luxemburg, 2001 (zit. Mobbing am Arbeitsplatz).

Fervers, Matthias, Die Bindung Dritter an Prozessergebnisse – Eine Neubestimmung der subjektiven Rechtskraftwirkungen und sonstiger Drittbindungen, zugl. Univ. Habil. München, Tübingen 2022.

Firk, Sebastian/Holst, Max/Wolff, Michael, Clawback-Regelungen – Ein zweischneidiges Schwert, Controlling 2019, S. 34-40.

Fischer, Christopher, Risikomanagement und Vergütungspolitik – Institutionsvergütungsverordnung als Modell, in: Maschmann, Frank (Hrsg.), Total Compensation – Handbuch der Entgeltgestaltung, 2. Aufl., Frankfurt 2019, S. 469-495.

Fischer, Max, Der Begriff der Vertragsfreiheit, zugl. Univ. Diss. Zürich, Aarau 1952.

Fischer, Reinfrid/Schulte-Mattler, Hermann (Hrsg.), KWG, CRR – Kommentar zu Kreditwesengesetz, VO (EU) Nr. 575-2013 (CRR) und Ausführungsvorschriften, 6. Aufl., München 2023 (zit. FSM-KWG/*Bearbeiter*).

Fischinger, Philipp Sergius, § 10 Beendigung von Arbeitsverhältnissen, in: Fischinger, Philipp Sergius/Reiter, Heiko (Hrsg.), Das Arbeitsrecht des Profisports – Praxishandbuch, München 2021, S. 235-296.

Fitting, Karl (Begr.), Betriebsverfassungsgesetz – Handkommentar, 32. Aufl., München 2024 (zit. *Fitting* BetrVG).

Fleischmann, Michael, Betriebliche Übung zur Privatnutzung üblicher elektronischer Kommunikationsmittel, NZA 2008, S. 1397.

Florstedt, Tim, Zur haftungsrechtlichen Aufarbeitung von außerbörslichen Cum/ex-Geschäften – Teil II: Der zivilrechtliche Regress als Gesamtschuldnerausgleich, DStR 2019, S. 695-700.

Flume, Werner, Rechtsgeschäft und Privatautonomie, in: Caemmerer, Ernst von/Friesenhahn, Ernst/Lange, Richard (Hrsg.), Hundert Jahre Deutsches Rechtsleben – Festschrift zum hundertjährigen Bestehen des Deutschen Juristentages 1860 - 1960, Karlsruhe 1960, S. 135-238 (zit. *Flume*, in: FS 100 Jahre DJT).

Flume, Werner, Allgemeiner Teil des Bürgerlichen Rechts – Zweiter Band: Das Rechtsgeschäft, 4. Aufl., Berlin 1992 (zit. *Flume*, BGB AT II).

Forbes.com, Clawbacks are in place and ineffective, 29.10.2008, https://www.forbes.com/2008/10/29/executive-compensation-clawbacks-lead-compensation-cx_tw_1029ethics/ (geprüft am 25.10.2024).

Franzen, Klaus/Gast-de Haan, Brigitte (Begr.)/*Joecks, Wolfgang u.a.* (Hrsg.), Steuerstrafrecht – Kommentar: §§ 369-412 AO; § 32 ZollVG; §§ 26a, 26c UStG; §§ 73 ff., § 261 StGB, 9. Aufl., München 2023 (zit. Joecks/Jäger/Randt/*Bearbeiter*).

Franzen, Martin, Die Rechtsprechung des Europäischen Gerichtshofs im Arbeitsrecht im Jahr 2021, EuZA 2022, S. 186-210.

Franzen, Martin/Gallner, Inken/Oetker, Hartmut (Hrsg.), Kommentar zum europäischen Arbeitsrecht, 5. Aufl., München 2024 (zit. EuArbRK/*Bearbeiter*).

Frenz, Walter, Die europäische Berufsfreiheit, GewArch 2008, S. 465-472.

Freyler, Carmen, Robot-Recruiting, Künstliche Intelligenz und das Antidiskriminierungsrecht, NZA 2020, S. 284-290.

Freyler, Carmen/Heinrich, Christian, Der Einfluss der EU-Grundrechte auf private Arbeitsverhältnisse, in: Marhold, Franz/Becker, Ulrich u.a. (Hrsg.), Arbeits- und Sozialrecht für Europa – Festschrift für Maximilian Fuchs, Baden-Baden 2020, S. 71-81 (zit. *Freyler/Heinrich*, in: FS Fuchs).

FSA, The Turner Review – A regulatory response to the global banking crisis, März 2009, http://www.actuaries.org/CTTEES_TFRISKCRISIS/Documents/turner_review.pdf (geprüft am 25.10.2024).

FSF, Report of the Financial Stability Forum on Enhancing Market and Institutional Resilience, 7.4.2008, https://www.fsb.org/uploads/r_0804.pdf (geprüft am 25.10.2024).

FSF, Principles for Sound Compensation Practices, 2.4.2009, https://www.fsb.org/wp-content/uploads/r_0904b.pdf (geprüft am 25.10.2024).

Fuchs, Maximilian, Entstehung und Grundlagen der Sozialversicherung, in: Fuchs, Maximilian/Preis, Ulrich/Brose, Wiebke (Hrsg.), Sozialversicherungsrecht und SGB II – Lehrbuch für Studium und Praxis, 3. Aufl., Berlin, Boston 2021, S. 1-37 (zit. *Fuchs*, in: Fuchs/Preis/Brose).

Fuchs, Maximilian/Brose, Wiebke, Gemeinsame Vorschriften über die Sozialversicherung – SGB IV, in: Fuchs, Maximilian/Preis, Ulrich/Brose, Wiebke (Hrsg.), Sozialversicherungsrecht und SGB II – Lehrbuch für Studium und Praxis, 3. Aufl., Berlin, Boston 2021, S. 171-254 (zit. *Fuchs/Brose*, in: Fuchs/Preis/Brose).

Fuhlrott, Michael, Der arbeitsrechtliche Gleichbehandlungsgrundsatz als Anspruchsnorm, ArbRAktuell 2015, S. 141-144.

Fuhlrott, Michael/Hoppe, Christian, Besonderheiten der Sozialauswahl bzw. Weiterbeschäftigungspflicht in Gemeinschaftsbetrieb und Konzern, BB 2012, S. 253-258.

Gallner, Inken/Mestwerdt, Wilhelm/Nägele, Stefan (Hrsg.), Kündigungsschutzrecht: Handkommentar, 7. Aufl., Baden-Baden 2021 (zit. HaKo-KSchR/*Bearbeiter*).

Gamillscheg, Franz, Die Grundrechte im Arbeitsrecht, AcP 164 (1964), S. 385-445.

Gamillscheg, Katharina, Die Beendigung des Arbeitsverhältnisses – Bestandsschutz- und Mobilitätsinteresse des Arbeitnehmers in Abwägung zum Organisationsinteresse des Arbeitgebers, zugl. Univ. Diss. Berlin, Berlin 2020.

Ganz, Wilfried, Der unkündbare Arbeitnehmer – ein Produkt sprachlicher Ungenauigkeit, ArbRAktuell 2022, S. 523-525.

Gärtner, Jan Armin, Koalitionsfreiheit und Crowdwork – zur Kollektivierung der Beschäftigteninteressen soloselbstständiger Crowdworker, zugl. Univ. Diss. Göttingen, Berlin 2020.

Gaul, Björn, Der Abschied vom Freiwilligkeitsvorbehalt, in: Maschmann, Frank (Hrsg.), Festschrift für Wolfgang Hromadka zum 70. Geburtstag, München 2008, S. 99-114 (zit. *Gaul*, in: FS Hromadka).

Gaul, Dieter, Wechselbeziehungen zwischen Direktionsrecht und Sozialauswahl, NZA 1992, S. 673-679.

Gehlhaar, Daniel, § 12 III AGG und der Anspruch des belästigten Arbeitnehmers auf Ergreifung (bestimmter?) Schutzmaßnahmen, NZA 2009, S. 825-829.

Geiger, Barbara, Anmerkung zu BSG 24.11.2020 – B 12 KR 34/19 R, NZS 2021, S. 976-980.

Gellermann, Karl-Peter, Völkerrechtliche Verträge zu Lasten Dritter, zugl. Univ. Diss. Göttingen, Göttingen 1963.

Gemeinsame Verfassungskommission, Bericht der Gemeinsamen Verfassungskommission – gemäß Beschluß des Deutschen Bundestages – Drucksachen 12/1590, 12/1670 – und Beschluß des Bundesrates – Drucksache 741/91 (Beschluß) –, BT-Drs. 12/600, 5.11.1993 (zit. Bericht der Gemeinsamen Verfassungskommission).

Gernhuber, Joachim, Das Schuldverhältnis – Begründung und Änderung, Pflichten und Strukturen, Drittwirkungen, Tübingen 1989.

Gierke, Otto Friedrich von, Die sociale Aufgabe des Privatrechts – Vortrag gehalten am 5. April 1889 in der juristischen Gesellschaft zu Wien, Berlin 1889.

Goette, Wulf, Grundsätzliche Verfolgungspflicht des Aufsichtsrats bei sorgfaltswidrig schädigendem Verhalten im AG-Vorstand?, ZHR 2012, S. 588-616.

Grabitz, Eberhardt (Begr.)/*Hilf, Meinhard/Nettesheim, Martin* (Hrsg.), Das Recht der Europäischen Union, 82. EL (zit. Grabitz/Hilf/Nettesheim/*Bearbeiter*).

Graf von Westphalen, Friedrich, Verzweifelte Suche nach der verlorenen Vertragsfreiheit, ZIP 2020, S. 437-446.

Graj, Sebastian, Unkündbarkeitsklauseln in der Sozialauswahl – Senioritäts- und Sozialschutz in praktischer Konkordanz, zugl. Univ. Diss. Halle-Wittenberg, Baden-Baden 2009.

Grashoff, Dietrich/Mach, Holger, Grundzüge des Steuerrechts – Alle wichtigen Steuerarten, Internationales Steuerrecht, Verfahrensrecht, 16. Aufl., München 2023.

Greiner, Stefan, Erfolgsbezogene Vergütungen im Arbeitsverhältnis – oder: der Arbeitsvertrag als spezieller Werkvertrag?, RdA 2015, S. 218-221.

Greiner, Stefan, Statusbegriff und Vertragsfreiheit im Arbeits- und Sozialversicherungsrecht, insbesondere im Falle der Freistellung von der Arbeitsleistung, NZS 2009, S. 657-664.

Greiner, Stefan, Störungen des Austausch - und Äquivalenzverhältnisses als Kündigungstatbestand, RdA 2007, S. 22-35.

Grigoleit, Hans Christoph (Hrsg.), Aktiengesetz – Kommentar, 2. Aufl., München 2020 (zit. Grigoleit/*Bearbeiter*).

Groß, Thomas, Die Schutzwirkung des Brief-, Post- und Fernmeldegeheimnisses nach der Privatisierung der Post, JZ 1999, S. 326-335.

Grundmann, Stefan, Privatautonomie im Binnenmarkt, JZ 2000, S. 1133-1143.

Grundmann, Stefan, § 9 Systemdenken und Systembildung, in: Riesenhuber, Karl (Hrsg.), Europäische Methodenlehre – Handbuch für Ausbildung und Praxis, 4. Aufl., Berlin 2021.

Grüneberg, Christian (Hrsg.), Bürgerliches Gesetzbuch – Mit Nebengesetzen, 83. Aufl., München 2024 (zit. Grüneberg/*Bearbeiter*).

Grunewald, Benno, Mobbing – arbeitsrechtliche Aspekte eines neuen Phänomens, NZA 1993, S. 1071-1073.

Grunsky, Wolfgang, Vertragsfreiheit und Kräftegleichgewicht – Vortrag, gehalten vor der Juristischen Gesellschaft zu Berlin am 25. Januar 1995, Berlin 1995.

Habersack, Mathias, Vertragsfreiheit und Drittinteressen – Eine Untersuchung zu den Schranken der Privatautonomie unter besonderer Berücksichtigung der Fälle typischerweise gestörter Vertragsparität, zugl. Univ. Diss. Heidelberg, Berlin 1992.

Hamacher, Anno, Neues zur betriebsbedingten Druckkündigung – Bedrückend?, NZA 2014, S. 134-136.

Hanau, Peter, Objektive Elemente im Tatbestand der Willenserklärung, AcP 165 (1965), S. 220-284.

Hanau, Peter/Hromadka, Wolfgang, Richterliche Kontrolle flexibler Entgeltregelungen in Allgemeinen Arbeitsbedingungen, NZA 2005, S. 73-78.

Harländer, Philipp, Europäische Vertragsfreiheit im deutschen Arbeitsrecht – Inhalt und Grenzen der Vertragsfreiheit nach Art. 16 der Charta der Grundrechte der Europäischen Union und deren Geltung und Auswirkungen auf das deutsche Arbeitsrecht, zugl. Univ. Diss. Kiel, Berlin 2020.

Hartmann, Felix/Lobinger, Thomas, Die Arbeits- und Wettbewerbsfreiheit als Grenze tarifvertraglicher Vorteilsregelungen, NZA 2010, S. 421-427.

Heckelmann, Martin, Crowdworking – eine arbeitsrechtliche Bestandsaufnahme, NZA 2022, S. 73-81.

Heilmann, Joachim, Mutterschutzgesetz – Kommentar, 2. Aufl., Baden-Baden 1991.

Heidel, Thomas/Hüßtege, Rainer u.a. (Hrsg.), BGB – Band 1: Allgemeiner Teil; EGBGB, 4. Aufl., Baden-Baden 2021 (zit. NK-BGB/*Bearbeiter*).

Heinrich, Christian, Die Generalklausel des § 242 BGB, in: Kern, Bernd-Rüdiger/Schroeder, Klaus-Peter (Hrsg.), Humaniora – Medizin, Recht, Geschichte; Festschrift für Adolf Laufs zum 70. Geburtstag, Berlin, Heidelberg 2006, S. 585-608 (zit. *Heinrich*, in: FS Laufs).

Heinrich, Christian, Formale Freiheit und materiale Gerechtigkeit – Die Grundlagen der Vertragsfreiheit und Vertragskontrolle am Beispiel ausgewählter Probleme des Arbeitsrechts, zugl. Univ. Habil. Passau, Tübingen 2000.

Hellgardt, Alexander, Regulierung und Privatrecht – Staatliche Verhaltenssteuerung mittels Privatrecht und ihre Bedeutung für Rechtswissenschaft, Gesetzgebung und Rechtsanwendung, zugl. Univ. Habil. München, Tübingen 2016.

Henssler, Martin, Tarifbindung durch betriebliche Übung, in: Oetker, Hartmut/Preis, Ulrich/Rieble, Volker (Hrsg.), 50 Jahre Bundesarbeitsgericht, München 2004, S. 683-711 (zit. *Henssler*, in: FS 50 Jahre BAG).

Henssler, Martin/Willemsen, Heinz Josef/Kalb, Heinz-Jürgen (Hrsg.), Arbeitsrecht Kommentar, 11. Aufl., Köln 2024 (zit. HWK/*Bearbeiter*).

Hermes, Georg, Grundrechtsschutz durch Privatrecht auf neuer Grundlage?, NJW 1990, S. 1764-1768.

Herresthal, Carsten, Grundrechtecharta und Privatrecht, ZEuP 2014, S. 238-280.

Herschel, Wilhelm, Druckkündigung und Schadensausgleich, RdA 1953, S. 41-42.

Herschel, Wilhelm, Kündigungsschutz und Wettbewerb, RdA 1975, S. 28-32.

Hesse, Konrad, Grundzüge des Verfassungsrechts der Bundesrepublik Deutschland, 20. Aufl., Heidelberg 1999.

High Level Group of Company Law experts, Report of the High Level Group of Company Law experts on a Modern Regulatory Framework for Company Law in Europe, Brüssel 4.11.2002, https://ecgi.global/sites/default/files/report_en.pdf (geprüft am 25.10.2024).

Hlava, Daniel/Höller, Johannes/Klengel, Ernesto, Verfahren vor dem EuGH, NZA 2022, S. 389-396.

Höfling, Wolfram, Vertragsfreiheit - Eine grundrechtsdogmatische Studie, Heidelberg 1991.

Hölters, Wolfgang/Weber, Markus (Hrsg.), Aktiengesetz - Kommentar, 4. Aufl., München 2022 (zit. Hölters/Weber/*Bearbeiter*).

Hommelhoff, Peter, Zivilrecht unter dem Einfluß europäischer Rechtsangleichung, AcP 192 (1992), S. 71-107.

Hönn, Günther, Privatautonomie von innen und außen - Zur Materialisierungsdebatte im Vertragsrecht, JZ 2021, S. 693-701.

Höpfner, Clemens, Mobbing am Arbeitsplatz in Deutschland und in der Schweiz - Bedarf es einer gesetzlichen Regelung zum Schutz vor Mobbing, in: Wolmerath, Martin (Hrsg.), Recht - Politik - Geschichte - Festschrift für Franz Josef Düwell zum 65. Geburtstag, Baden-Baden 2011, S. 379-408 (zit. *Höpfner*, in: FS Düwell).

Hopt, Klaus, Vergleichende Corporate Governance - Forschung und internationale Regulierung, ZHR 2011, S. 444-526.

Horcher, Michael, Kontrahierungszwang im Arbeitsrecht - unter besonderer Berücksichtigung von § 15 Abs. 6 AGG, RdA 2014, S. 93-102.

Hoyningen-Huene, Gerrick von, Die Abmahnung im Arbeitsrecht, RdA 1990, S. 193-212.

Hoyningen-Huene, Gerrick von, Die „missbräuchliche" Unternehmerentscheidung bei der betriebsbedingten Kündigung, in: Oetker, Hartmut/Preis, Ulrich/Rieble, Volker (Hrsg.), 50 Jahre Bundesarbeitsgericht, München 2004, S. 369-393 (zit. *Hoyningen-Huene*, in: FS 50 Jahre BAG).

Hromadka, Wolfgang, Zur Auslegung des § 611 a BGB, NZA 2018, S. 1583-1586.

Hromadka, Wolfgang, Zur betrieblichen Übung, NZA 1984, S. 241-246.

Huber, Ernst Rudolf, Bedeutungswandel der Grundrechte, AöR 1933, S. 1-128.

Hueck, Alfred/Nipperdey, Hans Carl, Lehrbuch des Arbeitsrechts - Band 1, 7. Aufl., Berlin 1963.

Hueck, Götz, Der Grundsatz der gleichmäßigen Behandlung im Privatrecht, zugl. Univ. Habil. Münster, München u.a. 1958.

Iliopoulos-Strangas, Julia, Soziale Grundrechte in den Mitgliedstaaten der Europäischen Union im Rechtsvergleich unter Berücksichtigung des europäischen

Rechts, in: Iliopoulos-Strangas, Julia/van Aerschot, Paul (Hrsg.), Soziale Grundrechte in Europa nach Lissabon – Eine rechtsvergleichende Untersuchung der nationalen Rechtsordnungen und des europäischen Rechts, Baden-Baden 2010, S. 699-1196.

Insam, Alexander, Ist die Druckkündigung nur als außerordentliche Kündigung zulässig?, DB 2005, S. 2298-2300.

Isensee, Josef, § 191 Das Grundrecht als Abwehrrecht und als staatliche Schutzpflicht, in: Isensee, Josef/Kirchhof, Paul (Hrsg.), Handbuch des Staatsrechts – Band 9: Allgemeine Grundrechtslehren, 3. Aufl., Heidelberg 2011, S. 413-567.

ISG, Entwicklung von Schwarzarbeit und illegaler Beschäftigung seit der Einführung des gesetzlichen Mindestlohnes zum 1. Januar 2015 - Qualitative Erhebung, Februar 2020, https://www.bmas.de/DE/Service/Publikationen/Forschungsberichte/fb-564-schwarzarbeit-illegale-beschaeftigung-seit-einfuehrung-mindestlohn.html (geprüft am 25.10.2024).

Jacobi, Erwin, Grundlehren des Arbeitsrechts, Leipzig 1927.

Jarass, Hans Dieter, Berufs- und Unternehmensfreiheit im Unionsrecht – Zur Abgrenzung der Berufsfreiheit des Art. 15 GRCh und der Unternehmerischen Freiheit des Art. 16 GRCh, in: Stumpf, Cordula/Kainer, Friedemann/Baldus, Christian (Hrsg.), Privatrecht, Wirtschaftsrecht, Verfassungsrecht – Privatinitiative und Gemeinwohlhorizonte in der europäischen Integration; Festschrift für Peter-Christian Müller-Graff zum 70. Geburtstag am 29. September 2015, Baden-Baden 2015, S. 1410-1419 (zit. *Jarass*, in: FS Müller-Graf).

Jarass, Hans Dieter (Hrsg.), Charta der Grundrechte der Europäischen Union – unter Einbeziehung der sonstigen Grundrechtsregelungen des Primärrechts und der EMRK; Kommentar, 4. Aufl., München 2021 (zit. EU-Grundrechte-Charta/*Jarass*).

Jarass, Hans Dieter, Die Bindung der Mitgliedstaaten an die EU-Grundrechte, NVwZ 2012, S. 457-461.

Jarass, Hans Dieter/Pieroth, Bodo (Begr.), Grundgesetz für die Bundesrepublik Deutschland – Kommentar, 18. Aufl., München 2024 (zit. Jarass/Pieroth/*Bearbeiter*).

Jauernig, Othmar (Hrsg.), Bürgerliches Gesetzbuch – Mit Rom-I-VO, Rom-II-VO, Rom-III-VO, EuUnthVO/HUntProt und EuErbVO; Kommentar, 19. Aufl., München 2023 (zit. Jauernig/*Bearbeiter*).

Jensen, Jens, Jahresverlust und variable Vergütung – Banken im Spannungsfeld zwischen Institutsvergütungsverordnung und Arbeitsrecht, BB 2014, S. 2869-2873.

Jhering, Rudolf, Die Reflexwirkungen oder die Rückwirkung rechtlicher Thatsachen auf dritte Personen, in: Jhering, Rudolf (Hrsg.), Jahrbücher für die Dogmatik des heutigen römischen und deutschen Privatrechts, 1871, S. 245-354.

Jochums, Dominik, C.400 Haftung des Arbeitnehmers, in: Maschmann, Frank/Sieg, Rainer/Göpfert, Burkard (Hrsg.), Vertragsgestaltung im Arbeitsrecht – Arbeits- und Anstellungsverträge, 3. Aufl., München 2020, S. 1005-1013.

Junker, Abbo, Anmerkung zu einer Entscheidung des BAG, Urteil vom 01.12.2020 (9 AzR 102/20) – Zur Arbeitnehmereigenschaft von Crowdworkern, JZ 2021, S. 519-522.

Junker, Abbo, Europäische Grund- und Menschenrechte und das deutsche Arbeitsrecht (unter besonderer Berücksichtigung der Koalitionsfreiheit). Erweiterte und mit Nachweisen versehene Fassung eines Vortrags in der Sitzung des Wiesbadener Seminars am 19.4.2013 im Kurhaus Wiesbaden. Die Vortragsform wurde beibehalten, ZFA 2013, S. 91-136.

Kainz, Willi Johannes, Grundstrukturen der geringfügigen Beschäftigung nach § 8 SGB IV, NZS 2022, S. 653-657.

Kamanabrou, Sudabeh, Arbeitsrecht, Tübingen 2017.

Kamanabrou, Sudabeh, Das Gebot fairen Verhandelns bei Aufhebungsverträgen, RdA 2020, S. 201-210.

Kamanabrou, Sudabeh, Europarechtskonformer Schutz vor Benachteiligung bei Kündigungen, RdA 2007, S. 199-207.

Kamanabrou, Sudabeh, Private Internetnutzung am Arbeitsplatz, in: Krause, Rüdiger/Schwarze, Roland (Hrsg.), Festschrift für Hansjörg Otto zum 70. Geburtstag am 23. Mai 2008, 2009, S. 209-223 (zit. *Kamanabrou*, in: FS Otto).

Kamanabrou, Sudabeh, Rechtsmissbrauch im europäischen Arbeitsrecht, EuZA 2018, S. 18-50.

Kania, Thomas/Kramer, Michael, Unkündbarkeitsvereinbarungen in Arbeitsverträgen, Betriebsvereinbarungen und Tarifverträgen, RdA 1995, S. 287-298.

Karpenstein, Ulrich/Mayer, Franz Christian/Arndt, Felix (Hrsg.), Konvention zum Schutz der Menschenrechte und Grundfreiheiten – Kommentar, 3. Aufl., München 2022 (zit. Karpenstein/Mayer/*Bearbeiter*).

Kasseler Kommentar Sozialversicherungsrecht – SGB I, SGB IV, SGB V, SGB VI, SGB VII, SGB X, SGB XI, hrsg. von Körner, Anne/Leitherer, Stephan u.a., 118. EL, München (zit. KassKomm/*Bearbeiter*).

Kazmierczak, Jens, Die Neuregelung der geringfügigen Beschäftigungsverhältnisse zum 1. April 2003, NZS 2003, S. 186-192.

Keim, Christopher, Keine Anwendung des § 139 BGB bei Kenntnis der Parteien von der Teilnichtigkeit?, NJW 1999, S. 2866-2868.

Keller, Erhard/Schönknecht, Marcus/Glinke, Anna (Hrsg.), Geschäftsgeheimnisschutzgesetz, München 2021 (zit. Keller/Schönknecht/Glinke/*Bearbeiter*).

Kingreen, Thorsten/Poscher, Ralf, Grundrechte Staatsrecht 2 – Lehrbuch, Entscheidungen, Gesetzestexte, 39. Aufl., Heidelberg 2023.

Kirchhof, Paul (Begr.)/*Seer, Roman* (Hrsg.), Einkommensteuergesetz – Kommentar, 23. Aufl., Köln 2024 (zit. Kirchhof/Seer/*Bearbeiter*).

Klein, Franz/Orlopp, Gerd (Begr.), Abgabenordnung – Einschließlich Steuerstrafrecht, 18. Aufl., München 2024 (zit. Klein/*Bearbeiter*).

Klimke, Dominik, Telematik-Tarife in der Kfz-Versicherung, RuS 2015, S. 217-225.

Klumpp, Steffen/Jochums, Dominik, Die Rechtsfolgen des Widerspruchsrechts bei Betriebsübergang, JuS 2006, S. 687-691.

Knickrehm, Sabine/Kreikebohm, Ralf/Waltermann, Raimund (Hrsg.), Kommentar zum Sozialrecht – VO (EG) Nr. 883/2004, SGB I bis SGB XII, SGG, BEEG, Kindergeldrecht (EStG), UnterhaltsvorschussG, 8. Aufl., München 2023 (zit. Knickrehm/Kreikebohm/Waltermann/*Bearbeiter*).

Koalitionsvertrag zwischen SPD, Bündnis 90/Die Grünen und FDP – 20. Legislaturperiode, Mehr Fortschritt wagen – Bündnis für Freiheit, Gerechtigkeit und Nachhaltigkeit, Berlin, 12.3.2021.

Koch, Frank A., Rechtsprobleme privater Nutzung betrieblicher elektronischer Kommunikationsmittel, NZA 2008, S. 911-916.

Köhler, Helmut/Bornkamm, Joachim/Feddersen, Jörn (Hrsg.), Gesetz gegen den unlauteren Wettbewerb – GeschGehG, PAngV, UKlaG, DL-InfoV, 42. Aufl., München 2024 (zit. Köhler/Bornkamm/Feddersen/*Bearbeiter*).

Köhler, Helmut/Lange, Heinrich, BGB allgemeiner Teil – Ein Studienbuch, 48. Aufl., München 2024.

Koenig, Ulrich (Hrsg.), Abgabenordnung – §§ 1 bis 368: Kommentar, 5. Aufl., München 2024 (zit. Koenig/*Bearbeiter*).

Kokott, Juliane, Die Wirkung der Unionsgrundrechte im privaten Arbeitsverhältnis, in: Klapp, Micha/Linck, Rüdiger u.a. (Hrsg.), Die Sicherung der kollektiven Ordnung – Festschrift für Ingrid Schmidt, München 2021, S. 991-1006 (zit. *Kokott*, in: FS Schmidt).

Kommission der Europäischen Gemeinschaften, Mitteilung der Europäischen Kommission – Die Bekämpfung der nicht angemeldeten Erwerbstätigkeit verstärken, KOM(2007) 628, Brüssel, 2007 (zit. Mitteilung der Kommission zur Bekämpfung nicht angemeldeter Erwerbstätigkeit).

Koppenfels-Spies, Katharina von, Sozialrecht, Tübingen 2018.

Kort, Michael, Betriebliche Übung bei der privaten E-Mail- und Internetnutzung am Arbeitsplatz, in: Henssler, Martin/Joussen, Jacob u.a. (Hrsg.),

Moderne Arbeitswelt – Festschrift für Rolf Wank, München 2014, S. 259-273 (zit. *Kort*, in: FS Wank).

KR – Gemeinschaftskommentar zum Kündigungsschutzgesetz und zu sonstigen kündigungsschutzrechtlichen Vorschriften, hrsg. von Bader, Peter/Fischermeier, Ernst, u.a., 13. Aufl., Köln 2022 (zit. KR/*Bearbeiter*).

Kramer, Michael, Kündigungsvereinbarungen im Arbeitsvertrag – zugleich ein Beitrag zum neuen Kündigungsfristengesetz, zugl. Univ. Diss. Köln, Baden-Baden 1994.

Kramer, Nadine/Lang, Silvia/Neugeboren, Marco, Die Institutsvergütungsverordnung – was sind die (neuen) rechtlichen Herausforderungen für Institute?, CB 2017, S. 425-430.

Krause, Rüdiger, Abgestufter personaler Schutz – Modell für die Zukunft im Arbeits- und Sozialversicherungsrecht?, NJW 2024, S. 2719-2724.

Krause, Rüdiger, Anm. zu BAG 2.12.1999 – 8 AZR 386/98, AP BGB § 611 Mankohaftung Nr. 3.

Krause, Rüdiger, Arbeitsrecht, 4. Aufl., Baden-Baden 2020.

Krause, Rüdiger, Die Haftung des Arbeitnehmers für Mankoschäden – Bilanz und Perspektiven, RdA 2013, S. 129-139.

Krause, Rüdiger, Die Vergrundrechtlichung des Arbeitsverhältnisses, in: Heun, Werner/Schorkopf, Frank (Hrsg.), Wendepunkte der Rechtswissenschaft – Aspekte des Rechts in der Moderne, Göttingen 2014, S. 175-208.

Krause, Rüdiger, Digitalisierung der Arbeitswelt – Gutachten B zum 71. Deutschen Juristentag, München 2016 (zit. *Krause*, Gutachten DJT).

Krause, Rüdiger, Digitalisierung der Arbeitswelt – Herausforderungen und Regelungsbedarf, NZA 2016, S. 1004-1007.

Krause, Rüdiger, Freiheit und Bindung des Arbeitgebers bei der außerordentlichen betriebsbedingten Kündigung, RdA 2016, S. 49-63.

Krause, Rüdiger, Freiwilligkeitsvorbehalte im Lichte von allgemeiner Rechtsgeschäftslehre und AGB-Kontrolle, in: Baeck, Ulrich (Hrsg.), Festschrift für Jobst-Hubertus Bauer zum 65. Geburtstag, München 2010, S. 577-592 (zit. *Krause*, in: FS Bauer).

Krause, Rüdiger, Geklärte und ungeklärte Probleme der Arbeitnehmerhaftung, NZA 2003, S. 577-586.

Krause, Rüdiger, The recocgnition of Economically-dependent workers within EU Law – In search for a unicorn?, in: Schubert, Claudia (Hrsg.), Economically-dependent workers as part of a decent economy – International, European and comparative perspective: a handbook, München u.a. 2022, S. 255-275.

Krause, Rüdiger, Vertragsstrafen in der arbeitsrechtlichen Klauselkontrolle, in: Martinek, Michael/Rawert, Peter/Weitemeyer, Birgit (Hrsg.), Festschrift für Dieter Reuter zum 70. Geburtstag am 16. Oktober 2010, Berlin, New York 2010, S. 627-642 (zit. *Krause*, in: FS Reuter).

Krause, Rüdiger, § 13 Besondere Fallgruppen der Arbeitnehmerhaftung und angrenzende Erscheinungen, in: Otto, Hansjörg/Schwarze, Roland/Krause, Rüdiger (Hrsg.), Die Haftung des Arbeitnehmers, 4. Aufl. 2014, S. 244-343.

Krauskopf, Dieter (Hrsg.), Soziale Krankenversicherung, Pflegeversicherung: Kommentar, 122. EL, München 2021 (zit. Krauskopf/*Bearbeiter*).

Krebber, Sebastian, Die Unionsrechts- und Kompetenzakzessorietät des unionsrechtlichen Grundrechtsschutzes im Bereich des Arbeitsrechts: Grundsatz und Ausnahmen, EuZA 2016, S. 3-21.

Kreikebohm, Ralf/Dünn, Sylvia (Hrsg.), Sozialgesetzbuch – Gemeinsame Vorschriften für die Sozialversicherung: SGB IV: Kommentar, 4. Aufl., München 2022 (zit. Kreikebohm/Dünn/*Bearbeiter*).

Krimphove, Dieter, Arbeitsrechtliche Rechtsprechung des EuGH im Jahr 2021, ArbRAktuell 2021, S. 679-683.

Kroos, Peter/Schabus, Mario/Verbeeten, Frank, Voluntary Clawback Adoption and the Use of Financial Measures in CFO Bonus Plans, The Accounting Review 2018, S. 213-235.

Krüger, Herbert/Biedenkopf, Kurt Hans, Sinn und Grenzen der Vereinbarungsbefugnis der Tarifvertragsparteien – Gutachten für den 46. Deutschen Juristentag, München 1966.

Krumey, Uwe/Merkelbach, Matthias, Clawback gemäß InstitutsVergV: Rückforderung bei pflichtgemäßem Verhalten?, CCZ 2019, S. 266-274.

Kuck, Harald, Die 100 größten deutschen Kreditinstitute, Die Bank 2012, S. 34-35.

Kuck, Harald, Die 100 größten deutschen Kreditinstitute, Die Bank 2019, S. 12-17.

Kuck, Harald, Die 100 größten deutschen Kreditinstitute, Die Bank 2020, S. 12-17.

Kuhn, Georg, Haften die GmbH-Gesellschafter für Gesellschaftsschulden persönlich?, in: Lutter, Marcus (Hrsg.), Festschrift für Robert Fischer, Berlin 1979, S. 351-364 (zit. *Kuhn*, in: FS Fischer).

Kuhn, Philippp M., Die neue Institutsvergütungsverordnung – im Widerstreit mit dem Arbeitsrecht, CCZ 2017, S. 171-175.

Künzel, Markus/Fink, Martin, Arbeitsvertraglicher Sonderkündigungsschutz und Sozialauswahl, NZA 2011, S. 1385-1388.

Kürth, Sebastian, Änderungsvorbehalte im Arbeitsvertrag – Eine dogmatische Untersuchung, zugl. Univ. Diss. München, Berlin 2013.

Küting, Karlheinz, Auf der Suche nach dem richtigen Gewinn, DB 2006, S. 1441-1450.

Küttner, Wolfdieter (Begr.), Personalbuch 2024 – Arbeitsrecht, Lohnsteuerrecht, Sozialversicherungsrecht, 31. Aufl. (zit. Küttner Personalbuch 2024/*Bearbeiter*).

Latzel, Clemens, Zeitgeringfügige Beschäftigung und Berufsmäßigkeit, NZS 2022, S. 281-288.

Laufke, Franz, Vertragsfreiheit und Grundgesetz, in: Nipperdey, Hans Carl (Hrsg.), Das deutsche Privatrecht in der Mitte des 20. Jahrhunderts – Festschrift für Heinrich Lehmann zum 80. Geburtstag, 2. Aufl., Berlin u.a. 1965, S. 146-188 (zit. *Laufke*, in: FS Lehmann).

Lembke, Mark, Der Freiwilligkeitsvorbehalt – Totgesagte leben länger?, in: Brose, Wiebke/Greiner, Stefan u.a. (Hrsg.), Grundlagen des Arbeits- und Sozialrechts – Festschrift für Ulrich Preis zum 65. Geburtstag, München 2021, S. 719-731 (zit. *Lembke*, in: FS Preis).

Lembke, Mark, Die Gestaltung von Vergütungsvereinbarungen, NJW 2010, S. 257-263.

Lembke, Mark/Fischels, André/Djordjevic, Dragana, Entwicklungen des Arbeitsrechts im Jahr 2021, NJW 2022, S. 127-133.

Lembke, Mark/Fischels, André/Djordjevic, Dragana, Entwicklungen des Arbeitsrechts im Jahr 2021, NJW 2022, S. 292-299.

Lenaerts, Koen/Rüth, Alexandra, Dogmatik des europäischen Grundrechtsschutzes, RdA 2022, S. 273-280.

Lerch, Sascha/Weinbrenner, Lars, Auswirkungen individualrechtlicher Unkündbarkeitsregelungen auf die Sozialauswahl, NZA 2011, S. 1388-1391.

Lerche, Peter, Ausnahmslos und vorbehaltlos geltende Grundrechtsgarantien, in: Däubler-Gmelin, Herta (Hrsg.), Gegenrede – Aufklärung – Kritik – Öffentlichkeit; Festschrift für Ernst Gottfried Mahrenholz, Baden-Baden 1994, S. 515-527 (zit. *Lerche*, in: FS Mahrenholz).

Leymann, Heinz, Einführung: Mobbing – Das Konzept und seine Resonanz in Deutschland, in: Leymann, Heinz (Hrsg.), Der neue Mobbing-Bericht – Erfahrungen und Initiativen, Auswege und Hilfsangebote, Hamburg 1995, S. 13-26.

Leymann, Heinz, Mobbing – Psychoterror am Arbeitsplatz und wie man sich dagegen wehren kann, Reinbek bei Hamburg 1994.

Limbach, Jutta, Das Bundesverfassungsgericht und der Grundrechtsschutz in Europa, NJW 2001, S. 2913-2919.

Linck, Rüdiger, Die soziale Auswahl bei betriebsbedingter Kündigung, zugl. Univ. Diss. Heidelberg, Köln u.a. 1990.

Linck, Rüdiger/Krause, Rüdiger/Bayreuther, Frank (Hrsg.), Kündigungsschutzgesetz – Kommentar, 16. Aufl., München 2019 (zit. Linck/Krause/Bayreuther/*Bearbeiter*).

Lindacher, Walter F., Grundsätzliches zu § 138 BGB: zur Frage der Relevanz subjektiver Momente, AcP 173 (1973), S. 124-136.

Lingemann, Stefan, Kündigungsschutz – Arbeitnehmer, Geschäftsführer, Vorstandsmitglieder, München 2011.

Lingemann, Stefan/Gotham, Meike, Freiwillige Leistungen des Arbeitgebers – gibt es sie noch?, DB 2007, S. 1754-1757.

Lobinger, Thomas, Vertragsfreiheit und Diskriminierungsverbote – Vertragsfreiheit im modernen Zivil- und Arbeitsrecht, in: Isensee, Josef (Hrsg.), Vertragsfreiheit und Diskriminierung, Berlin 2007, S. 99-180.

Looschelders, Dirk, Schuldrecht, Allgemeiner Teil, 21. Aufl., München 2023.

Lorenz, Stephan, „Brauchen Sie eine Rechnung?": Ein Irrweg und sein gutes Ende, NJW 2013, S. 3132-3135.

Lorenz, Stephan, Schwarzarbeit zwischen Bereicherungsrecht und Gewährleistungsrecht – Über die Beliebigkeit der Argumentation mit dem „Schwächeren", in: Bauer, Jobst-Hubertus/Kort, Michael u.a. (Hrsg.), Festschrift für Herbert Buchner zum 70. Geburtstag, München 2009, S. 571-581 (zit. *Lorenz,* in: FS Buchner).

Löw, Hans-Peter, Der Widerspruch gegen den Übergang des Arbeitsverhältnisses, BB 2021, S. 3000-3004.

Löw, Hans-Peter, Rückforderung ausgezahlter Vergütung, NZA 2017, S. 1365-1371.

Löwisch, Manfred, Auswege aus dem Kündigungsschutzrisiko, in: Oetker, Hartmut/Preis, Ulrich/Rieble, Volker (Hrsg.), 50 Jahre Bundesarbeitsgericht, München 2004, S. 423-443 (zit. *Löwisch,* in: FS 50 Jahre BAG).

Löwisch, Manfred/Schlünder, Guido u.a. (Hrsg.), Kommentar KSchG, 11. Aufl., Frankfurt am Main 2018 (zit. LSSW/*Bearbeiter*).

Lüke, Gerhard, Zur Klage auf Feststellung von Rechtsverhältnissen mit oder zwischen Dritten, in: Gerhardt, Walter/Diederichsen, Uwe u.a. (Hrsg.), Festschrift für Wolfram Henckel zum 70. Geburtstag am 21. April 1995, Berlin 1995, S. 563-577 (zit. *Lüke,* in: FS Henckel).

Lutter, Marcus, Die zivilrechtliche Haftung in der Unternehmensgruppe, ZGR 1982, S. 244-275.

Lutter, Marcus/Hommelhoff, Peter u.a. (Hrsg.), GmbH-Gesetz – Kommentar, 21. Aufl., Köln 2023 (Lutter/Hommelhoff/*Bearbeiter*).

Lüttringhaus, Jan D., Vertragsfreiheit und ihre Materialisierung im Europäischen Binnenmarkt – Die Verbürgung und Materialisierung unionaler Vertragsfreiheit im Zusammenspiel von EU-Privatrecht, BGB und ZPO, zugl. Univ. Habil. Hamburg, Tübingen 2018.

Maaß, Kirstin, C.360 Freiwilligkeitsvorbehalt, in: Maschmann, Frank/Sieg, Rainer/Göpfert, Burkard (Hrsg.), Vertragsgestaltung im Arbeitsrecht – Arbeits- und Anstellungsverträge, 3. Aufl., München 2020, S. 959-964.

Maaß, Kirstin, C.600 Widerrufsvorbehalt, in: Maschmann, Frank/Sieg, Rainer/Göpfert, Burkard (Hrsg.), Vertragsgestaltung im Arbeitsrecht – Arbeits- und Anstellungsverträge, 3. Aufl., München 2020, S. 1616-1620.

Mangoldt, Hermann von (Begr.)/*Klein, Friedrich/Starck, Christian* (Hrsg.), Kommentar zum Grundgesetz – Kommentar, 7. Aufl., München 2018 (zit. Mangoldt/Klein/Starck/*Bearbeiter*).

Martens, Klaus-Peter, Rechtsgeschäft und Drittinteressen, AcP 177 (1977), S. 113-188.

Martens, Klaus-Peter, Zur Wirksamkeit der Mandantenschutzklausel – Anmerkung zu BAG 16.7.1971 – 3 AZR 384/70, SAE 1972, S. 101-104.

Mataja, Victor, Das Recht des Schadenersatzes vom Standpunkte der Nationalökonomie, Leipzig 1888.

Matz, Thomas, Die Sozialauswahl im Kündigungsrecht, FA 2003, S. 166-169.

Mauer, Reinhold/Schüßler, Antje, Kündigung unkündbarer Arbeitnehmer, BB 2001, S. 466-471.

Mayer-Maly, Theo, Was leisten die guten Sitten?, AcP 194 (1994), S. 105-176.

Mecke, Christian, Arbeit 4.0 – Schöne neue sozialversicherungsfreie Arbeitswelt?, SGb 2016, S. 481-488.

Medicus, Dieter, Besitzschutz durch Ansprüche auf Schadensersatz, AcP 165 (1965), S. 115-149.

Medicus, Dieter/Lorenz, Stephan, Schuldrecht I – Allgemeiner Teil, 22. Aufl., München 2021.

Medicus, Dieter/Petersen, Jens, Allgemeiner Teil des BGB, 12. Aufl., Heidelberg 2024.

Meisel, Peter Georg/Sowka, Hans-Harald (Hrsg.), Mutterschutz und Erziehungsurlaub – Kommentar zum Mutterschutzgesetz, zu den Leistungen bei Schwangerschaft und Mutterschaft nach der RVO und zum Bundeserziehungsgeldgesetz, 5. Aufl., München 1999 (zit. Meisel/Sowka/*Bearbeiter*).

Melot de Beauregard, Paul, Die vertragliche Erweiterung der Arbeitnehmerhaftung, in: Priester, Hans-Joachim/Heppe, Hansjörg/Westermann, Harm Peter (Hrsg.), Praxis und Lehre im Wirtschaftsrecht – 10 Jahre Österberg Seminare, Tübingen 2018, S. 445-457.

Melsbach, Erich, Deutsches Arbeitsrecht: zu seiner Neuordnung, Berlin u.a. 1923.

Mengel, Anja, § 1 Arbeitsverträge, in: Reufels, Martin/Hümmerich, Klaus (Hrsg.), Gestaltung von Arbeitsverträgen und Dienstverträgen für Geschäftsführer und Vorstände – Kommentierte Klauseln und Musterverträge, 5. Aufl., Baden-Baden 2023, S. 29-1425.

Mengel, Anja, Kontrolle der Telefonkommunikation am Arbeitsplatz, BB 2004, S. 1445-1453.

Merkelbach, Matthias, Neue Vergütungsregeln für Banken – Institutsvergütungsverordnung 2.0, WM 2014, S. 1990-1997.

Merkelbach, Matthias/Hören, Martin von, Neue Auslegungshilfe zur IVV – die Messlatte liegt hoch, Die Bank 2018, S. 36-39.

Mestmäcker, Ernst-Joachim, Über das Verhältnis des Rechts der Wettbewerbsbeschränkungen zum Privatrecht, AcP 168 (1968), S. 235-262.

Mestmäcker, Ernst-Joachim, Über die normative Kraft privatrechtlicher Verträge, JZ 1964, 441-445.

Meyer, Cord, Korrektur fehlerhafter Unterrichtungen bei feindlichem Betriebsübergang, NZA 2017, S. 960-965.

Meyer, Jürgen/Hölscheidt, Sven (Hrsg.), Charta der Grundrechte der Europäischen Union, 5. Aufl., Baden-Baden u.a. 2019 (zit. Meyer/Hölscheidt/*Bearbeiter*).

Meyer-Ladewig, Jens/Nettesheim, Martin u.a. (Hrsg.), EMRK – Europäische Menschenrechtskonvention: Handkommentar, 5. Aufl., Baden-Baden u.a. 2023 (zit. Meyer-Ladewig/Nettesheim/*Bearbeiter*).

Michaelis, Karl, Der materielle Gehalt des rechtlichen Interesses bei der Feststellungsklage und bei der gewillkürten Prozeßstandschaft, in: Canaris, Claus-Wilhelm/Diederichsen, Uwe (Hrsg.), Festschrift für Karl Larenz zum 80. Geburtstag am 23. April 1983, München 1983, S. 443-485 (zit. *Michaelis*, in: FS Larenz).

Mohr, Jochen, Sicherung der Vertragsfreiheit durch Wettbewerbs- und Regulierungsrecht – Domestizierung wirtschaftlicher Macht durch Inhaltskontrolle der Folgeverträge, teilw. zugl. Univ. Habil. Berlin, Tübingen 2015.

Mugdan, Benno, Motive zu dem Entwurfe eines Bürgerlichen Gesetzbuches für das Deutsche Reich – Bd. 1: Einführungsgesetz und Allgemeiner Theil, Berlin [u.a.] 1899 (zit. *Mugdan*, Motive I).

Mühe, Christiane, Mobbing am Arbeitsplatz – Strafbarkeitsrisiko oder Strafrechtslücke? – Eine Betrachtung aus gegenwärtiger und zukunftsorientierter Perspektive, zugl. Univ. Diss. Heidelberg, Berlin 2006.

Müller, Fabian/Rieber, Daniel/Tank, Ann, Legal bases and implementation of clauses – Comparison between Germany and the US, KoR 2020, S. 132-137.

Müller, Knut, Die Sozialauswahl im Kündigungsrecht, Baden-Baden 2008.

Müller-Erzbach, Rudolf, Gefährdungshaftung und Gefahrtragung, AcP 110 (1910), S. 309-476.

Müller-Graff, Peter-Christian, Europäisches Gemeinschaftsrecht und Privatrecht, NJW 1993, S. 13-23.

Münch, Ingo von/Kunig, Philip (Begr.), Grundgesetz, 7. Aufl., München 2021 (zit. Münch/Kunig/*Bearbeiter*).

Münchener Handbuch zum Arbeitsrecht – Band 1: Individualarbeitsrecht I, hrsg. von Kiel, Heinrich/Lunk, Stefan/Oetker, Hartmut, 6. Aufl., München 2024 (zit. MHdB ArbR/*Bearbeiter*).

Münchener Handbuch zum Arbeitsrecht – Band 2: Individualarbeitsrecht II, hrsg. von Kiel, Heinrich/Lunk, Stefan/Oetker, Hartmut, 5. Aufl., München 2021 (zit. MHdB ArbR/*Bearbeiter*).

Münchener Handbuch zum Arbeitsrecht – Band 3: Kollektives Arbeitsrecht I, hrsg. von Kiel, Heinrich/Lunk, Stefan/Oetker, Hartmut, 5. Aufl., München 2022 (zit. MHdB ArbR/*Bearbeiter*).

Münchener Kommentar zum Aktiengesetz – Band 2: §§ 76 - 117 AktG; MitbestG; DrittelbG, hrsg. von Goette, Wulf/Habersack, Mathias/Kalss, Susanne, 6. Aufl., München 2023 (zit. MükoAktG/*Bearbeiter*).

Münchener Kommentar zum Bürgerlichen Gesetzbuch – Band 1: Allgemeiner Teil §§ 1 - 240 BGB; AllgPersönlR; ProstG; AGG, hrsg. von Schubert, Claudia, 9. Aufl., München 2021 (zit. MükoBGB/*Bearbeiter*).

Münchener Kommentar zum Bürgerlichen Gesetzbuch – Band 2: Schuldrecht – Allgemeiner Teil I, hrsg. von Krüger, Wolfgang, 9. Aufl., München 2022 (zit. MükoBGB/*Bearbeiter*).

Münchener Kommentar zum Bürgerlichen Gesetzbuch – Band 3: Schuldrecht – Allgemeiner Teil II, hrsg. von Krüger, Wolfgang, 9. Aufl., München 2022 (zit. MüKoBGB/*Bearbeiter*).

Münchener Kommentar zum Bürgerlichen Gesetzbuch – Band 5: Schuldrecht – Besonderer Teil II §§ 535 - 630h BGB; BetrKV; HeizkostenV; WärmeLV; EFZG; TzBfG; KSchG; MiLoG, hrsg. von Henssler, Martin/Krüger, Wolfgang, 9. Aufl., München 2023 (zit. MüKoBGB/*Bearbeiter*).

Münchener Kommentar zum Bürgerlichen Gesetzbuch – Band 7: Schuldrecht – Besonderer Teil IV §§ 705 - 853 BGB; Partnerschaftsgesetz; Produkthaftungsgesetz, hrsg. von Habersack, Mathias, 8. Aufl., München 2020 (zit. MüKoBGB/*Bearbeiter*).

Münchener Kommentar zum Bürgerlichen Gesetzbuch – Band 11: Erbrecht §§ 1922 - 2385 BGB; §§ 27 - 35 BeurkG, hrsg. von Kessal-Wulf, Sibylle, 9. Aufl., München 2022 (zit. MüKoBGB/*Bearbeiter*).

Münchener Kommentar zum HGB – Band 4: Drittes Buch. Handelsbücher §§ 238-342e HGB, hrsg. von Drescher, Ingo/Ebke, Werner/Fleischer, Holger/Schmidt, Karsten, 5. Aufl., München 2024 (zit. MüKoHGB/*Bearbeiter*).

Münchener Kommentar zum Lauterkeitsrecht – Band 1: Grundlagen des Lauterkeitsrechts, Internationales Wettbewerbs- und Wettbewerbsverfahrensrecht, Unionsrechtlicher Rahmen, Vorabentscheidungsverfahren. Kommentierung: AEUV – Vertrag über die Arbeitsweise der europäischen Union (Artt. 34-36, 56, 57, 59, 62), UGP-Richtlinie (Richtlinie über unlautere Geschäftspraktiken – Richtlinie 2005/29 EG), Geschäftsgeheimnis-Richtlinie (Richtlinie EU 2016/943), Gesetz gegen den unlauteren Wettbewerb (§§ 1-7 UWG), hrsg. von Heermann, Peter W./Schlingloff, Jochen, 3. Aufl., München 2020 (zit. MüKoUWG/*Bearbeiter*).

Münchener Kommentar zum Strafgesetzbuch – Band 1: §§ 1 -37 StGB, hrsg. von Joecks, Wolfgang/Miebach, Klaus, 4. Aufl., München 2020 (zit. MüKoStGB/*Bearbeiter*).

Münchener Kommentar zum Strafgesetzbuch – Band 5: §§ 263 - 297 StGB, hrsg. von Hefendehl, Roland/Joecks, Wolfgang u.a., 4. Aufl., München 2022 (zit. MüKoStGB/*Bearbeiter*).

Münchener Kommentar zur Zivilprozessordnung – Band 1: §§ 1 – 354 ZPO, hrsg. von Rauscher, Thomas/Krüger, Wolfgang/Becker-Eberhard, Ekkehard, 6. Aufl., München 2020 (zit. MükoZPO/*Bearbeiter*).

Münchener Kommentar zur Zivilprozessordnung – Band 2: §§ 355 – 945b ZPO, hrsg. von Rauscher, Thomas/Krüger, Wolfgang/Becker-Eberhard, Ekkehard, 6. Aufl., München 2020 (zit. MükoZPO/*Bearbeiter*).

Musielak, Hans-Joachim/Voit, Wolfgang (Hrsg.), Zivilprozessordnung – Mit Gerichtsverfassungsgesetz: Kommentar, 21. Aufl., München 2024 (zit. Musielak/Voit/*Bearbeiter*).

Neumann-Duesberg, Horst, Das Haftungsbeschränkungsprinzip bei schadensgeneigter Tätigkeit außerhalb des Arbeitsverhältnisses, JZ 1964, S. 433-441.

Neuner, Jörg/Wolf, Manfred/Larenz, Karl, Allgemeiner Teil des Bürgerlichen Rechts, 13. Aufl., München 2023.

Neuvians, Nicole, Die arbeitnehmerähnliche Person, zugl. Univ. Diss. Bochum, Berlin 2002.

Niedl, Klaus, Mobbing/ Bullying am Arbeitsplatz – Eine empirische Analyse zum Phänomen sowie zu personalwirtschaftlich relevanten Effekten von systematischen Feindseligkeiten, zugl. Wirtschaftsuniv. Diss. Wien, München 1995.

Niedl, Klaus, Wem nützt Mobbing? – Psychoterror am Arbeitsplatz und die Personalwirtschaft von Unternehmen, in: Leymann, Heinz (Hrsg.), Der neue Mobbing-Bericht – Erfahrungen und Initiativen, Auswege und Hilfsangebote, Hamburg 1995, S. 55-75.

Niepmann, Birgit, Die Düsseldorfer Tabelle – immer noch ein brauchbares Instrument in Unterhaltssachen?, NZFam 2022, S. 141-145.

Nipperdey, Hans Carl, Grundrechte und Privatrecht, Krefeld 1961.

Nipperdey, Hans Carl, Kontrahierungszwang und diktierter Vertrag, zugl. Univ. Habil. Jena, Jena 1920.

Nutzinger, Hans G./Hecker, Christian, Gerechtigkeit in der Ökonomie — ein unlösbarer Widerspruch?, Leviathan 36, 2008, S. 543-575.

Obenhaus, Nils/Brügge, Philipp u.a. (Hrsg.), Schwarzarbeitsbekämpfungsgesetz – Kommentar, München 2016 (zit. Obenhaus/Brügge/Herden/Schönhöft/*Bearbeiter*).

Oetker, Hartmut, Gibt es einen Kündigungsschutz außerhalb des Kündigungsschutzgesetzes?, AuR 1997, S. 41-54.

Oetker, Hartmut/Fabricius, Fritz u.a. (Hrsg.), Betriebsverfassungsgesetz – Gemeinschaftskommentar, 12. Aufl., Köln 2022 (zit. GK-BetrVG/*Bearbeiter*).

Otto, Hansjörg, § 3 Prinzipien einer gerechten Haftungsverteilung im Arbeitsverhältnis, in: Otto, Hansjörg/Schwarze, Roland/Krause, Rüdiger (Hrsg.), Die Haftung des Arbeitnehmers, 4. Aufl. 2014, S. 23-44.

Papier, Hans-Jürgen, Der verfassungsrechtliche Rahmen für Privatautonomie im Arbeitsrecht, RdA 1989, S. 137-144.

Pauly, Holger, Unkündbarkeitsvereinbarungen in Arbeitsverträgen – Kündigung trotz Ausschlusses der Kündigung, AuR 1997, S. 94-99.

Pechstein, Matthias/Nowak, Carsten/Häde, Ulrich (Hrsg.), Frankfurter Kommentar zu EUV, GRC und AEUV – Band I: EUV und GRC, 2. Aufl., Tübingen 2023 (zit. Pechstein/Nowak/Häde, Frankfurter Kommentar/*Bearbeiter*).

Peters, Frank, Die Leistung ohne Rechnung, NJW 2008, S. 2478-2480.

Peters, Frank, Zur Rechtsfigur der Verpflichtungserklärung, AcP 171 (1971), S. 234-249.

Picker, Christian, Die betriebliche Übung, zugl. Univ. Diss. Freiburg, Tübingen 2011.

Pieper, Stefan Ulrich, § 33 Gesundheitswesen und Verbraucherschutz, in: Bleckmann, Albert (Hrsg.), Europarecht – Das Recht der Europäischen Union und der Europäischen Gemeinschaften, 6. Aufl., Köln 1997, S. 983-987.

Poelzig, Dörte, Rückforderung der variablen Vorstandsvergütung (Clawback) in börsennotierten Gesellschaften, NZG 2020, S. 41-50.

Portz, Evelin, Das Gebot sittlichen Verhaltens im deutschen Privatrecht, zugl. Univ. Diss. Würzburg, Würzburg 1973.

Preis, Ulrich, § 611a BGB – Potenziale des Arbeitnehmerbegriffes, NZA 2018, S. 817-826.

Preis, Ulrich, Anrechnung und Widerruf über- und außertariflicher Entgelte – vertragsrechtlich betrachtet, in: Heinze, Meinhard/Söllner, Alfred (Hrsg.), Arbeitsrecht in der Bewährung – Festschrift für Otto Rudolf Kissel zum 65. Geburtstag, München 1994, S. 879-913 (zit. *Preis*, in: FS Kissel).

Preis, Ulrich (Hrsg.), Der Arbeitsvertrag – Handbuch der Vertragsgestaltung, 6. Aufl., Köln 2020 (zit. Preis/*Bearbeiter*).

Preis, Ulrich, Der Kündigungsschutz außerhalb des Kündigungsschutzgesetzes, NZA 1997, S. 1256-1270.

Preis, Ulrich, Der langsame Tod der Freiwilligkeitsvorbehalte und die Grenzen betrieblicher Übung, NZA 2009, S. 281-289.

Preis, Ulrich, Prinzipien des Kündigungsrechts bei Arbeitsverhältnissen – Eine Untersuchung zum Recht des materiellen Kündigungsschutzes, insbesondere zur Theorie der Kündigungsgründe, 2. Aufl., Baden-Baden/München 2022.

Preis, Ulrich, Privatrecht und Verteilungsgerechtigkeit, AcP 220 (2020), S. 766-775.

Preis, Ulrich/Brose, Wiebke, Das rechtliche System der Sozialversicherung, in: Fuchs, Maximilian/Preis, Ulrich/Brose, Wiebke (Hrsg.), Sozialversicherungsrecht und SGB II – Lehrbuch für Studium und Praxis, 3. Aufl., Berlin, Boston 2021, S. 39-170 (zit. *Preis/Brose*, in: Fuchs/Preis/Brose).

Preis, Ulrich/Greiner, Stefan, § 87 Zustandekommen des Tarifvertrages, in: Preis, Ulrich/Greiner, Stefan (Hrsg.), Arbeitsrecht – Kollektivarbeitsrecht: Lehrbuch für Studium und Praxis, 6. Aufl., Köln 2024.

Preis, Ulrich/Sagan, Adam, Der Freiwilligkeitsvorbehalt im Fadenkreuz der Rechtsgeschäftslehre, NZA 2012, S. 697-706.

Preis, Ulrich/Temming, Felipe, Arbeitsrecht – Individualarbeitsrecht, Lehrbuch für Studium und Praxis, 7. Aufl., Köln 2024.

Preis, Ulrich/Ulber, Daniel, Die Verfassungsmäßigkeit des allgemeinen gesetzlichen Mindestlohns, Düsseldorf 2014.

Prütting, Hanns, Beweisrecht und Beweislast im arbeitsgerichtlichen Diskriminierungsprozess, in: Oetker, Hartmut/Preis, Ulrich/Rieble, Volker (Hrsg.), 50 Jahre Bundesarbeitsgericht, München 2004, S. 1311-1327 (zit. *Prütting*, in: FS 50 Jahre BAG).

Radbruch, Gustav, Gesamtausgabe Rechtsphilosophie – Band 3, Heidelberg 1990.

Radbruch, Gustav, Vorschule der Rechtsphilosophie – Nachschrift einer Vorlesung, Willsbach u.a. 1947.

Rainer, Anton, Lieferdienst Gorillas will langsame Fahrradkuriere schlechterstellen – Entwurf einer Betriebsvereinbarung, 22.7.2022, https://www.spiegel.de/wirtschaft/unternehmen/gorillas-lieferdienst-will-langsame-fahrradkuriere-schlechterstellen-a-3ea73d20-48c9-4345-9c18-a7637f29733b (geprüft am 25.10.2024).

Raiser, Ludwig, Das Recht der allgemeinen Geschäftsbedingungen, teilw. zugl. Univ. Habil. Berlin, Hamburg 1935.

Raiser, Ludwig, Rechtsschutz und Institutionenschutz im Privatrecht, in: Summum ius, summa iniuria – Individualgerechtigkeit und der Schutz allgemeiner Werte im Rechtsleben; Ringvorlesung gehalten von Mitgliedern der Tübinger Juristenfakultät im Rahmen des Dies academicus, Wintersemester 1962/63, Tübingen 1963, S. 145-167 (zit. *Raiser*, in: summum ius, summa inuiria).

Raiser, Ludwig, Vertragsfunktion und Vertragsfreiheit, in: Caemmerer, Ernst von/Friesenhahn, Ernst/Lange, Richard (Hrsg.), Hundert Jahre Deutsches Rechtsleben – Festschrift zum hundertjährigen Bestehen des Deutschen Juristentages 1860 - 1960, Karlsruhe 1960, S. 101-134 (zit. *Raiser*, in: FS 100 Jahre DJT).

Raiser, Ludwig, Vertragsfreiheit heute, JZ 1958, S. 1-8.

Rancke, Friedbert (Hrsg.), Mutterschutz – Elterngeld – Elternzeit – Betreuungsgeld, 6. Aufl., Baden-Baden 2022 (zit. Hk-MuSchG/BBEG/*Bearbeiter*).

Redenius-Hövermann, Julia/Siemens, Peter, Zum aktuellen Stand betreffend Clawback-Klauseln, ZIP 2020, S. 145-153.

Reinecke, Gerhard, Vertragskontrolle im Arbeitsverhältnis, NZA-Beilage 2000, S. 23-33.

Reiserer, Kerstin/Freckmann, Anke/Träumer, Stefan, Scheinselbständigkeit, geringfügige Beschäftigung – Arbeitsrecht, Sozialversicherungsrecht, Steuerrecht, München 2002.

Reiserer, Kerstin/Weiss-Bölz, Verena, C.242 Bonus- und Sonderzahlungen, in: Maschmann, Frank/Sieg, Rainer/Göpfert, Burkard (Hrsg.), Vertragsgestaltung im Arbeitsrecht – Arbeits- und Anstellungsverträge, 3. Aufl., München 2020, S. 740-757.

Rengeling, Hans-Werner, Die wirtschaftsbezogenen Grundrechte in der Europäischen Sozialcharta, DVBl 2004, S. 453-464.

Rengeling, Hans-Werner, Die wirtschaftsbezogenen Grundrechte in der Grundrechtecharta, in: Schwarze, Jürgen (Hrsg.), Der Verfassungsentwurf des Europäischen Konvents – Verfassungsrechtliche Grundstrukturen und wirtschaftsverfassungsrechtliches Konzept, Baden-Baden 2004, S. 331-362.

Rengeling, Hans-Werner, Entwicklungen des Grundrechtsschutzes in der europäischen Union, in: Sachs, Michael/Siekmann, Helmut (Hrsg.), Der grundrechtsgeprägte Verfassungsstaat – Festschrift für Klaus Stern zum 80. Geburtstag, Berlin 2012, S. 881-900 (zit. *Rengeling*, in: FS Stern).

Reuter, Dieter, Das Recht auf Arbeit – ein Prinzip des Arbeitsrechts?, RdA 1978, S. 344-351.

Reuter, Dieter, Die freie Wahl des Arbeitsplatzes – ein nicht realisierbares Grundrecht?, RdA 1973, S. 345-353.

Reuter, Dieter, Grundlagen des Kündigungsschutzes – Bestandsaufnahme und Kritik, in: Gamillscheg, Franz (Hrsg.), 25 Jahre Bundesarbeitsgericht, München 1979, S. 405-427 (zit. *Reuter*, in: FS 25 Jahre BAG).

Richardi, Reinhard, Abschied von der gefahrgeneigten Arbeit als Voraussetzung für die Beschränkung der Arbeitnehmerhaftung, NZA 1994, S. 241-244.

Richardi, Reinhard (Hrsg.)/*Dietz, Rolf* (Begr.), Betriebsverfassungsgesetz – Mit Wahlordnung: Kommentar, 17. Aufl., München 2022 (zit. Richardi/*Bearbeiter*).

Rieble, Volker, Widerspruch nach § 613a VI BGB – die (ungeregelte) Rechtsfolge, NZA 2004, S. 1-9.

Rieble, Volker/Klumpp, Steffen, Mobbing und die Folgen, ZIP 2002, S. 369-381.

Rieble, Volker/Picker, Christian, Lohnwucher, ZFA 2014, S. 153-214.

Riesenhuber, Karl, EU-Vertragsrecht – Das Vertragsrecht der Europäischen Union, Tübingen 2013.

Riesenhuber, Karl, Privatautonomie – Rechtsprinzip oder „mystifizierendes Leuchtfeuer", ZfPW 2018, S. 352-368.

Ritter, Thomas, Europarechtsneutralität mitgliedstaatlicher Generalklauseln?, NJW 2012, S. 1549-1551.

Rolfs, Christian, Wen Schützt das Arbeits- und Sozialversicherungsrecht? – Empfiehlt sich eine Neuausrichtung seines Anwendungsbereichs? – Gutachten B zum 74. Deutschen Juristentag, München 2024 (zit. *Rolfs*, Gutachten DJT).

Rom, Maximilian von/Herz, Benjamin/Jagodschinski, Charlotte, Die neue Institutsvergütungsverordnung, ZfgK 2017, S. 1075.

Rombach, Wolfgang, Neuregelungen für geringfügig Beschäftigte zum 1. April 1999, SGb 1999, S. 215-219.

Roos, Elke/Bieresborn, Dirk (Hrsg.), Mutterschutzgesetz, Bundeselterngeld- und Elternzeitgesetz – MuSchG, BEEG; Kommentar, 2. Aufl., Köln 2020 (zit. Roos/Bieresborn/*Bearbeiter*).

Rosiak, Angelina, Clawback-Klauseln im System der Vorstandsvergütung, zugl. Univ. Diss. Heidelberg, Baden-Baden 2021.

Ross Sorkin, Andrew/Karaian, Jason/La Merced, Michael J. de/Hirsch, Lauren/Livni, Ephrat, Goldman Makes Its Bankers Pay – Do compensation clawbacks deter wrongdoing?, 23.10.2020, https://www.nytimes.com/2020/10/23/business/dealbook/goldman-sachs-clawback.html (geprüft am 25.10.2024).

Roth, Andreas, Zur Problematik des Vertrages zu Lasten Dritter, in: Häuser, Franz/Hammen, Horst u.a. (Hrsg.), Festschrift für Walther Hadding zum 70. Geburtstag am 8. Mai 2004, Berlin 2004, S. 253-270 (zit. *Roth*, in: FS Hadding).

Röthel, Anne, Richterliche Inhaltkontrolle von Eheverträgen, NJW 2001, S. 1334-1335.

Ruberg, Bernd, Überlegungen zu Interventionsmitteln der Arbeitsgerichte, wenn statt der Sache die Person „erledigt" werden soll, AuR 2002, S. 201-210.

Ruffert, Matthias, Vorrang der Verfassung und Eigenständigkeit des Privatrechts – Eine verfassungsrechtliche Untersuchung zur Privatrechtswirkung des Grundgesetzes, zugl. Univ. Habil. Trier, Tübingen 2001.

Ruffner, Markus, Sorgfalts- und Treuepflichten und die Versicherbarkeit von Haftungsrisiken in Publikumsgesellschaften – Eine ökonomische Analyse, ZSR 2000, S. 195-234.

Rüthers, Bernd, „Institutionelles Rechtsdenken" im Wandel der Verfassungsepochen: ein Beitrag zur politisch-kritischen Funktion der Rechtswissenschaft, Bad Homburg v.d.H. u.a. 1970.

Rüthers, Bernd, Vom Sinn und Unsinn des geltenden Kündigungsschutzrechts, NJW 2002, S. 1601-1609.

Sachs, Michael (Hrsg.), Grundgesetz – Kommentar, 9. Aufl., München 2021 (zit. Sachs/*Bearbeiter*).

Saenger, Ingo (Hrsg.), Zivilprozessordnung – Familienverfahren, Gerichtsverfassung, Europäisches Verfahrensrecht: Handkommentar, 10. Aufl., Baden-Baden 2023 (zit. Saenger/*Bearbeiter*).

Salje, Peter, Der Vertrag zu Lasten Dritter im Sozialrecht, NZA 1990, S. 299-304.

Savigny, Friedrich Carl von, System des heutigen römischen Rechts – Erster Band, Leipzig 1840.

Schäfer, Hans-Bernd/Ott, Claus, Lehrbuch der ökonomischen Analyse des Zivilrechts, 6. Aufl., Berlin u.a. 2021.

Schaub, Günter (Hrsg.), Arbeitsrechts-Handbuch – Systematische Darstellung und Nachschlagewerk für die Praxis, 20. Aufl., München 2023 (zit. Schaub ArbR-HdB/*Bearbeiter*).

Schellhorn, Helmut/Hohm, Karl-Heinz/Scheider, Peter/Busse, Angela/Schellhorn, Walter (Hrsg.), SGB XII – Sozialgesetzbuch (SGB), Zwölftes Buch (XII) - Sozialhilfe - (SGB XII): Kommentar, 21. Aufl., Köln, Hürth 2023 (zit. Schellhorn/Hohm/Schneider/Busse/*Bearbeiter*).

Schlegel, Rainer, Beschäftigte versus Selbstständige – Deutsches Sozialrecht, NZA-Beilage 2016, S. 13-19.

Schlegel, Rainer, Sozialversicherung für alle?, NZS 2022, S. 681-687.

Schlegel, Rainer, Wen soll das Sozialrecht schützen? – Zur Zukunft des Arbeitnehmer- und Beschäftigtenbegriffs im Sozialrecht, NZS 2000, S. 421-429.

Schleusener, Aino/Suckow, Jens/Plum, Martin (Hrsg.), AGG – Kommentar zum Allgemeinen Gleichbehandlungsgesetz, 6. Aufl., Köln 2022 (zit. Schleusener/Suckow/Plum/*Bearbeiter*).

Schmalzbauer, Wolfgang, Die Drittwirkung verpflichtender Verträge, zugl. Univ. Diss. Regensburg 1982.

Schmidt, Frederik, Die unternehmerische Freiheit im Unionsrecht, zugl. Univ. Diss. Erlangen-Nürnberg, Berlin 2010.

Schmidt, Ludwig (Begr.), Einkommensteuergesetz, 43. Aufl., München 2024 (zit. Schmidt/*Bearbeiter*).

Schmidt-Rimpler, Walter, Grundfragen einer Erneuerung des Vertragsrechts, AcP 141 (1941), 130-197.

Schmidt-Rimpler, Walter, Zum Problem der Geschäftsgrundlage, in: Dietz, Rolf/Hueck, Alfred/Reinhardt, Rudolf (Hrsg.), Festschrift für Hans Carl Nipperdey: zum 60. Geburtstag, 21. Januar 1955, München u.a. 1955, S. 1-30 (zit. *Schmidt-Rimpler*, in: FS Nipperdey).

Schmidt-Rimpler, Walter, Zum Vertragsproblem, in: Baur, Fritz/Esser, Josef u.a. (Hrsg.), Funktionswandel der Privatrechtsinstitutionen – Festschrift für Ludwig Raiser zum 70. Geburtstag, Tübingen 1974, S. 3-26 (zit. *Schmidt-Rimpler*, in: FS Raiser).

Schneider, Paul, The Clawback Provision – What You Need to Know, Journal of Financial Service Professionals 2010, S. 24-28.

Schöbener, Burkhard/Stork, Florian, Anti-Diskriminierungsregelungen der Europäischen Union im Zivilrecht – zur Bedeutung der Vertragsfreiheit und des Rechts auf Privatleben, ZEuS 2004, S. 43-82.

Scholz, Rupert, Die Berufsfreiheit als Grundlage und Grenze arbeitsrechtlicher Regelungssysteme, ZFA 1981, S. 265-302.

Schubert, Claudia, Crowdworker – Arbeitnehmer, arbeitnehmerähnliche Person oder Selbständiger, RdA 2020, S. 248-255.

Schubert, Claudia, Germany, in: Schubert, Claudia (Hrsg.), Economically-dependent workers as part of a decent economy – International, European and comparative perspective: a handbook, München u.a. 2022, S. 44-63.

Schubert, Claudia, Neue Beschäftigungsformen in der digitalen Wirtschaft – Rückzug des Arbeitsrechts?, RdA 2018, S. 200-206.

Schubert, Claudia, Zur Begrenzung der Vergütung von Vorstandsmitgliedern, in: Bachmann, Gregor/Grundmann, Stefan u.a. (Hrsg.), Festschrift für Christine Windbichler zum 70. Geburtstag am 8. Dezember 2020, Berlin, Boston 2020, S. 1065-1079 (zit. *Schubert*, in: FS Windbichler).

Schulte, Bernd, Sozialpolitische Zielsetzung des EG-Vertrages, in: BMAS (Hrsg.), Soziale Grundrechte in der Europäischen Union, Baden-Baden 2001, S. 25-45.

Schulze, Reiner, Grundsätze des Vertragsschlusses im Acquis communautaire, GPR 2005, S. 56-64.

Schwarze, Jürgen, Der Schutz der unternehmerischen Freiheit nach Art. 16 der Charta der Grundrechte der Europäischen Union, in: Sachs, Michael/Siekmann, Helmut (Hrsg.), Der grundrechtsgeprägte Verfassungsstaat – Festschrift für Klaus Stern zum 80. Geburtstag, Berlin 2012, S. 945-961 (zit. *Schwarze*, in: FS Stern).

Schwarze, Jürgen/Becker, Ulrich u.a. (Hrsg.), EU-Kommentar, 4. Aufl., Baden-Baden u.a. 2019 (zit. Schwarze/*Bearbeiter*).

Schwarze, Roland, Der „Kernbereich des Arbeitsvertrages", RdA 2012, S. 321-332.

Schwarze, Roland, Ersatzanspruch eines Musikers wegen Beschädigung seines Violabogens – Anmerkung zu BAG 27. 1. 2000 – 8 AZR 876/98, RdA 2001, S. 178-180.

Schwarze, Roland, Missbräuchliche Geltendmachung des Arbeitnehmer-Status, ZFA 2021, S. 44-64.

Schweitzer, Heike, Vertragsfreiheit, Marktregulierung, Marktverfassung: Privatrecht als dezentrale Koordinationsordnung, AcP 220 (2020), S. 544-586.

Schwennicke, Andreas/Auerbach, Dirk (Hrsg.), Kreditwesengesetz (KWG) mit Zahlungsdiensteaufsichtsgesetz (ZAG) – Kommentar, 4. Aufl., München 2021 (zit. Schwennicke/Auerbach/*Bearbeiter*).

Schwerdtner, Peter, Die Garantie des Rechts auf Arbeit, ZFA 1977, S. 47-86.

Schwirtzek, Thomas, Mankoabreden nach der Schuldrechtsreform – Zurück in die Zukunft!, NZA 2005, S. 437-443.

Seibt, Katrin, Das europäische Verbraucherleitbild – ein Abschied von der Verwechslungsgefahr als Rechtsfrage?, GRUR 2002, S. 465-478.

Seiter, Hugo, Die Betriebsübung – zugleich ein Beitrag zur Lehre vom Rechtsgeschäft und von den Zurechnungsgründen rechtserheblichen Verhaltens im Privatrecht, Mainz 1967.

Semler, Johannes, Entscheidungen und Ermessen im Aktienrecht, in: Habersack, Mathias (Hrsg.), Festschrift für Peter Ulmer zum 70. Geburtstag am 2. Januar 2003, Berlin 2003, S. 627-642 (zit. *Semler*, in: FS Ulmer).

Siebert, Wolfgang, Verwirkung und Unzulässigkeit der Rechtsausübung – ein rechtsvergleichender Beitrag zur Lehre von den Schranken der privaten Rechte und zur exceptio doli (§§ 226, 242, 826 BGB.), unter besonderer Berücksichtigung des gewerblichen Rechtsschutzes (§ 1 UWG), Marburg 1934.

Siebert, Wolfgang, Vom Wesen des Rechtsmissbrauchs, in: Larenz, Karl (Hrsg.), Grundfragen der neuen Rechtswissenschaft, Berlin 1935, S. 189-224.

Singer, Reinhard, Neue Entwicklungen im Recht der Betriebsübung, ZFA 1993, S. 487-516.

Singer, Reinhard, Tarifvertragliche Normenkontrolle am Maßstab der Grundrechte ?, ZFA 1995, S. 611-638.

Skouris, Vassilios, Das Prinzip Vertragsfreiheit aus der Sicht eines Außenseiters, in: Dutta, Anatol/Heinze, Christian (Hrsg.), „Mehr Freiheit wagen" – Beiträge zur Emeritierung von Jürgen Basedow, Tübingen 2019, S. 15-29.

Smith, Adam, The wealth of nations – Books I-III, Harmondsworth 1970.

Sodan, Helge/Ziekow, Jan, Grundkurs Öffentliches Recht – Staats- und Verwaltungsrecht, 10. Aufl., München 2023.

Sodan, Helge/Ziekow, Jan (Hrsg.), Verwaltungsgerichtsordnung – Großkommentar, 5. Aufl., Baden-Baden 2018 (zit. Sodan/Ziekow/*Bearbeiter*).

Soergel, Hans Theodor (Begr.), Kommentar zum Bürgerlichen Gesetzbuch mit Einführungsgesetz und Nebengesetzen – Band 2/1: Allgemeiner Teil 2/1 §§ 104-157 BGB, 14. Aufl., Stuttgart 2023 (zit. Soergel/*Bearbeiter*).

Spindler, Gerald, Die Haftung der Arbeitnehmer gegenüber Dritten, in: Krause, Rüdiger/Schwarze, Roland (Hrsg.), Festschrift für Hansjörg Otto zum 70. Geburtstag am 23. Mai 2008, 2009, S. 537-554 (zit. *Spindler*, in: FS Otto).

Spindler, Gerald, Organhaftung in der AG – Reformbedarf aus wissenschaftlicher Perspektive, AG 2013, S. 889-904.

Stahlhacke, Eugen/Preis, Ulrich/Vossen, Reinhard (Hrsg.), Kündigung und Kündigungsschutz im Arbeitsverhältnis – Handbuch, 11. Aufl., München 2015 (zit. *Bearbeiter*, in: SPV).

Starke, Max Fabian, EU-Grundrechte und Vertragsrecht, zugl. Univ. Diss. Berlin, Tübingen 2017.

Staudinger, Julius v. (Begr.), J. von Staudingers Kommentar zum Bürgerlichen Gesetzbuch mit Einführungsgesetz und Nebengesetzen – Buch 1: Allgemeiner Teil, §§ 134-138 BGB; ProstG, Berlin 2021 (zit. Staudinger/*Bearbeiter*).

Staudinger, Julius v. (Begr.), J. von Staudingers Kommentar zum Bürgerlichen Gesetzbuch mit Einführungsgesetz und Nebengesetzen – Buch 1: Allgemeiner Teil, §§ 139-163 BGB, Berlin 2020 (zit. Staudinger/*Bearbeiter*).

Staudinger, Julius v. (Begr.), J. von Staudingers Kommentar zum Bürgerlichen Gesetzbuch mit Einführungsgesetz und Nebengesetzen – Buch 2: Einleitung zum Schuldrecht, §§ 241-243 BGB, Berlin 2019 (zit. Staudinger/*Bearbeiter*).

Staudinger, Julius v. (Begr.), J. von Staudingers Kommentar zum Bürgerlichen Gesetzbuch mit Einführungsgesetz und Nebengesetzen – Buch 2: Recht der Schuldverhältnisse, §§ 305-310 BGB; UKlaG, Berlin 2022 (zit. Staudinger/*Bearbeiter*).

Staudinger, Julius v. (Begr.), J. von Staudingers Kommentar zum Bürgerlichen Gesetzbuch mit Einführungsgesetz und Nebengesetzen – Buch 2: Recht der Schuldverhältnisse, Anh zu §§ 305-310 BGB, Berlin 2022 (zit. Staudinger/*Bearbeiter*).

Staudinger, Julius v. (Begr.), J. von Staudingers Kommentar zum Bürgerlichen Gesetzbuch mit Einführungsgesetz und Nebengesetzen – Buch 2, Recht der Schuldverhältnisse, §§ 328-345 (Vertrag zugunsten Dritter, Draufgabe, Vertragsstrafe), Berlin 2020 (zit. Staudinger/*Bearbeiter*).

Staudinger, Julius v. (Begr.), J. von Staudingers Kommentar zum Bürgerlichen Gesetzbuch mit Einführungsgesetz und Nebengesetzen – Buch 2: Recht der Schuldverhältnisse, §§ 613a-619a, Berlin 2022 (zit. Staudinger/*Bearbeiter*).

Staudinger, Julius v. (Begr.), J. von Staudingers Kommentar zum Bürgerlichen Gesetzbuch mit Einführungsgesetz und Nebengesetzen – Buch 2: Recht der Schuldverhältnisse, §§ 620-630 BGB, Berlin 2022 (zit. Staudinger/*Bearbeiter*).

Staudinger, Julius v. (Begr.), J. von Staudingers Kommentar zum Bürgerlichen Gesetzbuch mit Einführungsgesetz und Nebengesetzen – Buch 2: Recht der Schuldverhältnisse, §§ 823 E-I, 824, 825 BGB, Berlin 2021 (zit. Staudinger/*Bearbeiter*).

Staudinger, Julius v. (Begr.), J. von Staudingers Kommentar zum Bürgerlichen Gesetzbuch mit Einführungsgesetz und Nebengesetzen – Buch 2: Recht der Schuldverhältnisse, §§ 826-829 BGB; ProdHaftG, Berlin 2021 (zit. Staudinger/*Bearbeiter*).

Stein, Friedrich/Jonas, Martin (Begr.), Kommentar zur Zivilprozessordnung – Band 3: 148-270, 23. Aufl., Tübingen 2016 (zit. Stein/Jonas/*Bearbeiter*).

Steindorff, Ernst, EG-Vertrag und Privatrecht, Baden-Baden 1996.

Steinvorth, Ulrich, Philosophie und Politik, in: Schmücker, Reinold/Steinvorth, Ulrich (Hrsg.), Gerechtigkeit und Politik – Philosophische Perspektiven, Berlin 2002, S. 13-24.

Stern, Klaus/Sachs, Michael (Hrsg.), Europäische Grundrechte-Charta – GRCh: Kommentar, München 2016 (zit. Stern/Sachs/*Bearbeiter*).

Stern, Klaus/Sachs, Michael/Dietlein, Johannes, § 111 Berufs-, Arbeitsplatz- und Ausbildungsfreiheit, in: Stern, Klaus/Sachs, Michael/Dietlein, Johannes (Hrsg.), Der Schutz und die freiheitliche Entfaltung des Individuums, München 2006, S. 1757-1949 (zit. *Stern/Sachs/Dietlein*, in: Stern, Staatsrecht).

Stoffels, Markus, AGB-Recht, 5. Aufl., München 2024.

Stoffels, Markus, Neues zu Widerrufsvorbehalten in Arbeitsverträgen, NZA 2017, S. 1217-1224.

Streinz, Rudolf/Michl, Walther u.a. (Hrsg.), EUV/AEUV – Vertrag über die Europäische Union, Vertrag über die Arbeitsweise der Europäischen Union, Charta der Grundrechte der Europäischen Union, 3. Aufl., München 2018 (zit. Streinz/*Bearbeiter*).

Stütze, Sebastian, Die Kontrolle der Entgelthöhe im Arbeitsrecht – Zugleich ein Beitrag zu den Grundlagen und Grenzen der Vertragsfreiheit und Tarifautonomie, zugl. Univ. Diss. Göttingen, Baden-Baden 2010.

Suerbaum, Joachim, Die Schutzpflichtdimension der Gemeinschaftsgrundrechte, EuR 2003, S. 390-416.

The Economist, How to design CEO pay to punish iniquity, not just reward virtue – Firms are increasingly trying to make badly behaved bosses hand their earnings back, The Economist 21.02.2021, S. 58.

Thum, Rainer, Die Zulässigkeit von Claw-Back-Regelungen im Lichte der Institutsvergütungsverordnung, NZA 2017, S. 1577-1581.

Thur, Andreas von, Der Allgemeine Teil des Deutschen Bürgerlichen Rechts – Band 2: Die rechtserheblichen Tatsachen, insbesondere das Rechtsgeschäft – Hälfte 1, Goldbach 1914.

Thüsing, Gregor, Angemessenheit durch Konsens, RdA 2005, S. 257-270.

Thüsing, Gregor (Hrsg.), Arbeitnehmerüberlassungsgesetz – Kommentar, 4. Aufl., München 2018 (zit. Thüsing/*Bearbeiter*).

Thüsing, Gregor, Arbeitsrechtlicher Diskriminierungsschutz – das Allgemeine Gleichbehandlungsgesetz und andere arbeitsrechtliche Benachteiligungsverbote, 2. Aufl., München 2013.

Thüsing, Gregor, Digitalisierung der Arbeitswelt – Impulse zur rechtlichen Bewältigung der Herausforderung gewandelter Arbeitsformen, SR 2016, S. 87-108.

Thüsing, Gregor/Bleckmann, Lena, Schutz vor Mobbing am Arbeitsplatz: Eine Aufgabe für den Gesetzgeber?, BB 2020, S. 249-252.

Thüsing, Gregor/Hütter-Brungs, Gisela, Crowdworking: Lenkung statt Weisung – Was macht den Arbeitnehmer zum Arbeitnehmer?, NZA-RR 2021, S. 231-237.

Thüsing, Gregor/Mengel, Anja, Flexibilisierung von Arbeitsbedingungen und Entgelt – Möglichkeiten zur Anpassung von Arbeitsbedingungen, München 2005.

Thüsing, Gregor/Musiol, Philip, Hinweise zum Hinweisgeberschutzgesetz, BB 2022, S. 2420-2423.

Thüsing, Gregor/Rachor, Stephanie/Lembke, Mark (Hrsg.), Kündigungsschutzgesetz – Praxiskommentar zum KSchG und zu angrenzenden Vorschriften mit Gestaltungshinweisen und Beispielen, 5. Aufl., Freiburg 2024 (zit. Thüsing/Rachor/Lembke/*Bearbeiter*).

Thüsing, Gregor/Wege, Donat, Sozialauswahl nach neuem Recht, RdA 2005, S. 12-25.

Ulmer, Peter, Offene Fragen zu § 139 BGB – Vorteilsregel und „Politik des Gesetzes“, in: Baur, Jürgen Fritz (Hrsg.), Festschrift für Ernst Steindorff zum 70. Geburtstag am 13. März 1990, Berlin 1990, S. 799-816 (zit. *Ulmer*, in: FS Steindorff).

Ulmer, Peter/Brandner, Hans Erich/Hensen, Horst-Diether (Hrsg.), AGB-Recht – Kommentar zu den §§ 305-310 BGB und zum UklaG, 13. Aufl., Köln 2022 (zit. Ulmer/Brandner/Hensen/*Bearbeiter*).

Ulrici, Bernhard, Der Vertrag zu Lasten Dritter in der Arbeitsrechtswissenschaft, ZFA 2016, S. 377-404.

Ulrici, Bernhard, Geschäftsähnliche Handlungen, NJW 2003, S. 2053-2056.

Urban, Sandra, Der Kündigungsschutz außerhalb des Kündigungsschutzgesetzes – Das Arbeitsverhältnis im Spannungsfeld zwischen Kündigungsfreiheit und Kündigungsschutz, zugl. Univ. Diss. Bochum, Berlin 2001.

Velte, Patrick, Clawback-Klauseln in Vorstandsvergütungsverträgen als effektives Corporate-Governance-Instrument? – Evidenz und kritische Würdigung vor dem Hintergrund des ARUG II, Der Konzern 2020, S. 50-56.

Velte, Patrick, Determinants and consequences of clawback provisions in management compensation contracts: a structured literature review on empirical evidence, Bus Res 2020, S. 1417-1450.

Wadewitz, Sabine, „Manager reduzieren strategisches Repertoire“ – Vergütungsmodelle mit Clawback-Klauseln wirken einer Studie zufolge als Hemmschuh in der Unternehmensentwicklung, Börsen-Zeitung 26.05.2020, S. 11.

Wagner, Gerhard, Prävention und Verhaltenssteuerung durch Privatrecht – Anmaßung oder legitime Aufgabe?, AcP 206 (2006), S. 352-476.

Wagner, Gerhard/Dauner-Lieb, Barbara, Gemeinwohl und Privatrecht, AcP 220 (2020), S. 453-457.

Waltermann, Raimund, Abhängige Beschäftigung in der digitalisierten Arbeitswelt, NZA 2021, S. 297-301.

Waltermann, Raimund, Aktuelle Fragen der Haftungsbeschränkung bei Personenschäden, NJW 2002, S. 1225-1231.

Waltermann, Raimund, Altersdiskriminierung, ZFA 2006, S. 305-326.

Waltermann, Raimund, Änderungen im Schadensrecht durch das neue SGB VII, NJW 1997, S. 3401-3405.

Waltermann, Raimund, Anspruch auf private Internetnutzung durch betriebliche Übung?, NZA 2007, S. 529-533.

Waltermann, Raimund, Die betriebliche Übung, RdA 2006, S. 257-269.

Waltermann, Raimund, Digital statt analog: Zur Zukunftsfähigkeit des Arbeitsrechts, RdA 2019, S. 94-101.

Waltermann, Raimund, Digitalisierung der Arbeitswelt – Arbeits- und sozialrechtliche Fragen, in: Kietaibl, Christoph/Mosler, Rudolf/Pačić, Harun (Hrsg.), Gedenkschrift Robert Rebhahn, Wien 2019, S. 635-648 (zit. *Waltermann*, in: GS Rebhahn).

Waltermann, Raimund, Haftungsfreistellung bei Personenschäden – Grenzfälle und neue Rechtsprechung, NJW 2004, S. 901-907.

Waltermann, Raimund, Risikozuweisung nach den Grundsätzen der beschränkten Arbeitnehmerhaftung, RdA 2005, S. 98-109.

Waltermann, Raimund, Verbot der Altersdiskriminierung – Richtlinie und Umsetzung, NZA 2005, S. 1265-1270.

Waltermann, Raimund/Schmidt, Benjamin/Chandna-Hoppe, Katja, Sozialrecht, 15. Aufl., Heidelberg 2022.

Wank, Rolf, Arbeitnehmer und Selbständige, teilw. zugl. Univ. Habil. Köln, München 1988.

Wank, Rolf, Der Arbeitnehmer-Begriff im neuen § 611a BGB, AuR 2017, S. 140-153.

Wank, Rolf, Die Entwicklung der Rechtsprechung des EuGH zum Arbeitnehmerbegriff, EuZA 2023, S. 22-49.

Wank, Rolf, Die personelle Reichweite des Arbeitnehmerschutzes aus rechtsdogmatischer und rechtspolitischer Perspektive, EuZA 2016, S. 143-170.

Wann, Joachim, Lenk- und Ruhezeiten im Straßenverkehr – VO (EWG) Nr. 3820/85, VO (EWG) Nr. 3821/85, Fahrpersonalgesetz, AETR, § 15 a StVZO, AVArbZO u. Erl, München 1987.

Wasserer, Simone, Neue Grundsätze für eine angemessene Vergütungspolitik – Umsetzung der Vergütungsempfehlungen der Europäischen Kommission im Rechtsvergleich Österreich und Deutschland, in: Altmeppen, Holger/Fitz, Hanns/Honsell, Heinrich (Hrsg.), Festschrift für Günter H. Roth zum 70. Geburtstag, München 2011, S. 871-880 (zit. *Wasserer*, in: FS Roth).

Wendland, Matthias, Vertragsfreiheit und Vertragsgerechtigkeit – Subjektive und objektive Gestaltungskräfte im Privatrecht am Beispiel der Inhaltskontrolle Allgemeiner Geschäftsbedingungen im unternehmerischen Geschäftsverkehr, zugl. Univ. Habil. München, Tübingen 2019.

Wenning, Joachim, Betriebliche Übung und Betriebsvereinbarung, zugl. Univ. Diss. Bonn, Tübingen 2018.

Werner, Rüdiger, Clawback-Regelungen in Vorstandsverträgen, NZA 2020, S. 155-159.

Westermann, Benjamin, Zivilrechtliche Folgen steuerlicher Rechtsirrtümer bei Cum-/Ex-Geschäften, zugl. Univ. Diss. Kiel, Berlin 2018.

Westermann, Harm Peter/Bydlinski, Peter/Arnold, Stefan, BGB-Schuldrecht Allgemeiner Teil, 9. Aufl., Heidelberg 2020.

Weth, Stephan/Albert, Karl, Die betriebliche Übung – ein ungeliebtes Kind?, in: Brose, Wiebke/Greiner, Stefan u.a. (Hrsg.), Grundlagen des Arbeits- und Sozialrechts – Festschrift für Ulrich Preis zum 65. Geburtstag, München 2021, S. 1495-1501 (zit. *Weth/Albert*, in: FS Preis).

Wiedemann, Herbert, Zum Differenzierungsverbot zwischen organisierten und nichtorganisierten Arbeitnehmern im Tarifvertrag – Anmerkung zu BAG 29.11.1967 – GS 1/67, SAE 1969, S. 265-268.

Willemsen, Heinz Josef/Grau, Timon, Alternative Instrumente zur Entgeltflexibilisierung im Standardarbeitsvertrag, NZA 2005, S. 1137-1142.

Willemsen, Heinz Josef/Müller-Bonanni, Thomas, G. Übergang von Arbeitsverhältnissen nach § 613a BGB, in: Willemsen, Heinz Josef/Hohenstatt, Klaus-Stefan u.a. (Hrsg.), Umstrukturierung und Übertragung von Unternehmen: arbeitsrechtliches Handbuch, 6. Aufl., München 2021, S. 891-1089.

Willemsen, Heinz Josef/Sagan, Adam, Die Auswirkungen der europäischen Grundrechtecharta auf das deutsche Arbeitsrecht, NZA 2011, S. 258-262.

Winkler, Roland, Die Grundrechte der Europäischen Union – System und allgemeine Grundrechtslehren, zugl. Univ. Habil. Salzburg, Wien 2006.

Winter, Regine, Deutliche Worte des EuGH im Grundrechtsbereich, NZA 2013, S. 473-477.

Wisskirchen, Gerlind/Haupt, Jan, Crowdworker: Arbeitnehmer oder Selbständiger? – Zugleich eine Besprechung des Urteils des BAG v. 1.12.2020 – 9 AZR 102/20, RdA 2021, S. 355-360.

Wolf, Elisa Maria, Druckkündigungen mit diskriminierendem Hintergrund, zugl. Univ. Diss. Göttingen, Frankfurt am Main 2012.

Wolf, Manfred/Horn, Norbert/Lindacher, Walter F. (Hrsg.), AGB-Gesetz – Gesetz zur Regelung des Rechts der allgemeinen Geschäftsbedingungen; Kommentar, 2. Aufl., München 1989 (zit. Wolf/Horn/Lindacher/*Bearbeiter*).

Wolf, Manfred (Begr.)/*Lindacher, Walter F./Pfeiffer, Thomas* (Hrsg.), AGB-Recht – Kommentar, 7. Aufl., München 2020 (zit. Wolf/Lindacher/Pfeiffer/*Bearbeiter*).

Wolff, Herbert, Die Vertragsfreiheit im kollektiven Arbeitsrecht, zugl. Univ. Diss. Halle, Quakenbrück 1934.

Wolmerath, Martin, Mobbing – Rechtshandbuch für die Praxis, 5. Aufl., Baden-Baden 2019.

Wolmerath, Martin, „Und willst Du nicht mein Kumpel sein" – Mobbing im Fokus der Rechtsprechung (Teil I), ArbRAktuell 2015, S. 63-66.

Wolmerath, Martin, Workplace Bullying and Harassment in Germany, in: The Japan Institute for Labour Policy and Training (Hrsg.), Workplace Bullying and Harassment – 2013 JILPT Seminar on Workplace Bullying and Harassment, 2013, S. 77-90.

Wunderlich, Nina, Das Grundrecht der Berufsfreiheit gemäß Artikel 15 der Grundrechtecharta, in: Becker, Ulrich (Hrsg.), Verfassung und Verwaltung in Europa – Festschrift für Jürgen Schwarze zum 70. Geburtstag, Baden-Baden 2014, S. 304-333 (zit. *Wunderlich*, in: FS Schwarze).

Yeoh, Peter, The Sarbanes-Oxley Act 2002 – Time for Some Tinkering?, Business Law Review 2007, S. 90-93.

Zacher, Hans F., Einführung in das Sozialrecht der Bundesrepublik Deutschland, 3. Aufl., Heidelberg 1985.

Zapf, Dieter, Mobbing in Organisationen – Überblick zum Stand der Forschung, A&O 1999, S. 1-25.

Zeuner, Albrecht, Überlegungen zum Begriff des Arbeitnehmers und zum Anwendungsbereich arbeitsrechtlicher Regeln, RdA 1975, S. 84-88.

Ziefle, David, Die variable Vergütung in Instituten als Teil des Risikomanagements, zugl. Univ. Diss. Hamburg, Baden-Baden 2018.

Zmarzlik, Johannes, Änderung des Mutterschutzrechts, AuR 1965, S. 294-302.

Zmarzlik, Johannes/Zipperer, Manfred u.a. (Hrsg.), Mutterschutzgesetz, Mutterschaftsleistungen – mit Mutterschutzverordnung – Kommentar, 9. Aufl., Köln u.a. 2006 (zit. Zmarzlik/Zipperer/Viethen/Vieß/*Bearbeiter*).

Zoll, Pressemitteilung – Finanzkontrolle Schwarzarbeit des Zolls legt Jahresbilanz 2021 vor, 16.2.2022, https://www.zoll.de/SharedDocs/Pressemitteilungen/

DE/Jahresbilanzen/2022/z99_jahresstatistik_fks_2021.html (geprüft am 25.10.2024).

Zöller, Richard (Begr.), Zivilprozessordnung – Mit FamFG (§§ 1-185, 200-270) und Gerichtsverfassungsgesetz, den Einführungsgesetzen, mit internationalem Zivilprozessrecht, EuGVVO und weiteren EU-Verordnungen, Kostenanmerkungen: Kommentar, 35. Aufl., Köln 2024 (zit. Zöller/*Bearbeiter*).

Zöllner, Wolfgang, Vertragskontrolle und Gerechtigkeit, NZA-Beilage 2006, S. 99-107.

Zundel, Frank, Die Entwicklung des Arbeitsrechts im Jahr 2020, NJW 2021, S. 127-131.

Zürn, Andreas/Böhm, Wolf-Tassilo, Neue Regeln für die Vergütung in Banken – Arbeitsrechtliche Umsetzung der Änderungen der Instituts-Vergütungsverordnung, BB 2014, S. 1269-1274.

Zürn, Andreas/Rappensperger, Gabriele/Brämswig, Oliver, Instituts-Vergütungsverordnung - Referentenentwurf der Novelle, DB 2013, S. 2681-2685.

Zwanziger, Bertram, § 93 Gleichbehandlung, in: Deinert, Olaf/Heuschmid, Johannes/Zwanziger, Bertram (Hrsg.), Arbeitsrecht – Handbuch für die Praxis, 10. Aufl., Frankfurt am Main 2019.

Zweigert, Konrad, „Rechtsgeschäft“ und „Vertrag“ heute, in: Caemmerer, Ernst von/Mentschikoff, Soia/Zweigert, Konrad (Hrsg.), Ius Privatum Gentium – Festschrift für Max Rheinstein zum 70. Geburtstag am 5. Juli 1969 – Band II: Nationales und vergleichendes Privatrecht, Tübingen 1969, S. 393-504 (zit. *Zweigert*, in: FS Rheinstein).

Index

www.ingramcontent.com/pod-product-compliance
Ingram Content Group UK Ltd.
Pitfield, Milton Keynes, MK11 3LW, UK
UKHW021830290926
8980IPUK00004B/359

9 783631 933657